Green Line
Oberstufe

Lehrerbuch

von
Dr. Steffen Brand
Prof. Dr. Peter Bruck
Ellen Butzko
Paul Dennis
Martina Jaenichen-Köpp
Nilgül Karabulut
Corienne Naumann
Dr. Peter Naumann
Alexandra Neuberger
Gerda Piotrowiak
Michael Rogge
Thomas Tepe
Reiner Verspai
Alexandra Timm

Ernst Klett Verlag
Stuttgart · Leipzig

Green Line Oberstufe
Grund- und Leistungskurs
Lehrerbuch
Ausgabe für Rheinland-Pfalz und das Saarland

Autorinnen und Autoren: Dr. Steffen Brand, Grünkraut; Prof. Dr. Peter Bruck, Lüdinghausen; Ellen Butzko, Tübingen; Paul Dennis, Lahnstein; Martina Jaenichen-Köpp, Oranienburg; Nilgül Karabulut, Aachen; Corienne Naumann, Erlangen; Dr. Peter Naumann, Erlangen; Alexandra Neuberger, Würzburg; Gerda Piotrowiak, Greven; Michael Rogge, Essen; Thomas Tepe, Münster; Reiner Verspai, Rheinbach, Alexandra Timm, Kasel

Symbole

S1	Verweis auf die Schüler-CDs (Audio, Video, …)
L1/1	Verweis auf die Lehrer-CDs (Audio)
L1	Verweis auf die Lehrer-DVD (Film)
	Code auf www.klett.de eingeben und Zusatzmaterial nutzen
	Partnerarbeit
	Gruppenarbeit
→ S13	Skills im Schülerbuch
→ △	Verweis auf leichtere Aufgaben / Hilfen im Diff pool
→ ▲	Verweis auf anspruchsvollere Aufgaben im Diff pool
→ WB	Übung in Workbook and Exam Preparation

1. Auflage 1 6 5 4 3 2 | 2022 21 20 19 18

Alle Drucke dieser Auflage sind unverändert und können im Unterricht nebeneinander verwendet werden.
Die letzte Zahl bezeichnet das Jahr des Druckes.

Redaktion: Gaby Bauer-Negenborn, Weßling
Herstellung: Marietta Heymann

Satz: tiff.any GmbH, Berlin
Druck: AZ Druck und Datentechnik GmbH, Kempten/Allgäu

Printed in Germany
ISBN 978-3-12-530443-7

9 783125 304437

Allgemeiner Teil

1 The individual and society

6wi4eu

2 The United Kingdom

ny56ij

3 The US then and now

z5e563

Allgemeiner Teil

Konzeption

NEUENTWICKLUNG

- **Green Line Oberstufe Rheinland-Pfalz, Saarland** *ist ein Doppeljahrgangsband für die Qualifikationsphase, der die Schülerinnen und Schüler (künftig: S) in Rheinland-Pfalz und Saarland zum Abitur führt. Grundlage und Leitlinie für die Erarbeitung waren die aktuellen Lehrpläne für die Oberstufe Englisch in Rheinland-Pfalz und Saarland sowie die Bildungsstandards der Kultusministerkonferenz vom 18. Oktober 2012.*
- *Die inhaltliche, didaktische und methodische Ausrichtung von* **Green Line Oberstufe Rheinland-Pfalz, Saarland** *knüpft nahtlos an die Konzeptionen für die Sekundarstufe I und für die Einführungsphase an.* **Green Line Oberstufe** *kann hierbei sowohl im G8 als auch im G9 als Abschlussband verwendet werden. Die Arbeit mit* **Green Line** *in der Sekundarstufe I oder in der Einführungsphase ist allerdings nicht die Voraussetzung für die Arbeit mit* **Green Line Oberstufe Rheinland-Pfalz, Saarland.**
- **Green Line Oberstufe Rheinland-Pfalz, Saarland** *entwickelt den Ansatz des Vorgängerlehrwerks in der Qualifikationsphase weiter und ergänzt diesen um eine Reihe von attraktiven neuen didaktischen und methodischen Merkmalen.*

KERNMERKMALE

Die Kernmerkmale von **Green Line Oberstufe Rheinland-Pfalz, Saarland** *sind:*

- *Ein aktuelles Angebot an Texten und Aufgaben für die Entwicklung der interkulturellen Kompetenz (Orientierungswissen, Einstellungen, Haltungen, Bewusstheit, Handeln).*
- *Eine große Vielzahl und Anzahl von Aufgaben zur Schulung der funktionalen Kompetenzen, insbesondere hinsichtlich Mediation, Hör- und Hör-/Sehverstehen sowie Sprechfertigkeit.*
- *Die umfassende Erarbeitung der Kompetenzen auch in geschlossenen bzw. halboffenen (isolierten, standardisierten) Lern- und Prüfungsformaten.*
- *Ein großes Angebot an Übungen zu Sprachreflexion und Sprachbewusstheit, die auch Aufgaben zur Evaluierung der Sprachlernkompetenz der S einschließen.*
- *Eine ausgewiesene Kompetenzorientierung durch ein neues* Core skill*-Konzept und das Konzept der* Topic task *(komplexe Lernaufgabe in Vorbereitung auf relevante Realsituationen in Studium und Beruf).*
- *Moderne digitale Komponenten zur Optimierung des Unterrichtsangebots und der Unterrichtsplanung (z.B. der Digitale Unterrichtsassistent).*
- *Ein dreistufiges Angebot zur individuellen Förderung und Differenzierung, das einerseits unterstützt, andererseits auch besondere Leistungen ermöglicht.*

LERNBEREICHE

- **Green Line Oberstufe Rheinland-Pfalz, Saarland** *bietet die von den rheinland-pfälzischen und saarländischen Lehrplänen definierten Lernbereiche in 14 thematisch orientierten Modulen unterschiedlicher Länge an. Hinzu kommen ein gesonderter Teil zum Thema* Intercultural communication, *ein Abschnitt* Diff pool *(Differenzierungsaufgaben), ein umfassender* Skills*-Teil sowie ein* Glossary of literary terms *und eine Übersicht gängiger* Classroom methods.
- *Die Reihenfolge der Module im Buch stellt einen Vorschlag dar, sie kann aber auch frei gewählt und den Erfordernissen z.B. eines schulinternen Curriculums oder individueller Zuordnungen angepasst werden. Dort, wo aufgrund der Lehrplanvorgaben die Abfolge der Halbjahresthemen festgelegt ist, können die* Topics *in der vorgegebenen Reihenfolge durchgenommen werden. Verweise aus den* Topics *auf den* Diff pool *sowie den* Skills*-Teil sorgen für eine Verzahnung der Komponenten.* Intercultural communication *kann nach Bedarf hinzugeschaltet werden.*
- **Green Line Oberstufe Rheinland-Pfalz, Saarland** *liegt in zwei Ausgaben vor, die passgenau auf den Einsatz im Leistungskurs (Ausgabe* **Grund- und Leistungskurs***) und im Grundkurs (Ausgabe* **Grundkurs***) abgestimmt sind (siehe auch unter* Topics: Texts *und* Advanced texts*).*

Topics

LANG- UND KURZTOPICS

- *Die Gliederung der* Topics *gibt die aktuelle Ausrichtung an kompetenzorientiertem und interkulturell ausgerichtetem Lernen in vollem Umfang wieder. Die thematischen*

Schwerpunkte sind entsprechend der Gewichtung in den Lehrplänen in zehn Langtopics und vier Kurztopics untergliedert.

LANGTOPICS *Die Langtopics bestehen einheitlich aus den folgenden Komponenten:*

INTRODUCTION
- *Die* Introduction-*Doppelseite bietet mit ihren Fotos, Cartoons, Statistiken oder kurzen Texten vielfältige Redeanlässe, um Vorwissen zu aktivieren und motivierend in ein Thema einzusteigen.*

SPOT ON FACTS
- *Im Anschluss liefert eine Doppelseite* Spot on facts *eine elementare Information über das Thema und seine zentralen Fragestellungen.* Spot on facts *liefert Orientierungswissen und gestattet eine verbesserte Einordnung der Texte in das Gesamtthema. Unterstützt wird dieses Konzept durch die* Fact files *im weiteren Verlauf des* Topics, *die weiteres Orientierungswissen in kleineren Portionen zur Verfügung stellen.*

CORE SKILL WORKSHOP
- *Der* Core skill workshop *erarbeitet jeweils eine funktionale kommunikative Kompetenz bzw. einen zentralen Lernbereich für das Abitur pro* Topic. *Diese Erarbeitung findet anhand geeigneter, zum Thema passender Texte und in kleinschrittiger, gelenkter Arbeit statt. Dass jedes* Topic *eine* Core skill *besitzt bedeutet nicht, dass andere Kompetenzen und Lernbereiche nicht präsent sind – sie werden vielmehr auf gleichbleibendem Niveau über alle* Topics *hinweg weiter geübt. Zudem bietet der* Skills-*Anhang jederzeit Zugriff auf Erklärungen und sprachliche Hilfen zu allen* Skills. *Die* Core skill *wird außerdem in der* Topic task *am Ende des* Topics *aufgegriffen.*

TEXTS UND ADVANCED TEXTS
- Texts *und* Advanced texts*: Diese beiden Teile dienen der klassischen Textarbeit in der Oberstufe. Verschiedenste Textsorten, inklusive Hörtexten, Filmen oder diskontinuierlichen Texten werden anhand von Aufgabenstellungen erarbeitet, die stark von den Prüfungsanforderungen und Operatoren geprägt sind.*
- *Die* Texts *sind hierbei sprachlich in der Regel einfacher und thematisch eher dem Kerngebiet des* Topic-*Themas zuzuordnen.*
- *Die* Advanced texts *sind in der Regel sprachlich anspruchsvoller, oftmals länger und thematisch eher vertiefend. Dieser Bereich ist auch stärker literarisch geprägt.*
- *Wir empfehlen, im Leistungskurs Materialien von* Texts *und* Advanced texts *einzusetzen. Die* **Grundkurs**-*Ausgabe enthält nur den Bereich* Texts *und ist somit optimal auf die Bedürfnisse von Grundkursen ausgerichtet.*

SPOT ON LANGUAGE
- Spot on language *dient der Spracharbeit mit besonderem Augenmerk auf den sprachlichen Mitteln und der Kommunikationsfähigkeit. Grammatische Themen werden immer mit einer kommunikativen Absicht verknüpft und trainiert. Außerdem enthält* Spot on language *immer einen deutschen* Mediation-*Text.*

SPOT ON VOCABULARY
- *Auf der* Spot on vocabulary-*Seite finden die S Wortschatzübungen, die wichtigen Wortschatz aus dem* Topic *wieder aufgreifen und umsetzen. Die ideale Vorbereitung für diese Seite ist es, wenn die S während der Erarbeitung der* Texts *oder* Advanced texts *die textbegleitenden* Vocabulary sheets *bearbeitet haben.*

TOPIC TASK
- *Die* Topic task *schließlich bildet den kompetenzorientierten Abschluss eines* Topics. *Die* Core skill *wird ebenso wieder aufgegriffen wie auch das gelernte landeskundliche Wissen aus dem* Topic. *Die* Topic tasks *sind im Ansatz eher projektartig und offen. Sie laden die S zu autonomen Arbeiten ein. Dieser Ansatz bedingt, dass diese* Tasks *oftmals recht zeitintensiv sein können. Die Lehrerinnen und Lehrer (künftig: L) können die* Topic task *aber in aller Regel leicht an die zeitlichen Gegebenheiten in der jeweiligen Klasse anpassen und beispielweise nur Teile übernehmen oder die Präsentation der Ergebnisse weniger aufwändig gestalten.*

KURZTOPICS *Die Kurztopics enthalten die* Topic-*Teile* Introduction, Texts *und in der Regel* Spot on facts.

Anhang

DIFF POOL – FÖRDERN UND FORDERN
- *Pro* Topic *bietet* **Green Line Oberstufe Rheinland-Pfalz, Saarland** *ca. 6–8 Ausgangspunkte (2–3 für die Kurztopics) für differenzierende Aufgaben. Diese Aufgaben befinden sich im* Diff pool-*Anhang nach dem* Topic-*Teil des Schülerbuchs. Sie ermöglichen eine vertiefende Behandlung der Aufgaben, entweder im Rahmen von unterstützenden (Kennzeichnung durch leeres Dreieck △) oder anspruchsvolleren Aufgaben (Kennzeichnung durch volles*

Dreieck ▲). Des Weiteren wird unterschieden nach drei Kategorien, die im Diff pool *direkt im Aufgabentitel genannt werden:*

- „Help with" *bedeutet, dass Hinweise zu schwierigeren Aufgaben aus dem* Topic-*Teil gegeben werden, z. B. durch Leitfragen oder durch ein kleinschrittigeres Vorgehen, das aber zum selben Ergebnis führt.*
- „Instead of"-*Aufgaben können sowohl leichtere als auch anspruchsvollere Alternativaufgaben sein.*
- „After"-*Aufgaben: Diese sind meist vertiefend angelegt und für leistungsstarke S gedacht, die mit den im* Topic *gegebenen Aufgaben schneller fertig sind. Oftmals handelt es sich hierbei um Recherche- oder Evaluationsaufgaben.*
- *Die Differenzierungsaufgaben sind so angelegt, dass sie über alle* Topics *hinweg nochmals alle funktionalen Kompetenzen und wichtigen Lernbereiche ansprechen. Dabei bleibt Lernzielgleichheit für alle Lernenden erhalten; alle im Lehrplan geforderten Kompetenzen werden erreicht.*

INTERCULTURAL COMMUNICATION

- *Auf einer* Introduction-*Seite und acht Doppelseiten bietet* Intercultural communication *Gelegenheit zum Trainieren von interkulturellen Begegnungssituationen. Die Themenauswahl geht besonders von deutschen Einstellungen aus. Neben Input und Bewusstmachung enthält jede Doppelseite eine starke Übungskomponente und viel Hörverstehensmaterial.* Intercultural communication *schult darüber hinaus die mündliche Ausdrucksfähigkeit und die Registersicherheit. Neben der Erarbeitung des Orientierungswissens in* Spot on facts *und den Texten sowie der Erarbeitung von Haltungen, Perspektiven und Bewusstheit in zahlreichen Aufgaben des* Topic-*Teils stellt der Anhang* Intercultural communication *eine weitere wichtige Komponente für die Entwicklung der interkulturellen Kompetenz dar.*

SKILLS SECTION

- *In diesem Abschnitt erfolgt eine Darstellung aller wichtigen Strategien, Methoden und Kompetenzen. Er ist untergliedert in* Word skills, Text skills, Writing skills, Listening skills, Speaking skills, Mediating skills *und* Special skills *(einschließlich Hör-/Sehverstehen und Internetrecherche). Die* Skills section *kann zum Nachschlagen benutzt werden, sollte aber auch konsequent bei der Bearbeitung der jeweiligen Aufgaben eingesetzt werden. Entsprechende Verweise im* Topic-*Teil dienen der Integration der* Skills section *in den Unterricht (orangefarbene Hinweise im Anschluss an die Aufgabenstellung, z. B.* → **S4.1***).*
  Die Skills section *enthält zahlreiche Wortschatzhilfen, die die S bei der Anwendung des Fach- und Registerwortschatzes unterstützen. Die einzelnen* Skills *werden anschaulich und unter hohem Anwendungsbezug mit vielen Beispielen und Tipps dargestellt. Sie unterstützen die S effektiv bei der situations- und adressatengerechten Sprachproduktion.*

GLOSSARY OF LITERARY TERMS

- *Dieser Anhang enthält die wichtigsten literarischen Fachbegriffe zum Nachschlagen. Er soll bei der Erarbeitung und Überprüfung der literaturbezogenen Aufgaben und bei Aufgaben zu Form-Inhalt-Beziehungen verwendet werden.*

CLASSROOM METHODS

- *Den Abschluss bildet im Schülerbuch eine Doppelseite mit schrittweisen Ausführungen zu gängigen Unterrichtsmethoden. Die S erhalten zusätzlich Hinweise auf die* Skills, *in denen sie weitere Hilfestellung zur Umsetzung finden.*

SCHÜLERBUCH-CD

- *Sie liegt den Schülerbüchern bei und enthält die Tonaufnahmen und Videos der* Spot on-*Seiten, die Transkripte der entsprechenden Hörtexte und die* Vocabulary sheets. *Zudem finden sich hier für den Abschnitt* Intercultural communication *alle Hörtexte, Transkripte,* Role cards *und Lösungen. Dadurch trägt* **Green Line Oberstufe** *in besonderem Maße der Forderung nach selbstständiger Erarbeitung der Unterrichtsinhalte Rechnung. Für die L entstehen mehr Möglichkeiten zur Stellung von Hausaufgaben, die S können einige Unterrichtsgegenstände nacharbeiten und haben insbesondere die Möglichkeit, ihren Wortschatz systematisch auszubauen.*

Wortschatzarbeit

LERNVOKABULAR

- *Von besonderer Bedeutung ist nach wie vor die Wortschatzarbeit.* **Green Line Oberstufe Rheinland-Pfalz, Saarland** *stellt mit den* Vocabulary sheets *auf der beiliegenden Schülerbuch-CD eine komfortable Möglichkeit zum weiteren Ausbau und zur Wiederholung des Wortschatzes bereit. Die* Vocabulary sheets *enthalten das Lernvokabular chronologisch auf Textebene. Die* Spot on vocabulary-*Seiten des* Topic-*Teils führen das Lernvokabular des*

Topics *zusammen und erhöhen dadurch den Stellenwert der Wortschatzarbeit weiter. Das thematische Lernvokabular zu* **Green Line Oberstufe**, *das über die* Vocabulary sheets *zu den* Spot on facts-*Seiten im Schülerbuch enthalten ist, wird auch in einem separaten Vokabellernheft zur Verfügung gestellt.*

VIERTEILIGES SYSTEM

- **Green Line Oberstufe Rheinland-Pfalz, Saarland** *misst der systematischen und selbstständigen Wortschatzarbeit durch die S eine große Bedeutung bei. Aus diesem Grunde wurde ein vierteiliges System von Vokabellern- und Nachschlagemöglichkeiten ins Buch integriert. Die bisher gelernten Techniken und Vernetzungsstrategien der Wortschatzarbeit können dabei vielfältig angewandt werden. Neben der Erarbeitung des Fachwortschatzes ist in* **Green Line Oberstufe Rheinland-Pfalz, Saarland** *der Wortschatz zur sprachlichen Interaktion und zur argumentativen Gesprächsführung von zentraler Bedeutung.*
  Die vier Ebenen der Wortschatzarbeit sind:

VOCABULARY SHEETS

- *Die* Vocabulary sheets *auf der Schülerbuch-CD (siehe dazu die Hinweise im Schülerbuch,* Skills section → **S1** Learning vocabulary with vocabulary sheets*) bilden das wichtigste Element des Wortschatzkonzeptes in* **Green Line Oberstufe Rheinland-Pfalz, Saarland**.

CHRONOLOGISCH

- *Sie bieten zu jedem Text einen chronologischen Lernwortschatz mit dem wichtigsten Vokabular. Die Aufbereitung der* Vocabulary sheets *ist dreispaltig. Die linke Spalte ist für die zu erlernende Vokabel bestimmt (Einzelwort oder Wendung). Die mittlere Spalte ist für die deutsche Übersetzung der Lernvokabel und wichtiger Kollokationen vorgesehen. Die rechte Spalte kann Antonyme, Synonyme, Bezüge zur Wortfamilie usw. enthalten. Bei Einzelwörtern in der linken Spalte bietet sie vor allem wichtige Kollokationen. Aus der Reihenfolge der Vokabeln in den Texten ergibt sich ein chronologischer textbezogener Aufbau des Lernwortschatzes.*

THEMATISCH

- *Die* Vocabulary sheets *zu den* Spot on facts-*Seiten des Schülerbuchs enthalten den wichtigsten Wortschatz zu bestimmten Themengebieten, gegliedert nach den jeweiligen Unterthemen der* Spot on facts-*Seite. Diese thematisch gruppierten Lernwortlisten ermöglichen es den S, sich optimal auf die mündliche oder schriftliche Textproduktion zu einem bestimmten Thema vorzubereiten.*
- *Der Inhalt der Wortlisten zu bestimmten Texten oder Themen kann von L als verbindlich erklärt und ggf. in Vokabeltests überprüft werden.*

ANNOTATIONS

- *Die* Annotations *dienen zur Erklärung nicht erschließbarer, für das Textverständnis zentraler Wörter und Begriffe. Sie stehen in der Randspalte und enthalten bei Bedarf auch die phonetische Umschrift.*

USEFUL PHRASES

- Useful phrases *finden sich immer dort, wo wichtige Zusammenstellungen von Wortfeldern (unterschiedlicher Art) angeboten werden und bei Übungen oder neu beginnenden Unterrichtsphasen Hilfestellung lexikalischer Art gegeben werden soll. Häufig enthalten sie eine thematische Überschrift, z. B.* Talking about probability. *In der* Skills section *werden solche Zusammenfassungen unter dem Gesichtspunkt eines funktionalen Wortschatzes angeboten (*Useful phrases*).*

SPOT ON VOCABULARY

- *Die* Spot on vocabulary-*Seiten im Schülerbuch, die am Ende eines* Topics *Aufgaben zum Umwälzen des wichtigsten Wortschatzes anbieten (siehe auch oben unter* Topics*).*

Übungstypologie

ANFORDERUNGSBEREICHE

OPERATOREN

- *Die Aufgaben in* **Green Line Oberstufe Rheinland-Pfalz, Saarland** *verfolgen einerseits das Ziel, einen motivierenden, abwechslungsreichen Unterricht zu ermöglichen, andererseits aber auch gezielt auf die Abiturprüfungsformate vorzubereiten. Daher finden Sie im Schülerbuch ein breites Aufgabenspektrum in dem die S Gelegenheit erhalten, alle verschiedenen Kompetenzen und Anforderungsbereiche zu üben. Dieses Spektrum umfasst grundsätzlich die Anforderungsbereiche* Comprehension, Analysis *und* Evaluation *und die zugeordneten gängigen Operatoren für die Abiturprüfung, wird aber in vielen unterschiedlichen Übungsformen realisiert. Vom Spracherwerb über die Erarbeitung von inhaltlich-thematischen Fragestellungen bis hin zur Analyse von Form-Inhalt-Beziehungen werden alle oberstufenrelevanten Bereiche geübt, einschließlich Recherche- und Präsentationsaufgaben oder kreativem Schreiben. Im Anschluss an zahlreiche Aufgaben finden sich Hinweise auf den Skills-Teil, durch die die S nützliche Hinweise für die Bewältigung der Aufgaben erhalten.*

SOZIALFORMEN

- Selbstverständlich finden sich in der vielfältigen Übungstypologie für verschiedene Sozialformen und Unterrichtsphasen geeignete Aufgaben sowie zahlreiche Möglichkeiten für fächerverbindende und -übergreifende Ansätze, längerfristige Projekte und bilinguale Unterrichtssequenzen, die auch im Sinne einer wissenschaftsvorbereitenden Unterrichtsgestaltung genutzt werden können.
- Neben Aufgaben aus dem Bereich Writing (schriftliche Textproduktion) werden die weiteren funktionalen kommunikativen Kompetenzen auch ausführlich mit direktem Bezug auf die Themen der Topics einerseits und zur Abiturprüfung andererseits trainiert.

HÖRVERSTEHEN

- **Green Line Oberstufe** enthält über zwei Stunden authentisches Hörverstehensmaterial. Für die Lehrkraft steht das Material entweder auf einer Lehrer-Audio-CD-Sammlung zur Verfügung (inkl. Transkripte) oder im Digitalen Unterrichtsassistenten Plus (ebenfalls inkl. Transkripte). Auf der Schülerbuch-CD befinden sich nur ausgewählte Texte, nämlich die der Spot on-Seiten.
- Im Schülerbuch selbst stehen in der Regel eher offene Hörverstehensaufgaben. Das Medium eines Schülerbuchs, das meist in der Ausleihe benutzt wird, bietet sich nicht für standardisierte bzw. geschlossene Aufgabenformate wie Multiple choice oder Sentence completion usw. an. Da diese Aufgabenformen aber prüfungsrelevant sind, stehen in einem separaten Produkt 42 Aufgabensheets mit geschlossenen bzw. halboffenen Aufgaben zu den Hörtexten des Schülerbuchs zur Verfügung: **Standardisierte Übungsformen zum Hör-/ Hörsehverstehen**, Klettnummer 530462.
- Außerdem bietet das Workbook zu jedem Langtopic einen neuen Hörtext mit geschlossenen/ halboffenen Aufgaben.

LESEVERSTEHEN

- Auch beim Leseverstehen deckt das Schülerbuch **Green Line Oberstufe** vor allem offenere Aufgabenformen ab. Standardisierte bzw. geschlossene Aufgabenformate zum Leseverstehen passend zu allen geeigneten Texten des Schülerbuchs stehen in einem separaten Produkt zur Verfügung: **Standardisierte Übungsformen zum Leseverstehen**, Klettnummer 530463.
- Außerdem bietet das Workbook zu jedem Langtopic einen neuen Lesetext mit geschlossenen/halboffenen Aufgaben.

MEDIATION

- **Green Line Oberstufe** bietet vielfältige, authentische und prüfungsnahe Mediationsaufgaben. Ein Core skill workshop beschäftigt sich intensiv mit dem Training von Sprachmittlung anhand verschiedener Texte. Hier werden die wichtigsten Schritte eingeübt und die S für die Besonderheiten der Mediation sensibilisiert. Alle Spot on language-Doppelseiten trainieren immer auch Mediation.
- Darüber hinaus finden Sie im Workbook zu jedem Langtopic und vielen Kurztopics einen weiteren Mediation-Text.

SPRECHPRÜFUNG

- Auch zum Thema Mündlichkeit und Mündliche Prüfung bietet **Green Line Oberstufe** vielfältigste Übungsmöglichkeiten in allen Topics sowie Skills und sprachliche Mittel, etwa in Form von Useful phrases oder im Skills-Anhang. Die Aufgaben umfassen sowohl monologisches als auch dialogisches Sprechen.
- Das Workbook enthält darüber hinaus pro Langtopic ein Beispiel für eine mündliche Tandemprüfung inklusive geeigneten Sprechimpulsen.

HÖR-/ SEHVERSTEHEN

- Abgerundet wird das umfangreiche Text- und Medienangebot von **Green Line Oberstufe** mit ca. zwei Stunden authentischem Material zum Hör-/Sehverstehen. Für L steht das Material entweder auf der Lehrer-Film-DVD zur Verfügung (inklusive zuschaltbaren Untertiteln) oder im Digitalen Unterrichtsassistenten Plus. Auf der Schülerbuch-CD befinden sich nur die Videos der Spot on-Seiten.

ONLINE CODES

- Jedes Topic in **Green Line Oberstufe Rheinland-Pfalz, Saarland** besitzt einen Online Code, der aus einer sechsstelligen Kombination aus Buchstaben und Ziffern besteht. Wenn L oder die S den Code auf www.klett.de in das Suchfeld eingeben, gelangt man direkt auf die entsprechende Seite in Lehrwerk online. Hier befinden sich die Lösungen zu den Spot on facts-, Spot on language- und Spot on vocabulary-Seiten im Schülerbuch frei zugänglich für die S. Mit diesen Lösungen können sie sich selbstständig der Verbesserung ihrer sprachlichen Fertigkeiten oder ihres soziokulturellen Wissens widmen. Außerdem gibt es Aufgaben im Buch, die zusätzliche Materialien benötigen, die online unter dem Code zur Verfügung stehen. Diese Aufgaben sind im Buch mit dem Symbol gekennzeichnet.

Workbook and Exam Preparation

WORKBOOK AND EXAM PREPARATION

- Das Arbeitsheft zu **Green Line Oberstufe** ist, im Gegensatz zu vielen vergleichbaren Produkten, topic-begleitend und stellt zu jedem Kapitel im Schülerbuch ein auf das Schülerbuch abgestimmtes Kapitel im Workbook bereit. Gleichzeitig ist das Workbook auch konsequent auf die Anforderungen der Klausuren bzw. Prüfungen der Qualifikationsphase bis hin zum Abitur optimiert. Das Workbook and Exam Preparation liegt in der Ausgabe **Grund- und Leistungskurs** sowie in der Ausgabe **Grundkurs** vor; dabei umfasst jedes Kapitel folgende Teile:

LANGUAGE

- Die Seiten Language/Grammar/Vocabulary bieten direkt auf die Texte und Aufgaben im Schülerbuch bezogene zusätzliche Aufgaben zur Spracharbeit. Advanced Language/Grammar/Vocabulary bezieht sich dabei auf die Materialien aus dem Teil Advanced texts und ist nur in der Ausgabe **Grund- und Leistungskurs** enthalten.

SKILLS

- Die Skills-Seiten: Speaking, Listening, Reading, Writing und Mediation liefern auf die Inhalte der Topics abgestimmte Übungsmöglichkeiten für die verschiedenen Teile der Abiturprüfung. Durch die Möglichkeit, im Arbeitsheft direkt Notizen einzutragen oder Kästchen anzukreuzen ist dies außerdem der ideale Platz für das Training geschlossener oder halboffener Aufgaben zum Lese- oder Hörverstehen.

MOCK EXAMS

- Am Ende des Workbook and Exam Preparation befinden sich drei Mock exams, in denen die S zusätzliche Möglichkeiten haben, sich unter abiturnahen Bedingungen zu testen.

SOLUTIONS

- Alle Lösungen von Workbook and Exam Preparation befinden sich auf der eingelegten CD-ROM (ebenso wie die Hörtexte und Transkripte), sodass die S autonom mit dem Heft arbeiten können.

Lehrerbuch

LEHRERBUCH

- Das Lehrerbuch setzt sich zum Ziel, einen wirksamen Beitrag zur effektiven, zeitsparenden Unterrichtsvorbereitung und -durchführung zu leisten. Es konzentriert sich auf die Bereitstellung von Hintergrundinformationen, Erwartungshorizonten und Lösungen sowie von methodisch-didaktischen Hinweisen für den Unterrichtsverlauf, einschließlich Vorschlägen zur Differenzierung. Ein Lernportfolio mit Vorschlägen zum Selfassessment, Kopiervorlagen, ein Methoden-Glossar und Klausurvorschläge gehören mit zum Service-angebot. Das Lehrerbuch ist auf die Arbeit mit beiden Schülerbuch-Ausgaben abgestimmt. Wenn Sie nur die Ausgabe **Grundkurs** einsetzen, können Sie die Seiten im Lehrerbuch, die oben mit grüner Schraffur gekennzeichnet sind (Advanced texts) unberücksichtigt lassen. Die folgenden Elemente dienen in besonderer Weise zur Arbeitserleichterung:

DIDAKTISCHES INHALTS-VERZEICHNIS

- Zur Erstinformation über die Inhalte der Topics dient ein didaktisches Inhaltsverzeichnis, das in knapper und übersichtlicher Form über Textsorte/Thema, Unterrichtsmethoden, Input boxes, Kompetenzen und Textproduktion informiert. Hier sind außerdem die Erscheinungsjahre der Originaltexte verzeichnet sowie eine grobe Einschätzung der Bearbeitungsdauer im Unterricht.

UNTERRICHTS-VERLAUF

- Es folgen Hinweise zum Unterrichtsverlauf, einschließlich der Hintergrundinformationen, methodischen Schritte, des Lernwortschatzes, aller Unterrichtsergebnisse, Querverweise, Alternativen, Hausaufgaben, Zusatzmaterialien usw. Die methodisch-didaktischen Erläuterungen werden zugunsten einer knappen, übersichtlichen Benutzerführung z.T. stichwortartig angeboten.

LÖSUNGS-VORSCHLÄGE

- Besonderer Wert wurde auf die Sicherung der Unterrichtsergebnisse in Form von Lösungsvorschlägen gelegt. Bei zahlreichen Texten und Übungen gibt es ausführlichere Vorschläge, insbesondere dann, wenn die Unterrichtsergebnisse für die Klausur- und Prüfungsvorbereitung relevant sind und sich auf elementare oder für die S schwierige Lernbereiche erstrecken (z.B. bei den Form-Inhalt-Beziehungen).

LERNPORTFOLIO

- Im Anhang des Lehrerbuchs befindet sich ein umfangreiches Lernportfolio zur Selbstevaluation. L kann die Kopiervorlagen nach jedem Ausbildungsabschnitt zur Verfügung stellen und die S können auf diese Weise ihre Lernfortschritte während der beiden letzten Schuljahre vor dem Abitur selbstständig überprüfen.

METHODEN

- Den Abschluss bildet eine Übersicht über gängige Unterrichtsmethoden.

Zusatzmaterial

KOPIERVORLAGEN

- *Zu jedem* Topic *steht im Lehrerbuch zusätzlich eine Auswahl an Kopiervorlagen zur Verfügung, die eine weitere Möglichkeit zur Differenzierung und Vertiefung der jeweiligen thematischen Schwerpunkte bieten. Die Materialien reichen von Wortschatzübungen über Anregungen zur inhaltlichen Erweiterung zu Rollenspielkarten und Vorschlägen für Debatten und Diskussionsrunden.*
- *Im Unterrichtsverlauf wird ein möglicher Einsatzort für die Kopiervorlagen vorgeschlagen. Selbstverständlich ist dies nur als Empfehlung zu verstehen. Je nach Lerngruppe und Unterrichtssituation kann auch ein späterer Einsatz sinnvoll sein. Die Kopiervorlagen zur Wortschatzarbeit eignen sich u.a. auch zur Wiederholung vor einer Klausur.*

LÖSUNGS-VORSCHLÄGE

- *Die Lösungen für die geschlossenen Aufgabenstellungen befinden sich unten auf der Kopiervorlage zum Abtrennen, die Lösungsvorschläge für die halboffenen Aufgabenstellungen sind im Kommentarteil an der Stelle zu finden, an der der Einsatz der Kopiervorlage vorgesehen ist.*

Online-Angebot

Code k949tr

- *Zum Lehrerbuch zu* **Green Line Oberstufe** *gibt es einen passenden Online Code. Wenn Sie diesen Code auf www.klett.de in das Suchfeld eingeben, kommen Sie auf Lehrwerk online zu einem Bereich, der zu jedem* Langtopic *einen Klausurvorschlag in editierbarer Form bereitstellt.*

KLAUSUR-VORSCHLÄGE

- *Der Zugang erfolgt nur mittels des Codes* **k949tr**, *es gibt darüber hinaus keinen Passwortschutz o.ä. Der notwendige Wortschatz wird unter den Texten als* Annotations *angeboten, darauf folgt eine Auswahl an abwechslungsreichen* Tasks.
- *Diese Klausuren enthalten auch Mediationstexte,* Visuals, *Sprechimpulse für die mündliche Prüfung usw. Sie sind als Anregung und Bausteine für Sie zu verstehen, wenn Sie Ihre Leistungsüberprüfungen in der Qualifikationsphase ausarbeiten. Durch die Editierbarkeit können Sie die Vorschläge leicht an Ihre Bedürfnisse anpassen.*

ERWARTUNGS-HORIZONTE

- *Zu den Klausurvorschlägen gibt es – ebenfalls als editierbare Word-Dokumente – einen Erwartungshorizont. Neben den Lösungsvorschlägen zu den* Tasks *befinden sich hier auch die nötigen Textinformationen und Quellenangaben.*

Stoffverteilungspläne

SEQUENZPLANUNG

- *Detaillierte und genau auf Ihr Bundesland abgestimmte Stoffverteilungspläne bzw. Unterrichtssequenzen finden Sie im Internet unter www.klett.de/lehrwerk/green-line-oberstufe-neue-ausgabe/stoffverteilungsplaene.*
- *Diese Planungshilfen sind editierbar und ermöglichen es Ihnen, komfortabel Ihr Schuljahr mit* **Green Line Oberstufe** *und darauf abgestimmten Materialien zu gestalten.*

Digitaler Unterrichtsassistent Plus

DUA PLUS

- *Der Digitale Unterrichtsassistent Plus zu* **Green Line Oberstufe Rheinland-Pfalz, Saarland** *stellt Ihnen digital alles zur Verfügung, was Sie für die Unterrichtsvorbereitung und -durchführung benötigen: das gesamte Schülerbuch inklusive aller Audios (mit Ausnahme der Songs), aller Videos und der Transkripte, das gesamte Lehrerbuch inklusive der Kopiervorlagen und der Klausuren sowie eine Ansichtsfassung des Workbooks.*
- *Darüber hinaus beinhaltet der Digitale Unterrichtsassistent Plus zahlreiche Tools und Hilfen. Wo immer möglich, werden diese Materialien passgenau den Schülerbuchseiten zugeordnet und sind von dort aus komfortabel aufzurufen.*

Begleitmaterial

Für Lehrer

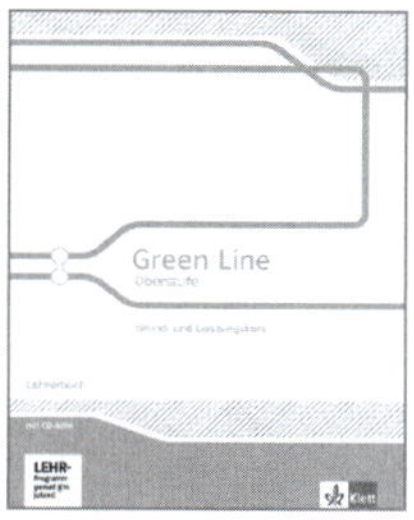

Lehrerbuch

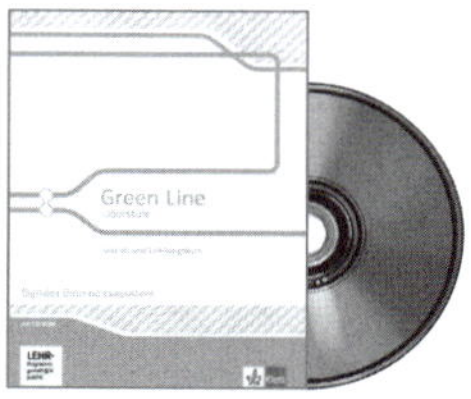

Digitaler Unterrichts-assistent Plus

Lehrer Film-DVD

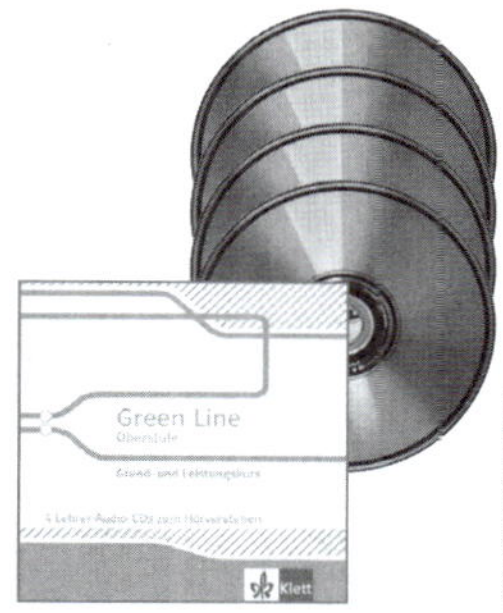

4 Lehrer Audio-CDs zum Hörverstehen

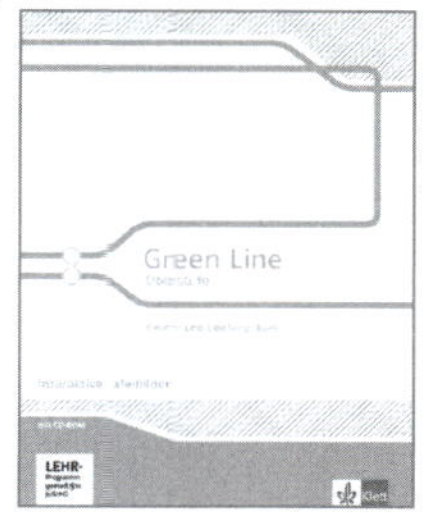

Interaktive Tafelbilder

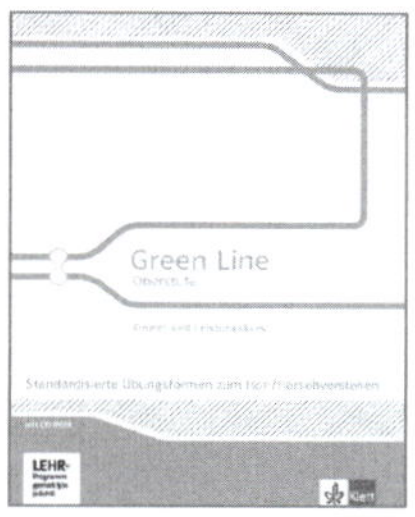

Standardisierte Übungs-formen zum Hör- und Hörsehverstehen

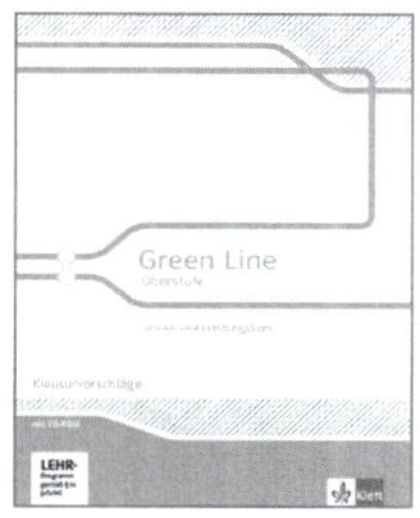

Klausurvorschläge

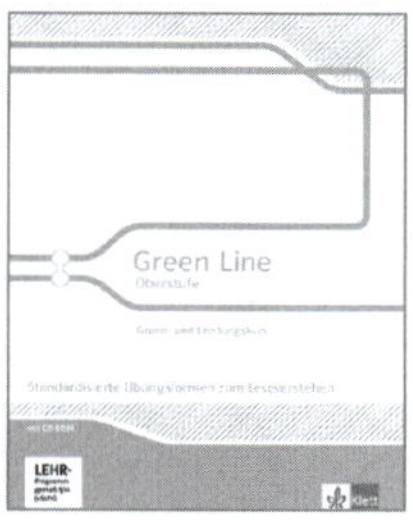

Standardisierte Übungsformen zum Leseverstehen

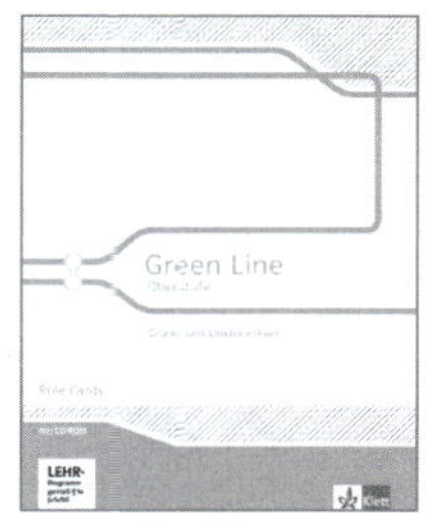

Role Cards

Für Schüler

Schülerbuch Grundkurs

Schülerbuch Grund- und Leistungskurs

Vokabellernheft

Essential skills

Mediation

Workbook and Exam Preparation

Als Grund- und Leistungskurs-Ausgabe sowie als Grundkurs-Ausgabe verfügbar.

Listening Comprehension Tests

1 The individual and society

Didaktisches Inhaltsverzeichnis

Textsorte/Thema	Unterrichtsmethoden	Input boxes	Kompetenzen	Textproduktion
Introduction				ca. 2 Unterrichtsstunden
Combination of visuals and quotations, radio report/The individual and society	*Kursgespräch* *Partnerarbeit* *Gruppenarbeit* Think-Pair-Share ◎ *L2/8 Transkript* *Code 6wi4eu* *WB Tasks 1, 5* *Zusatzmaterial: Kopiervorlage 1*	Useful phrases: Talking about human rights	*Orientierungswissen* *Bildbeschreibung/ -analyse* *Gespräche führen* *Recherchieren* *Hörverstehen* *Argumentieren*	Describing and assessing pictures Making lists Comparing aspects Listening for gist Doing research
Spot on facts The make-up of society				ca. 2 Unterrichtsstunden
Factual information, statistics, cartoon/ Social class	*Kursgespräch* *Gruppenarbeit* *WB Task 2* *Zusatzmaterial: Kopiervorlage 2*	Fact files: What is social class? – Social class in the US – The generations – The Millennials – Generation Z	*Leseverstehen* *Recherchieren*	Doing research Preparing and conducting interviews Comparing findings Giving presentations
Core skill workshop Analysing a film				ca. 3 Unterrichtsstunden
Camera shots, short film/Analysis and evaluation	*Kursgespräch* *Partnerarbeit* *Gruppenarbeit* *L*	Useful phrases: Talking about camera work Tip: Film reviews	*Orientierungswissen* *Hör-/Sehverstehen* *Gespräche führen* *Argumentieren* *Kreatives Schreiben*	Making lists Matching pictures with camera shots Discussing sound effects and lighting Viewing for gist/detail Making notes Writing reviews Holding debates
Texts A question of class				
A new class system in the UK, 2013				ca. 1 Unterrichtsstunde
Online article, cartoon/Class system in the UK	*Kursgespräch* *Partnerarbeit* *WB Tasks 3, 6*	Fact file: The Great British Class Survey	*Leseverstehen* *Bildbeschreibung/ -analyse*	Summarising findings Describing and assessing cartoons
A better society?, 2011				ca. 2 Unterrichtsstunden
Dystopian novel excerpt/Society in future	*Kursgespräch* *Partnerarbeit* *Gruppenarbeit* *WB Tasks 4, 7–14*	VIP file: Veronica Roth	*Leseverstehen* *Gespräche führen* *Argumentieren*	Making notes Designing posters Organising a gallery walk Discussing similarities and differences
Texts B Generations apart				
The young versus the old, 2013				ca. 2 Unterrichtsstunden
Newspaper article, statistics/Generation conflict	*Kursgespräch* *Partnerarbeit*	VIP file: Fay Weldon	*Orientierungswissen* *Leseverstehen* *Statistiken analysieren* *Gespräche führen* *Argumentieren*	Summarising facts Examining style and tone Describing and assessing statistics

Textsorte/Thema	Unterrichtsmethoden	Input boxes	Kompetenzen	Textproduktion
Advanced texts C Social attitudes				
A generation of individualists, 2013				ca. 2 Unterrichtsstunden
Newspaper article, statistics/The younger generation	*Kursgespräch* *Partnerarbeit* *WB Tasks 15, 16* *Zusatzmaterial: Kopiervorlage 3*	Fact file: Britain's Welfare State Fact file: Margret Thatcher	*Orientierungswissen* *Leseverstehen* *Gespräche führen* *Argumentieren*	Summarising texts Analysing language and style Writing comments
Richard Cory				ca. 1 Unterrichtsstunde
Poem/Appearances are deceptive	*Kursgespräch* *Partnerarbeit* *Gruppenarbeit*	VIP file: Edwin Arlington Robinson	*Leseverstehen* *Gespräche führen* *Kreatives Schreiben*	Analysing poems Describing figures of speech Writing dialogues
Advanced texts D How technology is changing society				
No hiding place, 2013				ca. 2 Unterrichtsstunden
Novel excerpt, cartoon/An online search tool	*Kursgespräch* *Einzelarbeit* *Partnerarbeit* *WB Task 17*	VIP file: Dave Eggers Tip: Herd or mob mentality	*Orientierungswissen* *Leseverstehen* *Bildbeschreibung/-analyse* *Gespräche führen* *Argumentieren*	Summarising facts Examining language and tone Describing and assessing cartoons Holding mobile debates
How not to be alone, 2013				ca. 1 Unterrichtsstunde
Essay, photos/ Technological communication	*Kursgespräch* *Einzelarbeit* Think-Pair-Share *WB Task 18*	VIP file: Jonathan Safran Foer	*Orientierungswissen* *Leseverstehen* *Bildbeschreibung/-analyse* *Gespräche führen*	Describing and assessing pictures Analysing stylistic devices Writing comments
Spot on language Talking about the past – Using connectives – Mediation				ca. 2 Unterrichtsstunden
German online article/Voluntary work	*Kursgespräch* *Einzelarbeit*		*Gespräche führen* *Mediation*	Completing sentences Using connectives Writing paragraphs Mediating Writing emails
Spot on vocabulary Describing people – Discussing social topics – Writing about the generation gap				ca. 1 Std
Working with words	*Kursgespräch* *Einzelarbeit* *Partnerarbeit*	Tip: Vocab sheets	*Wortschatzarbeit*	Characterising people Matching nouns and adjectives Using collocations Writing paragraphs
Topic task Producing a short film				ca. 3 Unterrichtsstunden
Project work/Step 1–6	*Kursgespräch* *Einzelarbeit* *Gruppenarbeit* *Zusatzmaterial: Klausurvorschlag Code k949tr*	Tip: Internet Movie Script Database (IMSDb)	*Projektarbeit*	Choosing themes Brainstorming ideas Allocating tasks Producing a three-minute film

Unterrichtsverlauf

Code 6wi4eu

Introduction

→ WB Tasks 1, 5

The Universal Declaration of Human Rights (UDHR) is the foundational document of international human rights law, which was adopted by the United Nations General Assembly on 10 December 1948 (now celebrated annually as Human Rights Day) in Paris. The Declaration was drafted in the aftermath of massive and systematic abuses of human rights during the Second World War and expressed a clear commitment to the inherent dignity of every human being and to non-discrimination. The Universal Declaration of Human Rights comprises thirty articles that contain a comprehensive listing of key civil, political, economic, social and cultural rights. These have been elaborated on in subsequent international treaties, regional human rights instruments, national constitutions and other laws. The articles include the right against torture, the right to an effective remedy for human rights violations, the right to take part in government, the right to work, the right to form and to join trade unions, the right to participate freely in the cultural life of the community etc.

LERNWORTSCHATZ society, individual, expression, commitment, to make sth work

VISUALS

1 a)–c) Describe and analyse the photos, explaining how they ...

→ S28.1

METHODISCHES VORGEHEN

a) *Der Einstieg erfolgt über die Bildstimuli und angebotenen Zitate auf der Doppelseite. Teilaufgabe a) eignet sich für ein Unterrichtsgespräch mit dem gesamten Kurs, kann alternativ aber auch in Partnerarbeit erledigt werden. Hinweis auf* Skill 28.1 Working with visuals: Pictures.

b) *Für Teilaufgabe b) kann das sogenannte* Placemat-*Verfahren eingesetzt werden. Eine Gruppe von jeweils vier S erhält ein DIN-A3-Papier, das in fünf Schreibzonen aufgeteilt ist. Die jeweiligen Ecken sind die* Personal sections, *in die in einer ersten Stillarbeitsphase jeder S seine eigenen Gedanken schreibt. In der Mitte des Blattes befindet sich eine runde, ovale oder eckige* Group section, *in der die Gruppe nach dem Austausch der individuellen Ergebnisse die aus ihrer Sicht wichtigsten Aspekte zusammenträgt. Zum Abschluss werden die Ideen der einzelnen Gruppen im Plenum vorgestellt und diskutiert.*

c) *Die Bearbeitung von Teilaufgabe c) kann ebenfalls in Partnerarbeit erfolgen.*

LÖSUNGSVORSCHLAG

a) **Explain how the photos illustrate changes that society has undergone:**
Photos 1 and 2 (p. 1 top): The black and white photograph on the left shows an extended family with a father, mother and nine children. The mother is nursing a baby whereas the father is talking to the younger children, all of whom are listening attentively. Two older boys are reading the newspaper, and a girl is ironing some clothes. In the picture on the right a young father and his son, who is about 6–7 years old, are slicing up vegetables in the kitchen. The man is showing the child how to hold the knife correctly.
The two contrasting pictures show how family structures and gender roles have changed. Whereas traditional family and gender roles were the socially accepted norms in the past, nowadays there are many single parent households or patchwork families. In the past there were rather rigid gender roles. Women were supposed to take care of household chores and raising the children whereas men were considered as the head of the family whose orders had to be obeyed. Nowadays men and women are equal – at least according to the law – and in most families they share the work evenly. Men often do the cooking or other household chores, and most women work at least part-time.

Photos 3 and 4 (p. 1 bottom): While you can see two men working in a field and two horses pulling a plough in the black and white photograph on the left, the picture on the right shows a group of three men and three women in business attire sitting around a table and talking to each other. Some of them are taking notes while they are listening, facing the people who are exchanging their ideas. These two photographs show a fundamental change in the world of work. In the past most people had manual jobs, mostly in agriculture or manufacturing. People earned their living by doing hard physical labour. Nowadays most people have office jobs or work in the service sector. Teamwork plays an important role.

Photo 5 (p. 2 top): The photo depicts a protest march in an inner city street. The protesters are all wearing the same T-shirt and are holding on to a huge colourful cloth which extends for hundreds of metre. While they are walking along the street, hundreds of people are standing next to the march, looking at the scene and supporting the protesters. This picture illustrates the fact that in Western countries people demand political participation and are able to express their views in campaigns, ralleys or protest marches.

Photo 6 (p. 2 bottom): In this picture a group of young people, who are all wearing green T-shirts, are about to plant a tree. It might be a group of conservationists who are committed to environmental issues. This image points to the fact that today many people are environmentally conscious and are willing to make a contribution to the preservation of the environment, e.g. by working together in a group to improve the situation on a local level.

Discuss whether these changes have been positive or not: Individual answers expected.

b) **Other important social developments:**
- The role of the church and the importance of religion has decreased in many people's lives.
- Multiculturalism, pluralistic societies: due to immigration the population is getting more diverse.
- Values such as tolerance, equality, individuality and individual liberty have become core ideas that shape the Western world.
- Unlike the past many people consider their personal achievements, status and reputation to be very important.
- Whereas social conformity was highly valued in the past, opposing ideas, rebelling against mainstream culture or alternative lifestyles have become ubiquitous nowadays.
- In general, people in the Western world put a lot of emphasis on their self-actualisation, i. e. their personal growth and fulfillment, which is also a comparatively new development.
- The all-pervasiveness of social media and various profound technical developments have changed the way we communicate in a fundamental way.
- Urbanisation: more and more people leave rural areas and move to cities or towns.
- Changing demographics: due to an increase in life-expectancy, a considerably lower infant mortality rate and the fact that more and more women remain childless or have only one child, the population is becoming increasingly older on average.
- Education: children and teenagers are treated with consideration, respect and appreciation and are not expected to just obey as it was often the case some decades ago.

c) **Choose the quotation you like best:** Individual answers expected.

RESEARCH

2 a) Make a list of the human rights ... b) Compare your list ...

METHODISCHES VORGEHEN

Diese Rechercheaufgabe wird in Partnerarbeit erledigt. Zunächst stellt jeder S seine eigenen Ideen zusammen und vergleicht diese dann mit Hilfe des Internets mit der Allgemeinen Erklärung der Menschenrechte durch die UN. Im Anschluss daran tauschen sich die Partner zu ihren eigenen Vorstellungen und den Ergebnissen der Recherche untereinander aus.

LÖSUNGSVORSCHLAG

a) **List of human rights:**
- the right to life and liberty
- the right to live in freedom
- the right to exercise one's religion freely
- the right to express one's opinion freely
- the right to actively participate in the political processes of one's country
- the right to be treated equally, regardless of one's gender, age, ethnic background, political beliefs, sexual preferences etc.
- the right to have a just trial and be treated fairly in court
- the right to have access to free education
- the right to profit from state welfare

b) Individual answers expected.

EVALUATION

3 a)–c) In pairs think about what a society needs to offer …

MATERIALIEN

→ Kopiervorlage 1 (Making a difference)

METHODISCHES VORGEHEN

a) *L weist auf die* Useful phrases *zu* Talking about human rights *hin, die die S bei der Erledigung von Teilaufgabe a) während der Partnerarbeit gezielt verwenden sollen.*

b) *Teilaufgabe b) eignet sich für eine schriftliche Hausaufgabe. Im Anschluss an die Besprechung der S-Ergebnisse kann eine Diskussion im Plenum zu dem berühmten Zitat des ehemaligen US-Präsidenten John F. Kennedy erfolgen, der in der Rede zu seiner Amtseinführung am 20. Januar 1961 sagte:* "Ask not what your country can do for you, ask what you can do for your country."

c) *Diese Aufgabe wird mit der Methode* Think-Pair-Share *bearbeitet. Die S machen sich in einer Stillarbeitsphase Notizen zu der Themenstellung* (Think). *Sie tauschen ihre Ideen dann mit dem Partner aus* (Pair), *bevor sie im Anschluss die wesentlichen Erkenntnisse aus ihrem Partnergespräch mit einer Kleingruppe oder im Plenum teilen* (Share).

LÖSUNGSVORSCHLAG

a) **What a society needs to offer to make human rights flourish:**
The welfare state ensures the economic and social well-being of its citizens regardless of their social status, gender, age, ethnicity etc. The concept of social security, i.e. programmes, initiatives or institutions by which the government promotes the welfare of the population, is a fundamental part of human rights in a nation state. Social security includes insurance programmes, financial benefits or services, access to basic resources like water, electricity, shelter etc. and the provision of utilities and infrastucture. People in need, and the disadvantaged in particular, are supported by the public to enable them to live in dignity by guaranteeing their basic needs. Proponents of a welfare state believe society must provide a safety net for citizens living in poverty to prevent them from becoming completely destitute. Moreover, it is very important that a modern healthcare system meets the needs of the elderly and ill. The legal system, which comprises the constitution, the legislation and institutions and bodies that exercise legal power, is the basis for guaranteeing human rights. The constitution of the democratic nation states must declare human rights as core values, and national laws must abide by this. It is the duty and responsibility of judges, prosecutors and lawyers to ensure that human rights and the citizens are protected from the abuse of power. Society generally must address inequality and find the means and methods to ensure that all citizens are treated equally.

b) **Responsibilities the individual has towards society:**
- The individual must behave ethically and be sensitive towards social, cultural, economic and environmental issues.
- People must avoid engaging in socially harmful acts.
- Individuals should be committed to the community where they live and engage in voluntary service, mentoring or simply recycling their waste etc.
- They should donate money or goods to charities, help the needy, disadvantaged, the elderly, immigrants etc.

Do children and adults have the same responsibilities?
- Children are generally less mature and responsible than adults.
- Children are among the weakest in society and should be protected by adults. Their rights should be safeguarded at all costs.
- Of course, adults/parents should remind their children to act in an ethically appropriate and responsible manner. This should be done at home as well as at school.
- But in general children cannot be expected to have the same responsibilites as adults, who have much more life experience, more education, more skills and abilities and typically more financial means to make suitable contributions to society.

c) **The two most important rights and responsibilities:** Individual answers expected.

ERWEITERUNG *Kopiervorlage 1* (Make a difference) *macht die S mit dem seit über 20 Jahren in Amerika mit großem Erfolg stattfindenden* Make a Difference Day *vertraut. Sie verfassen einen Text, mit dessen Hilfe sie die S anderer Englischkurse ihrer Jahrgangsstufe überzeugen sollen, einen solchen Tag an der eigenen Schule zu initiieren. In Kleingruppen diskutieren die S dann verschiedene konkrete Projektideen und gestalten ein Poster oder einen Flyer. Die Ergebnisse werden in einem* Gallery walk *vorgestellt und die Klasse wählt den besten Vorschlag aus.*

LISTENING ⦾ L2/8 **4 a) Listen to a radio report ... b) Which of the changes outlined ...?** → S21

MATERIALIEN → ⦾ L2/8 (Ruggles household) • Transkript

METHODISCHES VORGEHEN *Der Radiobeitrag wird zweimal vorgespielt. L verweist auf* Skill 21 Listening comprehension. *Die S machen sich während des Hörens Notizen und beantworten die in Teilaufgabe a) vorgegebenen Fragen im Plenum. Teilaufgabe b) kann alternativ auch in Partnerarbeit besprochen werden.*

LÖSUNGSVORSCHLAG

a) Describe the set-up in the Ruggles/Dusseault household, outlining the reasons for it:
Four women from three different generations and four dogs live together in their new home in a suburb of Phoenix, Arizona. Jacques Ruggles, the grandma, pays the mortgage. Her daughter, Marci Dusseault, and her two granddaughters live there too. One of her granddaughters, Chelsie, is a 22-year-old unemployed woman who faces $6,000 in credit card debt. Her other granddaughter, Jamie, is 19 and goes to college. Both girls profit from their mother's and their grandmother's financial and emotional support. Their 600 square foot suite perfectly meets their respective needs. There's a kitchenette and a living room, where Jamie lives. In the aftermath of the economic crisis many adult children have been forced to move in with their parents or grandparents. Thus home builders have tried to meet the needs of these people and design large multi-generational homes which are quite flexible. On average, houses have become much larger in recent years. In the US the median size of a new house is now about 2,400 square feet, up 17 per cent since the real estate bust.

b) Which of the changes outlined above could possibly be affected by this new trend?
The concept of the family might be affected by this new trend. When adult children move in with their parents, who might also be taking care of their own parents, might live together in the same house like they did in the past. Presumably these multi-generational households tend to be located in urban areas rather than rural ones, thus enhancing the tendency of people to move from the country to cities or towns.

Spot on facts

FACTUAL TEXTS ### The make-up of society → WB Task 2

LERNWORTSCHATZ social class, social status, economic, lower class, to be affected by, income, wealth, attitude, inequality, opportunity, reward, hierarchy, nobility, royalty, to be divided into, elite, from rags to riches, accident of birth, scope, single mom, economic downturn, to move up into, upward mobility, downward mobility, currently, to reverse, proposal, ladder of opportunity, value, attribute, the Millennials, supporter, gay rights, unique, respectful, moral, work ethic, to characterise, confident, self-expressive, upbeat, to be open to sth, diverse, previous, to consider oneself to be, savvy, to be concerned about sth, to grow up, to take sth for granted, connected, attention span, challenge, eager, to confront, impact on, slacktivism, to volunteer

MATERIALIEN → Kopiervorlage 2 (Social class)

EINSTIEG *L schreibt zunächst die Frage* What is social class? *an die Tafel und sammelt die Assoziationen der S. Ausgehend von der ersten* Fact file *der* Spot on facts-*Doppelseite diskutieren die S, inwiefern sich* Social class *in der Bundesrepublik zeigt. Mögliche Fragestellungen können sein:* Do you think that German society is divided into classes? Do you consider German society to be relatively open, i.e. is there a fairly high rate of social mobility?

LÖSUNGSVORSCHLAG **Possible answers:**

- In Germany occupation, education and wealth largely determine an individual's social status as well as power and influence in politics, society and economy, but there is no clear definition or boundary which defines a particular class.
- For example, Members of Parliament, university professors and the heads of corporations have the highest social ranks; at the next level there are research scientists, high government officials, business leaders, renowned journalists, actors etc. Then come the small business owners, doctors, lawyers, employees and the like, which could be considered the middle class. Craftsmen, tradesmen and the working class follow, and then there are the poor and uneducated.
- Individual success in German society depends greatly upon education and opportunity. It depends less upon the social class a person comes from, i.e. one's family background. Thus social mobility is definitely possible.
- Studies have often shown that poverty levels are high in Germany.

METHODISCHES VORGEHEN *Im Anschluss an das Unterrichtsgespräch beschäftigen sich die S selbstständig mit dem* Fact file *zu* Social class in the US. *Die wichtigsten Ergebnisse werden im Plenum, gelenkt durch Impulsfragen von L, zusammengefasst:* To what extent does social class play a role in the US? Refer to the table and the graph in your textbook. Summarise the implications of President Obama's plan to reverse the "stalled American Dream" (l. 26) by referring to the cartoon.

ERWEITERUNG *Kopiervorlage 2* (Social class) *fordert die S auf, eine Mindmap zum Thema* Social class *zu erstellen. Dabei wird ein Teil des Lernwortschatzes der* Spot on facts-*Seite umgewälzt.*

RESEARCH **1 In small groups choose one of the generations above and find ...** → S22

METHODISCHES VORGEHEN *Die S beschäftigen sich in einer Selbstlernphase eigenständig in Kleingruppen mit dem angebotenen Material und der in Aufgabe 1 vorgegebenen Rechercheaufgabe. Die Aufgabenstellung umfasst auch das Führen von Interviews und die Zusammenstellung der Ergebnisse in einer geeigneten Präsentationsform. Dazu wird auf* Skill 22 Presentation *verwiesen. Für die Arbeit in den Kleingruppen und die anschließende Ergebnisvorstellung sind drei bis vier Unterrichtsstunden zu veranschlagen, sofern die S zu Hause selbstständig im Internet recherchieren.*

LÖSUNGSVORSCHLAG Individual answers expected.

Core skill workshop

BRAINSTORMING **1 a)–c) Make a list of all of the different types of film genres ...** →△1

METHODISCHES VORGEHEN *Die Liste für Teilaufgabe a) wird in einer Stillarbeitsphase angefertigt und dann im Plenum besprochen. Der zweite Teil der Aufgabenstellung wird von den S in Einzelarbeit bearbeitet. Die Ergebnisse werden anschließend im Plenum diskutiert. Teilaufgabe c) wird in Partnerarbeit bearbeitet.*

LÖSUNGSVORSCHLAG **a) Different types of film genres:**

action film, adventure film, comedy, romance, crime & gangster film, thriller, drama, epics/historical film, horror film, musical/dance film, war & anti-war film, western, animation, documentary, Bollywood, science fiction & fantasy etc.

b) Identify the descriptions of the film genres and find an example:

- A film with a light-hearted plot that aims to amuse the audience:
  comedy (e.g. *Life of Brian, Hangover*)
- A film that focuses on a love affair:
  romance (e.g. *Titanic, Love actually, The Perks of Being a Wallflower*)
- A film designed to create feelings of fear, alarm or panic in the audience:
  horror film (e.g. *Resident Evil, Predator, Psycho*)
- A film that employs black humour to get its point across:
  black/dark comedy (e.g. *Bad Santa, Pulp Fiction*)

- A film with a fast-moving plot and fight scenes, violence, car chases etc.: **thriller/action film** (e.g. *Argo, James Bond*)
- A film focusing on realistic characters and emotionally- charged events: **drama** (e.g. *The Fault in Our Stars, 12 Years a Slave*)

c) What films and narrative texts have in common:
- protagonists, characters
- plot
- setting (place, time, social situation of the action): often an imaginary world
- flashback, foreshadowing

The differences between them:
- Narrative texts are language based whereas films use medial representation and visual and cinematographic devices (elements relating to camera, sound, editing), i.e. a scene is describes in a narrative text whereas it is depicted in a film.
- In narrative texts the narrative perspective influences the readers and their understanding of the characters and the plot. In a film various features shape the viewer's perception, such as the camera work (ways of shooting: angles, camera movement, scale etc.), the lighting, colours, contrasts, sounds, the setting, props, costumes, make-up as well as the actors (looks, expressions, gestures, movement etc.) and the final editing.

DIFFERENZIERUNG △ *Leistungsstärkere S finden in Aufgabe 1 im* Diff pool *Hilfestellung für die Bearbeitung von Teilaufgabe c). Es werden Elemente vorgegeben, die die S diesen Kategorien zuordnen müssen:*

LÖSUNGSVORSCHLAG

Film	Literary text	Both
director sound lighting camera movement sequence	chapter paragraph	scene author narrative characters point of view setting plot

Compare the elements and decide whether they are similar:
- A scene is a sub-division of an act in a play or in a film and usually depicts actions which are happening in one place at one time. Scenes are similar in films and literary texts.
- The author is the person who creates the literary text or the film script. The author of a film script not only concentrates on the story and characters but also needs to think about props, stage directions etc.
- The narrative is the story that is being told in a literary text or in a film. There is no real difference between films and literature in this respect.
- Characters are the fictional individuals in a literary text or film. Both in film and literature they might be flat, which means they are not very complex and do not change in the course of the action, or round, which means they undergo a particular development.
- Point of view refers to the perspective from which the narrator in a literary text or the director of a film tells the story. In literature this is done through the narrative perspective (e.g. a first-person narrator, a third-person narrator with a limited point of view or an omniscient narrator) whereas in films, aspects like camera work (angles etc.) or sound play a crucial role when a particular perspective is created.
- Setting includes the time and place that constitute the backdrop of a story in a film or literary work. Whereas the setting can be described by words in literary works, props are necessary to depict a particular place and time in which the film is set.
- Plot refers to the sequence of evens in a story or in a film – it is quite similar in films and literary texts.

If possible, add more elements:
- **film:** props, editing, costumes, viewer
- **literary text:** publisher, reader, layout, cover, content, excerpt, imagery, motif, rhetorical device, style, tone

- **both:** theme, editing, atmosphere, flashback, foreshadowing, frame narrative, action, climax/turning point, protagonist, antagonist, hero, heroine, conflict, dialogue, (interior) monologue, genre, narrator, parody, suspense

VISUALS

2 a)–c) In a film the camera acts as the narrator as it guides … → S29.1

METHODISCHES VORGEHEN

Die Aufgabe kann individuell oder ebenfalls in Partnerarbeit angegangen werden. L verweist vorab auf Skill 29.1 Film types and cinematic devices. *Die Ergebnisse werden dann im Plenum besprochen. Alternativ eignet sich die Aufgabe auch als schriftliche Hausaufgabe.*

LÖSUNGSVORSCHLAG

a) Match the pictures with the camera shot or camera angle:
- **close-up:** photo 3 *(Großaufnahme)*
- **extreme close-up:** photo 5 *(Detailaufnahme)*
- **medium shot:** photo 1 *(Nahaufnahme)*
- **long/wide shot:** photo 9 *(Totale)*
- **full shot:** photo 4 *(Halbnaheinstellung)*
- **eye-level shot:** photo 2 *(Augenhöhe)*
- **high-angle shot:** photo 7 *(Vogelperspektive)*
- **low-angle shot:** photo 6 *(Froschperspektive)*
- **over-the-shoulder shot:** photo 8 *(Overshoulder)*

b) Match the type of shot with the description:
- shows the location and the context of the situation: **long/wide shot**
- shows most of a person's body or part of an object but also some of the background – the most common kind of shot in films: **medium shot**
- shows a person's face: **close-up**
- shows all of a person's body or a complete object: **full shot**
- shows a small detail that would otherwise be lost: **extreme close-up**

c) What effect can be created by the five different camera angles described?
- **long/wide shot:** the situation is viewed from a distance, thus giving an impression of the overall scene; characters can be depicted in relation to the action; movements can be shown over long distances; long/wide shots allow the viewers to clearly see the subject, the immediate environment and the surrounding area
- **medium shot:** action and the interaction between characters can be shown; medium shots allows the audience to focus on a particular portion of a person or the detail of an object
- **close-up:** a character's emotions can be depicted; intricate details of an object or action can be presented to the viewers; film-makers can generate interest, action, suspense etc. in a film by using close-ups
- **full shot:** it allows directors to present the dynamics of character relationships by placing them in relation to one another and to the space/setting around them
- **extreme close-up:** reveals particular characteristics and emotions that the viewer would not be able to notice from afar; the intimate proximity allows the viewer to establish a connection with the character and leaves a strong impression on the viewer; extreme close-ups might be used to add suspense or to basically draw the audience's attention to a specific feature or detail

CREATIVE TASK

3 Sound plays a vital role in films. Soundtracks are made up of the …

METHODISCHES VORGEHEN

Die S diskutieren in Partnerarbeit die Aufgabenstellung. Optional können die S gebeten werden, mit Hilfe von im Internet zum Download angebotenen Sound effects *die Szenen tontechnisch zu gestalten und ihre Tondateien vor der Klasse zu präsentieren.*

LÖSUNGSVORSCHLAG

- **romantic comedy** – a love song is being played in the background; birds are singing; there is laughter in the air; you can hear the sound of steaks sizzling on a barbecue; suddenly a young man cries out in shock and surprise as he falls into a pool, which is followed by happy laughter in the background
- **thriller** – gusts of blowing wind suggesting inclement weather, some clearly audible car horns and general traffic sounds in an inner city; a police siren; footsteps on a gravelly

conrete floor that suddenly stop; intense, upbeat music underlying the whole scene; heavy uniform jacket rustling when police officer turns his head

- **action film** – constant police and ambulance sirens; tyres squealing and screeching; roaring engines; vehicles accelerating and suddenly breaking; drum beats and a loud, intense techno beat in the background

VIEWING L **4 Watch the short film *Side Effected*. (The annotations in the margin ...)**

The short film ***Side Effected*** (7:26 min.) was directed and produced by Lev Pakman and written by Josh Brown. It was released in 2013. In an office meeting the boss of a pharmaceutical company (Randall Holden) is talking to one of his eager young employees, Mason (Evan Jones), to find out whether the rumours about the dangerous side effects of a new drug are true. The boss demands some evidence the drug is safe and pushes his employee to take one of the pills himself, which he refuses to do. In the end, however, Mason finds out that he has been deceived. The film has won several awards, e.g. the Audience Choice Award at Cannes Court Métrage 2013 and San Diego Film Festival 2013.

MATERIALIEN → L (Side Effected)

METHODISCHES VORGEHEN *Der Titel des Kurzfilms* Side Effected *wird an der Tafel notiert und die S sollen Mutmaßungen über die Inhalte des Films anstellen. L weist auf die Worthilfen in der Randspalte hin. Im Anschluss daran schauen die S den Film einmal ohne Unterbrechung an. Danach lesen die S die Aufgabenstellungen in den Aufgaben 5 und 6. Während der knapp 6,5-minütige Film (Dauer ohne Abspann) präsentiert wird, machen sich die S Notizen, um die Fragestellungen im Anschluss im Plenum beantworten zu können.*

COMPREHENSION **5 a)–c) Briefly outline the plot. b) Say which genre the film belongs to. ...**

METHODISCHES VORGEHEN *Die beiden ersten Teilaufgaben werden im Plenum geklärt. Teilaufgabe c) eignet sich für eine Partnerarbeitsphase.*

LÖSUNGSVORSCHLAG

a) Briefly outline the plot:
The boss of a drug company is talking to one of the staff, a young man called Mason, about a new drug which improves periphereal vision. As the drug does not seem very effective or popular with the general public, the boss wants the employee to start a campaign so that people will become interested in the drug. However, he's quite concerned about how safe the new pills are as he has received an email from a scientist who has tested the drug on rats and claims that it might cause colour blindness. He asks Mason whether he would give it to his mum, his children or the boss himself, which Mason affirms. The boss finally challenges Mason to take the drug himself. However, Mason finds several excuses so that he does not have to take the pills. In the end, however, Mason realises that he seems to have developed colour blindness after unknowingly drinking coffee that contains some of the drug. He can only see green apples in a bowl, which definitely contains red apples too.

b) Say which genre the film belongs to:
As the short film focuses on realistic characters and an emotionally charged topic, it is a drama.

c) Outline the themes and issues addressedd in the film:
The film addresses various themes and issues. First, it deals with the issue of relationships in companies – in this case a boss and his employee. The boss is Mason's superior, and Mason is trying to sound convincing and show the boss that he is in control of the problem. The conversation revolves around the issue of truth and deception, of reality and lies. Then there is the issue of how companies can advertise products which are not really very useful or effective. Another topic raised by the film is the safety of new drugs and possible side effects pills can have. Another issue hinted at is the debate concerning animal testing.

ANALYSIS **6 a) Describe the setting and think . . . b) Explain what happens at the end. . . .**

METHODISCHES VORGEHEN *Die S können diese Aufgabe alternativ auch in Partnerarbeit erledigen.*

LÖSUNGSVORSCHLAG

a) Describe the setting:

- The setting is a rather plain-looking modern office in a high-rise inner city building.
- The characters are sitting at a huge, nearly empty table. In some scenes the glass- and stainless steel fassade of the building opposite is shown.
- The location suggests that the two characters work for a powerful drug company. The room suggests a well-structured, orderly and strictly-run office culture.

Identify the key props:

- The key props are a coffee pot, a coffee mug, a pillbox and a bowl of red and green apples.

Significance of the key props:

- The boss pours coffee into the employees mug at some crucial points in the plot, and although the boss seems approachable, his behaviour increases the tension between them. In the end it becomes obvious that the coffee probably contains the dissolved drug which finally makes Mason colour-blind.
- Mason is holding onto his mug as if he wants to get support in this difficult situation. The pillbox is used when the boss challenges Mason to take a pill and prove that what he has claimed is actually correct. Finally, the bowl of apples has a certain significance at the end of the film because Mason can only see green apples although he definitely sees red apples as well at the beginning of the scene. Mason pauses for a very long moment, unable to decide whether he should pass one of the apples to his boss or not.

b) What happens at the end:

The boss asks Mason to grab a green apple before he leaves the office and pass it to him. Mason stares at the apples for almost a minute without moving. He does not pick any of the apples. He has probably realised that he is suddenly suffering from colour blindness as all the apples are unnaturally green although there are both red and green apples in the bowl in the first scene. The film ends rather abruptly.

Say whether you find the ending convincing or not:
Individual answers expected.

SPEAKING **7 a)–d) Make notes about the characters in a grid like the one below . . .** → S7

METHODISCHES VORGEHEN *Die S erstellen zunächst eine Tabelle in ihrem Heft, füllen diese in Einzelarbeit aus und diskutieren in Partnerarbeit oder in Kleingruppen die Ergebnisse. Der Film wird ein weiteres Mal vorgeführt und an verschiedenen Stellen angehalten, damit die S die Themenstellung im Plenum diskutieren können (Teilaufgabe b). Die letzten beiden Aufgabenstellungen werden im Klassenverband besprochen. Bei Teilaufgabe c) berücksichtigen die S* Skill 7 Characterisation.

LÖSUNGSVORSCHLAG

a) What do the following aspects tell us about Mason and his boss and the kind of people they are?

	Mason	Boss
Physical appearance	rather young (between 25–30), slim, neat haircut, immaculately dressed in a suit, wearing a white shirt and a tie, fashionable glasses	around 60, grey-haired, a bit overweight, dressed in a business suit, white shirt and tie, tired-looking, watery eyes
Voice	timid, sometimes trembling	rather deep, confident, straightforward
Behaviour	self-conscious, replying and reacting rather than asking or acting	self-confident, leading role in the conversation

b) Discuss what the characters might be feeling: Individual answers expected.

X c) **How would you describe the characters in this film?**
The characters are flat characters as they show mainly one character trait (Mason: self-consciousness, willingness to convince his boss; boss: self-confidence, determination). Moreover, they do not really develop in the course of the action.

d) **Do you identify with one of the characters?** Individual answers expected.

ANALYSIS **8 a)–d) The way the camera is used influences how the viewer ...** → S29.1

METHODISCHES VORGEHEN *Für diese Aufgabenstellung wird die Klasse in Vierergruppen eingeteilt. Jedes Gruppenmitglied konzentriert sich auf jeweils eine der Teilaufgaben und macht sich Notizen hierzu. L verweist auf die* Useful phrases *zu* Talking about camera work *und auf* Skill 29.1 Film types and cinematic devices. *Im Anschluss stellen die S ihre Ergebnisse jeweils in den Kleingruppen vor und notieren sich die Beobachtungen der anderen Gruppenmitglieder.*

LÖSUNGSVORSCHLAG a) **What kind of shots are used? How does the director give hints through the shots used?**
The film opens with a wide shot of the office building where the story takes place. Viewers get a first impression of the setting. Then a close-up presents a row of pill boxes to the audience, thus establishing the main subject matter of the film. Subsequent medium shots show parts of the office itself and the boss sitting at the table; after that Mason is presented in the same way. Thus the beginning of the film introduces both the setting and the characters.

b) **The type of shot used and the effect it creates:**
We see close-ups of the characters when they are talking. This creates suspense as the viewers can closely watch the protagonists' emotions and the way they react to what the other person has said.

c) **Why might the director focuses the camera on the employee's face?**
When the camera focuses on the employee's face, the director is able to show Mason's emotions and depict how Mason's nervousness and self-consciousness increases.

d) **Why is the first shot significant?**
The first time we see the two characters together is when they sit together at the table and the boss pours Mason some coffee. This is probably the time when he secretly slips a dissolved pill into Mason's coffee as it is obvious that the boss himself does not take a single sip of it. Halfway through the film the two characters are depicted in the same side shot. This is when the boss asks Mason to take the pill.

What else we can see in this shot:
Halfway through the film the two characters are once again shown from the side in a shot together. This time viewers can see the can of coffee and the box of pills. In this significant confrontation Mason's boss is challenging him to take a pill, which the boss knows (and the audience suspect) he will refuse to do.

ANALYSIS **9 a)–b) Lighting and sounds are also important for creating atmosphere ...**

LÖSUNGSVORSCHLAG a) **What kind of lighting does the director use?**
The lighting used is realistic and depicts the typical atmosphere one would expect in an office.

b) **Identify the sounds used in the short film. What effect is created by this?**
You can hear the sounds of heavy traffic in the background, which suggests that the scene takes place in a busy inner city environment. Apart from that, no other sounds can be heard. This is done deliberately so that the viewers can focus on the conversation of the two characters and on their emotions.

SPEAKING **10 Discuss how convincing you find the film as a whole – consider the ...**

METHODISCHES VORGEHEN *Die S diskutieren die Frage direkt im Plenum. L achtet auf hinreichende Begründung der Einschätzungen. Die Bewertung kann von einem S an der Tafel festgehalten werden.*

LÖSUNGSVORSCHLAG

Actors	*boss: actor convincingly plays the condescending, self-confident, ruthless and cunning character, who seems to be quite understanding and friendly but tricks his employee in a very unfair manner* *Mason: actor is convincing as he embodies the slightly confused and self-conscious employee in a relatable way*
Camera work	*skillful: camera angles create suspense; the mixture of wide shots, medium shots and close-ups make the film interesting; the viewers can focus on different aspects in the course of the scene*
Plot	*interesting story, which raises various questions the viewers can think about after watching the film; although the ending would probably not happen in real life, the film does make a point*
Sound-track	*less convincing: the director should have added music and other effects to add to the atmosphere; sound effects are very rarely used*
Effect	*convincing: the ending might depress the viewers; the film effectively makes viewers think about the harmful side effects of medicine and the power of individuals in the workplace*

CREATIVE TASK

11 Write a short review of the film for an online website, ...

→ S29.2 → ▲2

METHODISCHES VORGEHEN

Die S berücksichtigen den Tipp zu Film reviews *und* Skill 29.2 Analysing films. *Sie arbeiten ihre Rezensionen in häuslicher Vorbereitung aus. Bei Bedarf werden im Unterrichtsgespräch die wichtigsten Elemente einer Filmbesprechung vorab erläutert und in einem Tafelbild festgehalten. Alternativ kann auch ein Hinweis auf* Skill 16 Review *erfolgen. Zur Besprechung der Ergebnisse: Im Unterricht werden vier bis fünf S per Zufall ausgewählt, die ihre Filmrezension laut vorlesen. Die Klasse versetzt sich in die Rolle von Mitarbeitern eines Online-Filmmagazins, die in der Redaktionskonferenz entscheiden müssen, welcher Text online gestellt werden soll. Sie diskutieren die inhaltliche und sprachliche Gestaltung der vorgelesenen Texte und wählen den besten aus. Auf überzeugende Begründung achten.*

Film review

Definition: critical analysis of a film (not just a summary, but a personal comment)

Content:
- *(concise and brief) summary of the plot*
- *critical assessment and personal reactions to the film (Was it effective/convincing? To what extent did it enhance one's understanding of the issues at hand?)*
- *Would you recommend it or not?*

LÖSUNGSVORSCHLAG

If you have ever wondered about the side effects of the pills that you regularly or occasionally take, watching the film *Side Effected* directed by Lev Pakman (released in 2013) will probably send shivers down your spine. Mason (Evan Jones), a young and eager employee at a pharmaceutical company, is being questioned by his boss (Randall Holden) about the side effects of a new drug. Mason's superior suspects that the medicine, which is supposed to improve peripheral vision, might also cause colour-blindness. The boss insists on Mason taking the drug to prove that it is not harmful, which Mason refuses. The atmosphere becomes increasingly tense, and in the end Mason realises that he has been tricked.
I was deeply moved by this short film. The director needs less than seven minutes, hardly any props, hardly any sound effects and just two very convincing actors to present the themes and raise interesting questions. He asks how far companies or individuals should go when pursuing financial gain, how safe new drugs really are, how can they be tested in advance and more.
I can fully recommend this film. Watching it will make you think about the pills you take from a different perspective.

DIFFERENZIERUNG ▲ *Leistungsstärkere S bearbeiten anstelle von Aufgabe 11 Aufgabe 2 im* Diff pool. *Sie schreiben statt der Rezension einen inneren Monolog.*

LÖSUNGSVORSCHLAG Oh my God, what has happened! I can't believe I have been tricked! I can't see properly! The apples look so strange! So what my contact told me is really true! I should have believed him. I should have told my boss earlier! We might have found a solution. Why didn't I act sooner? Everything I do is wrong! What can I do? Is there any chance that I can reverse this colour-blindness? What did my contact say about this? Oh my God, I can't remember. I can't even think properly! Does the drug affect the brain as well? We should have done more tests. We should have been more cautious!

SPEAKING **12 Hold a debate on the following motion: "The film *Side Effected* is …"**

METHODISCHES VORGEHEN *Die Klasse wird in drei Gruppen aufgeteilt, eine Pro-, eine Kontragruppe sowie eine kleinere Gruppe neutraler Juroren. In einer ersten Arbeitsphase sammeln die Gruppenmitglieder Argumente, zuerst fünf Minuten in Partnerarbeit, dann fünf Minuten in ihren jeweiligen Kleingruppen. Anschließend wählen die Pro- und Kontragruppe jeweils einen Sprecher, der den Standpunkt der Gruppe in drei Minuten möglichst überzeugend im Plenum darlegt. Nach der jeweiligen Präsentation hat die gegnerische Gruppe das Recht, den Sprecher der anderen Gruppe in einem dreiminütigen Kreuzverhör zu den Argumenten zu befragen und dabei zu versuchen, die Schwachstellen der Argumentation herauszuarbeiten. Am Ende entscheiden die Juroren, welche Seite überzeugender argumentiert hat. Die Juroren haben in der ersten Arbeitsphase darüber diskutiert, welcher weitere Film herangezogen werden könnte, um* Society's responsibility towards the individual *zu zeigen und stellen einen der gefundenen Beispiele im Anschluss an die Debatte vor.*

LÖSUNGSVORSCHLAG Individual answers expected.

A A question of class

ONLINE ARTICLE A new class system in the UK → WB Tasks 3, 6

LERNWORTSCHATZ to fit (into), privileged, distinct (from), prosperous, to distinguish, apathy, deprived, service workers (pl), urban, mass unemployment, capital, status

COMPREHENSION **1 Sum up the new findings about class in Britain that came to light …**

METHODISCHES VORGEHEN *Die Aufgabe wird im Plenum diskutiert und ggf. zusätzlich schriftlich als Hausaufgabe aufgegeben. Die S berücksichtigen neben dem Text auch das* Fact file *zu* The Great British Class Survey.

LÖSUNGSVORSCHLAG The three traditional social classes – the upper class, the middle class and the working class – are no longer an adequate way to describe social differences in the UK. That is why the concept of class has been extended to comprise seven social classes, all of which are determined by three factors – people's economic capital (income, savings, house values), their social capital (depending on who they know and how many acquaintances they have) and their cultural capital (i.e. the sort and extent of their cultural interests and activities).

VISUALS **2** 👥 **Look at the cartoon. Identify the new social classes and say …** → S28.2

METHODISCHES VORGEHEN *Die S erabeiten diese Aufgabe in Partnerarbeit. L verweist auf* Skill 28.2 Working with visuals: Cartoons. *Anschließend werden die Ergebnisse im Plenum zusammengetragen.*

LÖSUNGSVORSCHLAG The cartoon shows representatives of (from left to right) the elite, the established middle class, the technical middle class, new affluent workers, the traditional working class, emergent service workers and the precariat. The man on the very right is wearing riding gear and a monocle. He behaves quite bossy when he points his riding crop at the other people who are looking at him with fear, disrespect or annoyance. The member of the established middle class has got a ruddy face and is a bit overweight whereas the member of the technical middle class seems a bit confused with his unkempt hair and white lab coat. The representative of the new affluent worker is wearing a suit and a shirt without a tie. He seems to be enraged at the lite's behaviour, whereas the member of the traditional working class seems rather reserved. He is wearing worn, shabby clothing. The only woman in the picture, presumably a member of the group of emergent service workers, as well as the young man on the very right, are looking at the elite man in a contemptuous way. The member of the precariat is wearing a hoody, trainers and some baggy trousers. All in all, the cartoon focuses on the clothes each social class is wearing and the way each representative looks or behaves.

NOVEL EXCERPT

A better society? → WB Tasks 4, 7–14

LERNWORTSCHATZ dedicated, cultivation, to be torn between, to lose oneself in sth, to honor (AE), ancestor, adulthood, solemn, religious belief, to blame sb for sth, humankind, ignorance, selfishness, cowardice, selfless, to contribute to sth, to provide sb/sth with sth, to supply sb with sth, understanding, protection, purpose, to survive

COMPREHENSION

3 a) Collect information about … b) What do we learn about …? → S11.2

METHODISCHES VORGEHEN *L verweist auf das* VIP file *zu Veronica Roth. Die S bereiten den Text als Hausaufgabe vor. Sie werden angehalten, den Romanauszug mindestens zweimal gründlich zu lesen. Sie erstellen die in Teilaufgabe a) geforderte Tabelle in ihrem Heft und berücksichtigen dabei die Hinweise in* Skill 11.2 Taking notes. *Die Ergebnissicherung erfolgt im Unterrichtsgespräch durch einen Tafelanschrieb. Nach der Besprechung der Ergebnisse im Plenum beschäftigen sich die S zunächst in Stillarbeit mit der in Teilaufgabe b) angebotenen Aufgabenstellung und vergleichen dann ihre Notizen mit denen des Partners.*

LÖSUNGSVORSCHLAG

a) The five factions:

Candor (the honest)	Abnegation (the selfless)	Dauntless (the brave)	Amity (the peaceful)	Erudite (the intelligent)
acts against duplicity	acts against selfishness	acts against cowardice	acts against aggression	acts against ignorance
has provided trustworthy and sound leaders in law	has provided selfless leaders in government	has provided protection from threats both within and without	has provided understanding counsellors and caretakers	has provided intelligent teachers and researchers

Why each faction was created and what purpose it has in society:
The factions were formed in previous times when their ancestors believed human vices were responsible for all the turmoil and wars in the world rather than "political ideology, religious belief, race, or nationalism" (l. 28). So they decided to fight against these ills by categorising people into groups. Thus five different factions were founded, each of which fulfilled a different purpose in society.

b) What do we learn about Beatrice?

- A 16-year-old teenager who, together with the other teenagers on the threshold of adulthood, has to decide which of the five sections she would like to join for the rest of her life in the so-called Choosing Ceremony.
- She is rather nervous (ll. 16f, ll. 23ff) and does not really know how she should decide (ll. 33ff): she has been a member of Abnegation, which is the faction that blames selfishness for the world's problems, but she thinks that she is not selfless enough to remain in the faction (l. 46).
- Judging from what she thinks about the other factions (ll. 37ff), we can assume that Beatrice is drawn to Dauntless.

- She has got a loving mother who tells Beatrice she will always love her, no matter which decision she makes (ll. 8–9).
- She feels strong family ties and relies on the support that her relatives give each other: "We need each other's strength now …" (ll. 12 ff).
- Beatrice doubts the ideology that shapes her society: when she remembers some lines she has read about the role of the factions in a history book, she thinks: "Can that possibly be right?" (l. 58).
- She also questions the claim that "every man has the right to choose his own way in his world" (ll. 21 f) when she critically thinks about these tenets herself "Or … one of five predetermined ways" (l. 23).

ANALYSIS

4 How does the narrative perspective influence our …? → S8 → ▲ 3

METHODISCHES VORGEHEN *Diese Aufgabe eignet sich für eine Stillarbeitsphase oder als schriftliche Hausaufgabe. Es erfolgt ein Hinweis auf* Skill 8 Narrative perspectives. *In leistungsschwächeren Klassen kann der Begriff* Narrative perspective *wiederholt und ggf. durch ein Tafelbild gefestigt werden.*

In a fictional text the author, the narrator and the characters are not identical. The narrator's view determines the perspective though which the reader perceives the events of the narration and the characters. There are three types of narrator; however, the types can be mixed and the point of view can change in the course of the story.

Narrator and point of view

first-person narrator ("I"), limited point of view	*third-person limited narrator*	*third-person omniscient narrator*
◦ the story is told from the inside ◦ the narrator is either a character in the story or an observer/witness of the action ◦ you get to know only what the character knows; thus the point of view is limited	*◦ the story is told from the outside ◦ narrator describes the events through the 'filter' of one character's mind and thus only knows about the feelings and opinions of a particular character ◦ the narrator is not the actual character, however*	*◦ the story is told from the outside ◦ this type of narrator knows everything about the characters, their feelings and thoughts and the events in the story ◦ sometimes the omniscient narrator even comments on the characters behaviour, the story or the writing itself*

LÖSUNGSVORSCHLAG The story is presented by a first-person narrator who is the protagonist of the story: 16-year-old Beatrice tells the story from her own perspective. As the narrator is a character in the narrative, the readers only get to know her perceptions and her feelings. Thus, the point of view is limited. The narrative perspective enables us to sympathise with Beatrice and understand her emotions and attitude as the passage is presented in a very immediate way. We see the Choosing Ceremony through her eyes; therefore, we might also take a critical stance towards the event as we realise that Beatrice seems to be skeptical about the society's ideology.

DIFFERENZIERUNG ▲ *Leistungsstärkere S bearbeiten anstelle von Aufgabe 4 Aufgabe 3 im* Diff pool. *Sie ändern die Erzählperspektive und analysieren den Effekt auf den Leser.*

LÖSUNGSVORSCHLAG Beatrice's mum is looking apprehensively at her daughter. Her beautiful, frail, little girl. She had always protected her, and raised her in their warm comfort of their home. Secretly she had always favoured her over her son Caleb, who is wilder and more independent than Beatrice. And today is the day when Beatrice has to make the most important decision of life. In the Choosing Ceremony she has to pick her future faction. Mother and daughter are holding hands as if it was the last time that they would ever be so close. Before Beatrice pulls away – she is so nervous that she can hardly breathe – her mum turns her head and whispers in her ear, "I love you. No matter what." This is the moment that Beatrice realises that her mum knows what she might do. Beatrice frowns at her mother's back. In a split second she remembers her happy childhood, the warmth and love her parents had always given her, and is suddenly overwhelmed with grief and fear. Should she really leave her faction and turn to Dauntless, the brave? She is really fascinated by their struggle to fight against all the dangers that might threaten the community. Her brother Caleb grabs her hand. He only keeps thinking to himself: "Please, Beatrice, stay true to yourself and do not leave your faction!" Beatrice remembers her uncle's funeral when they were all holding hands and giving each other strength and power. This is exactly what they needed now: each other's strength and support. Still holding tight to her brother, Beatrice only stares at the lanterns across the room. She is completely lost in thought and does not notice that the room is slowly coming to order.

CREATIVE TASK

5 In groups choose a faction and design a poster to attract people ...

METHODISCHES VORGEHEN

In Kleingruppen erarbeiten die S zunächst Charaktereigenschaften, die für mögliche Mitglieder der jeweiligen Faction *relevant sein könnten und überlegen sich eine Botschaft für ihre gewählte soziale Gruppe. Sie konzipieren und gestalten dann ihr Poster. Die S stellen ihre Poster an verschiedenen Stellen im Klassenraum aus. Bei der Präsentation der Arbeitsergebnisse mit Hilfe der Methode* Gallery walk *übernimmt jeweils im Wechsel ein Gruppenmitglied die Rolle des* presenter. *Die S wandern nach einem vorher festgelegten zeitlichen Turnus von einem Poster zum nächsten und lassen sich das Poster vorstellen und stellen ggf. Fragen.*

LÖSUNGSVORSCHLAG

Individual answers expected.

SPEAKING

6 What similarities and differences can you identify between our ...?

METHODISCHES VORGEHEN

Die S werden gebeten, sich in einer Stillarbeitsphase Notizen zu der Aufgabenstellung zu machen. Im Anschluss daran erfolgt die Aussprache im Plenum.

LÖSUNGSVORSCHLAG

Similarities	Differences
• There are (strong) family ties. • Young people at the age of 16 are standing on the precipice of adulthood. • There were fierce wars in our past and in this dystopian society's past.	• There are only five predetermined ways individuals can live their lives, whereas in our society everybody can freely choose how to live their lives. • We do not have any factions in our society like the ones in the novel.

B Generations apart

BEFORE YOU READ

1 Make a note of the differences between your generation and that of ...

METHODISCHES VORGEHEN

Die Aufgabe wird zunächst in Stillarbeit erledigt. Die S diskutieren ihre Ergebnisse im Anschluss in Kleingruppen bzw. im Klassenverband.

LÖSUNGSVORSCHLAG

- Our grandparents' generation did not grow up in a digital world, so they did not have the means to communicate with the whole world very easily.
- On the other hand, they were not distracted by all the electronic and digital gadgets, apps, programs etc. in contrast to today's teenagers.
- Many of our grandparents' generation learned to cook from scratch, learned how to sew and darn, which most teenagers don't know how to do today.
- Many of our grandparents were trained on the job in their teens and remained in that profession their whole lives, whereas teenagers today must be willing and prepared for lifelong learning and will probably not have the same job for decades.
- Values have changed, e.g. there is a greater acceptance of homosexuality and interracial dating among young people today.

- Today's teenagers grow up with a completely different notion of gender roles (equality between men and women, the belief that women can climb up the career ladder etc.).

NEWSPAPER ARTICLE

The young versus the old

LERNWORTSCHATZ to come face to face with sth, contempt, the old and infirm, hostile, self-righteousness, the root of sth, to postpone, retirement, promotion, benefit, to portray sb as sth, generation gap, to value sth, company

COMPREHENSION

2 Sum up what the article is about in two or three sentences.

METHODISCHES VORGEHEN *Die Textlektüre erfolgt im Klassenverband. Alternativ lesen jeweils zwei Partner den Text zusammen. Ein S liest dem anderen S vor, nach ca. 10–12 Zeilen erfolgt ein Wechsel. Die Aufgabe zur Überprüfung des Globalverständnisses wird im Unterrichtsgespräch geklärt.*

LÖSUNGSVORSCHLAG The text deals with the widening gap between the older and younger generation which the author perceives in today's world. According to Fay Weldon the two age groups do not understand each other. On the one hand, the older generation constantly gets in the way of young people and blocks their way or uses benefits; on the other hand, the younger generation is ruthless, insists on their rights and is willing to push the older generation out of the way to get what they want.

BEFORE YOU READ

3 What does Weldon mean when she says, "It was a clash of wills; ..."?

METHODISCHES VORGEHEN *Diese Aufgabe eignet sich für eine schriftliche Hausaufgabe. L weist darauf hin, dass die S Belegstellen aus dem Text liefern sollen. Hinweis auf das* VIP file *zu Fay Weldon.*

LÖSUNGSVORSCHLAG The author thinks that the younger generation is not as considerate as her generation who usually "take time and wait politely so as not to hold others up" (ll. 5–6). Rather, they live in a "fast, global but self-referential, world" (l. 35) in which important values of their grandparents' generation no longer play a role (ll. 35 ff). According to Weldon there is no mutual understanding (ll. 33 f) and the older generation are perceived to be a nuisance to young people. She expresses her concern that the younger people might be right when they insist on their rights and do whatever it takes to get their needs met as she wonders herself "What's the use of us?" (l. 23).

Explain why you agree or disagree with her statement: Individual answers expected.

LANGUAGE

4 Examine the style and tone in which the article is written. ... → S10.1

METHODISCHES VORGEHEN *Zunächst werden im Unterrichtsgespräch die beiden Begriffe* Style *und* Tone *geklärt und ggf. mit Hilfe eines Tafelbildes gefestigt. Es erfolgt ein Hinweis auf* Skill 10.1 Style, tone and register.

Style	*Tone*
◦ Style is a typical manner of writing which is characteristic of a particular genre, author or period. *◦ Style depends on:* *– the choice and arrangement of words* *– the sentence structure* *– the use of certain figures of speech*	*◦ Tone refers to the apparent attitude of an author, poet, narrator or character towards the information or message that he/she is conveying to the reader.* *◦ Tone can be analysed by examining the author's choice of words, the arrangement of ideas, the descriptions, emotions the author wants to convey to the reader etc.*

LÖSUNGSVORSCHLAG

- The author employs a rather ironic tone, which is humorous but occasionally cynical. Fay Weldon seems to be rather annoyed and frustrated at the behaviour of the younger generation towards the elderly, but she deals with the subject matter in quite a light-hearted and jocular way. The article is written in quite a chatty, personal style (cf. ll. 3–9).

- The writer uses strong images ("untrammelled youth", l. 1; "climb the stairs", l. 4; "the old and infirm", l. 5; "stated my descent rather gingerly ... when a youth bounded up the stairs on my side", ll. 8 f; "the light in his eye ... aflame with self-righteousness", l. 12) to illustrate young people's provocative behaviour and point out the clash of generations as the author has experienced it.
- Words and expressions taken from the word field warfare stress the confrontation even further: "He was declaring war", "my defeat", "a clash of wills", "age lost and youth won" (ll. 13–18).
- The author uses enumerations such as "We postpone our retirement, block promotion, use up the benefit budget and don't look good on camera." (ll. 22 ff) or "We hold the young up at the supermarket, ..." (ll. 24 ff), which ironically point to the faults and deficits of old age. She depicts elderly people in an ironic and exaggerated way, which is in stark contrast to the "untrammelled youth" (l. 1) that the elderly often encounter nowadays.
- The style and tone employed by the author is rather effective as it helps the writer to get her point across in a very convincing way. The readers are entertained by a rather light-hearted but serious tone. The use of irony adds to a quite humorous edge, which helps the reader to understand the concerns and criticism of the author.

EVALUATION

5 Weldon asks, "What's the use of us?" What can the older generation ...?

METHODISCHES VORGEHEN *Für diese Fragestellung eignet sich die Methode des Blitzlichts* (Round robin). *Jeder S gibt eine kurze persönliche Stellungnahme zu den angesprochenen Themenkomplexen ab, ohne dass sie von den anderen S zunächst kommentiert, gewertet oder diskutiert werden.*

LÖSUNGSVORSCHLAG

What the older generation can offer society:
- The older generation's life experience makes them valuable advisors for the younger generation, e.g. regarding personal problems, social, economic or political issues.
- Their skills and know-how might be useful in the economy or in the public sector.
- As they are not required to work to make a living anymore, older people might have time and the willingness to be committed to voluntary services, e.g. helping the disadvantaged, tutoring pupils, working for conservation projects etc.
- They might offer their compassion, sympathy, help and support to the needy, e.g. working in a shelter for homeless people, an orphanage home, a refugee camp etc.

Challenges that our ageing society poses:
- People must develop greater tolerance for the elderly, who tend to be less quick, agile, flexible etc. than younger people.
- Society must provide barrier-free access to public buildings and services to allow the elderly to be able to partake in public life because they often suffer from disabilities such as impaired hearing, sight or mobility.
- Society must enhance the development and production of products and gadgets which improve the lives of the elderly, such as hearing aids, comfortable and easy to use household appliances, electronic devices in and around the house etc.

VISUALS

6 a) The 'Campaign to End Loneliness'... b) What can we do as a ...?

ALTERNATIVE *Für beide Teilaufgaben eignet sich das Verfahren des Kugellagers* (Double circle), *in der die S mit wechselnden Partnern die Fragestellungen diskutieren. Die S sitzen in einer langen Reihe oder in einem (Halb-)Kreis jeweils einem Partner gegenüber und sprechen über die Themenstellungen. Nach einer bestimmten Zeitspanne, die durch ein akustisches Signal angezeigt wird, bewegt sich eine der beiden Reihen bzw. Kreise einen bis zwei Plätze weiter und der Austausch wird mit einem neuen Partner fortgesetzt. Je nach zur Verfügung stehender Zeit können 3–4 Partnerwechsel stattfinden.*

LÖSUNGSVORSCHLAG

a) Look at the statistics. Does anything surprise you? Individual answers expected.

b) What can we as a society do to solve this problem?
- education: raise awareness for the requirements, needs and problems of the elderly

- foster mutual understanding, tolerance and respect among the different generations and support and care for each other
- provide comfortable, affordable public transport so that the elderly can travel easily and thus stay in contact with family and friends
- guarantee financial support to charities which, for example, organise regular gatherings for the elderly in the community etc.
- setting up day centres (such as lunch clubs) and social group schemes, which aim to help the elderly widen their social circles by offering creative and social activities or health promotion
- providing a free confidential national helpline for lonely and isolated elderly people

And what can we do as individuals?

- get in touch with lonely elderly people in one's neighbourhood, town, city or council and visit them in their own homes to provide emotional support
- become a volunteer working for a charity committed to alleviating loneliness among the elderly
- invite a lonely, isolated individual to one's house on a national holiday, e.g. Christmas etc.

C Social attitudes

NEWSPAPER ARTICLE

A generation of individualists

→ WB Tasks 15, 16

Britain's Welfare State: During World War II, in which many people in Britain suffered from deprivation and poverty, the liberal politician William Beveridge proposed the introduction of a welfare state whose aim it was to provide social security, a national health service, free education, council housing and measures to support full employment. Clement Attlee's post-war Labour government introduced legislation to promote these ideas, by passing the Family Allowances Act (1945), the National Insurance Act (1945) and the National Assistance Act (1948) to cater for the needs of families, the unemployed, people injured at work and the destitute.

In 1948 the establishment of the **National Health Service** guaranteed that the services of doctors, hospital, dentists, opticians, ambulances, midwives and health visitors were free to everybody. Free secondary schools were introduced in 1944 by the Education Act. A test determined whether pupils could attend grammar school (with a focus on the academics), secondary modern school (with a focus on practical subjects), or technical school (with a focus on practical skills). Since the 1940s 1.25 million council houses have been built in order to provide decent accommodation for those in need.
Currently the welfare state is under criticism. Charities, church groups and non-governmental organisations claim that the welfare state is not sufficient to tackle the problems of poverty, deprivation or even hunger in the UK, although Britain currently spends 7.2 per cent of GDP on its welfare system (2012).
According to a YouGov poll for *Prospect magazine*, 74 per cent of Britons support a reduction in welfare spending as part of the austerity programme David Cameron's government has suggested in the aftermath of the Financial Crisis of 2008. 69 per cent believe the welfare system has created a culture of dependency and that people should take more responsibility for their lives and families.

Margaret Thatcher (1925–2013) was one of the most renowned politicians of the UK. She was the leader of the Conservative Party from 1975 to 1990. As the Prime Minister of the UK from 1979 to 1990, Thatcher was Europe's first female Prime Minister. She won three consecutive terms; thus at the time of her resignation, she had been Britain's longest continuously serving Prime Minister since 1827 as well as the only woman to have held the office.
She promoted changing British economic policy from statism to liberalism. Her declared aim was to destroy socialism. Her legislation reshaped British political, economic, and social life mainly through privatisation and was labeled Thatcherism. Thatcher's uncompromising politics and harsh leadership style earned her the nickname The Iron Lady.

LERNWORTSCHATZ attitude, welfare state, social care, to ensure, compulsory, to pass legislation, in need, viability, cross-section, apathetic, primary role, cause, spending cuts, right to sth, to prize sth, tax, to cover the cost of sth, to be keen on sth, to fade, to reflect, to face sth, tuition fee, vacancy, economic adversity, competitive

BEFORE YOU READ **1** **How do you see your generation in comparison to other ones? ...**

METHODISCHES VORGEHEN *Die S werden aufgefordert, zunächst in einer kurzen Stillarbeitsphase schriftlich Thesen zu den in der Aufgabenstellung genannten Fragekomplexen zu formulieren. Im Anschluss daran tauschen sie sich mit einem Partner auf der Grundlage ihrer Notizen aus und wechseln dann nach einer gewissen Zeit zu einem neuen Gesprächspartner, mit dem sie ihre Ansichten diskutieren.*

LÖSUNGSVORSCHLAG Individual answers expected.

COMPREHENSION **2** **Sum up the changes in attitude amongst young people compared ...**

METHODISCHES VORGEHEN *Diese Aufgabe eignet sich für eine schriftliche Hausaufgabe. Die S berücksichtigen dabei auch die Informationen im* Fact file *zu* Britain's Welfare State. *Eine gegenseitige Kontrolle kann durch die Methode der Schreibkonferenz* (Peer conference) *sichergestellt werden, die die L-Korrektur ergänzt oder ersetzt. Die Mitglieder einer Kleingruppe lesen sich gegenseitig ihre Texte vor. Die Gruppenmitglieder geben dem Vorlesenden inhaltliche und sprachliche Verbesserungs- bzw. Korrekturvorschläge. Auf Basis der konstruktiven Kritik ihrer Mitschüler überarbeiten die S ihre Texte. Besonders gelungene Arbeiten werden im Plenum präsentiert.*

LÖSUNGSVORSCHLAG

- Young people consider individual liberties to be much more important than state interference and public services (ll. 7–8) and "agree that the state's primary role is to protect individual freedom" (ll. 6–7).
- In contrast to the older generation fewer teenagers are affiliated with a religious, political or interest group (ll. 11 ff) and display a highly tolerant attitude towards alternative lifestyles (ll. 15–18, ll. 20–22) or "social and cultural difference" (l. 16).
- Their overall political viewpoint can be labelled as classical liberal, prefering "low taxes, limited welfare and personal responsibility" (ll. 26–27) to state intervention and collectivism.
- This viewpoint is in stark contrast to older generations, e.g. those born before the beginning of World War II, among whom "more than two-thirds ... consider the welfare state "as one of Britain's proudest achievements" (ll. 28 f).
- Historical events can explain why younger generations believe that social problems should be tackled by individuals accepting personal accountability/responsibility (ll. 40–41). Their childhood and teenage years were shaped by a time of comparatively low rates of unemployment.
- Moreover, at that time "the contributory elements of the welfare system" had been removed (ll. 51 ff) and collectivist tendencies in the postwar years were no longer relevant (ll. 54–55).
- However, their attitude has also been shaped by the fact that the younger generation has seriously suffered from the economic recession and subsequent government cuts (ll. 56 ff).
- A rising youth unemployment rate as well as cutbacks in public spending has hit this generation quite hard, resulting in fierce competition (ll. 69–70).

ANALYSIS **3** **Analyse the language and the style of the article, using your ...** → S10

METHODISCHES VORGEHEN *Diese Aufgabe eignet sich für eine Stillarbeitsphase. Dazu erfolgt ein Hinweis auf* Skill 10 Style and stylistic devices. *Die Ergebnisse werden im Anschluss im Plenum besprochen.*

LÖSUNGSVORSCHLAG

- The author employs a fairly neutral style by using straightforward sentence structures and rather sophisticated vocabulary.
- The text contains various references to statistics and polls to draw an objective picture of the attitudes and beliefs of the younger generation today.
- The author does not use words with an explicitly positive or negative connotation, which adds to the impression that he/she wants to present the subject matter in a rather neutral way.
- Only in the last paragraph does the article show considerable sympathy towards the difficult situation of young people today.
- Pointing out the "hardships" and "the economic slowdown and government cuts" (ll. 57 ff) young people deal with today, the author wants to raise reader awareness of the problems and challenges the younger generation has to face.

- This is illustrated by the example of a job vacancy in a coffee shop in Nottingham, which has attracted 1,700 applications.

EVALUATION **4 Imagine you have read this article online. Write a comment to post …**

MATERIALIEN → Kopiervorlage 3 (The Nobel Peace Prize)

METHODISCHES VORGEHEN *Diese Aufgabenstellung wird als schrifliche Hausaufgabe erledigt. L gibt ggf. eine Wortanzahl vor, damit die Ergebnisse vergleichbar sind. Hinweis auf das* Fact file *zu Margret Thatcher.*

LÖSUNGSVORSCHLAG The 22-year-old student quoted in your article said that her generation was incredibly competitive, but I cannot really share this view of my generation. Although we are constantly reminded by politicians, the press, some teachers and even our parents that we will have to study and work hard in order to be able to compete in an increasingly complex and globalised world, I do not feel that young people are ruthlessly fighting each other to find their place in society or on the labour market. On the contrary, many of my peers have a quite relaxed and easy-going outlook on life. I don't think that most teens are overwhelmingly eager to excel at school, spend very much time preparing for their A-levels or try to gain as much work experience as possible during their studies at university. Instead of competing against each other, we are trying to spend time together, enjoy life and still learn and work in order to be prepared for the future.

ERWEITERUNG *In Kopiervorlage 3* (The Nobel Peace Prize) *beschäftigen sich die S mit dem renommierten Friedensnobelpreis, der 2014 an zwei Kinderrechtler vergeben wurde. Die jüngste Nobelpreisträgerin aller Zeiten, die erst 16-jährige Pakistanerin Malala Yousafza, wurde für ihren Kampf um Frauenrechte und das Recht auf Bildung ausgezeichnet. Die S erstellen zunächst eine Liste von Friedensnobelpreisträgern, die sie kennen, und recherchieren dann das Leben und den sozialen Einsatz der Preisträgerin Malala für ein Kurzreferat, das einzelne S im Plenum halten. Die Pressemitteilung des Nobelpreiskomitees zur Preisvergabe 2014 enthält sprachlich anspruchsvolle Ausdrücke und Passagen, die die S mit einfacheren Worten umschreiben.*

POEM

Richard Cory

LERNWORTSCHATZ to go down town (AE), slim, grace, to be in sb's place

COMPREHENSION **5 Briefly outline what the poem is about in your own words.**

METHODISCHES VORGEHEN *Zunächst wird das Gedicht von mindestens zwei leistungsstarken S laut vorgelesen. Hinweis auf das* VIP file *zu Edwin Arlington Robinson. Die Besprechung der Aufgabe erfolgt im Plenum.*

LÖSUNGSVORSCHLAG The poem is about an admired, refined gentleman whose immaculate outward appearance and behaviour belies his inner turmoil and despair. It tells the story of Richard Cory, a very mannerly and wealthy gentleman who is very admired by the ordinary citizens in the town. Richard Cory is an impressive man, who is always appropriately dressed and has perfect manners and speech. This gentleman, however, unexpectedly commits suicide one calm summer night.

ANALYSIS **6 What three themes are addressed in the poem? Find quotations …**

METHODISCHES VORGEHEN *Die S bereiten diese Aufgabenstellung in einer Stillarbeitsphase vor und notieren ihre Belege in Partnerarbeit.*

LÖSUNGSVORSCHLAG **There are three major themes in the poem:**

- **First theme:** Appearances can be deceiving.
  Richard Cory is the quintessential English gentleman. He displays an impressive outward appearance and is a friendly, polite, well educated and refined man: "He was a gentleman from sole to crown, clean favored, and imperially slim … and he glittered when he walked" (ll. 3–8), and yet he seemed so desperate that "one calm summer night, (he) went home and put a bullet through his head" (ll. 15 f).

- **Second theme:** Money can't buy happiness.
  Richard Cory lead a life of affluence: "And he was rich – yes, richer than a king" (l. 9), but he must have been so disturbed, unhappy and so desperate that he committed suicide.
- **Third theme:** You can't judge people by what they have, but by who they are.
  Although Richard Cory seems to have everything in one sense, e.g. wealth, respectability, demeanor, education etc., he is an emotional pauper. Ordinary citizens admire him so much that they hope to be like him someday ("We thought that he was everything to make us wish that we were in his place. So on we worked, and waited for the light …", ll. 11–13). This sentiment is in stark contrast to the ultimate fate of the gentleman, who ends his own life by putting "a bullet through his head" (l. 16).

ANALYSIS

7 a)–c) Explain who the "we" in the poem refers to. Describe … → S6.1

METHODISCHES VORGEHEN *Die S bilden Kleingruppen zur Bearbeitung der Aufgabenstellungen. Bei Teilaufgabe b) verweist L auf* Skill 6.1 Analysing poetry.

LÖSUNGSVORSCHLAG

a) The "we" in the poem refers to the ordinary citizens in town, who have to work hard (l. 13) and still cannot afford to buy meat (l. 14). These people are in awe at the sight of the perfect gentleman, Richard Cory, who "fluttered pulses when he said, 'Good-morning'" (ll. 7–8) and who "glittered when he walked" (l. 8). Richard Cory encompasses all the citizens' dreams and hopes: "We thought that he was everything to make us wish that we were in is place." (l. 12)

b) Most of the lines in the poem are in iambic pentameter. Lines 1–4 demonstrate this pattern:

........1.........2.............3.........4.................5
When EV | er RICH | ard COR | y WENT | down TOWN,

......1............2..........3................4...............5
We PEO | ple ON | the PAVE | ment LOOKED | at HIM;

......1..........2...........3...............4............5
He WAS | a GEN | tle MAN | from SOLE | to CROWN,

........1.............2...........3.........4........5
Clean FA | vored AND | im PER | i AL | ly SLIM.

The poem, which consists of sixteen lines in four quatrains, has the rhyme scheme abab-cdcd-… The whole poem has a song-like rhythm, which intensifies the effect of the tragedy described in the very last two lines. "And Richard Cory, one calm summer night, / Went home and put a bullet through his head." (ll. 15–16) This comes as a shocking surprise to the reader, who has come across some orderly and controlled syntax in three neat quatrains and is now confronted with this straightforward description of Richard Cory's suicide.

c) The poem contains several examples of alliteration (ll. 1, 2, 8, 12, and increasing to all of the lines in the final verse) and prominent anaphora (six lines beginning with "And", and also "And he was (always) …" repeated in ll. 5, 6 and 9). These figures of speech, repeating sounds and sentence parts as well as the simple connective "and", make the poem sound harmonious, reassuring the reader in his/her first impression of the stability of Richard Cory's life. Added to the perfectly regular rhythm and rhyme scheme (iambic pentameter), the poet creates the impression of a simple and natural progression in the storyline, as if everything which happens is predictable and fitting. Metaphors like "waited for the light" (l. 13) and "sole to crown" (l. 3, also a synecdoche) emphasise the admiration of the common people for Richard Cory. There is enjambement in each verse, which improves the flow of the poem and underlines the effects mentioned above, but there is normally a natural sentence pause at the end of each line, except in the summary of the common people's thoughts: "In fine, we thought that he was everything / To make us wish that we were in his place" (ll. 11–12), emphasising the logical conclusion of the vision they have of Richard Cory and their inability to feel anything other than admiration.

LANGUAGE

8 Describe Richard Cory's appearance in your own words. ...

LÖSUNGSVORSCHLAG

Richard Cory is always referred to by the term gentleman, which implies that he belongs to the gentry or a higher socioeconomic class rather than being a simple 'man' from a lower class. He displays this gentlemanly quality from "sole to crown," (l. 3) which emphasises how entirely kingly this Cory was. The typical viewer's perspective (normally "from head to toe") is also reversed, which supports the idea that the people are looking up to Cory as an idol. He neither looked down on the common folk nor acted superior. Cory did not behave arrogantly but would chat with the ordinary citizens: "And he was always human when he talked" (l. 6). He showed an admirable, awe-inspiring outward appearance, very good manners and remarkable education and knowledge (l. 10). The poet probably wants to express the distance between the ordinary folks and this refined gentleman by using quite unusual words like "clean favored," "imperially slim," "grace," "fluttered pulses," and "glittered" when he describes Cory.

ERWEITERUNG

In interessierten Lerngruppen kann L den Song von Paul Simon hinzuziehen. L: Richard Cory is also the name of a song, which was based on Robinson's poem and was written in 1965 by Paul Simon. It was recorded by Simon and Garfunkel the same year and has been covered by other bands since then. Find and listen to a recording of the song on the internet. What differences are there between the song and the poem? Discuss with a partner why the songwriter might have made the changes. *Die S erledigen diese Aufgabenstellung in Partnerarbeit.*

LÖSUNGSVORSCHLAG

In the lyrics, various more details are given to describe Richard Cory's status and behaviour: The only child of a banker, he is so rich that he owns half of the town and uses his political connections to increase his wealth and improve his social position. Whereas the ordinary citizens consider the Richard Cory in the poem to be an admirable, respected and impressive figure, the common folks in the lyrics seem to envy Cory and do not really look up to him. Richard Cory in the poem seems to be a friendly, affable and modest person in contrast to the Cory in the song, who is derided in the papers due to his excessive parties and orgies although he displays a certain desire to help the community and donates to charity. The people in the poem work hard, try to cope with their difficult situation and hope to eventually improve their position, whereas the people in the song seem to be much angrier and curse their fate.

CREATIVE TASK

9 On the morning after Cory's suicide, this information spreads ...

METHODISCHES VORGEHEN

Die S erarbeiten in Dreiergruppen einen Dialog, den sie schriftlich festhalten. Sie präsentieren ihren Text im Anschluss mit verteilten Rollen im Plenum.

LÖSUNGSVORSCHLAG

Ben Smith: Have you heard about Richard Cory's suicide? My wife said that he shot himself last night!

Ruth Windall: Yes, I can hardly believe it! Why would a man who has got everything do that? He had money galore, a nice estate, beautiful clothes, a good education – just about anything you could wish for!

David Riddle: Anything? Ha! Have you ever seen him in the pub drinking with friends and having a good time? Have you ever seen him in the park walking with his sweetheart and enjoying the sun? No, I think he was totally unhappy.

Ben Smith: I don't know. Everybody liked him, admired him and envied him.

Ruth Windall: The women in town all loved him!

David Riddle: Yes, I believe so. But he was lonely. He always thought he was better than everybody else.

Ben Smith: I see what you mean. Well, as the saying goes: Money can't buy happiness!

SPEAKING

10 To what extent are the themes in the poem still relevant today?

METHODISCHES VORGEHEN

Die S machen sich zunächst in Einzelarbeit Notizen zu der Fragestellung und diskutieren das Thema dann im Klassenverband.

LÖSUNGSVORSCHLAG

Individual answers expected.

D How technology is changing society

NOVEL EXCERPT **No hiding place** → WB Task 17

Dave Eggers (born 1970) is an award-winning American novelist, screenwriter, editor, and publisher. His dystopian novel *The Circle*, published in 2013, is set in the not-too-distant future. It depicts the life of Mae Holland, a young woman who works for the Circle, a fictional San Francisco based technology company, and her increasing doubts about the company's work and seemingly sinister underlying agenda. The Circle is a combination of Facebook, Google, Twitter, PayPal and other major online corporations. It demands transparency in all respects; two of its many slogans are "SECRETS ARE LIES", "PRIVACY IS THEFT".

LERNWORTSCHATZ reminiscent of, to select, at random, menace, community, to locate sb/sth, to emerge, to bring to mind, to convict sb (of), with the help of, participation, to alert, to feature, to indicate, to be down to, to work toward a single goal, casual, to claim, to investigate other leads, recognition, guilt, to hold one's breath, to admit, to acknowledge, to flee, to be surrounded by sb/sth, defiant, dignity, to be at sb's disposal

BEFORE YOU READ

1 What does the expression "the ultimate search tool" bring to mind?

METHODISCHES VORGEHEN *Diese Aufgabenstellung wird in einem kurzen Unterrichtsgespräch diskutiert. Die S äußern ihre spontanen Gedanken zu dem Ausdruck. L verweist auf das* VIP file *zu Dave Eggers.*

LÖSUNGSVORSCHLAG "The ultimate search tool" implies a very powerful or the best/greatest device available on the internet to help you find information.

COMPREHENSION

2 Explain what SoulSearch is and describe how it works. →△4

ALTERNATIVE *Zunächst wird der Text von den S gelesen. Dies geschieht entweder vorbereitend individuell als Hausaufgabe oder im Klassenverband, beispielsweise nach folgender Methode: Der erste Teil des Textes wird von zwei S mit verteilten Rollen gelesen. Während sich der Großteil der Klasse Gedanken zu der in Aufgabe 1 gestellten Frage macht, verteilt L an zwei ausgewählte S Leseabschnitte, die die beiden S in der Zwischenzeit still vorbereiten. Sie versuchen, ihre Rolle beim lauten Vorlesen ihres Abschnittes mit Hilfe der passenden Intonation, ggf. sogar Mimik und Gestik, überzeugend umzusetzen. Folgende Sprecherrollen können vergeben werden:* Narrator: ll. 1–3, l. 8, ll. 10–17, l. 25; Mae: ll. 4–7, l. 9, ll. 18–24.

Nach Zeile 24 stellt L folgende Frage: Speculate on how it might be possible to find the fugitive with the help of the Circle. *Die S lesen, nachdem die verschiedenen Ideen ausgetauscht wurden, still oder im Klassenverband den restlichen Textauszug und werden aufgefordert, eine Visualisierung* (Concept map) *zum Auffinden der Flüchtigen mithilfe des* Circles *zu erstellen. Aufgabe 2 wird dann im Plenum beantwortet.*

"How the fugitive could be located" – Concept map

a random runaway felon was selected

↓

profile data and photograph was presented to a billion-plus Circle users

↓

users provided information on the live feed

↓

the fugitives name and town of residence was revealed

↓

the felon was trapped by a colleague and other Circle users

↓

live images of the arrest were posted worldwide

LÖSUNGSVORSCHLAG SoulSearch is a new online search tool which uses its billion-plus users to locate an individual, e.g. a runaway felon, anywhere in the world with the help of facial recognition technology and an enormous database. A photograph and personal data is presented to the users, who then will share information, feed comments and pictures or videos and identify where a person is within a very short period of time, i.e. less than twenty minutes

ERWEITERUNG *In lernschwächeren Klassen kann L folgende* Comprehension-*Aufgabenstellung schriftlich bearbeiten lassen:* Summarise how it was possible to locate the runaway felon within less than 20 minutes.

LÖSUNGSVORSCHLAG After a fugitive felon had been randomly picked by the computer, personal information as well as a police photograph of the fugitive was presented to the billion-plus Circle users who were watching the live feed. Within seconds numerous comments and photos, which were ranked according to relevance by the users, indicated the plausibility of an assumption or a statement. Then the fugutive's name and town of residence were revealed; the fugitive's colleague was asked to find her and capture her on photo or video. She did so, but the fugitive tried to escape; however, the runaway felon was, trapped by dozens of people who aimed their phones at her, taking photos and videos of her. All these video feeds could be seen by other Circle users. Finally, the fugitive was arrested by the police.

DIFFERENZIERUNG △ *Leistungsschwächere S ziehen die Hilfestellung in Aufgabe 4 im* Diff pool *hinzu. Dort werden zwei unterschiedliche Zusammenfassungen angeboten, aus denen die S die zutreffende auswählen müssen.*

LÖSUNGSVORSCHLAG The second summary is the correct one. It summarises how SoulSearch works in a very precise manner. In contrast, the first summary is quite superficial and also contains incorrect statements, e.g. that the search is always successful. That is not always the case because the narrator reveals Mae's uncertainty in ll. 34–35: "Mae didn't, in fact, know if it would work. She wouldn't have been surprised, actually, if it didn't …" Moreover, the second summary stresses the active participation of the Circle users, which is the core concept of SoulSearch.

ANALYSIS **3** 👥 **a) Examine the language … b) Find an example of irony …** → S10 → △ 5

METHODISCHES VORGEHEN *Diese beiden Aufgabenstellungen eignen sich für eine schriftliche Hausaufgabe. L weist auf* Skill 10 Style and stylistic devices *hin und erinnert die S daran, dass sie Belegstellen aus dem Text liefern sollten.*

LÖSUNGSVORSCHLAG

a) Examine the language and tone:
Mae uses rather simple, straightforward sentence structures as well as plain vocabulary. The use of subsequent main clauses creates suspense and makes the users aware that something exciting is about to happen. This is highlighted by using questions like "Ready?" (l. 7) or "Okay, everyone ready?" (l. 39, ll. 46 f) which involves the audience. A similar effect is achieved by the frequent use of the personal pronoun "we" and the phrase "Let's …" (ll. 9, 39, 41, 43) which implies that the community of Circle users is vital for the outcome of the project. When Mae reveals the profile data of the runaway felon, she does not use any personal comments or emotional adjectives but very plainly points out the crime that Fiona Highbridge has committed (ll. 18ff). This might be somewhat shocking to the audience and make the users eager to find the culprit. By giving rather decisive orders, Mae is able to control the behaviour of the crowd (e.g. "Follow her!", l. 96; "Keep her safe", l. 111).

b) Find an example of irony and explain the meaning behind it:
Stenton suggests to Mae "Let's cut the video feed in the interest of allowing her some dignity" (ll. 120 f) after dozens of users have trapped the fugitive and have posted images of her and her arrest to billions of Circle users worldwide. This is an example of irony as respecting the felon's personal rights and dignity is quite the opposite of what has already been done to the individual. At that point it no longer matters whether pictures and videos of the felon are published, as thousands of pieces of information have already been distributed online and can no longer be revoked. So it's quite ironic or even cynical to point out the culprit's right to dignity.

DIFFERENZIERUNG △ *Leistungsschwächere S bearbeiten als Vorbereitung Aufgabe 5 im* Diff pool. *Sie suchen Textstellen, die Zahlen, Zeiten und Orte benennen, und analysieren, welche Auswirkungen dies auf den Leser hat.*

LÖSUNGSVORSCHLAG The author refers to time in order to show how fast the search for the fugitive progresses (ll. 7, 57, 59, 83, 116). Mentioning the exact number of users and the huge crowd of followers (ll. 25, 29, 30, 32, 77) illustrates the enormous mass of people who are part of the community and who participate in capturing the felon. The presentation of specific geographical data adds suspense to the search. All in all, references to numbers, time and geographical places draw the reader into the action. It adds to the fast-paced narration and leads to an atmosphere of excitement and suspense.

VISUALS

4 Read the tip box, then describe and interpret the cartoon. → S28.2

METHODISCHES VORGEHEN *Die S bearbeiten diese Aufgabe in einem Unterrichtsgespräch. L verweist auf den Tipp zu* Herd *und auf* Skill 28.2 Working with visuals: Cartoons. *Ggf. bietet sich eine zusätzliche schriftliche Bearbeitung als Hausaufgabe an.*

LÖSUNGSVORSCHLAG **Description and analysis of the cartoon:**

- The cartoon portrays the inability or refusal to listen to one's own instinct or gut feeling and the need to follow the majority for fear of being wrong, ostracised or ridiculed.
- Six animals, presumably lemmings, are leaping off a steep cliff along the seashore. In the background you can see other lemmings following closely behind, all heading towards the rim of the cliff at high speed.
- The first one in the row says to another one in midair: "I'm a natural leader. I was the first one over the cliff!"
- One can assume that all the animals will jump to their death. Obviously the group leader has somehow been able to convince the others that his way is the best.
- So apparently the others were unable or unwilling to listen to their own instinct or gut feeling and followed the majority instead.
- Maybe the individuals were afraid of being wrong or ridiculed if they did not do the same as the majority, although it was fatally wrong at second glance.
- The cartoon illustrates that some people follow the crowd against their better judgment and might do foolish things just because the majority or a role model does something.
- This behaviour might be apparent not only in everyday situations, e.g. when purchase decisions are made, but also in more serious issues, e.g. in political attitudes or actions.

ERWEITERUNG *Als Erweiterung stellt L die Frage:* Can you think of concrete examples of how people are influenced by their peers to follow trends or imitate particular behaviours?

LÖSUNGSVORSCHLAG

- People might purchase items (e.g. clothes, home décor, electric gadgets) which are fashionable without thinking about whether they really want or need the products.
- People might follow stock market trends without doing research of their own and ignore independent assessment and best judgment.
- Mob mentality can become evident in a department store sale, when dozens of shoppers rush toward the sale items, push each other out of the way and fight over the products.
- Mob mentality can have very dangerous and sometimes even deadly consequences, e.g. when panic and hysteria are created. Sometimes people in crowds suddenly begin rushing in one direction. Other people in the group might not know why it is happening, but they realise a sense of urgency or emergency and begin rushing in that direction too. In extreme cases crowd hysteria is created, and some people might even get trampled as a great number of people try to move in the same direction as quickly as possible.

SPEAKING

5 Social media has helped society by enabling individuals ... → S24.1 → ▲6

METHODISCHES VORGEHEN *Die S bereiten die Debatte inhaltlich zu Hause vor. Sie berücksichtigen dabei* Skill 24.1 Debate. *Die Debatte wird in der Klasse entweder im Plenum oder in Kleingruppen durchgeführt.*

LÖSUNGSVORSCHLAG

Example for both sides:

- Social media can create a virtual community of people all over the world which might take action in protests against a company, government legislation, terrorist crimes etc. This was the case when people empathised with the victims of the Islamic fundamentalist terrorist attack against the offices of the French satirical weekly newspaper *Charlie Hebdo* in Paris, France in January 2015.
- Another example is the revolutionary wave of demonstrations, protests, riots, and civil wars in the Arab world between 2010 and 2012/13 which has become known as The Arab Spring. Participants effectively used social media to organise their activities, to communicate with each other, and to raise awareness for their attempts to fight repression and internet censorship in their countries.
- Users of social media often use blog posts and social communities such as Facebook or public forums to protest against the unfair business practices of some brands, such as the exploitation of workers or the destruction of the environment, as was the case when Nike was criticised for their inhumane working conditions in the early 2000s.
- Facebook, Twitter and blogs provide a new means of conveying information which can reach millions of people within seconds.
- However, mobilising large groups into action can also turn out to have rather negative, harmful or even dangerous results, e.g. when a large number of social network users believed they had found the Boston Marathon bomber in 2013 but turned out to be mistaken. Other examples are the numerous instances of cyberbullying or online vigilantism.

Some benefits of social media for the individual:

- Social media such as Facebook or WhatsApp allows individuals to contact family and friends in a convenient way. One can share events, images and thoughts in real time securely but publicly, thus strengthening exisiting relationships.
- Social media increases one's networking potential (e.g. Xing, LinkedIn).
- Social networking sites allow users to create networks of like-minded people (e.g. professionals or academics who share the same interests).
- Social networking sites provide access to a larger pool of information and opinions.
- People might find support, seek advice or locate assistance in online communities.

Some risks of social media for the individual:

- Face-to-face relationships can be endangered if individuals spend too much time online.
- Users of social networks can be exposed to harassment or inappropriate contact from others.
- Users of social networking sites might become victims of fraud or identity theft.
- Major corporations might invade users' privacy and sell their personal information, e.g. by targeting them for their advertising campaigns/marketing/advertisements.
- Users might post something inappropriate or information that might reflect badly on them, thus permanently damaging their reputation.

DIFFERENZIERUNG

▲ *Leistungsstärkere S bearbeiten anstelle von Aufgabe 5 Aufgabe 6 im* Diff pool. *Sie diskutieren, ob soziale Netzwerke dazu genutzt werden sollten, um Kriminelle aufzuspüren. Sie berücksichtigen dabei u.a. Fragen der Menschenrechte.*

LÖSUNGSVORSCHLAG

Pro	Con
• Scouring Facebook profiles for evidence of drug dealing, child abuse and other criminal activity might prevent crime and protect innocent people. • If the police monitor social media websites, they can contact witnesses, identify suspects and solve criminal cases. • If the police use social media to track down criminals, the culprits will be arrested and taken to court.	• The right to privacy is one of the most fundamental human rights: Data generated on social media websites can be considered private space and must be exempt from the access of state authorities. • As the processing of personal data is restricted, the police have no right to scour social media without having direct evidence against a suspect.

→ Thus people's basic rights to life and to safety as well as the basic right to property can be guaranteed if law enforcement officers are able to use social media in their fight against crime.

→ Thus the police should not be allowed to use social media to track down criminals as the intrusion into somebody's personal profile in social networks is a violation of a basic human right.

BEFORE YOU READ

6 Describe the first photo. What would you do if you saw a ...? → S28.1

METHODISCHES VORGEHEN

Die Beschreibung des Fotos und die Beantwortung der Frage wird in einem kurzen Unterrichtsgespräch erledigt. Die S berücksichtigung dabei Skill 28.1 Working with visuals: Pictures.

LÖSUNGSVORSCHLAG

Description of the photo:
In the photograph you can see a young woman sitting on the pavement in a seemingly deserted street. There are some cars in the background. The woman is covering her face with both her hands; she seems to be in despair, and she might be crying.

What would you do if you saw a stranger crying in public? Individual answers expected.

NEWSPAPER ARTICLE

How not to be alone → WB Task 18

LERNWORTSCHATZ

in public, to comfort, to be faced with sth, boundary, to intervene, inappropriate, to encourage sth, habit, compassion, response to sth, distracted, undivided attention, generosity, substitute, absence, expectation, to avoid, humanity, balance, reminder, in exchange for

COMPREHENSION

7 a) What is the point of the anecdote ...? b) Outline the criticism Foer ...

METHODISCHES VORGEHEN

Teilaufgabe a) wird im Klassenverband erarbeitet, Teilaufgabe b) eignet sich für eine schriftliche Stillarbeit oder wird als Hausaufgabe erledigt. Hinweis auf das VIP file *zu Jonathan Safran Foer.*

LÖSUNGSVORSCHLAG

a) Point of the anecdote at the beginning of the essay:

- In the anecdote Foer describes how he saw a young girl crying in the street when she was talking to her mum on the phone.
- He was wondering whether he should offer help and try to comfort her or pretend not to have noticed anything was wrong and continue flicking through his contact list on the phone.
- He makes a point of saying that using modern technology such as the smartphone makes it easier to retreat and ignore other people and also helps people to forget others and their needs (ll. 21–27).
- The anecdote provides an example of how modern technology affects people's behaviour and habits and illustrates the criticism Foer levels at modern-day technology in his article.

b) Outline the criticism Foer levels at modern-day technology:

- Foer claims that modern-day technology accounts for the fact that people tend to retreat and become less involved when they interact with other people. As people become more and more distracted by technological gadgets, their attention span is dwindling and they put more emphasis "on speed at the expense of depth" (ll. 30f), which results in the fact that people are unable or unwilling to care deeply for each other.
- Face-to-face communication is being replaced by seemingly easier forms of electronic interaction, e.g. emailing and texting. According to Foer this development "has made it easier, just a little, to avoid the emotional work of being present, to convey information rather than humanity" (ll. 58–59).
- He thinks this results in people becoming less compassionate, less humane: "People who become used to saying little become used to feeling little" (ll. 61–62). Moreover, using this modern-day technology consumes a lot of time, "or makes the saved time less present, intimate and rich" (l. 64).
- The author criticises the use of modern-day technology saying it has made people become more detached and less emotionally involved so that "the closer the world gets to our fingertips, the further it gets from our hearts" (l. 65).

ANALYSIS

8 Analyse the stylistic devices Foer uses in the text and explain … → S10

METHODISCHES VORGEHEN *Diese Aufgabe eignet sich für eine Stillarbeitsphase. Die S berücksichtigen dabei* Skill 10 Style and stylistic devices. *L führt für die Wortneuschöpfung in Zeile 21 ggf. den Begriff* Neologism *ein. Die Ergebnisse werden im Anschluss im Plenum besprochen.*

LÖSUNGSVORSCHLAG

- The author uses a neologism in line 21. When Foer talks about "one's favorite iDistraction", he is referring to Apple products such as the iPhone, the iPod or the iPad as examples for modern-day technology which distracts people from what they are doing or thinking about.
- With the help of the metaphor "our personhood is carved, too, by the flow of our habits" (ll. 26f) Foer illustrates the gradual changes our behaviour and attitudes undergo when we use modern-day technology.
- The repetitive use of the comparative form "easier" (ll. 48–58) illustrates how technological development has changed our way of interacting with each other and has made communication not only easier and convenient, but also less personal and emotional.
- In the last paragraph Foer says that "We are creatures of memory more than reminders, of love more than likes" (ll. 77f), an allusion to typical functions on Facebook, in which users show their support of a post by pressing the like button and people receive notifications to remind them of other users' birthdays.
- When he contrasts these functions to "memory" and "love" (ll. 77f), the author emphasises that real emotions and real experiences are more important than such functions in a virtual world.

EVALUATION

9 Lines 64–65: "I worry that the closer the world gets to our …" → S14.2

METHODISCHES VORGEHEN *Diese Aufgabenstellung wird als Hausaufgabe erledigt. Hinweis auf* Skill 14.2 Comment. *Bevor die S den Kommentar schreiben, sammeln sie zunächst mögliche Pro- und Kontra-Argumente.*

LÖSUNGSVORSCHLAG

Do you agree with what the author is saying?

Agree	Disagree
• People seem to live in an increasingly virtual world and retreat from the real world; many teenagers, for example, spend much of their free time in social networks rather than meeting their peers face to face. • Due to the constant distraction of smartphones and social networks, people have become less attentive and have no sense for the beauty of little things, e.g. birdsong, flowers etc., so the world gets further from their hearts. • People have become more superficial when they interact with other people, and they are more likely to feel alone and disconnected despite their possibly large circle of friends on social networks, so they distance themselves more and more from the real world.	• Many people use social media in a way that enhances their connectivity, e.g. they can stay in touch with family members and friends abroad; moreover, friendships on social media sites are often extensions of existing, face-to-face relationships, thus strengthening these bonds and bringing them closer to our hearts. • The internet and social media in particular provide access to information which had not been available before the IT revolution: thus, the world is getting closer to us and our hearts, e.g. when we sympathise with political activists in foreign countries or support human rights issues in Third World countries • Social media and the internet provide an insight into the lives, attitudes and values of an array of people from different cultural, ethnic and religious groups and thus draw us closer to the world rather than distancing us from it.

SPEAKING

10 Think – Pair – Share: Discuss what you think society will be like in …

METHODISCHES VORGEHEN *Die S denken zunächst in Einzelarbeit über die Fragestellung nach und machen sich Notizen* (Think). *Sie tauschen ihre Ideen im Anschluss in Partnerarbeit aus* (Pair) *und teilen abschließend die Kerngedanken ihres Gesprächs einer Kleingruppe oder dem Plenum mit* (Share).

- Providing sufficient food, water and energy for all people worldwide will still be one of the most important global problems; there will be armed conflicts to get access to natural resources and fierce political disputes about the distribution of valuable goods and provisions.
- Powerful vaccines will have been invented and readily available in developing countries so that diseases such as AIDS, polio or the measles will eventually vanish.
- Robots will take over many menial tasks in daily life, e.g. in the household, in offices, in vehicles etc.
- Climate change will not have been halted in 25 years' time, and the global average temperature will have increased to a considerable extent which will cause serious natural disasters like floods, droughts, water scarcity etc.
- Life expectancy will have risen, and the global population will have increased tremendously; thus the younger generation will have to take care of the elderly.
- China will succeed the US as a global leader and the most powerful country in terms of economy and political influence.
- Individuals will join large-scale networks to express their opinions and participate in bringing about a political change on a regional, national or global scale.
- Individualism will grow due to the tendency towards urbanisation in the future: More people will live in single households, the role of the family will become less important etc.

Spot on language

1 Complete the text, deciding whether to use the simple past or . . .

LÖSUNG

(Solutions in **bold face**.)

Times **have changed** since I **was** your age! In those days we **didn't have** computers, let alone the internet or mobile phones. People **seemed** to spend more time talking to each other and **didn't sit** looking at their phones all the time! On the other hand, I really appreciate new technology, as it **has made** it much easier to stay in contact with people. Even though I **haven't had** the chance to visit them yet, I regularly skype with my grandchildren in New Zealand. In fact the last time I **spoke** to them **was** only yesterday!

2 a)–c) Read the two sentences and decide which of the connectives could . . .

METHODISCHES VORGEHEN

Diese Aufgabenstellung kann alternativ auch in Partnerarbeit erledigt werden.

LÖSUNGSVORSCHLAG

a) The following connectives could be used to link these two sentences:
and, although, then, but

How the meaning is changed:

- The connective 'and' expresses the immediate effect that looking at the bowls has on Tris.
- The connective 'although' illustrates that Tris decides to look at the bowls despite her fear.
- The connective 'then' establishes causality: After looking at the bowls, Tris feels scared.
- The connective 'but' points out a contrast to expectations created in the first clause. Looking at the bowls shouldn't have made Tris feel scared.

b) How the placement of the connective changes the meaning of the sentence:

- "As Tris's eyes move to the bowls in the centre of the room, she feels scared." This points out a sequence of events. The connective 'as' could be replaced by 'when'.
- "Tris's eyes move to the bowls in the centre of the room, as she feels scared." This provides a reason or an explanation why Tris is looking at the bowls. The connective 'as' could be replaced by 'because'.

c) Say whether the sentences still make sense and how the meaning changes:
Individual answers expected.

3 a) Sort the following connectives ... b) Using the connectives ... → S20.1

METHODISCHES VORGEHEN *Diese Aufgabenstellung wird als schriftliche Hausaufgabe erledigt. L verweist die S auf die Hinweise in* Skill 20.1 Writing paragraphs.

LÖSUNGSVORSCHLAG a) (Additional ideas are *in italics.*)

- **giving your opinion:** in my view, I believe, *I'm convinced that, to my mind, the way I see it*
- **comparing:** unlike, whereas, in the same way, similarly
- **opposing:** but, on the contrary, in contrast, yet, nevertheless, *in spite of, despite, as opposed to*
- **showing cause and effect:** as, since, therefore, for this reason, *so, that's why*
- **adding more information:** furthermore, in addition, *moreover, another significant point/ reason/advantage/consequence is*
- **giving examples:** an example of this is, for instance, *take the case of, serves to illustrate, underlines the importance of*
- **making a point:** although, unless, as long as, *above all, in actual fact*
- **generalising:** as a rule, in general, *generally*
- **summing up:** in conclusion, having said this, *to conclude, in sum, in brief, all in all, taking everything into consideration*
- **listing arguments:** then, firstly/secondly/thirdly, finally, *first of all, to begin with, ultimately, in short, in the first place/second place*

b) Individual answers expected.

4 Your British friend and you are both interested in doing ... → S26.1

METHODISCHES VORGEHEN *L macht die S auf die Informationen in* Skill 26.1 Mediating *aufmerksam. Ggf. wird eine Wortanzahl vorgegeben, damit die Ergebnisse einen vergleichbaren Umfang haben.*

LÖSUNGSVORSCHLAG Hi Ed

How are you? I've come across a very interesting article on some volunteer work, which is offered on a very small island in the North Sea, Hallig Hooge. This programme was established four years ago and about 250 people aged 18–80 have already taken part in it.

In exchange for some hours of volunteer work every day, participants are offered free accommodation in one of the council flats. Applicants are chosen according to their qualifications because the volunteers are not really treated as guests but as colleagues.

They are asked to stay for at least two weeks and help in the tourist information centre, e.g. doing office work, answering the telephone, painting fences, mowing the lawn etc. After work there is plenty of time to enjoy the scenery or simply relax.

I would like to apply for a position there. I think I would love the peace and quiet on the little island. The island is just six square kilometres in size, so you can walk around the whole island in only three hours. Since there are only 100 residents, there is not a lot of infrastructure: there is only a school for four children, a church and a grocery store. So there won't be any distractions, and I could use the time to get away from all the stress and the pressure in my life. Do you think you might also like to apply for the programme? Wouldn't it be a great idea to work on the island together for two or three weeks this summer?

Cheers

...

Spot on vocabulary

1 a) The following adjectives are used to ... b) Add any others that you ...

METHODISCHES VORGEHEN *L verweist auf den Tipp zu den* Vocab sheets. *Die S erarbeiten diese Aufgabenstellung in einer Stillarbeitsphase und diskutieren ihre Einordnung dann in Kleingruppen. Die weiteren Adjektive werden im Plenum besprochen und an der Tafel festgehalten.*

LÖSUNGSVORSCHLAG

a) Positive personal characteristics:
compassionate, empathetic, generous, enthusiastic, selfless, trustworthy, honest, confident, liberal, tolerant, realistic, idealistic, sensitive, understanding, sensible, attentive

Negative personal characteristics:
aggressive, ignorant, cowardly, contemptuous, apathetic, materialistic, selfish, competitive, defiant, dogged, self-righteous

b) Other important adjectives:

Positive characteristics	Negative characteristics
brave, committed, self-confident, responsible, self-reliant, independent, authentic, reliable, tactful, humorous, sympathetic, benevolent, mature, industrious, courteous, even-tempered, progressive, open-minded, optimistic, respectful, humble etc.	self-conscious, vain, irresponsible, incompetent, grim, greedy, avaricious, illiberal, ostentatious, boastful, insensitive, malevolent, pitiless, corrupt, lazy, rude, foolish, excitable, narrow-minded, stingy, fussy, cheeky, conceited etc.

2 a)–d) Choose three collocations from the list below ... → S3

METHODISCHES VORGEHEN

Zunächst schreiben die S in Einzelarbeit Definitionen zu den in Teilaufgabe a) vorgegebenen Begriffen. Sie tauschen ihre Erklärungen mit einem Partner aus, der das definierte Wort herausfindet. Teilaufgabe b) wird in Einzelarbeit erledigt; Teilaufgabe c) kann mündlich im Plenum besprochen werden. Die Liste für die letzte Aufgabenstellung wird individuell ausgearbeitet und kann anschließend mit dem Partner verglichen und ergänzt werden. Dabei werden die Hinweise in Skill 3 Working with a dictionary *berücksichtigt.*

LÖSUNGSVORSCHLAG

a) Possible definitions:
- **welfare state:** a country which provides insurance schemes, free medical care, welfare benefits etc.
- **mass unemployment:** when a large number of people are without work
- **spending cuts:** when a government or organisation reduces the amount of money used for particular purposes, e.g. healthcare
- **trade union:** a group of workers of the same trade who cooperate to bargain with employers for fair wages, better working conditions etc.
- **economic slowdown:** a reduction in the speed or the extent of economic progress
- **economic opportunities:** chances that the economy provides individuals, companies and organisations
- **work ethic:** the belief that work is morally good and that one should work hard
- **income equality:** the fact that different individuals are paid the same wages for the same work or position
- **welfare benefits:** money paid by the government for the people in need, e.g. those who are poor, ill or unemployed

b) Possible collocations:
- **class:** class system, social class, class consciousness
- **social:** social status, social inequality, social problem, social mobility, social hierarchy

c) (Solutions in **bold face.**)
1. Our ageing society is one of the most pressing **social problems** facing us today.
2. **Social mobility** refers to people's movement up or down within society.
3. According to a recent survey, the **class system** in the UK has expanded; instead of there being three **social classes** there are now seven.
4. Members of the aristocracy used to enjoy a higher **social status** than the rest of the population, but nowadays there is less **social inequality** and more flexibility within the **class system.**
5. Immigrants to the US in the nineteenth century were hoping to leave **social inequality** behind them.

d) Other collocations:

Collocations with 'social'	Collocations with 'class'
social issues, social reforms, social change, social background, social advancement, social life, social skills, social event, social club, social security, social conscience, social contract, social fund, social housing, social studies	business class, class action, economy class, first-class, high-class, low-class, class warfare, working class, lower middle class, middle class, upper middle class, upper class, class conscious(ness), classy, classless

3 a) Complete these collocations ... b) Use the expressions and your own ...

METHODISCHES VORGEHEN *Die S erledigen diese Aufgabe zu Hause. Die Ergebnisse zu Teilaufgabe a) werden im Unterrichtsgespräch überprüft. Einige S tragen ihre Ausarbeitungen zu Teilaufgabe b) im Plenum vor.*

LÖSUNGSVORSCHLAG **a)** (Solutions in **bold face**.)

- to believe **in** a fair society
- to be concerned **about** a problem
- to be tolerant **towards/of** others
- to blame sb **for** sth
- to show a lack **of** understanding
- to come to terms **with** sth
- to rebel **against** authority
- to be **at** the root of a problem
- to discriminate **against** older people
- to be sensitive **to** other people's values
- to depend **on** sth
- to live **in** a different world
- to be faced **with** a choice
- to see sth **in** sb else's point of view

b) Paragraph on the generation gap:
The generation gap is a term which refers to differences between people of younger generations and their elders. Sometimes members of both groups show an inability to understand each other and seem to live in completely different worlds. Of course, some generational differences have existed throughout history. For example, children have always rebelled against their parents. However, it seems to be more difficult nowadays for some elders to come to terms with the rapid changes in technology and society. These rapid developments seem to be at the root of the problem.

Topic task

Producing a short film → S29.3

METHODISCHES VORGEHEN *Die* Topic task *gibt den S Schritt für Schritt den Weg zum eigenen Kurzfilm vor. Es werden die Hinweise in* Skill 29.3 Making a film *berücksichtigt. Die S arbeiten in Kleingruppen und diskutieren zunächst in* Step 1 Choosing a theme *mögliche Filminhalte, die zu dem Thema* The individual and society *passen. Vier mögliche Themen werden vorgeschlagen. Weitere Themen könnten sein:*

- The gender gap
- Urban life
- We are family
- Disabled = disadvantaged?

Die S erarbeiten in Step 2 Brainstorming ideas *in einem Brainstorming-Prozess erste Ideen zu* Story line, narrative elements, characters, setting *und* location. *Hier sollte L die S dazu auffordern, realistisch zu sein. Aufgrund des Formats eines Kurzfilms sollten die Zahl der Schauspieler und die Drehorte sehr gering gehalten werden. Soll an öffentlichen Plätzen, wie Bahnhöfen oder Flughäfen, gedreht werden, muss vorher eine Dreherlaubnis eingeholt werden. Insbesondere sollte ein gut zugänglicher, nicht zu weit entfernt liegender Drehort gewählt werden, der von der Schule bzw. dem zu Hause der S leicht erreichbar ist.*
Wichtig ist danach die genaue Verteilung von Aufgaben und Rollen innerhalb der Gruppe, so wie in Step 3 Allocating tasks *vorgeschlagen. Für* Step 4 Next steps *gilt es, viele Detailfragen zu klären und das* Script *sowie die* Storyboard panels *zu erstellen. Viele Beispiele für Drehbücher bzw.*

Storyboard panels *finden sich im Internet, z.B. auf der im Tipp angegebenen Seite zur* Internet Movie Script Database (IMSDb).
Bei der Auswahl der Schauspieler sollten die S auf Authentizität achten. Ein Jugendlicher kann nur schwer einen Mittdreißiger verkörpern und die jüngere Schwester eines Klassenkameraden gibt nicht unbedingt überzeugend eine 40-jährige Mutter ab.
*Die S drehen den Film (*Step 5 Shooting*) entweder mit einer privaten Videokamera, der Kamera der Schule oder ggf. mit ihrem Smartphone und bearbeiten das Filmmaterial mit einer Schnittsoftware. Viele dieser Programme gibt es im Internet kostenlos zum Herunterladen. Möglicherweise sind einige Kursteilnehmer mit einem der Programme bereits vertraut.*
*Der letzte Schritt (*Step 6 Screening*) ist die Vorführung der Ergebnisse im Plenum. Ggf. werden Filmposter zum Kurzfilm erstellt. Die Gruppen präsentieren ihren Film, erläutern ihre Überlegungen und beantworten Fragen der Mitschüler. Die Klasse stimmt dann in verschiedenen Kategorien über den besten Film ab:* Best film, best script, best director, best actor, best soundtrack etc.

KLAUSURVORSCHLAG *Zum* Topic **The individual and society** *steht online nur für die Hand von L ein mehrteiliger editierbarer Klausurvorschlag mit Erwartungshorizont zur Verfügung.*

🌐 Code k949tr **→ Klausurvorschlag: Leaving home coming home (newspaper article) • Mediation: Flüchtlinge dürfen schneller Deutsch lernen**

KV1: Making a difference

For more than 20 years now millions of Americans volunteer to help others in their communities on 'Make a Difference Day'. Individuals, companies, schools, colleges and universities as well as nonprofit organisations participate in thousands of projects on this day, which is the largest national day of community service in the US.

You can find more information and examples of these projects on the internet.

a) *Your English class has decided to initiate a 'Make a Difference Day' at your school. You must first convince the students in other English classes to support your idea. Write a text for a short presentation in which you explain why you think such a day is necessary at your school and in your community.*

b) *In groups of four discuss which volunteer work might make a difference in your school or your community. Design a poster or a flyer.*

c) *Put up your posters/flyers around the classroom and take turns presenting your ideas to each other in a gallery walk. Move from group to group and listen to the presentations. Discuss the suggestions, ask questions and evaluate the ideas. In the end your class will select the most popular volunteer work suggestion.*

Green Line Oberstufe
Autorin: Alexandra Neuberger, Würzburg
Bildquelle: shutterstock.com, New York, NY (Fotograf: Michael Jung)

KV2: Social class

1 *Create a mind map on the concept of social class. Start with the given aspects below and use as many new words as possible which are provided in the box.*

social class • social status • economic • lower class • to be affected by • income • wealth • attitude • inequality • opportunity • reward • hierarchy • nobility • royalty • to be divided into • elite • from rags to riches • accident of birth • economic downturn • to move up into • upward mobility • downward mobility • value

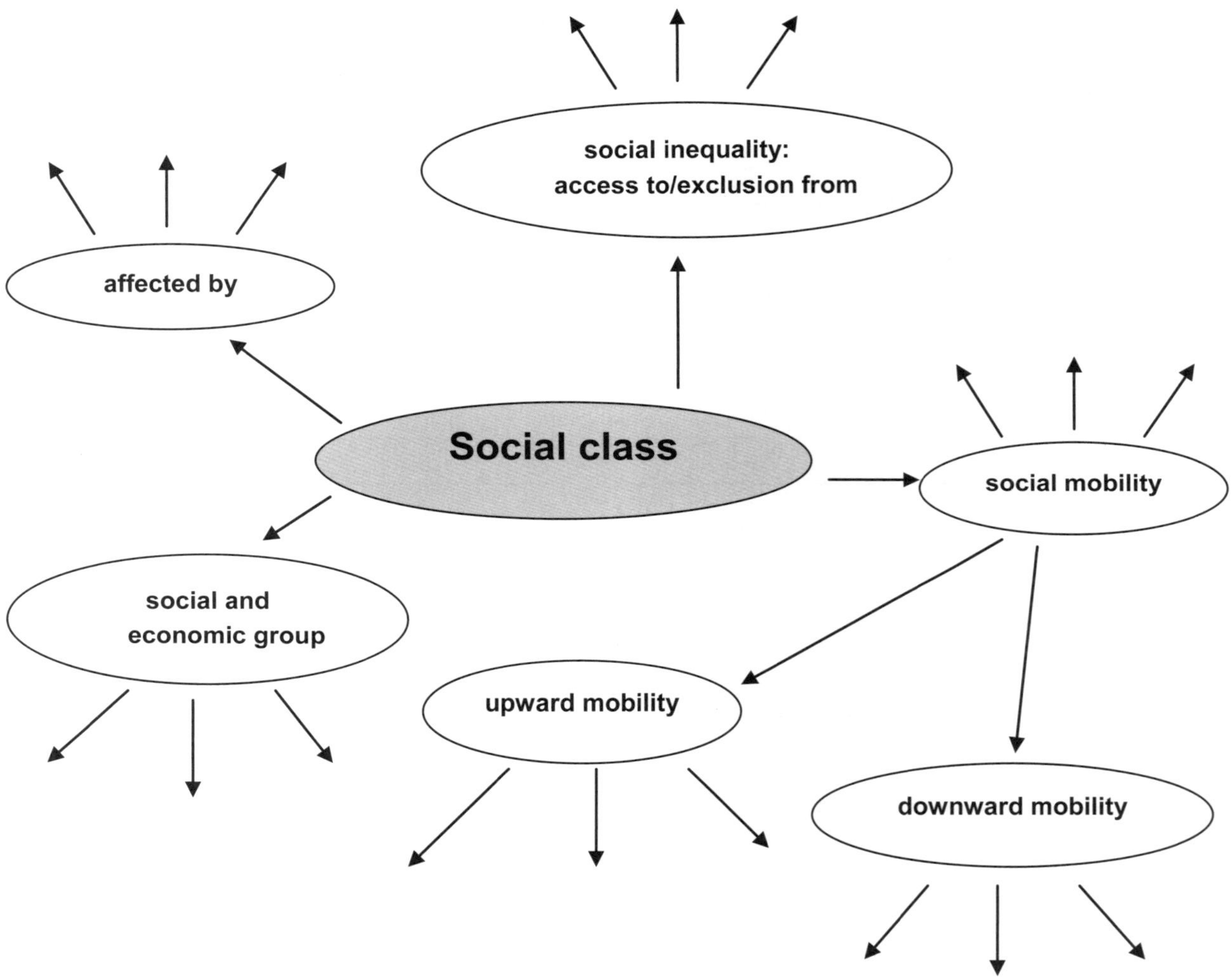

Green Line Oberstufe
Autorin: Alexandra Neuberger, Würzburg

KV3: The Nobel Peace Prize – The most prestigious prize to reward people who struggle for human rights

Each year the Nobel Peace Prize is awarded to "the person who shall have done the most or the best work for fraternity between nations, for the abolition or reduction of standing armies and for the holding and promotion of peace congresses" (part of Alfred Nobel's will, Paris, 27 November 1895).

a) *Together with your partner name as many famous individuals as you can who have received this prestigious prize. (Note: As of 2014 the Peace Prize has been awarded to 103 individuals and 22 organisations.)*

b) *In 2014 the youngest laureate of all times, 16-year old Malala Yousafza, shared the prize with Kailash Satyarthi. Both human rights activists received the award "for their struggle against the suppression of children and young people and for the right of all children to education".*[1] *Do some research on Malala's biography and her commitment to children's rights around the world and prepare a four-minute lecture on her.*

c) *Read the Nobel Peace Prize press release below. Your younger sibling is interested in the article too, but does not understand the underlined words and phrases. Paraphrase these passages with simpler words.*

The Nobel Peace Prize for 2014

The Norwegian Nobel Committee has decided that the Nobel Peace Prize for 2014 is to be awarded to **Kailash Satyarthi and Malala Yousafzay** for their struggle against the suppression of children and young people and for the right of all children to education. Children must go to school and not be financially exploited. In the poor countries of the world, 60% of the present population is under 25 years of age. It is a prerequisite for peaceful global development that the rights of children and young people be respected. In conflict-ridden areas in particular, the violation of children leads to the continuation of violence from generation to generation.

Showing great personal courage, Kailash Satyarthi, maintaining Gandhi's tradition, has headed various forms of protests and demonstrations, all peaceful, focusing on the grave exploitation of children for financial gain. He has also contributed to the development of important international conventions on children's rights.

Despite her youth, Malala Yousafzay has already fought for several years for the right of girls to education, and has shown by example that children and young people, too, can contribute to improving their own situations. This she has done under the most dangerous circumstances. Through her heroic struggle she has become a leading spokesperson for girls' rights to education.

The Nobel Committee regards it as an important point for a Hindu and a Muslim, an Indian and a Pakistani, to join in a common struggle for education and against extremism. Many other individuals and institutions in the international community have also contributed. It has been calculated that there are 168 million child labourers around the world today. In 2000 the figure was 78 million higher. The world has come closer to the goal of eliminating child labour.

The struggle against suppression and for the rights of children and adolescents contributes to the realization of the "fraternity between nations" that Alfred Nobel mentions in his will as one of the criteria for the Nobel Peace Prize.

Oslo, 10 October 2014

[1] "The Nobel Peace Prize 2014". *Nobelprize.org.* Nobel Media AB 2014. Web. 31 Jan 2015.

Green Line Oberstufe
Autorin: Alexandra Neuberger, Würzburg
Bildquelle: Reuters (Cornelius Poppe/NTB Scanpix/Pool), Frankfurt
Textquelle: © The Norwegian Nobel Committee, http://www.nobelprize.org/.

2 The United Kingdom

Didaktisches Inhaltsverzeichnis

Textsorte/Thema	Unterrichtsmethoden	Input boxes	Kompetenzen	Textproduktion
Introduction				ca. 1 Unterrichtsstunde
Combination of visuals and quotations/The UK	*Kursgespräch* *Gruppenarbeit* *Code ny56ij*		*Orientierungswissen* *Bildbeschreibung/ -analyse*	Making charts Creating mind maps Giving statements
Spot on facts The United Kingdom – a 'united' kingdom?				ca. 1–2 Unterrichtsstunden
Factual information/ British history	*Kursgespräch* *Einzelarbeit*	Fact files: The Kingdom unites (and 'disunites'?) – A 'disunited' England – the North-South divide …	*Orientierungswissen* *Leseverstehen* *Recherchieren* *Gespräche führen*	Creating timelines Doing internet research Giving short talks
Core skill workshop Analysing a newspaper article				ca. 3–4 Unterrichtsstunden
Excerpts of newspaper articles/ Broadsheet vs. tabloid, London riots	*Kursgespräch* *Partnerarbeit* *Gruppenarbeit* *WB Tasks 1–2, 8, 12–16* *Zusatzmaterial: Kopiervorlage 1*	Tip: Broadsheets vs. tabloids Fact files: London riots 2011 – Characteristics Useful phrases: Structure of an article – Talking about headlines	*Leseverstehen* *Gespräche führen* *Kreatives Schreiben* *Argumentieren*	Analysing newspaper articles Analysing deadlines Discussing differences Writing feature stories (tabloid newspaper)
Texts A The English, the Scots, the Welsh and the Irish				
How British do you feel?				ca. 1 Unterrichtsstunde
Interviews/ Britishness	*Kursgespräch* *WB Task 3*	Fact file: Regional identity in Britain Tip: Chart	*Leseverstehen* *Gespräche führen* *Argumentieren* *Kreatives Schreiben*	Making charts Analysing attitudes Writing feature stories
Texts B Britain and the rest of the world				
⊙L3/18 Play no. 77, 2012				ca. 2 Unterrichtsstunden
Short play/Britain and the Empire	*Kursgespräch* *Partnerarbeit* *⊙L3/18* *WB Task 4*	Tip: Caricature in literature	*Leseverstehen* *Gespräche führen* *Szenisches Spiel* *Kreatives Schreiben*	Acting out plays Analysing characters Writing articles Interpreting plays
Texts C Britain and Europe				
Views of three politicians: Churchill, Cook, Cameron, 1946/2001/2013				ca. 2 Unterrichtsstunden
Speech excerpts/ Britain and the EU	*Kursgespräch* *⊙L3/19 Transkript* *WB Tasks 5, 7*	Tip: Comparing language	*Leseverstehen* *Gespräche führen* *Hörverstehen*	Analysing rhetorical devices Listening for detail
Texts D London and the rest of Britain				
The global city, 2010				ca. 2 Unterrichtsstunden
Newspaper article/ London	*Kursgespräch* *L Transkript* *WB Tasks 6, 9–11* *Zusatzmaterial: Kopiervorlage 2*	Fact file: London is a world capital	*Leseverstehen* *Gespräche führen* *Argumentieren* *Hör-/Sehverstehen* *Kreatives Schreiben*	Analysing trains of thought Viewing for gist/detail Writing letters to the editor

Textsorte/Thema	Unterrichtsmethoden	Input boxes	Kompetenzen	Textproduktion
Advanced texts E The North and the South				
⊙ L3/20 "Dark and true and tender is the north", 2010				ca. 3 Unterrichtsstunden
Newspaper article/ North-South divide	*Kursgespräch* *Partnerarbeit* *⊙ L3/20* *⊙ L3/21 Transkript* *WB Task 17* *Zusatzmaterial: Kopiervorlage 3*	Tip: Leaving home	*Orientierungswissen* *Leseverstehen* *Hörverstehen* *Bildbeschreibung/ -analyse* *Kreatives Schreiben*	Close reading Analysing purpose Writing (fictious) autobiographical stories Interpreting cartoons Listening for gist
Advanced texts F People at the top and the bottom				
The Royals, 2013				ca. 2–3 Unterrichtsstunden
Internet article/ British monarchy	*Kursgespräch* *Partnerarbeit* *Gruppenarbeit* *⊙ L3/22 Transkript* *WB Task 18* *Zusatzmaterial: Kopiervorlage 4*	Family tree: The Royal Family Fact file: A typical day in the life of the Queen	*Orientierungswissen* *Leseverstehen* *Gespräche führen* *Hörverstehen* *Kreatives Schreiben*	Comparing content Listening for detail Discussing opinions Debating Writing letters to the editor
Welfare recipients – a speech by David Cameron, 2012				ca. 2–3 Unterrichtsstunden
Speech/Welfare reform	*Kursgespräch* *Partnerarbeit* *L Transkript* *WB Task 19*	Fact file: David Cameron Fact file: Conservative Party – Labour Party – System of government	*Leseverstehen* *Hör-/Sehverstehen* *Gespräche führen* *Argumentieren* *Kreatives Schreiben*	Predicting contents Analysing rhetorical devices Acting out role plays Viewing for gist Writing news reports
Advanced texts G City boys				
Growing up in Hackney, 2011				ca. 1 Unterrichtsstunde
Interview/Inner London	*Kursgespräch* *Partnerarbeit* *WB Task 20*	Fact file: Hackney	*Leseverstehen* *Argumentieren* *Kreatives Schreiben*	Listing advantages and disadvantages Discussing aspects Writing news stories (tabloid)
City Boy, 2012				ca. 2 Unterrichtsstunden
Poem/Finance and money	*Kursgespräch* *Gruppenarbeit* *Zusatzmaterial: Kopiervorlage 5*	Fact file: The City of London Fact file: The 99 %	*Orientierungswissen* *Leseverstehen* *Argumentieren* *Kreatives Schreiben*	Analysing a poem Doing research Writing feature stories/columns
Spot on language The language of newspapers – Mediation				ca. 2 Unterrichtsstunden
German newspaper article/Germans like the Royals	*Kursgespräch* *Einzelarbeit*		*Leseverstehen* *Gespräche führen* *Argumentieren* *Mediation*	Analysing language Rewriting sentences Translating and mediating
Spot on vocabulary Writing a newspaper article				ca. 1 Unterrichtsstunde
Working with words	*Kursgespräch* *Einzelarbeit*	Tip: Vocab sheets	*Wortschatzarbeit*	Rewriting sentences Completing texts Correcting mistakes
Topic task Creating a class newspaper				ca. 2 Unterrichtsstunden
Project work/Step 1–6	*Kursgespräch* *Gruppenarbeit* *Zusatzmaterial: Klausurvorschlag Code k949tr*		*Projektarbeit*	Creating newspapers Finding titles Organising editorial meetings Laying out articles

Unterrichtsverlauf

Code ny56ij

Introduction

LERNWORTSCHATZ rather than, to segregate, faith, term, to appreciate, unique

COMPREHENSION

1 National identity and the concept of 'Britishness' have been ...

METHODISCHES VORGEHEN *Arbeitsteilige Gruppenarbeit: Die S lesen die Zitate in Dreiergruppen. Sie füllen jeweils eine Spalte der folgenden Tabelle aus.*

LÖSUNGSVORSCHLAG

Positive associations with 'Britishness'	Criticism of the term 'British' or 'Britishness'	Alternatives to 'Britishness'
most influential partnership in history	not a partnership of equals	countries of Britain
most successful nation-state	too many newcomers, multi-faith country, no respect for traditional Britishness	Britain comparable with Scandinavia – British Isles with distinct regional identities
inclusive term, no exclusion of non-whites	similarities forced upon people from different parts of Britain	dual identity – what people have in common matters more than what is unique to them
Royal Family and traditions		
best country in the world		

VISUALS

2 Choose one picture and interpret it in the context of Britishness. → S28

ALTERNATIVE *Die Aufgabe kann nach dem* Think-Pair-Share-*Verfahren erledigt werden. Hinweis auf* Skill 28 Working with visuals. *Die S arbeiten zunächst alleine und notieren sich Stichpunkte zu einem Bild. Nach angemessener Vorbereitungszeit tragen sie ihrem Partner ihre Überlegungen vor, der nachhakt, ergänzt und kommentiert. Anschließende Zusammenführung der Ergebnisse im Plenum.*

LÖSUNGSVORSCHLAG

Photo 1 (p. 1 top left): Souvenirs celebrating typical London tourist attractions, double-decker bus, Big Ben (tower bell of the Houses of Parliament), Tower Bridge; London often considered as representative of Britain (by outsiders).
Photo 2 (p. 1 top right): Front of Buckingham Palace with an illumination of the Queen, which is larger than life; Royal Family typically seen as embodiment of Britishness and British traditions.
Photo 3 (p. 1 bottom left): Dark-skinned young girls in headscarves waving Union Jacks; Muslim immigrants from India and Pakistan substantial ethnic group in Britain; second- or third-generation immigrants often consider themselves as both Muslim (religious identity) and British (national identity).
Photo 4 (p. 2 top): Two people standing on a hill (possibly Scotland/Edinburgh) holding the Union Jack and the Scottish flag (with St. Andrew's Cross) up to the viewer. In Scotland: strong feelings of Scottish pride and identity; supporting Scottish independence, but also feeling like they belong to the UK (no majority for political independence in 2014).
Photo 5 (p. 2 middle): Two teams playing Rugby, game was invented in the UK, British people characteristically uphold the idea of fair play; certain team sports (rugby, cricket, football) characteristic element of Britishness.
Photo 6 (p. 2 bottom left): Diverse police force, 'bobby' traditionally seen as typical feature of British society, photo reflects the realities of modern, multicultural Britain.
Photo 7 (p. 2 bottom middle): Union Jack in Ulster/Belfast/Northern Ireland, problematic side of the Britishness debate: Protestant Loyalist majority (upholding British traditions and

supporting union with Britain, i.e. remaining loyal to Britain) and Catholic Republican minority (supporting union with the Republic of Ireland) have repeatedly fought each other, often violently.
Photo 8 (p. 2 bottom right): Stonehenge, most important, most famous remnant of Britain's Celtic heritage.

SPEAKING

3 a)–b) What does Germanness mean to you? a) Make a mind map ...

METHODISCHES VORGEHEN

a) Detailed task description: Get together in groups of four. Create a mind map with 'Germanness' in the middle and its key aspects. Collect about 15–20 keywords.

b) Prepare a statement on your own. Focus on one or two aspects only, but give suitable examples to make your statement convincing. Deliver your statement to your group members. Listen to the other statements. After all four statements have been made, rank the three most important aspects and select a speaker to present the ranking in front of the class. In class: The teacher creates a class mind map called 'Germanness' with all the aspects mentioned.

LÖSUNGSVORSCHLAG

a)

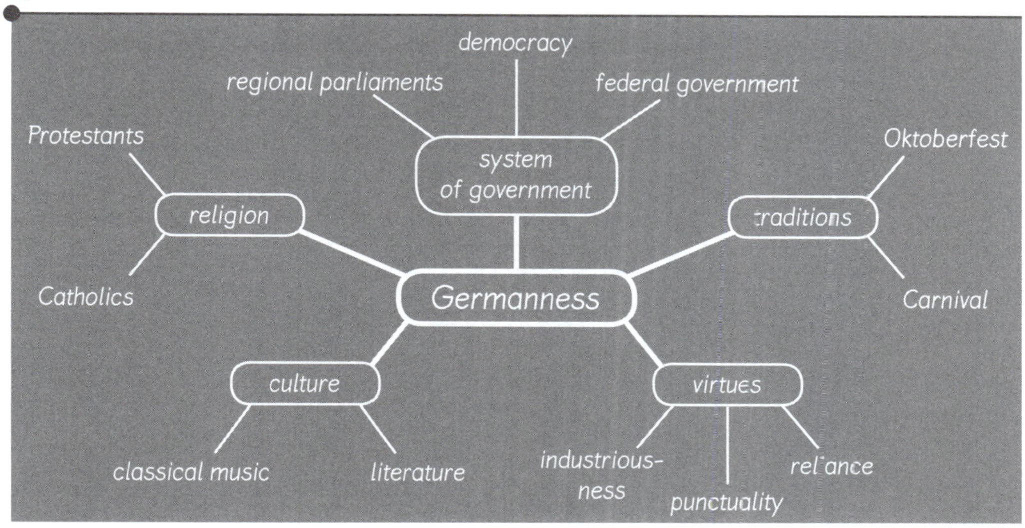

b) Individual answers expected.

Spot on facts

FACTUAL TEXTS

The United Kingdom – a 'united' kingdom?

LERNWORTSCHATZ

gradually, to found, to provoke, to come into effect, to establish, home rule to grant, assembly, devolution, referendum, to defeat, to trigger sth, divide, to refer to, white-collar, to go into decline, to derelict, to undergo, redevelopment, boom, gap, to expand, influx, a lack of, sanitation, privileged, welfare, benefits (pl), comprehensive, to come under attack, measure, to encourage, self-reliance, to ensure, to clash, loss, roughly, to gain, legacy, tie, association, aftermath, to be haunted by sb/sth, to perceive, threatening, sovereignty, exit

METHODISCHER HINWEIS

Die Spot on facts*-Seiten sind auch als Hinführung zu den Texten konzipiert. Daher finden sich im weiteren Teil des Kapitels Hinweise, wie die Unterthemen dieser Doppelseite thematisch passend eingesetzt werden können.*

COMPREHENSION

1 Create a timeline of British history with the information given. ...

METHODISCHES VORGEHEN

Suggested method: expert groups (based on the five chapters of the Spot on facts pages). Students research their topic and add more dates and information to the timeline. Suggested products: classroom poster, word-processing file, wiki, shared workspace etc.

Zusätzliche Angaben, die nicht Teil der Spot on facts*-Doppelseite sind, aber angedeutet sind oder indirekt erwähnt werden, sind im folgenden Lösungsvorschlag kursiv gedruckt.*

LÖSUNGSVORSCHLAG

1301	English King Edward I makes his Welsh-born son Prince of Wales.
1535	English King Henry III brings Ireland under English control.
1542	Wales is fully annexed by England.
1600	The East India Company is founded to import spices to Britain.
1603	Queen Elizabeth I dies without an heir; King James I becomes king of England and Scotland.
1607	The first permanent English colony is founded in Jamestown in North America.
1624	The first settlements in the Caribbean are founded; sugar plantations are set up.
1672	The Royal Africa Company is founded; posts are set up on the West African coast from which slaves are brought to the Caribbean (the triangular trade starts).
1707	Scotland becomes part of the union of Great Britain; the parliament stays in London.
1770	James Cook lands in Australia and makes it a British colony.
1776	The thirteen colonies in America declare their independence.
1781	The steam engine is invented in Britain; machines and locomotives now speed up manufacturing and transport; the Industrial Revolution takes off.
1783	The British lose the American War of Independence and the thirteen colonies.
1801	The union between Ireland and Great Britain comes into effect, the United Kingdom is born.
1857	*After a rebellion in India is crushed, the British government takes complete control of India. Queen Victoria becomes Empress of India, and India is now called the British Raj.*
1919–1921	Irish War of Independence.
1942	The welfare state is created.
1947	India becomes independent, three new states are born: India, Pakistan and Bangladesh (1971).
1973	The Irish parliament is dissolved.
1973	The UK joins the European Union.
1985	*Prime Minister Margaret Thatcher (the 'Iron Lady') ends the miners' strike; mines in Wales and in the North of England shut down leading to mass unemployment in some regions.*
1993	The anti-European party UKIP is founded.
1998	*Wales and Scotland are granted their own lawmaking bodies, the Welsh assembly in Cardiff and the Scottish Parliament in Edinburgh. As part of peace talks in Northern Ireland, the Northern Ireland Assembly is set up in Belfast.*
2002	The euro is introduced in the EU; Great Britain retains the pound.
2008	*A severe global financial crisis affects London's financial sector badly.*
2014	*A Scottish referendum on independence is defeated.*

SPEAKING **2 a) Research one of these topics ... b) Research the most recent ...** → S32

METHODISCHES VORGEHEN *Die vorgeschlagenen Rechercheaufgaben dienen dazu, die Klasse mit weiteren Hintergrundinformationen zu den Themen des* Topics *zu versorgen. L verweist auf* Skill 32 Doing research.

LÖSUNGSVORSCHLAG **a)** Individual answers expected. (Advanced texts are *in italics*.)

Texts	Research topics
How British do you feel?	• Aspects of Scottish history (e.g. Mary Queen of Scots, Bonnie Prince Charlie, Glencoe Massacre) • The attempts to eradicate the Welsh language • Protestants and Catholics in Northern Ireland
The British Empire	• Pomp and circumstance of the British Empire • The British Empire and race • Empire Windrush and its consequences
Britain and the EU	• Britain and Europe during World War II • Britain and the USA – A special relationship • Britain and the Commonwealth
London	• London's traffic problems • The problem of affordable housing in London
The North and the South	• *The North in the heyday of the Industrial Revolution* • *Mine closures and the dire consequences for the North* • *Regeneration in the North*
The Royals	• *Crises in the monarchy (e.g. abdication of Edward VIII, 'annus horribilis', death of Princess Diana)* • *Queen Elizabeth II – An example of untiring public service?*
Welfare recipients	• *The creation of the British welfare state* • *Margaret Thatcher and the consequences for the welfare state*
Growing up in Hackney	• *Gangs in London* • *The growing gap between rich and poor in London* • *London riots 2011*
City Boy	• *The global financial crisis starting in 2007: consequences for London*

b) 2014: greater autonomy for large cities, i.e. London; English votes for English laws; more autonomy for the other parts of the UK besides Scotland etc.

Core skill workshop

Analysing a newspaper article → WB Tasks 1–2, 8, 12–16

Newspapers in the UK typically fall into two categories, quality papers, or **broadsheets**, and popular papers, or **tabloids**.

Quality papers (*Daily Telegraph*, *Financial Times*, *Guardian*, *Independent*, and *Times*) are also referred to as broadsheet papers due to their large size, though some (e.g. the *Independent* and the *Times*) have changed to a so-called compact format in recent years. The political leaning of the *Guardian* and the *Independent* are somewhat left-wing, whereas the others are right-wing. Quality papers have a rather modest circulation (e.g. the *Times* 380,000 in 2014, the *Guardian* 200,000). The *Times* costs £1.20; the *Guardian* costs £1.60 (in 2014).

Popular papers (*Sun*, *Daily Express*, *Daily Mail*, *Daily Mirror*, *Daily Star* and others) are traditionally referred to as tabloids due to their more compact format, and they are said to be somewhat less challenging, both intellectually and physically. They tend to focus mainly on celebrity and human interest stories and have a large circulation (e.g. the *Sun* 2.2 million in 2014, the *Daily Mail* 1.7 million). The *Sun* costs 40p; the *Daily Mirror* costs 45p (in 2014).

With the spread of the internet all the newspapers have seen a significant decline in circulation although the *Guardian's* online edition was the third most-read online newspaper worldwide in 2012 with over 30 million online readers.

LERNWORTSCHATZ staff, to quote, source, insight, approach, to account for, riot, to join the ranks of, apprenticeship, construction, to reject, turmoil, to spread, to perceive, harassment, familiar, to turn the tables, despised, on condition that, lethal, to condemn, disorder, focused, to showcase, division, to soar, stunning, to blame, succinct

METHODISCHER HINWEIS *Der* Core skill workshop *ist so konzipiert, dass die S sowohl Texte analysieren als auch produzieren. Durch die angeleitete Textproduktion werden ihnen Textsorten, Textinhalte, sprachliche Mittel und Strategien zur Leserlenkung noch in stärkerem Maße bewusst gemacht. Im Verlauf der Einheit werden weitere Vorschläge für das Schreiben von Zeitungstexten (mit Hilfestellungen) gemacht, was als Vorbereitung für die abschließende* Topic task *dient. Für die* Topic task *am Ende der Lerneinheit sollen die S ihre angefertigten Texte einzeln in einer Mappe oder einem Portfolio sammeln, mit einer Überschrift und ihrem Namen versehen.*

EINSTIEG *Vergleich von Titelseiten: L zeigt einige Titelseiten englischer Zeitungen, z. B. vom Tage der Geburt des Sohnes George von William und Catherine (vgl. z. B.* www.mirror.co.uk/news/uk-news/royal-baby-news-front-pages-2079618*). Die S äußern sich spontan über die Unterschiede, ggf. mit Hilfe von Leitfragen:*
- Comment on the headlines.
- Comment on the ratio between pictures and words.
- Speculate on the type of readership the front pages are aimed at.

ANALYSIS **1 a)–d) Compare the excerpts of the two articles, looking at ...** → S4

ALTERNATIVE Part A *grenzt* Broadsheet newspapers *von* Tabloid newspapers *ab. L verweist auf den Tipp zu* Broadsheet vs. tabloid *und auf* Skill 4 Dealing with non-fictional texts. *Aufgabe 1 kann auch in einer arbeitsteiligen Gruppenarbeit erledigt werden. Die S bilden Dreiergruppen und übernehmen die folgenden Aufgabenstellungen:*
Groups 1 (+5): Compare the headlines and analyse the differences.
Groups 2 (+6): Compare how the two newspapers report on the circumstances behind the disappearance.
Groups 3 (+7): Compare how the newspapers report about the police and the parents.
Groups 4 (+8): Compare the additional information on the school and consider task b) as well.

LÖSUNGSVORSCHLAG **a)**

Guardian	Daily Mail
1. Headline	
"teenage runaways" → no mention about relationship	"lovers, 16" → relationship: underage couple
"Dominican Republic" → specific country	"Caribbean" → general term for islands in the Caribbean Sea, term evokes images of luxury holiday
"fly" → descriptive, neutral	"flee" → connotes secrecy, danger, something forbidden
→ informative headline, neutral choice of words	→ sensational, evocative, emotional headline, words charged with drama and emotions
2. Circumstances of disappearance	
"they disappeared" → neutral	"they jetted off ... after sneaking out" → carries undertones of wealthy and carefree lifestyle/of secrecy and forbidden adventure
→ precise information: names, ages, approximate time, name of school, location of school	→ lack of precise information; facts turned into a dramatic story ("they waited ... before grabbing")
3. Details of investigation	
"police were searching" → factual	"resolve the drama with minimal police involvement" → dramatic

"desperately concerned" → rather formal register	"sick with worry" → rather informal register
4. Additional information (see b) for further differences)	
some information on school	a lot of information on school

b)
- school is Catholic but accepts pupils from other Christian traditions
- pupils come from rich families
- previous love affair between two pupils ended in expulsion
  - information not really necessary to understand the story of the two runaways
  - previous love affair: scandalous underage lovers caught in the act, suggests that forbidden love affairs happen repeatedly
  - school for rich children: story throws a bad light on the type of students and the school

c)
- "... are thought to have disappeared" → exact time of disappearance is inferred
- "The Daily Telegraph reported" → information is from another newspaper
- "quoted a school spokesman" → information comes from the teenagers' school
- "desperately concerned" → original wording of the spokesman
- "proudly bills itself as" → information comes from school

d)

Broadsheet papers	Tabloid papers
• informative: facts/sources/precision • separation between facts and speculation • neutral language, often a formal register → aim (1): to provide readers with information → aim (2): to provoke critical thinking	• sensationalist, emotional and evocative • no clear separation between facts and speculation • often an informal register → aim (1): to entertain/fascinate readers → aim (2): to arouse strong feelings (e.g. shock, pity, disgust etc.)

ERWEITERUNG *Lernziel: Die S erkennen, dass seriöse Zeitungsartikel die sogenannten Wh-Fragen präziser beantworten. L hält die Antworten an der Tafel fest:*

The wh-questions in serious news reports

Who?	*Edward Bunyan, 16 Indira Gainiyeva, 16*	*When?*	*around 3 am*
		Where?	*Clitheroe, Lancashire*
What?	*disappeared from the school and flew to the Dominican Republic*	*How?*	*secretly*
		Why?	*unknown*

ANALYSIS **2 Look at each of the following excerpts from newspapers and ...**

METHODISCHES VORGEHEN Part B *bietet einen Überblick über die verschiedenen Formen von Zeitungsartikeln. Die S lernen die wichtigsten Textsorten kennen, die ihnen in einer Zeitung begegnen können. Danach bearbeiten sie Aufgabe 2 und ordnen vier Textauszügen die passenden Artikelsorten zu.*

LÖSUNGSVORSCHLAG
- **EU flag rules:** letter to the editor ("Regarding your front page of today")
- **Romanian immigrants to be deported:** feature story ("Daniella, dressed head-to-toe ...")
- **Enough is enough:** column ("have left me disillusioned")
- **Drop in UK staff in Brussels:** news report (facts and numbers)

CREATIVE TASK **3 Experiment with the different types of articles. Use the story …** → S12.2

MATERIALIEN → Kopiervorlage 1 (Checklist – Analysing a newspaper article)

METHODISCHES VORGEHEN *L verweist auf* Skill 12.2 Material-based writing. *Die S verwenden die Textauszüge aus* Part A *und schreiben einen oder zwei Absätze für eine* Feature story *und für ein* Editorial.

LÖSUNGSVORSCHLAG **Four steps on how to write a good feature story**

1. Who?	Start your article by introducing the person you will be focusing on in your story. Give precise information.
2. What? (Issue)	Explain what the broader issue is you want to inform readers about. Concentrate on one social or political issue.
3. How serious?	Explain why the issue is important for a large readership (because it is a pressing problem, because it is new or unknown, because new developments have taken place, because it is a common experience etc.)
4. Sources	Provide information from more than one source to be reliable and balanced.

Example: Indira (16) has it all: looks, figure, taste, brains, boyfriend, caring parents – and a credit card with no limit on it. She attends one of the best, most expensive, most exclusive schools in this country. She is – no doubt – very, very privileged. But maybe she doesn't have it all. She certainly doesn't have responsibility and reason, but where is the adult role model that might have taught her that? […]

Four steps on how to write a good editorial/column

1. What? (Focus)	What is your main point? (Tip: Experienced writers say you should choose something that annoys you or gets on your nerves.)
2. Who? (Reader)	Are you writing for an informed, politically interested, educated reader, i.e. people who tend to read broadsheets? Are you writing for readers who like straightforward, sensational or dramatic stories and who don't want to be bored by politics, i.e. readers of tabloid newspapers?)
3. Why? (Purpose)	Why are you writing? Do you want to convince readers with your arguments and possibly change their opinions? Be clear, use strong adjectives and adverbs (e.g. absolutely important, of no consequence whatsoever etc.) Do you want to write an engaging piece, i.e. a piece that arouses interest and draws someone's attention? Be witty, ironic or emotional.
4. How? (Language)	The type of language depends on the reader you have in mind: • Use everyday, even informal language and shorter sentences if you are writing for a tabloid. • Use formal, educated language and more complex sentences if you are writing for a broadsheet.

Example: […] These teenagers are getting a huge amount of media attention and are most likely the envy of their classmates. Something isn't quite right here. How come these teenagers can afford airline tickets to the Caribbean? When teenagers abuse their parents' money as those two have apparently done, they need to be reminded of their responsibilities and punished accordingly. Two years before they reach adulthood, it is high time for them to grow up.

ERWEITERUNG *Hier kann Kopiervorlage 1* (Checklist – Analysing a newspaper article) *eingesetzt werden. Das Arbeitsblatt wird parallel* zum Core skill workshop *und zu weiteren Analyse- und Schreibaufgaben verwendet, um den S ihren Lernfortschritt sichtbar zu machen.*

NEWSPAPER ARTICLE **London riots – one year on**

London riots in 2011: On 4 August 4 2011 a black man in North London was stopped by the police and shot dead. The police initially claimed he opened fire first; however, the black man's family, insisted he was unarmed. The black man's friends and relatives from Broadwater Farm, a large housing estate, marched to a nearby police station in Tottenham to demand justice. The peaceful protest turned violent and within hours spread across London and then to other English cities like Birmingham and Manchester. The rioters not only damaged cars and and smashed shop windows but also systematically looted stores and stole brand products, mobile phones and hi-fi equipment. Within five days of rioting, £200 million worth of property had been destroyed.

Politicians, the media and researchers pointed out several factors for the widespread violence: police resentment, especially anger at the police's racially motivated 'stop and search' tactics, high youth unemployment and exclusion. The major underlying cause, however, seems to have been huge divisions within British society and the enormous gap between rich and poor, exacerbated by severe cuts in government welfare spending. There was a widespread perception that the ruling class was getting richer at the expense of the working class. Newspapers and politicians quoted the extent of the violence and the looting as another example of Broken Britain, the moral collapse or the decay of British society.

COMPREHENHSION

4 There are six paragraphs in this news story. Sum up each paragraph . . .

METHODISCHES VORGEHEN

L verweist auf das Fact file *zu* London riots 2011. *Nach der Textlektüre werden die Ergebnisse zu Aufgabe 4 im Plenum zusammengetragen und an der Tafel oder auf Folie schriftlich festgehalten.*

LÖSUNGSVORSCHLAG

Paragraph 1: Jahmal, one of the rioters, is introduced – a young black man without any job prospects.
Paragraph 2: He and his family have been subjected to police harassment.
Paragraph 3: He explains that the riots were triggered by a hatred of the police.
Paragraph 4: Jahmal feels that the riots were ultimately caused by a lack of career opportunities for young people.
Paragraph 5: Jahmal fears that there might be further riots if the situation doesn't change.
Paragraph 6: One London borough, Hackney, is a drastic example of a divided Britain: Unemployed youth and rich people living next to each other.

ANALYSIS

5 Explain the structure of the article – what is the logical connection . . .?

METHODISCHES VORGEHEN

Die S berücksichtigen bei der Bearbeitung der Aufgabe die Useful phrases *zu* Structure of an article. *Der folgende Lösungsvorschlag berücksichtigt die Ergebnisse der Aufgaben 4 und 5.*

LÖSUNGSVORSCHLAG

Typical structure of broadsheet articles:
Paragraph 1: Jahmal's story = typical example of a rioter
Paragraph 2: Jahmal's experience with police = general problem of 'stop and search'
Paragraph 3: anger at police, desire to strike back = link between cause and effect
Paragraph 4: young people's lack of opportunities = analysis of underlying reasons
Paragraph 5: fear of further riots = possible consequences
Paragraph 6: Hackney – a divided London borough = facts and figures, contrast between two sides

CREATIVE TASK

6 a)–b) Rewrite the article into a feature story for a tabloid paper. . . .

LÖSUNGSVORSCHLAG

Individual answers expected. Aspects to consider:

- Tabloid papers tend to focus on the human interest in a story, less on the social or political aspects involved → Jahmal and his family's experiences.
- Tabloid papers tend to simplify articles; suggestions:
  either: story told in chronological order – rejected applications, police harrassment etc.
  or: story told in hindsight – Jahmal sitting in jail looking back on his life.
- Tabloid papers make stories appear dramatic and sensational with the help of emotionally charged language.

ANALYSIS **7 Explain how the story of one man, Jahmal, is used in order to write ...**

LÖSUNGSVORSCHLAG Jahmal's story can help to highlight two major causes of the outburst of violence, namely police abuse and unemployment/social exclusion. Understanding the causes may help us to understand how future disorder might be prevented and what changes might be necessary.

ANALYSIS **8 a)–c) Where did the writer get his information from? Assess ...** → S4.2

METHODISCHES VORGEHEN *Die S werden vor der Bearbeitung der Aufgabe auf das* Fact file *zu* Characteristics *und auf* Skill 4.2 Analysing non-fictional texts *aufmerksam gemacht.*

LÖSUNGSVORSCHLAG **a)**

- Most of the information is from interviews with Jahmal.
- The writer interviewed other young men too (ll. 11–12).
- The writer uses statistics (ll. 32–33).
- Jahmal is an authentic source (he was one of the rioters and was sentenced to prison). But his perspective is limited, and he refuses to have his full name published, which limits the credibility of the information because it cannot be confirmed.

b) Jahmal "claims that his cousin ..." (ll. 14–16) – writer seems to question the incident. There is a lot of direct speech, and some reported speech in the article – writer distances himself from the interviewee, to suggest that Jahmal's criticism of the police or his opinion on the riots is his own.

c) The journalist is loyal to his informant (i.e. does not publish surname or picture, l. 22), but keeps a critical distance from his informant throughout. He provides additional information (i.e. other young men, statistics) to underline that he considers Jahmal to be a representative example of the rioters.

ANALYSIS **9 a)–c) Broadsheet papers aim at providing comprehensive information. ...**

LÖSUNGSVORSCHLAG **a)** The journalist distances himself from the accusation that the police intentionally harassed blacks by adding the participle "perceived".

b) The phrase used in the article is "cannot bring himself to condemn the disorder" (ll. 26–27), which is open to interpretation:
- It might mean that Jahmal approves of the disorder but doesn't want to tell the journalist openly.
- it might mean that Jahmal feels he is in a dilemma: he knows that the riots are morally wrong, but he feels the circumstances justify the violence.

c) The journalist specifies by adding the adjective "long-term" (l. 32) youth unemployment, which according to European standards means more than 12 months and is therefore often interpreted as a sign of social exclusion, deprivation or lack of career opportunities; "long-term" thus signifies to educated readers that the problem of youth unemployment is a very serious one.

ANALYSIS **10 Analyse the headline – what is its function?**

ALTERNATIVE *Vorab werden die Ergebnisse der Aufgaben 7–10* (Part D) *entweder an der Tafel oder auf Folie zusammengefasst:*

Characteristics of broadsheet newspapers
- articles typically address important social or political issues
- journalists make it clear exactly where their information is from
- journalists use several sources to provide balanced, accurate information (research plus first-hand interviews)
- journalists maintain critical distance from their sources
- headlines are informative, short and precise

Für die anschließende Analyse verwenden die S die Useful phrases *zu* Talking about headlines.

LÖSUNGSVORSCHLAG The headline is succinct and precise stating that the article looks back on the riots a year after the fact. It sums up the article adequately and gives the reader an overview of the content (e.g. for people with particular interests or people whose time is limited). The phrase "one year on" suggests that further information or insight on the riots will be provided or that conclusions will be drawn. Thus the headline might attract politically interested readers.

A The English, the Scots, the Welsh and the Irish

INTERVIEWS

How British do you feel? → WB Task 3

LERNWORTSCHATZ rather than, to blink, dual, overwhelmed, benefits (pl), to outweigh sth, leaning, to get past, when it comes to …, dedicated, to play a part of sth

COMPREHENSION

1 a) Look up which part of the UK … b) A united kingdom or separate …?

METHODISCHES VORGEHEN *Teilaufgabe a) kann als Hausaufgabe erledigt werden. Die S greifen dazu auf die Karte des* UK *in* Spot on facts *oder den Computer zurück. L verweist auf das* Fact file *zu* Regional identity. *Für Teilaufgabe b) bietet sich die Methode* Jigsaw reading *an. Die S bilden Vierergruppen und jeder S konzentriert sich auf einen der vier Interviewten (Michael Hill ist bereits vorgegeben). Sie übernehmen die Tabelle aus dem Tipp und übertragen zunächst die Informationen zu Hill. Anschließend präsentiert jeder seine Ergebnisse und die Gruppe vervollständigt die Tabelle.*

LÖSUNGSVORSCHLAG

A united kingdom	Separate identities
• A. McNeill feels that she lives on one island called Great Britain. • S. Johnson feels part of Britain, loves the monarchy.	• M. Hill feels an unspoken understanding only with other English people. • A. McNeill considers her nationality to be Scottish although she has lived in England for over 30 years. • N. Butler describes herself as Scottish, which is different; the Scots have successfully avoided being overwhelmed by England. • G. Thomas feels Welsh, speaks Welsh, wants his children to learn Welsh and continue the tradition. • S. Johnson feels inferior or less significant because he is Irish.

ANALYSIS

2 Examine the people's attitudes towards complete independence. …

LÖSUNGSVORSCHLAG The three people who mention independence are sceptical about it:

- Scotland wouldn't be able to survive economically as an independent nation (ll. 9–10).
- Wales might benefit but might also lose out if it separated (ll. 15–16).
- Complete independence doesn't seem to be an option for the Irishman; he only mentions a union with Ireland or Home Rule while remaining part of the UK (ll. 26–29).

All three speakers are of the opinion that the economic argument should always prevail in the debate about independence; they don't seem to be particularly concerned about the political issues. → The overall tendency seems to be to remain united.

CREATIVE TASK

3 You work for a broadsheet newspaper. You are to turn four of the … → S12.2

METHODISCHES VORGEHEN *L verweist vorab auf* Skill 12.2 Material-based writing *und konkretisiert die Aufgabenstellung:*

- Read the Spot on facts, i.e. "The Kingdom unites (and 'disunites'?)" and "A 'disunited' England? – the North-South divide" for background information.
- Present your story in the form of a trip around Britain. Decide where you want to start and where you want to finish.
- Start with a personal angle, e.g. "It was a cold and rainy day in the early summer when I met Nicola Butler in Edinburgh."
- Make it clear where your information is from (i.e. the four interviewees, additional research).
- End your article by commenting in detail on the question in the headline "A united kingdom?"

LÖSUNGSVORSCHLAG Individual answers expected.

B Britain and the rest of the world

PLAY ⊙ L3/18 **Play no. 77** → WB Task 4

Play No. 77 is taken from a book *A Million Tiny Plays about Britain*, which (despite its title) contains only 95 separate plays, with the shortest being one line and the longest six pages. The plays are set in places all over Britain and feature people from all walks of life. Due to their shortness they have been called dramatic haikus and wonderful keyholes to observe 21st-century Britain. *Play no. 77* is reprinted in its original length. Only one stage direction has been left out as it basically provides the answer to Task 2 ("An elderly man queues with an American in a hotel in London").

The British Empire and race: The British Empire (and indeed all colonial empires) was built on the notion that the white race was superior to non-white races. In the 18th and 19th centuries it was considered a civil and Christian duty to bring Western civilisation to the dark primitive places of the earth, i.e. Africa and Asia. This mission included the introduction of the Christian religion, the establishment of a modern administrative system, a justice system, a banking system, a system of land tenure, modern infrastructure, and more. Lionel probably refers to all these aspects when he says "we had the discipline to run Tanganyika well".

LERNWORTSCHATZ to apologise, to disregard, front desk, to catch, to be posted to, to run, cane, to run sth into the ground, It's been a pleasure., well said, to exaggerate

MATERIALIEN → ⊙ L3/18

BEFORE YOU READ **1** **In pairs prepare your roles and act this play.**

ALTERNATIVE *Die folgende Methode kann nur eingesetzt werden, wenn die CD vorher nicht verwendet wurde:* Dramatic reading is a method used to interpret fictional texts. Readers try to impersonate the characters through voice, volume and body language as well as possible. As a preparatory exercise the following steps could be helpful:

LÖSUNGSVORSCHLAG

1. Students are told that they will read a full-length play (which, however, is rather short).
2. They get together in groups of four, read the play silently first and then each student tries out a different interpretation of the individual sentences:

I do apologise. So you're actually staying here?	1. fast, almost breathless 2. very slow, with lots of pauses 3. voice goes down at the end of the question 4. voice goes up at the end of the question
Really? And you're paying?	1. in a relatively deep voice 2. in a relatively high voice 3. in a very low voice, almost a whisper 4. in a very loud voice
Yeah. You've got to talk to someone at the desk about that.	1. as if talking to somebody hard of hearing 2. as if talking to somebody who doesn't speak English 3. as if trying to get rid of somebody very quickly 4. as if slowly realising what the other person said
Sure, but we've got some excellent sports teams.	1. aggressive 2. laughing 3. bored 4. enthusiastic

3. After each interpretation, the group gives each other feedback on whether the reading sounded natural and believable. Together they agree on one version (not necessarily on the list), which they think is most suitable.
4. Students split up into pairs and prepare the entire play. They are to include body language too.
5. Two teams are chosen to read their interpretation in front of the class; the other students are asked to give feedback on the presentation. Possible criteria: interpretation of sentences I liked, interpretation of sentences I didn't like, alternative suggestions.

COMPREHENSION

2 Describe the context of this 'tiny play' – who are the two protagonists, ...?

LÖSUNGSVORSCHLAG

An elderly Englishman (Lionel) and a black American (Jim) are in a hotel lobby.

Which clues does the play provide as to Jim's skin colour?

- The Englishman assumes that the man is employed as a shoeshine boy (ll. 6–7) and that he is from Africa (l. 9).
- The Englishman half expects the American to have "run the place into the ground" (ll. 20f), a stereotypical notion sometimes held by former colonisers of local, frequently non-white governments that took over after the disintegration of the British Empire.
- The Englishman quotes his brother as saying you can trust a white face (l. 26), which suggests that the American is not white.
- The Englishman assumes that English is not Jim's native language (ll. 28–29) as is normally the case with people from Britain's African colonies.
- The Englishman praises Jim for having "learned", which is an allusion to the white man's stereotypical assumption that blacks are less educated than whites.

Which clues are there as to Lionel's age?

- Lionel must be relatively old: His brother-in-law was posted in Tanganyika, which must have been before its independence in 1961. He is probably hard of hearing (cf. his answer to Jim's remark "You've got to talk to someone at the desk about that." – "Lovely. And which part of Africa?", which suggests that he didn't understand what Jim said; there are a few other odd responses too). His remarks are not always coherent, which could be an indication of senility (cf. his remark about his brother's cane followed by a remark about "running the place into the ground").

Which clues does the play provide as to the setting?

- Lionel's remark about guests (l. 6) and paying (l. 4).
- Lionel's assumption that Jim might be the shoeshine boy (l. 7).
- Jim's advice to contact the desk (l. 8).

ANALYSIS

3 Examine how Lionel portrays the British Empire and the men who ... →▲1

LÖSUNGSVORSCHLAG

Lionel himself was not in the Imperial Service, but his brother-in-law; however, he talks, as if he had been part of the colonial establishment too.

He glorifies the time of the British Empire in several respects:

- as a personally enriching experience and possibly a career opportunity (l. 13 "the most wonderful experience"; l. 19 "special cane ... brought it back with him")
- very dedicated men/colonisers/members of the Imperial Service (l. 25 "We worked bloody hard")
- as a successful form of governance (l. 25 "stability when we were there ...")
- as a successful enterprise of the white race (l. 26: "You can trust a white face.")
- suggests that the succeeding rulers or governments are incompetent (l. 20 "running the place into the ground"; l. 23 "such terrible things from over there")

His attitude towards Jim:

- extremely condescending and patronising at the beginning (cf. Task 2)
- very distant (as from ll. 11ff), as he completely ignores what Jim says and goes on talking about his brother in Africa and the British Empire
- his last remark (l. 31) is deeply humiliating

DIFFERENZIERUNG

▲ *Leistungsstärkere S bearbeiten im Anschluss an Aufgabe 3 noch zusätzlich Aufgabe 1 im* Diff pool. *Sie analysieren Jims Reaktion auf Lionels Haltung.*

LÖSUNGSVORSCHLAG

Jim's reaction to Lionel's attitude is unclear. He doesn't react explicitly to Lionel's rather humiliating remarks, but remains quite polite (l. 9 "I'm sorry?"), noncommittal (l. 7), even appreciative (l. 17). It is left open to the students' interpretation as to why he does that; he might ultimately feel superior and is therefore being ironic; he might not understand the implications; he might have chosen to react with stoicism to verbal attacks or abuse.

CREATIVE TASK **4 Imagine an American journalist has accidentally . . .** → S12.2 → WB Task 4

METHODISCHES VORGEHEN *L verweist auf* Skill 12.2 Material-based writing *sowie auf den Text* Empire and Commonwealth (Spot on facts*) und den Lösungsvorschlag zu* Task 3 *im* Core skill workshop (Four steps on how to write a good editorial/column).

LÖSUNGSVORSCHLAG Individual answers expected.

ERWEITERUNG *Als Erweiterung bietet sich Aufgabe 4 im* Workbook *an. Sie wird nach Leistungsniveau unterschieden. An leistungsschwächere S:* You are writing for a broadsheet newspaper. Make sure you include precise information. Use the correct past tenses. *An leistungsstärkere S:* You are writing in order to convince your readers of your opinion. Be very clear and use strong commenting adjectives to get your points across.

EVALUATION **5 Interpret this play as a caricature – what points is the . . .?** →△2

METHODISCHES VORGEHEN *Die S werden auf den Tipp zu* Caricature *aufmerksam gemacht. Die Aufgabe ist auch als schriftliche Hausaufgabe geeignet.*

LÖSUNGSVORSCHLAG Lionel – his exaggerated character traits: arrogant, conceited, self-righteous, offensive, deeply racist, possibly hard of hearing and senile. Caricature of the British as former colonisers – consider themselves far superior to others, are deeply hurtful, live in the past, are out of sync with the contemporary world.

ERWEITERUNG Interpret Lionel's name, i.e. 'little lion', in the context of this play. Lionel presents himself as having been part of the Empire ("we"), although he was never posted abroad. His actions do not speak louder than his words. The name ridicules him.

DIFFERENZIERUNG △ *Leistungsschwächere S bearbeiten anstelle von Aufgabe 5 Aufgabe 2 im* Diff pool. *Da im Kurzdrama offen bleibt, warum Jim scheinbar gar nicht auf Lionel reagiert, sollte der Dialog eine Antwort darauf geben. L kann in Vorbereitung auf die Schreibaufgabe mit den S die drei Möglichkeiten (*Diff pool, Task 1*) erörtern. Die S entscheiden sich für eine Möglichkeit und entwerfen eine passende Rolle für Jims Frau, z. B. verärgert/empört, erheitert, beruhigend usw.*

C Britain and Europe

SPEECH EXCERPTS **Views of three politicians: Churchill, Cook, Cameron** → WB Tasks 5, 7

Britain and her complex, emotional and rocky relationship with Europe: Winston Churchill gave a speech in Zurich, Switzerland, in 1946 calling for the establishment of a United States of Europe or a Council of Europe (which actually came into effect in 1949). His proposal was motivated by the experience of the Second World War that had left Europe in ruins and in misery. In his speech he envisioned a large Europen family of nations capable of overcoming the injuries and the suffering inflicted on one another during the war and regaining strength and prosperity. So his idea is driven by a desire to establish long-lasting peace and prosperity as well as collaboration among European countries.
The governments and Prime Ministers that suceeded him were frequently less committed to the European idea for a number of ideological, political and economic reasons. The UK, some claimed, had an insular mentality and still held the conviction that splendid isolation and minimal involvement in Europe seemed the best policy even in the 20th century.
The experience of ruling the world's greatest empire had left Britons with a strong sense of national pride, and they were accustomed to giving orders, not receiving them. Although Britain has maintained close ties with the Commonwealth countries and the US, its commitment to Europe was considered less important by some politicians. The notion of being a member of the European Community triggered fears that this would entail the end of Britain as an independent nation and the end of a thousand years of history (as expressed by the leader of the Labour Party, Hugh Gaitskell in 1962).
When Margaret Thatcher became Prime Minister in 1979, resentment towards the Common Agricultural Policy grew as Britain's financial contributions to the EC did not seem to pay off for Britain (cf. Thatcher in 1979: "I want my money back.")
With the European Parliament growing in size and in importance, successive British Prime Ministers voiced concern that decisions were made in far-off Brussels and that the sovereignty of the national governments was

being undermined. So it was only logical that Britain decided not to introduce the single currency, i.e. the euro, in 2002. The establishment of a Central European Bank was resented as interfering with British monetary policy. There were also economic concerns as to the stability of the new currency and strong resistance to giving up a prestigious national symbol, the pound sterling.

The founding of UKIP, the UK's right-wing Eurosceptic political party, can be seen as an expression of rising anti-European sentiments in the UK. In order to appease this section of the electorate, Prime Minister David Cameron promised an in-or-out referendum on EU membership. No date has yet been set (2014).

LERNWORTSCHATZ to comprise, temperate, equable, Christian faith, inheritance, prosperity, to deny, inseparable, domestic, to be at stake, issue, to tie sb/sth to sb/sth, compelling, profound, assumption, to acknowledge, to diminish, threat, to gain, to shape, sovereignty, sensibility, frame of mind, a means to an end, committed, to address sth, to fail, to drift towards sth

ALTERNATIVE *Von den Reden sind im Internet folgende Audio- bzw. Videodateien verfügbar: Churchill: www.youtube.com/watch?v=DWjrhCewhCg (0:49–2:00); Cook ist nicht verfügbar; Cameron: www.youtube.com/watch?v=TcR1cG_LZSQ (3:19–4:07 und 6:10–6:58). L sollte die Videos nach der Analyse einsetzen. Anschlussfrage: Welche Gruppe hat den Ton der Rede weitgehend korrekt analysiert* (Which group analysed the tone of the speech more or less correctly?)

COMPREHENSION

1 Compare what the British politicians said about Britain as part of a ...

METHODISCHES VORGEHEN Students read Spot on facts plus their additional dates and events ("The United Kingdom as part of a United States of Europe?") in order to find information about the situation in Europe at the time (i.e. of the speech); the teacher should provide information for the first question: Where was the speech given?

LÖSUNGSVORSCHLAG

	Churchill (1946)	Cook (2001)	Cameron (2013)
Where was the speech given?	University of Zurich, Switzerland	Social Market Foundation, London (academic think tank)	Central London (to a worldwide TV audience)
Situation in Europe at the time	One year after the end of WWII, millions of casualties, European cities devastated by war.	The single currency, the euro, was underway and was to be introduced in twelve member states in 2002. Britain opted to retain the pound, for economic and symbolic reasons.	EU was still suffering from a severe financial, banking and government debt crisis and had agreed on a €500 bn bailout package for its weakest members (i.e. Spain, Greece etc.). Britain, which is not part of the Eurozone, was also severely hit by the crisis, especially London as a financial centre.
General ideas about a European Union	Europe has a common heritage: Christian religion, culture, arts, philosophy and science → great parent races of the Western world. European unity → happiness, prosperity.	European countries need to cooperate on environmental, criminal and migration law; all European countries share common values.	EU serves a pragmatic purpose – prosperity, stability, freedom and democracy.
Britain's role in a/the European Union	No specific mention of Britain → implied: Britain part of a United States of Europe.	Britain is a leading partner in a strong Europe.	Britain is a strong-minded, independent partner with an island mentality and a practical frame of mind; Britain should play a committed part in Europe.

ANALYSIS

2 Compare and contrast how the politicians use language and rhetorical ...

METHODISCHES VORGEHEN

L weist vorab auf den Tipp zu Comparing languages *hin. Bei dieser Aufgabe eignet sich die Methode* Expert groups. *In Vierergruppen konzentrieren sich die S auf die Analyse eines Aspekts. Sie dokumentieren ihre Ergebnisse. Danach gehen sie auseinander und bilden neue Gruppen, so dass sich jede Gruppe jetzt aus vier Experten zusammensetzt. Die Gruppe diskutiert jede Rede getrennt und holt die Informationen von jedem Gruppenmitglied dazu ein. In einer abschließenden Zusammenfassung stellt eine Gruppe ihre Ergebnisse zu einer Rede vor, während die anderen Gruppen weitere Aspekte ergänzen.*

1. You are to concentrate on **sentence structures**.
   a) Identify passages with very short or very long sentences.
   b) Analyse the sentence structure:
   - main clauses (with few or lots of adverbs)
   - complex sentences (with subordinate clauses, participle constructions)
   - ungrammatical, shortened sentences.

   c) Explain some of the effects created by the sentence structures.
2. You are to concentrate on the **choice of words**.
   a) Analyse word-fields:
   - words with mostly positive connotations
   - words with mostly negative connotations
   - technical terms or everyday language.

   b) Analyse the use of pronouns (most importantly "I" or "we").
   c) Explain the effect created by the choice of words.
3. You are to concentrate on **rhetorical devices**.
   a) Find examples of rhetorical devices.
   b) Explain their effect.
4. You are to concentrate on **the tone of the speech/piece of writing**.
   a) Find words or expressions that are very emotional or find out if the text is deliberately unemotional.
   b) Check if there are examples of humour.
   c) Establish the overall tone of the text.

LÖSUNGSVORSCHLAG

Churchill:
- quite emotional language (l. 1 "this noble continent", l. 7 "glory")
- poetic language (l. 3 "the great parent races", l. 3f. "the fountain of Christian faith")
- superlatives, exaggeration (l. 1 "the fairest", l. 7 "there would be no limit")
- accumulation (l. 4 "culture, arts, philosophy and science both of ancient and modern times")
- both relatively short sentences (l. 3f) and long and complex sentences
- use of conditional II (l. 6 "if Europe were once united")
- towards the end: use of the inclusive first-person plural ("we"), no mention of himself

→ tone of speech: solemn, uplifting, visionary - positive message after a devastating war

Cook:
- use of first-person plural (l. 10 "our") at the beginning
- use of first-person singular (l. 18) towards the end, highlighting dissent from majority beliefs
- rule of three (l. 11 "our culture, our security, and our prosperity")
- repetition (l. 18f "I do not accept")
- relatively short sentences at the very beginning and at the end (ll. 10–12, ll. 18–21)
- use of words with negative connotations ("deny", "at stake", "crime", "asylum", "diminish", "threat")
- choice of words: factual, completely unemotional

→ tone of speech: matter-of-fact, academic - analytical message for academics

Cameron:
- humorous comparison (ll. 26f "we cannot drain the English Channel")
- contrast (ll. 29–31 "a means to an end", " not an end in itself")
- parallelism (l. 31 "I ... want, I want ...")

- use of words with positive connotations up to l. 34 ("strong-minded", "passionate", "sensibility", "better deal", "positive vision")
- rhetorical questions (l. 34f)
- relatively short sentences and questions, few subordinate clauses
- use of first-person singular in the second half, underlining willingness to take difficult decisions as a leader

→ tone of speech: pleading (for consent, for trust) – difficult message (e.g. exit) for a British and European audience

EVALUATION **3 Write a personal column of about 200 words on some of the ...** → S14.2 → △3

METHODISCHES VORGEHEN *Hinweis auf* Skill 14.2 Comment. *L ruft bezüglich der Textsorte* Personal column *die Übersicht im* Core skill workshop (Part B) *in Erinnerung.*

LÖSUNGSVORSCHLAG Individual answers expected.

DIFFERENZIERUNG △ *Leistungsschwächere S bearbeiten anstelle von Aufgabe 3 die entsprechende Aufgabe im* Diff pool. *L kann zur inhaltlichen Vorentlastung mit den S besprechen, welche Nachteile* Expatriates *hätten, z. B. Grenzkontrollen.*

LISTENING ⦾ L3/19 **4 Comment on how the leader of the UK Independence Party (which calls ...**

The UK Independence Party (UKIP) and its leader Nigel Farage: UKIP was founded in 1993 as a Eurosceptic political party. Due to Britain's first-past-the-post voting system UKIP has not been able to win seats in Parliament yet (2014), but its continued growth and its populist voting campaigns have made it a serious competitor for the other three parties (i.e. the Conservatives, Labour and the Liberal Democrats). In the 2014 elections for the European Parliament it became the strongest party in Britain. Nigel Farage was a member of the Conservative Party, but became desillusioned when Britain signed the Treaty of Maastricht, and founded UKIP in 1993. He has repeatedly been criticised for his very outspoken, frequently ultra-conservative, sometimes aggressive and insulting views. The Prime Minister David Cameron ridiculed the party as being pretty odd people. However, Nigel Farage is a gifted and passionate speaker who frequently appears in the media.

MATERIALIEN → ⦾ L3/19 (Nigel Farage on the European Union) • Transkript

METHODISCHES VORGEHEN *Die S hören den Beitrag zweimal von der CD. Beim zweiten Hören machen sie sich Notizen zur Haltung des Sprechers zur EU. L fordert die S ausdrücklich zu persönlichen Stellungnahmen auf. Sie können auch radikale Meinungen vertreten (z. B.* "Europe out of the European Union"*).*

LÖSUNGSVORSCHLAG **How Nigel Farage characterises the European Union:**

- huge gap between Germany's economy and those of France and other Mediterranean countries
- Eurozone is "doomed"
- held together by political will, but will break up
- better alternative for Britain: relationship based on trade, cooperation and good neighbours
- Britain should open up and conduct business globally
- "Europe out of the European Union" (which probably means the dissolution of the EU)
- "they have hijacked the European Union" (as Farage mentions Herman Van Rompuy, he presumably means the European Council, i.e. the main decision-making body in the EU)
- European flag/anthem (context unclear, possibly to show that the EU undermines national identity)
- EU – deeply unpleasant, nasty organisation
- imposes its will on people, ignores referendum results
- pursues economic and political policies that will ultimately lead to disaster

D London and the rest of Britain

INTERNET ARTICLE **The global city** → WB Tasks 6, 9–11

LERNWORTSCHATZ seat of government, unrivalled, to exert, distorting, resident, congestion, unresolved, issue, to run a business, successive, to follow suit, relocation, pull, to resist, distinct, vibrant, fault, virtue

COMPREHENSION **1 Outline positive and negative aspects of London as mentioned in this ...**

METHODISCHES VORGEHEN *Hinweis auf das* Fact file *zu London. L fordert auf (ggf. Leerfolien auflegen):* Go through the text and underline positive aspects in one colour and negative aspects in another. Make a table.

LÖSUNGSVORSCHLAG

Positive aspects of London	Negative aspects of London
• world capital, which ranks with Paris, New York and Tokyo (l. 1) • centre of Britain's political, economic and cultural life (ll. 2f) • "repository" of knowledge, i.e. centre of expertise (l. 20) • concentration of power (l. 25) • many people have made their career in London (l. 32) • place "to be" (l. 34)	• London has a distorting effect on the rest of the country (ll. 9f); it sucks talent and resources out of the country (ll. 24f) • high house prices (ll. 11f) • high-cost travel, congestion and crime (ll. 13f) • Londoners: rude and insular, look down on others (l. 17), no interest in others (ll. 47f)

ERWEITERUNG *Wenn* Part A *des* Core skill workshops *und Aufgabe 2 in* Spot on language *bereits bearbeitet wurden:* Imagine you were a journalist for a broadsheet newspaper.

1. Outline London's positive aspects according to the BBC article; make it clear where your information is from and where you report from hearsay (as you learnt in Core skill workshop, Part A). Or:
2. Outline London's negative aspects according to the BBC article; make it clear where your information is from and where you report from hearsay (as you learnt in Core skill workshop, Part A). You may start like this: The BBC News Magazine reports that London ...

ANALYSIS **2 Analyse the article's train of thought – why does the author arrive ...?**

MATERIALIEN → Kopiervorlage 2 (Analysing the train of thought in a newspaper article)

ALTERNATIVE *Kopiervorlage 2 (*Analysing the train of thought in a newspaper article*) führt die S kleinschrittig an die Analyseaufgabe heran. Wird die Kopiervorlage nicht eingesetzt, können die S jeweils einen Absatz des Textes in einem Satz schriftlich zusammenfassen (analog zu* Step 1*). Im Anschluss wird der Text klassisch analysiert (*Step 2: Analyse the linguistic devices the author uses in order to convince his readership*). Den Abschluss bildet die Textproduktion (*Step 3*).*

LÖSUNGSVORSCHLAG **Step 1**

ll. 1–10	London is an enormously big city and a world capital, which dominates the rest of Britain in almost every respect.
ll. 11–14	London is expensive, crowded, polluted and crime-ridden.
ll. 15–20	Londoners look down on people from the provinces.
ll. 21–29	London's size and dominance is a problem: It leads to a brain drain from the rest of Britain and it increases travel times and expenses for business people.
ll. 30–34	Devolution in the other parts of the UK has not reduced London's dominance.
ll. 35–41	In the Victorian era there were a number of important, major cities all over Britain.
ll. 42–48	With the decline of the industrial cities of the North London's economy and its population have grown even bigger.
ll. 49–51	Quite a few people support the idea of an independent London.

Step 2

The author provides **additional** historical **information** to provide greater insight.	Example 5
The author quotes **experts or authorities** in direct speech.	Example 4
The author **researched specific facts or figures.**	Example 2
The author **uses graphic language and imagery.**	Example 3
The author uses **repetition** – synonyms, a wide range of examples or accumulation.	Example 1

Examples	One other example from the text
1. world capital, epicentre, seat of our government, hub, one of the world's biggest financial markets	powerful city states, with their own local governments, distinct political cultures and vibrant economies
2. average house price is now over £1.25 m in Kensington and Chelsea	relocation of key staff and programmes to Salford Quays in Manchester
3. a charge sheet against the capital	(London) sucks talent and resources out of the rest of the country
4. says Jude Kelly, director of London's Southbank Centre	as historian and politician Lord Hattersley puts it
5. Glasgow described itself as the "Second City of the Empire"	"In the Victorian era, Britain's economic landscape …"

EVALUATION

3 The author compares other world cities with London. Compare … →△4

ALTERNATIVE *L gibt eine Tabelle vor (Tafel/Folie) und füllt vorab die linke Spalte (für London) aus. Die S erhalten nun den folgenden Arbeitsauftrag:* Finish this sentence: The US has New York and Washington; Australia has Sydney, Melbourne and Canberra; Spain has Barcelona and Madrid; Germany has … Now compare London with Berlin.

London	Berlin
• capital, seat of government • centre of cultural life • centre of political life • centre of economic and financial life • high cost of living • good career opportunities • the "only place to be"	• capital, seat of federal government • centre of cultural life alongside with Munich, Hamburg, Cologne etc. • centre of political life (although state parliaments have lawmaking powers too) • not centre of financial life, which is Frankfurt (stock exchange, bank headquarters) • Berlin is cheaper than other German cities (e.g. Munich, Stuttgart etc.) • Berlin is not the only place with career opportunities • Berlin and Munich are both considered "a place to be"

LÖSUNGSVORSCHLAG **The overall situation in Germany (some central aspects):**
Due to its history of small states, its deep-rooted federal structure and as a result of over 40 years of division (between West and East Germany and between West and East Berlin), Germany lacks a dominating hub or epicentre. Over the past 25 years, however, Berlin has regained its role as the political capital and as a cultural centre (museums, modern art, theatre, fashion, architecture, clubs etc.).

DIFFERENZIERUNG △ *Leistungsschwächere S erhalten in Aufgabe 4 im* Diff pool *Hilfestellung zur Bearbeitung der Aufgabe. Es werden zahlreiche Aspekte vorgegeben, die die S bei ihrem Städtevergleich berücksichtigen können.*

VIEWING L **4** **Compare the advantages of London with those of Sheffield. Discuss ...**

MATERIALIEN → L (London vs. Sheffield) • Transkript

METHODISCHES VORGEHEN *Die S schauen sich das Video zweimal an und notieren beim zweiten Sehen die Vorteile von London bzw. Sheffield in Stichpunkten. L kann den Auftrag um eine persönliche Komponente erweitern:* Imagine you had two job offers. Would you rather live in London or in Sheffield? *Die S lassen die touristischen Attraktionen Londons in der Diskussion außer Acht, sonst wird die Bewertung zu einseitig.*

ALTERNATIVE *Die Diskussion kann statt in Partnerarbeit auch in Vierergruppen erfolgen: zwei S sind für London, zwei für Sheffield. Jeder überlegt sich vier Argumente, die (in Stichworten) einzeln auf Zettel geschrieben werden. Ein S beginnt die Diskussion und legt sein Argument auf den Tisch, die anderen fahren fort. Der erste S, der alle vier Argumente/Zettel losgeworden ist, hat gewonnen. Es gelten folgende Regeln:* One argument per turn – no rude interruptions – a new argument must connect in some logical way with the previous one – the student who starts is found at random (i.e. student whose first name is closest to the letter A).

LÖSUNGSVORSCHLAG

London's advantages	Sheffield's advantages
• London offers jobs that other cities don't (e.g. surveyor). • London enjoys fast pace of growth. • London is a career springboard, a chance to make connections and move up the career ladder.	• Sheffield (like other British cities) shows promising signs of growth; but job growth is slow, since it's mainly in manufacturing, which develops more slowly than the service sector. • Sheffield is a better place to live with a family; housing is more affordable. • (Inferred: staying in the north can mean a shorter commute.) • Sheffield is a "great city". • Sheffield offers jobs that are paid similarly to jobs in London (inferred: as prices are lower in Sheffield, it's a net gain).

CREATIVE TASK **5** **Write a letter to the editor and comment on the idea that ...** → S18.1

METHODISCHES VORGEHEN *Vorab erfolgt ein Hinweis auf* Skill 18.1 Writing a formal letter/letter to the editor. *Die S erhalten den folgende Leitfaden und werden aufgefordert, alle Tipps zu berücksichtigen. Der Auftrag lautet:* Write a letter to the editor in seven steps.

1. Decide	Letters to the editor are usually written to refute one important or relevant point a writer made in his article. To refute means to say or prove that an opinion or statement is false. Decide which point you want to refute.
2. Start	Start your letter with'Dear Sir or Madam and make reference to the text in general. **Example:** In his article *London and the rest of Britain* David Stenhouse argues/claims/suggests that ...
3. Be clear	The main body of your letter should consist of three parts. In your first paragraph refute the point the author made. Stick to one point only. Make it clear why you think it is an important point.
4. Support	In your second paragraph support your claim with evidence, examples and facts. Make sure your facts are accurate.
5. Finish off	Finish off with a clever, provocative or memorable last sentence.
6. Respect	Avoid slang and rude, offensive language; show respect for the opposite opinion. You may be humourous or ironic. **Example:** Would independence mean that we pull up the draw-bridges again?
7. Sign off	Close your letter politely, e.g. Yours sincerely and give your full name plus your town and your country.

LÖSUNGSVORSCHLAG Individual answers expected.

E The North and the South

ARTICLE ⦾ L3/20 **"Dark and true and tender is the north"** → WB Task 17

Laura Barton comes from the town of Wigan, a place which reminds one of George Orwell's book *The Road to Wigan Pier* (a sociological study about the living conditions of miners in the industrialised North of England, published in 1937). Wigan has long been used as a symbol of the ugliness of the industrialised North.

What Barton describes as her personal experience is quite typical. According to statistics published by the newspaper *The Independent* in 2014, the brain drain from cities like Birmingham and Leeds is quite substantial: 6,000 to 10,000 young graduates move to London per year. Most end up staying there.

LERNWORTSCHATZ track, to fill time, inevitable, fierce, scarred, disused, to remodel, branch, to revive, to flourish, to soften, short cut, to harden, at a pace, purposeful, to linger

MATERIALIEN → ⦾ L3/20

BEFORE YOU READ **1** **Discuss typical differences between the North and South ...**

METHODISCHES VORGEHEN *Die Klasse liest noch einmal den Text* "A 'disunited' England? – the North-South divide" (Spot on facts). *L fragt nach den wesentlichen Unterschieden zwischen dem Norden und Süden Englands und notiert die folgenden Stichwörter an der Tafel:* climate – landscape – mentality – wealth – industries – history. *In Partnerarbeit diskutieren die S, bei welchen Bereichen sie Unterscheide zwischen dem Norden und Süden Deutschlands sehen. Sie belegen ihre Ideen mit Beispielen.*

LÖSUNGSVORSCHLAG As far as landscape is concerned the North and the South of Germany differ quite considerably. The North is generally relatively flat; the South, in contrast, is quite hilly, and parts of it are even mountainous etc.

COMPREHENSION **2** **a) Outline the major differences ... b) Describe how the North has ...**

ALTERNATIVE *Alternativ zur Lektüre in Einzelarbeit kann der Text auch in Partnerarbeit gelesen werden (Methode:* Cooperative reading*). Die S lesen den ersten Abschnitt jeder still für sich. Danach berichtet Partner A, was er/sie verstanden hat, welches die wichtigsten inhaltlichen Aussagen sind und welche Fragen er/sie zum Textinhalt hat. Partner B ergänzt, widerspricht, korrigiert und beantwortet ggf. die Fragen. Die Paare lesen den nächsten Abschnitt wieder still und tauschen die Rollen bei jedem Textabschnitt. Folgende Abschnitte bieten sich an:*

1. lines 1–11
2. lines 12–22
3. lines 23–32
4. lines 33–41
5. lines 42–end (two paragraphs)

LÖSUNGSVORSCHLAG **a) North-South divide in England:**

- weather: the South is drier and milder (l. 13)
- economy: job opportunities are better in the South (l. 13)
- landscape: North is shaped by heavy industries (ll. 16f), but it is greener (l. 15)
- mentality: Northerners are sincere, kind and honest (ll. 20f); life in the South is hectic, restless and fast-paced (ll. 34f, ll. 43f)
- food: Northern food is very traditional and simple; Southern food has been influenced by foreign imports (ll. 39f, l. 48)

b) The North has changed considerably in recent years:

- renovation: buildings from the industrial past have been converted (ll. 26f)
- regeneration: the North once again enjoys a thriving economy (l. 23 "spruced up", l. 24 "gleam", l. 25 "shinier than I remember", l. 31 "flourish")
- boom: new shopping centres, expensive shops, chain restaurants and cafés have opened (ll. 27f)
- structural change: consumerism has led to an economic revival (l. 30)

ANALYSIS **3 The author writes about very personal experiences. Analyse …** → S10

MATERIALIEN → Kopiervorlage 3 (Close reading)

METHODISCHES VORGEHEN *Wenn Kopiervorlage 3 (*Close reading*) nicht verwendet wird, kann L den Kurs arbeitsteilig die fünf Unterfragen (*Political/Social issues, Human experiences, Emotions, Five senses, Poetic language*) beantworten lassen und dann im Plenum den folgenden Tafelanschrieb entwickeln.*

How the author engages her readers

- *she addresses political and social issues (i.e. regional differences)* → *intellectually*
- *she talks about typical human experiences*
- *she describes emotions (indirectly too)* → *emotionally*
- *she uses descriptive language (she writes about the five senses)*
- *she uses poetic language or rhetorical devices* → *linguistically*

LÖSUNGSVORSCHLAG **What political and social issues does the author write about?**

- the decline of the North (l. 15 "a region that was once the nation's industrial heartland")
- the recovery of the North (ll. 23f "They have spruced up our cities now …")
- brain drain (ll. 12f "Thousands of people leave the north each year. They head south in search of better job prospects …")
- restoration of industrial buildings (l. 26 "the old mills and warehouses have been remodelled into luxury apartments")
- mentalities (l. 20 "I missed its kindness.")

What human experiences does the author write about?

1. leaving loved ones
2. homesickness
3. feeling foreign in a new place
4. settling into a new place

Which emotions does the author write about?

1. attachment, 2. loss, 3. amazement, 4. longing

The author uses all the five senses to describe places and situations:

1. sight, 2. touch, 3. sight, 4. hearing, 5. smell

The author uses poetic language:

- parallelism (l. 32 "to see it flourish once more, to see it proud")
- metaphor (l. 7 the train "sailed")
- repetition (l. 47 "in my bones and my blue-tinged skin, in my love of barm cakes")
- personification (l. 14 "the north stays with us")
- contrast (l. 21 "bright" vs. "dark", "fierce" vs. "true")

CREATIVE TASK **4 Imagine you have left your home region. Write a short …** → S12

METHODISCHES VORGEHEN *L verweist auf* Skill 12 Creative writing *und auf den Tipp zu* Leaving home. *Die S berücksichtigen bei ihrer* Feature story *einige der Strategien, die sie in Aufgabe 3 gelernt haben.*

LÖSUNGSVORSCHLAG Individual answers expected.

VISUALS **5 Interpret how the cartoonist sees the difference between …** → S28.2

METHODISCHES VORGEHEN *Hinweis auf* Skill 28.2 Working with visuals: Cartoons. *L gibt ggf. einige Worthilfen zur Analyse des Cartoons, z.B.* white-collar work, buttoned-up, side parting, manual work, braces, crew cut.

LÖSUNGSVORSCHLAG Two men are standing on an island in the shape of Great Britain, one man (i.e. Southerner) is standing on what is the South Coast of England; the other one is standing in the area south of the Scottish border, i.e. Durham, Northumberland, Yorkshire etc.

Description of Southerner:
Man dressed formally for white-collar work – suit with buttoned-up jacket and buttoned-up shirt with stripes, shiny shoes. Short hair with side parting, conventional male hair-style. Typical middle-class male. Body language – one hand in trouser pocket, relaxed, casual, extroverted; eyes closed, at ease with himself and his surroundings, talking into a mobile phone, smiling, head slightly raised, confident, positive, optimistic, superior; perfect row of teeth, healthy. His body is turned towards what is South East England, maybe even across the Channel; he seems to be absolutely uninterested in what is going on in the North.

Description of Northerner:
Man dressed for (manual) work, striped trousers with two back pockets and braces, white short-sleeved shirt, crew cut, one earring visible in his left ear. Large nose. Typical working-class male with broad shoulders and muscular upper arms, slim hips. Body language – with his back turned towards Southerner, head turned to one side, one eye-brow raised, lips closed; averted, slightly hostile, suspicious, sceptical, secretive, possible feeling of inferiority or even envy. Arms bent in front of his body, not visible what he is doing with his hands. His body is turned towards Scotland, turned head implies that he is somewhat interested in what is going on in the South.

Interpretation:
Huge contrast between Northerners and Southerners; as far as class and mentality go, no discernible contact between the two men. Complete lack of interest on the part of the Southerner. Suspicion, scepticism, a furtive glance on the part of the Northerner. The cartoonist seems to suggest that the island is inhabited by two different peoples.

LISTENING ⦾ L3/21

6 Outline why it is justified to talk about a revival of the North in ... →△5

MATERIALIEN → ⦾ L3/21 (The myth of the North) • Transkript

LÖSUNGSVORSCHLAG

Industrial revival of the North:
- boom in new industries (e.g. science and computing)
- regeneration of old industries (old textile mills have closed, small textile companies with new technologies have opened)
- development of general engineering skills
- northshoring – businesses have moved from the South East, lower wages up North
- North East attracts foreign investment (e.g. Japanese investment)

DIFFERENZIERUNG

△ *Aufgabe 5 im* Diff pool *bietet leistungsschwächeren S eine Hilfestellung bei der Bearbeitung des Hörauftrags. Es werden Gründe vorgegeben, aus denen die S auswählen können.*

LÖSUNGSVORSCHLAG

Reasons mentioned:
- scientific and technological progress, for example in computing
- great breakthroughs in engineering
- increase in comparatively smaller mills
- most attractive location for foreign direct investment by Japanese business
- boost in the manufacturing business

Not mentioned:
- exciting opportunities for holidays
- interesting job offers
- rise in new buildings equipped with new technology
- relatively low land prices

F People at the top and the bottom

INTERNET ARTICLE

The Royals → WB Task 18

LERNWORTSCHATZ considerable, to embrace sb/sth, obedient, privacy, hard-nosed, extra, chore, to hog the limelight, constitutional monarchy, to exemplify, unaccountable, benign, devotion, constitution, to pledge, to confer sth on sb, to dawn, persuasive, ambassador, to appoint sb

BEFORE YOU READ

1 Have you ever wondered what life would be like if you were . . .?

ALTERNATIVE *Alternativ zur Partnerarbeit bietet sich auch die Methode* Milling around *an. Vorgehen: L fordert die S auf, die drei Fotos zu betrachten. Sie haben eine Minute Zeit, darüber nachzudenken, wie das Leben aussehen würde, wenn sie ein Mitglied der königlichen Familie wären. Die S stehen dann auf und gehen im Klassenzimmer herum, tauschen ihre Idee mit mindestens drei oder viel anderen S aus. Abschlussgespräch im Plenum: L fragt, ob die S gerne ein Teil der königlichen Familie wären oder nicht. Sie begründen ihre Haltung.*

LÖSUNGSVORSCHLAG

Positive aspects	Negative aspects
• luxury, wealth • staff to do the dirty work • chance to meet a lot of famous and interesting people • chance to choose a worthy cause to engage in as charity • chance to act as role model and influence others positively etc.	• too much in the limelight • not free to go and do whatever one pleases • expected to act according to protocol • expected to always smile, be charming, respresent the country etc. • life in a golden cage

COMPREHENSION

2 Describe in detail what is expected from the Royals and what . . . →▲6

LÖSUNGSVORSCHLAG

Expectations:

males	• serve time in the military, usually in the navy
King/Queen	• read out government's legislative programme • sign laws without questioning them
members of the Royal Family	• represent the country (i.e. charming the less fortunate) • be present at national ceremonies • shake thousands of hands • not hog the limelight, i.e. crave for attention

Mistakes they have made: Express views that are seen as interfering with politics (i.e. wildlife protection, architecture etc.).

DIFFERENZIERUNG ▲ *Leistungsstärkere S bearbeiten im Anschluss an Aufgabe 2 zusätzlich die Analyseaufgabe 6 im* Diff pool.

LÖSUNGSVORSCHLAG

Aspects to be considered:

- people with no will of their own (l. 8 "obediently"), frequent use of the passive voice (l. 5 "will be taught", l. 6 "will be expected")
- people without the chance to lead a fulfilling life (l. 13 "views of any kind"), use of irony (ll. 17f) and exaggeration/similes (l. 54 "prisoner", l. 58 "life sentence")
- focus on the duties of the Royal Family, rather than their privileges (l. 11 "untiring public service"), repeated use of adjectives with rather negative connotations ("high price tag", "selfless", "untiring", "continuous" etc.)
- focus on the Queen's function (ll. 43f "benign, paternal"), use of title (i.e. monarch), rather than the name of the individual (e.g. Queen Elizabeth)
- effect: pity, compassion

ANALYSIS **3 Compare the system of government in Britain with that in the US ...**

ALTERNATIVE *Vorbereitende Partnerarbeitsphase: Partner A sammelt Fakten und Argumente über das britische Regierungssystem in chronologischer Reihenfolge, Partner B über die USA (einschließlich der entsprechenden Belegstellen im Text). Die Partner vergleichen ihre Ergebnisse und notieren die Unterschiede zwischen den beiden Systemen. Sie können ggf. den Text „Warum wir Deutschen die Royals so lieben“* (Spot on language, Mediation) *mit einbeziehen.*

LÖSUNGSVORSCHLAG

The state in Britain as the author sees it	The state in the US as the author sees it
state has a face, personified by Royal Family (l. 32)	state doesn't have a face; it is anonymous and amorphous (l. 35)
state becomes likeable (l. 32)	state is resented (ll. 35f) for using unaccountable power against its citizens
those governed are devoted subjects (ll. 43f)	those governed are citizens (no emotions involved, l. 45)
government seen as a benign, paternal, responsible and concerned association (ll. 43f)	government seen as intervening in the rights of citizens (l. 45)
personal oath of the Queen symbolises interest in the lives of citizens (l. 47)	no comparable personal oath exists; conclusion: lack of interest in the lives of citizens (ll. 48f)

ERWEITERUNG *L fordert die S auf, Argumente für ein Regierungssystem mit oder ohne Monarchie zu sammeln* ("There are many arguments for republicanism", l. 55).

- it is everybody's fundamental right to elect a Head of State
- a hereditary monarchy violates the principle that the highest in office should be the ones with the highest qualifications, not those born into it
- an elected Head of State is accountable to the people, a monarch isn't
- a British King or Queen is more and more of an anachronism in a multi-ethnic, multicultural, multi-faith Britain
- the monarchy is expensive
- as part of the monarchy the British state has retained some obsolete ceremonies (e.g. MPs having to swear an oath of allegiance to the Queen)
- the monarchy provides political stability, e.g. with the Queen's weekly audience with the Prime Minister
- as an unpolitical and impartial Head of State the monarch truly represents all citizens
- the monarch serves as a symbolic figure of national unity in a way no politician is able to

LISTENING ⦾ L3/22 **4 Listen to the interview and outline what 'invasion of privacy' means ...**

In this audio, **Jean Marsh** is being interviewed by the BBC. She created the long-running British TV series *Upstairs, Downstairs* about an upper-class family living in a London townhouse (i.e. 'upstairs') and their servants ('downstairs'). She has also acted in this series ever since it started in 1971, first as a maid, then as a housekeeper.

MATERIALIEN → ⦾ L3/22 (Interview: William and Kate's privacy) • Transkript

METHODISCHES VORGEHEN **Pre-listening activity:** *Die S tauschen sich im Plenum darüber aus, warum es angenehm oder unangenehm sein könnte, Dienstboten zu Hause wohnen zu haben.*

LÖSUNGSVORSCHLAG **'Invasion of privacy' means:**

- a couple with live-in staff has limited freedom, cannot be spontaneous or too intimate, cannot really have a fight
- servants are people with their own egos; masters must be considerate and cater to their needs, which is exhausting; staff tend to run their masters' lives
- butlers will do things that people are perfectly capable of doing themselves, i.e. buttoning up shirts, running baths etc.
- it leaves people idle with almost nothing to do all day

ERWEITERUNG *Folgende Frage liefert weitere Argumente für die Debatte in Aufgabe 5:* Outline how Jean Marsh describes William and Kate's life. (**Possible answer:** modern couple, no live-in staff, employ temporary services, e.g. for laundry or food, they know that once William becomes King, he will be expected to have live-in staff.

SPEAKING **5 Read the fact file and keep in mind what you learnt from ...** → S24.1

MATERIALIEN → Kopiervorlage 4 (Talk show – Becoming a prince or princess is not really desirable)

ALTERNATIVE *Die S lesen das* Fact file *zu* A typical day in the life of the Queen *und L verweist auf* Skill 24.1 Debate. *Die Debatte wird als Talkshow gestaltet, dazu steht Kopiervorlage 4 (*Talk show – Becoming a prince or princess is not really desirable*) zur Verfügung. Die S wählen ihre bevorzugte Rolle (einige Rollen wenden sich besonders an Jungen, andere an Mädchen, andere an S mit eher theoretischen Interssean oder mit besonderem Interesse an Psychologie usw.) L berät (z.B. sollte ein aufgeschlossener, kontaktfreudiger S die Moderatorenrolle übernehmen, die gewöhnlichen Bürger/früheren Klassenkameraden eignen sich für zurückhaltendere S usw.) und entscheidet, ob schwächere S eine eigene Rolle übernehmen oder evtl. im Team mit einem stärkeren S arbeiten. Vorbereitung der Talkshow: Die S lesen ihre Rollenkarten und gehen noch einmal die Aufgaben 1–5 durch, um Fakten und Argumente für ihre Rollen zu sammeln. Ablauf: L gibt ein Startsignal (z.B. Fernsehjingle), der* Talk show host *übernimmt, führt in die Show ein, legt die Reihenfolge der Sprecher fest und beendet die Show nach einer bestimmten Zeit (z.B. 10–15 Min.). Wird die Kopiervorlage nicht eingesetzt, können die S in Dreier- oder Vierergruppen die Frage diskutieren und dann kurz im Plenum über den Verlauf der Diskussion berichten.*

LÖSUNGSVORSCHLAG Individual answers expected.

CREATIVE TASK **6 Read the fact file. Write a letter to the editor criticising ...** → S18.1

METHODISCHES VORGEHEN *L verweist auf* Skill 18.1 Writing a formal letter/letter to the editor *und die S erhalten ein vorbereitetes Handout mit dem Titel* Write a letter to the editor in seven steps (Core skill workshop, Part B). *Sie arbeiten zu zweit. Jeder schreibt seinen Brief, tauscht ihn mit dem Partner aus und erhält bzw. gibt Feedback dazu, ob die sieben Schritte berücksichtigt wurden.*

LÖSUNGSVORSCHLAG Individual answers expected.

SPEECH

Welfare recipients – a speech by David Cameron → WB Task 19

Until World War II **welfare** in Britain was largely based on voluntary initiatives. In 1942 the government launched a programme to combat poverty and disease, which was created to provide security for all citizens from the cradle to the grave. The modern welfare state was born. It rested on five pillars:

- social security (e.g. child allowances, unemployment benefits)
- a national health service
- free education
- council housing
- full employment as a policy goal (supported by the nationalisation of various industries).

Some economists claim that in the 1950s and 1960s Britain resembled a socialist country in some respects.
When a great number of manufacturing jobs were lost in the 1970s and 1980s due to the decline of heavy industries, it became clear that comprehensive welfare was not feasible in the way it had originally been designed: the taxes and social security contributions generated by the workforce were not sufficient to cover the expenses.
Margaret Thatcher (Prime Minister 1979–1990) undertook major reforms in Britain in order to make its economy more profitable and more competitive. She privatised key companies (e.g. British Telecom, Jaguar), ended state subsidies, closed down coal mines and broke union power. As a result of mining closures whole parts of Britain (particularly in the North and in Wales) lost their sole industry. Due to persistent unemployment a lot of people were forced to depend on welfare. When the Labour Party was in power (1997–2010), they proposed a new stance on welfare, the Third Way which was to reconcile welfare with a liberal market economy. Labour aimed at strengthening the workforce by introducing minimum wage and tax reductions for working families. In the wake of the financial crisis (2007 onwards) and the ensuing budget deficits, the Conservative government under David Cameron, which called itself the party for people who work announced an end to the culture of entitlement and enacted severe cuts in benefits, especially for under 25s. Critics say that those austerity measures were partly responsible for the riots that spread through English cities in the summer of 2011.

LERNWORTSCHATZ welfare, to back, elderly, competitiveness, to be owed a living, to afford, to inherit sth, to trap, take-home pay, to be entitled to sth, housing benefit, resentment, complacent, patronising, industry, aspiration, means, genuinely, parental, frankly, issue, contest, long-term, Tories, Labour Party

METHODISCHES VORGEHEN *Die S lesen noch einmal den Text* The gap between the rich and the poor (Spot on facts). *L stellt dazu zwei grundlegende Verständnisfragen:*

- Define the welfare state. (Social security from the cradle to the grave for all citizens.)
- What has happened to the welfare state in recent years? (Politicians have introduced severe cuts.)

Danach spekulieren die S über den vermutlichen Inhalt der Rede. L leitet das Gespräch ein: The Prime Minister has decided to make substantial cuts to welfare programmes. In a speech to voters, is it better to beat about the bush or to speak the plain truth? Imagine two scenarios:

1. A politician tells you in a speech that everything he does is wonderful.
2. A politician tells you in a speech that what he does will also have negative consequences, but that there is no alternative.

How would you react in each case and what would you prefer?

Die S äußern sich spontan. L fordert nun dazu auf, die Rede in Stillarbeit zu lesen und stellt dazu die folgende Einstiegsfrage: Which strategies does Cameron pursue? (speak plain truth, introduce measures with negative consequences). *Hinweis auf das* Fact file *zu David Cameron.*

COMPREHENSION

7 Explain Cameron's assertion that Britain's welfare system does not ...

METHODISCHES VORGEHEN *L konkretisiert die Aufgabenstellung:* Go through the entire text. Start with the example of the two young women. Explain why the welfare system needs to be reformed.

LÖSUNGSVORSCHLAG

Britain's welfare system	Need for reform
Example of a working woman: • college degree • job with modest income • saving money for her own place • still lives with parents • earns independence • is industrious, works hard • becomes self-reliant • system creates resentment	Example of a woman on welfare: • college degree • job seeker's allowance • housing benefit (with own place) • 'grabs' independence • gets something without effort • becomes reliant on the state • system creates a 'culture of entitlement' • system traps people in poverty

ANALYSIS

8 Examine the language Cameron uses in order to persuade his ... → S10

METHODISCHES VORGEHEN *Diese Aufgabe kann mit der Methode* Expert reading groups *erarbeitet werden. Zur konkreten Durchführung siehe die Erläuterungen bei Text C, Aufgabe 2. L verweist vorab auf das* Fact file *zu* Conservative vs. Labour Party *und* System of government *sowie auf* Skill 10 Style and stylistic devices.

LÖSUNGSVORSCHLAG

- Cameron starts out talking about his vision of a "more responsible" society. He uses anaphora and parallelism (ll. 2ff) to give his ideas more urgency.
- He goes on using words and expressions with rather strong and even negative connotations (e.g. l. 5 "radically", l. 7 "fierce", l. 7 "no-one", l. 9 "unaffordable", l. 9 "trapped", l. 9 "poverty", l. 10 "irresponsibility"). By describing the present situation in such a way he creates a sense of urgency, danger or threat.
- By giving the example of the two women, he uses everyday language, sometimes an even informal register (l. 12 "say", l. 15 "her mum and dad") to make sure he is understood by everybody, even the politically uneducated or uninterested in his audience. He simply contrasts two people, but refrains from judging or making conclusions; instead he leaves that to his audience.

- To describe the welfare system he uses rather strong language, generalisation and even simplification (l. 24 "series of expectations", l. 25 "whatever", l. 26 "always", l. 26 "no matter"). In his opinion the welfare system in its present form must be rejected.
- In the following passage Cameron starts out using very short, sometimes even ungrammatical sentences (l. 27 "That it pays not to work."). Short sentences have a dramatic effect; they focus the audience's attention and guarantee that a speaker will be understood.
- In the central part of his speech where he focuses on the reforms his government is planning, he makes use of repetition in order to guarantee that he will be understood, parallelism (ll. 33f "transforming", "helping", "attacking") and epiphora in connection with parallelism (ll. 35 f "… is in everyone"). His choice of words is very different from the beginning, he makes use of words with very positive connotations (l. 34 "helping", l. 35 "self-reliance", l. 36 "industry", l. 36 "aspiration") and comparatives (l. 33 "taller", l. 38 "stronger") to emphasise that the reforms will improve the situation.
- Towards the end of the speech, Cameron quotes various facts and figures (ll. 44–51). This is a strategy to appear informed, knowledgeable and competent and aims at instilling trust and confidence in people.
- At the end of the speech Cameron admits that his reforms might be unpopular (ll. 59–65). This strategy of admitting that there are negative side effects of the reform is quite powerful as it creates empathy with the speaker (because he appears honest and humble). So again he tries to instill trust in his audience.

EVALUATION **9 Prime Minister David Cameron argues that his ideas for welfare reform …**

ALTERNATIVE *Diese Aufgabenstellung ist eine sehr gute Vorbereitung auf das in Aufgabe 10 folgende Rollenspiel. Statt sie schriftlich bearbeiten zu lassen, kann sie auch nur mündlich im Unterricht durchgeführt werden, da Aufgabe 12 eine weitere schriftliche Aufgabenstellung bereithält.*

LÖSUNGSVORSCHLAG Individual answers expected.

SPEAKING **10 A role-play: The two young women Cameron uses as an …** → △7

METHODISCHES VORGEHEN *Der Videofilm* Neets *liefert ergänzende Argumente für das Rollenspiel, sodass es ggf. lohnend ist, es zuerst zu besprechen. Vorgeschlagene Methode:* Angels and devils. *Die Klasse arbeitet in zwei Gruppen. Gruppe 1 bereitet Argumente für die arbeitende Frau vor, Gruppe 2 für die arbeitslose Frau. Während des Rollenspiels sitzt die jeweilige Gruppe zusammen, aber mit dem Gesicht weg von der Tafel. Ein oder zwei S übernehmen die Rolle des Beobachters, sie stehen vorne an der Tafel. Der Schlagabtausch erfolgt abwechselnd, ein Argument kommt von Gruppe 1, das nächste von Gruppe 2. Wenn die Beobachter ein Argument überzeugend finden, gehen sie auf die Seite der Gruppe, die es geäußert hat. Wenn nicht, bleiben sie stehen. Ist ein Argument schwach oder unlogisch, gehen sie weg von der Seite, von der es kam. Vorteil dieser Methode: Die S erhalten ein unmittelbares Feedback auf die Stärke ihrer Argumentation. Nach Ablauf des Rollenspiels ist sofort deutlich, welche Seite die stärkeren Argumente vorgebracht hat.*

LÖSUNGSVORSCHLAG Individual answers expected.

DIFFERENZIERUNG △ *Leistungsschwächere S können zur Vorbereitung des Rollenspiels auf Aufgabe 7 im* Diff pool *zurückgreifen. Mit Hilfe der in der Aufgabe vorgeschlagenen Aspekte können auch sie sich an der Diskussion beteiligen.*

VIEWING L **11 a)–c) Watch the video and answer the following questions. a) Summarise …**

A **neet** is an acronym coined in the UK for a young person aged 16 to 24 'not in employment, education or training'. The phrase was first used in 1999 and has since been used as a label for school drop-outs and youth delinquents and, in the case of girls, teenage pregnancies. A report in 2011 estimated that more than 15 % of young people in the UK fell into that category.

MATERIALIEN → L (Welfare reforms) • Transkript

METHODISCHES VORGEHEN **Pre-viewing:** *L erläutert zunächst den Begriff* Neet *und die S werden aufgefordert, die folgenden drei Fragen zu beantworten.*

- Imagine what life is like for neets. How do they spend their days?
- Why is a high number of neets a problem for society?
- What could be done to lower the number of neets in society?

Danach wird der Videofilm vorgespielt. Vor dem zweiten Anschauen lesen die S die Teilaufgaben a) und b) und notieren während der erneuten Präsentation des Videos Stichpunkte zur Beantwortung der beiden Aufgabenstellungen.

LÖSUNGSVORSCHLAG **a) Welfare reforms for young people:**

- compulsory education until 18
- expanding training and apprenticeships for young people
- no automatic housing benefits for under 25s
- possibly no unemployment benefit ('dole')

b) Advantages and disadvantages of the reform:

Advantages	Disadvantage
• The reforms address an important social problem. • Too many young people don't have the necessary qualifications to get a job once they leave school, so they need to train/become an apprentice/go to college or university. • Once young people depend on welfare, they can rarely escape it. • A job is fulfilling; languishing at home is not. • Youth unemployment is an evil. • Addressing an important economic problem: savings in housing benefits amount to £2bn. • The total cost of neets over the course of their lifetimes amounts to £22bn to £100bn for the state (as one in five young people are unemployed).	• The reform sends out a poor message: State doesn't support young people any more at a critical stage when they take risks (starting a job, leaving home etc.), i.e. when they need a safety net.

c) Personal comment on the welfare reforms: Individual answers expected.

CREATIVE TASK **12 a)–c) Imagine you are a reporter and have heard Cameron's speech. . . .** → S4

METHODISCHES VORGEHEN *L verweist auf* Skill 4 Dealing with non-fictional texts. *Danach werden die wesentlichen Merkmale der drei zur Auswahl gestellten Zeitungsartikel noch einmal gemeinsam besprochen. Die Textsorte in Aufgabe b) wird folgendermaßen konkretisiert:*

1. There are tabloids supporting the Conservative Party and others supporting the Labour Party. Decide which one you want to write for.
2. Tabloids focus on human interest stories. Decide on an individual whose story you want to dramatise.

Zur Textsorte in Teilaufgabe c) erfolgt ein Verweis auf den Core skill workshop (cf. Four steps on how to write a good editorial/column):

1. The opposition needs to criticise what the government proposes.
2. The Labour Party was the one that created the welfare state.
3. The Labour Party is traditionally critical of a capitalist market economy.
4. The Labour Party represents workers and tries to narrow the gap between rich and poor.

Die S entscheiden sich nun für eine der angebotenen Textsorten und schreiben ihre Zeitungsartikel entweder im Unterricht oder als Hausaufgabe. Ggf. gibt L eine Wortanzahl vor, damit die Artikel eine vergleichbare Länge haben.

LÖSUNGSVORSCHLAG Individual answers expected.

G City boys

BOOK EXCERPT **Growing up in Hackney** → WB Task 20

Craig Taylor, the author of *Londoners*, is a native-born Canadian but immigrated to London in 2000. Fascinated by its multi-ethnic, multi-faith population, he interviewed over 200 people from all the 32 boroughs of Greater London, some having lived there all their lives, others just a few weeks. He sees himself in the tradition of an oral historian, not aiming at a definitive portrait of London, but merely providing snapshots. One of his interviewees, Lucy Skilbeck, who considers herself middle-class, talks about her teenage son and what it means for him to grow up in an ethnically diverse part of London, Hackney.

Hackney has a large Jewish community and quite substantial Turkish, Caribbean, Vietnamese and Chinese communities. In recent years Hackney has attracted a high number of immigrants from Poland, Nigeria, Spain and Australia. Hackney is a relatively problem-ridden borough in London: According to a 2013 report, it is the second most deprived local authority in England. In the same year Scotland Yard reported twice as many gang problems there as in any other area in the country. Robberies in Hackney were seven times above the national average. A 2006 survey, compared data from over 400 local councils and looked at criteria like crime, education and employment: it found Hackney to be the worst place to live in the UK. A Youtube video calls it a first-world ghetto. In recent years parts of Hackney have become quite trendy with new bars and cafés attracting an urban clientele of young, mostly white hipsters and fashionistas.

Interesting websites: *www.hackney.gov.uk/Assets/Documents/Hackney-Profile.pdf* (profile of Hackney), *www.bbc.com/news/uk-england-london-18074028* (photographs showing Hackney's beauty and ugliness) *www.crime-in-hackney.blogspot.de/2010/04/crime-in-hackney-post-code-warfare.html* (video on postcode gangs), *Gangs in Hackney Official Hood Video 2011* (Hackney gang video, in which so-called postcode gangs present themselves).

LERNWORTSCHATZ teenagehood, to address sth, faith, peaceably, to cope with sth, to be oblivious to sth, in relation(s) to, innate, transferable, deep-rooted, fundamental, a lack of, facility, adept, to prompt

COMPREHENSION **1 List advantages and disadvantages of growing up in Hackney, ...**

ALTERNATIVE *L verweist auf das* Fact file *zu Hackney und versorgt die S ggf. mit weiteren Informationen (siehe oben). Alternative: L spielt einen Auszug aus dem Videos zu* Postcode gangs (www.crime-in-hackney.blogspot.de/2010/04/crime-in-hackney-post-code-warfare.html, e.g. 0:20–1:12) *vor und sichert das Grobverstehen:* Postcode gangs operate in a territory defined by the postcode. They attack other teenagers simply for being in the wrong area, i.e. in a part of town where they don't live. *Die S bilden jetzt Paare und erörtern folgenden Aspekt:* Discuss with your partner what it would be like to grow up in the London borough of Hackney. Talk about the following aspects: school, friendships, safety and the opportunities in a multicultural environment. *Anschließend wird der Text still gelesen und die Vor- und Nachteile aus Lucy Skilbecks Sicht werden aufgelistet.*

LÖSUNGSVORSCHLAG **Growing up in an ethnically diverse community:**

Advantages	Disadvantages
• confidence • experiencing a peaceful co-existence • learning how to deal with or avoid social tensions • learning social codes (i.e. distance, respect, eye contact and accents)	• violence • learning the wrong accent/growing up with an accent which is considered inferior (e.g. when applying for a job)

EVALUATION **2 Do you think Lucy Skilbeck is realistic or too optimistic in light ...**

ALTERNATIVE *Statt einer Partnerarbeitsphase kann eine* Phone-in radio show *durchgeführt werden. Leistungsstarke S bilden die Gruppen 1 und 2; S mit mittlerem Leistungsniveau die Gruppe 4; schwache, schüchterne oder unsichere S die Gruppe 3 (da hier nahezu alles vorbereitet werden*

kann). Vorbereitung: Die S bilden Dreiergruppen, wobei so viele Gruppen 4 gebildet werden, wie S in der Klasse sind (d.h. ca. 4–6 Gruppen 4). Die S erhalten folgende Informationen:

Group 1: You are Lucy Skilbeck.	For a radio show *People in our midst* the radio host has asked you to talk a little bit (approx. 2 min.) about what life in Hackney is like. (You may go beyond the text.) Decide on a speaker and two prompters. Rehearse your two minutes at least once.
Group 2: You are the radio host.	Prepare an introduction and three or four questions that you will ask Lucy Skilbeck about life in Hackney for her family. (You may go beyond the text.) Decide on a speaker and two prompters. Your teacher will give you signals to start and end the show.
Group 3: You take the calls. You don't just want questions; you want some controversy too.	Prepare the following: • Find a method to make sure there is at least one question from each group. • How will you introduce a speaker? • How will you interrupt a speaker if it gets boring, repetitive or lengthy? • How will you thank a speaker for his or her contribution and end the call?
Group 4: You are listeners and phone-in guests.	You can ask questions, or you can start an argument with Lucy Skilbeck. The more controversial the exchange, the better. Prepare questions and arguments. First, listen to Lucy and the radio host; then wait for your turn.

Durchführung: L läutet mit einem Signal (z.B. BBC-Jingle) Beginn und Ende der Radioshow ein. Die S führen die Show selbstständig durch. Zur abschließenden Bewertung fragt L die S noch nach ihrer Meinung: Would you like to live in an inner-city multi-ethnic borough like Hackney?

LÖSUNGSVORSCHLAG Individual answers expected.

CREATIVE TASK

3 Write a news story for a tabloid newspaper: "Growing up ..." → S4 → ▲8

ALTERNATIVE *L verweist auf* Skill 4 Dealing with non-fictional texts. *Die Schreibaufgabe kann mit einem* Collective brainstorming *vorbereitet werden. L schreibt die Aufgabenstellung in die Mitte der Tafel (ggf. mit Fotos von Hackney). Drei oder vier S kommen an die Tafel und erhalten jeder ein Stück Kreide. Der Rest der Klasse nennt willkürlich* Keywords, Phrases *und* Headlines, *die die S abwechselnd an die Tafel schreiben. Sie versuchen bereits beim Anschreiben, die Wörter sinnvoll zu gruppieren. Vorteile dieser Methode: Ein kollektives Brainstorming liefert in der Regel deutlich mehr Ideen als ein Brainstorming alleine oder zu zweit. L hält sich in dieser Phase möglichst zurück und greift nur ein, wenn die Ideensammlung stockt. Nach dem Brainstorming wird die schriftliche Ausarbeitung im Unterricht begonnen und ggf. als Hausaufgabe fertiggestellt.*

LÖSUNGSVORSCHLAG Individual answers expected.

DIFFERENZIERUNG ▲ *Leistungsstärkere S bearbeiten anstelle von Aufgabe 3 Aufgabe 8 im* Diff pool. *Statt einer* News story for a tabloid newspaper *schreiben sie eine* Feature story for a broadsheet newspaper. *Vorbereitung: L knüpft an den* Core skill workshop *an und erinnert an die Definition der* Feature story. *Die S überlegen sich, welchen konkreten Vorfall (u. U. nur wenig Hinweise im Text) sie an den Anfang ihres Artikels stellen wollen, um daran generelle Aspekte (wahrscheinlich nur die Vorteile von Hackney aus Duncans Sicht, siehe* Task 1) *zu illustrieren. Beispiel:* Hackney? People react with irritation when I tell them where I live. Hackney? Isn't that the place where there were a couple of murders a while ago? Aren't you scared? they often ask me.

BEFORE YOU READ

4 a) Look at the photos and read ... b) If someone writes a poem about ...

METHODISCHES VORGEHEN *Die S lesen als Einstieg das* Fact file *zu* The City of London. *L konfrontiert den Kurs danach mit den beiden Fragen als Vorbereitung auf das Gedicht. Im Sinne eines Brainstorming äußern S zunächst nur Vermutungen über den Inhalt (Teilaufgabe a) im Plenum, in Partnerarbeit überlegen sie sich im zweiten Schritt Themen/Bilder/Wörter, die in einem Gedicht über das Finanzzent-*

rum auftauchen könnten. Um die Aufgabe noch stärker zu fokussieren, ist eine Anschlussfrage möglich: Poems are typically about a general human experience (love, life, seasons, language etc.). What might a poet choose in connection with the financial district?

LÖSUNGSVORSCHLAG **Possible aspects:** striving for wealth, perpetual growth, winning and losing, money as an abstract goal, lack of emotions etc.

POEM

City Boy

Peter Daniels is a British poet who works full-time as an editor and has been publishing poetry for approx. 30 years now. He lives in Stoke Newington, which is part of the North London borough of Hackney. He has won several prizes for his poetry. His poem ***City Boy*** revolves around a young man working in the City who becomes drunk one night and falls down, though nothing much happens to him. The poem has neither rhyme, nor metre nor stanzas but is rich with imagery and poetic devices. The most striking phenomenon is the interplay of words from the semantic fields money and love/care.

Interpretation of the poem: According to the speaker our relationship with money is characterised by love, tenderness and trust (ll. 17–19). Yet trust and (legal) tender are also financial terms connoting money, credit and banking. The value of (paper) money is based on trust: People will accept and use money only if they are confident that it will buy them an equivalent amount of goods (products or services). Money functions if and as long as people trust in it. For historical reasons the pound note in England still carries the sentence "I promise to pay the bearer on demand the sum of" [one or more pounds of sterling silver]. The I here is the chief of the Central Bank/ Bank of England. To make paper money acceptable to the public, the central banks used to promise to exchange (central) bank notes – on demand, i.e. when presented at the Central Bank – for a given amount of sterling silver. Today, of course, this is an empty promise. So these two polysemes or words with two meanings, trust and tender are part of the central theme, the interdependence of love and money. People love to generate money and increase their wealth, but the money also cares for them (l. 19) and creates the physical world around them (l. 12 "building up office blocks", l. 20 "work for something"). People's motivation is frequently driven by money (l. 20 "in harness"), money preoccupies a lot of people's thoughts (l. 17 "keeps ourselves within it"). The concrete the 'City boy' smacks is the pavement he lands on, but it can also be read as the antithesis to the abstract world of finance. The speaker mentions numbers, spreadsheets and credit (ll. 9–12), which are all part of the world of banking. This is basically a virtual world as figures and percentages are only meaningful in terms of abstract mathematical operations (addition, multiplication, division etc.). The fact that he hits the concrete is open to interpretation: he might be coming into contact with the real world, not only the world of streets and buildings, but also the world in which money materialises into coins and bills. Within the framework of spreadsheets and credits, his falling down can also be interpreted as a failed investment (he smacks the concrete, so the fall is quite painful). The one moment the speaker witnesses, i.e. the fall (l. 1), encapsulates life in a city – people work and generate money, which in turn creates buildings, which might be torn down again (l. 21). It is thus logical that the speaker reacts with love (l. 1) to what is happening to the 'City boy'. His actual rise and fall becomes a symbol of life in general.

LERNWORTSCHATZ sharp, to steer, lust, to multiply, closing time, to exercise discretion, tender, to curse, harness, to distinguish, ordinary

COMPREHENSION **5 a)–d) Sum up what happens to the 'City boy' one evening. b) Explain . . .** → S6

MATERIALIEN → **Kopiervorlage 5 (City Boy – Working with a poem)**

ALTERNATIVE *Als Einstieg erfolgt ein Hinweis auf* Skill 6 Dealing with poetry and drama. *Zur Bearbeitung Aufgabe 5 kann Kopiervorlage 5 (*City Boy – Working with a poem*) herangezogen werden. Das Arbeitsblatt bietet unterschiedliche Aufgabenstellungen zur Bearbeitung des Gedichts. L kann binnendifferenziert mit den zwei Teilen der Kopiervorlage innerhalb des Kurses arbeiten, da die S zum selben Ergebnis kommen (Zusammenfassung des Gedichts, Interpretation des Satzes* "he smacks the concrete"*). Wird die Kopiervorlage nicht eingesetzt, wird der Inhalt des Gedichts von den S mündlich zusammengefasst. Bei Teilaufgabe c) nennen die S die Belegstellen in dem Gedicht und L entwickelt dazu ein entsprechendes Tafelbild (siehe Lösungsvorschlag).*

LÖSUNGSVORSCHLAG

a) Sum up what happens to the 'City boy' one evening:
A young man working in the financial district of London gets drunk after work and falls hard on the concrete in a train or tube station on the way home. Nothing much happens to him; he gets up and walks home. The other people (some of whom are also drunk) don't even notice the incident. The speaker, who notices the accident, reacts with "love" to the young man.

b) Explain the relationship between 'work and lust' or money and love as the speaker sees it:
The banker is driven by his motivation (i.e. lust) to make ever more money. Money is part of every human being's life (l. 17); humans obey the rules of money (l. 20): they love money because it will take care for them (l. 19), i.e. provide for them, enable a decent living etc.

c) Explain the significance, according to the speaker, of money for the City of London:
The relevant quotes in the poem are:
- "money and how they make it, and make it up" (ll. 1–2)
- "work and lust made into metal and paper/numbers that … transact and multiply" (ll. 8–10)
- "spreadsheets are building up office blocks, and credit that creates the pavement to land on" (ll. 11–12)
- "to care for us, curse us and keep us in harness" (ll. 19–20)

Money in the City of London – care and curse:
- people's work generates money
- money generates business
- money generates more money
- money generates credit (i.e. 'made-up' or virtual money)
- credit pays for and thereby creates buildings
- money supports people
- people are governed by money

d) Discuss the significance of the last phrase in the poem:
The last sentence sums up the cycle of life, not just in a city. Buildings are erected and are torn down again. People rise and fall down (*siehe* **Erweiterung**).

ERWEITERUNG *Die S sammeln Verben zu den beiden Wortfeldern* Buildings stand up/fall down *und* People stand up/fall down. *Mögliche Lösungen:*
- Buildings are designed, erected, renovated, modernised, remodelled, shut down, torn down, boarded up, gutted, run down, dilapidated, ruined, razed, destroyed, flattened etc.
- People fall, stumble, trip, get up, rise again, are born, grow up, are burdened (by grief etc.)/ depressed/elated, succeed, fail, are promoted, move up, become rich/ill/frail/unstable/ unemployed, die, lose jobs/money etc.

ALTERNATIVE *Kopiervorlage 5 (*City Boy – Working with a poem*) ist zweigeteilt und enthält Aufgbenstellungen für leistungsschwächere (Teil 1) und leistungsstärkere S (Teil 2). Im Folgenden sind die Aufgaben der Kopiervorlage mit möglichen Lösungen zu finden:*

1. *Aufgabenstellungen für S mit wenig Erfahrung in der Gedichtinterpretation. Es werden Leitfragen angeboten, die es den S erleichtern, die wesentlichen inhaltlichen Aussagen des Gedichts zu verstehen.*

a) Complete the table below by answering the 'wh-questions'. Write down only the quotes from the poem to answer the questions.
Possible answers (in italics):

What is known about the 'City boy'?	*l. 3*	*"comfortable and sharp in a suit that fits him"*
What happens to him?	*l. 6* *l. 16*	*"he trips and smacks the concrete"* *"… the city boy get up and walk"*
Why does it happen to him?	*l. 5*	*"an evening of gin"*

What time of day is it?	*l. 4*	*"when the city bars have closed"*
What do the other people around him do?	*l. 14*	*"… the drunken city exercise discretion"*
How does the speaker react to what he observes?	*l. 1*	*"In a moment of love …"*

b) Write a short summary of what happens to the 'City boy' in your own words.
Possible answers: See Task 5 a).

c) Read between the lines (ll. 7–8, ll. 9–10, l. 21) and speculate: Why did the 'City boy' get drunk?
Possible answers: The poem doesn't specify why the young man gets drunk, but three reasons are possible:
- He is celebrating because "sharp" (l. 3) as he is, he has made a successful business "transaction" (l. 10) and earned a lot of money.
- He has lost a lot of money with his transactions (l. 21 "people … falling down").
- He is nervous about his investments and hopes that they will "mulitply" (l. 10).

2. *Aufgabenstellungen für S, die im Umgang mit Gedichten vertraut sind:* Interpret the symbolism of the banker hitting the concrete.

a) Read the poem once or twice and sum up in your own words what happens to the 'City boy' one evening.
Possible answers: See Task 5 a).

b) Interpret the symbolism of the central image, the banker smacking hard on the concrete. Scan the poem once more for keywords and brainstorm for ideas in general. Then complete the mind map.
Possible answers:

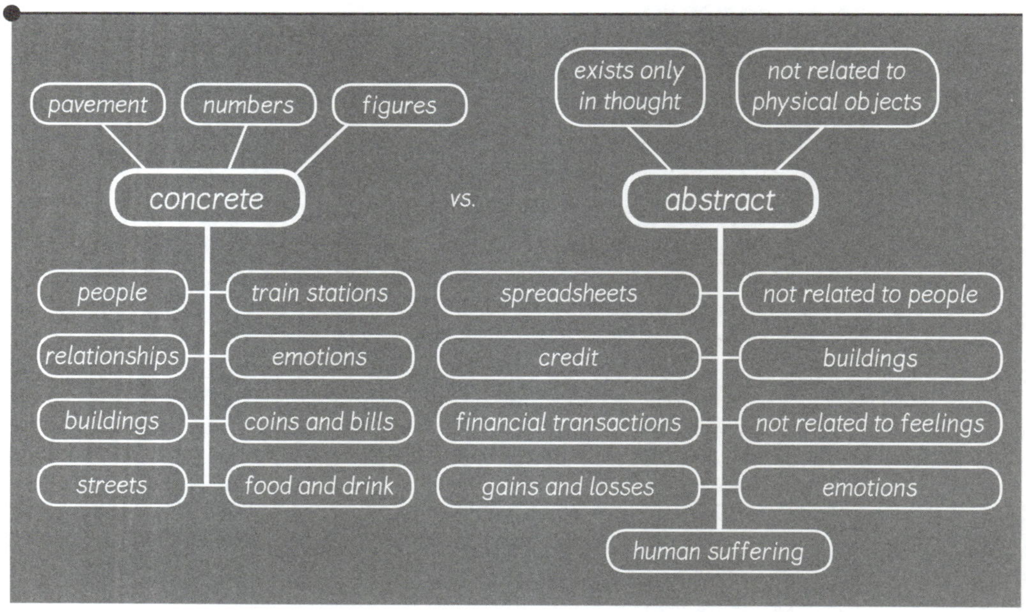

c) Interpret the image (i.e. the banker hitting the concrete) and make sure your interpretation is in line with the poem.
Possible answers:
- coming into contact with the real world (as opposed to the virtual world of numbers)
- realising what work and money create (in this case: pavement)
- waking up from a dream world (of making even more money)
- experiencing pain and human suffering (which he doesn't see in his virtual world)
- job insecurity and/or anxiety after a failed investment

SPEAKING

6 👥👥 **"Money makes the world go round." – In groups of four discuss ...**

METHODISCHES VORGEHEN

Vorschlag zur Durchführung der Gruppenarbeit: Open debate. *Die Vierergruppen debattieren simultan oder eine Vierergruppe führt die Debatte, während der Rest des Kurses zuhört. Regeln: Zwei S argumentieren für das Statement* (Pro), *zwei dagegen* (Con). *Vorbereitung: L stellt eine bestimmte Zeit zur Ausarbeitung der Eröffnungsstatements zur Verfügung.*

- *Erste Runde: Die vier S geben jeder ein Statement (2 Min.) in der folgenden Reihenfolge ab:* Pro – Con – Pro – Con.
- *Zweite Runde (5 Min.): Offene Diskussion, in der die vorgetragenen Argumente kritisch bewertet und/oder neue Argumente, Beispiele und Fälle eingeführt werden.*
- *Dritte Runde: Die vier S geben ein Abschluss-Statement (1 Min.) in der folgenden Reihenfolge:* Pro – Con – Pro – Con *(ohne Vorbereitung).*

LÖSUNGSVORSCHLAG

Individual answers expected.

CREATIVE TASK

7 Choose one of the following: a) Do some research ... b) During the ...

ALTERNATIVE

a) *Für Teilaufgabe a) können die S den Fall des deutschen Praktikanten Moritz Erhardt im Internet recherchieren, der behauptet, dass der Job des Investment Bankers der härteste Job überhaupt sei. Die Webseite (www.theibanker.com/why-people-become-investment-bankers/) zeichnet ein umfassendes, z. T. ironisches Bild von den Höhen und Tiefen des Lebens eines Investment Bankers (Modelltext für die* Feature story: A typical day in the life of the Queen, *siehe auch* Fact file *zu* The Royals).

b) *Für Teilaufgabe b) lesen die S das* Fact file *zu* The 99% *und sammeln in Kleingruppen zunächst geeignete Argumente für ihre Kolumne, z. B.:*

- If banks engage in risky investments, it is their own fault.
- In a free market economy, companies can fail and so can banks.
- Bankers get incredibly high bonuses in good times; therefore it is justified if they have to bear the responsibility for failed investments.
- There is no bailout for private individuals who are bankrupt, so why should there be one for institutions/banks?
- The taxes needed for the bailout could have been used to benefit thousands of underprivileged people rather than supporting already privileged bankers.

Spot on language

1 In newspaper articles journalists frequently report what other people ...

LÖSUNGSVORSCHLAG

1. Jahmal said he had been trying to get a job for over two years.
2. A black youth said that if you went through proper channels, people didn't really listen to you.
3. A parent said that even university graduates might not get a job in the end.
4. A youth worker said there had to be more opportunities for kids.
5. A school leaver said he wanted to get a job abroad so he wouldn't be staying in the UK when he left uni.
6. The opposition spokeswoman said they would be asking a question on that in Parliament in two days.
7. A teacher told him not to give up and to try to work that little bit harder.

2 If as a writer you don't want to name your source or if the witness or ...

LÖSUNGSVORSCHLAG

1. They are rumoured to have booked their tickets online during study session.
2. They are said to have been fed up with the awful weather.
3. They are presumed to have boarded the early morning flight to the Dominican Republic.
4. They are believed to have been very excited when they checked into their suite on the top floor.

5. They are reported to have had a romantic dinner by the beach.
6. They are expected to continue their schooling elsewhere.

3 In order to appear objective it may be important to make use of adverbs ...

LÖSUNGSVORSCHLAG

London is **relatively** huge and houses or apartments in the city are **somewhat** expensive. The city needs to reform its public transport system **to some extent**. The congestion, the noise, the crime – Londoners have to pay a **comparatively** high price for living in the capital. Some economists are **a bit** concerned for the prosperity of other parts of Britain. In a **partially** competitive global economy British politicians cannot neglect the provinces.

4 Participle constructions are very common in German newspapers and ...

LÖSUNGSVORSCHLAG

1. A study published by the university of Leeds in May ...
2. The main suspect arrested a year ago ...
3. A part of East London marked by violence and crime ...
4. A measure severely criticised by the Opposition ...

5 Your class has an email project with a British school on ... → S26.1

METHODISCHES VORGEHEN

Hinweis auf Skill 26.1 Mediating. *Ggf. wird der Aufbau der E-Mail noch einmal im Detail besprochen.*

LÖSUNGSVORSCHLAG

Aspects to consider	Model
beginning of email	Hi (name of partner)
British partner's question	You wanted to know whether Germans would like to have a king or queen too.
answer to the question above: one sentence addressed to a British partner	Since I don't really know what Germans as a whole think about that question, I did some research and came across an interesting article. The journalist claimed that Germans really love the Royals for several reasons:
mediation of newspaper article	• The Queen serves as a national symbol of identity. Germans might have local symbols (e.g. Cologne Cathedral), but they don't have a similar institution that unites us nationally. • Germans love fairy tales, and most of the stories about the Royal Family are like fairy tales. • Germans admire the Royals and the British aristocracy for their style, their privileges, their manners or mannerisms and their self-discipline. The journalist claims that our own aristocracy is no real match. • Germans love the pomp and ritual surrounding Royal weddings and Royal funerals, the carriages, the soldiers, the uniforms, the kilts. We have traditional celebrations (at Carnival and during Oktoberfest), but they lack the grandeur of Royal celebrations. • Germans love the romance surrounding Kate and William's relationship, even if they are well aware that it comes at a high price (e.g. constant media attention).
personal opinion	My own opinion is that there is a great deal of interest in the Royals, but that we have lived in a democracy for so many years now that we wouldn't really want a king or queen any more.
conclusion of email	I hope this answers your question. If there is anything else you would like to know, please ask. Yours (your name)

ERWEITERUNG *Abschließende Zusammenfassung: Die S betrachten die Punkte, die in dem deutschen Zeitungsartikel angesprochen werden, und überprüfen, inwieweit sie mit der Haltung des Journalisten übereinstimmen.*

Spot on vocabulary

1 Use synonyms from the word-field 'say' to summarise what somebody ...

METHODISCHES VORGEHEN *Vor der Bearbeitung der* Spot on vocabulary-*Seite erfolgt ein Hinweis auf den Tipp zu den* Vocab sheets.

LÖSUNGSVORSCHLAG
1. declare/admit, state/mention
2. argues/asserts, stresses/specifies
3. observes/hints, complains/points out
4. claim/emphasise, argue/maintain

1 Rewrite the following sentences by using the verbs below.

LÖSUNGSVORSCHLAG (Solutions in **bold face.**)
1. The black teenager **denied** having thrown stones at the police.
2. A Welshman said the government in London **disregarded** their interests in Wales.
3. At first the BBC **declined** to move departments out of London.
4. One Scottish lady **rejected** the move for independence.
5. In recent years the European Union has **come under attack** in Britain.

1 a) Study the vocab sheet 'Spot on ... b) Use the following expressions ...

LÖSUNGSVORSCHLAG

a) Britain **underwent** major changes after the Empire went into **decline**. Due to its close **ties** with its former colonies, it introduced **measures** to attract immigrants. They were **granted** the same rights as Britons, including **welfare** and other social **benefits**. This, however, **provoked** resistance and **fuelled** heated debates among politicians. The **influx** of immigrants was **perceived** as very negative by parts of British society.

b) Both the capital and the seat of government of the United Kingdom are in London, which is part of England. A lot of government departments and government agencies are there too. In recent years Scotland and Wales have been granted their own assemblies, but not complete sovereignty, a development called devolution. In Ireland there has long been a movement for home rule.

1 Study the vocab sheets again and correct the eight mistakes in the ...

LÖSUNG The Prime Minister said that he was **committed** to the EU and that European history and British history were **inseparable**. He was also concerned because he felt **prosperity** was **at** stake for all of Europe. The European Union for him was a **means** to an end, not an end **in** itself. In his opinion the British had always had an independent frame of **mind**, so it was no wonder that the majority drifted **towards** exit.

Topic task

Creating a class newspaper → S17, S20

VORBEREITUNG *Die S sammeln die Zeitungstexte, die sie im Laufe des* Topics *angefertigt haben, in einem Hefter/Portfolio oder in einer Datei. Jeder Text hat eine Überschrift und ist mit dem Namen des Autors versehen. Als vorbereitende Hausaufgabe für die* Topic task *muss jeder S ein oder zwei (entscheidet L)* Best products *zur Weiterarbeit für die jeweiligen Expertengruppen einreichen.*

METHODISCHES VORGEHEN *Zur Titelfindung in* Step 1 (Finding a title) *eignet sich ein individuelles oder kollektives Brainstorming. Veranschlagte Dauer: ca. 10–15 Min. Davor verweist L noch auf* Skill 17 Newspaper article. *Anschließend bilden die S Expertengruppen* (Step 2 Forming expert groups), *die sich für eine Zeitungsrubrik entscheiden und ihre Artikel in Vierer- oder Fünfergruppen ausarbeiten.*

ALTERNATIVE *Die S wählen eine Schreibaufgabe aus dem* Topic *aus und fertigen einen Zeitungsartikel an, den sie einreichen. L wählt je nach Kursgröße und Interessen der S die Sparten für die Zeitung (z. B.* Front page + Politics/UK news *usw.) aus und erstellt dafür Mappen/Boxen/Klarsichthüllen. Jeder S ordnet seinen Text der passenden Sparte zu.*

Die Durchführung der ersten Redaktionssitzung (Step 3 Editorial meeting 1) *erfolgt entsprechend der Beschreibung im SB. Es wird ein Zeitraum von ca. 20 Min. für diese Phase vorgegeben.* Step 4 (Layout 1) *wird in die häusliche Arbeit verlagert. L erinnert dazu an* Skill 20 Paragraphs, editing and checking. *Die Durchführung der zweiten Redaktionssitzung* (Step 5 Editorial meeting 2) *erfolgt wieder entsprechend den Hinweisen im SB. Für diese zweite Sitzung wird mehr Zeit benötigt als für* Step 3. *L stellt ca. 45 Min. zur Verfügung.* Step 6 (Layout 2) *erfolgt dann wieder in häuslicher Arbeit. In der nächsten Unterrichtsstunde präsentieren die Layouter ihre Ergebnisse und es erfolgt eine abschließende Besprechung der layoutierten Seiten in den Gruppen (ca. 10–15 Min.).*

NACHBEREITUNG

- **Einfache Variante:** *L kopiert und heftet die Einzelseiten, sodass eine Zeitung im Format DIN-A3 (schwarz-weiß) entsteht. Es wird entweder eine Klassenzeitung oder ein Exemplar für jeden S angefertigt.*
- **Digitale Variante (zeitaufwändiger):** *L (oder S) führt die digitalen Varianten so zusammen, dass das Layout (Schriftgröße, Schrifttyp, Spalten usw.) vereinheitlicht ist. Die vierfarbige Zeitung wird den S digital oder in Printversion vorgestellt.*

KLAUSURVORSCHLAG *Zum* Topic **The United Kingdom** *steht online nur für die Hand von L ein mehrteiliger editierbarer Klausurvorschlag mit Erwartungshorizont zur Verfügung. Außerdem werden vier Zeitungsauftaktseiten als Vorschlag für eine mündliche Prüfung angeboten.*

Code k949tr **→ Klausurvorschlag: Can't work or won't work (newspaper article) • Mündliche Prüfung: Newspaper front pages**

KV1: Checklist – Analysing a newspaper article

1 *In the topic* The United Kingdom *you will learn how to analyse a newspaper article by writing articles. It is often easier to understand and analyse what other writers do once you have done it yourself.*

	Analysis	**Text production**	**I can do it + / 0 / –**
I can identify types of newspaper articles and name their characteristic features.	• *Core skill workshop (CSW)* Part B Task 2	• *CSW* Part B Task 3	
I can identify whether an article is from a tabloid or a broadsheet newspaper and explain why.	• *CSW* Part A	• *CSW* Part C Task 6 (rewrite as a tabloid article) • *Workbook (WB)* Language Task 1	
I can analyse the headline of an article.	• *CSW* Part A • *CSW* Part D	• *Advanced* Hackney Task 3	
I can show whether a newspaper article relies on objective facts or speculation.	• *CSW* Part A • *CSW* Part D Task 8	• *Basic* The English, the Scots, the Welsh, the Irish Task 3 • *Basic* London Task 1 (optional)	
I can show that a broadsheet news report contains precise information (i.e. it answers so-called wh-questions).	• *CSW* Part A	• *Basic* Britain and the rest of the world Task 4 (optional) • *Advanced* Welfare Recipients Task 12 a)	
I can analyse the structure of a broadsheet news story.	• *CSW* Part C	• *Advanced* North and South Task 4	
I can analyse whether an article is sensational or based on reliable information.	• *CSW* Part A • *CSW* Part D Task 8	• *CSW* Part C Task 6 • *Advanced* Welfare recipients Task 12 • *Advanced* Hackney Task 3 • *Advanced* City Boy Task 7	
I can identify the purpose of the article and say whether the writer wants to inform, to convince or to engage.	• *Basic* London • *Advanced* North and South Task 3	• *Basic* Britain and the EU Task 3 • *Advanced* The Royals Task 6 • *Advanced* City Boy Task 7	
I can explain how the article (see above) achieves its purpose (i.e. through its train of thought and linguistic devices).	• *Basic* London Task 2 • *Advanced* North and South Task 3	• *WB* Language Task 4b) • *Basic* London Task 5 • *Advanced* North and South Task 4	
I can analyse the train of thought in an anrticle (and show how it convinces readers).	• *Basic* London Task 2 • *WB* Writing analysis Task 13	• Optional: Topic task	
I can analyse the linguistic or rhetorical devices a journalist/ writer uses.	• *Basic* Britain and EU • *WB Advanced* North and South Task 17a) • *WB Advanced* Welfare recipients Task 19	• *Spot on language* Task 2 • *Spot on language* Task 4 • *WB Advanced* North and South Task 17b)	

Green Line Oberstufe
Autorin: Ellen Butzko, Tübingen

KV2: Analysing the train of thought in a newspaper article

STEP 1: *Read the article* The global city *and sum up the main idea of each paragraph in one sentence. The first one has been done for you.*

ll. 1–10	London is an enormous city and a world capital which dominates Britain in almost every respect.
ll. 11–14	
ll. 15–20	
ll. 21–29	
ll. 30–34	
ll. 35–41	
ll. 42–48	
ll. 49–51	Quite a few people support the idea of an independent London.

STEP 2: *Which strategies does the author use to convince his readers? Match the strategies with the examples. Find one more example for each strategy from the text.*

The author provides **additional** historical **information** to offer the reader greater insight.	Example
The author uses direct quotes from **experts and authorities**.	Example
The author **researched specific facts or figures.**	Example
The author **uses graphic language and imagery**.	Example
The author uses **repetition**, synonyms or a wide range of examples or enumeration.	Example

Examples:	One other example from the text:
1 "world capital, epicentre, seat of our government, hub, one of the world's biggest financial markets"	
2 "the average house price is now over £1.25 m in Kensington and Chelsea"	
3 "a charge sheet against the capital"	
4 "says Jude Kelly, director of London's Southbank Centre"	
5 "Glasgow described itself as the 'Second City of the Empire'"	

STEP 3: *Connect your sentences to form a coherent text. Write your text on a separate piece of paper.*

- *Use connectives to mark the* ***chronological*** *order of the article you write about: first/second/third, after that/then/next, in addition/furthermore/moreover, in conclusion etc.*
- *Use connectives to show* ***logical*** *relations between ideas: because, so, although, despite etc.*
- *Use sentences or phrases to* ***connect the points you make*** *in your essay.*

Example: London is an enormously big city and a world capital, dominating Britain in almost every respect. The author uses a wide range of synonyms.

In his newspaper article 'The global city' the author starts by listing a number of synonyms (e.g. world capital, epicentre, hub etc.) to show just how enormous London is and how it dominates the rest of Britain.

Green Line Oberstufe
Autorin: Ellen Butzko, Tübingen

KV3: Close reading

a) *Read the article* "Dark and true and tender is the north". *What political and social issues does the author write about? Circle the correct ones. Give reference from the text on the back of the handout.*

the decline of the north • the recovery of the north • brain drain • devolution • restoration of industrial buildings • differing mentalities • tourism • poverty

b) *What human experiences does the author write about? Match the text passages in the chart with the terms below. Note: One term is incorrect.*

feeling foreign in a new place • feeling foreign in one's old place • homesickness • leaving loved ones • settling into a new place	
1. "I remember looking through the carriage window and seeing her still standing there, small and wet-eyed" (ll. 8f)	
2. "I missed the dour beauty of a region that was once the nation's industrial heartland …" (ll. 14f)	
3. "[London] was a city that would never rest, that could never hold its tongue like a northern town." (ll. 34f)	
4. "I stopped looking people in the eye, I no longer struck up conversations with strangers, I began to walk at a pace, head down, purposeful." (ll. 43f)	

c) *Which emotions does the author write about? Match the emotions with the text passages below. One is incorrect.*

amazement • attachment • joy • longing • loss	
1. "my mother hugged me very, very tightly" (l. 6)	
2. "the rope-burns on the towpath bridges, the old pit-shafts, quarries, disused railways, the strange deformities …" (ll. 16f)	
3. "all the people, living stacked atop of one another, flocking around tube stations and bus stops" (ll. 37f)	
4. "the train that carries me home again …" (l. 49)	

d) *The author uses almost all the five senses to describe places and situations. Match the senses with the examples in the table below.*

sight • sound • smell • taste • touch (i.e. what you can feel bodily)	
1. "the scrawl of metal and litter and weeds" (ll. 3f)	
2. "my mother hugged me very, very tightly" (l. 6)	
3. "the engine juddered" (l. 7)	
4. "the colour of the leaves that seemed to grow a darker, dearer green" (ll. 13f)	
5. "the sirens, and the shouts, and the babies crying long into the night" (l. 36)	
6. "about the stalls on the street corners that sold mangos and avocados, about the smell of it all" (ll. 39f)	

e) *The author uses rhetorical devices. Find examples in the text for the five rhetorical devices listed below.*
parallelism • metaphor • repetition • personification • contrast
Use the back of the handout.

Green Line Oberstufe
Autorin: Ellen Butzko, Tübingen

KV4: Talk show – Becoming a prince or princess is not really desirable

Talk show host
- Introduce the show, the topic and the speakers.
- Wrap it up at the end.
- It is your job to make sure that both sides (it is/isn't desirable to become a prince or princess) are represented equally.

Role cards for: Becoming a prince/princess is not desirable		
The Queen's personal secretary You should argue that the Queen's job is very tiring and exhausting and that she is well past retirement.	**Prince Charles's biographer** You should argue that as a prince you cannot voice your views on anything but the most trivial of topics.	**A former servant in the Royal household** You should argue how difficult it is to have a private relationship when the staff are always around.
A stout republican You are against the monarchy on principle. You should argue how outdated the idea of a monarch and a prince is.	**A child psychologist** You should argue that small children born into the Royal Family cannot grow up like normal children and might develop disorders.	**Princess Diana's biographer** You should argue that beneath the glamour being part of the Royal Family is really a tough business.

Role cards for: Becoming a prince/princess is desirable		
An American journalist You should argue that monarchs make the state appear likeable and relatable as opposed to politicians in the US.	**A high-ranking navy general** You should argue how important it is for princes to train and fight in the military and be role models for the other soldiers.	**Head of the Prince's Charity** You should argue that Prince Harry and Prince William's charity does a lot to help underprivileged children.
A former classmate of Kate's You should argue how you wish you were as famous as Kate (i.e. the wedding, the clothes, the wealth etc.)	**A friend of William and Kate** You should argue that the couple have organised their lives very well by balancing their private and their public lives successfully.	**A German journalist** You should argue that in your country there is a lot of interest, admiration, fascination and enthusiasm for the British Royal Family.

Role cards which can be given to several students		
An ordinary citizen You once spoke to the Queen very briefly during her visit to your hometown. Decide whether you want to argue for or against the monarchy.	**An ordinary citizen** You once spoke to the Queen very briefly during her visit to your hometown. Decide whether you want to argue for or against the monarchy.	**An ordinary citizen** You once spoke to the Queen very briefly during her visit to your hometown. Decide whether you want to argue for or against the monarchy.

Green Line Oberstufe
Autorin: Ellen Butzko, Tübingen

KV5: City Boy – Working with a poem

△ **1** *Summarise what happens to the 'City boy' one evening and explain how it happens.*

a) *Complete the table below by answering the wh-questions. Only write down the quotes from the poem to answer the questions.*

What is known about the 'City boy'?	l. 3	
What happens to him?	l. 6 l. 15	
Why does it happen to him?	l. 5	
What time of day is it?	l. 4	
What do the other people around him do?	l. 13	
How does the speaker react to what he observes?	l. 1	

b) *Write a short summary of what happens to the 'City boy' in your own words.*

c) *Read between the lines (ll. 7–8, ll. 9–10, l. 21) and speculate: Why did the 'City boy' get drunk?*

▲ **2** *Summarise the poem and interpret the central image.*

a) *Read the poem once or twice and sum up in your own words what happens to the 'City boy' one evening.*

b) *Interpret the symbolism of the central image: the banker smacking hard on the concrete. Scan the poem once more for keywords and brainstorm for ideas in general.*

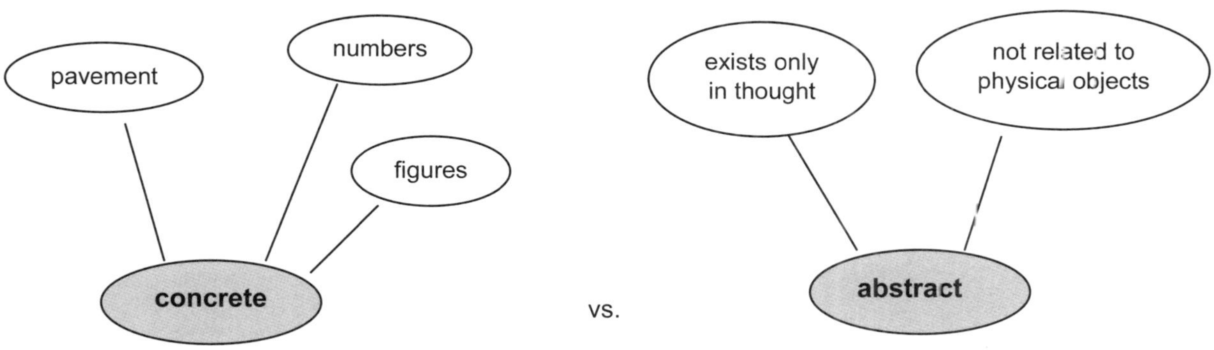

c) *Interpret the image (i.e. the banker hitting the concrete) and make sure your interpretation is in line with the poem.*

Green Line Oberstufe
Autorin: Ellen Butzko, Tübingen

3 The US then and now

Didaktisches Inhaltsverzeichnis

Textsorte/Thema	Unterrichtsmethoden	Input boxes	Kompetenzen	Textproduktion
Introduction American Dream or American nightmare?				ca. 2 Unterrichtsstunden
Combination of visuals and quotations/The US then and now	*Kursgespräch* *Partnerarbeit* *Gruppenarbeit* *Code z5e563*	Useful phrases: Talking about cultures	*Orientierungswissen* *Gespräche führen* *Bildbeschreibung/ -analyse*	Describing and assessing pictures Writing lists Discussing aspects
Spot on facts The making of a nation				ca. 2 Unterrichtsstunden
Factual information, recording of interview/The history of the US	*Kursgespräch* *◎ S ◎ L4/2 Transkript* *Zusatzmaterial: Kopiervorlage 1*	Fact files: Independence – Equality and freedom – Immigration – The American Dream	*Leseverstehen* *Hörverstehen* *Gespräche führen* *Recherchieren* *Argumentieren*	Listening for gist/ detail Writing factual texts Giving short talks Creating timelines
Core skill workshop Analysing a speech				ca. 2 Unterrichtsstunden
Speech extracts/Four presidents' hopes for the nation, Obama's victory speech	*Kursgespräch* *Gruppenarbeit* Think-Pair-Share	Tip: A typical assignment Useful phrases: Rhetorical devices and strategies Useful phrases: Talking about function Useful phrases: Talking about dreams	*Leseverstehen* *Hör-/Sehverstehen* *Gespräche führen* *Kreatives Schreiben* *Argumentieren*	Analysing speeches Writing opening paragraphs Analysing rhetorical devices and strategies Viewing for gist Writing and delivering speeches
Texts A **The immigrant experience**				
Welcome to all!, 1880				ca. 2 Unterrichtsstunden
Cartoon, immigrants' stories/Immigrants to the US	*Kursgespräch* *Partnerarbeit* *Zusatzmaterial: Kopiervorlage 2*	Fact file: Uncle Sam Useful phrases: Talking about hopes	*Orientierungswissen* *Bildbeschreibung/ -analyse* *Gespräche führen* *Leseverstehen* *Argumentieren*	Describing and assessing cartoons Writing welcome speeches Analysing humour and messages
Native Speaker, 1995				ca. 2 Unterrichtsstunden
Novel excerpt, video clip (speech)/ First- vs. second-generation immigrants	*Kursgespräch* *Partnerarbeit* *🎬 L Transkript* *WB Tasks 1–6, 10–11*		*Leseverstehen* *Hör-/Sehverstehen* *Gespräche führen* *Argumentieren*	Analysing characters Outlining facts Viewing for gist/detail Discussing statements
Responding to 9/11 – A mosque near Ground Zero?, 2010				ca. 1 Unterrichtsstunde
Speech extract/ Ground Zero	*Kursgespräch* *WB Tasks 7–8, 12–17*	Fact file: War on terror	*Orientierungswissen* *Leseverstehen* *Gespräche führen*	Summarising arguments Writing comments
Advanced texts B **Equality and the Dream**				
Liberty and justice for all?, 1960				ca. 2 Unterrichtsstunden
Novel excerpt, video clip (news report)/ Discrimination against African Americans	*Kursgespräch* *🎬 L Transkript* *WB Task 18* *Zusatzmaterial: Kopiervorlage 3*	VIP file: Nelle Harper Lee	*Orientierungswissen* *Leseverstehen* *Hör-/Sehverstehen* *Gespräche führen* *Argumentieren*	Summarising arguments Viewing for gist/detail Analysing structure

Textsorte/Thema	Unterrichtsmethoden	Input boxes	Kompetenzen	Textproduktion
A dream deferred, 2012				**ca. 1 Unterrichtsstunde**
Magazine article, graphs/American Dream	*Kursgespräch* *WB Task 19*		*Leseverstehen* *Grafiken beschreiben und analysieren* *Gespräche führen* *Argumentieren*	Summarising findings Describing and assessing statistics Comparing information
Advanced texts C An ongoing debate: America's gun culture				
America's poorly regulated gun culture				**ca. 1 Unterrichtsstunde**
Photos/Gun culture in the US	*Kursgespräch* *Gruppenarbeit* *WB Task 9*	Fact file: The Second Amendment	*Bildbeschreibung/-analyse* *Statistiken analysieren* *Gespräche führen* *Argumentieren*	Describing and assessing pictures Analysing statistics Discussing attitudes
Do we have the courage to stop this?, 2012				**ca. 2 Unterrichtsstunden**
Newspaper article, cartoon/The right to bear firearms in the US	*Kursgespräch* *Partnerarbeit* *Gruppenarbeit* *WB Task 20* *Zusatzmaterial: Kopiervorlage 4*	Fact file: National Rifle Association Fact file: Guns in America	*Leseverstehen* *Bildbeschreibung/-analyse* *Gespräche führen* *Argumentieren* *Recherchieren*	Writing down keywords Analysing language Describing cartoons Conducting a panel discussion Writing fact files
Advanced texts D Ethnic minorities				
As I Grew Older, 1925				**ca. 1 Unterrichtsstunde**
Poem, video clip (news report)/Cross-cultural experiences	*Kursgespräch* *L Transkript* *WB Task 21*	VIP file: Langston Hughes Useful phrases: Talking about the African American experience	*Leseverstehen* *Hör-/Sehverstehen* *Gespräche führen* *Kreatives Schreiben* *Argumentieren*	Reading for detail Analysing poetic devices Commenting on statements Viewing for gist/detail Writing scripts for commentaries
stupid america, 1969				**ca. 1 Unterrichtsstunde**
Poem, statistics/The Hispanic minority in the US	*Kursgespräch* *Partnerarbeit* *Gruppenarbeit* *WB Tasks 22, 23*	VIP file: Abelardo Delgado	*Leseverstehen* *Statistik analysieren* *Gespräche führen* *Kreatives Schreiben* *Argumentieren* *Recherchieren*	Reading for detail Considering structure Writing verses/poems Describing and assessing statistics Doing research Taking notes
Spot on language Rhetorical devices – A speech beginning – Talking about the future – Mediation				**ca. 2 Std**
Speech extract, German newspaper article/Preparing a speech	*Kursgespräch* *Partnerarbeit*		*Leseverstehen* *Gespräche führen* *Argumentieren* *Mediation*	Improving speeches Writing speeches beginning Mediating
Spot on vocabulary Writing about the American Dream and nightmare				**ca. 1 Unterrichtsstunde**
Working with words	*Kursgespräch* *Einzelarbeit*	Tip: Vocab sheets	*Wortschatzarbeit*	Completing texts Finding antonyms
Topic task Giving a speech at a youth conference				**ca. 1–2 Unterrichtsstunden**
Project work/Step 1–5	*Gruppenarbeit* *Zusatzmaterial: Klausurvorschlag Code k949tr*	Tip: Learning from good speakers Useful phrases: 'Framing' a speech	*Projektarbeit*	Preparing speeches Holding conferences Giving speeches

Unterrichtsverlauf

Code z5e563

Introduction

American Dream or American nightmare?

LERNWORTSCHATZ to put up with sth, inequality, status, to mind, social mobility, to be able to make it, to take the oath of office, inauguration, ability, achievement, to run out of gas (AE), assassination

SPEAKING **1 a)–b) Describe the pictures on these pages. ...** → S28.1

EINSTIEG **Additional pre-tasks**

1. Discuss what topics you would cover if you had to describe the dominant culture of a country. Be sure to include the symbols, values, attitudes, beliefs, opinions, hopes, fears, prejudices, needs, desires and aspirations that determine how one behaves and material artifacts that a society collectively creates and uses.
2. Imagine you have been asked to present German culture using three pictures representing the topics discussed in pre-task 1. Which ones would you choose and why? *Folgende Motive könnten ausgewählt werden: Bilder mit Darstellungen vom Mauerfall/Brandenburger Tor (Symbol für Streben und Sehnsucht nach Freiheit); Demonstration/Protestaktion (je nach Anlass und Ziel zum Ausdruck bestimmter Werte); Schloss Neuschwanstein/Dresdener Zwinger usw. (Prunk von Königen); Oktoberfeste (Rituale beim Feiern), z. B. in München.*

METHODISCHES VORGEHEN

a) *Die Arbeit an den Bildern erfolgt erst in Einzelarbeit und dann arbeitsteilig in Gruppen. Jede Gruppe tauscht sich zu maximal zwei Bildern aus. Die in* Skill 28.1 Working with visuals: Pictures *beschriebenen Schritte* (Introduction, Description, Analysis, Evaluation) *werden von den S wiederholt und beachtet. Anschließend werden neue Gruppen mit jeweils einem Experten aus der ersten Gruppenphase gebildet. Es erfolgt ein Informationsaustausch zwischen den Experten mit dem Ziel, dass jeder S anhand der sechs Bilder über das Leben in den USA sprechen kann. Dabei wird erneut Bezug auf die* Topics *genommen* (Pre-task 1).

b) *In Lerngruppen mit geringer Kenntnis der USA sollte bereits bei der Arbeit mit den Bildern auf die Doppelseite* Spot on facts (The making of a nation) *verwiesen werden, um die Erschließung des tieferen Inhalts der Bilder durch die Lernenden zu erleichtern.*

LÖSUNGSVORSCHLAG **a)/b) Picture 1 (top left)**

- **First impression:** Tourist photo in New York, Statue of Liberty on Liberty Island, overlooking New York Harbor.
- **Description:** Centre: A black man is dressed in a T-shirt and jeans and has jumped up in front of the Statue of Liberty with the blue sky in the background. It is a low angle shot, making the person and the statue appear bigger than they really are.
- **Interpretation:** The picture expresses his happiness/joy at being at that symbolic place. The man is posing for the photo to get his message across. The statue symbolises liberty for all people in the US regardless of their ethnic background, and it is a national monument.
- **Evaluation:** Freedom is considered an important basic value by Americans.

Picture 2 (top right)

- **First impression:** This depicts a scene from the American West taken in Monument Valley and situated on the Arizona/Utah state line.
- **Description:** In the centre there is a huge rectangular shaped rock with two smaller ones to the right and to the left consisting of a variety of layers in shades of red and yellow. In the lower right corner there is a tiny cowboy on horseback on a cliff. There is hardly any vegetation; the sky is blue with a white cloud in the distance.
- **Interpretation:** Nature dominates the picture. The West stands for the frontier, which symbolises that "the sky is the limit", and it is a land of opportunity and dreams for immigrants.
- **Evaluation:** Americans believe that it is their destiny to go forward and to discover new opportunities for themselves and for mankind. They are proud of having civilised the West.

Picture 3 (bottom left)
- **First impression:** This painting by John Trumbull is called *The Committee of Five presenting their work to the Congress on June 28, 1776.* The scene is set in a hall and shows an assembly of men.
- **Description:** In the centre five men are standing and facing the desk (from left to right): John Adams, Roger Sherman, Robert R. Livingston, Thomas Jefferson, Benjamin Franklin. Two men are looking at the members of the Committee, one man is standing, Secretary Charles Thomson, and one man is sitting, Congressional President John Hancock. In the background men are watching the scene. The atmosphere seems solemn.
- **Interpretation:** The light focuses the viewer on the centre. The paper lying on the desk is the draft of the Declaration of Independence which is being discussed and will finally be adopted by the Continental Congress on 4 July 1776.
- **Evaluation:** The Declaration of Independence is held in high esteem by American citizens as it states fundamental values on which other documents are based, e.g. the Constitution.

Picture 4 (bottom right/left)
- **First impression:** This black and white photograph is showing immigrants coming to the US.
- **Description:** There is a line of immigrants leaving a big ship. They are carrying heavy suitcases and bags. Man on the left seems to be making sure the arrivals obey the rules.
- **Interpretation:** This is a typical scene of immigrants arriving at Ellis Island in New York at the beginning of the 20th century, where they had to register and be checked regarding their family relations, health, education and political background.
- **Evaluation:** The US is a nation of immigrants. Various waves of immigration have shaped the country and are still shaping it.

Picture 5 (middle)
- **First impression:** This cartoon by Michael Kichka is set on a bus.
- **Description:** The scene takes place on an American bus, and there are three African Americans, one woman in the front, two men in the back.
- **Interpretation:** The woman resembles Rosa Parks (1913–2005) an African American civil rights activist whose refusal to give up her seat to a white man in Montgomery, Alabama on 1 December 1955, sparked the Montgomery Bus Boycott. The man behind her is Martin Luther King Jr (1929–1968), the famous leader of the Civil Rights Movement, whose goal it was to end racial segregation and discrimination against black Americans. Among other things he led the 1955 Montgomery Bus Boycott. The man in the back resembles Barack Obama, the 44th President of the US, who was the first African American to hold office.
- **Evaluation:** Even if the emancipation of African Americans is guaranteed by law, in reality there are still prejudices about them, and the fight still goes on.

Picture 6 (right)
- **First impression:** This is a photo of a political rally.
- **Description:** In the centre there is a large poster that says "Save the American Dream", which is being held up by a middle-aged white man wearing a cap and glasses. There are more white men in the background. All of them are casually dressed and looking at something happening in front of them. They are probably looking at a stage and listening to a speaker. The men are mostly wearing red, white and blue clothing.
- **Interpretation:** The colours are the national colours of the US, which are also the colours of the flag, and people dress in red, white and blue on certain occasions such as national holidays to show their patriotism. Those men want to maintain American ideals and values.
- **Evaluation:** The American Dream is a set of values that unites Americans. They all want to live a good life and be able to make their own decisions.

SPEAKING

2 In the Declaration of Independence America's Founding Fathers …

METHODISCHES VORGEHEN

Die S tauschen sich paarweise zu einem der Kernsätze der Unabhängigkeitserklärung aus. Zuerst umschreiben sie mit eigenen Worten das Zitat. Anschließend beschreiben sie individuell die Bedeutung seines Inhalts für das eigene Leben. In diesem Zusammenhang kann bereits auf den Text Equality and freedom *in* Spot on facts *verwiesen werden.*

LÖSUNGSVORSCHLAG Life, liberty and the pursuit of happiness are examples of the various "unalienable rights" meaning that everybody should enjoy life and liberty based on reason (in reference to Enlightenment, maybe Thomas Paine's pamphlet *Common Sense*) and thus pursue/obtain individual happiness. Students might refer to the importance of the freedoms they have, making reasonable decisions and coping with the consequences of their decisions and what it means to be happy in a social context. Students recognise at least: These ideas have become elements of the American Bill of Rights, of German Basic Law, the human rights as declared by the UN and many other documents.

SPEAKING

3 If you emigrated to America, what aspects of your life might be ...?

METHODISCHES VORGEHEN *Bei der Lösung dieser Aufgabe sollten sich die S an den bereits gewonnenen Erkenntnissen orientieren, Stereotypisierungen sind zu vermeiden. Die S verwenden die* Useful phrases *zu* Talking about culture. *Einzelarbeit ist empfohlen, um eine tiefgründige Auseinandersetzung mit der Problematik zu gewährleisten. Dennoch sollten Unterschiede zusammengetragen werden. Jeder S schreibt die drei für ihn relevanten Unterschiede auf. Sie werden in Kleingruppen von drei S diskutiert und die Gruppe einigt sich auf drei Unterschiede, die auf drei Karten geschrieben werden. In der gesamten Lerngruppe werden diese geclustert bzw. geordnet.*

LÖSUNGSVORSCHLAG Differences in the interpretation of freedom (German culture is often referred to as one of entitlement and little individual responsibility), equality (Germans are not used to sharp social contrast), democracy (local politics more important than foreign policy) the role of healthcare/insurance, religion (there is a wider spectrum of religions in the US), patriotism (people dress in national colours and take pride in American achievements), traditions, housing (many people buy a house when they are young and pay off a mortgage instead of renting it), work (Americans usually drive to work, have relatively few paid holidays), composition of communities in terms of different cultures (similarities only in large German cities), political movements (e.g. no civil rights movement in Germany), titles (people address each other by their first names at conferences in the US), different eating habits etc.

ANALYSIS

4 From the quotations above and what you have already learned, ...

METHODISCHES VORGEHEN *Die S besprechen in Gruppen die einzelnen Zitate. Der Text* The American Dream *in* Spot on facts *bereitet das erforderliche Hintergrundwissen auf. Es wird zuerst in eigenen Worten der Inhalt der Zitate umschrieben und kurz auf die Idee, das Element des amerikanischen Traums, reduziert. Erst danach erfolgt die Diskussion über die Entwicklung der Elemente des amerikanischen Traums als Gesellschaftskonzept, ausgehend von der Unabhängigkeitserklärung über die Zeit der Weltwirtschaftskrise bis in die Gegenwart. Besonders seit der Finanzkrise 2008 hat sich gezeigt, dass die Chancen für einen wirtschaftlichen Aufstieg einzelner Individuen ungleich verteilt sind und dass sich soziale Gegensätze zuspitzen.*

LÖSUNGSVORSCHLAG

Author	Paraphrasing of quotation	Idea expressed and additional facts
Fareed Zakaria: Indian-born American journalist, works for Time-Warner and CNN	Americans accept social contrast because they believe that anyone can be successful.	Every American can climb the social ladder and make his/her own career.
Ari Shapiro: National radio journalist recently working in Washington and London	More and more Americans cling to the American Dream; Barack Obama considered his inauguration as the dream come true.	The American Dream still plays a role in American life and motivates people. Refers to Jefferson's statement in the Declaration of Independence.
James Truslow Adams: American freelancer who coined the term 'American Dream' in his 1931 book *The Epic of America*	The country offers people a better life in every respect depending on individual skills and actions taken.	Equal opportunity for all; everyone can prosper and advance socially and financially through hard work independent of birth.

J.G. Ballard: English novelist, short story writer and essayist	Comparing the dream to a car without fuel, he criticises the dream as having lost its attraction saying it has turned into a nightmare.	The American Dream has turned into a nightmare, and promises have not been met/fulfilled for all Americans.
Max Beerbohm: English essayist, parodist and caricaturist	He wants people to stop talking about the theoretical idea of the American Dream and return to reality and the current desires of Americans.	Face the needs, expectations, wishes etc. of the people living in America today instead of hanging on/clinging to a dream; dilemmas must be solved.

VISUALS **5 Find both positive and negative pictures that represent ...** → S28 → ▲1

METHODISCHES VORGEHEN *Die S sind angehalten, aussagekräftige Bilder zu finden, die zusammenhängendes Sprechen entsprechend der vier Schritte in* Skill 28 Working with visuals (Introduction, Description, Analysis, Evaluation) *ermöglichen. Qualität und Größe der Bilder müssen dem Zweck entsprechen. Elektronische Versionen sind zu bevorzugen, müssen jedoch auf ihre Komptabilität mit der schulischen Ausrüstung (Smartboard bzw. andere Projektionsmöglichkeit) im Vorfeld geprüft werden. Die Anzahl der Bilder wird in der Lerngruppe festgelegt. Das Format einer Pecha Kucha-Präsentation bietet sich für eine Gruppen- oder Einzelpräsentation zu diesem Thema an. Hierbei werden 20 Bilder ausgewählt, entsprechend der Aufgabe geordnet und in eine PowerPoint-Präsentation eingefügt. Nach 20 Sekunden erfolgt ein automatischer Bildwechsel, der die Vortragenden zwingt, sich auf Wesentliches zu beschränken. Stichpunkte werden bei dieser Präsentationsform nicht akzeptiert. Inhalte der Bilder sind als Impulse zum freien Sprechen zu nutzen.*

DIFFERENZIERUNG ▲ *Anstelle von Aufgabe 5 bearbeiten leistungsstärkere S Aufgabe 1 im* Diff pool. *Sie suchen die Biografie einer amerikanischen Persönlichkeit, die ihr individuelles Bild von Amerika widerspiegelt, und stellen diese dem Kurs vor.*

LÖSUNGSVORSCHLAG Individual answers expected.

Spot on facts

FACTUAL TEXTS

The making of a nation

LERNWORTSCHATZ despite, Native American, colonist, to take advantage of sth, against one's will, to be dependent on, to prosper, rift, to come to a head, constitution, branch of government, executive, president, judicial, Supreme Court, legislative, Congress, checks and balances, federal holiday, equality, freedom (no pl), cornerstone, religious freedom, freedom of speech, equal rights, regardless of, creed, abolition, descendant, to gain a right, right to vote, sobering reality, patriotism, shortcoming, dealings (pl), immigration, settler, to be driven by sth, to escape (from), peek period, famine, ethnic make-up, to account for, due to, melting pot, multicultural, diverse, a set of, to advance socially, to pin down, state interference, pursuit of happiness, to be coined by, to attain to the fullest stature, from rags to riches

LISTENING ⦾ L4/2 **1 Listen to the dialogue about the role of the frontier ...** → S12.2

MATERIALIEN → ⦾ S • ⦾ L4/2 (Chasing the frontier) • Transkript • Kopiervorlage 1 (Chasing the frontier)

EINSTIEG *Die folgenden Aufgaben bieten sich besonders für die Arbeit in heterogenen Lerngruppen an. Sie entlasten den direkten Hörverstehensprozess inhaltlich und sprachlich und fordern das selbstständige Anfertigen von Stichpunkten.*

1. Before listening
Review what Gold Rush, Manifest Destiny, Andrew Jackson, the Trail of Tears, Homestead Acts, Great Plains, Yellowstone and Yosemite stand for in American history. If you need help, use any source available or ask your teacher. *(Zwei Fakten oder mehr, die später in Aufgabe 3 in Spalte 3 der* Timeline *ergänzt werden.)*

Possible answers: *Siehe Informationen zu 1600, 1893 (*Manifest Destiny*), 1829–1837 (*Andrew Jackson*), 1830 (*the Trail of Tears*), 1848, since 1902 (*California and Alaska Gold Rush*), 1864 (*Yosemite*), 1872 (*Yellowstone*) in der* Timeline *(Lösungsvorschlag zu Aufgabe 3).*
Great Plains: They are classified as a prairie/grassland, which cover an area of flat land of approximately 1,300,000 km² and stand for vastness, agriculture, cattle breeding/cowboys etc.
Homestead Acts: They provided the foundation for settlers to apply for the ownership of a piece of land, called a homestead, and for government support for domesticating the wilderness. The size of land was restricted to 160 acres in 1862 but was increased to 320 acres in 1909.

2. While listening
Focus on the following:
- the facts that help you explain the meaning of 'the frontier' in terms of values and movements
- the beginning and the end of the dialogue between the miner and the son of an Indian chief to describe the meaning of 'the frontier' in a broader sense
- the miner's view of the importance of the westward expansion for whites
- the son of the Indian chief and his view on the impact of the westward expansion on the life of Native Americans.

METHODISCHES VORGEHEN ⓞ L4/2 *L präsentiert nach dieser Vorentlastung den Hörtext zweimal von der CD. Beim ersten Vorspielen hören die S konzentriert zu, ohne sich Notizen zu machen. Bei der zweiten Präsentation des Hörtextes notieren sie sich Stichpunkte für ihre Textzusammenfassung. L weist auf die Textsorte* Fact file *und auf* Skill 12.2 Material-based writing *hin und gibt die erwartete Textlänge vor (ca. 250–350 Wörter).*

ALTERNATIVE *Eine Variante zur Arbeit mit dem Hörtext bietet Kopiervorlage 1* (Chasing the frontier). *Das Arbeitsblatt überprüft das Hörverstehen mit einem Lückentext.*

LÖSUNGSVORSCHLAG

Chasing the frontier
Soon after the first European settlers arrived on the East Coast of North America, they moved westwards. They were constantly looking for more favourable conditions and claimed new land to live better lives than before. People felt the urge to discover the unknown, to meet new challenges in new places and to exploit the resources at their disposal.
At the same time people soon felt destined to ensure that the US covered the area on the North American continent from the Atlantic to the Pacific, thereby fulfilling the idea of Manifest Destiny, which served partly as a kind of religious justification for the positive and negative impact of westward expansion. The westward movement was intensified by the California Gold Rush starting in 1849, reaching new dimensions in the number of people going west this time for gold, later for oil, grazing land for cattle, farmland etc.
The movement was also fostered by various politicians, especially during the presidency of Andrew Jackson, who drove the Native Americans off their land and sent them on a Trail of Tears across the continent, a process which started in 1830. Railroads and roads were also built to aid transportation to the West. The Homestead Acts followed from 1863, which changed with the requirements of the times but guaranteed private ownership of land.
According to Frederick Jackson Turner who wrote his *Frontier Thesis* in 1893, this development has shaped American people and the values they live by such as optimism, striving for independence, the pursuit of happiness, self-reliance, creativity, ingenuity, equality, individualism and democracy, just to name a few. When the frontier was closed in 1890, politicians referred to the denotation of the term because they had run out of free land by that time. However, its connotation has remained alive ever since: It still unites people of all creeds and social standing, friends and former enemies. (313 words)

SPEAKING

2 Choose one of these topics or one of the other abstract ideas from …

METHODISCHES VORGEHEN *L stellt den S eine bestimmte Zeit zur Vorbereitung zur Verfügung. Danach präsentieren einzelne S die verschiedenen* Topics *im Plenum. Hinweis auf* Skill 22 Presentation.

LÖSUNGSVORSCHLAG Individual answers expected.

RESEARCH

3 Create a timeline of the US based on the dates and events ...

METHODISCHES VORGEHEN *Nach erneuter Bearbeitung der vier Texte fixieren die S die wichtigsten Daten der amerikanischen Geschichte und ordnen selbstständig Informationen zu. Hinweis auf* Skill 32 Doing research. *Am Ende der Erarbeitung kann eine* Human timeline *stehen. Lernende ziehen eine beliebige Jahreszahl (Auswahl wird von L entsprechend der Stärke der Lerngruppe getroffen), ordnen sie chronologisch und äußern sich detailliert zu den Ereignissen und deren Beitrag zur Entwicklung der Kultur der USA. Jahreszahlen mit Mehrfachdeutungen sind möglich.*

LÖSUNGSVORSCHLAG

Year	Event	Additional information from individual research
1492	Christopher Columbus encountered America.	As an Italian he started colonising the New World for the Spanish crown and spreading Catholicism. He landed in the Bahamas instead of finding the sea route to the Orient. Altogether he undertook four voyages to the Americas.
around 1600	European colonialists arrived.	Colonialists were looking for better lives or were on a mission, e.g. to spread religious values as the justification for westward expansion.
1775–(1783)	The War of Independence from Great Britain was fought.	A treaty was signed, granting the 13 former British colonies independence.
4 July 1776	The Declaration of Independence (Thomas Jefferson) was announced. It is a national holiday today and created the values of the 'American Dream'.	
1787	The American Constitution was worked out; a system of checks and balances was established.	
1791	The Bill of Rights was added to the Constitution; basic human rights were guaranteed.	The first 10 amendments to the American Constitution is called Bill of Rights; as of 2014 it comprised of 27 amendments.
1829–1837		Andrew Jackson was the seventh president of the US, known for driving the Native Americans off their lands and strengthening the power of the federal government (Jacksonian Democracy).
since 1830		The Indian Removal Act enforced by Andrew Jackson sent almost 50,000 Native American Indians from the South on a Trail of Tears to live on reservations; this way land for white settlers/expansion was provided.
1845–1852	Waves of Irish immigrants came to the US to escape famine. Immigrants from the Northern and Northwestern Europe immigrated too, many on account of political unrest.	Ireland was a British colony at that time, and many farmers were obliged to grow potatoes for export to Britain. The Irish lived on potatoes too. When the potato bug destroyed the harvest, Irish farmers had to meet British requirements for potatoes, and many of them starved to death.
1848		The California gold rush began and attracted thousands of people; California became a federal state (31st) in 1850.
1861–1865	The American Civil War, in which the North fought the South, ended with the abolition of slavery and maintaining the Union.	Abraham Lincoln, 16th president was assassinated after he had saved the Union.

Year	Event	Additional information from individual research
1864	Yosemite was established as a national park, the first of its kind, under President Lincoln.	
1872		Yellowstone National Park was established on 1 March 1872.
1893		Revival of *Manifest Destiny* and the *Frontier Thesis* by historian Frederick Jackson Turner.
around 1900	Waves of immigrants came from Southern and Eastern Europe.	
since 1902		There was a gold rush in Alaska after Felix Pedro discovered gold north of Fairbanks; Alaska became an organised US territory in 1912 and, finally, the 49th federal state in 1959.
1920	American women received the right to vote.	The Seneca Falls Declaration of 1848 paved the way for general suffrage for women.
1931	James Truslow Adams coined the term 'the American Dream' in his book *The Epic of America.*	Americans united in their fight to overcome the impact of Great Depression.
1950s–1960s	The Civil Rights Movement took place.	Martin Luther King delivered his "I have a dream" speech in Washington on 28 August 1963.
after 1965	Immigration laws were changed; more non-European immigrants were granted permission to immigrate to the US.	
since 1970	The percentage of Europeans decreased among the foreign population (1970: 60%). The idea of a 'salad bowl' replaced the one of a 'melting pot'.	This demographic process was called 'the browning of America'. It occured partly on account of the influx of Hispanics to the US and intermarriage between people of different races.
2000	Due to increasing immigration from Latin America and Asia, as well as the increasing difficulty in determining/reporting ethnicity, Europeans account for only 15% of the US population.	For the first time in US history African Americans were no longer the largest ethnic minority. At 12.5% of the population Hispanics comprised the largest minority.

Core skill workshop

Analysing a speech

COMPREHENSION

1 Use the notes in the table to write the opening paragraph of ...

METHODISCHES VORGEHEN

Die folgende Sequenz ist für die Vorbereitung auf die schriftlichen Abiturprüfungen besonders relevant. Der Tipp A typical assignment asking you to analyse a speech ... *bezieht sich auf die Anforderungsbereiche 1 und 2. Die S erfahren bei der Bearbeitung der Aufgaben im* Core skill workshop, *dass Reden nicht nur im Bereich* Comprehension *und* Analysis *eine Rolle spielen, sondern auch im Bereich der Sprachproduktion (Anforderungsbereich 3) – einer Anforderung, deren Bewältigung intensives Üben erfordert. Kooperationsmöglichkeiten mit Lehrkräften anderer Fächer bei der Bearbeitung von Reden sollten geprüft werden (z. B. Deutsch, Politik, Geschichte und andere Fremdsprachen).*

LÖSUNGSVORSCHLAG Barack Obama delivered his victory speech in Chicago on 7 November 2012, after being declared the winner of the presidential election that same day. In this speech he addressed the supporters of his presidential campaign and thanked them for their commitment. In general he described the vision of the American people as well as the nation's future and especially focused on what might be possible to achieve during his second term in office over the following four years.

ANALYSIS

2 Most elements in a speech have at least one of these four functions: ...

METHODISCHES VORGEHEN *Die S lesen die* Useful phrases *zu* Rhetorical devices and strategies. *Eventuelle Fragen zu den genannten Stilmitteln werden im Unterrichtsgespräch geklärt.*

LÖSUNGSVORSCHLAG

Some possible aims	Rhetorical devices, other strategies	Phrases for the analysis
contact	making a joke using the personal pronouns 'we', 'our', 'us' directly addressing the audience rhetorical questions	to establish contact with sb to break the ice to make sb feel personally addressed to connect with sb to reach out to sb
emphasis	repetition (of a key word/phrase) enumeration alliteration parallel structures	to emphasise to stress to reinforce to underline
illustration/memory aid	repetition (of a key word/phrase) metaphor giving an example	to illustrate/visualise an idea to explain sth understandably to offer a comprehensible image to create a memorable phrase to allude to
self-presentation	making a joke emotive language	to present oneself as to highlight one's own personal values and beliefs
persuasion	quotation (of an authority or expert) contrasting words (antithetical phrase) or ideas	to evoke a positive mood/reaction to allude to
empathy	emotive language	

ANALYSIS

3 Now add these phrases to the right-hand column in the grid above: ...

METHODISCHES VORGEHEN *Die S werden vor Aufgabe 3 angehalten, ihr Verständnis der* Rhetorical devices and strategies, *wie in den* Useful phrases *aufgelistet, noch einmal zu überprüfen* (Glossary of literary terms, *siehe SB-Anhang). Einige* Rhetorical devices *können mehreren Funktionen zugeordnet werden.*

LÖSUNGSVORSCHLAG *Siehe Lösungsvorschlag zu Aufgabe 2.*

ANALYSIS

4 Find out what functions these devices have in a speech.

LÖSUNGSVORSCHLAG

- **allusion:** illustration/memory aid, persuasion
- **hyperbole:** emphasis
- **euphemism:** persuasion
- **understatement:** persuasion
- **anaphora:** emphasis

SPEAKING **5** In groups use the grid on the previous page and the useful phrases ...

METHODISCHES VORGEHEN *Die S werden vor der Lösung der Aufgabe in der Gruppendiskussion zur Verwendung der* Useful phrases *zu* Talking about function *aufgefordert. Der Abgleich der Ergebnisse kann auf folgenden Wegen erfolgen:*

- *Das Arbeitsergebnis wird von einem S der Gruppe in einer Tabelle fixiert und anschließend im Raum veröffentlicht, so dass S aller Gruppen Ergebnisse einsehen und sich dazu austauschen können, oder*
- *der folgende Lösungsvorschlag kann der Gruppe in entsprechender Form (Aushang, Kopie, Interaktives Whiteboard etc.) zur Verfügung gestellt werden und zur Selbstkontrolle und Ergänzung der eigenen Ergebnisse dienen oder*
- *der Abgleich der Ergebnisse erfolgt im Gespräch innerhalb der gesamten Lerngruppe.*

LÖSUNGSVORSCHLAG

Sound bites from speeches	Function(s)
1. "Get active and become involved!"	By addressing the audience directly and calling for individual action, the speaker aims to establish contact and make the audience begin thinking in his/her way.
2. "Most African dictators are cruel, conniving and corrupt."	The speaker employs alliteration and enumeration of adjectives in order to emphasise the negative attitudes/character of most African dictators.
3. "This is the lesson history teaches: never give in, never give up and never ..."	The speaker uses parallel structures to teach the audience to neither give in nor give up. He uses personification to show what we can learn from history.
4. "Every citizen has these human rights. Every politician must respect them."	The function of the use of parallel structures/anaphora by the speaker in this case is to put emphasis on the fact that politicians have to respect human rights as people's innate rights with no exceptions.
5. "Imagine living in the street or on the run: cold, lonely and frightened."	The speaker addresses the audience directly calling on the audience to "imagine sth" and illustrates with the enumeration of negative adjectives/the usage of emotive words what it really means to live on the street. The intention behind this is to evoke empathy.
6. "We have to work together. That is our only chance to make a difference."	By using the personal pronouns 'we' and 'our', the speaker hopes to establish contact with the audience members and persuade them to work together, himself included, for a change.
7. "This is a question of war and peace, life and death."	The speaker provides two clear cut alternatives by contrasting war and peace as well as life and death using parallel structures. The intention behind this is to emphasise the importance of the issue and to convince the audience of sth.

SPEECH EXTRACTS Four presidents talk about their hopes for their nation

A **brief overview** of the values and visions the four presidents Thomas Jefferson, Abraham Lincoln, John F. Kennedy and William J. Clinton stood for:

Jefferson supported independence, self-determination, equality, justice and democracy. He was author of the Declaration of Independence in 1776.
Lincoln fought for unity, freedom, democracy and equality. He was President at the time of the American Civil War (1861–65) and helped to abolish slavery.

Kennedy stood for freedom, international solidarity, new frontiers and patriotism. The Cold War was at its peak during the Cuban Missile Crisis, and he visited West Berlin when the Wall was built. He challenged NASA to land a man on the moon before the end of the 1960s. He was also open to the Civil Rights Movement.
Clinton advocated prosperity, global responsibility, international leadership, solidarity, reforms in education, healthcare and welfare, intervention in wars, e.g. in Kosovo, and the fight against terrorism.

LERNWORTSCHATZ to pursue sth/sb, representative government, descendant, blessing, prosperous, to be dedicated to sth, in vain, to perish (fml/lit), to bear a burden, to meet a hardship, to treat all citizens as equals, to spread

ANALYSIS

6 What rhetorical devices or other strategies did the four …?

METHODISCHES VORGEHEN *Die S lesen die* Useful phrases *zu* Talking about dreams. *Anschließend werden die Auszüge aus den Reden der vier Präsidenten in Einzelarbeit gelesen. Die Ideen zu den verwendeten Stilmitteln und deren Wirkungen werden erst in Partnerarbeit und danach im Plenum ausgetauscht.*

LÖSUNGSVORSCHLAG

1. Thomas Jefferson

Rhetorical devices/strategies
- personal pronouns/directly addressing the audience
- alliteration/parallel structure
- hyperbole
- enumeration/emotive language
- rhetorical questions/religious language

Visions/values
- Union and representative government are basic common values all Americans fight for.
- There is enough land for this and the many generations to follow.
- General human values the American people live by are e.g. honesty, truth, temperance, gratitude and love.
- There are splendid conditions to make Americans happy and prosperous.

2. Abraham Lincoln

Rhetorical devices/strategies
- personal pronouns
- contrast
- religious, metaphorical, emotive language
- enumeration

Visions/values
- Americans, belonging to one nation under God, shall dedicate their lives to freedom and democratic government in the US as well as throughout the world.

3. John F Kennedy

Rhetorical devices/strategies
- personal pronouns/directly addressing the audience
- enumeration
- parallel structure
- repetition of 'any'

Visions/values
- Americans are all in the same boat and would do anything to defend their freedom, which is a priority on their list of values.

4. William J Clinton

Rhetorical devices/strategies
- personal pronouns
- allusion/quotation
- comparison/simile
- metaphorical language

Visions/values
- The American Dream continues to live even many years after King's "I have a dream" speech.
- It is mainly a dream of equality and freedom.
- America will make sure that the dream will become true globally in the 21st century.

SPEECH EXTRACT

Barack Obama's victory speech, November 2012

Presidential Elections 2012: Democrat Barack Obama served two terms as US President with Joe Biden as Vice President from 2009–2013 and from 2013–2017. In 2012 Obama won by approx. 51 % of the popular vote and approx. 62% of the electoral vote, defeating the Republican Mitt Romney and his running mate Paul Ryan. The Obama camp effectively used social media for various purposes including fundraising. For more information on the election results visit: *http://uselectionatlas.org/RESULTS/national.php.*

LERNWORTSCHATZ victory, destiny, to triumph over sb/sth, to pursue sth/sb, the best is yet to come, to live up to sth, to be burdened by debt, to be weakened up by sth, to pass on, dignity, generous, compassionate, to pledge to a flag, to be willing to do sth, gay or straight

ANALYSIS

7 Examine how President Obama sends a message of shared values and ...

METHODISCHES VORGEHEN

Die Analyse beginnt mit der Opening of a speech analysis *von Aufgabe 1 und kann wie im folgenden Lösungsvorschlag fortgesetzt werden (rhetorische Stilmittel sind fett gedruckt). Hinweis auf die* Useful phrases *zu* Talking about a line of argument.

LÖSUNGSVORSCHLAG

Obama starts off by **alluding** to the independence gained by the former colonies, a step which included self-determination. He points out that the struggle for a perfect union is an ongoing process and emphasises the various contributions the listeners have made, whom he **addresses directly**, have made. He makes use of **anaphora** when referring to the process, repeats "it moves forward", which spreads optimism using a **parallel structure**, and describes the impact of "the spirit" and the values on the outcome of the elections.
He **emphasises** that, regardless of individual dreams, a sense of togetherness is important for success. He **compares** the nation and the American people to a family whose members go through thick and thin together, thereby using the **personal pronoun** "we" repeatedly.
He claims that "for the United States the best is yet to come", after **enumerating** all the obstacles they have had to overcome to win this election. He again uses the **personal pronoun** "we" to stress the team spirit and all the efforts taken together in order to **enumerate** the "hopes for America's future", which most people share, and he underlines this commonality by his continued usage of the pronouns "we" and "us" and "our". The idea of describing the living conditions for children in the future **alludes to** the structure of King's "I have a dream" speech.
First, he demands the best education for American children so that America will be the most technologically and scientifically advanced country in the world. He **repeats** the adjective "best" related to schools and teachers twice to make the listener remember his point.
Secondly, he makes use of **enumeration** in negative statements regarding debt, inequality and global warning. The **word choices** "burdened", "weakened" and "threatened" (as well as the use of **parallel structures** here) stress the negative impact they could have on the people. This way he makes the listeners pay attention to these unresolved problems.
Thirdly, he characterises America as a secure and globally respected country, using **enumeration** with positive adjectives. He **contrasts** the need for military strength with the prospect of peace and basic values for all.
Before he refers back to the beginning of his speech, where he has pointed out that they have to progress to make the union perfect, using **parallel structures/anaphora** to emphasise what he has said, he makes his forth point characterising America as "generous", "compassionate" and "tolerant", **enumerating** positive adjectives (**word choice**), regarding patriotic second-generation immigrants.
All four points he makes start with the same sentence structure, the same wording to help the audience remember the points and follow his line of argument more easily.
He finishes this part of his speech switching from "we ... want/believe" to "I ... believe we can", to stress his leaderships qualities. He repeats the need for jobs, opportunities and security for the middle class adding the **word** "new" three times to emphasise the necessity of further advancement. Finally, he **alludes to** the American Dream, focusing on the differences among Americans, using opposites to build **contrasts** to show how great the differences really are. He **addresses the audience directly** to get his message of hope across: that everybody can really make it in America "if they're willing to try".

SPEAKING

8 Practice presenting this speech in small groups. Pay attention ... → S15

METHODISCHES VORGEHEN

Wenn die S, wie in der Aufgabe gefordert, Obamas body language *und* his way of speaking *untersuchen sollen, ist es erforderlich, sowohl inhaltliche als auch sprachliche Grundlagen entsprechend den in der Lerngruppe gegebenen Voraussetzungen zu schaffen. Die Rede ist im Internet auf zahlreichen Seiten zu finden, z.B. http://www.bbc.com/news/world-us-canada-20234164. L verweist auf* Skill 15 Speech *und auf die* Useful phrases *zu* Talking about body language.

LÖSUNGSVORSCHLAG

Body language, voice inflection and contact with the audience.

- Obama performs with his whole body when speaking, especially with his hands: he folds them at the beginning forcing himself to stand tall and express confidence. He frequently

raises his arms together to reach out to his supporters. His hands keep moving. One appears as a powerful fist, a flat hand or a forefinger is stretched out and points at something, perhaps signalling that what he is saying deserves special attention. His hands seem to move in rhythm with his speech.
- Obama conveys with the tone of his voice the feeling of confidence and certainty in his vision. The same applies to his body language.
- He divides his speech into chunks of information, after which he pauses regularly. This way he gives the listeners a chance to process the information.

CREATIVE TASK **9 Write a speech on a topic that interests you and deliver it to the class.** → △ 2

METHODISCHES VORGEHEN *L sollte zu einer systematischen Arbeit anregen. Bereits vor Beginn dieser Arbeitsphase liegen den S Kriterien zur Bewertung einer Rede im Englischunterricht zur Orientierung vor. Die S beantworten die sieben Fragen zum Kontext der eigenen, geplanten Rede aus* Part A. *Sie halten sich an die Hinweise (*Skill 15 Speech*) und erarbeiten einen Entwurf. Bei der Überarbeitung wählen sie rhetorische Mittel aus der Übersicht in* Part B, *um ihre Botschaft zu verstärken. Bevor die S das Proben der Rede beginnen, erinnern sie sich an die Erkenntnisse aus Aufgabe 8 und erarbeiten sich Hinweise für das Halten einer erfolgreichen Rede aus zwei weiteren Videoclips.*

LÖSUNGSVORSCHLAG Individual answers expected.

DIFFERENZIERUNG △ *Aufgabe 2 im* Diff pool *unterstützt leistungsschwächere S durch eine vorgegebene Struktur (*Introduction, Main part, Conclusion*) und* Useful phrases *bei der Ausarbeitung ihrer Rede.*

A The immigrant experience

CARTOON Welcome to all!

LERNWORTSCHATZ ballott, oppressive, compulsory, personification, to be portrayed as

VISUALS **1 Re-read the box on 'immigration' in the Spot on facts. ...** → S28.2

MATERIALIEN → Kopiervorlage 2 (Ideas on immigration)

EINSTIEG *Die S folgen den Aufforderungen der Aufgabe. Sie tauschen sich mit einem Partner zu den gefundenen Fakten und ihrer Relevanz aus, stellen im Plenum Fragen, die L ggf. zu weiteren Erläuterungen veranlasst. L oder ein S ergänzt als Interpretationshilfe zusätzliche Fakten:*

Spot on facts:
- The peak in immigration numbers referred to in the cartoon are small compared to the number of people who immigrated in the 1890.
- People came primarily from Northern and Northwestern Europe.
- Many Germans were politically persecuted after being involved in the Revolution of 1848.
- Many Irish Catholics left the country to escape poverty and death as a consequence of the Great Famine between 1845 and 1852.
- According to the bar chart about three million people immigrated between 1871 and 1880; the next wave of immigration was still to come.

More facts:
- Immigrants settled where they could find a job, mainly in the old major industries, where jobs could be found working in the coal, steel, automobile and textile industries.
- There was a need for inexpensive labour in the booming industries.
- After the first waves of immigration a growing resistance towards immigration/xenophobia developed among Americans.
- In 1875 the first immigration law, the Asian Exclusion Act, was adopted to restrict immigration.

METHODISCHES VORGEHEN *Hinweis auf* Skill 28.2 Working with visuals: Cartoons. *Die S fertigen eine Tabelle an, in der sie die Fakten stichpunktartig zuordnen. Danach produzieren sie den vollständigen Analysetext.*

LÖSUNGSVORSCHLAG

- **First impression:** The cartoon "Welcome to all!" was drawn by the Austrian immigrant Joseph Keppler and published in the satirical American magazine *Puck* in 1880. The scene is set along the coast, obviously alluding to immigration to America by ship.
- **Description:** In the centre of the cartoon there is a long, almost endless line of couples waiting to enter the wooden ship, the *US Ark of Refuge*, over a gangplank. They are wearing different traditional clothes and carrying various pieces of luggage. Uncle Sam is welcoming them. He is standing at the entrance of the ship. At the end of the ship there is an American flag waving in the wind. The first sign to the left of Uncle Sam reads "Free education, free land, free speech, free ballot, free lunch." whereas the second sign to the right of the people says "No oppressive taxes, no expensive kings, no compulsory military service, no knouts or dungeons." In the background the sea and black clouds seem to be moving in the direction of the open sea where the sky is bright blue. The dark clouds form a ghost-like figure looking down at the people.
- **Interpretation:** Uncle Sam, as the national personification of the US, offers a warm welcome to people of different origins and social standing. The name of the ship alludes to Noah's Ark. In this case it applies to people and their survival, because they have been persecuted (e.g. in Germany) and suffered from poverty or hunger (e.g. in Ireland). As the boat is taking them to America, the brighter sky in the west symbolises a better life in the New World, whereas the dark sky stands for disaster/hardships in the Old World. The two signs tell the immigrants what they have to expect in detail: opportunies and rights they had never been granted at home.
- **Evaluation:** The cartoonist gets his message across that immigrants are arriving in large numbers, lured to America with the promise of a better and richer life for all, regardless of their country of origin or social background. But there are also democratic rights and values the people are hoping to find in America. The immigrants' positive expectations are enforced by the promises on the two signs, which depict an unrealistic, idealised picture of life in the US. The fact that not all Americans offer a warm welcome to the new arrivals is referred to indirectly. The fact that the US economy needs more workers to prosper is not mentioned.

ERWEITERUNG *Kopiervorlage 2 (*Ideas on immigration*) bietet eine* Flow chart *der amerikanischen Einwanderungsbehörde (*US Citizenship and Immigration Services*) zum Erwerb der* Green card.

CREATIVE TASK

2 Write Uncle Sam's short welcoming speech to the ... → S15

METHODISCHES VORGEHEN *Die S werden (wie bei Aufgabe 9 im* Core skill workshop*) auf die Systematik bei der Erarbeitung einer Rede verwiesen (*Skill 15 Speech*). Außerdem weist L auf das* Fact file *zu* Uncle Sam *hin.*

LÖSUNGSVORSCHLAG I am standing here as the representative of the United States of America. I would like to offer you a warm welcome aboard our ship, the *Ark of Refuge*, that will take you to America safely. Congratulations for having made the decision to go on the long voyage across the Atlantic to start a new, better life. I promise that all your efforts and the hardships you have gone through to get here will not have been in vain. In America you will find the freedom to live as you like you will get an education, learn to read and to write, and I can assure you that you will at least get a free lunch. No royal leaders will force you to serve them. Exciting opportunities await you, but you have to work hard to make your dreams come true. On behalf of the United States of America I wish you a pleasant journey. Welcome aboard. God bless you.

ANALYSIS

3 Explain the humour and message in the following joke: ...

METHODISCHES VORGEHEN *Zur Vorbereitung wiederholen die S die* Useful phrases *zu* Talking about dreams (Core skill workshop) *und verdeutlichen sich, dass* humour = the quality of being amusing *bedeutet.*

LÖSUNGSVORSCHLAG

- **Humour:** Streets paved with gold is metaphorical language describing a place where people can make a lot of money, make a fortune and earn high incomes. But arriving in New York they find out that America is not the rich country that they had expected to find; it is not rich at all. If they want to live in a rich country, they would have to make it rich by working hard. Immigrants have unreal, over-optimistic, exaggerated expectations of the country they want to live in. The big contrast between expectations and reality makes it a joke. People ask themselves if immigrants can really be that naive. But it is in people's nature to give in to tempting prospects, even if they turn out to be entirely unrealistic.

- **Message/Punchline:** It is the immigrants who will make the country rich through their hard work. They have to achieve their own expectations. The dreamlike conditions are not provided for them, they have to create them.

ERWEITERUNG **Additional task 1:**

Study the following material to fully understand what it takes to become an American citizen. Choose from one of the two sources provided underneath. Explain your findings to someone who has chosen the other source and eventually compare them to what it takes to be awarded German citizenship.

- Welcome to the United States – A guide for new immigrants (official document of US Citizenship and Immigration Services, *http://www.uscis.gov/sites/default/files/files/nativedocuments/M-618.pdf*).
- So you want to be an American – The road to citizenship can go on months – or decades (*http://www.ideas.time.com/2012/06/14/so-you-want-to-be-an-american/*).

Additional task 2:

Visit and read the stories of US immigrants in their own words (*http://www.myimmigration-story.com*). To what extent have their hopes been fulfilled? *Hinweis auf die* Useful phrases *zu* Talking about hopes. Note: As the stories on the website are often updated, those listed below represent only a few of the ones available for study.

LÖSUNGSVORSCHLAG

Name	Story	Fulfilment of hopes
Lost Dreamer, somewhere in the US	She is about to graduate from high school, came to the US at the age of 3, is still illegal, dreams of going to college and studying medicine so she can save lives. She want to become an American citizen.	None of her dreams have come true; she needs US citizenship and a legal status.
Londoner, Oregon	She came to the US on holiday in 2005 on a three-month visa from the UK, overstayed the visa, got married in 2007 and returned to the UK so that husband could apply a petition for her. But she was banned for ten years from the US instead (vocabulary: hubby (*coll*) = husband)	She could not stay legally with her husband in the US after violating US law – expectations were not met.
Chenille, Boston	Her mum was a teenager when she was born; her father had left for America and became US citizen later. Her aunt took her to America under a different name when she was seven months old; at 35 she still has no money, no papers and no contact with her father.	She wants papers, US citizenship and a family reunion. But she cannot fix the situation and has no money.
Carolina, Wheaton, MD	Taken to US illegally at the age of 10 from El Salvador, she is now 28 years old, has had three children with an American, has worked as a MA for 8 years, is studying for a nursing degree at college, but she cannot get married and is afraid of being sent back.	She would like to receive residency, become a US citizen and get married.
Marianne White, Amarillo, Tx	She has a German mother and an American stepfather who adopted her. At the age of seven she came to the US but her mother died in 1968. She has paid into the system of Medicare and Social Security since the age of 16, and she has been married to an American for 48 years. She has applied for a permanent resident card.	She is not entitled to health insurance yet after spending her whole life in the US, and her status still not approved.

LÖSUNGSVORSCHLAG

Name	Story	Fulfilment of hopes
Mai, Ho Chi Minh City	Married to an American for eight years, she had lived outside the US for ten years. Her visa was denied because the immigration officer believed it was a sham marriage. Her husband has stayed with her and has been unable to see his parents again. (vocabulary: sham marriage = pretend to get married [here she most probably incorrectly wrote "divorce" and meant "marriage" since she reportedly still loves her husband])	They are disappointed at immigration policy.

SPEAKING

4 In the novel *Native Speaker*, the Korean first-person … → S8

EINSTIEG

Additional pre-tasks

1. Brainstorm with a partner what characteristics apply to a native speaker of a language.
2. Speculate what a novel called *Native Speaker* could be about.
3. Who is Chang-Rae Lee and what is his novel *Native Speaker* about?

Possible answers

1. A native speaker of a language is someone who …
   - has started learning the language for communicating since birth
   - has a relaxed command of that language
   - is associated with a person knowing the conventions of a country, its culture and values.
2. Individual answers expected.
3. See background info on *Native Speaker* below.

METHODISCHES VORGEHEN

Bevor die S den Auszug aus dem Roman lesen, weist L auf Skill 8 Narrative perspectives *hin. Ferner wird an die Lesetechniken erinnert (*Skill 11.1 Skimming und scanning*). Während Aufgabe 5 auf* Skimming *ausgerichtet ist, erfordert Aufgabe 6* Scanning. *Da es in Aufgabe 5 um eine Einstimmung geht, ist das Erfassen der Informationen in ihrer Vollständigkeit nicht wichtig. Folgende Informationen sollten über* the father's life in America *ausgetauscht werden.*

LÖSUNGSVORSCHLAG

- father came to America as a poor man
- lived in Queens (NY)
- joined a Korean Club whose members supported each other with money to start a business
- got money from the club
- became a storeowner
- he went on outings together with the members of the club and their families in summer
- became rich but is as lonely as other Korean-Americans
- secluded himself from public life after wife's death
- disappointed and unhappy

NOVEL EXCERPT

Native Speaker → WB Tasks 1–6, 10–11

Chang-Rae Lee is a Korean-American author and currently works as a professor of creative writing. He was born in South Korea in 1965 and entered the US with his family at the age of three. He has been awarded many prizes for his literary work dealing with questions of immigrants developing their new identity as Americans and fulfilling their dreams. *Native Speaker* is the title of his first novel, which was published in 1995. It is about a man named Henry Park who tries to assimilate into American society.

LERNWORTSCHATZ

to draw much energy and pride from sth, to fail, to contribute to sth, competitive, to tackle sb, to ground up, to start all over again, yard, fancy, given the chance, to regain

COMPREHENSION

5 Say whether the following statements are true, false or whether ...

METHODISCHES VORGEHEN

Diese Aufgabe lösen die S zuerst selbstständig, vergleichen anschließend ihre begründeten Lösungen in einer Gruppe, bevor sie der gesamten Lerngruppe vorgestellt werden.

LÖSUNGSVORSCHLAG

1. false – got his first money from a ggeh (ll. 9ff) to open his first store, probably had several stores at the end (l. 51 "when he had just one store ..."); "He had no real cleverness or secrets for good business, he simply refused to fail, leaving absolutely nothing to luck or chance ..." (ll. 2ff) meaning he worked hard to succeed.
2. false/not enough information – the Korean soccer team played a team of Hispanic men, black men specified as "African blacks" in the car on the way home. Reporting that there were "rarely white people in the park" (l. 31) is just a description of the situation, not proof of prejudice towards other ethnic groups; "he made them all laugh with ... his impressions of Americans who came into his store, doing their stiff nasal tone, their pretty annoyances and complaints." (ll. 18–20) shows some stereotyping but without being really mischievous.
3. false "... he had a joy then that he never seemed to regain once the money started coming in" (ll. 52f).
4. true/not enough information – "In America, ... it's even hard to stay Korean." (l. 49), the father says referring to the problems arising from the violation of former Korean conventions. He speaks proudly of the ggeh, supporting each other and spending their summers together.
5. not enough information – it just refers to the soccer game, showing that the narrator's father was especially competitive, "not so skilled as ferocious" (ll. 24f).
6. false – "I wonder if my father ... time before he made all that money" (ll. 50f), only the son's speculation.

ANALYSIS

6 a)–d) Outline the father's biography in America. ... → ▲3

METHODISCHES VORGEHEN

In Teilaufgabe c) werden die S aufgefordert, zunächst Adjektive zur treffenden Charakterisierung des Vaters zu finden und diese in einem zweiten Schritt am Text zu belegen.

LÖSUNGSVORSCHLAG

a)

- born in Korea, married, had a son
- immigrated to America, had $200 and a poor command of English
- became a member of a *ggeh*, got money to open his first store from a *ggeh*
- lived in a tiny apartment in Queens, loved his wife
- worked hard and on a second-hand car himself
- had lots of friends, *ggeh* members went on outings together
- met less and less (Koreans were busy doing other things, the same as Americans)
- wife died, secluded himself, was not a member of a *ggeh* anymore
- experiences the loss of his 'Korean' identity

b) The classic American success story relates to the American Dream. It is a rags-to-riches story based on the belief that anybody can make it in America if they are just willing to work hard. The father worked very hard at his store and showed commitment to his community. So his family could afford to move from a tiny little apartment in Queens to a big house with a large yard. They had a fancy car instead of a second-hand car in need of frequent repair. They joined their neighbourhood clubs and made drinking friends with Americans, i.e. they became assimilated into American culture. But most American success stories have a happy ending, unlike this one.

c) Personality

- determined/energetic: "... ability to make it almost at will" (ll. 1f), "... leaving absolutely nothing to luck or chance or something else" (ll. 3–4)
- ordinary man: "... no real cleverness or secrets for good business ..." (ll. 2f); "... he worked hard and had worries." (l. 52)
- became rich: "once the money started coming in" (l. 53), "They all got busier and wealthier ... like us, ... moved into big houses with big yards ... owned fancy cars ... (ll. 41–43)
- supportive/solidary/reliable: being a member of a *ggeh*

- disappointed/frustrated when people did not play by the rules: "… people not paying on time or leaving too soon after their turn getting the money" (ll. 48f)
- funny: "… make them all laugh with an old Korean joke or his impressions of Americans who came into his store, doing their stiff nasal tone, their pretty annoyances and complaints" (ll. 18–20) he experienced the cultural differences and learned to cope with them
- sociable: "They had lots of Korean friends that met at church and even in the …" (ll. 55f)
- somewhat athletic: played soccer/volleyball in a team of Koreans and against other teams (ll. 28ff)
- competitive but fair, plays the game as if it is about life and death, but when he realises that his friend is stronger/quicker than him, he lets him go (ll. 23–27)
- unsatisfied/really unhappy, perhaps wanting to turn back the wheel/nostalgic: "… he complained about all the disgraceful troubles", (l. 47), "I wonder if my father … would have wished to go back to the time before he made all that money …" (ll. 50f) "he had a joy then that he never seemed to regain" (ll. 52f)
- alienated: "… my father and his friends got together less and less … after my mother died, he didn't want to go to the gatherings anymore" (ll. 39f), some of his friends had already died, "… my father no longer belonged to any *ggeh* …" (ll. 46f)

Values
- family values: he took the boy with him to the meetings of a club (l. 15) and his family on outings with other Korean families
- loveable/romantic husband "He might turn on the radio and dance cheek to cheek with my mother." (ll. 53f)
- respected head of the family "… when my father dumped the water from the cooler was it the final sign that we would go home." (ll. 36–38)
- "hope and excitement" at club meetings working for their businesses to succeed, associated with the American Dream
- opportunities offered and seized together "Lucky … to be in America but still have countrymen near …" (ll. 57f)
- American way of life adopted as they took care of big yards and cars, "… joined … pool and tennis clubs and were making drinking friends with Americans" (ll. 43–45)

Dreams
- tenacious: wants to succeed "he simply refused to fail" (l. 3)
- wanted to match the characteristics of immigrants' behaviour which would be expected in Korea: "casting himself as heroic newcomer, self-sufficient, resourceful" (ll. 7–8)

d) The lesson the son learned from his father's life
- money (a big house, a yard, a fancy car) does not necessarily make people happy
- friends are very important; you have to keep in touch
- you have to face/accept/adapt to change instead of retreating

DIFFERENZIERUNG ▲ *Leistungsstärkere S bearbeiten nach Teilaufgabe d) zusätzlich Aufgabe 3 im* Diff pool. *Sie analysieren die Haltung der im Text erwähnten verschiedenen ethnischen Gruppen zueinander und überlegen, was diese Haltung über die amerikanische Gesellschaft aussagt.*

VIEWING 🎬 **L**

7 Watch President Obama talking about the need for a new … → S29.2

MATERIALIEN → 🎬 L (US Dreamers) • Transkript

METHODISCHES VORGEHEN *Die S werden vorab auf* Skill 29.2 Analysing films *hingewiesen. Danach schauen sie sich den Filmausschnitt zweimal an und machen sich Notizen zur Beantwortung der Aufgabe.*

LÖSUNGSVORSCHLAG **Obama about the need for a new immigration policy:**
- immigration system needs to be fixed, but Congress refuses to do anything
- he has improved border security and reduced illegal crossings
- he hopes to use discretion about whom to prosecute
- deport criminals

- young people who do not present a risk to national security or public safety will be able to request temporary relief from deportation and apply for work authorisation
- aim: to give a degree of relief and hope to talented, driven, patriotic young people
- emphasises that this is not a path to citizenship

How convincing do his ideas seem?
His ideas do not provide a real solution to immigration problems. People who are living in the US as illegals would do anything to become legal citizens and apply for citizenship, which is explicitly excluded. Those young people are left to the mercy of immigration officers without any legal rights based on the rule of law. In my opinion his ideas are not convincing. It's just a half-hearted approach.

SPEAKING **8 Discuss how hard it must be to succeed in a foreign country for ...** → △4

METHODISCHES VORGEHEN *Die S tragen einige Faktoren zusammen, die Erfolg im Ausland beeinflussen (siehe unten) und diskutieren ihre Bedeutung für beide Generationen von Einwanderern (individuelle Lösungen).*

LÖSUNGSVORSCHLAG **Some points determining success in a foreign country**
- command of language spoken in the ambient country
- personal character traits: open, independent
- education and employment
- general values and behaviour/social conventions
- financial and social background
- adaptation to or assimilation into the ambient country
- expectations, dreams and future prospects

DIFFERENZIERUNG △ *Aufgabe 4 im* Diff pool *bietet leistungsschwächeren S für die Erörterung der Fragestellung Stichwörter als Argumentationshilfe an.*

BEFORE YOU READ **9 What happened on 9/11? What happened afterwards? What are ... ?**

METHODISCHES VORGEHEN *Diese Fragen werden bei geschlossenen Büchern im Unterrichtsgespräch geklärt. Bei erkennbaren Defiziten an Hintergrundwissen lässt L das* Fact file *zum Thema* War on terror *in Vorbereitung auf die Textlektüre lesen. Da immer weniger Lernende detaillierte Kenntnis vom Anschlag am 11. September 2001 auf das World Trade Center haben, sollte die Beantwortung der Fragen durch einen visuellen Impuls unterstützt werden. Eines von vielen geeigneten Bildern von den Anschlägen befindet sich auf http://jochenteuffel.files.wordpress.com/2011/09/9-11-einsturz1.jpg.*

LÖSUNGSVORSCHLAG **What happened on 9/11?**
- 9/11 alludes to the act of terror committed on 11 September 2001.
- Planes crashed into the twin towers of the World Trade Center on Manhattan Island, New York and into the Pentagon near Washington. Another plane was hijacked and crashed in Pennsylvania.
- Towers started burning and collapsed later.
- Over 3,000 people died in the attacks.

What happened afterwards?
- The 'War on Terror' was started by President George W. Bush.
- Osama bin Laden and al-Quaeda, Islamic fundamentalists, were blamed for attacks.
- There were anthrax attacks on politicians.
- A wave of patriotism silenced all kinds of Bush critics.
- Hate crimes against Muslims were committed.
- International alliance of states was founded to fight terrorism.
- Military actions were launched against states like Afghanistan, Iraq as well as the al-Qaeda organisation.
- Hunt for Osama bin Laden and followers/supporters launched.
- New laws were made and enforced to control and guarantee security of Americans (e.g. Patriot Acts 1 and 2), thereby restricting civil liberties.
- There was an increase in policing/surveillance and intelligence activities.

- A 'terrormeter' and terror alert levels determined which appropriate measures were to be followed.
- The US Department of Homeland Security was founded.

What are the consequences of that day?
- Introduction of new passports with biometric data (identification systems are facial recognition, fingerprint recognition and iris recognition) in many countries around the world.
- Travel restrictions and additional visa requirements.
- Disregard of international law in the name of the War on Terror.
- Civil liberties still restricted after so many years.
- Surveillance technologies was further developed.
- New warfare with drones.
- States suspicious of each other, no real mutual trust.
- More individuals critical of US, some even feel personal animosity towards America
- conspiracy theories spreading.
- National September 11 Memorial built commemorating the nearly 3,000 victims of the attack, opened in 2011; museum was opened in 2014.
- One World Trade Center (highest skyscraper in the US, completed in 2014) – symbolising US invincibility.

BEFORE YOU READ

10 State why you think it could be controversial to build a mosque ...

LÖSUNGSVORSCHLAG

It might be questionable because:
- Many Americans blame Muslims in general for the attacks on the World Trade Center and believe that the attack was committed for religious reasons.
- They do not want Muslims to pray near the memorial to the victims.
- There is prejudice against Islam, which is associated with terrorism.

SPEECH EXTRACT

Responding to 9/11 – A mosque near Ground Zero? → WB Tasks 7–8, 12–17

Michael Bloomberg (born in 1942) is one of America's – and even the world's – richest people. His media companies provide people worldwide with financial news and services. He was the mayor of NYC from 2002–2013 and shaped the city visibly. He has supported various programs to improve the lives of ordinary people around the world. In 2014 he was appointed Special Envoy for the UN.

LERNWORTSCHATZ

to be generally understood to mean sth, to allow, to defend, to set foot in/on, to state (strongly), willingness, to play by the rules, to profess faith (in) (fml), mutual respect, fanatic, to speak one's own mind, to betray one's values, to not stand for, first responder, to honour, constitutional right, overwhelming, political controversy, off limits, to call on sb, to assert, intelligence work, to repress, to disregard, civil liberty

COMPREHENSION

11 Based on the speech, summarise why Bloomberg supports the ...

METHODISCHES VORGEHEN

*Die S werden erneut auf die Lesetechniken hingewiesen (*Skill 11: Skimming, scanning and taking notes*). Bei der folgenden Aufgabe wird die Technik des Scannens angewandt. Es ist zu beachten, dass die Fakten nicht unbedingt entsprechend der Chronologie des Textes, sondern eher in ihrer Bedeutsamkeit für die Beantwortung der Frage zusammengefasst werden.*

LÖSUNGSVORSCHLAG

- Values such as openness and acceptance that New Yorkers value so much were attacked on 9/11 (ll. 21f).
- Not allowing the mosque to be built in Lower Manhattan would mean betraying these basic American values and let the terrorists win.
- Muslims also saved lives and defended the Constitution right after the attacks.
- Nobody should be denied the rights guaranteed in the Constitution (freedom of religion).
- New York has the reputation of "being the freest City in the world" (l. 11).
- "[B]eing a New Yorker is living with your neighbors in mutual respect and tolerance" (l. 21).

ANALYSIS

12 Analyse the way Bloomberg tries to win his audience to support ... → S4

METHODISCHES VORGEHEN

Die S nutzen ihre Aufzeichnungen aus Teil A und B des Core skill workshops. *Für L dienen die Lösungsvorschläge zu Aufgabe 1 und Aufgabe 7 des* Core skill workshops *als Modelltexte. Hinweis auf* Skill 4 Dealing with non-fictional texts. *An dieser Stelle werden im Lösungsvorschlag lediglich die in den Texten enthaltenen Fakten aufgelistet. Nach dem Schreiben der Analyse bietet sich eine Gruppenevaluation an. Alle Mitglieder einer Gruppe geben ihre Analysen an L, der sie einer anderen Gruppe zur Evaluation übergibt. Die einzelnen Mitglieder der Gruppe übernehmen jeweils die Kontrolle eines Aspekts der Aufgabenlösung, z. B. S1 überprüft auf der Grundlage der folgenden Faktensammlung die inhaltliche Darstellung, S2 liest die Analyse und korrigiert sprachliche Fehler, ungeschickte oder unverständliche Formulierungen, S3 beschäftigt sich mit der Struktur der Analyse, u. a. mit formellen Aspekten wie dem Setzen von Absätzen, und der Verwendung von textverflechtenden Mitteln zur Herstellung der inneren Logik. Über L erhalten die Verfasser ihre Analysen mit den entsprechenden Hinweisen zur eigenverantwortlichen Überarbeitung zurück. Dabei sind auch Nachfragen an die evaluierenden S zugelassen.*

LÖSUNGSVORSCHLAG

Facts for the start of a speech analysis:

- title: Responding to 9/11 – A mosque near Ground Zero?
- speaker: Michael Bloomberg, the mayor of New York
- place/time: on Governor's Island, on 3 August 2010
- audience: inhabitants of New York, religious leaders
- occasion: the local community board supported proposal of building a mosque in Lower Manhattan
- topic(s): values New Yorkers live by and hold in great esteem, diverse population includes Muslims
- main aim: persuade New Yorkers to agree to build a mosque near Ground Zero

How Bloomberg tries to win the audience:

- He uses the personal pronouns "we", "our" and "us" throughout his speech to establish a common ground between himself and the audience.
- He refers to what ordinary people have experienced in their lives when saying "We may not always agree with every one of our neighbors" (l. 19) so that the audience feels concerned and contrasts personal resentment with values "living with our neighbors in mutual respect and tolerance" (l. 21), meaning that personal feelings should be subordinated to values.
- He mentions the Constitution (freedom of religion guaranteed in 1st amendment as well as the separation of church and state), stating "we would betray our values ... if we were to treat Muslims differently ..." (ll. 30f); conditional II used to stress the unlikelihood that American citizens would violate others' constitutional rights.
- He reminds the New Yorkers of their past, alluding to the first settlers of New Amsterdam, "where the seeds of religious tolerance were first planted" (ll. 8f), i.e. using metaphorical language comparing the value of tolerance to the seeds planted back then, i.e. tolerance has grown since then and has become strong because it has been tended to.
- He emphasises the openness of New Yorkers to all kinds of immigrants (ll. 13–18), by alluding to the attitude the American Dream is based on.
- He repeats "everyone with a dream and willingness to work hard" (ll. 13f).
- He uses phrases like "by immigrants" to stress their role in the history of NY and enumerates differences of immigrants like country of origin, language and faith.
- He illustrates the role Muslims have played after the attacks (ll. 29–32, 27–30), when they acted/behaved like any other Americans, grieving and taking part in the rescue operations, ending with a rhetorical question to make the audience pay attention to the fact that different religions/prejudice did not play a role at all.
- He contrasts "political controversies" which "come and go" with "values and traditions" which "endure" (ll. 49f) to make the audience judge the building of the mosque from the right perspective, to make them put their values first.
- He states that religious leaders can give proof of the fact that there is religious tolerance in all parts of New York (ll. 49ff), refers to them as experts supporting his cause.

→ In the end Bloomberg manages to win the audience over.

EVALUATION

13 Do you think building a mosque in Germany ...? →△5

EINSTIEG **Additional pre-task:** Answer the question making a statement in the affirmative or in the negative. Copy it in the middle of a piece of paper and make a mind map of various points/ ideas connected with your statement. *S, die dasselbe Statement formuliert haben, können sich am Ende dieser Phase gegenseitig ihre Mindmaps vorstellen und auf diese Weise weitere Anregungen bzw. Argumente für das Schreiben ihres Kommentars erhalten.*

METHODISCHES VORGEHEN *Bevor mit dem Schreiben des Kommentars begonnen wird, legt L die Zielgruppe fest, für die dieser Kommentar von Interesse sein soll. Dementsprechend wählen die S Mittel für die Textgestaltung aus. Der Kommentar könnte für eine Zeitung einer amerikanischen High School geschrieben werden, deren S regelmäßig nach Deutschland in den Schüleraustausch fahren und die sich für die Werteproblematik in beiden Ländern interessieren, oder er wird in einer europäischen Jugendzeitung gedruckt, die zu einem Toleranz-Projekt herausgegeben wird. Es gilt: Je realistischer der Zweck, desto motivierter die S. Hinwies auf* Skill 14: Essay. *Nach Beendigung der Arbeit werden die fertigen Kommentare der gesamten Lerngruppe zugängig gemacht und kriteriengestützt durch S und L bewertet. Auf diese Weise lassen sich die drei Kommentare mit der höchsten Überzeugungskraft finden und evtl. der gefundenen Zielgruppe direkt zuführen.*

LÖSUNGSVORSCHLAG **Building a mosque in Germany would be controversial because some people**

- stick to old conservative values exclusively shaped by Christian beliefs
- have developed prejudices, intolerance, anxiety towards people who are different
- demand everybody to assimilate into the German ambient culture and live like Germans
- are intolerant towards different customs, clothes etc. and the Islamic religion
- associate the practice of the religion of Islam with terrorism and fear acts of terror
- are not sufficiently educated about Islam and what happens at a mosque
- have hardly any personal experiences with Muslims and their way of life as most Muslims in Germany are concentrated in a few large metropolitan areas.

Building a mosque in Germany would not be controversial

- There is an increasing number of people who are open-minded and politically well educated.
- It is stated in the Basic Law of the Federal Republic of Germany in Article 4 [Freedom of faith and conscience] that "(1) Freedom of faith and of conscience, and freedom to profess a religious or philosophical creed, shall be inviolable. (2) The undisturbed practice of religion shall be guaranteed." In addition, Article 3 reads "(3) No person shall be favoured or disfavoured because of sex, parentage, race, language, homeland and origin, faith, or religious or political opinions. No person shall be disfavoured because of disability. (Source: http://www.gesetze-im-internet.de/englisch_gg/).
- Many people live in residential areas where people of different ethnic descent live next door to each other, practice their traditions and religions freely.
- Tolerance is considered an important value, a lesson Germans learned from their past.
- There is not necessarily a contradiction between practicing a different religion and fitting into German communities.
- Some know how important immigrants are for economic growth in Germany.
- Only a minority of Muslims are fanatics/fundamentalists (there are also Christian fundamentalists).
- Many people value and enjoy diverse and rich cultures.
- There are also people who do not care at all, who have become indifferent of what is happening around them.

DIFFERENZIERUNG △ *Aufgabe 5 im* Diff pool *bietet leistungsschwächeren S Hilfestellung durch Vorschläge zur Strukturierung ihres* Comment *(*Introduction, Main part, Conclusion*). Darüber hinaus werden* Useful phrases *zur Argumentationsführung im Hauptteil angeboten.*

B Equality and the Dream

BEFORE YOU READ

1 In Germany, is everyone treated equally? In court? On the street? . . .

METHODISCHES VORGEHEN

Die S diskutieren diese Aufgabenstellung in der Gruppe. Sie legen ein großes Blatt in die Mitte des Tisches und schreiben Equal treatment *in das Zentrum. Danach wird das Blatt in vier gleiche Teile geteilt. Jedes Teil erhält eine Überschrift entsprechend der Aufgabenstellung, d. h.* in court, on the street/in stores, in schools, at the voting booth. *Jeder S schreibt in Stichpunkten seine Gedanken zur Gleichbehandlung an dem bestimmten Ort auf. Anschließend wird das Blatt gedreht und der Nachbar ergänzt die bereits fixierten Gedanken/Fakten. Am Ende werden die gesammelten Stichpunkte diskutiert, zusammengefasst und der gesamten Lerngruppe vorgestellt. Das beschriebene Papier wird als Grundlage für die Erarbeitung der Lösung zu Aufgabe 4 verwendet. Hinweis auf das* VIP file *zu Nelle Harper Lee.*

LÖSUNGSVORSCHLAG

In court

- Equality before the law, the same laws are binding for every judge and applied to everyone in any case regardless of social or ethnic background, religion, gender, sexual orientation, political views etc. as guaranteed in the German Basic Law, Article 3, paragraphs 1, 2 and 3.
- Sometimes there is prejudice even in court, where defendants are prejudged by the media, which even has an impact on judges.

On the street/In stores

- People are often treated differently based on their appearance, e.g. clothes or hairstyles.
- People can be prejudiced due to someone's skin colour and not treat others equally.
- If people do not fit in with the mainstream, they can experience the negative effects of stereotyping, prejudice and even discrimination.

In schools

- All children are theoretically provided with equal opportunities in class.
- Not all children are treated fairly/equally because some have problems understanding German and cultural aspects of life in Germany.
- Quiet students are preferred to ambitious ones who challenge the teachers and their fellow students.
- Some students are bullied because of their clothing, ownership of cell phones, participation in social networking etc.

At the voting booth

- Equality in a democracy is based on the country's laws.
- A basic democratic right to vote exists for German citizens; it is not a duty.
- People are entitled to vote at the age of 18; in some federal German states people can vote at the age of 16 in regional, local and municipal elections.
- Secret ballot/votes cast in secret to avoid discrimination for people's views.
- Children are excluded as well as mentally handicapped people and residents without German citizenship.
- Sometimes people feel discriminated against because they are not allowed to vote.

NOVEL EXCERPT

Liberty and justice for all? → WB Task 18

Information about **Jim Crow Laws** and the **US Civil Rights Movement** as well as the trials of the **Scottsboro Boys** will serve as a good background for this text. Students should be prepared to be able to describe the state of inequality in the US in the 1930s, when Harper Lee's novel is set.
There was no real emancipation/equality for people of colour until 1965. In the 1930s coloured people were discriminated against in all spheres of life, especially in the South. There were so-called codes based on a set of laws referred to as Jim Crow Laws that required certain kinds of behaviour and a strict separation of blacks and whites in certain public spheres. The treatment of coloured people was based on stereotyping and prejudice to help the whites maintain their feeling of superiority. Even the law was bent to maintain the status quo as seen in the trials of the Scottsboro Boys.

Jim Crow Laws are a set of laws passed in all southern states between 1876 and 1965. Officially they created a "separate but equal" status for African Americans. In practice they created systematic disadvantages for citizens of colour, who were not allowed to be in the same public places, schools and transport, restaurants, banks or government jobs as whites.
The US Civil Rights Movement: On 1 December 1955 Rosa Parks sparked the US Civil Rights Movement by an act of civil disobedience. She refused to give up her seat to a white person on a public bus in Montgomery, Alabama. Her arrest caused the famous Montgomery Bus Boycott, organised by Dr Martin Luther King, which resulted in a new law which stated that racial segregation on buses was unconstituational. This marked the start towards true equal rights for African Americans granted step by step from 1965 onwards.
Scottsboro Boys: In 1931 in Scottsboro, Alabama, nine young African American males were falsely accused of having raped two white women on a train. They were convicted of rape and sentenced to death by an all-white jury. None of the defendants had proper legal representation. The whole trial was a frame-up and the case was appealed repeatedly. Even when the women admitted their false testimony, the jury found the boys guilty of the crime they had been accused of. Not until 2013 were the men posthumously pardoned.

LERNWORTSCHATZ segregation, discrimination, to sentence sb to death, defendant, defence attorney, beyond all doubt, guilt, to come to trial, to be charged with a crime, testimony, to put at stake, to commit a crime, to tempt sb, circumstantial evidence, conduct (fml), assumption, courtroom, executive branch, inferiority, gifted, court, leveller

ERWEITERUNG **Post-reading task**: After studying the text *Liberty and Justice for all?* in detail, compare the facts about the Scottsboro Boys' trials to the ones about the trial retrieved from this extract from the novel.

Possible answer: The extract from the novel and the facts surrounding the Scottsboro trials have a lot in common when it comes to the legal proceedings of the trial: the rape which the defendant has not committed, the false testimony and the 'guilty' verdict which is not explicitly stated in the extract from the novel but can be guessed.

COMPREHENSION **2 Say what Mayella Ewell did wrong and how she dealt with it.**

MATERIALIEN → Kopiervorlage 3 (Equality and the Dream, Task 1)

ALTERNATIVE *Aufgabe 1 auf Kopiervorlage 3 (*Equality and the Dream*) bietet zum Text* Liberty and justice for all? *eine Zuordnungsaufgabe zur Überprüfung des Leseverstehens.*

LÖSUNGSVORSCHLAG
- She violated social conventions/the moral code of the South, which did not accept interracial relations. It is not a crime usually dealt with at court.
- As a white woman sexually attracted to a black man, she gave in to her desires and kissed him, which her father saw.
- She was brutally beaten by her father for breaking the moral code.
- As she could not undo her deed, the only way out was to give false testimony.
- She said Tom Robinson had raped her, playing to the jury's prejudice against black men, who "cannot be trusted around white women".
- She was aware that the false charge of rape against Tom Robinson would finally lead to his death/execution.

COMPREHENSION **3 Summarise what Atticus Finch says in lines 62–82.**

LÖSUNGSVORSCHLAG
- He refers to the famous sentence in The Declaration of Independence by Thomas Jefferson, "that all men are created equal".
- Strongly criticises the statement, saying it has become a cliché and is being misinterpreted when it is applied to conditions in 1935, the year when the trial in the novel takes place.
- He provides examples of conditions to which equality is wrongly applied because people are different when it comes to learning abilities and interest in learning, individual opportunities, income etc.

- He states that the only place where differences do not matter and all people should theoretically be treated equally regardless of income, intelligence and education is in court, meaning that there is equality before the law.

SPEAKING **4 Define what 'true equality' means to you. Think about all the ...**

METHODISCHES VORGEHEN *Die Erarbeitung kann in einer Gruppe von ca. vier S erfolgen. Das Lösungsblatt von Aufgabe 1 wird weiter verwendet. Es bietet sich die Erstellung einer gemeinsamen Mindmap an, die eine Grundlage für eine individuelle schriftliche Definitionserstellung bildet. Ausgangspunkt für die Zusammenfassung sollte eine These zur persönlichen Relevanz von* true equality *sein. Diese Vorgehensweise unterstützt sowohl ergebnisorientiertes Arbeiten in der Gruppe als auch die Produktion individuell bewertbarer Texte.*

LÖSUNGSVORSCHLAG **True equality should concern**
- opportunities in education ("In schools", Task 1)
- career/employment (e.g. equal treatment of men and women)
- voting and the provision/exercise of other democratic rights ("At the voting booth", Task 1)
- upbringing/opportunities for visiting child care facilities
- family income/activities (e.g. discovery and development of gifts/talents etc.)
- healthy eating/organic food
- housing (e.g. a room of one's own)
- environmental conditions (e.g. weather and climate, clean air etc.)
- internet access (i.e. also access to information, education)
- medical treatment/health insurance
- legal procedures ("In court", Task 1)
- daily tasks in a partnership/in marriage (e.g. shopping, "In the street/In stores", Task 1, household chores, child care etc.).

VIEWING L **5 a)–b) Watch this news report on the motor industry in present-day ...**

The **automobile industry** has always been the backbone of the American economy as numerous firms which have provided millions of jobs involved in car manufacturing. It all started with Henry Ford and the introduction of mass production at the beginning of the 20th century. Without affordable cars and an extensive highway system, it would not have been possible to guarantee the freedom of movement to people, especially in the suburbs. Following the Great Depression there was a decline in the car industry, which boomed again after World War II. But the 'Big Three' - Ford, General Motors (GM) and Chrysler - situated near Detroit, started to lose market share to foreign car manufacturers mainly from Japan and Germany. When the financial crisis of 2007–08 hit the US economy, Chrysler and GM were in danger of going bankrupt, and Ford was struggling to survive. Consequently, the US government spent billions of dollars on the automotive industries from the Troubled Asset Relief Program, and employees made their own contributions to save the 'Big Three' and to make the American economy prosper again as a whole. All the successful measures have to be viewed in light of the American Dream, which upholds employment opportunities at its core.

MATERIALIEN → L (The American Dream) • Transkript • Kopiervorlage 3 (Equality and the Dream, Task 2)

EINSTIEG **Pre-viewing activities**
1. What do you know about US employment and the economy? (For further information study: *http://rt.com/business/us-unemployment-economy-crisis-assistance-006/*).
2. Describe the events of 2008 that led to the present state of the American economy.

Possible answers
1. The economic development in the US shows a recovery which did not necessarily lead to less unemployment. As people are only counted when they are attempting to get a job, the increasing number of those who have already given up on looking for work is disregarded.
2. 2008 is known for the dire financial crisis that resulted in a global recession, which ended in 2012. Governments took measures to stabilise the financial market by helping the banks survive with subsidies from taxpayers' money. But the manufacturing industries also

suffered, and the housing market crashed. Many middle-class Americans lost their jobs and their homes.

ALTERNATIVE *Aufgabe 2 der Kopiervorlage 3 (*Equality and the Dream*) bietet eine* True/False-*Aufgabe zur Überprüfung des Hör-/Sehverstehens.*

LÖSUNGSVORSCHLAG **a) Facts from the video clip:**

- It is more difficult in the US to climb the economic ladder than in Canada or Europe.
- Obama asked for time to fix the American economy and compared the crisis to a disease that could be cured, thus spreading optimism.
- Obama provided GM and Chrysler with 60 billion dollars after they declared bankruptcy due to their lack of competitiveness because these firms were considered important for the Americans' self-esteem and their basic beliefs.
- Chrysler in Toledo, Ohio got a new parent company, Fiat, and a new work ethic.
- Workers do whatever it takes to save their jobs; they have not received a wage increase for eight years, i. e. they accept less money in real terms, because they are just grateful to have jobs under these circumstances.
- The vision of social mobility has been shaken, especially among the American middle class.

Evaluation: Chances to move up the economic ladder as part of realising the American Dream are fading, quite limited, reduced or have decreased even further for the current generation as working conditions/job opportunities have not really improved for the middle classes.

b) In the video a speaker makes a statement at the beginning and comments on various things President Obama said. Car workers are also interviewed. The quotations are taken out of context; the occasion on which the people were interviewed is not exactly known. Quotations are selected just to support the speaker's statement at the beginning, which is quite one-sided. Despite the quotations the video is not really objective. Very little information is used in context.

ERWEITERUNG *Wenn die S mehr über diese Entwicklung in den USA erfahren wollen, ist das Sachbuch von George Packer* The Unwinding *zu empfehlen.*

MAGAZINE ARTICLE A dream deferred → WB Task 19

Economic mobility is defined as the ability of an individual or a group of people, e. g. a family, to change their economic status, first of all for the better, usually by increasing their income, i. e. economic mobility is an integral part of the American Dream.

The Pew Research Center is located in Washington D.C. and is well-known for providing data on all aspects of life that have an impact on the US and the world. It is considered politically neutral. Information is considered highly reliable.

LERNWORTSCHATZ to be related to, to a greater extent, to shatter, to inherit sth, poll, to determine, conviction, standard of living

COMPREHENSION **6 a) Explain the title 'A dream deferred'. b) Sum up the findings …**

METHODISCHES VORGEHEN *Einleitender Arbeitsauftrag:* Brainstorm with a partner what role dreams have been playing in your life. *Danach leitet L zu den beiden Fragestellungen in Aufgabe 6 über.*

LÖSUNGSVORSCHLAG **a)** Many Americans have always believed that their children will live better than their parents, i. e. their children will climb the economic ladder. But this dream of success has become reality for a declining number of children. So an increasing number of (mostly white) Americans believe the dream will come true later rather than sooner.

b)

- Success in America has become increasingly dependent on having the right parents.
- The poorest Americans will probably remain poor.

- European children born near the bottom of the income ladder will probably have better career opportunities than their American counterparts. This might be due to the fact that inequality is less acceptable in Europe than in America.
- The American belief that success is earned and not inherited has been shattered.
- According to a survey conducted by Allstate/National Journal Heartland Monitor from 2009 to 2012, a majority of Americans is still convinced that the American Dream is true for ordinary people and that its realisation is solely dependent on their own efforts.
- In 2011 nearly three-fifths of Hispanics and African Americans, about two-fifths of Asian Americans and only a fourth of whites believed their children would have better opportunities than their generation.

ANALYSIS

7 On May 19, 2011, the Pew Economic Mobility Project conducted ... → S27

METHODISCHES VORGEHEN

Vor der Bearbeitung der Analyseaufgabe erfolgt ein Hinweis auf Skill 27 Statistics, diagrams and maps.

LÖSUNGSVORSCHLAG

Information presented in the two graphs:
The bar chart compares the percentages of Americans confident about their children having a higher standard of living from 2009 to 2011. Confidence has decreased by 15 per cent, from 62% to 47%. But this means that nearly half all Americans think positively. The loss of confidence is also reflected in the percentage of Americans who believe their children will have a harder time moving up the income ladder than they did. The number of sceptics rose by 13 per cent from 46% in 2009 to 59% in 2011.
Many Americans still believe that their children will have a higher standard of living, provided their children work harder than they themselves did. Maybe the growing number of sceptics is due to the impact of the financial crisis of 2008 and the slowly vanishing upper middle class.
The pie chart shows the percentages of people who share the same view on achieving the American Dream. About one-third believe that they will not reach the American Dream or are unsure about it (27% and 5% respectively), which is not considered a typical American attitude; slightly less than one-third (31%) have already achieved it whereas slightly more than one-third (37%) still believe that they will reach it.
Generally speaking a majority still have positive attitudes towards the American Dream.

Comparison to information provided in the text:
Information in the pie chart is supported by the text. The bar chart partly corresponds with the text, which says that children born to parents at the bottom of the economic ladder can hardly achieve greater social status.

C An ongoing debate: America's gun culture

PICTURES

America's poorly regulated gun culture → WB Task 9

LERNWORTSCHATZ

breaking news, to prevent sth, to occur (fml), militia, to bear arms, to infringe a right

SPEAKING

1 a)–b) Why are some people fascinated by guns? Who should have ...?

METHODISCHES VORGEHEN

Jeder S macht sich Gedanken zu der Fragestellung und hält diese in Stichpunkten fest. Danach erfolgt ein Austausch mit einem beliebigen Partner in der Reihenfolge der Beendigung der Arbeit. Die S treffen sich an einem Ort innerhalb der Klasse und tauschen sich dort im Stehen aus. L verweist auf Skill 28: Working with visuals *und die S arbeiten an den Bildern wie gewohnt.*

LÖSUNGSVORSCHLAG

a) People are fascinated by guns because
- Guns make people feel strong and safe.
- Their use has changed history (wars).
- They are interested in shooting sports and/or hunting.
- They make it possible for some people, good or bad, to impose their will on others.
- They are seen in films and on TV as tools of force.

b) The two photos show opposite views of weapons regarding the ongoing debate.

Photo 1 (left)

First impression: The left picture is titled *Some statistics speak for themselves*. It makes me sad to see that lonely, defenceless girl in the picture.

Interpretation: The dark red colour arouses the attention of passers by. It is the colour of blood and alludes to the children killed every day. The viewer associates the girl with one of the probable victims of a shooting. She looks like an ordinary girl meaning that any child can fall victim to a shooting and, maybe, there is something she is afraid of because she is walking really carefully as her posture shows. Her dress symbolises children's innocence. The message of the first photo is that it is innocent children who are the victims of shootings. This non-partisan grassroots movement is appealing to all American citizens.

Photo 2 (right)

First impression: Looking at the second picture I feel stunned. The scene is obviously set at a gun show.

Interpretation: This kind of red is associated with love and the stripes of the American flag and hints at the fact that many Americans love their guns and their country. They are real patriots and proud of their right to own guns. So children are brought up with that value even if they just play around with guns as if they were toys. The message of the photo is that Americans love their guns and raise their children accordingly.

ANALYSIS

2 In June 2008 a Supreme Court decision upheld the right of individuals ...

LÖSUNGSVORSCHLAG

In the 18th century the citizens had the right to defend themselves not only from the 'savage' natives but also from militant uprisings that may have threatened to turn the new country back over to the British. As there was neither an army nor a police force, local militia equipped with guns for self-defence were of vital importance for the well-being and survival of the communities.

Nowadays many people still support this age-old right to defend themselves as an important part of their tradition, even though there is a police force in every community and an army that overshadows every other one in the world. Whenever somebody tries to reform gun laws, many traditional and patriotic Americans – led by the NRA lobby – consider this an attack on their basic values and state that they still need guns for self-defence due to the high crime rate. But as statistics prove again and again, the possession of a gun does not necessarily prevent crimes. This right might also be granted today due to the importance of arms production as a growing industrial branch in terms of money and jobs.

SPEAKING

3 a)–b) What would you think and feel if you heard this on the radio? ...

METHODISCHES VORGEHEN

Auch diese beiden Aufgaben lösen die S selbstständig, um sich anschließend mit einem Partner auszutauschen. Der Partner kann ein den S zugewiesener Ansprechpartner sein, der seinerseits die Antworten der S auf Kärtchen sammelt, sie ordnet (Cluster) *und das Ergebnis der Lerngruppe zusammenfasst. Hinweis auf das* Fact file *zu* The Second Amendment.

LÖSUNGSVORSCHLAG

a) feel shocked, devastated, sad, sorry for the families, outraged that it could not have been prevented, helpless in the face of that carnage, paralysed, not able to think clearly, maybe it is just one more shooting in US history etc.

b)

- How could this shooting have been prevented?
- How did Adam Lanza get the gun?
- Why did he go on a killing spree? What were his reasons for killing innocent people?
- Why did nobody realise that there was something wrong with Adam?
- How can gun laws be reformed to prevent this from happening?
- Can I support the parents and teachers? What do they need?
- What can I personally do about it and make sure that a mass murder like this cannot happen again?

SPEAKING

4 In 2014 a Gallup poll on gun laws came up with the following ...

METHODISCHES VORGEHEN *Die S bereiten sich in häuslicher Arbeit auf diese Diskussion vor. Sie recherchieren im Internet, um Inhalte zu durchdringen und wiederholen* Useful phrases for discussion (Skill 24 Discussion and debate). *Andere Ansätze und Schlussfolgerungen als im Lösungsvorschlag werden ebenfalls akzeptiert. L:* Discuss these statistics and what they tell you about the gun culture in America.

LÖSUNGSVORSCHLAG

1. **37 % of Americans had a gun in their home (down from 48 % in 1990).**
   The number of Americans owning a gun decreased by 11 %. It still means that more than every third American owns a gun. But to put it positively, this trend may be the beginning of a continuing process to change people's attitudes towards gun ownership.
2. **49 % of Americans wanted stricter laws ..., compared to 78 % in 1990.**
   Nearly every second American is still open to gun control. The support for reform is down by 29 %. Regarding the high crime rate, many Americans believe in the right to defend themselves and feel they do not need changes in the gun laws.
3. **When asked what should be done to prevent ... 'stricter gun control laws' (24 %).**
   Only every fourth citizen realises that the access to and the possession of weapons are important factors which can lead to a decrease in gun violence. This limitation of personal freedom is seen by many as a violation of traditional American values they are thus not willing to accept the law for that purpose.
4. **Of the 143 guns owned by the killers of 62 mass shootings ... were legally owned.**
   Most murderers owned their weapons legally, one-fourth acquired it through illegal means. These figures show clearly that gun control does not always work and that new laws are required for protecting the population against mass shootings.

ERWEITERUNG Divide into seven groups. Each group watches a different slide show on *http://www.nytimes.com/projects/2013/gun-country/?nl=todaysheadlines&emc=edit_th_20131212*. Discuss your attitudes toward gun control after watching them. *Auf der Webseite der* New York Times *befinden sich insgesamt sieben sehr persönliche Meinungsäußerungen zu diesem Thema. Je nach Situation in der Lerngruppe kann in einer großen Gruppe diskutiert werden, in der Erkenntnisse aus allen sieben Diashows eingebracht werden. Bei der Entscheidung für kleinere Diskussionsgruppen, sollte L darauf achten, dass S in einer Gruppe diskutieren, die sich mit weitestgehend kontroversen Meinungsäußerungen beschäftigt haben. Diese Aufgabe kann als Grundlage für eine Prüfungsvorbereitung auf ein Gruppengespräch mit dem Niveau B2 verwendet werden. In diesem Fall erhalten die S eine echte* Task, *z. B.*

- You have decided to create a discussion forum on attitudes toward gun control for students your age from an American high school.
- You are taking part in the final meeting to kick off the discussion on your website.
- The aim of the meeting is to choose some points to discuss on the website and express your own ideas/opinions.
- At first each of you has to analyse the assigned video and explain each person's standpoint to your discussion partners and say where it originated. Refer directly to the factors having influenced the person's attitude.
- In the group you decide on the points influencing a person's attitude in general and the attitude towards gun control in particular ...
  - agree on an attitude that is typical for your generation in Germany,
  - also think of issues that might be of interest to your American partners.
- At the end of your discussion you should come up with a paper presenting everything you want to upload on your website to launch a discussion about attitudes toward gun control.

Im Idealfall ist das eine Ausgangsposition für ein reales gemeinsames Projekt mit dem Fokus auf dem Erwerb von soziokulturellem Wissen und der Entwicklung von kommunikativer interkultureller Kompetenz. Im Folgenden befindet sich eine Übersicht über die sieben Videos, Titel und Standpunkte:

LÖSUNGSVORSCHLAG

1. **Between Heartbeats:** This person is undecided what measures should be taken and believes that lessons can be learned from other countries.

2. **Father Language:** He supports background checks for gun purchases, but not any kind of ban on firearms or their possession.
3. **Street Life:** This person stands up against background checks and believes that it is necessary to own a gun in America.
4. **The Awakening:** This person believes that there are sufficient regulations of firearms and insists on the right to defend oneself.
5. **Never Asleep:** This person is fighting for more gun control, stricter enforcement of present gun laws, more careful background checks, ban on high-capacity magazines.
6. **The War Here:** This person supports responsible gun ownership especially among people who read the Bible and believes focus must be placed on the education of young people and their acceptance of values; he wants to exclude people with mental illness from gun ownership.
7. **Alone in the Middle:** This person thinks background checks are required as well as tighter regulations on assault rifles and high-capacity magazines, but there should be no ban.

NEWSPAPER ARTICLE

Do we have the courage to stop this? → WB Task 20

LERNWORTSCHATZ aftermath, failure, to be likely to, to stand up to sb/sth, likewise (fml), to not bother with, deterrence, few if any, homicide (fml), suicide, purchase (fml), to impose, to back, to trace sth back to, to ban, murder rate, to drop by (infml), to compile data, safeguard, to vouch for sb/sth, traffic fatality rate

COMPREHENSION

5 Several numbers are mentioned in this article. Go through . . .

METHODISCHES VORGEHEN *Beim paarweisen Paraphrasieren der Sätze mit Zahlenangaben erfolgt der Hinweis auf die entsprechenden Textstellen durch Zeilenangaben. Die Umschreibung wird schriftlich nach Besprechung mit dem Partner festgehalten. Die Ergebnisse werden durch eine neue Paarung kontrolliert, in der die Arbeitsergebnisse ausgetauscht werden. Dabei erkennen die S, dass es verschiedene Möglichkeiten des Paraphrasierens gibt, die ihren Wortschatz erweitern.*

LÖSUNGSVORSCHLAG

- (lines 6–7) Young Americans between five and 14 years of age are shot 13 times more frequently than those in other developed countries.
- (lines 9–10) The fact that three people die every hour/72 per day is considered a public health crisis.
- (lines 16–18) Mandatory safety standards for ladders are described on five pages whereas there is not one page about obligatory standards for gun safety even if 100 times more people are killed by firearms compared with the 300 who die in ladder accidents.
- (lines 24–25) The author of the article was given a .22 rifle as a birthday present when he turned twelve.
- (lines 30–31) If every third victim of a shooting was to be saved, 10,000 people would not have to die every year.
- (lines 38–40) In the US more people have fallen victim to gun violence in half a year than to the War on Terror or the conflicts in Afghanistan and Iraq in the last quarter of a century.
- (lines 41–42) Illegal gun dealers could be stopped if buying more than one gun per month were prohibited.
- (lines 48–50) The massacre of 35 people in Australia in 1996 forced the Prime Minister to take measures.
- (lines 50–52) More than half a million firearms were purchased back from Australian gun owners by the government, and stricter gun control laws introduced.
- (lines 53–56) The number of Australians possessing firearms was reduced by 20%.
- (lines 57–59) From 1978–1996 there were 13 massacres in Australia, but there were none from 1996–2010 after the law was enforced.
- (lines 59–63) The number of people shot decreased by almost half, and the number of people committing suicide with firearms fell by more than 50%.
- (lines 64–67) Canada makes gun buyers wait for almost a month before fetching the gun. The purchaser must also have two persons who are personally answerable that the buyer behaves responsibly.

- (lines 73–74) When it comes to safety regulations for cars in America, the traffic death rate per mile driven dropped to one-tenth of the number of the previous road deaths after the laws were introduced in the 1950s.

ANALYSIS **6 Divide the text into sections and give headings for each one. Write down ...**

LÖSUNGSVORSCHLAG

- **Section 1 (ll. 1–5)**
  Heading: lack of political courage to stop massacres
  Keywords: Connecticut school massacre, blamed on lack of regulations
- **Section 2 (ll. 6–11)**
  Heading: unprecedented number of American children shot
  Keywords: one person every 20 minutes, more than in other countries
- Section 3 (ll. 12–23)
  Heading: regulations for risk prevention in all spheres of life except for guns
  Keywords: detailed regulations about ladders, schools and toy guns are seen as lawmakers' and politicians' responsibility
- **Section 4 (ll. 24–31)**
  Heading: no public acceptance of regulating guns in the same way as driving
  Keywords: driving laws save lives and weapon regulations could too
- **Section 5 (ll. 32–40)**
  Heading: fewer legal gun purchases do not prevent rising death toll
  Keywords: fewer victims of recent US wars than people shot in the US
- **Section 6 (ll. 41–47)**
  Heading: probable measures to be taken
  Keywords: restrictions of number of guns bought at one time, background checks and gun registration (serial numbers)
- **Section 7 (ll. 48–63)**
  Heading: successful measures in Australia
  Keywords: rapid-fire rifles prohibited, strict regulations of gun control, fewer guns privately owned, number of victims has decreased by over 40%
- **Section 8 (ll. 64–67)**
  Heading: Canada's effective regulations
  Keywords: waiting period for gun buyer and two people vouching for the buyer
- **Section 9 (ll. 68–74)**
  Heading: regulations concerning auto safety in the US have reduced deaths
  Keywords: irresponsible drivers cause deaths, safety regulations enforced, lives saved
- **Section 10 (ll. 75–77)**
  Heading: people still dying due to a lack of gun regulations
  Keywords: lives saved in road traffic, sadly the same cannot be said for guns

Author's line of argument
The author starts by describing his feelings about one school shooting and the present state of affairs when it comes to school massacres and continues to hint at the fact that there are regulations for risk prevention in all spheres of life that work effectively, but not for guns. The author suggests concrete measures be taken against guns and refers to similar ones taken in Australia, Canada and even for other products in the US, such as cars, which have been successful. People in charge lack courage and are blamed for innocent people dying in acts of gun violence.

ANALYSIS **7 Analyse how the author tries to convince his readers of the need ...** → S4

METHODISCHES VORGEHEN *Die S werden auf* Skill 4: Dealing with non-fictional texts *hingewiesen und aufgefordert, wie dort beschrieben zu verfahren.*

LÖSUNGSVORSCHLAG **Contents:** Statements backed up by statistics, expert's opinion, author's own experiences, feelings described, examples/comparison, altogether convincingly argued (see above for logical line of argument).

Language and tone: The tone is highly critical of how the politicians/lawmakers deal with gun control. It is partly informal, e.g. in lines 19–23, when he refers to his personal experiences or when he contrasts "heroic teachers" with "feckless politicians"; however, it is realistic (l. 10) and serious as he ends his line of argument with a warning about more future deaths due to gun violence if no measures are taken. He tries to maintain the reader's interest in the subject matter, to involve the readers in his line of thought and to illustrate the urgency by asking rhetorical questions and by using 'we' throughout the text expressing that "all of us are facing the same problems and are only together strong enough to solve them".

VISUALS

8 Interpret the cartoon above based on the information in Section C ... → S28.2

METHODISCHES VORGEHEN

L weist vor der Bearbeitung der Aufgabe auf Skill 28.2: Working with visuals: Cartoons *hin. Die S berücksichtigen die Ausführungen bei ihrer Beschreibung.*

LÖSUNGSVORSCHLAG

First impression: The cartoon is obviously about two different interpretations of the Second Amendment to the US Constitution. It was drawn by Dave Granlund and published on his website (www.davegranlund.com). First, the cartoon hints at the sharp contrast between the two positions.
Description: In the cartoon there are two memorials, each of which show a male standing on a pedestal. The one to the left is a man dressed in a uniform resembling the one worn by soldiers fighting in the War of Independence. He is standing upright carrying a long-barrelled rifle in his right hand pointed into the sky and looking ahead. The pedestal made out of a piece of rectangular stone.
The memorial to the right presents a stout male also dressed in a modern-day uniform. He has three rifles slung over his back and is carrying one rifle at the ready. His pedestal consists of five boxes of ammunition.
Interpretation: As the words "Second" are printed in bigger letters than the rest they attract the viewer's attention immediately. Every American knows the Second Amendment and that there are different interpretations. In the 18th century people had the right to defend and organise themselves in local militias. The memorial to the left resembles the Concorde Minuteman, a patriotic American who fought the British. The Founding Fathers might have referred to the right of the states to maintain a citizen army necessary to defend the independence of the 13 former British colonies against attackers. The memorial to the right resembles an individual NRA member armed to the teeth and ready to attack someone.
Message: The cartoonist is making fun of the way that the NRA is interpreting the Second Amendment.
Evaluation: The cartoonist manages to emphasise the difficulty in interpreting the Second Amendment. Nobody can really prove who is right – the Founding Fathers or modern proponents of weapon ownership.

SPEAKING

9 Should guns be more strictly regulated in America?

MATERIALIEN

→ Kopiervorlage 4 (Role play cards)

EINSTIEG

Additional pre-tasks

- Before you start your panel discussion, choose the role of one of the participants and design a character profile of that person so that you can behave accordingly.
- Write down the line of argument you want to follow in the discussion to convince the audience of your view on stricter regulations for guns in the US.

METHODISCHES VORGEHEN

*Je nach Lerngruppe findet entweder sofort eine freie Diskussion mit Hilfe der Rollenkarten auf Kopiervorlage 4 (*Role play cards*) statt oder die Podiumsdiskussion wird zuerst durch die S geprobt:* Make sure you know how to use the discussion phrases. One student without an assigned role volunteers for chairing the panel discussion (Skill 24 Discussion and debate).

ALTERNATIVE

*Kopiervorlage 4 (*Role play cards*) bietet vorbereitete Rollenkarten, die von L eingesetzt werden können. Siehe auch den Hinweis in Aufgabe 10 zur vierten Rolle (*a journalist from Germany*).*

LÖSUNGSVORSCHLAG

Individual answers expected.

RESEARCH **10 Write a short fact box on 'Guns in Germany' based on your findings.** → S32

METHODISCHES VORGEHEN *Die S werten Informationen aus unterschiedlichen Quellen aus und schätzen die Zuverlässigkeit der Quellen ein* (Skill 32 Doing research). *Sie stellen ihre* Fact boxes *in der Klasse vor* (Skill 12.2 Material-based writing). *Diese Informationen können auch zur Vorbereitung auf die vierten Rolle* (a journalist from Germany) *in der Podiumsdiskussion in Aufgabe 9 genutzt werden.*

LÖSUNGSVORSCHLAG **Fact box: Gun control in Germany**
German gun control legislation is stricter than in many other countries. Unlike the US Constitution, possession and use of firearms are not enshrined in the German Basic Law. In the aftermath of the massacre at the Gutenberg school in Erfurt on 4 April 2002 and the shooting at the Albertville secondary school in Winnenden on 11 March 2009 the strict laws have been further tightened to limit the number of private gun owners. Anybody who wants to own a gun – for example hunters, marksmen, members of shooting clubs, gun dealers and producers etc. – has to apply for a licence and meet certain requirements. Potential gun owners must be at least 18 years old, be knowledgeable about firearms as well as gun laws and be a skilled gun user, must behave reliably and responsibly and must have lived in Germany for at least five years. The licence has to be renewed every three years. In Germany there is a National Weapons Register so that the ownership of a gun can be traced from the time of its production. Gun owners are monitored regularly, and they ensure the guns are stored safely. The possession of certain kinds of weapons such as automatic or semi-automatic firearms is prohibited with special exceptions to the rule. The number of people who fall victim to gun violence or who have shot themselves accounts for fewer than 1,500 casualties throughout Germany each year.

D Ethnic minorities

POEM **As I Grew Older** → WB Task 21

LERNWORTSCHATZ ethnic minority, to rise, thick (infml), increasingly, racial stereotype, social condition

COMPREHENSION **1 Describe the speaker's view of his early life and his present thoughts ...**

METHODISCHES VORGEHEN *Hinweis auf das* VIP file *zu Langston Hughes und die* Useful phrases *zu* Talking about the African American experience.

LÖSUNGSVORSCHLAG The speaker in the poem tells of his struggle to make his dreams come true. At first he recalls an important dream, "an old dream" he had when he was little, which he almost forgotten about. The dream might have been of an innocent African American child being equal and having the same opportunities as anybody else. But growing up the speaker realises that his dream has become almost unattainable. He has become aware of racial segregation and discrimination due to his skin colour. Seemingly invincible obstacles arise and grow on the way to making his dream come true. He feels desperate, helpless, disappointed and defeated because he cannot make his dream come true just because he is black. His dream is almost forgotten/has completely faded. At the end, maybe as an adult, he feels encouraged/empowered to overcome the obstacles, break apart the darkness, tear down the wall and revive his original dream and to have many more dreams.

ANALYSIS **2 a)–b) What makes this poem effective? Analyse ...** → S10.2

METHODISCHES VORGEHEN *Als Vorbereitung auf diese Aufgabe können S sich das Gedicht anhören* (http://www.poemhunter.com/poem/as-i-grew-older/). *Hinweis auf* Skill 10.2 Stylistic devices.

LÖSUNGSVORSCHLAG a) **Message:** You should always stick to your dreams even if there are seemingly invincible obstacles built up to prevent you from making them come true. Your dreams can become a source of strength for overcoming the obstacles and for self-realisation.

Devices used to illustrate the message
- **symbolism**

- The wall stands for obstacles, like racial discrimination and injustice; the fact that it is so high that it "touched the sky" is an exaggeration to illustrate the speaker's feeling of being almost completely lost because the obstacles are huge and seemingly invincible.
- The shadow represents darkness and a slew of problems and that things become hidden, invisible.
- Dark hands reveal the speaker's skin colour; he is of African American ethnicity.

- **comparison**
  Dreams are compared to light and brightness (simile: bright *like* the sun) meaning that dreams are vital, represent hope, optimism, positive feelings, something to aspire to.
- **imagery**
  Brightness and darkness refer to the dream's opposite sides; the darkness must be lit up/destroyed to save the dream, brightness and its impacts on life.
- **repetition**
  Words are repeated, e.g. dream, shadow, rose, dark, hands, thousands and sun.
- **language**
  Powerful expressions such as "shatter the darkness" and "smash the night" are used for powerful actions taken to help the brightness get through.
- **exclamations**
  These stress speaker's feelings, the ways of thinking and motivation.

b) Individual answers expected.

EVALUATION

3 Comment on the statement: "This poem is a timeless ..." → S14.2 →△6

METHODISCHES VORGEHEN
L regt an, in Vorbereitung auf diese Aufgabe über die Rolle von Träumen im Leben eines Menschen im Allgemeinen nachzudenken. Ferner erfolgt ein Hinweis auf Skill 14.2 Comment.

LÖSUNGSVORSCHLAG
- dreams give people orientation, direction, provide the basis for making decisions because they open doors to stride through
- activate, motivate people, keep them going/moving on
- help people anticipate developments, rehearse probable actions in their minds, thus prepare people for real-life situations
- cause good feelings, make people happy, optimistic
- give people the strength to fight obstacles
- so circumstances to realise our dreams must be discussed specifically, e.g. political conditions, environmental issues etc.

DIFFERENZIERUNG
△ *Aufgabe 6 im* Diff pool *erläutert als zusätzliche Hilfestellung für leistungsschwächere S den Bedeutungsunterschied zwischen den Begriffen* cross-cultural *und* cross-ethnic.

VIEWING L

4 a)–c) View a news report to find out about African Americans ...

MATERIALIEN
→ L (Harlem immigrants) • Transkript

EINSTIEG
Pre-viewing activity: Make an attractive fact file about Harlem for your fellow students, filling one or two A4 sheets. Include various texts, e.g. statistics, pictures, audio-links, newspaper articles etc. Hang your fact files up in the classroom and do a gallery walk.

METHODISCHES VORGEHEN
a)/b) *L sichert die Vorkenntnisse der S:* Who were the two main opponents in the election campaign of 2012? (President Barack Obama for the Democratic Party, Governor of Massachusetts Mitt Romney for the Republican Party: Romney was defeated; Obama won a second term.) *Die S sehen sich den Videoclip zweimal an und machen zu den geforderten Punkten Notizen. Erst danach tauschen sie sich zuerst mit einem Partner, dann mit einem anderen Paar aus.*

c) *Beim Schreiben des Kommentars in Teilaufgabe c) ist darauf zu achten, dass das Skript Elemente der gesprochenen Sprache berücksichtigt, wie z. B. kurze, prägnante Sätze und die Verwendung rhetorischer Mittel. Die Struktur entspricht der eines Kommentars (*Skill 14.2 Comment*). Insgesamt orientiert sich das Skript an der Zielgruppe und der eigenständig formulierten Botschaft sowie an den Hinweisen zum Inhalt in der Aufgabenstellung. Medienaffine S können auch einen Podcast bzw. einen Videoclip für die Webseite eines Senders produzieren.*

LÖSUNGSVORSCHLAG **a)**
- Harlem is in Upper Manhattan.
- It is home to thousands of immigrants.
- It is a major African American residential, cultural and business centre since 1920s.
- Population is 80% African American, of which some are illegal immigrants.
- President has to determine the status of immigrants.
- Two questions were asked: Are immigrants good for the US? Do they want to live the American Dream? In other words: Do immigrants help the American economy to prosper, and do they subscribe to American values?
- There are 12.5 million illegal immigrants living in the US.
- Families have been separated because children born in the US receive citizenship status automatically whereas their parents are deported for staying in the US illegally.
- Illegal immigrants are considered the cause of problems for the American economy.

b)
- African Americans in Harlem have led a tough struggle for equal rights.
- They are challenged by crime and unemployment.
- The American Dream is unattainable for many of them.

c) Individual answers expected.

POEM ## stupid america → WB Tasks 22, 23

LERNWORTSCHATZ to carve Christ figures, curse, masterpiece, college degree, occupation, spouse, median personal income

COMPREHENSION ### 5 State what image of the Hispanic minority the poem conveys.

METHODISCHES VORGEHEN *Hinweis auf das* VIP file *zu Abelardo Delgado. Vorab erfolgt die Begriffsklärung von* image *mit einem einsprachigen Wörterbuch:* picture created in our mind, here: of what someone is like.

LÖSUNGSVORSCHLAG The speaker in the poem shows that many people misinterpret Mexican American behaviour due to stereotyping and prejudice, which leads to the denial of opportunities and makes it impossible for Mexican Americans to make their own contributions to American culture. As readers tend to be superficial and look for an affirmation of their views, they have negative preconceptions of this ethnic group, e.g. they picture Mexican Americans as being violent "with a big knife/on his steady hand" and aggressively "shouting curses on the street" and as hardly working in school so that they fail. Those images are questioned for those readers who really want to know the truth about Mexican Americans, and they will find that prejudiced people are simply ignorant.
- They do not know that Chicanos usually use knives to practise their traditional craft of woodcarving and, as many of them are Catholics, they enjoy carving Christ figures.
- They do not know that some Chicanos can't write, so they make themselves understood orally and, as nobody seems to listen to them, they shout to express their feelings.
- They do not know about the strengths and the artistic skills of the Chicanos, which would enrich American culture, so they are actually wasted.
- Because of their ignorance prejudiced people misjudge and misconceive their fellow citizens, and they even discriminate against Mexican Americans.

ERWEITERUNG **Additional task:** Study the poem *stupid america* by Abelardo Delgado carefully focus on the image it conveys of the Hispanic minority. Find/Draw pictures illustrating the message of the poem and present them in class.

ANALYSIS ### 6 Explain how the speaker underlines the urgency of ... → S6.1

METHODISCHES VORGEHEN *Vor der Bearbeitung der Analyseaufgabe weist L auf* Skill 6.1 Analysing poetry *hin. Die S berücksichtigen die Informationen bei ihren Ausführungen.*

LÖSUNGSVORSCHLAG The speaker warns that people's behaviour leads to an irretrievable loss for American society as a whole as well as for people who are made to feel completely worthless and excluded from society. This is made urgent by …

- expressing his views in three stanzas of free verse modelled after the same structure/idea which refers to widespread stereotypes/prejudice (see above) first and reveals their origin by providing opposite facts afterwards
- characterising Americans as being 'stupid' when they judge people by appearance,
- directly addressing/accusing America, personifying and appealing to its senses to 'see', 'hear', 'remember' what is really happening and approach Mexican Americans with more tolerance and open-mindedness
- repeating 'stupid america' at the beginning of every stanza and underlining the fact that people who prejudge others are brainless, senseless, dumb,
- contrasting the seemingly negative appearance of Mexican Americans with positive images, such as their giftedness and talent
- using a metaphor to compare the Chicano to "a poet without paper and pencil" and calling him "the Picasso of your western states", stating that "he will die with one thousand masterpieces hanging from his mind", meaning that despite his talent his paintings will not enrich public life, which should make the readers sad.

CREATIVE TASK **7 A publisher is planning an edition of the best multicultural …** → S18.1

METHODISCHES VORGEHEN *Die Lösung dieser Aufgabe bereitet die S direkt auf die Bewältigung von Anforderungen im Abitur vor und sollte dementsprechend von L gewichtet werden. Nach der Wiederholung der Kriterien für das Schreiben eines formellen Briefes (*Skill 18.1 Writing a formal letter/letter to the editor*) und der Entscheidung für bzw. gegen eines der beiden Gedichte, formulieren die S ihre Argumente (mindestens drei pro Gedicht) in einer Tabelle. Eine Wiederholung der sprachlichen Mittel zum Vergleichen ist ebenfalls angebracht (siehe Lösungsvorschlag zu Aufgabe 6). Die S stellen sich in Gruppen ihre Briefe vor und wählen den überzeugendsten Brief zur Veröffentlichung aus oder erarbeiten auf der Grundlage der einzelnen Arbeiten den perfekten Brief.*

LÖSUNGSVORSCHLAG Individual answers expected.

CREATIVE TASK **8 a)–b) Write your own free verse or traditional poem about …**

LÖSUNGSVORSCHLAG Individual answers expected.

ANALYSIS **9 Discuss the statistics below. What do they tell us about the …?** → S27

EINSTIEG **Additional pre-task:** Look at http://www.census.gov/2010census/ and retrieve the facts regarding the composition of the American population.

METHODISCHES VORGEHEN *Hinweis auf* Skill 27: Statistics, diagrams and maps. *Die S suchen zunächst die erfolgreichste und die am wenigsten erfolgreichste Bevölkerungsgruppe heraus. In Vorbereitung auf Aufgabe 10 stellen sie bereits an dieser Stelle Fragen nach den Ursachen für den Grad des Erfolgs.*

LÖSUNGSVORSCHLAG The ranking of ethnic groups according to success is as follows: whites, Asian Americans, African Americans, Native Americans, Latinos/Hispanics. Here are some additional details:

- **Whites** seem to be the most successful ethnic group. They have the highest median personal income, the lowest percentage of people living in poverty and of people not graduating from high school compared with the other five groups. When it comes to the percentage of people with a college degree and a highly skilled occupation, they are surpassed by Asian Americans by at least twelve per cent or more. The percentage of families with members living together is also higher among Asian Americans than among whites.
- The **Asian Americans** come in second with regard to success. They are barely surpassed by the whites when it comes to the percentage of people graduating from high school and the median personal income while the percentage of people living in poverty is slightly higher than that of the whites. In the long run they might be expected to surpass the whites in income, and they may have fewer people living in poverty due to the fact that they are ahead of the whites in college education and highly skilled occupations, which will pay off.

- The least successful group seems to be the **Latinos/Hispanics**. About half of them graduate from high school, one-tenth have a college degree, resulting in the lowest median personal income of all the groups. But only one in five members of this group lives in poverty. In this respect the Native Americans and the African Americans trail behind the Latinos/Hispanics. Among the Latinos/Hispanics more than half of the families are complete whereas among the African Americans only 38 % of the families are complete while among the Native Americans the percentage is 50.2 %.
- A higher percentage of **Native Americans** graduate from high school; however, in all other aspects, they perform as well as the Latinos/Hispanics.
- The **African Americans** seem to be in the middle between the whites and Asian Americans on the one hand and Latinos/Hispanics and Native Americans on the other hand. Just the percentage of incomplete families is disproportionally negative. Maybe this is a reason why this ethnic group has the second-highest percentage of people living in poverty.

RESEARCH

10 "Has the American Dream come true for minorities?" ...

METHODISCHES VORGEHEN

L kann die Recherche durch eine Vorauswahl geeigneter Quellen unterstützen (http://www.census.gov/2010census/). Auf dieser offiziellen Seite des Büros finden sich auch unter Race *Erklärungen für die Zuordnung von Amerikanern zu einzelnen Bevölkerungsgruppen. Um die Komplexität dieser Aufgabe ein wenig aufzubrechen, arbeiten die S in der Struktur von Stamm- und Expertengruppen, d. h. es entscheidet sich jedes Mitglied der Stammgruppe für die Erstellung eines* Fact file *für eine der fünf in Aufgabe 9 erwähnten Bevölkerungsgruppen. In der Gruppe werden als zweiter Schritt die Punkte konkret formuliert, die man vergleichen will. Diese Punkte müssen noch vor Beginn der Einzelarbeit in der gesamten Lerngruppe abgeglichen werden. Nach der Einzelarbeit treffen sich die S in Expertengruppen, in denen sie ihr* Fact file *zu einer Bevölkerungsgruppe sich gegenseitig vorstellen und vervollständigen. In der Stammgruppe stellt abschließend jedes Mitglied sein* Fact file *vor (*Skill 22 Presentation*). Die anderen machen sich Notizen und erfüllen die letzten beiden Teilaufgaben in Einzelarbeit. Jedes Gruppenmitglied bereitet sich darauf vor, die Ergebnisse entsprechend der globalen Aufgabenstellung bei Aufforderung überzeugend vor der gesamten Lerngruppe zusammenzufassen.*

LÖSUNGSVORSCHLAG

Individual answers expected.

Spot on language

LERNWORTSCHATZ

to consist of, decent, prospect, to achieve, under pressure, to embody, to shrink, one-size-fits-all, to withstand, fellow Americans, to speak out for sth, to cherish

1 Write down rhetorical devices that you would use in a statement ...

METHODISCHES VORGEHEN

L verweist die S auf ihre Notizen aus dem Core skill workshop (Analysing a speech)*. Die S treffen auf der Grundlage dieser Notizen für sich eine individuelle, begründete Auswahl an rhetorischen Mitteln und ordnen sie den Teilen der Rede (*Introduction, Main part, Conclusion*) zu. Danach tauschen sie sich über ihre Auswahl aus.*

LÖSUNGSVORSCHLAG

Introduction	Main part	Conclusion
directly addressing the audience rhetorical question making a joke giving an example/describing an incident quotation using anything to grab the listeners' attention	using personal pronouns 'we', 'our', 'us' repetition (of a key word/phrase) enumeration, anaphora, parallel structures etc. contrast, clear cut alternatives examples	emotive language exclamations statements quotations repetition directly addressing the audience

2 The text below is the beginning of a speech that is relatively …

LÖSUNGSVORSCHLAG

(Changes are printed in bold, other solutions are possible.)

Do you know that for most people the American Dream consists of owning your home and a car? **Who does not dream** of having a decent job and the prospect of a better future for their children? **But today** many Americans wonder if achieving this dream is still possible **because** many of the cornerstones of the American Dream are **either** under pressure **or** gone. **Even** the middle-class, which best embodies the ideals of the American Dream, is **shrinking, whereas** the number of poor and super-rich are **increasing. Apart from this** many Americans are too afraid to dream at all **due to the fear** of terrorism, cheap immigrant labor and crazed gunmen. **Naturally, this has resulted in** the country being divided to such an extent that there can be no one-size-fits-all American Dream any more.

Hopefully, the dream may be tough enough to withstand the challenges of our times **and** lives on in every citizen, **citizens like you and me,** who work hard to provide for their family. **Surely,** the Dream is still alive in every soldier who fights abroad to protect his fellow Americans and in every citizen who speaks out for freedom and equality. **Finally,** the Dream lives on in every American who brings up his children to cherish and perpetuate the values that have made this country, **our country,** great. **Let us keep the American Dream alive.**

3 a)–c) Write the beginning of a speech about how the unit …

METHODISCHES VORGEHEN

Vor Beginn der Präsentationen der Redeanfänge einigen sich die S auf einige Kriterien, auf die sie achten wollen. Sie wählen die gelungenste Arbeit zur Präsentation im Plenum aus.

LÖSUNGSVORSCHLAG

Individual answers expected.

4 Copy the table below and fill it in with four useful phrases for …

METHODISCHES VORGEHEN

Die S übertragen die 4-spaltige Tabelle in ihr Heft und ordnen die aufgelisteten Useful phrases *zu gleichen Teilen (vier Wendungen pro Spalte) zu.*

LÖSUNGSVORSCHLAG

Optimism	The future	Intention and initiative	Toward solving problems
I am very confident that	in the near/ foreseeable future	tackle a pressing problem	are working hard
my hope for the future is that	in the short/long term	gain the support of	to overcome resistance
there is no doubt that	first we should	have to ensure that	are prepared to
I am cautiously optimistic	as a first concrete measure	will make every effort to	to convince sceptics

5 Imagine you are being interviewed for a new job or you have just arrived …

METHODISCHES VORGEHEN

Die S wählen eine Situation aus, beantworten individuell die vorgegebenen Fragen und überlegen sich mindestens drei weitere Fragen, die sie ebenfalls beantworten. Dabei sollten die zusätzlichen Fragen auf Papierstreifen fixiert werden. Somit ergibt sich eine Sammlung von durch die S selbst erstellten Fragen, die zur Übung des freien Sprechens zu diesem Thema genutzt werden können. Das kann in Partnerarbeit oder in Einzelarbeit erfolgen.

LÖSUNGSVORSCHLAG

Individual answers expected.

6 Collect useful words and phrases for making comparisons.

METHODISCHES VORGEHEN

Leistungsschwächere S, die mehr Hilfe zur Wiederholung von Lexik und Grammatik benötigen, werden auf eine Internetrecherche verwiesen. Einige nützliche Links:
http://grammar.reverso.net/B_2_making_comparisons.shtml
http://www.tolearnenglish.com/exercises/exercise-english-2/exercise-english-28752.php
http://www.bbc.co.uk/worldservice/learningenglish/grammar/learnit/learnitv158.shtml.

Leistungsstärkere S, die das Vergleichen sicher beherrschen, können unter Nutzung der Seite learningapps.org *für andere S Übungen zum Wiederholen der Grammatik erstellen. Diese Seite bietet verschiedene Templates an, so dass die technische Seite der Übungserstellung in den Hintergrund tritt.* Online English Comparison Tests *für sehr gute S finden sich unter* http://englishteststore.net/index.php. *Folgende Fakten sollten unter anderem Beachtung finden:*

LÖSUNGSVORSCHLAG

- two things are different: adjectives – their comparative and superlative (revision of rules); be more/less or fewer … than; more precise expressions by using much, slightly and far before more/less than; unlike me/you/…
- two things are the same: as … as; more precise expressions concerning the extend of similarity by using almost as … as, not quite as … as, (not) nearly as … as, nowhere near as … as, twice as … as and half as … as; the same as; like me/you/…
- conjunction to highlight differences: whereas

7 Your American pen pal has told you about some relatives for … → S26.1

METHODISCHES VORGEHEN

Die S analysieren die Aufgabenstellung gründlich. Sie erkennen die Situation, den Adressaten, die Kommunikationsabsicht, die Fokussierung des Lesens auf die Entnahme von Informationen zum German Dream *und seine wirtschaftliche Bedeutung in Vergleich zum* American Dream *(*Scanning*). Der zu produzierende Text muss den formalen Anforderungen an eine E-Mail genügen (Betreffzeile, Anrede, Einleitung/Quelle, erforderlicher Inhalt und Ende). Siehe auch die Hinweise in* Skill 26.1: Mediating *zur Mediation. Wenn S mit Hilfe des Paraphrasierens die Aufgabe sprachlich nicht bewältigen können und das deutsch-englische Wörterbuch zu Hilfe nehmen, sollten die auf diese Weise ausgewählten Wörter mit ihren Kollokationen auf ihre Verwendung in einem Internetkorpus überprüft werden. Auf folgende Fakten aus dem Zeitungsartikel wird in der E-Mail Bezug genommen:*

LÖSUNGSVORSCHLAG

- The newspaper article "How dreams impact our economic activity" was published in the German weekly *Die Zeit.*
- It is about a survey conducted by the German trend researcher Stephan Grünewald, a psychologist and business consultant.
- He asked young adults, first-time employees between 18–21 in Germany questions about their desires, anxieties and dreams.
- The majority of them dream of working as civil servants, bank clerks/bank employees, insurance agents, i.e. jobs having low-social status in the 1970s.
- The German Dream is quite conservative.
- Germans strive for security and stability in life to make life manageable.
- They are looking for safe careers with predictable and controllable progression compatible with having both a family and a career instead of having an exciting or challenging career.
- They would like to live in a (detached) house of their own.
- The minority of young adults dream of self-realisation by taking risks and engaging in entrepreneurship.
- Harvard historian Niall Ferguson states that Europeans work fewer hours on average compared with Americans and even far less than Asians, so they are considered slackers.
- The gap between the number of working hours of Americans (1,711 hours per year) and Germans (1,437 hours per year) has been widening since 1979.
- Dreams influence economic power and innovational ability as they reflect important character traits/necessary attitudes such as:
  - making business ventures
  - a sense of duty at work
  - the willingness to make extreme efforts
  - practising self-exploitation/devoting themselves to work.
- The American Dream means everybody can climb the social ladder regardless of background and skin colour. They just have to work hard and play by the rules.
- Americans believe in the American Dream as their source of strength so they
  - work extremely hard
  - sacrifice themselves for work

- cope with setbacks/problems more easily
- start anew after failure.

- Most Germans live by different basic values than Americans, dream different dreams and have different attitudes towards work.
- The author gets his message across by stating that economic activities in Germany will slow down in the long run if young Germans subscribe to attitudes towards life/work as described above. However, on account of the Americans' attitudes, the US economy will be more prosperous than in Germany; risk-taking and entrepreneurship are considered the key to economic prosperity.

8 Comment on Grünewald's findings and conclusions. How does your . . . ?

METHODISCHES VORGEHEN *In der Einleitung ist eine Auseinandersetzung mit der wirtschaftlichen Bedeutung von Lebensplanungen für die Entwicklung eines Landes mit kritischer Betrachtung der Informationen des Zeitungsartikels zu empfehlen. Bspw. sollte erkannt werden:* It is an interesting approach, but the survey was conducted only among young professionals who finished vocational training or completed basic studies. People with higher university degrees who normally graduate when they are older have different attitudes and tend to be more entrepreneurial and ambitious. *Die Einleitung sollte mit einer These enden. Im Hauptteil erfolgt eine konkrete Diskussion der persönlichen Lebensplanung im Vergleich zum* American *und* German Dream *mit Bezug auf die These. Am Ende wird die These noch einmal abschließend betrachtet.*

LÖSUNGSVORSCHLAG Individual answers expected.

Spot on vocabulary

1 Use the English equivalents of these German words to complete the . . .

LÖSUNG 1. crowded, 2. opportunities, 3. duplicated/doubled, 4. supporters, 5. occasion, 6. encountered, 7. distraught

2 a)–c) Find the missing forms. b) Form adjectives from these . . .

METHODISCHES VORGEHEN *Bei Teilaufgabe c) bietet sich die Produktion eines Lückentextes zur gegenseitigen Kontrolle* (Peer assessment) *an. Hinweis auf den Tipp zu den* Vocab sheets.

LÖSUNG a) (Solutions are printed in **bold**.)

verb	noun	adjective
to theorise	a new **theory** about the frontier	**theoretical** ideas
settlers **transformed** the West	we saw her **transformation** as she grew	transformational
live long and **prosper**	prosperity	to run a **prosperous** business
to commit oneself	to demand total **commitment**	to be **committed** to the cause
equalise different groups of people	equality	**equal** opportunity
to separate	**separation** of church and state	**separate** but equal
they **individualise** production	individual	**individual** attitude toward one's goals

b) support – **supportive**, opportunity – **opportune**, possibility – **possible**, diversity – **diverse**, persistence – **persistent**, ethnicity – **ethnic**, intervention – **intervening**, spectacle – **spectacular**, difference – **different**

c) Individual answers expected.

3 Find the antonyms and write informative sentences with them.

LÖSUNG advocate – **opponent/adversary**, indifference – **commitment/involvement**, to discriminate against – **to accept/respect**, to reduce – **to increase**, to immigrate – **to emigrate/migrate**, minimal – **maximal**

4 Match the pairs and and use them in sentences about the US.

LÖSUNG to conduct **a poll**, minimum **wage**, to offer **an incentive**, per capita **income**, assault **weapon**, mortgage **payments**, to hold **a rally**, election **campaign**

5 Compose a short essay "The American Nightmare" using …

METHODISCHES VORGEHEN *Die S halten sich an die Hinweise für das Schreiben von Essays* (Skill 14.1 Argumentative essay). *Vor der Textproduktion, bei der sie sich auf ihre Wortwahl und die Verwendung der gegebenen Wendungen konzentrieren, erstellen sie eine detaillierte Gliederung. Nach dem Schreiben sollte eine Selbstkontrolle stattfinden, wobei der Text und die erforderlichen Merkmale mit Hilfe einer Checkliste abgeglichen werden.*

LÖSUNGSVORSCHLAG Individual answers expected.

Topic task

Giving a speech at a youth conference → S15, S22

METHODISCHES VORGEHEN *Für die Arbeit an dieser komplexen Aufgabenstellung einschließlich der Konferenz sollten 2–4 Unterrichtsstunden eingeplant werden. In einer vorbereitenden Unterrichtsphase wird zunächst das Thema der Konferenz festgelegt und der Bezug zu den in* Step 1 *angebotenen* Topics *hergestellt. Das Formulieren von Fragen durch die S (z. B.* Why can the American Dream be considered an important vision for the 21st century? What role might American values described play in future?*) ist hilfreich, um das erworbene Wissen neu zu ordnen. L sollte eine möglichst breite Auswahl der* Topics *sichern. Auch das Rollenverständnis ist in der Lerngruppe zu besprechen, so dass die unterschiedlichen Perspektiven bei der Betrachtung des gewählten Topics und deren Einfluss auf die Gestaltung der Rede deutlich werden. Hinweis auf den Tipp zu* Learning from good speakers. *Die in* Step 2 *geforderte Rollenwahl wird mit einer kurzen, schriftlich fixierten Beschreibung der Besonderheiten dieser Perspektive vertieft. L kann in die Wahl der Rolle des Botschafters lenkend eingreifen, da hier besondere Voraussetzungen in sprachlicher und inhaltlicher Hinsicht erforderlich sind. Nach einer individuellen Arbeitsphase zu* Step 1 *und 2 erfolgt die Arbeit an* Step 3 *in häuslicher Arbeit. Die Nutzung der* Useful phrases, *der Hinweise in* Skill 15 Speech *sowie der Aufzeichnungen zu Redeanalyse und Körpersprache sollte eingefordert werden. Die Gruppen in* Step 4 *können nach der Wahl des* Topics *gebildet werden. Hinweis auf die* Useful phrases *zu* 'Framing' a speech *und auf* Skill 22 Presentation. *Alle S geben ihren Mitschülern ein Feedback zu ihren Reden und wählen einen Repräsentanten ihrer Gruppe für die Konferenz aus. Auf diese Weise werden Reden zu allen in* Step 1 *vorgeschlagenen* Topics *berücksichtigt. Die Vorbereitungsphase endet mit dem Benennen der Konferenzredner, der Zuweisung der Rolle des Konferenzleiters und der Aufgabenverteilung an die Zuhörer. Die Konferenz sollte in einer Doppelstunde mit ausreichend Zeit für ein Feedback stattfinden. Die Suche nach Beispielen für gute Reden erfolgt im Internet. Es eignen sich besonders die Reden von Präsidenten sowie die zahlreichen, jährlich an* High Schools, Colleges *und Universitäten gehaltenen* Commencement speeches *(z. B. http://www.graduationwisdom.com/speeches/best-commencement-graduation-speeches-with-inspirational-quotes-2013.htm).*

LÖSUNGSVORSCHLAG Individual answers expected.

KLAUSURVORSCHLAG *Zum* Topic **The US then and now** *steht online nur für die Hand von L ein editierbarer Klausurvorschlag mit Erwartungshorizont zur Verfügung.*

Code k949tr → Klausurvorschlag: Recovery hype: American capitalism's weapon of mass distraction (newspaper article)

KV1: Chasing the frontier

1 *Listen to the dialogue about the role of the frontier and complete the sentences using 1–4 words.*

An Indian chief's son and a miner are about to be on their way to ____________________ (1), and they are raising their glasses to this ______________________________ (2). For the chief's son partnering up with the miner is quite a step forward because the Indians had been sent on the ______________________________ (3) by the white man less than a century beforehand, which means they had been sent West on a journey that cost many of them not only their homeland, but also their lives. The miner's family was actually in favor of ____________________ ______________________________ (4) on the East Coast, and the miner compares the westward expansion of the United States to ______________________________ ____________ (5). Both are in agreement that ______________________________ (6), the 7th President of the United States, was rather unlikeable and incompetent. His policy removed ______________________________ (7) from their eastern homelands. The Indians were given land that was ______________________________ (8).
However, the land they were given, the so-called ______________________________ (9), turned out to be quite valuable after all because ______________________________ (10) was discovered on some of them, both in ____________________ (11) and in ____________________ (12). Furthermore, the white man killed about ______________________________ (13), destroying one of the Native Americans' livelihoods. Since there wasn't any more room for expansion and the government didn't want people to settle on all of the land in the West, they turned some of it into ____________________ (14) like Yosemite in California, a former ____________________ (15) of the Indians. The miner says that according to historian Fred Turner, the frontier is what made ______________________________ (16) and created an American character that is ____________________ (17), ____________________ (18) and ____________________ (19). The miner believes in Turner's thesis but the chief's son is rather skeptical. From his point of view if the ____________________ (20) had not intervened, the ____________________ (21) would have had major difficulties. He points out that ____________________ (22), ____________________ (23) and ____________________ (24) were built by the government for the whites to ease their journey to the West. The miner concedes this as being the truth, yet voices that it is still hard to ____________________ (25) on the small amount of land a family was allowed to claim for themselves.

LÖSUNGSVORSCHLAG: 1. Alaska, 2. new frontier/quest/adventure, 3. Trail of Tears, 4. modernising society/creating great cities, 5. spreading butter on toast, 6. Andrew Jackson, 7. 20 tribes/about 70,000 natives, 8. unfertile/not good for farming, 9. reservations, 10. oil, 11. Texas, 12. Oklahoma, 13. 25 million buffalo, 14. national parks, 15. hunting ground, 16. Americans who they are, 17. optimistic, 18. independent, 19. self-reliant/adaptive, 20. government, 21. frontiersmen, 22. railroads, 23. dams, 24. roads, 25. survive

Green Line Oberstufe
Autor: Markus Wasserfall, Rudersberg

KV2: Ideas on immigration

1 *Analyse the flow chart carefully. Explain how people can obtain permanent resident status in the US with a green card which is a prerequisite for US citizenship.*

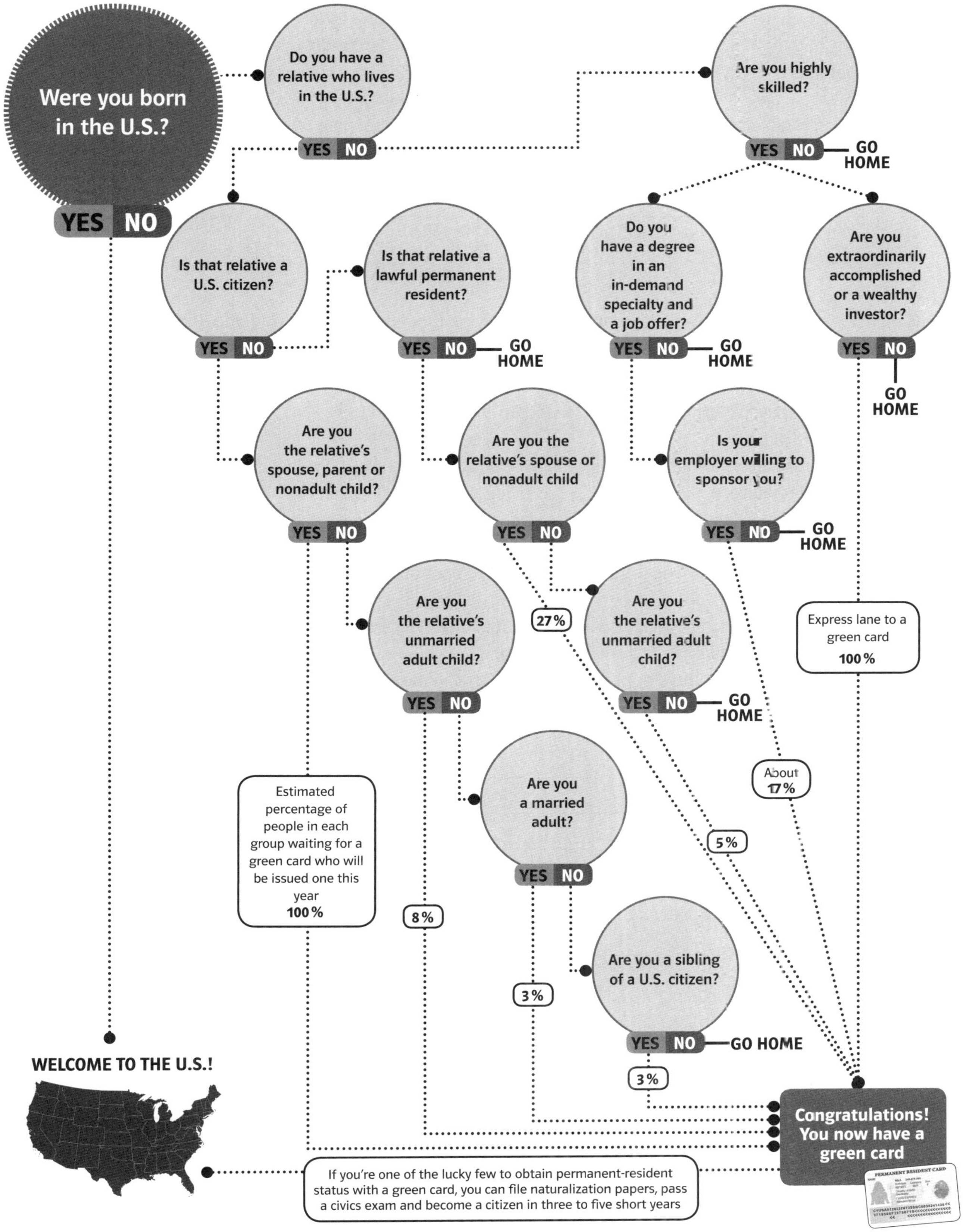

Green Line Oberstufe | Autorin: Martina Jaenichen-Köpp, Oranienburg
Bildquellen: 1. Grafik nach: U.S. Citizenship and Immigration Services, Department of State. http://www.uscis.gov/; 2. Landkarte USA: iStockphoto, Calgary, Alberta (Illustrator: Mark Stay); 3. Greencard: Fotolia.com, New York (Fotograf: Marcus Kretschmar)

KV3: Equality and the Dream

1 *Read the text* Liberty and justice for all? *and match the phrases on the left to similar phrases on the right.*

1. to tempt a negro
2. to have nothing but pity in one's heart
3. she persisted
4. to rely solely upon
5. to be contradicted by the defendant
6. to hurl something at somebody
7. to know full well the enormity of one's offense

a) to feel sorry for somebody
b) to throw something at somebody
c) to be aware of one's wrongdoing
d) to seduce an African American man
e) she did not give up
f) to trust only one thing or person
g) to be told it isn't so by your opponent

1.	2.	3.	4.	5.	6.	7.

2 *Watch the news report* US employment economy *(Task 5). Listen carefully and decide which of the following statements are true or false. Prove your decision by referring to the video.*

	True	False
1. Today it is easier to climb the economic ladder in the US than in Canada or Europe.		
2. Obama states that the harm which the American economy has suffered is organic in nature.		
3. Obama saved the American car manufacturers with 60 billion dollars because they are an American institution.		
4. The workers at the Chrysler plant think positively about their future.		
5. They are willing to do anything to keep their jobs, including waiving raises despite the increase in the cost of living.		
6. The conditions at the Chrysler plant are exceptional in the US and do not reflect social mobility in general.		

1. ______________________________
2. ______________________________
3. ______________________________
4. ______________________________
5. ______________________________
6. ______________________________

LÖSUNGSVORSCHLAG: **Task 1:** 1.d), 2.a), 3.e), 4.f), 5.g), 6.b), 7.c); **Task 2:** 1. false (It is not easier in the US. In general members of the present generation are not doing better than their parents.), 2. true (He compares the economic crisis to an illness that can be cured.), 3. true (Chrysler and GM received 60 billion dollars of taxpayer's cash because the impact the bankruptcy would have had on the American psyche would have been incalculable.), 4. true (The worker says that they realise that they have got a good, exciting future ahead of them.), 5. true (Considering the high unemployment rate, they are grateful for their jobs, so they are willing to work for less money.), 6. false (The middle classes have taken a blow, and the old idea of social mobility has been shaken beyond the issues with the car industry.)

Green Line Oberstufe
Autorin: Martina Jaenichen-Köpp, Oranienburg

KV4: Role play cards

1 *Should guns be more strictly regulated in America? Cut out the role play cards and conduct a panel discussion.*

Nicholas Kristof

You are expected to:
- address the other participants and the audience appropriately
- introduce yourself and give the audience some background information (born 27 April 1959, American journalist, columnist, author, having worked for the New York Times, Time, The Washington Post etc.)
- put emphasis on human rights abuses, social injustices, such as human trafficking and gender issues connected with gun violence
- argue that it is a matter of courage to stop massacres, especially school shootings in the US.
- interpret the Second Amendment according to the social conditions at the time when it was written
- suggest that it is possible to achieve the same effect of safety regulations with guns as with cars and prove it by referring to statistics
- show clearly why you are considered the moral conscience of your generation of journalists
- provide examples from various entries in your blog referring to gun safety
- win the audience over by arguing convincingly that politicians should be obliged to take measures

Representative of the NRA

You are expected to:
- address the other participants and the audience appropriately
- introduce yourself and give the audience some background information (born on 4 July 1992, joined the NRA recently, run competitive shooting programs, have grown up with arms in the family)
- argue in favour of the right of citizens to bear firearms
- stand up for the protection of individual rights as enshrined in the Second Amendment
- be determined to defend the freedom and responsibility to choose whether you want to own a gun or not
- try anything to convince your listeners of the fact that there are more than enough regulations concerning the safety of guns that already limit the freedom of choice
- subscribe to the idea that more guns mean more safety and jobs
- win the audience over by being charming and doing whatever is necessary

Member of NGO Moms Demand Action

You are expected to:
- address the other participants and the audience appropriately
- introduce yourself and give the audience some background information (mother of three kids, aged 34, lost your eight-year-old boy in an elementary school shooting, arouse empathy in listeners)
- comment on American gun culture and the necessity of change leading to stricter regulations
- explain your personal involvement in this NGO (e.g. describe your own experiences and intention to prevent suffering of others as well as bring up kids without having to face the dangers of gun violence)
- illustrate the government's role/responsibility when it comes to the conditions kids grow up in
- appeal to politicians to start with simple regulations, e.g. create public spaces like supermarkets where citizens are not allowed to bring guns
- allude to the view that the NRA is sacrificing innocent kids by engaging in gun lobbying
- win the audience over by arguing convincingly that the united action of mothers to protect their kids is important for the country's future and the fulfillment of the American Dream

Journalist from Germany

You are expected to:
- address the other participants and the audience appropriately
- introduce yourself and give the audience some background information (born in 1985, work as a sports reporter who has specialised in competitive shooting, reported live from Erfurt and Winnenden etc.)
- distinguish between shooting sports and the usage of guns for other purposes, e.g. law enforcement.
- comment on gun regulations in general, referring to very strict regulations in Germany, mentioning that the correct conclusions were drawn from Erfurt and Winnenden, i.e. gun laws were tightened further, and legal loopholes were closed
- express your hopes that German regulations might serve as a model for other countries to save lives but every country has to make its own decisions, and nobody has the right to interfere in the internal affairs of the US
- different traditions have to be respected
- prove your arguments referring to statistics, e.g. the probability of being shot is 16 times higher in the US than in Germany
- win the audience over by arguing convincingly

Green Line Oberstufe
Autorin: Martina Jaenichen-Köpp, Oranienburg

4 Migration and diversity

Didaktisches Inhaltsverzeichnis

Textsorte/Thema	Unterrichtsmethoden	Input boxes	Kompetenzen	Textproduktion
Introduction				ca. 2 Unterrichtsstunden
Combination of visuals and facts/ National identity	*Kursgespräch* *Partnerarbeit* *Gruppenarbeit* *Code 92pp34*		*Orientierungswissen* *Bildbeschreibung/ -analyse* *Gespräche führen*	Describing and assessing pictures Sharing impressions Giving presentations
Spot on facts The consequences of migration				ca. 2 Unterrichtsstunden
Factual information, charts, video clip/ Migration in the world	*Kursgespräch* *Einzelarbeit* *L Transkript*	Fact files: Embracing diversity – Migration worldwide – Immigration to the US – Immigration to the UK	*Orientierungswissen* *Leseverstehen* *Diagramme auswerten* *Hör-/Sehverstehen*	Describing and analysing charts Viewing for gist Comparing aspects
Core skill workshop Practising for oral exams				ca. 4 Unterrichtsstunden
Cartoon, novel excerpt, grids/Oral exams	*Kursgespräch* *Einzelarbeit* *Partnerarbeit* *Gruppenarbeit*	Tips: Practising on your own – Informal vs. formal language Useful phrases: Structuring your monologue – Turn-taking/Arguing	*Bildbeschreibung/ -analyse* *Leseverstehen* *Gespräche führen* *Argumentieren*	Describing and assessing cartoons Giving presentations Evaluating working processes Preparing discussions
Texts A **Diversity and identity**				
⊙ L3/1 Diverse City, 2004				ca. 1 Unterrichtsstunde
Song/Living in a diverse world	*Kursgespräch* *Partnerarbeit* *⊙ L3/1* *WB Task 1* *Zusatzmaterial: Kopiervorlage 1*	VIP file: Toby McKeehan (tobyMac)	*Leseverstehen* *Hörverstehen* *Kreatives Schreiben* *Gespräche führen* *Argumentieren*	Making mind maps Listening for detail Writing letters
What does a true German look like?, 2010				ca. 1 Unterrichtsstunde
Internet article/ German vs. British identity	*Kursgespräch* *Gruppenarbeit* *WB Tasks 5–12*		*Leseverstehen* *Gespräche führen* *Argumentieren*	Summing up differences Discussing statements
Black, British and proud, 2008				ca. 1 Unterrichtsstunde
Newspaper article/ National identity of British immigrants	*Kursgespräch* *Gruppenarbeit* *WB Task 2* *Zusatzmaterial: Kopiervorlage 2*	VIP file: Lola Adesioye	*Orientierungswissen* *Leseverstehen* *Gespräche führen* *Recherchieren* *Argumentieren*	Comparing perceptions Ranking factors Doing research Giving presentations
Texts B **Crossing borders**				
The Tortilla Curtain, 1995				ca. 2 Unterrichtsstunden
Novel excerpt, book cover, video clips, film posters/Illegal Mexican immigrants in the US	*Kursgespräch* *Partnerarbeit* *L Transkript* *WB Tasks 3, 4*	Tip: Author vs. narrator	*Leseverstehen* *Hör-/Sehverstehen* *Gespräche führen* *Kreatives Schreiben* *Bildbeschreibung/ analyse*	Summarising aspects Analysing stylistic devices Writing dialogues Describing and assessing pictures

Textsorte/Thema	Unterrichtsmethoden	Input boxes	Kompetenzen	Textproduktion
Advanced texts C Immigration policy				
Immigration, integration and British values, 2014				**ca. 2 Unterrichtsstunden**
Speech excerpts/ 'Open and shut' policy for immigrants	*Kursgespräch* *Partnerarbeit* *Gruppenarbeit* *WB Tasks 13, 14*		*Leseverstehen* *Gespräche führen* *Kreatives Schreiben* *Argumentieren*	Speculating about main points Summarising ideas Analysing arguments and language Writing letters Discussing aspects
Advanced texts D Dealing with prejudice				
Disgraced, 2013				**ca. 2 Unterrichtsstunden**
Play excerpt, interview, photos/ Islamophobia in the US and self-identity of Muslim-Americans	*Kursgespräch* *Einzelarbeit* *◎ L3/2 Transkript*	Fact file: 9/11	*Orientierungswissen* *Leseverstehen* *Hörverstehen* *Gespräche führen* *Argumentieren*	Comparing statements Listening for details Summarising facts Writing comments
The fashion industry's problem with race, 2014				**ca. 1 Unterrichtsstunde**
Newspaper article/ Racism in fashion magazines	*Kursgespräch* *Partnerarbeit* *Gruppenarbeit* *WB Tasks 15, 16*		*Orientierungswissen* *Leseverstehen* *Gespräche führen* *Kreatives Schreiben* *Argumentieren*	Summarising problems Analysing arguments and language Discussing aspects Writing letters
Advanced texts E Immigration in Australia and Canada				
From: A short history of immigration, 2006				**ca. 1 Unterrichtsstunde**
Poem excerpt/History of immigration	*Kursgespräch* *Einzelarbeit*	VIP file: Geoff Page	*Leseverstehen* *Gespräche führen* *Kreatives Schreiben* *Argumentieren*	Analysing stylistic devices Giving presentations Writing stanzas
This is who I am, an immigrant, 2013				**ca. 2 Unterrichtsstunden**
Internet article, stamps/African immigrants in Canada	*Kursgespräch* *Partnerarbeit* *Gruppenarbeit*		*Leseverstehen* *Gespräche führen* *Bildbeschreibung/ -analyse* *Argumentieren*	Making mind maps Comparing aspects Making lists Describing and assessing stamps
Spot on language Avoiding biased or offensive language – Mediation				**ca. 2 Unterrichtsstunden**
German internet article/Turkish immigrants in Germany	*Kursgespräch* *Einzelarbeit* *Gruppenarbeit*		*Gespräche führen* *Leseverstehen* *Argumentieren* *Mediation*	Collecting words Sharing findings Matching terms Mediating
Spot on vocabulary Finding the core vocabulary – Talking about immigration				**ca. 1 Unterrichtsstunde**
Working with words	*Kursgespräch* *Einzelarbeit* *Gruppenarbeit* Touch-Turn-Talk Taboo	Tip: Vocab sheet	*Wortschatzarbeit*	Collecting and comparing words Working on vocab Writing personal statements
Topic task Staging a talk show				**ca. 1 Unterrichtsstunde**
Project work/Step 1–4	*Gruppenarbeit* *Zusatzmaterial: Kopiervorlage 3/3a, Klausurvorschlag Code k949tr*	Useful phrases: For the talk show host Useful phrases: For the talk show guests	*Projektarbeit*	Choosing topics Assigning and preparing roles Staging and evaluating talk shows

Unterrichtsverlauf

Code 92pp34

Introduction

FACTUAL TEXT

National identity

Migration and diversity is a global issue. According to OECD studies (Organisation for Economic Co-operation and Development) about 232 million international migrants live in the world today. The OECD says that about six out of every ten international migrants live in developed countries. The UK, the US, Canada and Australia are among the top ten host countries in the developed world.
The number of international migrants in the Northern hemisphere has increased by around 53 million (65%) since 1990, while the migrant population in the Southern hemisphere has grown by around 24 million (34%).
About 30% of all migrants in developed countries are highly educated, and one-fifth of them originate from China, India or the Philippines.
The immigration of the highly skilled people from developing countries to developed countries is called brain drain. Asylum seekers or refugees are only a relatively minor proportion of migrants worldwide. In 2013 the total number of refugees and asylum seekers worldwide was an estimated 15.7 million, which represents only about 7% of all international migrants. Almost nine of every ten refugees in the world have found asylum in developing countries.
Migrants often live in host countries for generations, and they frequently apply for citizenship. This act is called naturalisation. They become a citizen of the host country and often integrate into the host society. Naturalisation and multiculturalism have led people to rethink the original concept of nationality, and many no longer believe that nationality is defined by being in the same ethnic group. Most nations in the developed countries are multi-ethnic. Nowadays, a person's sense of belonging to a nation defines his or her national identity, regardless of his or her country of origin, race, colour or religion.

LERNWORTSCHATZ migration, diversity, sense of belonging, inborn, trait, ancestry, ethnicity, out-dated, population

VISUALS **1** **a) Look at all the pictures . . . b) Take a closer look at the pictures . . .**

METHODISCHES VORGEHEN

a) *Die S sichten in Einzelarbeit alle Bilder, um sich dann ein Bild herauszusuchen, das sie am meisten berührt bzw. anspricht. Es sollte ein affektiver Zugriff auf die Thematik gewählt werden, da vor dem Hintergrund eines zunehmend multikulturellen Klassenzimmers S mit Migrationshintergrund emotional aufgefangen werden sollten und die Thematik aufgrund eines starken Lebensweltbezugs nicht zu sehr versachlicht wird. Vor dem Hintergrund wird die Besprechung der Bildimpulse im Schonraum der Partnerarbeit oder alternativ in Kleingruppen vorgeschlagen, da hier subjektive Eindrücke geäußert werden. Ein Austausch und eine Auswertung im Plenum der subjektiven Eindrücke ist nicht vorgesehen, ist aber grundsätzlich möglich und sollte von der konkreten Lerngruppe und ihrer Lernausgangslage abhängig gemacht werden.*

ALTERNATIVE *Alternative Vorgehensweise bezüglich der Bilder: Sollte bereits zu einem sehr frühen Zeitpunkt in Rahmen der Unterrichtsreihe die Mündlichkeit gefordert und gefördert werden, so bieten sich die Fotos hervorragend für die Bildbeschreibung an. Dieser Alternativvorschlag ist eine gezielte Vorübung für mündliche Kommunikationsprüfungen. Die sieben Bildimpulse werden in sieben Kleingruppen in* Think-Pair-Share-*Verfahren erarbeitet. In Einzelarbeit beschäftigt sich jeder S mit dem Bild und macht sich Notizen. In einem zweiten Schritt vergleichen die S die Notizen zu ihrem Bild und im dritten Schritt wird das Bild auf Grundlage aller Notizen von einem Gruppenmitglied vor der Klasse präsentiert. So werden alle Fotos erarbeitet und anschließend im Plenum präsentiert. Stärkere Lerngruppen können diese Unterrichtsalternative auch arbeitsteilig statt arbeitsgleich durchführen. Hierzu bekommt jedes Gruppenmitglied ein anderes Bild, erarbeitet dies in Einzelarbeit und präsentiert es anschließend in der Kleingruppe. Die Gruppenmitglieder können Rückfragen stellen, Ergänzungen vornehmen und Feedback zur Bildbeschreibung geben.*

b) *Die S sichten alle Bilder erneut in Einzelarbeit, um eine Zuweisung zu den Bezugskulturen UK, USA, Canada und Australien vorzunehmen. Diese anglophonen Länder gehören zu der Top Ten-Liste der OECD bezüglich des höchsten Migrantenanteils. Anschließend tauschen die S sich mit einem Partner aus, um ihre erste Einschätzung zu teilen. In Rahmen der Ergebnis-*

sicherung ist eine Auswertung im Plenum unverzichtbar, da die Flaggen der Bezugskulturen sich z.T. recht stark ähneln.

ALTERNATIVE *Sollten die S grundsätzlich Unterstützung bedürfen, so können die Nationalflaggen vorher im Plenum besprochen werden und die S sammeln kurz, wie die jeweiligen Flaggen aussehen. Alternativ kann die Differenzierung auch individualisiert werden, indem die Flaggen in Form von Kopien am Pult ausliegen und die S sich diese bei Bedarf abholen können bzw. einsehen dürfen. Schnelle S können sich mit der Frage beschäftigen, warum die britische und die australische Flagge sich so sehr ähneln. (Antwort: Australien ist eine ehemalige Kolonie Englands und hat die Grundfarben der* Union Jack *erhalten.)*

LÖSUNGSVORSCHLAG **a)** Individual answers expected.

b) UK
- **Photo 1 (p. 1 top left):** Union Jack, national flag of the UK. Mohamed Farah, who won Olympic Gold for Britain, was born in Mogadishu, Somalia and became a British citizen.
- **Photo 5 (p. 2 top left):** The East London Mosque. The picture shows a demonstration in front of a mosque. The East London Mosque is also called the London Central Mosque. It is one of the largest mosques in Europe.
- **Photo 6 (p. 2 top right):** The street with all the different shops in different languages is Brick Lane, a famous street in East London. It is also known as Banglatown, because most people living here have migrated from Bangladesh. It is known for its cultural diversity.
- **Photo 7 (p. 2 bottom left):** British police uniforms. Three police officers are wearing the typical British police hat, except for the police officer, who is a Sikh. His turban is a symbol of his religion. They cover their hair with the turban. In the UK the Sikhs are allowed to wear their turban instead of the official police hat.

USA
- **Photo 4 (p. 1 bottom right):** The Star-Spangled Banner/Stars and Stripes, national flag of the USA. People are celebrating. One of them, the young man on the right, is holding the American flag.

Canada
- **Photo 2 (p. 1 top right):** The Maple Leaf, national flag of Canada. A young boy with sunglasses is waving a Canadian flag; he has another flag around his shoulders and a third one, which looks like an umbrella hat, on his head.

Australia
- **Photo 3 (p. 1 bottom left):** Union Jack and Southern Cross, Australian national flag. Five girls are wearing the Australian flag as headscarves.

Pictures that could refer to all four countries:
- **Photo 5:** The picture depicts a demonstration in front of the mosque. Mosques are often located in communities with a large Muslim population.
- **Photo 6:** The picture shows a street with several different shops in different languages. Many big cities have multicultural neighbourhoods.

SPEAKING

2 In small groups discuss what the pictures have in … → S24

METHODISCHES VORGEHEN *Die S sollten zunächst in Einzelarbeit Notizen über die Gemeinsamkeiten der vorliegenden Bilder anfertigen und somit eine Diskussionsgrundlage für den Austausch in den Kleingruppen schaffen. Hinweis auf* Skill 24 Discussion and debate. *Im Rahmen der Diskussion können sie somit ihre Redebeiträge besser strukturieren und überzeugender präsentieren. Um zu gewährleisten, dass jeder S einen Redebeitrag leistet, können* Discussion tickets *ausgegeben werden. Am Ende der Gruppendiskussion sollte jede Gruppe ihre Ergebnisse präsentieren, alternativ kann auch eine exemplarische Präsentation mit Ergänzungen aus dem Plenum vorgenommen werden. Die Ergebnissicherung erfolgt stichwortartig an der Tafel oder auf Folie.*

LÖSUNGSVORSCHLAG
- All the pictures show multicultural societies; to a certain extent they show unity in diversity because a symbol often unites people, such as a flag (except for the picture of the street).

- Some pictures show people with flags, but these people originate from different ethnic groups. Obviously, they are very proud of their British, Canadian, American or Australian nationality even though they might be naturalised citizens.
- All the pictures demonstrate that you can integrate into a society and adopt their customs and traditions without giving up all the traditions of your home country. Some pictures show that you can have a different religion but still have the same nationality as the people in the host country.
- All the pictures show that these countries are multicultural/multi-ethnic societies.

CREATIVE TASK

3 How multi-ethnic is society in your country? Find pictures ...

METHODISCHES VORGEHEN

Im Rahmen einer vorbereitenden Hausaufgabe suchen die S Bilder im Internet, die ihres Erachtens die Multikulturalität Deutschlands widerspiegeln. Die S machen zu ihrem ausgewählten Bild Notizen oder verfassen einen Kurztext und begründen, warum sie genau dieses Bild ausgewählt haben. Dies gibt der Diskussion in den Kleingruppen eine Tiefenschärfe und hilft, begründet zu einer Wahl des besten Bildes in der jeweiligen Gruppe zu kommen. Zur Hausaufgabe gehört es auch, die Präsentation des Bildes selbst sprachlich vorzubereiten und bei Bedarf den Mitschülern das geeignete Vokabular erklären zu können. In der schulischen Gruppenarbeit werden die Bilder zunächst ausgelegt und von allen betrachtet. Ggf. können die S an dieser Stelle Fragen zu den Bildern für die Diskussion formulieren, die später dem Präsentator gestellt werden können. Die S präsentieren sich nun gegenseitig die Bilder und legitimieren ihre Auswahl und beantworten die Fragen ihrer Mitschüler. Jede Gruppe stellt anschließend im Plenum das beste Bild vor und begründet diese Wahl.

ALTERNATIVE

Alternativ können die S in ihrem nahen Lebensumfeld Bilder bzw. Eindrücke kultureller Vielfalt sammeln. Hier ist das Lernziel, Multikulturalität in der eigenen Stadt/im eigenen Viertel zu erfahren, indem die S diese Eindrücke fotografisch festhalten und ihren Blick auf Migranten im eigenen Lebensumfeld schärfen. Dieser Alternativvorschlag geht tiefer in die Lebenswelt der S und ermöglicht somit eine fruchtbare Diskussion bezüglich der Fragestellung, wie divers das soziale Umfeld ist. Alle Bilder können anschließend im Rahmen eines Museumsrundgangs (Gallery walk) *mit den Notizen bzw. Kurztexten präsentiert werden.*

LÖSUNGSVORSCHLAG

Individual answers expected.

COMPREHENSION

4 Sum up the text about national identity in your own words.

METHODISCHES VORGEHEN

Die S lesen den Text in Einzelarbeit und klären ggf. Vokabelfragen. Um die Schreibkompetenz zu fördern, kann die Zusammenfassung des Kurztextes schriftlich erfolgen und in Rahmen einer Peer correction *mit einem Partner bearbeitet werden. Sollte der Fokus auf der Förderung der Sprechkompetenz liegen, so kann die Zusammenfassung in Einzelarbeit erstellt und sich in Partnerarbeit gegenseitig vorgestellt werden. Die S geben sich ein kurzes Feedback auf inhaltlicher und sprachlicher Ebene geben, ggf. kann ein Feedbackbogen verwendet werden. Die Ergebnissicherung wird ins Plenum geholt, um Missverständnisse zu vermeiden. Exemplarisch werden S-Ergebnisse präsentiert und besprochen.*

LÖSUNGSVORSCHLAG

The text *National identity* describes two concepts of national identity. One is said to be problematic and out-dated, because it limits national identity and only includes people from the same ethnic group. The other concept understands national identity as a feeling and a sense of belonging. If you feel an affinity for a country's customs and habits, you can naturalise and share the country's/citizenry's national identity.

EVALUATION

5 a) Which concept of national ...? b) Tony Blair, a former British ...

METHODISCHES VORGEHEN

a) *Die S sollen aufgrund ihres Textverständnissen zu einer eigenen Einschätzung kommen, was für sie* National identity *bedeutet. Der Ausgangstext selbst nimmt bereits eine Wertung vor, diese sollten die S eigenständig erfassen und beurteilen, um sich ihr letztlich anzuschließen oder sich dagegen zu positionieren. Der Kommentar sollte eine klare Wertung bzw. Positionierung beinhalten und ggf. um weitere Aspekte ergänzt werden. Die Evaluation kann schriftlich oder mündlich erfolgen.*

b) *Diese komplexe Aufgabe bezieht die englandbezogenen Bildimpulse und die Konzepte von* National identity *ein, daher sollten die S ausreichend Arbeitszeit haben, um zu einer schriftlichen Evaluation von Blairs Aussage zu kommen. Der schriftliche Kommentar wird in Einzelleistung verfasst. Die Präsentation und Diskussion erfolgt im Plenum.*

ALTERNATIVE *Alternativ kann im Sinne des kooperativen Lernens der Schreibauftrag schrittweise erfolgen. Die S werden aufgefordert, sich zunächst Notizen zu machen. Die Notizen werden mit einem Partner ausgetauscht, so dass Ergänzungen und Modifikationen vorgenommen werden können. Hierauf aufbauend erfolgt der individuelle Schreibprozess. Die Schreibprodukte werden mit dem Partner ausgetauscht und es erfolgt ein* Proofreading. *Nach dem Korrekturlesegang erfolgt die Präsentation und Auswertung im Plenum.*

ERWEITERUNG *Diese Aufgabe kann in eine kontroverse Diskussion umgewandelt werden, um die Kommunikationsprüfung gezielt vorzubereiten. Hier erfolgt lediglich der Zusatz, dass Partner A mit Blairs Aussage übereinstimmt und Partner B dieser widerspricht. Partner A und B sammeln Argumente für ihre jeweilige Position und die S diskutieren dann paarweise. Die Präsentation kann als Vorführung der Diskussion oder der gesammelten Pro- und Kontra-Argumente erfolgen.*

LÖSUNGSVORSCHLAG **a)**

- **Concept 1:** I prefer the idea that national identity is based on a sense of belonging, because we live in a dynamic society. People move from one country to another and when they feel at home in a particular country and develop a sense of belonging, they should have the right to naturalise and officially share the same nationality.
- **Concept 2:** I am convinced that national identity is based on ethnic groups. I was born in XY, and believe I have a XY identity because that is where I come from, and I am proud of my national identity. I cannot imagine that I would ever adopt a different nationality.

b) Agreeing with Blair's statement:

Looking at the pictures and bearing in mind the modern concept of nationality, I totally agree with Blair. He is right when he argues that "blood alone" does not define British nationality. The pictures show what Blair wants to express: You see a Somali-born athlete winning a gold medal for Britain in one picture, and the other picture depicts a Sikh policeman. They are both British, even though they have different ethnic backgrounds and possibly different religions. The idea that "blood alone" defines national identity is old-fashioned and does not correspond with today's societies.

People cross borders in search of better lives, and they integrate into their host countries. Britain has always attracted immigrants due to their need for skilled workers, particularly from the Commonwealth. These immigrants have shaped the face of Britain, which is a multicultural society. Most immigrants have contributed to Britain's success. Therefore, they should have the right to naturalise and become British citizens. Nowadays it is easier to naturalise, which strengthens their sense of national belonging.

All in all, I totally agree with Blair's statement because he accepts that Britain was shaped by "a rich mix of all different ethnic and religious origins".

VISUALS

6 Describe and analyse the cartoon. → S28.2

METHODISCHES VORGEHEN *Im Rahmen der Förderung der Mündlichkeit bietet es sich an, den Cartoon zunächst in Einzel- und anschließend in Partnerarbeit erarbeiten zu lassen. In einem ersten Schritt sollen sich die S eigenständig mit einem Cartoon auseinandersetzen, um ihn dann in einem zweiten Schritt ihrem Partner vorzustellen. Dieser gibt dem Präsentator anhand eines Feedbackbogens eine Rückmeldung. Das Feedback sollte sich auf die inhaltliche und sprachliche Ebene beziehen. Im Rahmen der Förderung der Schriftlichkeit setzen sich die S eigenständig mit der Analyse des Cartoons auseinander. Im Sinne der Differenzierung von Mündlichkeit und Schriftlichkeit wird auf* Skill 28.2 Working with visuals: Cartoons *verwiesen.*

LÖSUNGSVORSCHLAG **Description:** You see three men who all look the same. They are all wearing the same clothes: a white shirt with a black tie. Even their faces are identical, and it is hard to see anything which distinguishes these men from each other. All three of them have a long nose, round eyes, a small mouth and are bald. They are talking to each other, and it is evident that the man on the left says to the other two men, "The important thing is that we only accept the people who'll FIT IN!" The last two words "fit in" are written in capital letters. There is a sign in the background saying "Citizenship Test Forum". The three men are working for the Citizenship Test Forum because they have their folders in front of them, and they are in charge of the naturalisation process.

Analysis: As the sign suggests, the three men are in charge of the citizenship test, but due to the statement: "The important thing is that we only accept the people who'll FIT IN!" it is obvious that one of the men is not interested in the test results. He wants the immigrants to "fit in". He wants everyone to assimilate in a particular way. This message is really mean because people who look different have no chance of becoming citizens, even though they might intellectually benefit the country. The man wants to ensure that there is no diversity in his country, but that is a racist point of view and should be avoided/discouraged. The message of the cartoon is very evident: It illustrates a contradiction. On the one hand immigrants should have the chance to become citizens; on the other hand the government only accepts migrants who completely fit in. The men want to avoid an ethnically diverse society.

Spot on facts

FACTUAL TEXTS

The consequences of migration

World Day for Cultural Diversity for Dialogue and Development: UNESCO's Universal Declaration on Cultural Diversity emerged in a historic context in the wake of 9/11. The UNESCO General Conference met for its 31st session, which was the first ministerial-level meeting to be held after 9/11. The conference agreed that this was the best occasion for the US to affirm their conviction that intercultural dialogue is the best assurance for worldwide peace and to avoid a further clashes among cultures and civilisations. This declaration officially acknowledges that cultural diversity is a treasure and an enrichment for modern societies, and that segregation and fundamentalism have to be prevented by celebrating the diversity in our societies every year on 21 May. Furthermore, this declaration aims to raise our awareness so that every single individual accepts and tolerates otherness in every way, and everyone is part of the diversity in his or her society. Only by embracing diversity and otherness can we benefit from cultural diversity and live together in peace and harmony.

LERNWORTSCHATZ era, community, to be aware of sth, value, to combat, polarisation, common, global, to rise, host country, opportunity, refugee, to flee, persecution, skilled, developing country, brain drain, to boost, one in every nine people, undocumented, to exploit, to comprise, descendant, multitude, to seek, demographic, Hispanic, illegal, to cross a border, abolition, to face sth, segregation, Civil Rights Movement, railroad (AE), significant, Commonwealth, labour shortage, to settle, benefit, restrictive, policy, to increase, Muslim, to integrate, to assimilate

BRAINSTORMING **1 Before you look at the chart below, guess which are the top ten ...**

METHODISCHES VORGEHEN *Die S werden gebeten das Buch zu schließen und aufgefordert in Einzelarbeit zu tippen, welche Länder 2013 mit dem höchsten Migrantenzustrom die Top Ten-Liste ausmachten. Sie tauschen dann mit einem Partner ihre subjektiven Einschätzungen aus und besprechen, was sie beim anderen überrascht hat und wo Übereinstimmungen bestehen. Abschließend gleichen die Paare ihre Listen gemeinsam mit der Statistik ab und werten ihre Einschätzungen aus. Alternativ können die Einschätzungen der S auch gleich im Plenum abgerufen und anschließend die Auflösung in Buch präsentiert werden. Eine Diskussion über die Erwartungshaltungen und Überraschungen sollte auch hier stattfinden.*

LÖSUNGSVORSCHLAG Individual answers expected.

VIEWING S L **2 Watch the film about young people in Europe who are looking for ...**

MATERIALIEN → **S • L (European migration) • Transkript**

METHODISCHES VORGEHEN *Bevor das Video präsentiert wird, sollte eine inhaltliche Vorentlastung durch* Pre-viewing activities *erfolgen. Eine funktionale erste Annäherung bietet das Spekulieren über den Videoclip. L kann die S fragen, warum junge Europäer aus Spanien, Portugal und Griechenland wohl im Ausland auf Jobsuche gegen. Ferner kann darüber spekuliert werden, wohin diese jungen Menschen auswandern. Erste Hypothesen werden an der Tafel festgehalten und dienen gleichsam als Sehauftrag für die erste Betrachtung des Videos. Nach dem ersten Anschauen wird das Globalverständnis gesichert und die Hypothesen verifiziert oder falsifiziert. Beim zweiten Anschauen konzentrieren sich die S auf die Fragestellung und stellen den Vergleich her.*

ALTERNATIVE 1 *Bei einer schwächeren Lerngruppe bietet sich das sequenzielle Anschauen des Videos an, anstatt dieses vollständig zu präsentieren (02:42 Minuten). Mögliche Schnitte bieten sich bei 01:25 und 01:45 an, so dass die S sich das Video abschnittsweise erarbeiten können und in den Plateauphasen das Hör-/Sehverstehen gesichert werden kann. So wird eine Grundlage für die Erarbeitung des Arbeitsauftrags geschaffen, der über den Inhalt des Videos hinausgeht und im Anforderungsbereich III angesiedelt ist.*

ALTERNATIVE 2 *Einen alternativen Umgang mit dem Video bietet die Trennung des Hör- und Sehverstehens.*

- *Isoliertes oder integriertes Hörverstehen: Es wird nur die Audiospur abgespielt oder die S drehen sich mit dem Rücken zum Bildschirm. Beim isolierten Hörverstehen können geschlossene Aufgaben in Form von* Multiple choice, True/False, Sentence completion *usw. zur Verständniskontrolle gestellt werden. Beim integrierten Hörverstehen werden offene Fragen zum Global- und Detailverstehen gestellt.*
- *Beim Sehverstehen wird das Video ohne die Tonspur präsentiert. Anhand des visuellen Eindrucks können die S Vermutungen über zentrale Themen und Aussagen des Videos äußern. Diese werden schriftlich festgehalten und beim zweiten Sehen und erstmaligen Hören abgeglichen.*

LÖSUNGSVORSCHLAG The video shows young Europeans from Portugal and Spain leaving their countries because of the economic crisis. They have no jobs even though they are highly skilled. Some of them are looking for job opportunities within Europe and some are going to Brazil or Angola, a former Portuguese colony. Even though they already come from a developed country, their situation is comparable with migrants from developing countries. Both groups are in search of a better life and job opportunities, which is why they are trying to migrate to a highly developed country like Germany. They are leaving their friends and families behind and are often taking great risks. Germany encourages highly skilled people from developed and developing countries to immigrate to Germany, because the German economy needs for example doctors and engineers.

VISUALS

3 Look at the two charts on this page and compare the composition ...

METHODISCHES VORGEHEN *Bevor die S die statistischen Daten auf dieser Seite miteinander vergleichen, lohnt es sich, sie in Einzel- oder Partnerarbeit darüber spekulieren zu lassen, ob die ethnische Zusammensetzung der Bevölkerung beider Länder sich ähnelt oder ob sie unterschiedlich ist. Alternativ können auch erste Vermutungen im Plenum gesammelt und an der Tafel festgehalten werden. Die Vermutungen sollten argumentativ gestützt werden. Nach der individuellen oder gemeinsamen Hypothesenbildung werden die Daten miteinander verglichen. Es bietet sich eine tabellarische Gegenüberstellung an, damit die S ihre Ergebnisse besser vergleichen können und eine transparente Ergebnissicherung gewährleistet ist.*

LÖSUNGSVORSCHLAG

	US population by ethnicity	Ethnic composition of the UK
White	63%	87.1%
Asian	5.1%	6.7% total numbers
Hispanic or Latino	16.9%	no information, possibly below 1% or 2%
African American/ Black British	13.1%	3.0%

American Indian/ Alaskan Native	1.2%	no information, possibly below 1% or 2%
Native Hawaiian	0.2%	no information, possibly below 1% or 2%
Two or more races/ mixed multiple	2.4%	2.0%

The ethnic composition of the UK and the US varies because of their geographical position and historical events. Britain, for example, had a lot of colonies. By 1922 the British Empire had governed 458 million people and colonised more than 13,000,000 square miles. That is about 25% of the earth's land area. People from Commonwealth countries such as India and the Caribbean were invited to Britain to help strengthen the workforce after World War II. 492 passengers from Jamaica were the first large group of West Indian immigrants after World War II. Immigration from the New Commonwealth ethnic population to the UK started in 1950. In 1971 it was about 1 million. It is now about 4 million. That is the main reason why most British immigrants are of Indian, Pakistani or Bangladeshi descent, since these were former colonies. The high numbers of the Latino/Hispanic population in the US are based on legal and illegal immigration from all over Latin America and high birth rates within the Hispanic population. These people are taking great risks to cross the border between the US and Mexico in search for a better life. It is hard to estimate the exact number of Hispanics living in the US, since many of them are undocumented immigrants. African Americans are the second-largest minority in the US. Many are descended from around 11 million Africans who were forcibly brought to the American colonies as slaves between the 16th and 19th century.

Core skill workshop

Practising for oral exams

LERNWORTSCHATZ to vary, descent, Muslim, multi-ethnic, to give sb an insight into sth, tribal, scar, encounter, sense of humour

BRAINSTORMING **1 Do you like the cartoon? Say why or why not.**

METHODISCHES VORGEHEN *Die Kommunikationsprüfung stellt S emotional, inhaltlich und sprachlich vor große Herausforderungen, daher wird vorgeschlagen, sich der Thematik auf einer affektiven Ebene zu nähern und mit einem Cartoon einzusteigen, der* Oral tests *auf humorige Weise thematisiert. Die S schauen sich den Cartoon in Einzelarbeit an und legen ihre subjektive Reaktion argumentativ dar. Als Sozialform bietet sich hier Partner- oder Gruppenarbeit an, eine Plenarphase ist aufgrund der persönlichen Äußerungen weniger geeignet, aber grundsätzlich möglich und kann von der Lernatmosphäre der Gruppe abhängig gemacht werden.*

LÖSUNGSVORSCHLAG **I like the cartoon because I hate oral exams too.**
- They are difficult.
- I have to answer immediately.
- The teacher stares at me.
- I see the teacher taking notes while I'm talking, which makes me even more nervous.
- Oral exams are unfair; I really cannot correct myself under pressure.
- I do not like to speak freely without any notes.

I dislike the cartoon because oral exams are really cool.
- Oral exams are shorter than written exams.
- They are like real life situations.
- Speaking is more important than writing in real life.
- I prefer learning a language by speaking it.
- I can improve my self-esteem by successfully completing an oral exam.

BRAINSTORMING

2 a) What are the differences and similarities between oral and written exams?

METHODISCHES VORGEHEN

a) *Die S sollen sich im Rahmen eines Vergleichs konstruktiv mit beiden Formaten der Leistungsüberprüfung auseinandersetzen, um die jeweiligen Spezifika zu erfassen und ihr Bewusstsein für die Besonderheit der mündlichen Prüfung zu schärfen. Die S erstellen in Einzelarbeit eine Liste mit den Gemeinsamkeiten und Unterschieden. Alternativ kann auch eine Tabelle angelegt werden.*

b) *Die S vergleichen zunächst in Partnerarbeit ihre individuellen Ergebnisse. Anschließend erfolgt eine Ergebnissicherung im Plenum und die S ergänzen neue Aspekte in ihre selbst erstellte Liste.*

LÖSUNGSVORSCHLAG **a)/b)**

Similarities	• You have to prepare for both exams by acquiring and applying facts and knowledge. • You have to learn your vocabulary and avoid grammar mistakes.
Differences	• Oral exams focus on the development of oral communication skills. • Written exams can focus on various skills like reading, writing and listening. • Most people find oral exams harder than written exams. • In a written exam a specific set of knowledge and skills is tested and the answers are more predictable because there is a concrete solution. • The oral exam often differs because the examiner usually chooses a different set of questions, e.g. the examiner asks for opinions or ideas, and the speaker has to be creative.

SPEAKING

3 What kind of exam do you prefer? Discuss your preference.

METHODISCHES VORGEHEN

Die S formulieren im Idealfall mit Hilfe der oben erstellten Liste nun reflektiert in Einzelarbeit eine Präferenz. Es sollte ausreichend Zeit eingeräumt werden, damit sie einzelne Aspekte mit ihren individuellen Stärken und Schwächen abgleichen können. Im zweiten Schritt erfolgt der Austausch mit einem Partner oder in der Kleingruppe. Bei der Partnerarbeit wird die individuelle Sprechzeit erhöht, da beide S sich austauschen. In der Kleingruppe könnten sich bei dieser Aufgabenstellung einzelne S zurücknehmen. Daher bietet sich der Einsatz von Discussion tickets *an. Alternativ kann eine kontroverse Debatte geführt werden, indem ein S Verfechter und ein S Gegner mündlicher Prüfungen ist und beide sich einen fundierten Schlagabtausch liefern und dabei schon erste Strategien anwenden.*

LÖSUNGSVORSCHLAG

I prefer written exams because:
- They are easier and less stressful.
- I do not have to think on my feet.
- I am not observed the entire time.
- Written exams are objective; I can compare my friends' answers with my own.
- I do not like to speak freely without any notes.

I prefer oral exams because:
- Oral exams are shorter than written exams.
- They will prepare for real life situations.
- Speaking is more important than writing in real life.
- I prefer learning languages by speaking.
- I can improve my self-esteem by successfully completing an oral exam.

SPEAKING

4 a)–d) Present the novel *Vauxhall* to a partner on the basis ...

METHODISCHES VORGEHEN

Die S sollen durch die kleinschrittige Aufgabenstellung Strategien entwickeln, um sich gezielt auf eine mündliche Prüfung vorzubereiten. Note-taking *bietet gerade zu Anfang schwächeren oder unsicheren S einen Anker für das freie Sprechen. Die S sollen bewusst den Prozess vom gebundenen zum freien Sprechen durchlaufen, daher sollte für diese Progression ausreichend*

Zeit eingeräumt werden, damit die S im Idealfall mehrfach mit und danach ohne Notizen die Präsentation sich selbst halblaut vorsprechen können. L verweist auf den Tipp zu Practising on your own. *Falls die S Smartphones besitzen, können diese genutzt werden, damit die S Sprachaufnahmen von sich – und nur von sich – machen und sie sich via Kopfhörer anhören. Das bewusste Hören und Analysieren des selbstgesprochenen Vortrags schärft den Lernprozess.*

LÖSUNGSVORSCHLAG

a) Notes:
- *Vauxhall* is a novel by Gabriel Gbadamosi
- he is of Irish-Nigerian descent
- protagonist: Michael, Irish-Nigerian schoolboy
- Michael has a Catholic mother and a Muslim father
- he grows up in a multi-ethnic area called Vauxhall
- the story is told from Michael's perspective
- it depicts family life like his father's tribal scars and his brothers' circumcisions
- it also shows life in the streets: policemen arresting black schoolchildren playing truant and acts of racism against immigrants
- it is a funny book because the author has a good sense of humour

b) I would like to read the book because:
- It is written from a young boy's perspective.
- It sounds like a good read.
- I can imagine that the book is based on authentic events, since the author is of Nigerian descent.
- The review made me curious, and I would like to find out whether is it a real page turner or not.

I would not like to read the book because:
- I prefer science fiction novels like *The Hunger Games.*
- Books about immigrants are always criticising societies, and I prefer entertaining books.
- The plot sounds boring.
- I am not interested in Nigerian customs and habits.

c) Structure for presentation:
- Let me start by saying a few words about the author …
- Next, I'd like to sum up the plot of the novel …
- Apart from that, I would like to say …
- To sum up, one can say that the novel reflects multicultural life in Britain but told from a child's perspective …
- I'd like to finish by saying I would love to read the novel because I truly believe this is a good read.

d) Individual answers expected.

SPEAKING

5 a)–c) As partner A give your presentation to your partner. … → S33

METHODISCHES VORGEHEN

Diese Aufgabe sieht vor, dass die individuelle Sprechzeit der S erhöht wird, indem jeder S in Partnerarbeit seine Präsentation hält und Feedback gibt und erhält. Das Prinzip der Gleichzeitigkeit führt zu einer hohen S-Aktivität. Vorab erfolgt ein Hinweis auf Skill 33 Peer evaluation *und die* Useful phrases *zu* Structuring your monologue. *L sollte im Klassenraum präsent sein und sich exemplarisch einige Präsentationen anhören, aber nicht ungefragt eingreifen oder korrigieren, da dies in die Verantwortung der S gelegt wird. Selbstverständlich kann bei groben Verstößen am Ende der Präsentation das Feedback durch L ergänzt werden. Wahrgenommene Fehler werden an der Tafel gesammelt und in einer systematisierten Form am Ende der Aufgabe im Plenum besprochen. Die Spracharbeit sollte nicht vernachlässigt werden. Falls die S Smartphones besitzen, können diese genutzt werden, um das Feedback zu unterstützen. Auch im Rahmen der Evaluation für die folgende Aufgabe bietet sich das reflektierte Anhören der eigenen Präsentation an. Die S sollten mit ihrem Smartphone immer nur Sprachaufnahmen von sich selbst machen und nicht von ihren Mitschülern.*

LÖSUNGSVORSCHLAG Individual answers expected.

EVALUATION

6 Reflect on your working process. The grid can help you.

METHODISCHES VORGEHEN *Die S sollen innehalten und ihren Arbeitsprozess kriteriengeleitet Revue passieren lassen. Die Items verstehen sich als ein Vorschlag und können in einer Plenumsphase ergänzt oder modifiziert werden. Bei einem guten Sozialgefüge kann die Auswertung auch mit einem Partner stattfinden, mit dem der eigene Arbeitsprozess besprochen wird. Im Nachgang zur Reflektion bietet sich eine Plenumsphase an, in der eine Liste mit Tipps zur Verbesserung der Präsentationsleistung erstellt werden kann:* How to improve my presentation skills. *Alternativ können die S drei Vorsätze formulieren, was sie das nächste Mal anders bzw. besser machen würden.*

LÖSUNGSVORSCHLAG Individual answers expected.

BRAINSTORMING

7 Prepare a controversial discussion on the issue ... → S24.3

METHODISCHES VORGEHEN *Die S sollen in einem ersten Schritt Argumente für ihre selbst gewählte oder zugewiesene Position finden und diese z.B. in Form einer Liste oder einer Mindmap, abhängig vom Lernertyp, verschriftlichen. Hinweis zur* Line of argumentation: *Aufgrund der individuellen Argumente ist die Anordnung individuell vorzunehmen. Wichtig ist allerdings der Hinweis, dass die S im Sinne der Argumentation das stärkste Argument an den Schluss setzen und bereits Gegenargumente einbinden sollten, um diese zu entkräften. Hinweis auf* Skill 24.3 Taking part in a discussion or talk show *und den Tipp zu* Informal/formal language.

LÖSUNGSVORSCHLAG

Diversity is a boon	Diversity is a bane
• Our birth rate is low, which is why we need immigration. • Immigrants do work most people here do not want to do like caring for the elderly. • A diverse society fosters mutual understanding. • Getting to know different cultures can be very interesting.	• We weaken the countries where the immigrants come from because there is a brain drain due to the lack of skilled labour. • For many immigrants it is hard to adapt. • Immigrants send a lot of money to their families back home instead of spending their money here.

SPEAKING

8 Practise what you want to say by mumbling your sentences half aloud, ...

METHODISCHES VORGEHEN *Die S haben bisher nur Argumente bzw. Stichworte gesammelt, in diesem Schritt sollen sie diese in einen sprachlichen Kontext einbetten und sich diesen durch das halblaute Sprechen bzw. Murmeln erarbeiten. Diese Murmelphase ist besonders für S geeignet, die größere Hemmschwellen haben, sofort in die freie und spontane Kommunikation einzusteigen. In dieser Phase können sie ihre Sprechabsichten erproben und ggf. sich noch Unterstützung holen, indem sie Wörterbücher konsultieren oder Unterstützungsmaterial in Form von* Discussion phrases *zu Rate ziehen. Auch hier sollte darauf geachtet werden, dass die S genügend Zeit haben, um mit und ohne Notizen ihre Inhalte zu präsentieren. Stärkere S werden in dieser Phase weniger Zeit brauchen und könnten im Sinne einer heterogenen Lernpartnerschaft dazu aufgefordert werden, schächere S zu unterstützen. Sie hören sie ab und geben ein erstes inhaltliches und/oder sprachliches Feedback, bevor sie ihre Argumente in der folgenden Phase austauschen.*

LÖSUNGSVORSCHLAG Individual answers expected.

SPEAKING

9 Act out the controversial discussion with your partner. ...

METHODISCHES VORGEHEN *Per Zufallsprinzip können S paarweise die Diskussion vor der Klasse präsentieren, wenn man als L eine gemeinsame Auswertung der Lernleistung auf inhaltlicher und sprachlicher Ebene vornehmen möchte. Liegt der Fokus auf der Erhöhung der individuellen Sprechzeit, so sollten die S in Partnerarbeit alle gleichzeitig die Diskussion führen. Hierbei ist darauf zu achten, dass die Kommunikationsregeln (Aussprechen lassen usw.) eingehalten werden. Das Prinzip der Gleichzeitigkeit führt zu einer sehr hohen S-Aktivität. L ist im Klassenraum präsent und hört sich exemplarisch* *einige Präsentationen an. Es wird aber nicht ungefragt eingegriffen oder korrigiert, da dies in der Verantwortung der S liegt. Selbstverständlich kann bei groben Verstößen am Ende der Präsentation das Feedback durch L ergänzt werden. Festgestellte Fehler können an der Tafel gesammelt und in einer systematisierten Form am Ende der Aufgabe im Plenum besprochen werden.*

ALTERNATIVE *Die Diskussion kann auch in Vierergruppen durchgeführt werden. Zwei S diskutieren und zwei S hören sich die Diskussion an und geben ein Feedback zum Inhalt und zur Sprachrichtigkeit. Nützliche* Useful phrases *zu Turn-taking und Arguing befinden sich auf der nächsten SB-Seite.*

LÖSUNGSVORSCHLAG Individual answers expected.

EVALUATION

10 Reflect on your working process. The grid can help you.

METHODISCHES VORGEHEN *Wie bei Aufgabe 6 sollen die S auch hier bewusst innehalten und ihren Arbeitsprozess kriteriengeleitet evaluieren. Die Items verstehen sich als ein Vorschlag und können in einer Plenumsphase ergänzt oder modifiziert werden. Bei einem guten Sozialgefüge kann die Auswertung auch mit einem Partner stattfinden, mit dem der eigene Arbeitsprozess besprochen wird. Im Nachgang zur Reflektion bietet sich ein Erfahrungsaustausch im Rahmen einer Plenumsphase an, in der die S unter Umständen auch artikulieren können, was sie im Unterricht gerne wiederholen oder noch besprechen wollen, um den Lernprozess an den Bedürfnissen der S auszurichten.*

LÖSUNGSVORSCHLAG Individual answers expected.

SPEAKING

11 a)–d) Get together in groups of four. Two group … → S33

METHODISCHES VORGEHEN *Die Kommunikationsprüfung kann effektiv durch ein* Mock exam *vorbereitet und emotional für die S vorentlastet werden. Die S bilden zunächst Vierergruppen, wobei sich je zwei S in die Rolle der Prüfer und zwei in die Rolle der Prüflinge einfinden. Die Prüflinge arbeiten in Einzelarbeit weiter und die Prüfer gehen in eine Partnerarbeit. Gemäß ihrer Rollen werden entweder die Prüfungsaufgaben bearbeitet oder ein Bewertungsraster bzw. Bewertungskriterien erarbeitet. Nach einer angemessenen Vorbereitungszeit sollen alle Gruppen gleichzeitig in der Klasse das* Mock exam *durchführen, wenn es die räumlichen Gegebenheiten ermöglichen. Der Fokus liegt so auf der Erhöhung der individuellen Sprechzeit und alle S durchlaufen die Erfahrung des* Mock exams. *Sollten die Rahmenbedingungen gegen dieses Vorgehen sprechen, so kann per Zufallsprinzip (z. B. Losverfahren) eine Gruppe das* Mock exam *vor der Klasse präsentieren. Hier wäre der Vorteil, dass L die Lernleistung der S in den Blick nehmen und eine gemeinsame Auswertung im Plenum auf inhaltlicher und sprachlicher Ebene vornehmen kann. Hinweis auf* Skill 33 Peer evaluation.

LÖSUNGSVORSCHLAG **a) Monologue: Description of the picture and possible arguments.**

Partner A	Partner B
• In the picture you can see Jessica Ennis, who is 26 years old. • She is wearing sports clothes and is holding the British flag. • She is smiling and she looks happy. • According to the information on the card, she has Jamaican roots, and she won a gold medal in the Olympic Games for Britain. • She is an example of an immigrant who has assimilated into British society and has adopted British values, which is why she joined the British national team. • She feels British, because she is proud to hold the British flag.	• The picture shows the British National Football Team. • The team includes players from diverse ethnic backgrounds. • Some players look like they have British roots. • Four players look like they might have African roots, or possibly Asian roots because several migrants have come from the Commonwealth. • Some football team members could be second- or third-generation immigrants. • The British national team is definitely a diverse team because they come from various cultural backgrounds, but they are proud to play for Britain.

Partner A	Partner B
• From my point of view, this is a very good example of the positive effects of immigration because Jessica Ennis has become part of British society and has represented Britain in the Olympic games. • In addition, the British should be happy that a person with Jamaican roots decided to join their national team. • This is actually a win-win situation, and everybody can be proud of the advantages of immigration. • Jessica Ennis is definitely an enrichment for the British people.	• I think that in the course of time Britain has become increasingly diverse, which is why this team perfectly represents British society. • Multiculturalism is a logical result of the continued relationship between Britain and the Commonwealth as well as Britain's open immigration policy. • Britain has greatly profited from immigrants, and immigrants have profited from Britain.

b) Dialogue: This multicultural approach failed.

Partner A: I agree	Partner B: I disagree
• Immigrants have created their own society, which is why we now have 'parallel societies' in Germany. • Immigrants often do not integrate because they live in neighbourhoods with other immigrants. • They do not speak German/the language of the country they live in fluently because they live in a close-knit community. • Most of them strictly adhere to their own customs and traditions.	• Merkel is wrong because most immigrants have integrated; they consider themselves German and speak German fluently. • Many immigrants are politically active and join clubs to improve tolerance and harmony. • There are famous people from different cultural backgrounds in Germany who have contributed to Germany's reputation and fame. • There are many mixed marriages.

A Diversity and identity

SONG ⦾ L3/1

Diverse City → WB Task 1

LERNWORTSCHATZ to praise, to leave the ground, shade of skin, skinny, diversity, state of mind, pole, mass appeal

MATERIALIEN → ⦾ L3/1

METHODISCHES VORGEHEN *Das Anerkennen kultureller und sozialer Diversität ist ein erzieherisches und pädagogisches Ziel von Schule. Popsongs eröffnen hierzu verschiedene Zugangsweisen, um über das Medium Song die S zu mehr Toleranz zu erziehen. Daher sollen hier zwei Vorgehensweisen dargestellt werden, eine kognitive und eine affektive. In Rahmen einer kognitiven Erarbeitung, sollen die S vor der inhaltlichen Auseinandersetzung mit dem Songtext eine erste Erwartungshaltung zum Wortfeld* Diversity *formulieren, indem sie sich intensiv mit dem Begriff im Rahmen einer Mindmap befassen. Danach erfolgt die Sicherung des Verständnisses und die Analyse der sprachlichen Mittel und anschließend eine mündliche Erörterung, inwiefern dieses Lied einen Einfluss auf den Hörer hat. Abschließend wird ein Kommentar verfasst. Bei diesem Zugriff hat die musikalische Dimension eher eine Nebenrolle und wird nur in Aufgabe 4 thematisiert. Der Song wird hier primär als ein zu analysierender Text betrachtet, dessen auditive Version nur punktuell vor dem Hintergrund der Textaussage betrachtet wird.*

ALTERNATIVE *Alternativ kann die Thematik über die affektive Ebene erschlossen werden, hierzu wird das Lied bei geschlossenen Büchern vorgespielt und die S tauschen sich zunächst mit einem Partner in einer Murmelphase darüber begründet aus, wie ihnen das Lied gefällt. Erste Eindrücke können im Plenum gesammelt werden. Danach wird das Lied erneut gehört und das Globalverständnis gesichert:* What is the song about? *Die S formulieren ihr erstes Verständnis in Einzelarbeit und gleichen dies nun mit dem Text im SB ab. Der auditive Einstieg erhöht die Motivation für eine weitere inhaltliche Auseinandersetzung, da die affektive Dimension zunächst in den Vordergrund gerückt wird. Hier bietet es sich auch an die S zu fragen, ob sie weitere Popsongs bzw. Lieder mit sozialkritischen oder politischen Aussagen kennen. Sie können aufgefordert werden, diese Lieder aufzubereiten und in den Folgestunden vorzustellen.*

BEFORE YOU READ

1 Make a mind map for the word "diversity". →△1

METHODISCHES VORGEHEN *Die Mindmap dient einer ersten individuellen Auseinandersetzung mit dem Begriff und dem Wortfeld von* Diversity *– die S sollen visualisieren, was sie alles mit* Diversity *verbinden. Alternativ zur Mindmap kann auch eine* Word cloud *erstellt werden.*

LÖSUNGSVORSCHLAG

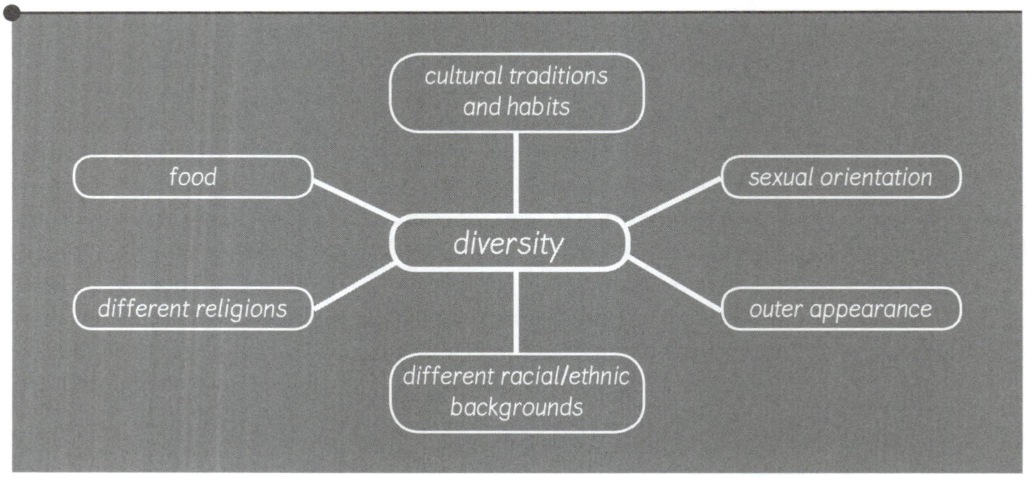

DIFFERENZIERUNG △ *Leistungsschwächere S können auf Aufgabe 1 im* Diff pool *zurückgreifen. Dort ist eine entsprechende Mindmap bereits angelegt.*

COMPREHENSION

2 a)–b) Sum up the concept of diversity ... b) Compare your mind map ...

MATERIALIEN → Kopiervorlage 1 (Diverse City)

METHODISCHES VORGEHEN *Anhand der Aufgabenstellung können die Lesestrategien Skimming und* Scanning *geübt werden. Die S fassen zunächst das im Text vorliegende Verständnis von Diversität mit eigenen Worten zusammen und gehen in einem zweiten Schritt in eine vertiefte Erarbeitung dieses Konzepts, indem sie das im Lied präsentierte Konzept von* Diversity *mit dem eigenen Verständnis abgleichen. Es empfiehlt sich, dass die S hier mit Farben arbeiten und die eigene Mindmap um die Begriffe aus dem Text erweitern. Somit kann auf einen Blick das eigene und das andere Verständnis verglichen werden. In Sinne der Ergebnissicherung sollte tobyMacs Verständnis im Plenum vorgestellt werden, der Abgleich der eigenen Mindmap kann in Partnerarbeit oder in Kleingruppen geschehen. Hinweis auf das* VIP file *zu Toby McKeehan.*

ALTERNATIVE *Alternativ kann mit dem Song auch das Hörverstehen geschult werden. Der Songtext ist gut verständlich und eignet sich für eine Hörverstehensübung. Der Song wird zweimal vorgespielt, danach füllen die S Kopiervorlage 1* (Diverse City) *in Einzelarbeit aus. Bevor es ins Plenum geht, um die Ergebnisse zu sichern, kann eine Zwischensicherung in Partnerarbeit eingeschoben werden, um im Schonraum der Partnerarbeit erste Ergebnisse anzugleichen.*

LÖSUNGSVORSCHLAG

a) Toby McKeehan talks about diversity but uses the words diverse city. "Diverse city" and "diversity" are homophones. Homophones are words that are pronounced the same but have different meanings and are usually spelled differently. A positive concept of diversity is presented in the song. By using the pun "diverse city" to express "diversity", the songwriter shows that all cities are diverse. People living together in a city differ in various ways. They might have different skin colour or hair colour because they come from different ethnic backgrounds. He emphasises that everybody is different in a certain way, and that is what makes diversity. Toby McKeehan also refers to Martin Luther King, who had the dream that people from different ethnic backgrounds could live together equally. He wants to make King's dream come true. From his point of view diversity is a boon because it is something to be celebrated. Every person can contribute to this colourful society by accepting and tolerating each other.

b) Diversity in tobyMac's song:
- "colorful good" (l. 1)
- "freak show" (l. 2)
- "shades of skin" (l. 10)
- "short ones, tall ones, skinny ones, bigger" (l. 11)
- "black, white, yellow or grey" (l. 17)
- "With curls in your hair and braids on the side, straight shake'em loose, …" (ll. 20f)
- "We're a body with parts, like you and me" (l. 22)
- "It's just a state of mind, …" (l. 29)
- "You bring the hard, I'll bring the soul/I'll bring the flag, you bring the pole" (ll. 32f)
- "Diverse city got mass appeal" (l. 37)

ANALYSIS

3 Analyse the stylistic devices the songwriter uses to convey … → S10

METHODISCHES VORGEHEN *Bevor die Aufgabe von den S erarbeitet wird, werden im Plenum die wichtigsten Stilmittel wiederholt und ihre Funktion besprochen. Dazu erfolgt ein Hinweis auf* Skill 10 Style and stylistic devices *und das* Glossary of literary terms *im Anhang des SBs. Bei schwächeren Lerngruppen bietet es sich an, eine Liste mit den Stilmitteln, die in* Skill 10.2 Stylistic devices *genannt werden, zur Verfügung zu stellen und die S nur die Belege im Text suchen zu lassen. Die Aufgabe sollte zunächst in Einzelarbeit gelöst werden und in einem zweiten Schritt erfolgt dann eine erste Zwischensicherung in Partner- oder Gruppenarbeit. Diese kooperative Arbeitsform bietet schwächeren Lerngruppen die Möglichkeit, im Schonraum der Kleingruppe erste Ergebnisse abzugleichen, bevor es an die Auswertung im Plenum geht.*

LÖSUNGSVORSCHLAG
- **Enumeration**: The listing of words or phrases in a text; words or sentences may also be listed in a climactic order, i.e. the most important elements come at the end of the listing
  Examples: "Short ones, tall ones, skinny ones, bigger" (l. 11); "If you're black, if you're white, …" (l. 17).
  Function/Message: By using enumeration the songwriter lists all the various looks people can have, and diversity is positive because it enriches our society.
- **Metaphor**: A comparison between two things which are basically quite unlike one another without using the words "as" or "like".
  Example: "Love is the gun and we pullin' that trigger" (l. 12).
  Function/Message: The metaphor is very interesting because a gun is usually negative since you kill or threaten people with guns. However, in this case the gun is used to spread love; a gun can be used for something good instead of destroying something.
- **Repetition**: A literary device that repeats the same words or phrases a few times.
  Example: "He said, she said, I said this" (l. 7).
  Function/Message: The repetition of the word "said" emphasises the relevance of the message that everyone thinks that you cannot get away from the moment of bliss and that you have to acknowledge that.
- **Rhyme:** Similar sounds in two or more words. Rhymes often occur at the end of lines in songs and poems.
  Examples: "play" – "day" (ll. 5–6), "this" – "bliss" (ll. 7–8).
  Function/Message: The rhymes at the end of the lines create a rhythmic pattern which emphasises the positive message of the song by generating a very positive atmosphere and mood and lends musicality to the words.

- **Simile**: Comparing two things, using the words "like" or "as".
  Examples: "It's like a freak show ..." (l. 2); "... spread this love like dandelions" (l. 39).
  Function/Message: The simile "to spread this love like dandelions" is a beautiful one because every child remembers blowing dandelion seeds and watching them fly away and spread all over the place; the songwriter wants to spread his message that diversity is something positive or a gift like the seeds of a dandelion.

Further stylistic devices (not mentioned in Skill 10.2):

- **Allusion:** A direct or indirect reference to something or somebody the reader or listener is supposed to recognise, e.g. a person, a place, an event, literary work, myth etc.
  Example: "The dream of a king 'bout to unfold" (l. 35).
  Function/Message: tobyMac refers to Martin Luther King, who is famous for his 'I have a dream' speech, in which King dreamt of an equal society without segregation. tobyMac's message is that he wants to make King's dream come true and he is living King's dream.
- **Apostrophe**: When a speaker or writer directly addresses the reader/listener or an imaginary person.
  Examples: "your neighborhood" (l. 2); "if you" (l. 3); "baby" (l. 5); "you" (l. 6) etc.
  Function/Message: The singer and songwriter addresses the listener and creates a personal connection between himself and the listener. This creates a more intimate atmosphere, and the listener feels personally addressed by the singer. The listener is emotionally more involved.
- **Assonance**: The repetition of vowel sounds to create internal rhyming within phrases or sentences.
  Examples: "we're colorful *good* ... in your neighborhood" (ll. 1–2); "Mine is the shiny city on a hill and yours, ... is the colors that fill it" (l. 14).
  Function/Message: There are many assonances in the song, and they all create a certain positive rhythm and atmosphere.
- **Chiasmus**: Words, grammatical constructions, or concepts are repeated in reverse order, in the same or a modified form. In other words the clauses display inverted parallelism.
  Example: "You bring the heart, I'll bring the soul/I'll bring the flag, you bring the pole" (ll. 32–33).
  Function/Message: The writer and singer uses the chiasmus to emphasise that when two people come together and bring together their talents ("I'll bring ... you bring", l. 33), they create a perfect whole; so if different people bring together different things, it makes everything complete and perfect.

LISTENING ⦾ L3/1

4 Listen to the song and discuss whether the sound and the rhythm ...

MATERIALIEN → ⦾ L3/1

METHODISCHES VORGEHEN *Sollte das Lied bis zu diesem Zeitpunkt noch nicht gehört worden sein, so bietet es sich an, die S zu fragen, was für eine Art von Musik sie erwarten, und sie über den Musikstil spekulieren zu lassen. Die S machen sich Notizen und begründen ihre Erwartungshaltung. Das Lied wird vorgespielt und die S tauschen sich in Partnerarbeit über ihre Erwartungen aus und erörtern, inwiefern der Rhythmus und die Musik die Textaussage Diversität ist etwas Positives untermauern.*

LÖSUNGSVORSCHLAG I was sure that the music style would be hip-hop because that kind of music has an extremely rhythmic and lyrical form that uses several techniques like enumeration, repetition and rhyme. The harmony generated by the extensive use of enumeration and the harmonious rhyme scheme mirror the positive message, which is that we can live in harmony with all this diversity in one society.

SPEAKING

5 Discuss with a partner whether this song has a positive impact ...

METHODISCHES VORGEHEN *Die Fragestellung, inwiefern das Lied einen positiven Einfluss auf den Hörer hat, wird von den S in Partnerarbeit diskutiert. Die S können ihre persönliche Haltung in der Diskussion vertreten, wenn der Kurs einen offen und authenthischen Diskurs ermöglicht. Dies fördert die eigene Meinungsbildung. Sollte die Lernatmosphäre im Kurs dagegen sprechen, bietet es sich an, die S aus* *einer Rolle heraus diskutieren zu lassen. Ein S ist dafür, der andere dagegen und es wird eine kontroverse Diskussion geübt.*

LÖSUNGSVORSCHLAG

Positive impact on the listener	Not a positive impact on the listener
• The beat and the content of the song touches my soul. • The message is conveyed in an emotional way. • tobyMac shows that diversity is all around us; therefore we should embrace it. • Every religion says that you should be tolerant, and this song reminds me to be more tolerant. • The song inspires me to be more tolerant and open-minded. • The song makes me aware that diversity is a boon.	• The songwriter/singer only wants to make money with the song. • I do not believe that anyone really listens to the lyrics because most people just enjoy the beat. • A song does not have the power to change people's mentality. • Most people just listen to music for mere entertainment. • We would live in a better world if music had a positive impact on the listener.

CREATIVE TASK

6 "Every line I write, I'm thinking about how to serve, ..." → S18.1 → △ 2

METHODISCHES VORGEHEN *Die S lesen sich zur Bearbeitung der Aufgabe das Zitat aufmerksam durch und erfassen dessen Kernaussage. Hierzu ist wichtig, dass sie erkennen, dass dies Bob Marleys Aussage ist, der sich tobyMac uneingeschränkt anschließt. Wichtig ist, dass die S eine persönliche Stellung in ihrem Brief an tobyMac beziehen und keine vorgefertigte Meinung übernehmen. L verweist auf* Skill 18.1 Writing a formal letter/letter to the editor.

ERWEITERUNG *Die S können auf den religiösen Hintergrund tobyMacs hingewiesen werden. Der Songschreiber und Sänger verwendet religiöse Elemente in seinem Lied* Diverse City. *L macht auf dieses Element im vorliegenden Text aufmerksam* ("... shiny city on a hill", l. 14). *Die Wendung bezieht sich auf die Metapher von Salz und Licht in der Bergpredigt Jesu aus dem Matthäus-Evangelium (Mt 5,14 EU): „Ihr seid das Licht der Welt. Eine Stadt, die auf einem Berg liegt, kann nicht verborgen bleiben."* Diverse City *soll die leuchtende Stadt auf dem Hügel sein, in der die Vielfalt und die damit verbundene Toleranz gelebt werden. tobyMac demonstriert hier seinen christlichen Glauben, betont aber durch sein Zitat, dass er der Menschheit dienen möchte und es ihm dabei egal ist, ob die Menschen seine Religion teilen oder nicht. Er möchte allen Menschen Gutes tun, unabhängig von ihrer Religion.*

LÖSUNGSVORSCHLAG

Dear tobyMac
I am writing to you because I read that you, like Bob Marley, want to "serve humankind" with every line you write, whether they share your faith or not, and I am deeply impressed by your intention. I listened to your song *Diverse City* today and I can see that with this song, you are encouraging people to see diversity as a boon and not a bane, which in my opinion does "serve humankind", because they are being encouraged to accept, enjoy and celebrate differences, that is, to live in harmony together. You respect people who have different religions, and you want to serve them without judging which religion is right or wrong. I admire your state of mind, and I wish everyone thought like you! There would be no war in the world if everyone embraced diversity like you do.
Thank you for setting such a good example for the people who listen to your songs. I hope the lines you write will inspire more people to share your values.
Regards
...

DIFFERENZIERUNG △ *Leistungsschwächere S können anstelle von Aufgabe 6 Aufgabe 2 im* Diff pool *bearbeiten. Sie bereiten eine kurze Rede vor, mit der sie ihre Mitschüler für einen Projekttag zum Thema* Diversity *gewinnen wollen.*

BEFORE YOU READ

7 Do you think Germany is an ethnically diverse society?

METHODISCHES VORGEHEN

Den S wird ein paar Minuten Zeit gelassen, um sich zunächst über diese Fragestellung Gedanken zu machen. Da dies abhängig vom Standort der Schule eine sensible Fragestellung sein kann, sollte vor dem Hintergrund der lerngruppenspezifischen Zusammensetzung eine Austauschphase in Kleingruppen ermöglicht werden. Im Plenum kann alternativ eine offene Diskussion oder das Einholen eines Meinungsbildes aus den Kleingruppen praktiziert werden. Grundsätzlich soll die Wahrnehmung geschärft werden, dass Deutschland ein Zuwanderungsland ist.

LÖSUNGSVORSCHLAG

- I think that Germany is an ethnically diverse society, but not as diverse as the UK or the US.
- There are a lot of immigrants from Turkey and other countries.
- You can see ethnic diversity in the streets because there are people who look different and speak different languages.

INTERNET ARTICLE

What does a true German look like? → WB Tasks 5–12

According to the **United Nations Population Fund** Germany is host to the third-highest number of international migrants worldwide. In Germany more than 16 million people are of foreign descent. About 96 % of them live in Western Germany and Berlin. Most immigrants have been naturalised, and only seven million have not acquired German citizenship and have kept their nationality from their home countries.
Since 2008 migrants have to pass the German citizenship test to become German citizens. Studies show that Germany's economy profits from immigrants because they contribute to economic growth. The biggest ethnic group of non-German origin are immigrants from Turkey. Many second- and third-generation Turkish immigrants have been naturalised and are now German citizens.
Most immigrants came to Germany for economic reasons, but the country has always been a destination for refugees from developing countries too. It's low birth rate and insufficient skilled (e.g. IT sector) and unskilled labour have made Germany dependent on immigration for demographic and economic reasons.

LERNWORTSCHATZ

core, to boil, age, perception, to wage a campaign, visible, to undergo, introspection, to fail

COMPREHENSION

8 Sum up the differences between Germany, Britain, France and ...

LÖSUNGSVORSCHLAG

Even though Germany has become more and more ethnically diverse over time, many Germans seem to have ignored this development. According to Gunter Piening, this differentiates Germany from the UK, France and the US, where immigration has always been very present because of historic and cultural reasons. In addition, British immigrants are present in the media. There they are visible in the middle class, which does not seem to be the case in Germany.

SPEAKING

9 Do you agree with Gunter Piening's statement that immigrants ...?

METHODISCHES VORGEHEN

Diese Fragestellung kann offen in Kleingruppen diskutiert werden, wenn die Lernatmosphäre einen offenen und authentischen Diskurs ermöglicht. Sollte aufgrund problematischer Rahmenbedingungen oder Sozialstrukturen ein persönlicher Meinungsaustausch nicht in Betracht kommen, so bietet sich eine kontroverse Diskussion über Rollenzuweisungen an, die eine Pro- bzw. Kontraposition beziehen, an. Alternativ kann ein Rollenspiel initiiert werden. Die S brauchen zunächst Zeit, sich eigenständig über diese Fragestellung Gedanken zu machen und entsprechende Argumente und Beispiele zu notieren. Nach dieser Sammelphase kann in den Kleingruppen diskutiert werden. Die S sollten auf den Diskussionswortschatz und Diskussionsregeln hingewiesen werden (siehe Skill 24 Discussion and debate*). Im Rahmen einer Ergebnissicherung können im Plenum einige Diskussionen präsentiert werden. Im Rahmen der Auswertung sollten überzeugende Argumente für die Pro- und Kontraseite gesichert werden und Feedback zur Diskussionskultur und der Verwendung des Diskussionswortschatzes gegeben werden, insofern dieser hier vorlag und eingeübt werden sollte.*

LÖSUNGSVORSCHLAG

- **I agree** with Gunter Piening when he says there are only a few people in the media with an ethnic background. It is hard for immigrants to be accepted here, and they are often treated like second-class citizens. It is very difficult for immigrants to live here because they are not treated equally.

- **I disagree** with Gunter Piening because there are immigrants in the media who are very famous. There are famous musicians like Xavier Naidoo. His father is from Sri Lanka, and his mother is South African. He lives in Mannheim, and his band is called *Söhne Mannheims*. Naidoo sings in German. There are also famous people from migrant families in football like Mesut Özil, who is of Turkish descent and plays in the national team.

BEFORE YOU READ **10 Are you proud of your nationality? Give reasons.**

METHODISCHES VORGEHEN *Vor der Auseinandersetzung mit dem Text, sollen die S sich zunächst Gedanken über ihren eigenen Nationalstolz machen und sich begründet mit der Frage auseinandersetzen, bin ich stolz auf meine Nationalität oder nicht. Diese Aufgabe wird von den S in Einzelarbeit bearbeitet und danach optional in Kleingruppen oder im Plenum besprochen.*

LÖSUNGSVORSCHLAG **Individual answers expected, e.g.**

- I am proud to be German because …
- I am not proud to be German because …
- I am proud to be Turkish/Greek/Italian/Spanish because …
- I am not proud to be Turkish/Greek/Italian/Spanish/Polish because people discriminate against me.

NEWSPAPER ARTICLE

Black, British and proud → WB Task 2

LERNWORTSCHATZ to miss a point, crucial, shaped by, to immerse in, custom, to maintain sth, to adjust to sth, to become accustomed to sth, Briton, inequality, to deport sb, to contribute

COMPREHENSION **11 Describe Adesioye's feelings about being British.**

METHODISCHES VORGEHEN *L verweist zunächst auf das* VIP file *zu Lola Adesioye. Für die Bearbeitung dieser Aufgabe ist es sinnvoll, die Person Lola Adesioye in den Blick zu nehmen und sie in einem ersten Schritt kurz zu beschreiben, um den S zu vergegenwärtigen, dass eine Person mit Migrationshintergrund völlig in die Gesellschaft integriert ist und ein hohes Identifikationsmaß mit dem Zielland hat. Das Anderssein wird eher von außen an sie herangetragen, als dass sie dies selbst empfindet, da sie sich selbst als schwarze Britin wahrnimmt und stolz darauf ist. In einem zweiten Schritt lässt sich das Spannungspotenzial zwischen Selbst- und Fremdwahrnehmung für die S besser erschließen.*

LÖSUNGSVORSCHLAG Lola Adesioye is of Nigerian descent, but she feels a very strong sense of belonging in the UK. Being shaped by the British culture, the young woman considers herself British and is proud of British values and the way of life she has adopted. Lola Adesioye compares her identity with native white Britons and comes to the conclusion that she is as British as they are apart from her skin colour. That is why she considers herself to be a black British person. Even in America or in Nigeria where her parents come from, the young woman is considered British because of her British accent. She feels British because she has totally assimilated into British culture and even assesses the Nigerian customs from a British perspective.

ANALYSIS **12 How is she perceived by the British, the Americans and the Nigerians? …**

METHODISCHES VORGEHEN *Die S sollen zu einer differenzierten Wahrnehmung von Immigranten aus den verschiedenen Perspektiven gelangen, daher bietet es sich an, in einem ersten Schritt die verschiedenen Perspektiven aufzulisten und diese dann miteinander zu vergleichen. Die erste Erarbeitung sollte in Einzelarbeit geschehen, um dann in Kleingruppen oder im Plenum die Ergebnisse zu vergleichen und auszuwerten. Die S können darauf hingewiesen werden, auf Textreferenzialität zu achten und die Zeilen anzugeben. Dies erleichtert die Auswertungsphase.*

British perception	• Immigrants, and their children like Lola, have been and still are victims of economic, educational, legal and social inequality. (l. 22) • Her sister and mother were nearly deported. (l. 24)
American perception	• Americans perceive her as "the English girl". (l. 10) • "Black, but English nonetheless." (l. 10)
Nigerian perception	• Nigerians perceive her as British, as an "oyinbo". (l. 11)
Lola's perception of herself	• She has been shaped by British culture and therefore feels British. (l. 2) • She lives British values and way of life. (l. 4) • She has spent her entire life in Britain. (l. 6) • She does not feel different except of her skin colour. (l. 7) • Being abroad makes her more aware of her Britishness. (l. 9) • She does not understand all Nigerian customs because she filters them through her British perspective. (l. 13)

Comparing the different perceptions of Lola Adesioye's nationality, it is evident that Americans and Nigerians consider her to be British as much as she does, but the British see her only as an immigrant. She has realised that she and her parents have suffered from unequal treatment because the British do not think they are British. Immigrants and their children are still disadvantaged in Britain.

EVALUATION

13 **Write a list of factors determining identity. Rank them in order of ...**

METHODISCHES VORGEHEN

Die S sollen sich eigenständig mit der Fragestellung auseinandersetzen, was in ihren Augen „Identität" auszeichnet und eine Prioritätenliste erstellen, um sich die Relevanz einzelner Kriterien vor Augen zu führen. In diesem Kontext wird auch die Einordnung der Kriterien „ethnische Zugehörigkeit" und „Nationalität" vorgenommen und reflektiert, inwieweit diese Aspekte identitätsstiftend sein können.

LÖSUNGSVORSCHLAG

Individual ranking of factors that are determining identity, e.g.
1. culture, 2. family, 3. education, 4. ethnic background, 5. national identity, 6. religion, 7. profession/job, 8. gender (male or female), 9. friends, 10. media
From my point of view ethnicity and nationality are (not) among the top three because ...

RESEARCH

14 **Find out about one Briton who originally came to the UK as ...** → S22, S32

MATERIALIEN

→ Kopiervorlage 2 (Feedback sheet for presentations)

METHODISCHES VORGEHEN

Die S sollten mit der Methode der Internetrecherche vertraut sein, dennoch bietet es sich an, ihnen die Grundverfahren noch einmal zu vergegenwärtigen und sie explizit auf die Strategieseiten (Skill 22 Presentation *und* Skill 32 Doing research) *hinzuweisen, damit sie sich nicht in den Weiten des Internets verlieren. Bei eher unerfahrenen S werden Vorgaben gemacht, die ein einfaches Finden funktionaler Quellen ermöglichen. Die zeitliche Vorgabe von zwei Minuten ist im Hinblick auf die Kommunikationsprüfung erweiterbar. Aufgrund der Kürze lassen sich mehrere Präsentationen vor der Klasse durchführen, die im Plenum mit Hilfe von Feedbackbögen (Kopiervorlage 2) ausgewertet werden können. Sollte eine längere Präsentationszeit gewählt werden, bietet es sich an, die Präsentation in Kleingruppen durchzuführen. Die S geben sich in diesem Fall gegenseitig mit Feedbackbögen kriteriengeleitete Rückmeldung auf inhaltlicher, methodischer und sprachlicher Ebene. Falls die S Smartphones besitzen, können diese genutzt werden, um Sprachaufnahmen von sich (und nur von sich) zu machen und sie sich via Kopfhörer anzuhören. Das Hören und Analysieren des selbstgesprochenen Vortrags schärft den Lernprozess.*

ALTERNATIVE

Es können alternativ auch einige Quellen vorgegeben weden, um den Rechercheprozess in Grenzen zu halten und die inhaltliche Fokussierung nicht aus den Augen zu verlieren, z. B. http://www.100greatblackbritons.com/, http://www.hibbert-assembly.org.uk/Respect/someimm.htm.

LÖSUNGSVORSCHLAG

Individual answers expected.

B Crossing borders

BEFORE YOU READ

1 Look at the book cover and brainstorm ideas about a possible plot. . . .

METHODISCHES VORGEHEN

Durch ein erstes Spekulieren in Einzelarbeit über den Buchinhalt soll eine Erwartungshaltung erzeugt werden, die neugierig auf den Text macht und die Lesemotivation fördert. In Partnerarbeit werden die Ideen mündlich ausgetauscht, um die individuelle Sprechzeit zu erhöhen.

LÖSUNGSVORSCHLAG

The plot might be about the desert because you can see a cactus. The cactus looks huge and has a lot of thorns, which is why I think it might be about dangerous situations in the desert. The title of the book is *The Tortilla Curtain*; since tortillas are a part of Mexican cuisine, I guess that the protagonists might be from Mexico. The plot could be about crossing the Mexican-American border, which is very dangerous because a lot of people die trying to cross it.

NOVEL EXCERPT

The Tortilla Curtain → WB Tasks 3, 4

LERNWORTSCHATZ

to trespass, border, aimless, to stare at sb/sth, to starve, to cross over, mercy, terrified, fence, savings (pl), to betray, well, to club sb, to outrun, humiliating, to cover

SPEAKING

2 How do you feel after reading this excerpt? Exchange your feelings . . .

METHODISCHES VORGEHEN

Die S tauschen ihre ersten Reaktionen auf den Textauszug mit einem Partner aus, um ihre individuellen emotionalen Reaktionen zum Ausdruck zu bringen und gleichzeitig die individuelle Sprechzeit zu erhöhen. Der Rückbezug auf die Spekulationen über die Handlung sollte nicht außer Acht gelassen, sondern thematisiert werden. Alternativ zur Partnerarbeit kann der Austausch auch in Kleingruppen durchgeführt werden und einzelne Stimmen und Reaktionen im Plenum aufgegriffen werden.

LÖSUNGSVORSCHLAG

Reading the excerpt shocked me because I did not expect something touching like that. The dangerous and humiliating situation scared me, particularly when it was told from the female protagonist's perspective. I expected a plot about crossing the border, which is something dangerous, but I had no idea that it would be that dangerous.

COMPREHENSION

3 Summarise the plot and outline the setting and atmosphere.

METHODISCHES VORGEHEN

Die S sollen hier ihre Lesekompetenz schulen und zunächst das Globalverständnis der Textpassage mit eigenen Worten sichern. Die Bearbeitung der Aufgabe kann sowohl mündlich als auch schriftlich erfolgen. Die Auswertung kann zunächst in Partner- oder Gruppenarbeit erfolgen, bevor eine gemeinsame Sicherung im Plenum erfolgt.

LÖSUNGSVORSCHLAG

The text excerpt describes how América is walking along a street and is being openly stared at. She feels threatened even by her own people because most of the men crossed the border without their wives, and they have certain unfulfilled sexual desires, so they consider América to be fresh meat. Being stared at reminds her of her first attempt to cross the border, which was very humiliating. In the flash-back she describes how she and her husband were betrayed by a person who pretended to help them to cross the border. Cándido was beaten by Mexican gangsters, who also tried to rape América. The arrival of the helicopter spared her from being raped. Cándido and América tried to flee from the helicopter, but they were caught, and she was still naked and bleeding. Everyone stared at her, and this was very humiliating for her. Shortly afterwards they were brought back to Mexico.
Actually, there are two settings in this excerpt. The first one is an American street, and América is walking along the street. The street is described in detail including the post office, several shops and several people from different countries, especially from Mexico. This leads into the second setting: the border between Mexico and America. This scene is described as a spot along the border fence in the desert with bushes, where the ground is dried out by the sun and heat of the desert. The atmosphere in both scenes is threatening and scary. Both times América is the victim of men who sexually desire her.

ANALYSIS **4 a) Analyse the stylistic devices ... b) Which narrative perspective ...?** → S8

METHODISCHES VORGEHEN *Bei Teilaufgabe a) erfolgt ein Hinweis auf* Skill 10.2 Stylistic devices. *Bei Aufgabe b) werden die S auf den Tipp zu Author vs. narrator und auf* Skill 8 Narrative perspective *aufmerksam gemacht.*

LÖSUNGSVORSCHLAG **a) The narrator uses various stylistic devices to evoke the reader's emotions:**

- **Alliteration:** "harder, hungrier" (l. 10).
- **Metaphor:** América is described as meat: "she was fresh meat" (l. 12); América is described as an object: "their eyes drilling into her" (l. 14), "animals" (l. 16, l. 30), "vermin" (l. 39).
- **Simile:** The narrator compares how the men treat América to skinning a rabbit (l. 36).
  The narrator says people treat Cándido and América like animals, because the bad men act inhumanely. They act like wild animals and treat América like an animal (a rabbit) as well. Dehumanising the people shows the reader how merciless and dangerous the situation is.

b) Third-person limited narrator/limited point of view:

- The narrator uses the third person "she" to refer to the characters and presents the events mainly from the perspective of only one character, América.
- The effect of this narrative perspective is that we as readers strongly identify with the female character, América, and are emotionally more involved.
- The information the reader gets is filtered through the eyes of the third-person narrator. The information is therefore biased and not objective.

SPEAKING **5 Cándido and his wife are back in Mexico. He ...** → S12, S23 → ▲3

METHODISCHES VORGEHEN *Die S verfassen auf Grundlage des Textauszugs einen Dialog mit einem Partner und tragen ihn anschließend frei oder mit Notizen gestützt vor. Dazu verweist L auf* Skill 12 Creative writing *und* Skill 23 Dialogue. *Das Telefonat beschreibt den Versuch, die Grenze illegal zu überqueren aus Cándidos Perspektive. Im Dialog sollte informelle Sprache/Umgangssprache zur Anwendung kommen. Die S werden gezielt auf das zu verwendende sprachliche Register hingewiesen.*

ERWEITERUNG *Für interessierte S kann als Erweiterung informatives Zusatzmaterial ausgegeben werden (http://edition.cnn.com/2013/11/06/us/immigration-statistics-fast-facts):* Use some facts and figures in your telephone conversation. *Bei heterogenen Paaren übernimmt der leistungsstärkere S die Rolle des amerikanischen Freundes, der die Zusatzinformationen zu verarbeiten hat. Bei homogenen Paaren können beide S die Informationen in das Gespräch einbinden.*

LÖSUNGSVORSCHLAG Individual answers expected.

DIFFERENZIERUNG ▲ *Leistungsstärkere S bearbeiten statt Aufgabe 5 Aufgabe 3 im* Diff pool. *Sie beschreiben einen Tag im Leben von América und Cándido, nachdem ihnen die illegale Einreise nach Kalifornien geglückt ist. Der Bericht erfolgt entweder aus Américas oder aus Cándidos Perspektive.*

VIEWING L **6 Watch the clips and note the problems and limitations undocumented ...**

MATERIALIEN → L (Undocumented immigrants in the US – José Antonio Vargas) • Transkript

METHODISCHES VORGEHEN *Bevor die S die Videoclips sehen, sollten sie im Rahmen einer* Pre-viewing activity *in Einzelarbeit über mögliche Probleme und Einschränkungen im täglichen Leben illegaler Migranten spekulieren und eine Liste oder eine Mindmap – je nach Präferenz – erstellen. In Partnerarbeit können erste Vermutungen ausgetauscht und somit erstes Vokabular vorentlastet werden. Die Clips werden mindestens zweimal, bei Bedarf auch öfter, vorgespielt. Beim zweiten Anschauen können die S das Material insgesamt auf sich wirken lassen und sich bei Bedarf Notizen machen.*

LÖSUNGSVORSCHLAG **Notes on video clip 1:**

- no official papers
- no right to vote in elections
- no right to become a US citizen
- it is hard to go to college
- being illegal results in problems with law enforcement
- illegal immigrants are forced out of the country
- people who give jobs to illegal immigrants are punished; therefore it is hard to find a job

Notes on video clip 2:
- profound misunderstanding and misconceptions about undocumented immigrants
- they don't have the chance to become legal, there is no process they can go through
- 11.5 million undocumented immigrants haven't been acknowledged by the government, they are not even in their database; politicians are ignoring the issue
- they pay taxes and pay into social security, but cannot benefit from it
- they can only get paid as independent contractors/freelancers, not as regular employees
- they could be deported at any time

VISUALS

7 Choose one of the film posters dealing with American ... →△4

METHODISCHES VORGEHEN

L kann die Filmplakate über den Beamer präsentieren und auf Skill 28.1 Working with visuals: Pictures *verweisen. In Partnerarbeit wird jeweils eines der Filmposter ausgewählt und in Einzelarbeit beschrieben und analysiert. Dieses Vorgehen bietet sich in Vorbereitung auf die Kommunikationsprüfung an. Alternativ kann die Beschreibung und Analyse des Bildimpulses ohne eine Vorbereitung in Einzelarbeit durchgeführt werden. Dies ist abhängig davon, ob für die Kommunikationsprüfung eine Vorbereitungszeit zur Verfügung steht oder nicht. Der S sollte den unbekannten Bildimpuls des Partners während der Präsentation vorliegen haben, um ggf. Rückfragen zu stellen oder Ergänzungen vorzunehmen.*

LÖSUNGSVORSCHLAG

1. crossing over

Description:
- The film poster shows four actors at the top.
- At the bottom it shows several motorways and traffic.
- In the middle you can read the title and the subtitle.
- The main actors' names are presented at the top.
- The poster is not very colourful. You can see red and white streets on a black background, and the colour blue on top (the colours of the American flag).
- The top is dark blue, and people are dressed in white/grey and dark clothes; they are not wearing anything colourful.
- Their facial expressions are very serious as well; no one is laughing or cheering.
- They are all looking in different directions; no one is looking at each other.

Analysis:
- The depressing atmosphere is created by the colours and emphasised by the serious facial expressions of the four actors. The film poster indicates that this film is about a serious topic and the plot might be dramatic since no one is laughing.
- The title *crossing over* might refer to immigrants crossing over the American border illegally and might describe the hard times they have to face.

2. Sin nombre

Description:
- The film poster shows young people sitting on a long train.
- In the background you can see the sky with blue and dark clouds.
- There are mountains in the middle with trees.
- The railroad tracks go through the forest.
- The main actors' names are presented at the top under the title *Sin nombre*, which is Spanish and means 'without a name/nameless'.
- The poster is not very colourful; you can see different shades of green and blue, but in the upper left corner there are dark and black clouds.
- The young people sitting on the train look very desperate.
- Their facial expressions are very serious; no one is laughing or cheering.
- They are all looking in different directions; no one is looking at each other.

Analysis:
- The depressing atmosphere is created by the black clouds and emphasised by the serious facial expressions of the young people sitting on the train.
- Usually you ride in a train, not on the roof.

- The film poster indicated that this film is about a serious topic, illegal immigration, and that the plot might be dramatic since no one is laughing.
- The title *Sin nombre* might refer to immigrants crossing over the American border illegally and the hard times they have to face because nobody is interested in them, so they are nameless.

Which film should be watched in class:

I prefer to watch *crossing over* because:	**I prefer to watch *Sin nombre* because:**
• I adore Harrison Ford; he is a great actor. • I am interested in the plot, which might take place in America. • We might get insight into the lives of illegal immigrants living in the US. • The poster seems quite promising.	• The protagonist seems to be our age. • I am interested in the plot, which might be about crossing the border illegally. • The poster seems quite promising, and the plot might focus on the dangerous journey.

DIFFERENZIERUNG △ *Leistungsschwächere S finden in Aufgabe 4 im* Diff pool *als Hilfestellung einige Hinweise, die sie bei der Analyse ihres Filmplakats berücksichtigen können.*

RESEARCH

8 Find out about the history of legal and illegal immigration in ... → S32

MATERIALIEN → Kopiervorlage 2 (Feedback sheet for presentations)

METHODISCHES VORGEHEN *L verweist vor der Bearbeitung auf* Skill 32 Doing research. *Bei eher unerfahren S werden Vorgaben gemacht, die das Finden von Quellen erleichtern. Die zeitliche Vorgabe der Präsentation kann von zwei bis sechs Minuten variieren. Kürzere Präsentationen von zwei bis drei Minuten lassen sich gut vor der Klasse durchführen und mit Hilfe von Feedbackbögen (vgl. Kopiervorlage 2) auswerten. Wird eine längere Präsentationszeit gewählt, werden die Präsentationen in Kleingruppen durchgeführt und die S geben sich gegenseitig mit Feedbackbögen Rückmeldung. Jede Gruppe kann die beste Präsentation auswählen und diese vor der Klasse präsentieren lassen, um somit eine gemeinsame Auswertung und exemplarische Ergebnissicherung durchzuführen.*

ALTERNATIVE *L kann einige geeignete Quellen vorgeben, um den S die Recherche zu erleichtern. Geeignete Webseiten sind:*
http://www.loc.gov/teachers/classroommaterials/presentationsandactivities/presentations/timeline/riseind/immgnts/
http://teacher.scholastic.com/activities/immigration/tour/stop1.htm
http://usa.usembassy.de/society.htm
http://www.americaslibrary.gov/jb/progress/jb_progress_ellis_1.html

C Immigration policy

BEFORE YOU READ

1 These excerpts are from a speech given by Liam Fox, a Conservative ...

METHODISCHES VORGEHEN *Die Aufgabe dient als* Pre-reading activity. *Sie stimmt die S auf den Text anhand des Titels und der Information über den Sprecher ein. Die S sollten mit Hilfe ihres Weltwissens erste Spekulationen äußern und antizipieren, was der Grundtenor der Rede sein könnte. Die Aufgabe kann in Einzelarbeit oder in Partner- und Gruppenarbeit durchgeführt werden. Nach der ersten Lektüre bietet es sich an, das Textverständnis mit den eigenen antizipierten Textinhalten abzugleichen.*

LÖSUNGSVORSCHLAG Conservative politicians often support restrictions on immigration; therefore I expect a critical speech about new and stricter laws stopping or regulating immigration. In recent years emigration to Britain has substantially increased from countries that have recently joined the EU, such as Poland, Bulgaria and Romania, which has put the government under pressure. That is why I think that the conservative party wants to limit immigration to the UK etc.

SPEECH EXTRACTS **Immigration, integration and British values** → WB Tasks 13, 14

Migration to Britain in numbers:

- Net long-term migration to the UK was estimated to be 260,000 in the year ending June 2014, a statistically significant increase from 182,000 in the previous 12 months.
- While net migration has increased since the most recent low of 154,000 in the year ending September 2012, it remains below the peak of 320,000 in the year ending June 2005.
- 583,000 people immigrated to the UK in the year ending June 2014, a statistically significant increase from 502,000 in the previous 12 months. There were statistically significant increases in immigration of EU (up 45,000) and non-EU (up 30,000) citizens.
- An estimated 323,000 people emigrated from the UK in the year ending June 2014. Long-term emigration has been relatively stable since 2010.
- There was a statistically significant increase in immigration for work (up 45,000 to 247,000), driven by increases for non-EU citizens (up 14,000), EU2 (Romanian and Bulgarian) citizens (up 11,000) and EU15 (up 10,000). Estimated employment of EU nationals (excluding British) resident in the UK was 16% higher in July to September 2014 compared to the same quarter in 2013. [...]
- 32,000 EU2 citizens immigrated to the UK in the year ending June 2014, a statistically significant increase from 18,000 in the previous 12 months.
- Immigration for formal study remained stable (176,000) in the year ending June 2014.
- The statistically significant increase of 30,000 in immigration of non-EU citizens to 272,000 was in part driven by an increase in immigration to accompany/join others up 19,000 to 54,000. This follows a steady decline in non-EU immigration since the recent peak of 334,000 in the year ending September 2011. [...]
- There were 24,300 asylum applications in the year ending September 2014, an increase of 2% compared with the previous 12 months (23,800), but low relative to the 2002 peak (84,100).

Source: Migration Statistics Quarterly Report, November 2014, Office for National Statistics, © Crown copyright (http://www.ons.gov.uk/ons/rel/migration1/migration-statistics-quarterly-report/november-2014/stb-msqr-nov-2014.html).

LERNWORTSCHATZ evidence, to be aware of sth, issue, irresponsible, consideration, willingness, to result in sth, to achieve sth, decade, to increase, to contribute to sth, to ensure, labour, approach, to require, to keep in mind, impact, attitude, to pay attention to sth, participant, current, appreciation, assimilation, to understate sth, to benefit from sth, stability, to involve

COMPREHENSION **2 Sum up the speaker's idea of an 'open and shut' policy (ll. 45–49) in ...**

METHODISCHES VORGEHEN *Die Aufgabe sollte als Einzelarbeit schriftlich durchgeführt werden, damit jeder S den Kern der Einwanderungspolitik von Liam Fox erfasst. Hierzu kann die Textstelle, die seine Ausführungen in aller Kürze zusammenfasst (*"In short , I believe ...", l. 45*), ggf. mehrfach gelesen werden. Seine vorausgehenden Ausführungen sollten auch in die Überlegungen einbezogen werden, da er da seinen Vorschlag zur Immigrationspolitik argumentativ untermauert.*

LÖSUNGSVORSCHLAG Liam Fox presents an immigration policy, which is very restrictive. According to him Britain should only open its borders to those who contribute actively to the British economy, so Britain should only accept immigrants who can contribute certain skills and competences. Fox suggests that British borders should remain closed to other immigrants who do not have the appropriate skills. This policy is very selective, so immigrants are not treated equally. They are judged according to the needs of the British economy.

COMPREHENSION **3 List the positive and negative aspects of immigration ...** →△5

METHODISCHES VORGEHEN *Die Aufgabe wird in einem ersten Schritt als Einzelarbeit schriftlich durchgeführt, damit die S die von Liam Fox genannten Vor- und Nachteile der Einwanderung erfassen. Sie sollten auf die Textreferenzialität achten und die Zeilen angeben, da diese den späteren Vergleich der Aspekte erleichtern. Die S werden ferner dazu angehalten, die Vor- und Nachteile in eine Tabelle zu überführen, da diese im zweiten Schritt – im Abgleich in Partnerarbeit – übersichtlicher ist. In der Partnerarbeit werden alle Aspekte verglichen und ggf. ergänzt oder modifiziert. Die Ergebnissicherung im Plenum erfolgt dann ebenfalls schriftlich an der Tafel oder auf Folie.*

DIFFERENZIERUNG △ *Aufgabe 5 im* Diff pool *bietet* Keywords *als Hilfestellung für die Tabelle. Im Rahmen der Differenzierung nach unten kann der Arbeitsauftrag weiter modifiziert werden und die S suchen*

paarweise positive oder negative Aspekte, sodass sie sich nur auf einen Aspekt zu konzentrieren brauchen, anstatt die Vor- und Nachteile herauszuarbeiten. Alternativ kann L die Zeilenangaben zur Unterstützung vorgeben, um die Suche nach den entsprechenden Textstellen zu erleichtern.

LÖSUNGSVORSCHLAG

Positive aspects of immigration	Negative aspects of immigration
• cultural diversity of the UK (l. 23) • some immigrants are useful for Britain's economy (l. 40) • skilled and unskilled workers are needed for the British economy (ll. 43f) • immigrants can be useful to build up Britain's national wealth (l. 42)	• danger of fragmentation (l. 24) • immigrants have increasingly settled in large communities, often remaining culturally separate rather than integrating while still retaining their cultural identity (ll. 28f) • allowing immigrants to come to the UK who will simply absorb the national wealth (l. 41) • the impact of immigration on national identity should not be understated (l. 67)

ANALYSIS

4 How does the speaker try to convince his audience? Focus on … → S10

METHODISCHES VORGEHEN

Sollten die S unsicher in der Analyse von Argumenten sein, werden zunächst die Begriffe argument *und* line of argumentation *geklärt, damit die S fundiert zwischen einer Meinungsäußerung und einem Argument zu unterscheiden vermögen. Dies bereitet ihnen oft Schwierigkeiten, daher kann eine Begriffsklärung zielführend sein. Hinweis auf* Skill 10 Style and stylistic devices.

LÖSUNGSVORSCHLAG

Arguments/Line of argumentation:

- The speaker tries to convince his audience by arguing in favour of his "open and shut policy" (l. 46). The purpose of his extensive use of arguments (cf. Task 3) is to convince or persuade his listeners that this approach is the best for Britain.
- The author uses different strategies for his line of argument:
  - he lists many arguments in favour of immigration
  - the pros are always contrasted and compared with the cons
  - he uses connectors like "but" (ll. 23, 25, 44, 48, 71, 77), "although" (l. 59), "equally" (l. 42).
- Extensively comparing and contrasting the advantages and disadvantages of immigrants is designed to convince the listener that immigration is necessary for Britain, but in a regulated way as Fox proposes. Furthermore, Fox underlines his arguments with reasons why immigration has both positive and negative effects and describes the economic and fiscal benefits of migration.

Use of language:

- Looking at the use of language, Liam Fox uses some rhetorical devices like questions ("So, how do we …?, ll. 12f; "How do we construct …?", ll. 50f).
- The solution he proposes is his open and shut policy – using these questions is meant to persuade the listener that Fox's approach is better.
- Furthermore, his use of the personal pronoun 'we' creates an atmosphere of brotherhood and unity – he wants the best for all British people.
- By using 'we', Liam Fox implies that he is interested in Britain's well-being and not only in his own or his political party.
- Furthermore, he uses euphemistic language to describe unwanted immigrants as "those who will become dependent on the state or who possess skills we do not require for our economic well-being" (ll. 48ff).
- Right at the beginning of his speech he distances himself from the political right, to avoid being perceived as a racist.

EVALUATION

5 Write a letter to the speaker saying whether his speech has … → S18.1

METHODISCHES VORGEHEN

Die S haben in der Aufgabe zuvor erfasst, dass die Rede von Liam Fox stark gelenkt ist, um den Hörer von seiner Position und seinem Vorschlag zu überzeugen. Hierzu wurden seine Argumente und die Sprache kritisch beleuchtet. In diesem Schritt beziehen die S nun eine eigene Position zu dem Vorschlag von Liam Fox und äußern sich dazu, ob seine Open and shut policy *sie überzeugt hat oder nicht. Es erfolgt ein Hinweis auf* Skill 18.1 Writing a formal letter/letter to the editor.

LÖSUNGSVORSCHLAG Dear Mr Fox
I read your speech about your new approach of an open and shut policy concerning immigration. You list all the positive and negative aspects of immigration to the UK and draw the conclusion that an open and shut policy is the best for Britain's well-being. Your approach has not convinced me because you do not explain how you want to make sure the right ones are let in and the wrong ones are kept out. And to be honest, I am deeply concerned about the way you view immigrants. You distinguish between functional and dysfunctional immigrants, the ones who benefit Britain and the ones who take advantage of the British welfare system. This point of view is inhumane. You only see whether they benefit our economy, but you do not take account their lives and their destinies; maybe they are asylum seekers or war refugees and need our help. Should skills determine whether someone has the right to enter the country or not? This is a one-sided perspective, which ignores the immigrants' perspective and their reasons for coming or fleeing to Britain. As a prosperous nation we have a certain responsibility to help the weak and the poor.
Your speech could not convince me because a well-structured economy cannot be the main reason for accepting immigrants or turning them down. You think immigrants are merely driving forces for the economy, but they are more than a workforce. They are people with fears and hopes in search of a better life.
I hope you rethink your approach and find a better immigration policy.
Kind regards …

SPEAKING **6** **With a partner, discuss the speaker's idea …** → S24.3 → ▲6

METHODISCHES VORGEHEN *Die S erarbeiten auf Grundlage ihres Textverständnisses eine kontroverse Diskussion über Liam Fox Vorschlag einer Immigrationspolitik und tragen die Diskussion frei oder mit Notizen vor* (Prompt cards). *Partner A vertritt die Position, dass sein Vorschlag gut ist, Partner B findet Gegenargumente und ist von seiner* Open and shut policy *nicht überzeugt. Es sollte im Idealfall die freie Entscheidung der S sein, wer welche Position vertritt, aber auch eine Zuweisung per Zufallsprinzip ist möglich. Im Dialog wird darauf geachtet, dass eher eine formelle Sprache im Rahmen eines politischen Diskurses zur Anwendung kommt und keine Umgangssprache. Die S werden von L auf das zu verwendende sprachliche Register hingewiesen. Ferner sollten sie sich zuvor in einer Einzelarbeitsphase schlagkräftige Argumente erarbeitet haben. Dazu erfolgt ein Hinweis auf* Skill 24.3 Taking part in a discussion or talk show.

ERWEITERUNG *In interessierten Lerngruppen kann die Diskussion inhaltlich durch weitere Informationen angereichert werden. Hierzu kann L die S auffordern, in den Rollen von Parteivertretern zu agieren. Partner A ist ein Vertreter der* Conservative Party/Tory, *Partner B vertritt die* Liberal Democrats. *Die Anforderung lautet, vor dem Hintergrund der politischen Zugehörigkeit zu diskutieren. Sie wird durch eine Kurzrecherche des Parteienprofils flankiert.*

DIFFERENZIERUNG ▲ *Leistungsstärkere S bearbeiten anstelle der Partnerdiskussion Aufgabe 6 im* Diff pool. *Sie versetzen sich in die Rolle eines englischen Journalisten, der ein Interview mit Liam Fox über seine Rede führt, und arbeiten das Interview für beide Seiten schriftlich aus.*

LÖSUNGSVORSCHLAG

Partner A (in favour)	Partner B (against)
• Cultural diversity in the UK is beneficial to a certain degree; therefore we have to regulate immigration. • Some immigrants are useful for Britain's economy. • Certain skilled and unskilled workers are needed for the British economy. • Certain kinds of immigrants can be useful to build up Britain's national wealth.	• Immigrants are considered to be mere workers for Britain's economy; this attitude towards immigrants is disgraceful. • Immigrants are categorised into useful and useless immigrants, which is inhumane. • This approach is highly egoistical.

• We cannot accept all immigrants, like old and ill immigrants, who are a burden for our economy.	• This point of view of immigrants degrades them as mere gap fillers for our society. • We should not forget that many immigrants have to flee from their homeland; we cannot say, "Sorry, you're ill and weak and therefore useless for Britain."

D Dealing with prejudice

Prejudice is an unfounded and commonly negative attitude toward members of a group or a society. Usual features of prejudice involve negative feelings, stereotyped beliefs and a tendency to discriminate against the members of the group or society. Prejudice often involves negative prejudgments.

Islamophobia refers to an irrational fear, hatred and hostility towards Muslims. People who are Islamophobic consider themselves to be superior and see Muslims as inferior and therefore discriminate against them. It is unclear whether Islamophobia should be regarded as a form of racism or a closely related form of group-focused hostility.

According to the British sociologist Chris Allen Islamophobia creates a reality in which Muslims are viewed as fundamentally different from non-Muslims and are treated unequally. Islamophobia is not a modern phenomenon, but it is considered as a relatively recent phenomenon and has received media attention in the last years. This increase in Islamophobia is said to be a result from the 11 September 2001 attacks and the London bombings om 7 July 2005. However, others explain and associate Islamophobia with the increased presence of Muslims in Western nations, and people who suffer from Islamophobia believe Muslims threaten their culture and values, e.g. the Pegida (*Patriotische Europäer gegen die Islamisierung des Abendlandes*) movement in Germany.

BEFORE YOU READ

1 Look at the pictures and describe how some Americans preceived ...

METHODISCHES VORGEHEN

Gemäß des Arbeitsauftrages können die zwei Bilder von jedem S beschrieben werden. Vorab erfolgt noch ein Hinweis auf das Fact file *zu 9/11. Im Rahmen der Förderung der Mündlichkeit kann es sinnvoll sein, die zwei Bildimpulse arbeitsteilig (Partner A linkes Bild, Partner B rechtes Bild) zunächst in Einzelarbeit erfassen zu lassen. In einer anschließenden Partnerarbeit stellen sich die Partner die Bilder zur Wahrnehmung des Islams einiger Amerikaner gegenseitig vor und finden die Gemeinsamkeiten. Bei der gegenseitigen Präsentation geben sich die S anhand eines Feedbackbogens gegenseitig eine inhaltliche und sprachliche Rückmeldung zur Präsentation.*

LÖSUNGSVORSCHLAG

Picture on the left	Picture on the right
• In the picture you can see the wall of a building, which is called The Islamic Center of America. • You can see Arabic words as well, which might be the translation of The Islamic Center of America. • You can see graffiti on the wall. • Not everything is legible, but I think it says "You idol worship" - "Go home" - "9/11 " → "Murderer". • Someone sprayed these insulting words on the wall of the Islamic centre, without differentiating between the fundamentalists who committed the attack and normal believers in Islam. • Muslims are perceived as terrorists by some Americans, which is stupid because you should not generalise.	• The picture shows two men standing in front of a café bar. • They are wearing red baseball caps and sunglasses. • One of them is holding a sign which says "All I need to know about Islam I learned on 9/11". • The other man is holding the American flag in his hand. • These two men perceive Islam as a threat because they reduce the religion to a single incident conducted by fundamentalists and not normal Muslims. • It is narrow-minded to associate one of the major religions with a fundamentalist attack.

DRAMA EXCERPT Disgraced

LERNWORTSCHATZ prejudice, islamophobia, citizen, to depict, to face sth, perception, to deny one's faith, to depend on, Hindu, grave, Jewish, nephew, prison, Quran, Christian, to launch

COMPREHENSION

2 After having read this excerpt and looking at the pictures again, ...

METHODISCHES VORGEHEN *Die S haben durch den visuellen Einstieg in die Thematik einen ersten Eindruck der Islamophobie erhalten und sollen nun ihre Perspektive erweitern, indem sie einen Dramenauszug aus* Disgraced *lesen. Das Drama hat 2013 den* Pulitzer Prize *erhalten und wurde hoch gelobt, da es gesellschaftliche Realitäten der amerikanischen Gesellschaft in den Nachwehen der Angriffe auf das* World Trade Center *beleuchtet – die ständig wachsende Islamfeindlichkeit in der Gesellschaft. Die S erhalten durch die Protagonisten in diesem Textauszug die Möglichkeit des Perspektivenwechsels, um ihren Horizont zu erweitern und ein kritisches Denken in Bezug auf die Islamophobie zu erlangen.*

LÖSUNGSVORSCHLAG

- I can understand why some Muslims change their name because Abe tells his uncle that he had difficulties, which he does not explain in detail, when he was called Hussein. He was discriminated against because of his Muslim name and due to the prejudices he endured he decided to change his name to a more American sounding name, Abe. Being called Abe has made his life easier, and he justifies his name change by saying the Quran allows it. Abe's name change depicts the racial and ethnic prejudices Muslims have had to face after 9/11, when the perception of Islam changed drastically in the US in the aftermaths of the attacks. The pictures show that Muslims are the victims of hatred even though only a few people committed this deed. Some Americans are not able to differentiate between a normal Muslim believer and a fundamentalist.
- I cannot understand why Muslims change their names, because they should be proud of their heritage and culture. Hiding is not a good solution ...

COMPREHENSION

3 Describe Amir's reaction to Abe's decision to change his name ...

METHODISCHES VORGEHEN *Die S sollen für gesellschaftliche Spannungen, die in diesem Textauszug gespiegelt werden, sensibilisiert werden. Sowohl Abe als auch Amir möchten den gesellschaftlichen Vorurteilen entgehen. Amir ändert seinen muslimischen Namen in einen universalen Namen und Hussein ändert seinen Namen in einen typisch amerikanischen Namen. Die S können diese Feinheiten am besten herausarbeiten, wenn sie die Namen miteinander vergleichen und sich insbesondere auf die Zeilen 61 bis 69 beziehen.*

LÖSUNGSVORSCHLAG Amir has changed his own name, but he criticises his nephew for changing his name. Maybe he criticises Abe because he believes Abe has assimilated too much by choosing an American name. Amir himself changed his name, but his name is not a typical American name: His name could be Christian or Jewish. Abe changed his name to hide his faith and Pakistani culture; Amir only changed his name to hide his faith, but not his Pakistani background. One colleague even thinks Amir is Hindu and gave him a Siva statue as a present.

ANALYSIS

4 Amir says, "My mother will roll over in her grave ..." Compare this ...

LÖSUNGSVORSCHLAG First, Emily thinks Amir's grandmother would roll over in her grave because Amir changed his family name. But Amir corrects Emily and explains implicitly that he is Muslim and he works with Jewish people. One day his name will be next to Jewish names like Leibowitz and Bernstein, and that would be worse for his grandmother than changing his name. His grandmother's reaction would have been narrow-minded because she had probably been prejudiced against Jewish people. Amir has problems understanding and accepting Abe's decision to escape racism by changing his name to a typical American name. Therefore, he is nearly as intolerant as his grandmother. I think that Amir should be more open-minded and accept his nephew's decision to assimilate into the American society and escape the open racism he has faced because of his Muslim faith. Not everyone has a strong enough character to endure open racism.

LISTENING ◎L3/2 **5 a) Listen to an interview with ... b) What has inspired him to write ...** → S21

MATERIALIEN → ◎ L3/2 (Interview with Ayad Akhtar) • Transkript

ALTERNATIVE *Bevor die S die Audiosequenz hören, sollten sie im Rahmen einer* Pre-listening activity *in Einzelarbeit über mögliche Interviewfragen spekulieren. Was würden sie einen Pulitzerpreisgewinner über ihn und seine Arbeit fragen? Sie spekulieren über Probleme und Einschränkungen im täglichen Leben von Menschen mit muslimischem Glauben und erstellen – je nach Präferenz – eine Liste oder eine Mindmap. In Partnerarbeit können erste Vermutungen ausgetauscht und somit erstes Vokabular vorentlastet werden. L verweist zudem auf* Skill 21 Listening comprehension. *Die Tonaufnahme wird mindestens zweimal, bei Bedarf auch öfter vorgespielt. Beim zweiten Hören machen sich die S Notizen zur Beantwortung der Aufgabenstellungen.*

LÖSUNGSVORSCHLAG

a) This is an interview with Ayad Akhtar, who won the Pulitzer Prize for his drama *Disgraced*. The story of his drama centres around Amir Kapoor, a successful Pakistani-American lawyer who denies his Islamic faith. The playwright, Ayad Akhtar, says his protagonist, Amir Kapoor, embodies some of his own personal experiences. Therefore, the character is a kind of self-projection of Ayad Akhtar. Both, Akhtar and the protagonist share the same dilemma of coming to terms with what it means to be Muslim. The drama also addresses whether Muslim is a cultural term or a religious term, since being Muslim is no longer a neutral fact after 9/11. Akhtar says that the drama is actually inspired by a real event in his life. During a dinner party he and his friends spoke about Muslims, and when Akhtar said he was Muslim, he realised that his friends' perception of him changed immediately.

b) Ayad Akhtar was invited to a dinner party in 2006 with some friends, and they had a conversation about Islam. Some European friends were there, and they talked about difficulties that European countries have with Muslims, like their inability to integrate. In that context Akhtar said he was Muslim as well and that surprised his friends and changed their perception about him as a person. He realised that this encounter changed his idea about how he was perceived by others. His play deals with the different perceptions of American Muslims, the perceptions Muslims have about themselves and the perspective of the other non-Muslim Americans.

EVALUATION **6 Akthar says in this interview that after 9/11, "being Muslim ..."** → S14.2

ALTERNATIVE *Bevor die S den Kommentar verfassen, bietet es sich an, dass L das Transkript austeilt. So haben sie neben dem Dramenauszug auch noch das Interview vor Augen. Ferner werden die S noch einmal auf die Bilder hingewiesen und auf die Entwicklungen im eigenen Land, da auch hierzulande Islamfeindlichkeit herrscht. Außerdem weist L auf* Skill 14.2 Comment *hin. Auf Grundlage dieser Quellen sollten die S in der Lage sein, einen fundierten Kommentar zu verfassen, der mehr als Ausdruck einer Befindlichkeit ist.*

LÖSUNGSVORSCHLAG Ayad Akhtar says "being Muslim is not a neutral fact" after 9/11. I totally agree with him, because after 9/11 many people were scared of Islam because they were so shocked that they focused on Muslims and took revenge on individual Muslims who were innocent. I heard that Muslim people were randomly attacked and there were demonstrations against Muslims. The two pictures highlight some American's hatred against all Muslims, even though not all Muslims are responsible for the attack. 9/11 caused an irrational fear and hatred against Muslims which led to Islamophobia in America. Akhtar is absolutely right when he says that this event changed what it means to be Muslim in the US and even worldwide. In Britain and in Germany, for example, there are organisations which demonstrate against Muslims. They want Muslims to leave the country and to stop practising their religion. I think it is incredible that some people in a multicultural society think that their religion is superior to Islam and Islam has to be stopped.

I think it is due to people's reductionistic tendencies to associate this religion with some fundamentalist actions. With that in mind I am glad that Akhtar won such an important prize. The prize shows a deep appreciation of his work, which will hopefully raise awareness of this problem.

BEFORE YOU READ **7** **Have you ever watched "Germany's Next Topmodel"? Does ...?**

METHODISCHES VORGEHEN *In Sinne einer* Pre-reading activity *machen sich die S darüber Gedanken, ob die Mode- bzw. Modelbranche die kulturelle Vielfalt der deutschen Gesellschaft abbildet. Die S können dies exemplarisch an einem TV-Format wie* Germany's Next Topmodel *oder an beliebigen anderen Schönheitssendungen festmachen. Alternativ können auch Deutschlands Top Ten Models präsentiert werden. Die S sollen zuerst eine eigene Position in Einzelarbeit beziehen und diese dann in Kleingruppen diskutieren.*

LÖSUNGSVORSCHLAG Individual answers expected.

NEWSPAPER ARTICLE

The fashion industry's problem with race

→ WB Tasks 15, 16

Diversity on the catwalk: The fashion industry has not embraced diversity, and models of colour have become increasingly disadvantaged. Most designers choose white models. According to statistics from the Jezebel blog, the New York fashion week for fall/winter 2014 only featured 9% black models, 7.6% Asian models and 78.69% white models. Jezebel adds that this distribution has been consistent for the past six seasons. Considering the discrimination on the catwalk, two top models, Iman and Naomi Campell, have initiated a campaign with modeling agent Bethann Hardison to rebalance diversity on the catwalk. They founded a group called the Diversity Coalition. The three are openly criticising fashion houses that only use fewer than two models of colour in their fashion shows. They call this a racist act, even if it 's unintentional: "No matter the intention, the result is racism." The Diversity Coalition wrote an open letter to fashion councils in America, London, Milan and Paris (*http://balancediversity.com*). The Diversity Coalition is not scared of calling the high-profile designer brands bad role models for the fashion industry. The coalition believes these designers are sending a negative message by defining beauty and high fashion as virtually all white. These designer names include Calvin Klein, Donna Karan, Armani and others who have only "one or no models of colour" in their shows.

LERNWORTSCHATZ gateway, to edit, to diversify, racism, offensive, excuse, attitude, discrimination, to be a household name, conscious

COMPREHENSION **8** **Sum up the problem the author describes in her article.** → S13

METHODISCHES VORGEHEN *Anhand der Aufgabenstellung können die Lesestrategien* Skimming *und* Scanning *geübt werden. Die S fassen zunächst die im Text beschriebene Problematik mit eigenen Worten zusammen. Dazu erfolgt ein Verweis auf* Skill 13 Summary. *Die schriftliche Zusammenfassung bietet sich hier an und kann im Rahmen einer* Peer correction *bzw.* Proof reading *mit einem Partner ausgetauscht werden. Eine abschließende Ergebnissicherung im Plenum ist empfehlenswert.*

LÖSUNGSVORSCHLAG The author of the newspaper article states that the fashion industry is racist, and that models of colour are disadvantaged. They are neither represented adequately on the catwalk nor on the cover of the famous fashion magazine *Vogue*. This magazine has not featured one single black model on its cover in the last twelve years even though there are supermodels like Jourdan Dunn. That is why famous models of colour like Naomi Campell, Iman and Bethann Hardison have started a coalition to fight against racism in the fashion industry.

ANALYSIS **9** **How does the author try to convince the reader? Focus on ...**

LÖSUNGSVORSCHLAG **The author's techniques to convince the reader:**

- She gives facts and figures ("12 years and 146 covers", ll. 6f) to make her statements more reliable.
- She uses quotes (ll. 10f). This quote is very useful for the author because she can weaken the counter-argument and strengthen her own argumentation.
- She names famous persons/authorities from the fashion industry to underline the problem (ll. 13f). Naming authorities is a way to underline one's position.
- She uses direct speech (ll. 19f). This is more realistic and convincing than paraphrasing one's statement.

Her use of language:
- **(rhetorical) question:** "But how do you know?" (l. 20)
- **alliteration:** "fashion fans" (l. 26)
- **metaphor:** "gateway to stardom" (l. 3)
- **personification:** "The fashion industry has a problem with race …" (l. 26)

SPEAKING

10 Discuss whether the fashion industry should introduce a … → S23

METHODISCHES VORGEHEN

L weist vorab auf Skill 23 Dialogue *hin. Die S sollten zunächst in Einzelarbeit stichpunktartig Argumente für die Vor- und Nachteile einer Quotierung sammeln. Das* Note-taking *bietet schwächeren oder unsicheren S gerade zu Anfang einen Anker für das freie Sprechen. Die S können ihre eigenen Positionen vertreten oder alternativ eine Pro- und Kontradiskussion durchführen.*

LÖSUNGSVORSCHLAG

Individual answers expected.

CREATIVE TASK

11 Write a letter to the editorial board of the British Vogue magazine, … → S18.1

METHODISCHES VORGEHEN

Die S haben in der Aufgabe zuvor erfasst, dass die Autorin den Leser davon überzeugen möchte, dass es zu wenig farbige Models gibt und insbesondere die Vogue *in diesem Kontext eine große Rolle spielt. Hierzu wurden die Argumente und die Sprache kritisch beleuchtet. In diesem Schritt formulieren die S nun eine eigene Position zur Entscheidung der* Vogue *und äußern sich kritisch dazu. Die S können Argumente aus dem Artikel verwenden und eigene Argumente vor dem Hintergrund ihres Weltwissens hinzufügen. Hinweis auf* Skill 18.1 Writing a formal letter/letter to the editor hin.

LÖSUNGSVORSCHLAG

Dear Editorial Board
I was very shocked when I read the article *The fashion industry's problem with race* by Tasny Hoskins published in the *Guardian* (12 August 2014) and found out that your magazine does not feature black models. Naomi Campell was the last black model on your cover, and that was in 2002! I can really understand why people interpret this decision as an act of racism because there are many black supermodels. In a diverse society magazines should mirror this diversity, and it is obvious that there are supermodels of colour – how can you exclude them?
I hope that you rethink your decision, and I promise you that I will not buy another edition of *Vogue* edition until you feature a model of colour.
Best regards
…

E Immigration in Australia and Canada

BEFORE YOU READ

1 What do you know about immigration to Australia? Make notes. …

METHODISCHES VORGEHEN

Die S reaktivieren ihre Kenntnisse über die Einwanderung nach Australien und sammeln in Einzelarbeit ihr Wissen über die Einwanderungswellen nach Australien und gleichen diese mit einem Partner ab. Die Arbeitsergebnisse werden anschließend im Plenum abgeglichen.

LÖSUNGSVORSCHLAG

- British and Irish criminals were some of the first migrants from Europe; they were forced to leave Europe. This stared in 1788, and about 160,000 convicts were shipped to the Australian colonies.
- In the early 1790s free immigrants began migrating to Australia.
- In the 1820s more workers were needed, and immigrants were welcomed.
- During the Gold Rush (1851–1860) migration was at its peak with around 50,000 people arriving each year. At that time Chinese immigrants were the largest non-British group.
- During the Second World War many Jewish people from Germany immigrated to Australia.
- In the 1950s and 1960s people from Germany, Italy, the Netherlands, Greece, Turkey and Yugoslavia migrated to Australia.

POEM

From: A short history of immigration

Geoff Page was born on 7 July 1940 in Grafton, New South Wales. Page's grandfather, Sir Earle Page, was one of the initiators and founders of the Country Party. This party is now known as the National Party. However, Geoff Page has changed political parties as well as his approach to politics and now actively supports the Labour Party. He attended Armidale High School and later graduated to the University of New England, where he completed his training in 1963. In 1964 he moved to Canberra, where he worked as a teacher and taught English and History in schools. From 1974 until his retirement in 2001 he was responsible for the English Department at Narrabundah College. Page's keen interest in history, both genealogy and Australian history in general, is reflected in his poetry. Page is also particularly interested in the violence and loss experienced in wars and the destruction of Australia's indigenous people, the Aborigines, as well as the development of Aboriginal culture after European colonisation. Page's first collection of poems *Two Poets* was published in 1971.

LERNWORTSCHATZ to spare, cane, heathen, out of sight, to escape (from)

BRAINSTORMING

2 Do you like the poem? Justify why or why not.

LÖSUNGSVORSCHLAG
- I like the poem because it shows the migration to Australia and how nearly every Australian citizen is an immigrant. The only difference is how and when they arrived in Australia.
- I dislike the poem because you need to know too much background information about migration to Australia to understand the message.

COMPREHENSION

3 Sum up how the people who migrated to Australia react towards …

METHODISCHES VORGEHEN *Hinweis auf das* VIP file *zu Geoff Page. Das Gedicht thematisiert die verschiedenen Einwanderungswellen und zeigt auf, dass jede Einwanderungsgruppe Vorbehalte gegen die nächste Einwanderungsgruppe hat. Die S können in diesem Verständnisprozess unterstützt werden, wenn sie dazu angehalten werden, die Einwanderungsgruppe zu benennen und die jeweiligen Vorbehalte mit eigenen Worten wiederzugeben.*

LÖSUNGSVORSCHLAG The poem deals with the different waves of migration to Australia. Each group of migrants has reacted critically towards the next group of migrants.

ANALYSIS

4 Analyse the use of the personal pronouns in each stanza. →△7

ALTERNATIVE *Diese Aufgabe kann schriftlich als Hausaufgabe bearbeitet werden. Die Personalpronomen werden bei Bedarf vorab in einer Übersicht zusammengestellt, damit die S genau wissen, worauf sie achten müssen. Um die Unterscheidung zu den Possessivpronomen in diesem Gedicht zu gewährleisten, kann eine Übersicht mit den Possessivpronomen ergänzt werden.*

LÖSUNGSVORSCHLAG In each stanza personal pronouns such as "we" or "us" and the possessive pronoun "our" are used. First, the people who went to Australia were immigrants, but as soon as the next wave of immigrants arrived, the previous group referred to themselves as Australians by using the pronouns "we" or "us" to differentiate themselves from the next wave of immigrants, whom they fear.

DIFFERENZIERUNG △ *Leistungsschwächere S können statt Aufgabe 4 Aufgabe 7 im* Diff pool *bearbeiten. Sie analysieren die Beschreibung der verschiedenen Einwanderungsgruppen und notieren die sprachlichen Wendungen, mit denen sie begrüßt werden.*

EVALUATION

5 Comment on the question about what the poem contributes to …

LÖSUNGSVORSCHLAG The poem contributes to my understanding of Australian society because the poem vividly illustrates "A short history of immigration" to Australia, and convincingly shows that Australian society is highly diverse because its population is comprised of several ethnic groups. Today's Australian population consists of different waves of immigrants from all over the world, so it is actually hard to say who a typical Australian is. Its people are a rich mix of European, Asian and African cultures in addition to the indigenous people, called the Eora, who are better known as Aborigines.

RESEARCH

6 Find out about migration to Australia and give a short presentation.

METHODISCHES VORGEHEN

Die zeitliche Vorgabe der Präsentation kann von zwei bis zu zehn Minuten variieren. Dies kann von der Gruppengröße und der geplanten Kommunikationsprüfung abhängig gemacht werden. Kürzere Präsentationen von zwei bis drei Minuten lassen sich gut vor der Klasse durchführen, die im Plenum mit Hilfe von Feedbackbögen ausgewertet werden. Sollte eine längere Präsentationszeit gewählt werden, bietet es sich an, die Präsentation in Kleingruppen durchzuführen. Jede Gruppe kann die beste Präsentation auswählen und diese vor der Klasse präsentieren lassen, um somit eine gemeinsame Auswertung und exemplarische Ergebnissicherung durchzuführen.

ALTERNATIVE

L gibt alternativ geeignete Webseiten vor, die die S bei ihrer Recherche verwenden können:

- *http://www.migrationheritage.nsw.gov.au/belongings-home/about-belongings/australias-migration-history/*
- *http://waves.anmm.gov.au/Immigration-Stories/Immigration-history*
- *http://naa.gov.au/collection/explore/migration/index.aspx*
- *https://www.immi.gov.au/media/fact-sheets/04fifty.htm.*

CREATIVE TASK

7 This is the first part of the poem. Find out who else migrated ... → S6.1, S12.1

METHODISCHES VORGEHEN

Sollten die S mit kreativen Schreibverfahren wenig Erfahrung haben, werden sie kleinschrittig an den Schreibprozess herangeführt. Zunächst erfolgt ein Hinweis auf Skill 6.1 Analysing poetry *und auf* Skill 12.1 Free writing. *Im Rahmen eines Brainstormings assoziieren sie zunächst frei, welche Eigenschaften und hiermit verbundenen Ängste die nächsten Immigranten mitbringen könnten. Stärkere Lerngruppen können das Reimschema und die Versstruktur berücksichtigen. Das vollständige Gedicht ist im Internet zu finden (http://www.abc.net.au/tv/sundayarts/txt/s1664087.htm).*

LÖSUNGSVORSCHLAG

Individual answers expected.

BEFORE YOU READ

8 Have you ever thought about how an immigrant feels in ...?

METHODISCHES VORGEHEN

Die S nehmen einen Perspektivenwechsel vor und versetzen sich in die Situation eines Immigranten. Hilfreich ist die Fragestellung, warum Menschen ihre Heimat verlassen. Bei schwächeren S bietet es sich an mit einem Bildimpuls zu arbeiten, um die Perspektivübernahme zu erleichtern. Die eigenen Vorstellungen werden mit einem Partner verglichen und erörtert. Eine exemplarische Präsentation einzelner Mindmaps an der Tafel ist denkbar, diese sollte jedoch zuvor von L gesichtet werden, um die Präsentation von radikalen Ansichten oder einseitigem Gedankengut zu verhindern.

LÖSUNGSVORSCHLAG

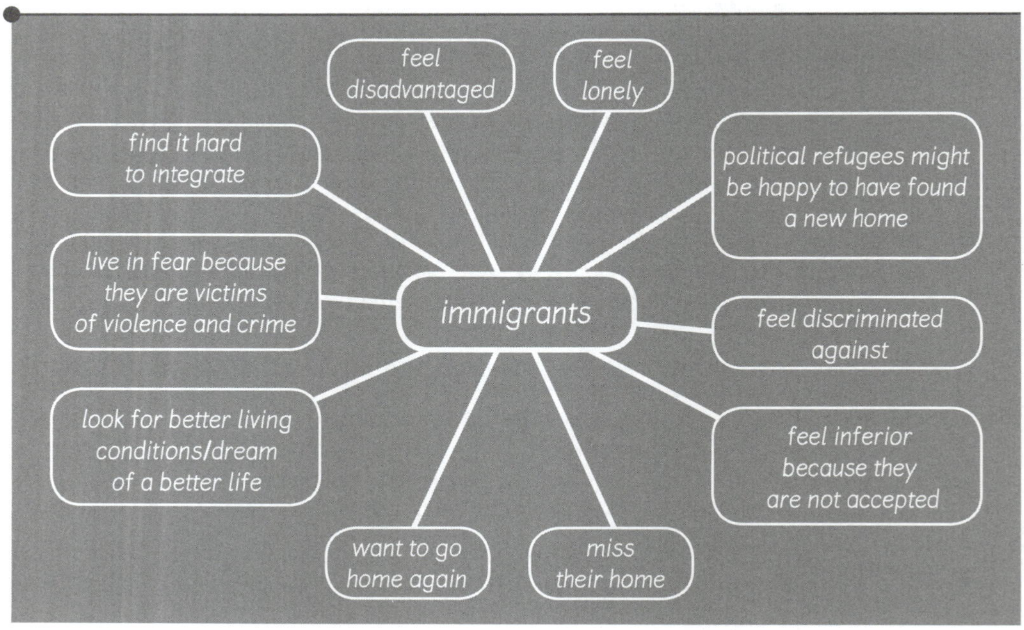

INTERNET ARTICLE **This is who I am, an immigrant**

Chansa Kalunga is an African hip-hop musician who was born in Ndola, Zambia. Chansa spent his elementary school years in Iowa, US, because his father studied and taught at Iowa State University. Upon returning to Africa, he travelled around the continent and even spent a year in Europe. Now he lives in Toronto, Canada. Because he was born in Zambia, has travelled around the world and lives in Canada, he considers himself a citizen of the world. Chansa is not only a rapper, he is also a songwriter. He has written for and worked with artists outside of the genre of hip-hop and rap. He has worked as a songwriter for artists in Africa, Australia, Europe, the US and Canada.
Chansa's debut musical release is a CD titled *Baptism By Fire*. The first single off his CD is titled *Immigrant*, featuring Gord Richards from Oak Recording Studio in Toronto. The song deals with the struggles immigrants have to face when they migrate to Canada. This song was officially released on 25 June 2013.

LERNWORTSCHATZ to refer to, preconceived, collared shirt, fitted pants, stereotypical, down-to-earth, to feel ashamed by sth, struggle, to reclaim, root, prejudice, to adjust to sth, developing world, saviour, to be stuck between sth, discrimination, ignorance, average, purpose, truth

BRAINSTORMING **9** **Do you agree with Chansa that people do not know ...** → S23

METHODISCHES VORGEHEN *Die S sollen ihre eigenen Vorstellungen darüber, wie sich ein Einwanderer fühlen könnte (vgl. Mindmap,* Task 8*), mit den Aussagen Chansas vergleichen und Stellung beziehen. Hinweis auf* Skill 23 Dialogue. *Der Partnerarbeit sollte die Einzelarbeit vorausgehen, damit sich jeder S bewusst mit dieser Fragestellung auseinandersetzt und mit einer eigenen Haltung dazu in die Partnerarbeit einsteigen kann.*

LÖSUNGSVORSCHLAG After reading the text I have to admit that I was not aware of the fact that immigrants could suffer from culture shock or financial sacrifices, because they had to support their families in their home countries. The family members back home think that the ones who emigrated to Canada have made it because they live in a developed country. The family members in the developing countries expect they will be supported because they think the immigrants live in prosperity. With this new insight I see that immigrants live between two worlds – they have left their old world, but are not fully accepted and welcomed in the new world. Therefore, they are torn between these societies/worlds.

COMPREHENSION **10** **Sum up what Chansa's song "Immigrant" is about and what he ...** → S13

METHODISCHES VORGEHEN *Anhand der Aufgabenstellung können die Lesestrategien* Skimming *und* Scanning *geübt werden. Die S sollten zunächst die im Text beschriebene Problematik mit eigenen Worten zusammenfassen. L verweist dazu auf* Skill 13 Summary. *Die schriftliche Zusammenfassung bietet sich hier an und kann im Rahmen einer* Peer correction *bzw.* Proof reading *mit einem Partner ausgetauscht werden. Eine abschließende Ergebnissicherung im Plenum ist empfehlenswert. Diese Aufgabe kann auch gut im Rahmen einer Hausaufgabe bearbeitet werden.*

LÖSUNGSVORSCHLAG Chansa's song *Immigrant* deals with the struggles immigrants have to face when they migrate to Canada. Chansa thinks that the average Canadian has no idea how immigrants feel in their country and that this ignorance leads to discrimination against immigrants. His song is supposed to portray the collective immigrant experience. Chansa hopes that his song will inspire others to share their experiences of being immigrants and create an open dialogue about the struggles of Canada's immigrant community.

ANALYSIS **11** **a) Describe Chansa's experiences and ... b) Compare his experiences ...**

METHODISCHES VORGEHEN **a)** *Die schriftliche Bearbeitung dieser Aufgabe bietet sich als Hausaufgabe an. Hierzu können die S in einem ersten Schritt die Erfahrungen Chansas und den inneren Konflikt stichpunktartig mit dem Zeilenbeleg herausschreiben und in einem zweiten Schritt einen Fließtext verfassen. Die Texte werden im Rahmen einer* Peer correction *anschließend im Plenum besprochen. Diese schriftliche Ergebnissicherung bietet sich an, da ein Teilaspekt (Verhältnis zum eigenen fremdländischen Namen) das Fundament der nächsten Aufgabe darstellt.*

b) *Sowohl die fiktive Person Amir aus dem Drama* Disgraced *als auch Chansa haben erfahren müssen, dass sie aufgrund ihres Namens stigmatisiert werden. Die S sollen den Umgang beider Personen vergleichen und herausarbeiten, dass die eine Person eine Namensänderung vollzieht und die andere Person ein positives Selbstbewusstsein entwickelt, zu seinem Namen steht und seine Herkunft nicht mehr verleugnen möchte. Diese Aufgabe kann zunächst in Einzelarbeit bearbeitet werden und dann mit einem Partner abgeglichen werden. Alternativ kann ein Partner sich mit Amir/Abe befassen und der andere mit Chansa. Anschließend tauschen sich die Partner über ihre Arbeitsergebnisse aus.*

LÖSUNGSVORSCHLAG

a) Chansa was born in Zambia, but spent his elementary school years in Iowa, US. As a child in Iowa, Chansa was ashamed of his ethnic name Chansa because no one could pronounce his name properly, and he had the feeling he did not fit in because of his name. He was filled with inner conflict because he felt uncomfortable with his Zambian name and wanted his name to be John just so he would not stand out.

His name seems to betray his otherness, which is why he would have loved to change his name into a typical American name like John. Whenever Chansa meets people the first thing that happens when he introduces himself is they say "huh?" because his name is hard to pronounce; therefore, he has to spell it out for others so that they can pronounce it correctly. This experience with his Zambian name is so ingrained in him that he usually spells his own name.

Furthermore, Chansa has often been asked where he comes from, which reveals that people perceive him as an immigrant. Chansa describes the struggles immigrants like him face in Canada in his song *Immigrant*, including culture shock, loneliness, financial sacrifices and prejudice. As an immigrant in Canada he is treated as the lowest of the low there. In his song he even says, "People look at us and judge us like we're repeat offenders ... This is who I am, an immigrant, does that make me so evil?" (ll. 52–53) This statement shows how immigrants must feel in Canada.

b) Amir and Abe are fictional characters from the play *Disgraced*. The two protagonists decide to change their names for similar reasons. Amir changes his name to deny or hide his faith, and Abe changes his name to hide his faith and cultural background.

He even changed his family name into a typical American name, Jensen. Furthermore, he dresses like an American because the stage directions say that Abe is "wearing a KidRobot T-shirt under a hoodie, skinny jeans and high tops." (ll 45–46)

Chansa, however, does not change his name even though he thinks about it. He comes to terms with his cultural heritage and uses his Zambian artist name as a way to reclaim his African roots and show the world he is proud of his heritage. Although he still has to spell his name, he has not changed it.

Whereas Amir and Abe try to avoid the immigrant experience, Chansa has decided to initiate and open the dialogue and raise Canadian's awareness of immigrants and their struggles. His song is a way to open dialogue between Canadians and immigrants and fight prejudice with words and music.

EVALUATION

12 Make a list and compare Chansa's life and experiences in the ...

METHODISCHES VORGEHEN

Die S können diese Aufgabenstellung in Einzelarbeit oder in arbeitsteiliger Partnerarbeit durchführen. Es bietet sich an, den ersten Aufgabenteil in eine Tabelle zu überführen. Dies erleichtert auch die Ergebnissicherung im Plenum.

LÖSUNGSVORSCHLAG

Chansa's life and experience in the developing world	Chansa's life and experience in the developed world
• Chansa says his name would be easily recognised by any of his countrymen as clearly Zambian. (ll. 26f) • Warm and welcoming culture: Where Chansa comes from, it's a very community-based society. (ll. 36f)	• No one can pronounce his Zambian name, neither in America, nor in Canada – he even felt ashamed of his Zambian name. (ll. 18f) • Cold culture: In Canada, it is all about personal space. Even when you are on the

- When you live in developing countries like Africa, Asia or Latin America and you watch TV, you see the shine of the developed countries and think life is easy there ("money grows on trees there", ll. 41f)
- Coming back home empty-handed is hard because people expect you to be a saviour with a lot of money. (l. 47)

subway, people don't want to be spoken to. If someone is engaging with you, it has to be for a certain reason like directions or something. (ll. 36f)

- "When you leave the 'developing world' to go to the 'developed world,' there is the expectation that you're going to be the saviour for your family." (ll. 46f)
- As an immigrant from a developing country, you are the lowest of the low in the developed world (Canada). (l. 51)

Comparing the developing with the developed world shows that the people who migrate are "stuck between a rock and a hard place" (l. 49) because both sides have preconceived notions. People from developing countries think that the grass is always greener on the other side and life in the developed countries is easy since money is apparently easy to make. On the other hand the immigrants are treated like "repeat offenders" (ll. 52f) and regarded as the lowest of the low in the developed world. Being an immigrant is no easy task since everyone has a certain point of view, and immigrants basically struggle with culture shock, loneliness, financial hardship and worst of all discrimination.

CREATIVE TASK

13 **a) Describe and analyse the … b) Imagine the *Deutsche Post* wants …**

METHODISCHES VORGEHEN

Teilaufgabe b) ist eine komplexe und kreative Aufgabe. Sie sollte im Rahmen einer Hausaufgabe vorbereitet werden, in der die S nach wichtigen Persönlichkeiten mit Migrationshintergrund oder Orten/Ereignissen recherchieren und diese dann zu Beginn der Unterrichtsstunde präsentieren. Es wird sich pro Arbeitsgruppe auf eine Persönlichkeit, einen Ort oder ein Ereignis geeinigt. In Kleingruppen werden in Analogie zu den kanadischen Briefmarken deutsche Briefmarken entworfen. Wichtig ist eine Legitimation, warum man sich für die Person, den Ort bzw. das Ereignis entschieden hat, damit neben dem künstlerischen Aspekt die inhaltliche Dimension von den S nicht aus den Augen verloren wird. Die Poster sollten daher mit einem kurzen Begleittext versehen werden. Eine Posterpräsentation oder ein Museumsrundgang (Gallery walk) *bieten sich zur Auswertung der Arbeitsergebnisse an. Im Anschluss daran wird die beste Briefmarke gewählt. Weitere Informationen zu den Briefmarken: http://www.cbc.ca/news/canada/british-columbia/black-history-month-stamp-celebrates-vancouver-s-hogan-s-alley-1.2516741.*

LÖSUNGSVORSCHLAG

a) Description and analysis:

- **The left stamp** shows a group of children. There are seven girls dressed in dresses in the foreground of the stamp. In the background you can see colourful houses. They are painted in bright colours like blue and yellow and have red and brown roofs. There are colourful plants as well, which are red and very bright. The girls look happy and pleased. There is a positive atmosphere because everything is bright, and the girls are smiling. In the left-hand corner you can read "Africville" and in the right-hand corner it says "Canada".
- **The second stamp** shows a man and a woman. The woman is smiling whereas the man looks serious. The background is as colourful on the other stamp. There are colourful houses and colourful red and blue cars. The overall atmosphere is very positive. In the left-hand corner you can read "Hogan's Alley" and in the right-hand corner it says "Canada".
- **Both stamps** show black people, and these two places might be historically important black communities in Canada. I like the idea that the Canada Post issued these two stamps to commemorate black people. It shows the diversity of the Canadian people and how black communities are welcomed and appreciated. It is a symbol of embracing diversity.

b) Individual answers expected.

Spot on language

1 Have you personally ever experienced biased language? How did you feel?

METHODISCHES VORGEHEN *Bei dieser Aufgabe geht es primär um eine Selbstreflexion, daher sollte sie als Einzelarbeit durchgeführt werden. Herrscht ein gutes Klima und eine wertschätzende Arbeitsatmosphäre in der Lerngruppe, so bietet sich eine Auswertung in Kleingruppen oder im Plenum an.*

LÖSUNGSVORSCHLAG Individual answers expected.

2 Why is biased language unacceptable? Give reasons from the text ...

METHODISCHES VORGEHEN *Die S können diese Aufgabenstellung in Einzelarbeit durchführen und die Ergebnisse in Kleingruppen oder im Plenum auswerten.*

LÖSUNGSVORSCHLAG Biased language is unacceptable because it:
- creates division
- causes separation
- creates tension between you and others
- shows disrespect to other people
- is offensive
- is insulting

3 On your own, collect biased words and think about what makes ...

METHODISCHES VORGEHEN *Die S haben wahrscheinlich nicht das Weltwissen, um in der Zielsprache politisch inkorrekte Begriffe zu benennen, daher sollten sie hier die Möglichkeit erhalten, über politisch inkorrekte Begriffe in der Ausgangssprache zu reflektieren. Alternativ können einige Begriffe auf Englisch vorgegeben werden (z. B.* Handicapped people: disabled *statt* crippled, to act stupid or silly *statt* to act blonde*).*

LÖSUNGSVORSCHLAG Individual answers expected.

4 Look at the list and match biased and unbiased phrases.

METHODISCHES VORGEHEN *Die S können diese Aufgabenstellung in Einzelarbeit durchführen. Die Ergebnissicherung sollte in Partnerarbeit oder im Plenum erfolgen.*

LÖSUNG 1. c), 2. f), 3. e), 4. g), 5. b), 6. d), 7. a)

5 Your English friend tells you that there are many great movies ... → S26.1

METHODISCHES VORGEHEN *L erinnert die S an die Gütekriterien einer Mediation und bespricht den Arbeitsauftrag ausführlich mit den S. Zusätzlich wird auf* Skill 26.1 Mediating *verwiesen. Der Fokus liegt auf der Zusammenfassung der Handlung und auf dem situativen Kontext einer E-Mail an einen Freund. Dieses Szenario sollte sich in der E-Mail widerspiegeln.*

LÖSUNGSVORSCHLAG Dear Kevin
It was interesting to hear that there are so many movies about immigrants in the UK. Lately I have watched the movies you recommended. *East is East* was particularly funny. You asked me whether there are similar films in Germany, and I had to say that I had no idea, but I did some research. I am glad to let you now that there is a very good movie about Turkish immigrants in Germany called *Almanya – Welcome to Germany*. I will sum up the plot for you, and you can decide whether you would like to watch it. ;-)
As you can guess, the movie deals with topics like migration as well as cultural, religious and national identity. The movie relates a heartwarming story of how Hüseyin Yilmaz went to Germany in the sixties as guest worker number 1,000,001. His family followed him, and he lives in Germany with his wife, Fatma, their four children and grandchildren. His youngest grandchild, Cenk, is torn between German and Turkish society and is insecure about his national identity. He wonders whether he is a Turk or a German because some family members see themselves as Turks and others as Germans. His cousin Canan tells Cenk their family story

and gives him some insight into German and Turkish customs, cultural and religious differences and language barriers while maintaining a certain sense of humour. That is why the film is said to be humorous, but it is very serious and sad at the same time.
I hope this short summary made you curious, and I can send you a copy if you like.
Cheers
...

6 **Exchange your email with a partner and check you partner's ...** → S33

METHODISCHES VORGEHEN *Die schriftlichen S-Leistungen werden in Partnerarbeit ausgetauscht und gegengelesen. Dazu erfolgt ein Hinweis auf* Skill 33 Peer evaluation. *Ferner geben sich die S gegenseitig Rückmeldung, ob die Kriterien der Mediation angemessen berücksichtigt wurden. Im Plenum werden exemplarisch S-Arbeiten vorgetragen und ausgewertet.*

LÖSUNGSVORSCHLAG Individual answers expected.

Spot on vocabulary

1 **On your own: Write down ten very important words in the context ...**

METHODISCHES VORGEHEN *Vorab macht L die S auf den Tipp zu den* Vocab sheets *aufmerksam. L hält Karteikarten oder Papierstreifen für diese Aufgabe bereit, da jeder S zehn zentrale Begriffe im Kontext von* Migration and diversity *auf ein Stück Papier schreiben soll. Vorbereitete Papierstreifen vereinfachen das Procedere. Eine Zeitvorgabe von ca. 5 Minuten ist sinnvoll.*

LÖSUNGSVORSCHLAG discrimination, prejudice, immigrant, ethnicity, culture shock, integration, to assimilate, nationality, sense of belonging, diversity etc.

2 **In pairs: Compare your words and agree on 15 words. Justify ...**

METHODISCHES VORGEHEN *Die S kommen nun mit einem Partner zusammen und tauschen sich über ihre Begriffe aus und begründen hierbei, warum sie sich für diese Begriffe entschieden haben. L achtet darauf, dass der Austausch auf Englisch stattfindet. Die S haben insgesamt 20 Begriffe und müssen sich für fünf Begriffe entscheiden, die es abzugeben gilt, da sie nicht so zentral sind. Dies sollte im Konsens geschehen. Eine Zeitvorgabe von ca. 5–7 Minuten ist sinnvoll.*

LÖSUNGSVORSCHLAG Individual answers expected.

3 **Now find another pair and in groups of four compare your words ...**

METHODISCHES VORGEHEN *Die S-Paare kommen nun mit einem weiteren Paar zusammen und in der Kleingruppe tauschen sie sich erneut über ihre insgesamt 30 Begriffe aus und begründen wieder, warum sie sich für diese Begriffe entschieden haben. Auch hier sollte eine hohe Kommunikation in der Zielsprache stattfinden. Die insgesamt 30 Begriffe müssen auf 20 Begriffe reduziert werden. Im Konsens werden zehn Begriffe aussortiert. Eine Zeitvorgabe von ca. 10 Minuten ist sinnvoll.*

LÖSUNGSVORSCHLAG Individual answers expected.

4 **In your groups of four discuss how you found your core ...**

METHODISCHES VORGEHEN *Der mehrstufige Arbeitsprozess wird anhand der Leitfragen in der Aufgabenstellung reflektiert.*

LÖSUNGSVORSCHLAG Individual answers expected.

5 **a)–b) Get together in small groups. Copy the words from the ...**

METHODISCHES VORGEHEN **a)** Touch-Turn-Talk: *Die S übertragen die angegebenen Begriffe auf Karteikarten, mischen diese und legen sie verdeckt auf einen Stapel. Der Reihe nach zieht jeder S in der Kleingruppe eine Karte und hält einen Stegreifvortrag oder Improvisationsbeitrag zu dem Begriff. Ein themati-*

scher Rahmen ist nicht vorgegeben, aber die S können Vor- und Nachteile des Begriffs thematisieren, ihre persönliche Meinung hierzu äußern usw. Ziel ist die Förderung des zusammenhängenden Sprechens. Eine Sanduhr bzw. Stoppuhr erhöht die Kontrolle über den Kurzmonolog. Ein Feedback der Gruppenmitglieder kann hier optional gegeben werden, alternativ wird der beste Kurzvortrag gewählt.

b) Taboo: *Die S legen den gemischten Stapel Karteikarten wieder verdeckt auf den Tisch. Der Reihe nach zieht jeder S in der Kleingruppe eine Karte und umschreibt bzw. paraphrasiert den Begriff. Die Nennung des Begriffs selbst ist ein Tabu. Ziel ist die Förderung des zusammenhängenden Sprechens. Ein Zeitlimit kann, muss aber nicht gesetzt werden. Im Zuge der Motivation wird der Spielcharakter empfohlen. Alternativ kann jeder der Begriffe in Einzelarbeit umschrieben werden und mit einem Partner abgeglichen werden.*

LÖSUNGSVORSCHLAG Individual answers expected.

6 Get together in small groups. Copy the words from the box ...

METHODISCHES VORGEHEN Touch-Turn-Write: *Die S schreiben die angegebenen Begriffe wieder auf Karteikarten, mischen diese und legen sie verdeckt auf einen Stapel. Das jüngste Gruppenmitglied zieht die erste Karte und alle S schreiben zu diesem Begriff einen kurzen Text. Eine Vorgabe der Textart, wie z. B. E-Mail, Essay, Comment ist grundsätzlich denkbar und kann zusätzlich vorgegeben werden. Im Sinne der Kreativität empfiehlt es sich jedoch, die S bezüglich der Textart frei entscheiden zu lassen. Dies führt auch zu mehr Abwechslung beim Korrekturvorgang. Die Zeitvorgaben für das Schreiben, den Korrekturvorgang und für eventuelle Rückfragen sollten eingehalten werden. Die Dauer des Schreibprozesses kann nach Belieben erweitert werden. Die Korrekturzeit wird dem angepasst.*

LÖSUNGSVORSCHLAG Individual answers expected.

7 Use all of the vocabulary in the box to write a personal statement about ...

METHODISCHES VORGEHEN *Die S bauen alle angegebenen Begriffe in einem persönlichen Statement ein. Es empfiehlt sich, diese Aufgabe im Rahmen einer Hausaufgabe bearbeiten zu lassen, damit die S den Schreibauftrag in ihrem eigenen Schreibtempo erledigen können. Die Auswertung kann in Kleingruppen erfolgen, in der alle Gruppenmitglieder prüfen, ob alle Begriffe verwendet wurden, oder die Ergebnisse werden alternativ im Plenum besprochen.*

LÖSUNGSVORSCHLAG Individual answers expected.

Topic task

Staging a talk show → S24.2, S24.3

MATERIALIEN → Kopiervorlage 3/3a (Role cards for a talk show)

METHODISCHES VORGEHEN *Im Rahmen einer motivierenden Einführung in die Talkshow ist es lohnenswert, die S in Kleingruppen oder im Plenum die Leitfragen diskutieren zu lassen und sie somit auf die Simulation einzustimmen:*

- Have you ever been to a talk show?
- Do you watch talk shows on TV?
- Why do you like or dislike them?
- Do they have an influence on your opinion?

STEP 1 Choosing the topic
Im Plenum können dann englische oder auch deutsche TV-Formate benannt werden, die eine gute Diskussionskultur haben und als Beispiel für diese Simulation dienen könnten. Die Gruppe einigt sich nun auf einen geeigneten Namen und ein gemeinsames Thema für die Talkshow.

STEP 2 Assigning and preparing the roles

Ebenfalls gilt es die verschiedenen Rollen auf die Kleingruppen zu verteilen. Die Rollen im SB werden bewusst offen gehalten und sollen von den S ausgestalten werden, um das Identifikationspotenzial zu erhöhen und um aktuelle Ereignisse aufgreifen zu können. Alternativ kann Kopiervorlage 3/3a (Role cards for a talk show) *ausgehändigt werden. Dort finden die S Vorschläge für die verschiedenen zu übernehmenden Rollen. Folgende Rollen gilt es zu verteilen:*

- *1 x Moderatorengruppe*
- *4 x Talkshowgäste (2 x Fürsprecher und 2 x Gegensprecher zur Thematik)*
- *1 x Zuschauergruppe.*

Abhängig von der Kursgröße sollten 4–5 Teilnehmer pro Gruppe vorhanden sein. Nachdem die verschiedenen Rollen sowie die des Talkshowleiters bzw. Moderators verteilt wurden, werden in diesen Kleingruppen das Rollenprofil, die entsprechenden Argumente und Redemittel erarbeitet und gesammelt. Die S berücksichtigen dabei Skill 24.2 Chairing a discussion or talk show *und* Skill 24.3 Taking part in a discussion or talk show. *Außerdem weist L auf die* Useful phrases *hin:* For the Talk show host *und* For the talk show guests.

STEP 3 Staging your talk show

Anschließend entsendet jede Gruppe einen Sprecher (evtl. zwei für die Moderatorenrolle) für die Talkshow, der in die jeweilige Rolle schlüpft. Die Gruppenmitglieder, die nicht an der Talkshow teilnehmen, werden nun zu weiteren Gästen, die sich auf den Austausch der Argumente konzentrieren. Die Aufgabe dieser S ist es, zentrale Pro- und Kontra-Argumente für eine anschließende Auswertung und Ergebnissicherung zu sammeln.

LÖSUNGSVORSCHLAG

Pro	Con
• Muslims have a different religious background which leads to conflicts. • The London bombings show that Muslims attack British citizens in their own country. • Muslims think they have the right religion and our Western society lives in sin. • Muslims think that Western materialists hate them and they are at war. • Muslims think that Western society is a threat to them. • Some Muslims feel persecuted and not accepted, which makes them dangerous. • Muslims tend to live within their own community.	• The majority of Muslims live in peace with our society. • We don't know enough about their religion and are only insecure and easily scared. • Fundamentalist Muslims are the exception; most Muslims do not lead a fanatically religious life. • Most Muslims were also shocked about the London bombings. • Muslims enrich our culture. • Islam is a peaceful religion, but fundamentalists misinterpret the Quran. • Muslims are often oppressed in our society; if we try to communicate more with each other, we can improve our relationship.

STEP 4 Evaluating the talk show

Die Gastgruppe, die einen Beobachtungsbogen erarbeitet hat, bearbeitet diesen während der Talkshow. Die Auswertung und Ergebnissicherung fußt somit auf den Notizen der Pro- und Kontra-Argumente und des Beobachtungsbogens und kann anhand der Leitfragen durchgeführt werden. Für die Durchführung dieser Topic Task *sollten ca. zwei bis drei Stunden vorgesehen werden.*

KLAUSURVORSCHLAG *Zum* Topic **Migration and diversity** *steht online nur für die Hand von L ein mehrteiliger editierbarer Klausurvorschlag mit Erwartungshorizont zur Verfügung. Außerdem werden zwei Cartoons als Vorschlag für eine mündliche Prüfung angeboten.*

Code k949tr → Klausurvorschlag: Rand Paul's Immigration Speech (speech) • Mediation: Einbürgerungsfeier anlässlich 65 Jahre Grundgesetz • Mündliche Prüfung: Two cartoons

KV1: Diverse City

1 *Read the questions first, then listen to the song* Diverse City *by tobyMac.*

1. The main topic of the song is …
   - ☐ a) that diversity is something good.
   - ☐ b) that Diverse City is a famous town.
   - ☐ c) that diversity makes neighbourhoods freaky.

2. According to the singer diversity embraces …
   - ☐ a) only people with a special tattoo.
   - ☐ b) only freaks.
   - ☐ c) all shades of skin, black, white, yellow and grey.

3. The singer says that …
   - ☐ a) in Diverse City you need a gun because it is freaky.
   - ☐ b) love is a gun.
   - ☐ c) he was shot with a gun.

4. Diversity is considered to be …
   - ☐ a) a state of mind.
   - ☐ b) a dream.
   - ☐ c) a nightmare.

5. The singer wants to demonstrate his love for diversity …
   - ☐ a) by using a flag on a pole.
   - ☐ b) by giving his heart away.
   - ☐ c) by spreading his love like dandelions.

6. The singer wants to show his attitude towards diversity to …
   - ☐ a) the people living in Diverse City.
   - ☐ b) the whole world.
   - ☐ c) the people in his neighbourhood.

2 *These are the first lines of each verse in the song. Listen to the song again and put them in the right order. Compare your results with a partner. Then check your results with the lyrics in your textbook.*

__ a) So you send me and I'll send you hope in the form of a new tattoo

__ b) They call us Diverse City, we're colorful good

__ c) Welcome to Diverse City, we're colorful good

__ d) Said we're Diverse City, we're colorful goods

__ e) You bring the heart, I'll bring the soul

__ f) With curls in your hair and braids on the side

__ g) Up, up and away, baby we don't play,

__ h) Stirring, we'll lure you in

LÖSUNG: **Task 1:** 1. a), 2. c), 3. b), 4. a), 5. c), 6. b); **Task 2:** 1. b), 2. g), 3. h), 4. a), 5. f), 6. c), 7. d), 8. e)

Green Line Oberstufe
Autorin: Nilgül Karabulut, Aachen

KV2: Feedback sheet for oral presentations

General feedback sheet for an oral presentation on various text types.

Criteria	☺	😐	☹	Comments
Body language				
The speaker used adequate body language/gestures/facial expressions and kept eye contact with the partner/ all group members.				
Language				
The speaker used adequate words/ an adequate register.				
The speaker used correct grammar/pronunciation/vocabulary (give examples).				
The speaker changed his/her voice (e.g. the volume and/or speed) to show emotions and to emphasise important aspects.				
Speaking skills				
The speaker spoke freely the entire time.				
The speaker spoke clearly the entire time.				
The speaker spoke fluently the entire time. He/she never hesitated.				
The speaker spoke at an appropriate speed.				
Content				
The content was presented well. The speaker described and analysed the visual/text/content correctly and convincingly.				
The speaker's statement/comment was convincing.				

Green Line Oberstufe
Autorin: Nilgül Karabulut, Aachen

KV3: Role cards for a talk show

1 *Staging a talk show:* ***"Immigrants are a danger to our society."*** *Imagine you are the person described on the role card. Find more arguments for his/her point of view in your group. Send one member of your group in front of the class to represent your position in the talk show.*

Preparing the talk show in your group

- Make sure you understand the topic.
- Think of arguments to underline the point of view on your role card.
- Think about possible counter-arguments.
- Arrange your ideas in a logical order.
- Support your arguments with examples (if possible).

Do not forget!

- Speak clearly and not too fast.
- Keep to the point.
- Do not try to be the centre of the discussion.
- Do not repeat what other people have said – wait until you have a real contribution.
- Be polite and do not interrupt.
- Attack the arguments of the other side, not the people.

Name: Ashley Newport
Job: Shop assistant
Age: 26

Some information about Ashley:
She is not married, but she has got a child.

Ashley's point of view:
Muslim immigrants are a danger to our society because

- they don't adapt to our culture and religion, for example: they celebrate their festivals
- Indian and African women still wear their traditional clothes
- Muslim women are not emancipated.

Name: Peter Peterson
Job: Policeman
Age: 23

Some information about Peter:
He is not married. He likes his job. He has never been to another country.

Peter's point of view:
Muslim immigrants are a danger to our society because

- they are all criminals
- they don't speak English
- the London Bombings prove that they are all violent.

Green Line Oberstufe
Autorin: Nilgül Karabulut, Aachen

KV3a: Role cards for a talk show

Name: **Kevin Timberland**
Job: **Law student**
Age: **22**

Some information about Kevin:
He went to an international law school.

Kevin's point of view:
It is not fair to regard Muslim immigrants as a danger to our society because
- we encouraged immigrants to come to Britain in the 1950s
- it is illegal to discriminate against people from other countries: Race Relations Act (1976)
- we should be aware of the fact that only a few Muslims are violent.

Name: **Kate Winston**
Job: **Nurse**
Age: **24**

Some information about Kate:
She has an Indian boyfriend. She likes travelling to other countries.

Kate's point of view:
Muslim immigrants are not a danger to our society, because
- most Muslims are open-minded
- not all Muslims are religious like her boyfriend and his family
- they are hard-working people.

Observer

- In your group create an observation sheet to evaluate the discussion.
- Think of content and (body) language.
- Use your evaluation sheet during the talk show to give feedback.

Host

Name: **Thomas Lee**
Job: **Host**
Age: **25**

Take notes on:
- How do you want to welcome the participants and start the discussion?
- Should the panel members introduce themselves?
- Should they make an opening statement?
- How are you going to moderate the discussion?
- How do you want to conclude the discussion?
- Do you want to ask provocative questions if the conversation gets stuck?

Green Line Oberstufe
Autorin: Nilgül Karabulut, Aachen

5 Faith and religion

Didaktisches Inhaltsverzeichnis

Textsorte/Thema	Unterrichtsmethoden	Input boxes	Kompetenzen	Textproduktion
Introduction				ca. 1 Unterrichtsstunde
Combination of visuals/Varieties of religious activities	*Kursgespräch* *Einzelarbeit* *Code sq36ms*		*Orientierungswissen* *Bildbeschreibung/ -analyse* *Gespräche führen* *Argumentieren*	Describing and assessing pictures Sharing information Stating opinions Analysing messages
Spot on facts Religion in Great Britain and the US				ca. 1 Unterrichtsstunde
Factual information, photo and graph/ Different forms of church structures and the separation of church and state	*Kursgespräch* *Einzelarbeit* *WB Task 1*	Fact files: Religion in Great Britain – Religion in the United States of America	*Orientierungswissen* *Leseverstehen* *Grafik analysieren* *Argumentieren*	Describing and analysing statistics Substantiating one's point of view
Texts A **Feelings and facts**				
Young Americans' religious attitudes today, 2013				ca. 2 Unterrichtsstunden
Statements, graph, recording of an interview/Religious attitudes in the US	*Kursgespräch* *Einzelarbeit* *Gruppenarbeit* ◎ *L1/22 Transkript* *WB Task 2*	Fact file: The Seventh-day Adventist Church Useful phrases: Talking about religion	*Bildbeschreibung/ -analyse* *Leseverstehen* *Hörverstehen* *Grafiken analysieren* *Gespräche führen* *Argumentieren*	Describing and assessing pictures Taking notes Stating reasons Listening for gist/ detail Describing and analysing statistics Giving presentations
Texts B **Living with religion today**				
One nation under God?, 2012				ca. 1–2 Unterrichtsstunden
Newspaper article/ The role of the church in the US	*Kursgespräch* *Einzelarbeit* *Zusatzmaterial: Kopiervorlage 1*	Fact file: First Amendment Useful phrases: Talking about secularisation	*Leseverstehen* *Gespräche führen* *Argumentieren* *Mediation*	Comparing aspects Mediating Writing emails
How Christian fundamentalism feeds the divide, 2012				ca. 1 Unterrichtsstunde
Newspaper article/Christian fundamentalism	*Kursgespräch* *Einzelarbeit*		*Leseverstehen* *Gespräche führen* *Argumentieren* *Recherchieren*	Examining attitudes Doing research Presenting opinions

Unterrichtsverlauf

Code sq36ms

Introduction

The photo in the middle (church service in a large hall) shows the **Christ Cathedral** (formerly **Crystal Cathedral**) in Garden Grove, California. The building was completed in 1980 and has been used by the Roman Catholic Diocese of Orange since 2012. The building is 40 metres high and seats 3,000 people

SPEAKING

1 Choose one of the pictures and describe it. What does it tell you ...?

METHODISCHES VORGEHEN

Der Auftrag wird erteilt und eine vorbereitende Stillarbeitszeit von ca. vier Minuten eingeplant. Eine Alternative ist die gemeinsame Betrachtung und Beschreibung der Bilder im Uhrzeigersinn. Die Auswertung erfolgt im Anschluss an die Beschreibung aller Bilder.

LÖSUNGSVORSCHLAG

Description

Photo 1 (top left): young African American in a choir
Photo 2 (top right): young people on a pilgrimage
Photo 3 (middle): church service in a large cathedral
Photo 4 (bottom left): two flying chocolate bars
Photo 5 (bottom middle): drive-in church service
Photo 6 (bottom right): drive-in wedding

Importance of religion

- The visuals refer to different religious activities which express communal togetherness as well as fashionable events, e.g. a drive-in wedding.
- The visuals clearly show traditional as well as modern and progressive efforts of the Church of England/Anglican Church.
- The visuals link praying to modern forms of life and communication, thus they try to convey the idea that praying is still up to date.

SPEAKING

2 State your personal opinion about the concept of drive-in churches. ...

METHODISCHES VORGEHEN

Freies Unterrichtsgespräch, bei dem sich die S aufeinander beziehen und sich im Peer assessment *üben.*

LÖSUNGSVORSCHLAG

A drive-in church allows people to stay in their car, thus there is no need to find a parking lot and walk to the church. As the cars park next to a pole which has a movable loudspeaker that can be placed inside the car's window, people can easily follow the service from inside their vehicles. However, partaking in such a service means that one does not experience any form of communal togetherness as one is virtually isolated from the fellow community members.

VISUALS

3 Analyse the message conveyed by the picture of the chocolate bars. → S28.2

METHODISCHES VORGEHEN

Zunächst Einzel-, dann Partnerarbeit mit anschließendem Austausch im Plenum nach dem Think-Pair-Share-*Verfahren. Ggf. muss L lenkend eingreifen und die abrahamitische Tradition der jüdisch-christlich-muslimischen Religionen in Erinnerung rufen.* Hinweis auf Skill 28.2 Working with visuals: Cartoons.

ALTERNATIVE

Alternativ kann hierzu ein Rechercheauftrag an einen oder mehrere interessierte S erteilt werden.

LÖSUNGSVORSCHLAG

The two chocolate bars carry the symbols of a mosque and of a Christian church. The cartoon underlines the peaceful co-existence of both religions. Moreover, as both come out of the same packaging, the visual reminds us of the fact that both religions share a common source, the Abrahamic tradition.

Spot on facts

FACTUAL TEXTS

Religion in Great Britain and the US → WB Task 1

LERNWORTSCHATZ faith, Act of Supremacy, to establish oneself as sb/sth, Anglican, to dissolve, monastery, service, worship, to appoint sb, deacon, lay minister, to preach, Puritan, religious persecution, denomination, Quaker, First Amendment, constitution, to divide (into), literal approach, Creationism

COMPREHENSION

1 Describe the hierarchical structure of the Church of England.

METHODISCHES VORGEHEN *Gemeinsame Textlektüre, ggf. Klärung unbekannter Wörter. Erarbeitung im fragend-entwickelnden Unterrichtsgespräch. Ergebnissicherung an der Tafel.*

Church of England

Head:	*the Britsh Monarch* *two Archbishops (York and Canterbury)*
Bishops:	*Heads of dioceses*
Priests:	*Heads of parishes, also called Vicars or Rectors*
Deacons:	*serve in a parish and will become ordained priests after one year*

LÖSUNGSVORSCHLAG The British Monarch is the official head of the Church of England (C of E). She or he appoints two Archbishops who lead the C of E. They are appointed for life. The Archbishops are members of the House of Lords and take an active part in politics.

ANALYSIS

2 Describe and intepret the bar chart. → S27

METHODISCHES VORGEHEN *Gelenktes Unterrichtsgespräch. Zur Vorbereitung erfolgt ein Hinweis auf* Skill 27 Statistics, diagrams and maps.

LÖSUNGSVORSCHLAG Generally speaking the bar chart shows that in England and Wales there is a significant number of different religions. If one compares the numbers of each group between 2008 and 2012, we notice a decline in the number of Christians and a large rise in those who profess to have no religion. Interestingly, all non-Christian religions have grown in numbers except for the Sikhs, with the Hindus showing the largest growth. The bar chart makes it clear that in England and Wales there is a tendency to move away from Christianity.

EVALUATION

3 Comment on the different relationships between church and state ... →△1

ALTERNATIVE *Die Aufgabe kann auch in Partnerarbeit erledigt werden. Die Bearbeiter formulieren eine gemeinsame Position bezüglich des unterschiedlichen Verhältnisses von Kirche und Staat in Großbritannien und den USA. Ggf. muss L einen Zusatzimpuls geben, z.B.* Should the church have the right to comment on political issues that affect its core teachings, e.g. abortion, cloning, euthanasia etc.?

LÖSUNGSVORSCHLAG The UK:
- The British Monarch is the head of the Church of England/Anglican Church.
- The Monarch appoints the Archbishops of the C of E.
- The Archbishops are members of the House of Lords.
- They partake in politics.
- The C of E is the largest Christian group.
- There is no separation between the C of E and the state.

The US:
- Early settlers came to America because of religious prosecution in Europe.
- Numerous Christian denominations came into existence.

- The US Constitution guarantees the complete separation of church and state (First Amendment of 1791).
- The freedom of religious expression is guaranteed.
- Various Protestant denominations comprise the largest Christian group.
- Christian fundamentalists oppose the theory of evolution and take a literal view of the creation of the world as described in the Book of Genesis.

Comment:
Both relationships express different historical traditions. The complete separation of church and state in the US was instigated by the religious persecution of some European immigrants who came to America in the 17th and 18th centuries. They did not want the state to interfere in religious matters. A constitutionally guaranteed separation is advantageous insofar as religious practices are left to the individual and a large variety of different denominations exists without one dominating the rest.
In the UK, by contrast, the Monarch became the Supreme Head of the Church of England after Henry VIII broke away from the Roman Catholic Church. The automatic partaking of the two Archbishops in politics allows the C of E to voice their opinion on controversial matters in Parliament. However, the very right to do so may leave one wondering if it is really feasible for the two representatives of the C of E to voice their opinions on everyday political matters. In this context it might be argued that the C of E should only interfere in political issues if these have a clear bearing on religious teachings, e.g. the sanctity of life.

DIFFERENZIERUNG △ *Leistungsschwächere S erhalten Hilfestellung zur Bearbeitung der Aufgabenstellung in Aufgabe 1 im* Diff pool. *Dort werden Aspekte – getrennt nach* US (reasons for the introduction of the First Amendment, consequences of the First Amendment today) *und* UK (founding of the Church of England, members of the House of Lords) – *vorgegeben, die von den S im Hauptteil des* Comments *zu berücksichtigen sind. Ggf. erfolgt ein Hinweis auf* Skill 14.2 Comment.

A Feelings and facts

STATEMENTS Young Americans' religious attitudes today → WB Task 2

Religious affiliation in the US:
Protestants: 51 %, Roman Catholics: 23.9 %, Mormons: 1.7 %, Jews: 1.7 %, Muslims: 0.6 %, unaffiliated: 12 %, no religion: 4 %

Greatest loss: Roman Catholics from 31 % to 23.9 %.
Greatest gains: unaffiliated from 7.3 % to 16.1 %.
(Figures based on Pew Research Religion & Public Life Project, 2008.)

LERNWORTSCHATZ to conduct, to drift away from sb/sth, to reveal, raised, to turn into, Christian, to struggle, premarital sex, to believe in sb/sth, heaven, sense of community

BEFORE YOU READ **1 a) Describe, analyse and comment … b) Discuss examples of how …** → S28.1

METHODISCHES VORGEHEN *Im Unterrichtsgespräch beschreiben und analysieren die S das Foto. Anschließend tauschen sie sich über Möglichkeiten von Kirchen aus, jungen Menschen anzusprechen. Hinweis auf* Skill 28.1 Working with visuals: Pictures.

LÖSUNGSVORSCHLAG

a) **Describe:** You can see the sign on the church yard of a Methodist church.
Analyse: The sign clearly addresses younger people, the so-called iPod generation. The use of enumeration and alliteration is meant to capture people's attention and seeks to convey the idea that the United Methodist church is not an old-fashioned and outdated institution, but is open to new ideas. Moreover, the sign suggests that the sermon may well be available on one's iPad.
Comment: Individual answers expected.

b) Individual answers expected.

COMPREHENSION **2 State the reasons given by each interviewee why he/she is ...**

METHODISCHES VORGEHEN *Die Aufgabe sollte eigenständig zu Hause vorbereitet werden, die Ergebnissicherung erfolgt zu Beginn der Unterrichtsstunde an der Tafel. Zur Besprechung der Aufgabe verwenden die S die* Useful phrases *zu* Talking about religion. *Hinweis auf das* Fact file *zu* The Seventh-day Adventist Church.

LÖSUNGSVORSCHLAG
- **Yusuf Ahmad** has become an atheist because to him the biblical stories are unbelievable and inhumane.
- **Kyle Simpson** doesn't really believe in God but wishes for some proof of his existence; the ideas of love and forgiveness are important to him.
- **Melissa Adelman** could not accept the church's teachings on sexual matters and drifted away from her Catholic community.
- **Lizz Reeves** could find no meaning in the early death of her brother.
- **Rigoberto Perez** experiences no sense of community from religion; instead he enjoys it by participating sports activities.

ERWEITERUNG *Die Liste der* Useful phrases *kann bei Bedarf um folgende Wendungen ergänzt werden:* an atheist believes that God does not exist; an agnostic believes that one cannot know whether God exists or not, the Catholic Church is a form of organised religion, the idea of brotherly love and foregiveness are core beliefs of the teachings of Christ, the position of some Christian churches are hostile towards sexuality, especially homosexuality.

CREATIVE TASK **3 a) Decide in a team of four ... b) Now read their text and prepare ...**

METHODISCHES VORGEHEN

a) *Die Bearbeitung der Aufgabe verlangt ein kooperatives Vorgehen und zielsprachliches Interagieren. Zunächst müssen sich die Gruppenmitglieder auf eine der fünf Interviewpersonen und deren Position einigen und eine gemeinsame Stellungnahme verfassen.*

b) *Anschließend tauschen die S ihre E-Mail mit einer anderen Gruppe und entwerfen aus der Position der angeschriebenen Person eine Antwort, die sie mit dieser Gruppe diskutieren.*

LÖSUNGSVORSCHLAG Individual answers expected.

LISTENING ◎ L1/22 **4 a) Listen to the next part of the ... b) Point out the speakers' ...**

MATERIALIEN → ◎ L1/22 (Religious attitudes) • Transkript

METHODISCHES VORGEHEN

a) *Die Aufnahme wird einmal ohne Unterbrechung von L präsentiert. Die Sicherung des Grobverständnisses bzw. Globalverstehens erfolgt im Unterrichtsgespräch.*

b) *Vor dem nächsten Vorspielen lesen die S die Aufgabenstellung und notieren beim zweiten Hören die Haltungen der Sprecher in Stichworten. Die Überprüfung des selektiven Hörens bzw. Detailverstehens erfolgt anschließend im Plenum.*

ALTERNATIVE *L kann in leistungsschwächeren Lerngruppen für Teilaufgabe b) ein Raster vorgeben, in das die S die Informationen eintragen:*

Name	Why do they pray?	How often do they pray?	How do they feel when praying?
Lizz			
Rigoberto			
Melissa			
Kyle Simpson			

LÖSUNGSVORSCHLAG a)

- **Melissa:** When Melissa moved away from Catholicism, it felt like she lost an important part of her life. But at the same time, she took this as an opportunity to find out about a lot of other good things.
- **Lizz:** In a way Lizz misses her former community and believes that she might still benefit from it. She would like to find a community that makes her feel accepted and respects her for what she is.

b)

- **Lizz** made a wish at the same time every day when she was a teenager because she was superstitious, and she considered it to be some sort of prayer. She still does so occasionally.
- **Rigoberto** has an internal dialogue similar to a prayer but doesn't want to call it that.
- **Melissa** prays on an irregular basis to express her gratitude when good things have happened to her.
- **Kyle Simpson** prays when he is scared and feels very vulnerable but feels like a hypocrite when doing it.

VISUALS

5 Describe, analyse and interpret the statistics. → S27

METHODISCHES VORGEHEN *Die Aufgabe wird in Stillarbeit individuell bearbeitet. Hinweis auf* Skill 27 Statistics, diagrams and maps. *Leistungsschwächere S beschreiben (zuerst) das Kreisdiagramm, während leistungsstärkere S die Daten mit Großbritannien* (Spot on facts) *vergleichen. Die Auswertung erfolgt gelenkt.*

LÖSUNGSVORSCHLAG Three-fourths of the American population describe themselves as Christians. Of these, various Protestant denominations make up about 50%. Other religious groups such as Mormons, Jews, Muslims or Hindus are clearly minorities. The number of denominations reflect the First Amendment to the Consitution, i.e. religious practices are individual matters in the US, and there is no single predominant religious organisation. Additionally, the table shows us that unlike the UK Muslims or Hindus play virtually no role in the US.

SPEAKING

6 Prepare a short presentation on religious affiliation and ... → S22 → ▲2

METHODISCHES VORGEHEN *Die Bearbeitung verlangt eine eigenständige Internetrecherche zu Hause. Ggf. erfolgt dazu ein Hinweis auf* Skill 32 Doing research. *Empfehlenswerte Quellen sind die Webseiten des* Pew Research Center (US Religious Landscape Survey by the Pew Forum on Religion & Public Life), *des* American Religious Identification Survey (ARIS) *und des* United States Census Bureau.
Zu Beginn der Unterrichtsstunde werden die Ergebnisse der ethnischen Struktur der amerikanischen Bevölkerung aufgerufen und an der Tafel festgehalten. Die weiteren Aufgabenteile werden in anteiliger Gruppenarbeit bearbeitet, jede Gruppe bestimmt einen Sprecher, der die Ergebnisse vorträgt. Hinweis auf Skill 22 Presentation.

LÖSUNGSVORSCHLAG

- **Religious affiliation:** 76% Christians, 20% no religion or no answers, only 4% non-Christian religions.
  Conclusion: The US clearly is a Christian country with a large Protestant majority.
- **Ethnic distribution:** Whites (of European or North African descent) 72%, African Americans 12.6%, Asian Americans 4.8%, Hispanics 16.4%.
- **Ethnicity and religion:** Hispanics: 58% Catholic, African Americans: 78% Protestant, Asian Americans: 27% Protestant.
  Conclusion: The combined number of non-whites is 33.8%, i.e. one-third of the total population is non-white. The number of Asian Americans is by far larger than the combined numbers of Muslim, Hindu or Buddhist groups: 4.8% vs. 1.4%.

DIFFERENZIERUNG ▲ *Leistungsstärkere S bearbeiten anstelle von Aufgabe 6 Aufgabe 2 im* Diff pool. *Sie vergleichen die beiden Statistiken und kommentieren die Zusammensetzung der religiösen Gruppen in der USA und in Großbritannien. Dazu beziehen sie die Informationen aus* Spot on facts *mit ein.*

LÖSUNGSVORSCHLAG Individual answers expected.

B Living with religion today

NEWSPAPER ARTICLE

One nation under God?

LERNWORTSCHATZ to attend, carol, Christian, poll, to account for, to uphold, prayer, abortion, religious, spiritual, entrepreneur, crucial

COMPREHENSION

1 Find examples from the text to support the statement that ...

METHODISCHES VORGEHEN *Der Text wird in häuslicher Vorbereitung gelesen, die verständnissichernde Aufgabe wird zu Hause schriftlich bearbeitet. Hinweis auf das* Fact file *zu* First Amendment. *Die Auswertung erfolgt gelenkt zu Beginn der Unterrichtsstunde.*

LÖSUNGSVORSCHLAG Many Americans attend church services only on two occasions: Christmas and Easter. The number of people without any religious affiliation has increased between 2008 and 2012 by 4% and now makes up 20% of the population. An increasing number of people treats religion as a personal matter, and common religious habits like school prayer are becoming less important. In addition to the decreasing number of people who attend church services regularly, there is an ongoing controversy among Christians about legalising abortion.

ANALYSIS

2 Explain why church affiliation in the US is higher than in Europe, ...

METHODISCHES VORGEHEN *Die Aufgabe wird im Anschluss an die Auswertung von Aufgabe 1 in Stillarbeit bearbeitet. Dazu ziehen die S die* Useful phrases *zu* Talking about secularisation *heran. Die Ergebnissicherung erfolgt im Unterrichtsgespräch. L hält die Ergebnisse stichwortartig an der Tafel fest.*

LÖSUNGSVORSCHLAG

- **United States:** Religious pluralism and competition between denominations exists because of the First Amendment. Many people consider themselves to be spiritually independent, i.e. they may attend the services of different denominations.
- **Europe/Germany:** There are only two major churches: the Roman Catholic Church and the Protestant Church. There is no competition between churches.

MEDIATION

3 Your class is co-operating with an American high school ... → S26

MATERIALIEN → Kopiervorlage 1 (Islamic religious education at your school?)

ALTERNATIVE *Die Aufgabe eignet sich für das kooperative Lernverfahren nach der* Think-Pair-Share-*Methode. Zunächst recherchieren die S selbstständig, tauschen dann ihre Ergebnisse aus und formulieren einen Entwurf für eine E-Mail. Hinweis auf* Skill 26 Mediating and translating skills. *L weist die S darauf hin, dass sie für die Zielgruppe ggf. unbekanntes soziokulturelles Hintergrundwissen zur Sicherstellung des Verständnisses ergänzen müssen. Anschließend tauschen sie sich mit zwei weiteren S aus, korrigieren bzw. ergänzen ihre jeweiligen Entwürfe und formulieren dann gemeinsam ein Schreiben an die amerikanische Partnerschule.*

LÖSUNGSVORSCHLAG Dear Betty and John

We checked our Office for National Statistics and found some interesting figures that really surprised us. There have been two major reasons for the decline in church membership in Germany in the last two decades. The first reason is demographic changes. The birth rate has substantially decreased; hence the total number would have to go down. Secondly, there is a noticeable change in values with regard to baptism. Fewer and fewer infants are baptised these days. Here are some other figures: Between 1990 and 2008 Protestant church membership dropped from 29.4 to 24.5 million, whilst the Roman Catholic Church had a loss of 3.1 million members. At the same time the number of non-affiliated church members rose from 24.7% in 1990 to 29.3% in 2008. This group is now made up of 32.3 million and is thus larger than either of the two Christian churches. So the non-affiliated members in Germany are by far larger than in the US. We are not sure what to say about the decline over here; perhaps it has something to do with the separation of the Catholic and the Protestant Churches. A lot of Christians are disappointed because they want their churches to work together more closely.
Hope we could help you.
All the best ...

ERWEITERUNG *Zur Vertiefung kann L Kopiervorlage 1 (*Islamic religious education at your school?*) einsetzen. Die S führen eine* Panel discussion *zu der Fragestellung durch. Als Vorbereitung gestaltet die eine Hälfte des Kurses die Rollenkarten, die andere Hälfte entwirft einen Evaluationsbogen.*

NEWSPAPER ARTICLE

How Christian fundamentalism feeds the divide

LERNWORTSCHATZ approach, according to, rightwing evangelical policy group, entry-level, to claim, across party lines, issue, obligation (to sb), same-sex marriage, to ban, divisive, political agenda, objective, infidel

COMPREHENSION

4 Point out what the Mix It Up program is and why it is opposed by ...

METHODISCHES VORGEHEN *Die Aufgabe sollte eigenständig zu Hause vorbereitet werden, die Ergebnissicherung erfolgt zu Beginn der Unterrichtsstunde an der Tafel.*

LÖSUNGSVORSCHLAG The Mix It Up program has the objective of bringing together children for lunch on one day of the school year. These children are from different social backgrounds and races, have diverse individual preferences etc. but sit together and get to know each other. The AFA opposes this idea on the ground that the program seeks to foster the acceptance of homosexuality in public schools. The organisation even denounces the program as a "gay conspiracy".

ERWEITERUNG *Weitergehende Aufgabenstellung:* Discuss the reasons why extremists like the AFA can be successful in gaining political support.

LÖSUNGSVORSCHLAG

- Simple messages are easier to understand.
- Some people lack the necessary knowledge.
- People are likely to blame other people for problems.
- People are susceptible to easy explanations.
- A common enemy forges a bond between the members of a community.

ANALYSIS

5 Examine the writer's attitude towards the AFA. →△3

ALTERNATIVE *Die Bearbeitung der Aufgabe kann auch als Partnerarbeit erfolgen. Die Partner lesen den Text noch einmal, markieren aufgabenbezogene* Words and phrases, *tauschen sich aus und formulieren gemeinsam ihr Untersuchungsergebnis.*

LÖSUNGSVORSCHLAG

- The writer states her view of the program early on by calling the "idea of making new friends in the lunchroom ... utterly benign" (ll. 7–8).
- She then uses a consent eliciting rhetorical question ("Right?", l. 8) which she juxtaposes with quotes from the AFA's website, thus ridiculing their position.
- She makes use of emotionally charged words such as "hysterical voice that screeches" (l. 19) in order to underline her negative view of the AFA.
- In lines 27–30 the writer again employs a rhetorical question ("Why is it that when politicians want to demonstrate just how religiously righteous they are, ...?").
- She wonders why politicians try to demonstrate their righteousness by opposing same-sex marriages, but they never do anything to protect the weak.
- She answers her own question by stressing the fact that such politicians use religion in order to advance their own agenda, thereby dividing people into believers and non-believers, into friends or enemies (cf. ll. 34–36).

DIFFERENZIERUNG △ *Leistungsschwächere S finden Unterstützung für die Bearbeitung von Aufgabe 5 in Aufgabe 3 im* Diff pool. *Dort werden die Aspekte vorgegeben, auf die die S sich bei der Untersuchung der Haltung der Autorin zur* American Family Association (AFA) *konzentrieren können:* her use of irony, her use of rhetorical questions, how she contrasts the behaviour of the AFA and Christian values.

RESEARCH **6 Collect information about the following controversial issue ...** → S32

ALTERNATIVE *L verweist die Lerngruppe auf den leicht lesbaren Artikel der Journalistin Suzanne Goldenberg,* Religious right fights science for the heart of America (The Guardian, 7 February 2005) *oder schlägt vor, die genannten kontroversen Themen (*the teaching of creationism/intelligent design vs. the theory of evolution) *als Schlagwörter in eine Suchmaschine einzugeben. Es werden Vierergruppen gebildet, die im Computerraum oder alternativ zu Hause mit der Recherche beginnen und dann gemeinsam ihr Material sichten. Hinweis auf* Skill 32 Doing research. *Anschließend wird z.B. anhand der Kontroverse in Kansas der Problemzusammenhang skizziert und eine gemeinsame Position erarbeitet. Die Gruppe legt fest, wer die Ergebnisse jeweils vorträgt. L lässt die vorgetragenen Positionen im Sinne eines* Peer assessment *kontrovers diskutieren. Möglicherweise fällt es den S schwer, die Kontroverse nachzuvollziehen. Sie sollten verstehen, dass die sogenannte* Religious right *erreicht hat, dass das* Kansas Board of Education *die Vermittlung des Kreationismus an den Schulen vorschrieb, bis dies wenige Jahre später wieder aufgehoben wurde. Die S könnten abschließend argumentieren, dass religiöse Glaubensfragen, welcher Art auch immer, nicht in den naturwissenschaftlichen Unterricht gehören, sondern ausschließlich im Religionsunterricht behandelt werden sollten.*

LÖSUNGSVORSCHLAG **The following should be pointed out about the controversy:**

- Creationists believe that God has created the universe and humankind as written in the Bible. Creationism tries to disprove the theory of evolution.
- Intelligent design theorists aim to find evidence of God's role in creation because science has failed to explain the complexity of the universe.
- Critics of the evolutionary theory disregard the theory of evolution as accepted by the scientific community and as taught in biology classes.
- The proponents of intelligent design, for example, assert that the workings of this planet are too complex to be ascribed to evolution.
- They claim there must have been a designer working according to a plan – that is, they think there was a creator.
- They demand that this view is to be taught as an alternative to evolutionary science.

ERWEITERUNG *Leistungsstärkere S leisten längere, zusammenhängende Beiträge wie z.B. eine einleitende Erklärung der Konzepte* Creationism *und* Theory of evolution.

KV1: Islamic religious education at your school?

As you know, religious education is compulsory in most German federal states, and children who are not affiliated with a mainstream religion – Roman Catholic or Protestant – must usually attend neutral classes in Ethics or Philosophy. Currently there is an ongoing controversy about the introduction of Islamic religious education in your federal state, and there is a heated debate at your own school about this matter.

1 *Prepare a panel discussion on the following:*
"Should Islamic religious education be introduced at your school?"
Half of the class will work on the role cards; the other half will devise an evaluation sheet.

a) ***Teams working on the role cards:*** *Form two teams of five. Decide who will work on which role. After you have come to an agreement, form teams of two with the respective partner in the other group and work on your role in pairs.*

Roles	• **Birgit Schneider**, a member of the student body who opposes the planned introduction.
• **Deniz Yildez**, a Muslim boy in year 12 who is in favour of introducing it.	• **Nicole Maier**, who would like to see Muslim students attend courses in Ethics.
• **Aynur Öglan**, who is still undecided even though she is a Muslim.	• **Bernard Wittkowski**, the president of the student body, who is chairing the panel discussion and must be impartial. He will moderate three rounds of exchanges, each of which will be introduced by one guiding question or remark. After each round he will invite the audience to comment or ask questions.

b) ***Teams working on an evaluation sheet:*** *Get together in teams of two and devise an evaluation sheet to assess the discussion.*

- Collect assessment criteria (such as body language, self-assertiveness, word choice etc.) and write them down.
- Share your findings with another team and complete your list.
- Repeat this process with yet another team (you are now a group of six).
- Work on a ranking system (which criterion is most/least important) and design an evaluation sheet.
- Don't forget to use practical assessment grades (++, +, 0 etc.)
- Appoint one assessor/two assessors for each panel member.
- After the panel discussion compare your notes and present your results together.
- Always remember to point out the strengths of each panel member.

Green Line Oberstufe
Autor: Prof. Dr. Peter Bruck, Lüdinghausen

6 The media

Didaktisches Inhaltsverzeichnis

Textsorte/Thema	Unterrichtsmethoden	Input boxes	Kompetenzen	Textproduktion
Introduction				ca. 2 Unterrichtsstunden
Combination of visuals and quotations/ Milestones in media development	*Kursgespräch* *Partnerarbeit* Think-Pair-Share *Code 2ta7fs* *WB Tasks 1, 5–7*		*Orientierungswissen* *Leseverstehen* *Gespräche führen* *Bildbeschreibung/ -analyse*	Describing and assessing pictures Analysing a timeline Creating tag clouds
Spot on facts Developments in the media				ca. 1–2 Unterrichtsstunden
Factual information, graphs, cartoons/ Media development	*Kursgespräch* *Einzelarbeit*	Fact files: Media in the twentieth century – The changing face of the media – Social media and politics – Advertising	*Orientierungswissen* *Leseverstehen* *Gespräche führen* *Statistik beschreiben* *Bildbeschreibung/ -analyse*	Doing surveys Describing statistics Describing and assessing cartoons
Core skill workshop Analysing visuals				ca. 2–3 Unterrichtsstunden
Photos, cartoons and advertisements/ Different types of visuals	*Kursgespräch* *Einzelarbeit* *WB Tasks 2*	Fact file: Las Fallas Useful phrases: Talking about cartoons – Talking about visuals with text	*Gespräche führen* *Bildbeschreibung/ -analyse* *Argumentieren*	Describing and assessing pictures, cartoons and ads Creating grids
Texts A **Reality TV**				
Reality TV: a ghastly plague upon modern society, 2013				ca. 2 Unterrichtsstunden
Blog post, cartoon/ Reality shows on TV	*Kursgespräch* *Gruppenarbeit* *Partnerarbeit* Think-Pair-Share *WB Task 3* *Zusatzmaterial: Kopiervorlage 1*		*Orientierungswissen* *Leseverstehen* *Gespräche führen* *Bildbeschreibung/ -analyse* *Kreatives Schreiben*	Describing and assessing cartoons Analysing rhetorical devices Writing profiles
Texts B **The meaning of reality**				
Sharing is caring, 2013				ca. 2 Unterrichtsstunden
Novel excerpt/ Sharing in the digital society	*Kursgespräch* *Gruppenarbeit* *Partnerarbeit* *WB Tasks 4, 8–14, 19*	VIP file: Dave Eggers	*Orientierungswissen* *Leseverstehen* *Gespräche führen*	Brainstorming ideas Analysing style and language Examining characters
Second-hand experiences, 2012				ca. 1 Unterrichtsstunde
Novel excerpt/ Experiences in the digital age	*Kursgespräch* *Gruppenarbeit* *Partnerarbeit*	Fact file: Mobile debate	*Leseverstehen* *Gespräche führen* *Argumentieren* *Debatte*	Discussing pros and cons Holding debates
Advanced texts C **Journalism in the twenty-first century**				
Open journalism, 2012				ca. 1 Unterrichtsstunde
Blog post/The Guardian's use of technology	*Kursgespräch* *Partnerarbeit* *WB Task 15*	Fact file: Three Little Pigs	*Orientierungswissen* *Leseverstehen* *Gespräche führen* *Argumentieren*	Discussing terms Brainstorming ideas

Textsorte/Thema	Unterrichtsmethoden	Input boxes	Kompetenzen	Textproduktion
Citizen journalists, 2013				ca. 1 Unterrichtsstunde
Newspaper article, video clips/Changes in journalism	*Kursgespräch* *Partnerarbeit* *L* *WB Task 16* *Zusatzmaterial: Kopiervorlage 2*		*Leseverstehen* *Hör-/Sehverstehen* *Gespräche führen* *Argumentieren* *Kreatives Schreiben*	Pointing out arguments Viewing for gist/detail Writing essays
Advanced texts D The whistle-blower				
L2/12 Marcus's dilemma, 2013				ca. 2 Unterrichtsstunden
Novel excerpt, recording of novel excerpt/Hackers fight against Homeland Security	*Kursgespräch* *Gruppenarbeit* *L2/13 Transkript* *WB Task 17*	Fact file: Homeland VIP file: Cory Doctorow Tip: Whistle-blower	*Orientierungswissen* *Leseverstehen* *Hörverstehen* *Bildbeschreibung/-analyse* *Gespräche führen* *Argumentieren* *Kreatives Schreiben*	Speculating on content Analysing language and style Describing and assessing cartoons Writing essays
Advanced texts E Etiquette, ethics and the media				
Mobile phone use by many is outrageously rude, 2014				ca. 2 Unterrichtsstunden
Newspaper article, advertisements/Rules for mobile phone use	*Kursgespräch* *Gruppenarbeit* *WB Tasks 5, 18*		*Orientierungswissen* *Leseverstehen* *Gespräche führen* *Argumentieren*	Describing and assessing ads Holding debates Comparing adverts Designing posters/ads
Advanced texts F The power of transmedia				
The death of a friend, 2012				ca. 1 Unterrichtsstunde
Book excerpt/Transmedia storytelling	*Kursgespräch* *Gruppenarbeit*		*Leseverstehen* *Gespräche führen* *Argumentieren*	Describing differences Making notes
Transmedia and marketing, 2012				ca. 1 Unterrichtsstunde
Interview/Transmedia marketing campaigns	*Kursgespräch* *Gruppenarbeit*		*Leseverstehen* *Recherchieren* *Gespräche führen*	Collecting information Doing research Giving presentations
Spot on language Using articles – Identifying adverbs and adjectives – Mediation				ca. 1–2 Unterrichtsstunden
German newspaper article/Auditions and casting shows	*Kursgespräch* *Einzelarbeit* *Partnerarbeit* *Zusatzmaterial: Kopiervorlage 3*		*Gespräche führen* *Argumentieren* *Mediation*	Completing rules Correcting mistakes Mediating Writing emails
Spot on vocabulary Talking about TV, print and digital media – Collecting adjectives – Collocations				ca. 0,5–1 UStd
Working with words	*Kursgespräch* *Einzelarbeit* *Gruppenarbeit*		*Wortschatzarbeit*	Collecting words Working on collocations
Topic task Creating a marketing campaign				ca. 4 Unterrichtsstunden
Project work/Step 1–5	*Kursgespräch* *Gruppenarbeit* *Zusatzmaterial: Klausurvorschlag Code k949tr*		*Projektarbeit*	Identifying target groups Designing logos and posters Choosing marketing elements Giving presentations

Unterrichtsverlauf

Code 2ta7fs

Introduction → WB Tasks 1, 5–7

LERNWORTSCHATZ media (pl), minister, to consume sth, to broadcast, to launch, station, to raise money, viewer, uprising, coverage, source

VISUALS

1 Describe each picture and say what aspect of media consumption … → S28.1

METHODISCHES VORGEHEN *Die Arbeit an den Bildern sollte erst in Einzelarbeit und dann arbeitsteilig in Gruppen erfolgen. Jede Gruppe tauscht sich zu einem, maximal zwei Bildern entsprechend der Aufgabenstellung und den in* Skill 28.1: Working with visuals: Pictures *beschriebenen Schritten aus. Bei auftretenden Problemen können sich die S bei L Hilfe erbitten. Es ist auch denkbar, dass die Lösungsvorschläge zum selbstständigen Abgleich, zur Motivation und auch zur Niveausicherung in die Expertengruppe gegeben werden. Die verschiedenen Experten aus der Gruppenphase erarbeiten anschließend gemeinsam ein Gesamtbild der Aspekte des Mediengebrauchs bzw. von entsprechenden Trends. Ergebnisse werden schriftlich in Stichpunkten mit Hilfe einer Mindmap (DIN-A3) fixiert und geordnet, so dass jedes Gruppenmitglied die Ergebnisse vorstellen kann und sie somit für alle S zugänglich sind. Im Zentrum steht* The media *und aus verschiedenen Quellen entliehene Definitionen des Begriffs.*

LÖSUNGSVORSCHLAG

Picture 1 (p. 1 left)
First impression: It is a photo of a scene on an underground train.
Description: Three people of different ethnic descent are sitting on a bench in a train; a woman is between two men, whose backs are facing the window while they are reading newspapers (probably broadsheets) and analysing what is happening on the stock exchange (market prices of shares listed); there are grab rails next to the black man and the woman; they are formally dressed; billboards and shops on the platform can be clearly seen through the windows in the background.
Interpretation: They are probably office workers/commuters who are trying to keep informed on their way to work on a train.
Evaluation: Newspapers are still an important source of information for conservative people on their way to work; there might also be a lack of reliable internet access in some places as on the train.

Picture 2 (p. 1 top right)
First impression: It depicts an accident and buildings in flames.
Description: The whole picture is blurred and a fuzzy; the centre shows a burning building, fire and dark clouds of smoke; you can see the bright sky on the right; someone is holding a mobile up and focusing on the building.
Interpretation: A passer-by takes a photo of the burning house with a smartphone.
Evaluation: Many people own mobile phones and take photos of what is happening around them; they share their comments on the internet to inform others of breaking news in real time; even news corporations make use of this trend, e.g. CNN publishing so-called iReports.

Picture 3 (p. 2 bottom right)
First impression: The photo shows a crowd of photographers.
Description: Men and women are using their really big cameras to try to take photos of a person facing them somewhere outside.
Interpretation: Professional photographers are trying to take a photo of an important person.
Evaluation: Crowds of photographers follow important people and struggle to take the best shot; they are often called the paparazzi, because they intrude into people's privacy; photos are published in the media to inform and entertain their readership.

Picture 4 (p. 2 top left)
First impression: It illustrates a family watching TV a long time ago.
Description: The scene is set in the living room; there is a big TV set in the centre which looks like a wooden piece of furniture; it is standing up against the wall which has been covered in

wallpaper with a large floral print, and the wall also has a panel; the father and daughter are sitting on a sofa, the mother is in an armchair, the boy is sitting on the carpet/floor; they are watching TV together; there is a woman on the screen.
Interpretation: It depicts typical family life in the past; all the family members are watching the same programme and meet in the living room with the TV set in the centre.
Evaluation: The photo illustrates family life as being very different from modern times; nowadays TV sets are attached to the wall, and every family member can watch their own programme on mobile devices such as smartphones, tablets and laptops; there is also video/TV on demand, i.e. programmes can be watched in any place at any time.

Picture 5 (p. 2 bottom left)
First impression: This is a scene from space, either real or fictional.
Description: A human being in a spacesuit seems to be floating in space and is connected to a spaceship/space station via a cable; some light in the background is coming from an artificial source; the shield of the helmet is mirroring the equipment he is looking at; the photo has either been taken from inside the station, or he might have taken a selfie while looking into the camera.
Interpretation: Technology supports astronauts who go on a space walk and share their experiences with people on Earth in real time/live.
Evaluation: Even over long distances information can be transmitted to Earth, and these possibilities may be limitless; we can become eyewitnesses of developments far away in space.

Picture 6 (right)
First impression: This is a photo of people skydiving.
Description: A British sportsman in red overalls and a white helmet is falling through the air on his back looking at a tablet computer; a camera is attached to his helmet; there are two other skydivers; the one on his right is grabbing his right arm and leg – he is wearing a smart watch on his left wrist; the one on his left seems to be grabbing the left arm and leg of the person in the centre; they are also dressed in red overalls and carrying parachute packs on their backs; in the background you can see the horizon/sky and the ground.
Interpretation: This might be a British team preparing for taking part in a skydiving competition; they are well-equipped to record their performance using a camera, smart watch and a tablet PC; maybe all the gadgets are connected using the tablet; pictures can be shared in real time.
Evaluation: Helmet cam shots are taken in sports to analyse performance as well as to share impressions/emotions/insights in the lives of the athletes who do that sport; interested viewers can share their perspectives on the internet; this allows athletes to express themselves, share information and entertain their viewers.

ANALYSIS **2 a) Explain why the milestones marked … b) Think: Find other important …**

METHODISCHES VORGEHEN

a) *Der Einstieg kann über den Videoclip* Next generation media, *der im Internet zugänglich ist, erfolgen. Danach werden die vier Zitate auf der Einstiegsdoppelseite gelesen und die* Milestones *erarbeitet. Die Frage* How do these events influence or even change the development of the media as a whole? *wird im Plenum diskutiert. Es können drei Faktoren herausgearbeitet werden, die sich ständig verändern:* Technology/inventions, People *und* Content. *Diese Faktoren werden an jedem* Milestone *untersucht (siehe Lösungsvorschlag für 1922–1985). Die S halten die Entwicklung in Stichpunkten fest und fertigen eine Liste mit wichtigen Termini und Redewendungen unter besonderer Beachtung von Kollokationen in Partner- oder Kleingruppenarbeit an. Dabei erarbeiten sie die für sie wichtige Lexik und bereiten eine Zusammenfassung der Fakten vor.*

b) *Nach dem* Think-Pair-Share-*Verfahren werden anschließend weitere* Milestones *erarbeitet und im Plenum diskutiert.*

LÖSUNGSVORSCHLAG **a) Example for grid on milestones 1922–1985:**

Event	Technology/ Inventions	People	Content
1922, BBC founded first radio broadcasts	radio stations built, mass production of receivers	did not have to be literate to get information; news spread quickly and reaches a wider audience; people felt informed as well as emotionally touched by broadcasts	informative news, entertaining
1923, first news magazine, *Time*, launched	printing technology further developed	various kinds of news was sold to the target group of the magazine	brief, carefully selected content; entertainment section looked at celebrities and politicians; quite popular
1936, BBC TV service started	TV technology, stations and TV sets	people could be more easily influenced and convinced using pictures, which were quite authentic and realistic (documentaries)	informative and educational while becoming increasingly relaxing and entertaining as well
1953, coronation of Queen Elizabeth II on live TV	mobile cameras and new transmission technology; more TV sets in homes	masses of people could see events as they happen; they became observers or even participants in other people's lives	informative, fewer real-life reports, more stories, partly educational, creating a sense of belonging, relaxing, entertaining
1971, first email sent between two computers	idea of safe computer network built for military purposes	needed gadgets and skills to use network if provided	informative communication in private and public lives
1973, first cell phone	mobile phone invented	could make phone calls from anywhere; access to fixed phone lines and landlines, telephone boxes	communicative news was spread/ reported very quickly, even as eyewitness reports, from any spot, self-expressive
1980, CNN: first 24 hour news station	journalists report about events or developments as they break	urge to know what was going on in the world at any time; wanted to be able to react immediately	informative around the clock
1985, Live Aid concert	satellite TV	felt like global citizens; shared emotions and commitment with people from many corners of the world	global issues/ developments communicated; entertainment used for fundraising and political purposes
etc.			

b) Individual answers expected. *Mögliche Ergänzungen: Gründung von Amazon (1994) und Google (1996), E-Book Reader (1999), Google Maps (2005), Twitter (2006), QR-Codes (Quick Response Code) als Medium zur Information (z. B. in Museen und Ausstellungen, Fahrplänen, Rezepten, Fernsehsendungen usw., 2007), Apps (App Store 2008), Google glasses (2013), Smart watch (2013).*

LANGUAGE

3 In pairs create a tag cloud around the word 'media'. Compare ...

METHODISCHES VORGEHEN *Den S sollte die Möglichkeit gegeben werden eigenständig festzulegen, welchem Zweck ihre* Tag cloud *dienen soll, um dementsprechend Sprachmaterial zum Thema Media zielgerichtet auswählen zu können. Die S können die Freeware www.wordle.net oder www.tagcrowd.com zum Erstellen ihrer* Tag cloud *nutzen. Die Ergebnisse werden ausgedruckt und im Raum aufgehängt. Bei einem* Gallery walk *sammeln die S entweder noch eine von L zu begrenzende Anzahl unbekannter Wörter oder Fakten, Ideen, Meinungen usw. und erfreuen sich an der vielfältigen kreativen Gestaltung.*

LÖSUNGSVORSCHLAG Individual answers expected.

CREATIVE TASK

4 Imagine you had to give up using your phone and the internet ...

METHODISCHES VORGEHEN *Die S erstellen ein T-chart in Einzelarbeit. Hier listen sie zuerst chronologisch auf, wozu sie ihr Handy und das Internet normalerweise an einem Tag nutzen. Sie könnten z. B. mit dem Weckruf per Handy beginnen. In der zweiten Spalte beschreiben sie, was ohne diese Hilfe passieren würde, z. B. kämen sie zu spät zur Schule, da sie keinen Wecker mehr besitzen und in der Regel morgens nicht von selbst aufwachen. Die Liste wird fortgesetzt. Am Ende präsentieren die S mit einem zu ergänzenden Einleitungs- und Abschlusssatz, wie sich ihr Leben ohne IT verändern würde. Die Beschreibung ihrer Befindlichkeiten im Allgemeinen wird ebenfalls berücksichtigt.*

Mobile devices and/or internet used for certain activities/purposes.	Impact when mobile devices do not work and the internet is not accessible.
My mobile has an alarm, and I set the alarm for 5.30 a.m.	If my mobile doesn't wake me up, I'll be late for school because I wouldn't be able to wake up on my own in time.

LÖSUNGSVORSCHLAG Individual answers expected.

ERWEITERUNG *S, für die diese Aufgabe keine Herausforderung darstellt, können auf zwei Studien des International Center for Media & the Public Agenda an der University of Maryland, USA, verwiesen werden. Die eine Studie wurde an 13 Universitäten weltweit durchgeführt und resultierte in einem* Addiction grid, *das die Gefühle der Studenten während der 24 Stunden ohne Handy und Internet zusammenfasst. Die S wählen drei Äußerungen aus, mit denen sie sich am besten identifizieren können und begründen ihre Entscheidung (http://theworldunplugged.files.wordpress.com/2010/12/addiction-grid-new.pdf).*

Eine zweite, neuere Studie fand unter der Überschrift: 24 Hours: Unplugged, a parallel study to this one, about how U.S. college students use media *statt. Von besonderem Interesse sind hier die verschiedensten Schlussfolgerungen, die aus der Studie gezogen werden konnten. Auch die Verwendung von* Tag clouds *kann auf dieser Webseite exemplarisch nachvollzogen werden.*

SPEAKING

5 a) Read the quotes above and explain ... b) Choose the quote that you ...

METHODISCHES VORGEHEN *Die S lösen die Aufgabe zuerst in Einzelarbeit. Danach präsentieren sie ihre individuell begründete Entscheidung für ein Zitat in einer Vierergruppe. Mit einer* Show of hands *wird am Ende ermittelt, welches Zitat in der gesamten Lerngruppe am beliebtesten ist. Mögliche Gründe für dieses Ergebnis werden von den S zusammengetragen.*

LÖSUNGSVORSCHLAG a)

Author	Paraphrasing of quotation	Idea expressed
Malcolm X	He criticises the media for being the most influential institution in the world, which is able to define what is right and wrong and determine the way the majority of people think.	The media is so powerful that it can change the truth at will for certain purposes. It solely spreads the truth it perceives, i.e. an opinion designed to be adopted by the majority of people instead of helping people to make up their own minds. The way individuals think is manipulated; their freedom of thought is limited.
Mark Zuckerberg	He states that what someone wants to know about a particular person is unimportant; people will share the personal details they want to show people.	He hints at a paradigm shift in the way people share information: people voluntarily provide public information about themselves regardless of whether others have asked for it. Normally, it was the other way round. People used to ask for information and then either received it or not. The information was provided depending on the situation or the person asking, people were in complete control of the information they provided. Today people cannot completely control what happens with the information they provide.
W. H. Auden	The mass media intends to arouse the people's interest and wants them to have some fun by producing a constant flow of news that is easily forgotten or replaced by new information.	He criticises the mass media for selecting the news carefully and thus manipulating the audience. The media does not really provide the people with the necessary information to support independent decision-making. Instead, the media provides partly irrelevant facts that are often not worth being communicated.
Charles Leadbeater	People can create their own image by carefully deciding what to publish about themselves on the internet and which information to share with other people.	The way people see others and what they think about them, can be influenced by the information they find on the internet (e.g. about their likes, dislikes, political ideas, backgrounds, passions, pastimes etc.) It can be true or faked/manipulated for any purpose. Activities on social networking sites are observed, and judgements are made/conclusions drawn about people on that basis.

b) Individual answers expected.

Spot on facts

FACTUAL TEXTS

Developments in the media

LERNWORTSCHATZ to keep up with, periodical, broadsheet, tabloid, in-depth, factual, sensational, gossip, attention-grabbing, to publish, journalistic, source, channel, freedom of choice, coverage, current affairs (pl), documentary, panel game, to replace sth by/with sth, to access sth, landscape, opportunity, content, user-generated, to participate in sth, to spread, to break, eyewitness, news agency, crowdsourcing, to infringe, to commit sth, social media, activism, to run an election, to provide, electorate, voter, campaign, to customise sth, to address sth, target, immediacy, controversy, to rely on sb/sth, charged (with), democratic, process, to ban sb/sth, unrest (no pl), brand, to empower sb, stuff (infml), advertising (no pl), billboard, consumer, to bombard sb with sth, search history, footprint, viral marketing, to recruit sb, to endorse sb/sth, overtly, covert, product placement, engaging

ANALYSIS **1 Where did you get your news yesterday? Do a quick survey . . .** → S27

METHODISCHES VORGEHEN *Um eine Vergleichbarkeit der in der Statistik dargestellten Entwicklung mit der Situation in der Lerngruppe herzustellen, sollten die Kriterien aus der Statistik in der Umfrage genutzt werden. Das Verständnis der Begrifflichkeiten wird im Unterrichtsgespräch besprochen, besonders der Unterschied zwischen* Digital news *und* Online/Mobile news. *Es ist empfehlenswert, dass die S die Tabelle in häuslicher Arbeit ausfüllen und sie einer im Voraus festgelegten Gruppe zur Auswertung übergeben. Diese Gruppe entscheidet selbstständig, auf welche Weise die grafische und verbale Auswertung stattfindet. Die Ergebnisse werden visualisiert und in einem Kurzvortrag der gesamten Gruppe vorgestellt, so dass sie von jedem Einzelnen zum Vergleich mit der vorgegebenen Statistik zu nutzen sind. Die Analyse der Statistik wird von den S in Einzelarbeit unter Berücksichtigung von* Skill 27: Statistics, diagrams and maps *schriftlich gelöst. Die Ergebnisse werden in der Gruppe abgeglichen. Der Lösungsvorschlag kann ebenfalls zum Vergleich der eigenen Ergebnisse herangezogen werden. Anschließend werden die Ergebnisse der Umfrage mit denen aus der Analyse der Statistik in der Gruppe verglichen und Ergebnisse formuliert.*

ERWEITERUNG *Zusätzlich kann L die Statistik* Social media and voting *als Diskussionsanlass aufgreifen:* Would you like to vote via social media? Where do you get information on politicians from? What are the benefits/risks of online voting?

LÖSUNGSVORSCHLAG **Survey**

Name: Class/Tutorial:

Source of information	News topics	Time spent
watched TV		
read a newspaper		
searched digital news (websites of papers, channels etc.)		
listened to the radio		
used a smartphone or other mobile devices to get news online (either audiovisual or written content)		
got no news, found no sources, reasons?		

Graph

- It is a diagram with five line graphs showing the number of people in millions who used various sources of information from 1991–2012.
- There are five lines in different colours: the blue one represents TV; the orange one stands for digital sources; the green line is for newspapers; the aqua/turquoise one stands for radio listeners and the pink one is for online/mobile sources.
- In 1991 people just used three sources of information: TV dominated the scene, followed by newspapers and radios, which were used equally frequently.
- Until 2004, when online/mobile services were introduced, there was a downward trend in listening to the radio and reading newspapers to get the daily news whereas the downward trend in using TV has not been that major. It even peaked again in 2004.
- It seems as if there was just a slight decrease in the number of people watching the news on TV in 2012 as compared with 2004 (it was almost the same in 2004) whereas the number of people getting their news from newspapers and the radio steadily dropped.
- Newspapers and radio users were surpassed by the number of people following online/mobile news between 2008–2010 and digital news from 2010 onwards.
- In 2012 TV was still the most important source of information with 55 million users, followed by digital news and online/mobile news with 50 and 39 million users, respectively.

- Only 62 million people still followed newspapers or the radio in 2012.
- It can be expected that the number of people who get their news via newspapers or the radio will continue to decrease. Especially the number of people using online/mobile news can be expected to rise dramatically.

VISUALS

2 Describe and analyse the cartoons. Explain their ... → S28.2 → △1

METHODISCHES VORGEHEN

Vor Lösung dieser Aufgabe sollte je nach Lernstand der Gruppe die Notwendigkeit geprüft werden, Part B Cartoons *des* Core skill workshops *in Teilen oder gänzlich vorzuziehen. Es wird auf* Skill 28.2 Working with visuals: Cartoons *verwiesen. Auf jeden Fall sollten die S das* Grid *aus* Task 5 *im* Core skill workshop *verwenden und den Punkt* Relevance to the topic *ergänzen.*

LÖSUNGSVORSCHLAG

Cartoon 1 (left page)

What is being criticised?	The cartoonist is making fun of young people who are so used to digital media that they don't even recognise a newspaper. At the same time he is hinting at the ongoing changes in the media landscape and the inevitable decline of print media.
Which details contribute to this?	Two boys are looking at a newspaper which the boy on the left says he has bought as a special birthday present for his father, as if it were nostalgic and only interesting to older people. It also refers to the generation gap between people likely to prefer print news and those who use digital media and buy products online.
What devices are used?	Contrast effect: The caption changes the viewer's perception of the image, a simple picture of boys reading a newspaper.
Target group?	Anyone.
Do you agree with the message? Give reasons.	**Yes:** It is a humorous warning to newspaper readers and the print industry. The message may seem exaggerated today, but at the current pace of media development, this scene may well be realistic in the future. Newsagents' shops may well die out, as people buy and read online. **No:** It is an over-exaggeration and unfair on young people, who are not stupid, and older people, who use digital/social media too. It is unlikely that newspapers will die out so completely that young people will not recognise them.
Topic relevance: media development	Highly relevant: The media landscape is changing so rapidly that it is difficult to predict what will be possible/popular in the future.

Cartoon 2 (right page)

What is being criticised?	The content/language of advertising.
Which details contribute to this?	The speaker is getting the thumbs down from many participants in the demonstration, but he says that his goal was achieved: People are paying attention to the brand even if the methods he used were questionable; the end justifies the means.
What devices are used?	Signs as used on Facebook for dislike. Speech bubble: justification of content/language use in ads. Contrast/symbolism: two people in charge/managers are in tower high above the masses, like priests at a pulpit talking to followers (comparison).
Target group?	Ordinary consumers who might be manipulated by ads.
Do you agree with the message? Give reasons.	Ads with rude, insulting content are not justifiable or acceptable and should be banned.
Relevance to the topic advertising:	It is relevant; there should be a code of ethics for advertising like there is for journalism; consumers should be more critical of advertising and set limits.

DIFFERENZIERUNG △ *Leistungsschwächere S finden in Aufgabe 1 im* Diff pool *als Hilfestellung* Keywords *zur Beschreibung der Medienentwicklung und zur Analyse der Cartoons.*

Core skill workshop

Analysing visuals → WB Task 2

LERNWORTSCHATZ to have sth in common, to convey sth, to provoke sb, response, to stage sth, snap shot, to poke fun at sb/sth, caption, speech bubble, to take sth into account, pun, to evoke, slogan, to persuade sb to do sth, cause, to complement sth, to donate, to generate sth

VISUALS **1 Look at the photo and the fact file. Then read through the . . .** → S28.1

METHODISCHES VORGEHEN *Die S lösen die Aufgabe in Einzelarbeit und berücksichtigen das* Fact file *zu* Las Fallas. *Zur sprachlichen Bewältigung der Aufgabe verweist L auf die* Useful phrases *in* Skill 28.1 Working with visuals: Pictures. *Die Ergebnisse werden mit einem Partner diskutiert und in einer Vierer-, Sechser- oder Achtergruppe vorgestellt. Die überzeugendste Argumentation sowohl inhaltlich als auch sprachlich wird der Lerngruppe präsentiert.*

LÖSUNGSVORSCHLAG In the centre of the picture there are large flames and sparks, suggesting that something exciting and dangerous is happening. This impression is supported by the number of people in the foreground who are holding up mobile phones and filming or taking pictures of the event. The photographer must be one of these people holding a camera up in the air, as the shot is taken from behind the others, on the same level as the raised arms visible in the picture, and facing in the same direction. At a closer look, it is possible to see a larger-than-life puppet on the left-hand side, the back of which is just catching fire. There are silhouettes of street signs in the top left and top right-hand corners and a building in the background, which show that the fireworks and puppet bonfire are in the middle of a city. The picture was probably taken in the evening, during the festival of Las Fallas in Valencia..

ANALYSIS **2 Decide which statement best answers each question. Justify your answer.**

METHODISCHES VORGEHEN *Bei beiden Fragen könnte jede Antwort bei entsprechender Begründung als korrekt anerkannt werden; allerdings sollte das Zusammenspiel beider Elemente im Bild (das Fest und die laufende Dokumentation des Festes) von den S erkannt und im Zusammenhang mit dem Thema kommentiert werden. Zudem sollten die S erkennen, dass keine der Aussagen wirklich befriedigend alles beschreibt, was das Foto darstellt. L kann die S im Anschluss dazu auffordern, selbst bessere Sätze zu formulieren.*

LÖSUNGSVORSCHLAG

1. **What message is conveyed by the photo?**

- Statement a) answers the question best because the photographer shows how many people feel the need to film/photograph events rather than just watch and enjoy them, but it is not a complete statement on the message; the photographer is also documenting a local tradition.
- or: Statement b) only partly answers the question because the photographer is one of many people who are documenting the important local tradition, which is obviously still popular. However, the message the photo also makes about how media devices are used while watching events nowadays (recording is more important than just watching) is not mentioned.

2. **Is it aimed at a particular target group?**

- Statement a) is partly correct, because a tradition is portrayed which emphasises both the popularity and the excitement of the festival which can only be seen in Valencia. However, it could also be aimed at people interested in the role of media devices in today's society.
- Statement b) is partly correct, as it is obviously an event which interests people similar to the audience in the picture. However, other people could equally be interested in the message.

EVALUATION

3 Answer the following questions: 1. Does the photo succeed in getting ...?

LÖSUNGSVORSCHLAG

1. **Does the photo succeed in bringing across the message? Why (not)?**
   Yes; the excitement of the festival and the modern way of enjoying it are seen as equal elements.
2. **Which arguments contribute to its success or failure?**
   Attention is drawn both to the bright exciting event (centre) and the audience's behaviour (foreground).
3. **Where might you expect to see a photo like this?**
   You could expect to see it in a local or national newspaper or maybe in a tourist guide.

VISUALS

4 Order the following sentences describing the cartoon ... → S28.2

METHODISCHES VORGEHEN

L erinnert an Skill 28.2 Working with visuals: Cartoons. *Die S nummerieren zuerst die Sätze in Aufgabe 4. Danach notieren sie sich die Zahlen in der entsprechenden Reihenfolge und in einem nächsten Schritt ergänzen sie Stichpunkte, z.B. aus den* Useful phrases *zu* Talking about cartoons, *um zusammenhängend ihre Arbeitsergebnisse vortragen zu können.*

LÖSUNGSVORSCHLAG

Possible order: 2 – 5 – 10 – 9 – 7 – 1 – 11 – 6 – 8 – 4 – 3
The sentences 1, 3, 4, 6, 7, 10 and 11 provide necessary information.
The sentences 2, 5, 8 and 9 are not really helpful for analysing the cartoon.

ANALYSIS

5 Create a grid like the one below and add the missing information.

LÖSUNGSVORSCHLAG

What is being criticised?	People prefer reading e-versions of books to print versions and do not realise they are dependent on their technical gadgets working well.
Which details contribute to this?	Two men are obviously reading the same book, one in print and the other an e-version. One man cannot finish the story because his gadget has run out of power, which makes him really unhappy. So he asks the person next to him to tell him the ending of the story, he really is eager to know. The other man looks rather disapprovingly at the man with the device.
What devices are used?	Contrast between print books and ebooks. Symbols: Book vs. technical gadgets; print media vs. electronic/digital media. Speech bubble: Communication is sought out only because his device no longer works.
Target group?	People who want to keep up with the times and be up to date, turn to technical gadgets without considering negative consequences and probably feel helpless in the worst-case scenario.
Do you agree with the message? Give reasons.	If technical gadgets do not work, you have to turn to traditional media. Even conservative people may have the advantage in some respect. It does not make sense to use gadgets for almost anything.

VISUALS

6 Deal with the following points to come up with a description of ... → S31

EINSTIEG

Additional pre-tasks

1. Have a look at the logo and explain what you associate with it. *(L zeigt UNICEF-Logo auf Folie ohne Nennung der Organisation.)* **Possible answer:** This logo shows an adult person, probably a mother holding up a child. The happy scene is framed by the globe symbolising Earth, held by two ears of wheat which stand for prosperity, growth, development and food. According to colour psychology blue stands for trust, reliability and responsibility.
2. How important are logos in advertising? How do they work? **Possible answer:** Logos speak their own language; images and symbols communicate a message. Viewers need visual literacy to decode the message. Associations are made consciously as well as unconsciously. The latter makes logos an effective way of communicating a message.

METHODISCHES VORGEHEN *Die S spekulieren über mögliche Organisationen, die dieses Logo verwenden könnten. Sie erkennen, dass es eine globale Organisation sein muss, die sich um das Wohlergehen von Kindern und Müttern kümmert. Sie verfahren wie in der Aufgabe vorgeschlagen und berücksichtigen sowohl die* Useful phrases *zu* Talking about visuals with texts *als auch die Hinweise in* Skill 31 Advertising. *Sie nutzen das Internet und andere verfügbare Quellen, um sich kundig zu machen. Die Ergebnisse werden nach Abschluss der Arbeiten ausgetauscht.*

LÖSUNGSVORSCHLAG

1. **Organisation:** UNICEF – The United Nations Children's Fund – intergovernmental charity organisation with non-governmental national committees.
   What it does: UNICEF launches campaigns, hires Goodwill Ambassadors, fights for children's rights and the implementation of the United Nations Convention of the Rights of the Child (e.g. regulations against child labour), raises money to provide aid such as food (e.g.nutritional supplements), healthcare (e.g. vaccines and HIV/AIDS treatment), shelter, technical equipment, education, water/sanitation etc. and provides personnel for all kinds of humanitarian and development assistance.
2. **Arrangement of different elements:** There is a sentence covering half of the leaflet which is in capital letters and resembles a banner headline; it is blue on a white background; there is a comparatively small picture and a text printed in small letters next to it, which covers about another fourth of the leaflet; the remainder is blank with just the blue logo of UNICEF printed in the bottom right-hand corner; the viewer's eye is first drawn to the sentence printed in big, bold, blue letters.
3. **Relation text – picture:** The text to the right of the picture relates directly to the activity shown in the picture. The text on top of the leaflet expresses the opposite. In the picture there is a girl with her mouth wide open ready to get an oral polio vaccination. You can see the hands probably of a nurse holding a small ampoule with the vaccine and putting it right into the girl's mouth. In the background you can see a native woman, maybe her mother, whose head is covered by a headscarf. It says that if the viewers just pay four euros, twelve children can be vaccinated as seen in the picture. The text above the picture expresses the opposite of what is seen in the picture – "we will vaccinate zero children …".
4. **Similarities text – logo** (cf. answer to **Additional pre-task 1**): The text to the right of the picture relates directly to the logo and expresses the intentions of the organisation. The text above the picture contradicts the logo.
5. **Shot:** It is an extreme close-up shot, a bit below eye-level, so that you can see all the details very clearly, and the focus is put on the child being vaccined.
6. **Colour:** It is blue on a white background; even the colours in the picture match. The colours are associated with UNICEF and other UN organisations. They emphasise the seriousness of the content.
7. **Usage of white space:** The entire background of the leaflet is white, which symbolises innocence; the blank big part at the bottom makes the viewer feel as if there is something missing. It invites viewers to fill the space, and they start asking questions and focus a bit more on the UNICEF logo and their own role/possible contributions.
8. **Language:** It is straightforward and informative and tries to create an emotional response; it directly addresses the reader/viewer and says that simply clicking the 'like' button an their Facebook page will not save children's lives; if they really want to help, they need to just pay four euros to save twelve children. This should evoke a sense of moral responsibility because four euros is not really an awful lot of money (compared to the money Swedish Facebook users spend on just using Facebook, for instance).
9. **Information provided:** Polio vaccines/healthcare have to be paid for with real money (not with virtual likes).

ANALYSIS **7 a) Decide which of the following … b) Collect ideas under the following …**

LÖSUNGSVORSCHLAG

a) Statement 2 best sums up the message of the advertisement: Vaccinate children against polio. People are directly requested to buy vaccine on the Swedish UNICEF website, it is a call for money/funds. People have to get active; it's not just a statement.

b) **Target group:** The Facebook generation is targeted because they often believe that expressing one's likes is enough to make an impact. UNICEF is represented on Facebook to reach many people, especially the younger ones. It is liked by many people, meaning that many people believe in UNICEF's cause.

Effect: It should make the viewer think about what can be done to really make an impact and question the typical behaviour of Facebook users. Effect is successfully achieved by stating the fact that zero children will be vaccinated even if people click on the 'like' button. Afterwards it is described in detail what you can really do: donate just four euros to help get children vaccinated.

EVALUATION

8 a) Discuss whether you think ... b) Decide whether one particular ... →▲2

METHODISCHES VORGEHEN

Die S formulieren zuerst eine These für ihre Diskussion, z.B. This UNICEF advert persuades young people to donate money for polio vaccinations. *Nach der persönlichen Positionierung werden in Einzelarbeit begründete Argumente, die sich im Wesentlichen auf die typischen Verhaltensmuster der Generation Facebook beziehen, gesammelt. Sie werden anschließend in Vierergruppen von Gleichgesinnten ausgetauscht. Die Redewendungen in* Skill 24 (Taking part in a discussion or talk show) *werden wiederholt, bevor L die Diskussion frei mit zufällig benannten Vertretern verschiedener Positionen vor der Lerngruppe durchführen lässt. Die verbleibenden S verfolgen die Diskussion und geben den Diskutanten Feedback in inhaltlicher als auch sprachlicher Hinsicht. Diese Arbeitsweise ist auch eine Vorbereitung auf die mündliche Gruppenprüfung.*

LÖSUNGSVORSCHLAG

Individual answers expected.

DIFFERENZIERUNG

▲ *Leistungsstärkere S bearbeiten nach Aufgabe b) Aufgabe 2 im* Diff pool. *Sie entwerfen in Gruppenarbeit eine eigene Anzeige, gestalten diese ggf. zu Hause und präsentieren sie in der Folgestunde im Plenum.*

A Reality TV

BEFORE YOU READ

1 a)–c) Comment on the cartoon. b) In pairs make a list of reality ... → S28.2

METHODISCHES VORGEHEN

Die S werden angehalten, bei der Erschließung des Cartoons in Teilaufgabe a) das Grid *aus* Task 5 (Core skill workshop) *zu verwenden. L verweist auf* Skill 28.2 Working with visuals: Cartoons.

LÖSUNGSVORSCHLAG

a)

What is being criticised?	People actually keen on taking part in talent shows despite dangerous or terrible conditions.
Which details contribute to this?	Four people, male and female, are waiting in a dark tunnel to be called into the bright arena to perform. There is a guard standing at the end of the tunnel. You can see a large crowd filling the stadium in the background. Human remains (skull, bones) can be seen on stage.
What devices are used?	The caption expresses one girl's fear of being voted off or not liked by the audience, which all of the contestants probably feel since they appear to be similarly scared and share the same feelings. The guard dressed in an Ancient Roman uniform and armed with a spear symbolises the pressure put on the contestants. The caption emphasises how much is at stake, which makes the contest a question of life and death. The scene makes the viewer associate talent shows with major events in Ancient Rome, e.g. gladiator fights (in which only one person survives).
Target group?	People who enjoy/hate watching talent shows and voting contestants off.
Do you agree with the message? Give reasons.	Participants in talent shows are exposed to life or death conditions comparable to the position of slaves, which should be unacceptable to the audience. It is (usually) not meant literally, but figuratively; people's lives can be ruined by bad publicity.

b)

Reality TV programme	**The aim is to find ...**
Deutschland sucht den Superstar (DSDS)	the most talented singer/performer; first, a jury decides and then there is televoting in the finals.
Promi Big Brother	a celebrity chosen by the audience as the fittest to survive living under extreme conditions; communication and pictures are recorded and broadcasted live.
Let's Dance	the best celebrity dancer; first a jury gives the audience advice, and then the audience votes.
Bauer sucht Frau	a farmer seeks a soulmate to share his life despite his flaws.
Das Supertalent	a person who has got real talent; first a jury decides, and then the home audience casts their votes.
Ich bin ein Star – holt mich hier raus!	the contestant who is voted queen or king of the jungle by the TV audience for their willingness to test their physical and mental limits in a camp in New South Wales/Australia.
Die Super-Nanny	a way to treat children with behavioural problems and teach them to follow rules.
Frauentausch	(house) wives who are able to adapt themselves to new family conditions and manage a new family.
The Voice of Germany/ The Voice Kids	the most talented singer; participants get a coach to accompany them; they are chosen by the jury and the audience.
Die Model-WG	the model who gets most job offers.
Germany's Next Topmodel (GNTP)	the most beautiful girl who can perform as a top model in future, who is voted for by members of a jury after the candidate meets certain challenges.

c) Commonalities:

- The shows are all competitions for probable careers, money, chances/opportunities, suitable problem management etc.
- The audience watches participants in intimate/private situations, who are fighting to meet the requirements which can violate a person's dignity; the audience gives in to voyeurism.
- The audience believes they have the right to give advice, have the power to decide who is in and who is out and who wins or loses and to express malicious glee/criticism.
- Professionals of minor importance vote to determine the success of participants in reality TV shows.

ERWEITERUNG *Die folgende Aufgabenstellung eignet sich besonders zur Entwicklung interkultureller Kompetenz:* Choose an English-speaking country and find out what the most popular reality TV shows are there. State their aim. Compare them with your findings on German shows stating similarities as well as differences between Germany and the country chosen. *L sollte die Anzahl der zu betrachtenden Shows begrenzen.*

BLOG POST

Reality TV: a ghastly plague upon modern society → WB Task 3

LERNWORTSCHATZ participant, privacy (no pl), dignity (no pl), ups and downs (infml), prime time, deplorable, previous, media-savvy (infml), to handle sth, exposure, to affect sth, judgmental, to track sb's progress, to get voted off, to compel, to brand sb/sth, opportunity, peer, to reveal sth, to interfere (with sth), concern, scripted, to witness, contestant, to rise above sth, fad

COMPREHENSION **2 a) Would you 'share' or 'like' . . .? b) Make a list of the criticisms . . .**

METHODISCHES VORGEHEN *L achtet darauf, dass die S ihre Haltung hinreichend begründen. Der Lösungsvorschlag zu Teilaufgabe b) kann als Angebot zum individuellen Abgleich im Unterrichtsraum ausgehängt werden, bevor die Kritikpunkte in ihrer persönlichen Relevanz diskutiert werden. Es ist auch möglich, die Tabelle den S als Kopie auszuhändigen, eine Referenz zum Text herstellen zu lassen (Ergänzung von Zeilenangaben) und sofort in die Diskussion bei gleichzeitigem Fixieren von Stichpunkten in Spalte 3 einzusteigen. Jedes Paar sollte am Ende zwei Kritikpunkte mit entsprechender Begründung beschreiben, die für sie von besonderem Interesse waren.*

LÖSUNGSVORSCHLAG **a)** Individual answers expected.

b)

Points of criticism	Yes/No	Reasons
People are put into comical situations and are left momentarily embarrassed.		
Viewers are able to live through other families' ups and downs via voyeuristic TV shows.		
Today young people are taught bad morals from TV shows, which is different from previous generations' TV programmes.		
Exposing young people to extremes in culture very early on will have an impact on them.		
Producers pick people who are bound to fail so that the audience can laugh at them.		
People are more interested in voting on TV shows than in parliamentary elections.		
Watching reality TV makes people feel better about their own lives including misfortunes.		
People like to feel discomfited by what they see.		
People need to know what is happening on reality TV shows to take part in everyday conversation.		
For the purpose of achieving a dramatic effect, parts of the shows are scripted and controlled/not real.		
People judge others for being in trouble and even laugh at them.		
People should distinguish between a comedy show and reality TV by not laughing at people in real trouble.		
Reality TV will be replaced by something far worse in future.		

ANALYSIS **3 Examine the rhetorical devices the author uses to get . . .** → S4.2, S10.2 → ▲3

METHODISCHES VORGEHEN *Die S werden auf* Skill 4.2 Analysing non-fictional texts *und auf* Skill 10.2 Stylistic devices *hingewiesen.*

LÖSUNGSVORSCHLAG **The author's point:** The development of reality TV shows and their impact have been getting worse as there has been an escalation in the intrusion into people's privacy, the violation of people's dignity, the manipulation of audiences as well as exploiting people's baser instincts like malicious glee, feelings of superiority etc.

Rhetorical devices used:

- metaphorical language:
  - reality TV is compared with the plague; prime time TV is plagued – meaning that it is spreading quickly and uncontrollably and is causing harm to people; it can even make people ill (cause death)

  - "… TV began to head down the road that's taken it to where it is today." (ll. 8–9) – refers to the continual negative development
- rhetorical questions are used to raise awareness of problems: questions are answered by McLennan himself in a factual, judgmental way to support the message he wants to convey:
  - "Sounds good, right?" (ll. 31–32) when contestants get a personal coach
  - "So what is it that compels people to watch these shows?" (l. 38)
  - "But just how real is reality TV?" (l. 48)
  - "How much is scripted and controlled in these shows to produce a dramatic effect?" (ll. 51–52)
- enumeration of facts that make reality TV unreal: concrete examples throughout the post to illustrate the points of criticism he wants to make, e.g.
  - obese girl wanting to become a star basketball player (ll. 34–35) etc.
- contrast to clarify his points:
  - there is a difference between *Candid Camera* and other TV shows (usage of adverbs to characterise show as "relatively harmless, merely showing people as themselves, in mildly comical situations", ll. 4–5, a kind of understatement)
  - shows for previous generations spoon-fed young people good morals whereas nowadays shows give young people an "unhealthy dose of bad morals" (l. 22, clearly expressed contrast, generalisation exaggerated)
- personal pronouns ("I", "we/us", "them") are used to emphasise people's responsibility and encourage self-reflection:
  - "I" is used to express the author's feelings, experiences and ideas and to make his position unmistakably clear, e.g. "When I watch … But when I watch …" (ll. 57ff, anaphora/repetition)
  - "we/us" is used to show that he can understand mainstream reactions; we are all in the same boat but we can only do something about it together
  - "them" refers to the contestants, the minority, contrasted with the audience, the majority who looks at them, judges them, enjoys what they are doing with a clear conscience and enables the shows to be successful etc.

DIFFERENZIERUNG ▲ *Leistungsstärkere S können im Anschluss an diese Aufgabe noch Aufgabe 3 im* Diff pool *bearbeiten. Sie untersuchen die Argumentationskette des Autors und begründen, ob sie diese für effektiv halten oder nicht.*

EVALUATION

4 Think: What motivates young people to take part in reality TV shows? …

METHODISCHES VORGEHEN *Die S verfahren nach der* Think-Pair-Share-*Methode und diskutieren mögliche Motive. Einige, von L im Vorfeld beauftragte S führen bei der Diskussion in der gesamten Lerngruppe ein Protokoll als Form der Ergebnissicherung und erstellen auf dieser Grundlage z.B. einen Zeitungsartikel für die Online-Ausgabe der Schülerzeitung einer englischsprachigen Partnerschule.*

LÖSUNGSVORSCHLAG

- attempt to make career dreams come true (e.g. gain experiences, get advice from professionals and coaches and get to know influential people)
- adventurism, enjoying the thrill of the competition/contest
- stardom: become famous in the media and accepted and popular among peers
- love being admired in the spotlight and at home
- have the chance to have several (girl/boy)friends
- get rich; enjoy a life at expensive hotels, resorts, parties; eat out, buy fashionable clothing; employ people to do the household chores for them; drive expensive sport cars; be invited to important events etc.

CREATIVE TASK

5 a)–d) You are producing a new reality TV show, for which … → S7

MATERIALIEN → Kopiervorlage 1 (Evaluation sheet – A new reality TV show)

METHODISCHES VORGEHEN *Die S arbeiten nach Möglichkeit in Vierergruppen. Sie verteilen zuerst die Aufgaben an die einzelnen Mitglieder: Leitung der Diskussion/Organisation, Protokollführung/Text, Gestaltung des*

Posters für den Gallery walk, *Präsentation der Ergebnisse/Beantwortung von Fragen. Beim Ausarbeiten des Profils in Teilaufgabe b) berücksichtigen die S die Hinweise in* Skill 7 Characterisation. *Nach Beendigung des* Gallery walk *geben alle S in ihrer Gruppe ein begründetes Votum ab. Sie entscheiden sich für die beste Idee (Inhalt) für eine Realityshow und die beste sprachliche/grafische Gestaltung eines Posters (siehe Kopiervorlage 1:* Evaluation sheet – A new reality TV show*). Um eine Vergleichbarkeit zu sichern, sollten die Poster eine einheitliche Struktur aufweisen, die jedoch kreativ ausgestaltet werden kann (z.B. durch Bilder, Schriftarten, Farben).*

LÖSUNGSVORSCHLAG **The poster contains:**
- the title of the show
- the layout of the text
- a short description of the procedure
- the aim of the show, the target audience, probable success
- the criteria for selecting the cast/five types
- the required profile/character traits of the five types

B The meaning of reality

NOVEL EXCERPTS

Sharing is caring – Second-hand experiences

→ WB Tasks 4, 8–14, 19

In his novel ***The Circle*** (2013), Dave Eggers depicts the frightening expansion of a tech company that provides all kinds of online services and is thus able to influence people's lives. In the extract, the following terms are used: A **SeeChange** view is a picture or video shot taken by a very small camera worn around a person's neck. These cameras are used to produce live streaming of everything people do, which can be watched by the public. People in this dystopian society sacrifice their privacy for transparency more or less voluntarily. Together with the TruYou it makes a perfect system of surveillance of any member of society for any purpose. Associations with present developments of big data usage, the spreading of mobile devices and the introduction of Google glasses to the market are evoked, and the students are encouraged to further discuss the impact on the individual and society.
PartiRank is short for participation rank which refers to the number of posts placed on social media platforms. A person's PartiRank determines her/his position and reputation in the company as a high PartiRank is considered positive in accordance with the code of conduct of the Circle. Slogans like "Caring is sharing", "Privacy is theft" and "Secrets are lies" remind the reader of George Orwell's novel *Nineteen Eighty-Four*.

LERNWORTSCHATZ dystopian, transparency, civility, to monitor sb/sth, to confess, shooting star, record, to include, opportunity, to be confined to sth, generous, firsthand, to facilitate sth, disabled, to deprive sb of sth, to have access to sth, whisper, curious, exploration, to figure out sth, selfish, secrecy; recession, to go bankrupt, derivative, underwhelmed, to erupt, to recall, commercial, crisp, to manipulate sb/sth, to betray sb, dog-eared, trait, soul mate, genuine

EINSTIEG **Additional pre-tasks**

1. Define reality and explain which realities you have to face and their impact on your identity. **Possible answer**: Definition: what actually exists, happens or is true, is the opposite to what people imagine or think. There are different realities in people's lives, e.g. virtual reality, RL (abbreviation of real life), hyper-reality, reality TV etc. Reality is one decisive factor which shapes people's identity (environment moulds an individual's character).
2. Explain the term sharing economy with the help of the internet. **Possible answer:** It is a business model based on internet access and social networking sites which provide special services to share anything ranging from resources such as peer-to-peer accommodation, car-sharing, etc. to skills and talents. (UBER is an example of a business run on these lines.)

BEFORE YOU READ **1 The following two extracts from contemporary novels deal with ...**

METHODISCHES VORGEHEN *Die S werden aufgefordert, ihre Ergebnisse in einer Tabelle zu sichern, die am Ende der Sequenz (Grundlage für die Aufgaben 5 und 6) weiter verwendet werden sollte. L stellt ein Beispiel aus der Tabelle im Lösungsvorschlag exemplarisch vor. Hinweis auf das* VIP file *zu Dave Eggers.*

LÖSUNGSVORSCHLAG **Sharing information**

Information about	With whom to share	Where to share
assigned homework	classmates/fellow students	email, cloud, mobile
the TV programme	friends	Facebook, WhatsApp
political commitment	everybody	Facebook, email, blog post
career plans/moving	parents, friends	Facebook
holidays	family members, friends	living room, email, website, Facebook
the place where you live	inhabitants of city/village/ settlement	Facebook, website
likes/dislikes	close friends	face-to-face, Facebook

COMPREHENSION **2 a)–c) Read through both extracts. Say which one you enjoyed …** →▲4

LÖSUNGSVORSCHLAG **a)** Individual answers expected.

b) Sum up each text in a few sentences:

- The extract Sharing is caring from Dave Eggers' *The Circle*, is about monitoring, sharing and controlling people's actions. Mae, an employee at a computer firm, describes her experiences on a kayak trip to Blue Island in detail, which she has neither recorded, nor shared with anybody but just enjoyed for herself. This is considered a violation of the established code of conduct of the Circle, because sharing experiences is a duty to help others, e.g. handicapped and homebound people so they can participate in life vicariously through these experiences. Mae is accused by her boss, Eamon Bailey, of having denied a basic human right to her fellow citizens, especially to his disabled son. She feels sorry for what she has done and confesses her guilt of not having shared her incredible experiences at the end.
- The extract Second-hand experiences from Gillian Flynn's *Gone Girl* is about people's identity in the digital age. The scene is set in the small Midwestern town of Carthage, where the only real experience to be gained is the bankruptcy of the mall. Everything else is unreal as the inhabitants of the town cannot have any first-hand experiences because everyone can experience everything vicariously thanks to media presentations, and the impressions are often better than reality itself, so people are easily disappointed. Apart from that, people are taught behavioural patterns by the media and people stick to them meaning they end up acting out roles and lose their authenticity and their real identity.

c) Which of the following statements are true?

- Statement 1 – true: "For several years, I had been bored. … It seemed to me that there was nothing new to be discovered again. … We were the first human beings who would never see anything for the first time." (ll. 8–13)
- Statement 2 – true: "… and the worst thing, the thing that makes me want to blow my brains out, is: the second-hand experience is always better." (ll. 18–20)
- Statement 3 – false: "… we know the words to say; … We are all working from the same dog-eared script. … It had gotten to the point where it seemed like nothing matters, because I'm not a real person and neither is anyone else." (ll. 23–32)

DIFFERENZIERUNG ▲ *Leistungsstärkere S bearbeiten nach dieser Aufgabe noch Aufgabe 4 im* Diff pool. *Sie analysieren Nicks Haltung zu der Welt, in der er lebt.*

ERWEITERUNG *L kann die S auffordern, noch einmal gesondert auf die Fotos zu achten:* Look at the four photos and describe in detail what you can see. Explain what feelings the photos and their content arouse in you referring to what you have learned about Nick's second-hand experience.

ANALYSIS **3 a) Analyse the way in which … b) Examine the narrative …** → S7, S8

METHODISCHES VORGEHEN *Die S frischen ihr Wissen zur Charakterisierung und zur Erzählperspektive vor der Bearbeitung der Teilaufgaben mit Hilfe von* Skill 7 Characterisation *und* Skill 8 Narrative perspectives *auf.*

LÖSUNGSVORSCHLAG **a) Characterisation:**

Mae is mainly characterised indirectly, by what she has done and what she says in response to her boss. She seems to be honest, curious, romantic, poetic, enthusiastic, overwhelmed, happy etc. when she talks about her impressions, experiences, observations on the trip. She feels guilty for not having shared her experiences with others and shows empathy for people who are not able to go on such a trip. The direct characterisation includes allusions to her nervousness and uneasiness, such as "her throat was dry" (l. 47) and her "voice was above a whisper" (l. 54). She slowly becomes aware of the fact that she has committed a crime against society, which makes her description of the trip at the beginning seem quite naïve but honest. She says explicitly that she "was selfish" (l. 65) and compares herself to a child who does not want to share her favourite toy (cf. l. 66). She tries to justify what she has done, by characterising her behaviour as childish because children do not completely understand ethics or consequences. So at the end she blames herself for having violated other people's rights and expresses her willingness to conform to society's values.

b) Narrative perspective:

- **Sharing is caring:** The text consists mainly of the dialogue between Mae and Bailey with just a few explicit references to the names of the characters, e.g. "he said" (l. 30), "Bailey said" (l. 51), "Mae said" (l. 59). Circumstances are also described, such as what the crowd is doing, e.g. "there were audible groans" (l. 28), it "murmured" (l. 60), or what Mae is feeling and thinking, e.g. "Mae thought of Bailey's son Gunner, and thought … (l. 48) as well as what Bailey is doing, e.g. "Bailey turned to the audience, …" (ll. 28ff), "Bailey nodded." (l. 60). Therefore, the perspective can only be from a third-person omniscient narrator.
- **Second-hand experiences:** At the beginning the narrator seems to be a third-person omniscient one because the narrator describes the situation in Carthage, refers to people as "they" and "their" (l. 5) and states their feelings. Afterwards the perspective shifts. There is a character by the name of Nick who tells the story from his limited perspective. In the extract the narrator uses "I", "my" and "me" (ll. 8ff) to describe his experiences and feelings, and he also sees himself as a member of society, i.e. he shares his experiences with others using "we" and "us" (ll. 22–26). So the readers tend to identify with the first-person narrator.

LANGUAGE **4 Choose one of the texts and examine the style and …** → S10 → △5

METHODISCHES VORGEHEN *Ein S präsentiert seine Analyse zusammenhängend. Die Zuhörer fertigen Notizen an und ergänzen am Ende neue Fakten aus ihrer Analyse. Hinweis auf* Skill 10 Style and stylistic devices.

LÖSUNGSVORSCHLAG **Sharing is caring**

As this extract consists predominantly of dialogues, it is a fine example of the scenic mode of presentation, i.e. the interrogation is presented as it could have happened. The readers get an overall idea of life in this dystopian society. Imagery is used to create a kind of romantic, pleasant picture of nature and wildlife on Blue Island in San Francisco Bay and to illustrate the happiness Mae experienced. Metaphors are used, e.g. "paddling through liquid silver" (l. 12), "a shooting star" (ll. 20f) and adjectives like " sole" (l. 16), "incredible" (l. 19), "golden" (l. 19) etc. emphasise how pleasant this experience really was. After Mae gives a detailed description of her feelings, she answers Bailey's questions with a simple "no". Therefore, his questions resemble an interrogation, and the audience "groans" (l. 28) at Mae's answers regarding her behaviour. The reader can really feel the tension and conflict.
When Bailey tells the story of his handicapped son Gunner, he appeals to the audience's feelings and their identity as Circlers. He delivers a speech, i.e. he uses typical rhetorical devices, such as rhetorical questions, anaphora and enumeration. He addresses the audience directly by referring to them as "you" and establishes a common ground by calling them Circlers and evokes the values, behavioural rules associated with the community. So Mae has to see that her unshared happiness is unacceptable in this society, and she empathises with

Gunner and Bailey. She goes on giving very short answers because she is being asked really yes/no questions, which leave no space for justification or interpretation.
The climax of the interrogation is almost reached when Bailey enumerates all the things Mae has done in accordance with the values of Circlers and juxtaposes them to her behaviour during her trip to Blue Island, a behaviour she cannot really explain which she honestly admits. But he goes on enumerating what "we", i.e. all Circlers, share in that society and contrasts it again with Mae's behaviour. At the end she has no choice but to confess that she was just "selfish", which seems to be natural considering that she is a young girl, and to explain what she has done wrong and why it was wrong to behave that way. In her confession she uses metaphorical language, talking about "a bad place" (l. 67) contrasted with a "place of light and generosity" (ll. 67f), and she explicitly refers to people like Bailey's son Gunner. She uses abstract words like "knowledge" (l. 70), "human rights" (ll. 70f) and "human experiences" (l. 69), which make her confession comparatively impersonal; she might still have mixed emotions about her guilt and might simply be repeating what she has been taught to appease the audience. Readers identify with Mae and take sides with her.

Second-hand experiences
The extract is a narrative in which Nick describes his precarious state of mind in detail. He compares his psyche to bankruptcy, expressing that everything is bad, failing and negative. He even explains what boredom means to him by contrasting a child's boredom to his feelings and comparing them to a malaise. He uses adjectives and adverbs relating to boredom and malaise to clarify and intensify the effect on the reader. The reader is surprised by Nick's enumeration of all the famous sights and natural landmarks (cf. ll. 14f) he is familiar with because very few people have seen all these landmarks over the course of their entire lives. This exaggeration helps readers understand what it means when there is nothing new left to discover and experience. This might force people like him to question the meaning of life, which is emphasised by him saying "that makes me want to blow my brains out" (l. 19). This is idiomatic language, which is a bit euphemistic as it paraphrases the intention of committing suicide since life has become meaningless. He explains his attitude by enumerating the positive characteristics of second-hand experiences in comparison to first-hand experiences. Finally he lists occasions on which people's behaviour is manipulated through the media and they even willingly take on roles and act like a "stud, smart-ass or fool" (l. 25), so he uses an informal register to label bad guys. Nick goes on by contrasting his longing to be a "real, actual person" (l. 27) and the reality of artificially shaped characters he is facing which leads to loneliness. People will live on their own because they cannot fall in love with a real human being as all their character traits and behaviours are manipulated. At the end he is really desperate when he says "it seemed like nothing matters" (l. 31), but he has not completely given up fighting for a change and is willing to make sacrifices.

DIFFERENZIERUNG △ *Leistungsschwächere S finden in Aufgabe 5 im* Diff pool *als Hilfestellung für die Analyseaufgabe gezielte Fragestellungen zu beiden Texten.*

EVALUATION **5** ⚇⚇⚇ **Using the two texts as a starting point, discuss the pros and cons ...**

METHODISCHES VORGEHEN *Die S stellen zuerst in Einzelarbeit eine Tabelle mit den Argumenten der Texte und eigenen ersten Überlegungen zusammen. Dabei beziehen sie sich auch auf die in Aufgabe 1 erstellte Übersicht. Erst danach erfolgt die Diskussion in Kleingruppen, wobei die* Strategies with useful phrases *aus* Skill 24.3 Taking part in a discussion or talk show *verwendet werden. Diese Aktivität ist als Vorbereitung auf die* Mobile debate *(Aufgabe 6) zu planen. Die ersten drei textbasierten Argumente werden durch individuelle Aussagen erweitert.*

LÖSUNGSVORSCHLAG

Sharing experiences online: pros	Sharing experiences online: cons
Everybody should have the right to participate in life through first-hand or second-hand experiences.	Second-hand experiences provide an inaccurate, overly idealistic manipulated picture of reality and people are disappointed with real life.

People learn how to react in an appropriate way in certain situations from watching movies, TV and the internet.	People just play-act; they are not genuine, real or authentic anymore, and they lose what makes them unique.
Providing information voluntarily for others and sharing feelings, impressions, experiences is generous, fair and fun.	Having personal freedom and the right to keep feelings, impressions, experiences to myself is important even if others consider it egoistic.
Appreciation boosts your self-esteem.	Criticism can harm you especially when it is unfair.

SPEAKING

6 Hold a mobile debate on the following quotation from *The Circle*, ... → S24

METHODISCHES VORGEHEN

Die Informationen im Fact file *zu* Mobile debate *und in* Skill 24 Discussion and debate *werden als Einstieg mit den S besprochen. Danach bereiten sie sich unter Nutzung sämtlicher Aufzeichnungen in häuslicher Arbeit auf die* Mobile debate *vor. Die S entscheiden, ob sie für oder gegen die* Motion *sind und formulieren dementsprechend begründete Argumente, die sie in der Diskussion in der Lerngruppe frei (ohne die Verwendung von Aufzeichnungen) und überzeugend vortragen. Jeder S sollte zunächst ein Argument präsentieren. Am Ende der Diskussion werden Ergänzungen von bisher nicht genannten Argumenten vorgenommen. In sprachlicher Hinsicht ist auf die Verwendung der* Strategies with useful phrases (Skill 24.3 Taking part in a discussion or talk show) *zu achten. L schafft die Bedingungen für diese Form des Unterrichts und/oder beauftragt einen geeigneten S zur Leitung der Debatte. In größeren Lerngruppen wird eine Zusammenfassung der Ergebnisse durch eine beauftragte Gruppe vorgenommen.*

LÖSUNGSVORSCHLAG

Individual answers expected.

C Journalism in the twenty-first century

BLOG POST

Open journalism → WB Task 15

LERNWORTSCHATZ

apart, crowd, in terms of, to embrace sb/sth, response, paywall, to launch, to be aimed at doing sth, to reinforce sth, commitment, ultimately, courtroom, to admit sth, to frame sb (infml)

BEFORE YOU READ

1 Discuss what the term 'open journalism' might mean.

METHODISCHES VORGEHEN

Die Bedeutung des Begriffs Open journalism *wird bei geschlossenem SB diskutiert. Wenn die S gar keine Vorstellung entwickeln, umschreiben sie die beiden Wörter mit Hilfe eines einsprachigen Wörterbuchs und äußern darauf aufbauend ihre Vermutungen.*

LÖSUNGSVORSCHLAG

- **Journalism:** The process by which news is gathered, processed and reported to an audience with the help of various kinds of media, e.g. newspapers, magazines, radio, TV, websites, internet etc.
- **Open:** Information is not restricted; everyone can participate because information is not secret or not hidden, i.e. everyone can know about activities, intentions etc.
- **Probable hypothesis:** Open journalism means that everybody has the right to gather, process and report information together with the media. This might lead to different perspectives on an incident and more subjectivity in reporting, but it can also create a more complete picture of the issue and its complexity.

COMPREHENSION

2 a) Describe how the *Guardian* has ... b) How does the *Guardian* use a ...?

METHODISCHES VORGEHEN

Die S lesen das Fact file *zu* Three Little Pigs *und lösen die Aufgaben in Einzelarbeit. Sie vergleichen ihre Ergebnisse mit einem Partner, in einer Gruppe oder mit der von L zur Verfügung gestellten Lösung. L wird nur zur Klärung auftretender Unklarheiten herangezogen.*

LÖSUNGSVORSCHLAG

a) The *Guardian* was the first to ...
- make user-generated content (information provided by consumers/readers).

- use crowdsourcing (i.e. many people from the crowd take on the job of being journalists on a voluntary basis and without special training out of interest/moral obligation instead of qualified/trained people specialising in becoming journalists).
- provide a platform for data sharing.
- show commitment against paywall-ism (when people can only access information after paying), i.e. it allows people to access information for free.

→ The *Guardian* has used new technology to establish open journalism.

b) A fairy tale usually uses characters to represent good or evil and teaches a lesson at the end. *Three Little Pigs* is a story in which a wolf is the personification of all evil whereas the pigs fall victim to the wolf, except for the third pig, who turns the tables on the wolf. That is why the original story has a happy ending and shows a dead bad wolf defeated by the good pig. The *Guardian* reveals more background information about the pigs, their motivation to fight the wolf and their concrete intentions, so that the reader questions whether the wolf is really all bad and the pigs are really all good. The reader receives and has to make sense out of a multifaceted and more complex picture of the story with several additional details. The crowd provides lots of comments and information using digital media, which is called open journalism. Then everybody can make up their own minds based on information they have processed, and they can even take action to support a particular side, such as the pigs.
The ending of this version of the *Three Little Pigs* is not a happy one for the pigs in every respect, which puts a new spin on the original story, thanks to open journalism. Generally speaking open journalism allows people to express and share various perspectives and interpretations of incidents, which does not necessarily have a positive impact on the readers.

ERWEITERUNG *Interkultureller Vergleich:* Compare the German fairy tale *Three Little Pigs* with the English version. **Possible answer:** *Zilli, Billi und Willi* by Elizabeth Shaw (English version: *Three Little Pigs* by Joseph Jacobs). There are different plot sequences in the German version: Two pigs are not eaten by the wolf but escape and move in with the third one. There is also a different ending to the German version: The wolf is not able to blow down the house of bricks. But he tries to do so by huffing and puffing so hard that his body bursts into pieces. He is not boiled in hot water after being tricked/outsmarted by the third pig.

CREATIVE TASK

3 The pictures below are stills from the commercial for the …

METHODISCHES VORGEHEN *Die S bilden nach der Partnerarbeit Vierergruppen, in denen sie sich gegenseitig ihre Ideen vorstellen. Besonders originelle Ideen werden vor der gesamten Lerngruppe präsentiert.*

LÖSUNGSVORSCHLAG

- **1st still:** There is a picture of *Guardian* front page with big headline Big Bad Wolf boiled alive. The article might describe the horrible, inacceptable scenario of brutally killing an animal in our society.
- **2nd still:** Riot police are advancing towards a small house and want to get to the place where the wolf was executed and arrest the murderers, as usual.
- **3rd still:** Screen shot from internet shows that wolf suffered from asthma, which makes him less evil and unable to really be bad; he could not have been huffing and puffing to blow down the houses and doing harm; his execution seems completely unacceptable. It even arouses compassion for the wolf.
- **4th still:** The three little pigs are on trial, where they have confessed to having killed the wolf. They did not do it in pure self-defense but pre-meditatively, because they could not pay their mortgage as he required. The pigs must have been desperate in this situation, because they were afraid of being evicted. So the readers can partly understand what the pigs have done and why even if they have violated the law, and the readers might sympathise and support them.

ERWEITERUNG Find the original commercial on the internet (*http://www.theguardian.com/media/video/2012/feb/29/open-journalism-three-little-pigs-advert*) and compare your findings with the videoclip. Take notes and explain what has proved right or wrong.

NEWSPAPER ARTICLE Citizen journalists → WB Task 16

LERNWORTSCHATZ wary, to publish, bias, slanted, law, coverage, to accuse sb of sth, atrocity, harassment, unsubstantiated, to provide sth, to vet sth, to censor sth, to make an impact

COMPREHENSION **4 a) Does the author generally ...? b) Point out the arguments ...**

METHODISCHES VORGEHEN *Die Bearbeitung der beiden Aufgabenstellungen erfolgt in Einzelarbeit. Die S überprüfen ihre Ergebnisse eigenverantwortlich (Lösungsvorschlag auf Folie, als Tafelbild/Aushang, am Whiteboard) und vervollständigen sichtbar (z. B. durch die Verwendung einer anderen Farbe, Schrift usw.) ihre Aufzeichnungen. Die Klärung offener Fragen erfolgt mit der gesamten Lerngruppe.*

LÖSUNGSVORSCHLAG

a) Chris Measures generally supports citizen journalism:
- ll. 1–2: "... we should be wary about what citizen journalists write, publish and upload." Journalists should be careful and make readers aware of the potentially dangerous disadvantages.
- ll. 28–34: Citizen journalism supports the free press. Open journalism, can have a positive impact on the fight against dictatorships/for democracy as journalism is mostly linked to power (often referred to as the fourth power or fourth estate in a democracy) provided that journalists accept and adhere to their responsibilities.

b) Arguments against citizen journalism:
- Citizen journalists might be biased, because they are not trained to see both sides of a story, so their reporting might be quite subjective, tendentious and unreliable.
- Citizens are not always aware of the impact their reporting, factual or unsubstantiated, can have on people in modern times, when news is available instantaneously; they might be indecisive about publishing their stories because they are not trained about underlying laws.
- Citizens can be a bit naïve about copyright laws and not realise that the paper can freely use it for its own purposes including profit-making.

ANALYSIS **5 With a partner examine the means the author uses to present ...** → S4.2

METHODISCHES VORGEHEN *L macht die S vor der Partnerarbeitsphase auf die Hinweise in* Skill 4.2 Analysing non-fictional texts *aufmerksam.*

LÖSUNGSVORSCHLAG
- Structure of text: essay-like (statement at the beginning, followed by three self-contained paragraphs referring to statement and a conclusion summarising arguments at the end), clearly/logically structured and convincingly argued.
- Chris Measures refers to own experiences as historian and provides readers with information about his own perspective on subject.
- He illustrates his arguments with concrete examples.
- Arguments are always described in a balanced way, i. e. he includes both the side of the citizen journalists and the side of the public or the media.
- Word choice: quite formal, academic register.

VIEWING L **6 Watch the interviews with Ian Katz and Becky Gardiner. In your own ...**

MATERIALIEN → L (Ian Katz: Open journalism) • L (Becky Gardiner: Comment is free)

METHODISCHES VORGEHEN *Da die S entsprechend der Aufgabenstellung nur die relevanten Informationen herausfiltern sollen, sind keine zusätzlichen Hilfen notwendig. In Internet sind vielfältige Informationen zu Ian Katz zu finden, während zu Becky Gardiner lediglich auf der Seite des* Guardian *ihre Aufgabe innerhalb der Zeitung beschrieben wird.*

LÖSUNGSVORSCHLAG

Interview with Ian Katz

Open journalism and the uncovering of a story

Open journalism has changed the way information is gathered and reported. Nowadays a journalist's article/story is just the first step in finding out the whole truth behind a story, and getting to the bottom of the issue with the help of readers' involvement. A collaborative relationship between the journalists and the readers has been fostered by new technologies. The power of open journalism is clearly seen in the stories that have been made public in this unique way, e.g. Wikileaks, the coverage of the London Riots, the case against UK Secretary of Defense Liam Fox etc.

Interview with Becky Gardiner

Open journalism and the new structure of the comment section

Becky Gardiner works with the *Guardian* and edits the comment section. There was a substantial change to that section in 2006 when the Comment is free website was restructured. Before that columnists wrote comments in the comment section of the *Guardian* to express their views, and some people expressed their opinions about those comments. Open journalism meant a large number of people could express their views, some of which would be picked for the comment section with hardly any direction from the *Guardian*. Readers could comment too. So the debates became more lively and richer and new views of the readers were made public. Some of the readers were also asked to write regular comments for the section. The new system blurred the clear distinction between expert columnists and laypeople writing comments. This way the readers could even decide on the subjects to be discussed. The *Guardian* just provided the space and has become more sensitive to the readers' interests ever since.

EVALUATION **7 Write a short essay (300–400 words) on the following topic: "Citizen ..."** → S14

MATERIALIEN → Kopiervorlage 2 (Essay writing)

METHODISCHES VORGEHEN *Die S erstellen eine Outline als Arbeitsgrundlage. Dabei formulieren sie ihr eigenes Statement zu der in der Aufgabe formulierten Aussage. Bezugnehmend darauf schreiben sie drei Argumente als* Topical sentences *auf und formulieren eine Schlussfolgerung. In einem zweiten Schritt, nach Möglichkeit in häuslicher Arbeit, sammeln die S unter Nutzung aller zugänglichen Quellen konkrete Inhalte, die sie der Gliederung in Stichpunkten zuordnen. Die S werden auf* Skill 14 Essay *aufmerksam gemacht. Das Schreiben des Essays erfolgt unter Nutzung der vorbereiteten Materialien (Gliederung und inhaltliche Stichpunkte) und von Wörterbüchern im Unterricht (ca. 30 Minuten). Die geschriebenen Essays werden anschließend von Mitschülern nach dem vorbereiteten Schema (siehe Kopiervorlage 2:* Essay writing*) mit einem Feedback versehen, das zur häuslichen Überarbeitung dient. Erst danach werden die Essays von L zur abschließenden Bewertung eingesammelt. Die Kopiervorlage kann auch für Essays zu anderen Themen verwendet und dementsprechend präzisiert werden.*

D The whistle-blower

BEFORE YOU READ **1 Look at the cover for Cory Doctorow's novel *Homeland*. What ...?**

METHODISCHES VORGEHEN *Die S werden aufgefordert, zuerst das Buchcover zu beschreiben und danach über den Inhalt und den Konflikt des Romans begründet zu spekulieren. Wenn das Cover auf Folie kopiert wird, kann das SB in dieser Unterrichtsphase noch geschlossen bleiben. Die S tauschen sich dazu in Vierergruppen aus. Jeder S formuliert die Begründung für seine Interessenslage in einem Satz auf einer Moderationskarte. Anschließend nimmt sich jeder einen selbstklebenden Punkt in der Farbe, die für sein Interesse steht (z.B. ein grüner Punkt für bestehendes Interesse, ein roter Punkt für kein Interesse). Somit wird auf einen Blick die Interessenslage sichtbar. Die Gründe werden in einem T-chart geordnet. Das Ergebnis wird von einem S zusammengefasst (freies Sprechen) und von L zur Motivation der S kommentiert. Danach werden das* Fact file *zu* Homeland *und das* VIP file *zu Cory Doctorow gelesen und der Romanauszug zweimal von der CD gehört oder in Stillarbeit gelesen.*

LÖSUNGSVORSCHLAG **Description:** In the centre there are four people hanging out together moving wildly. They are using gadgets resembling mobile phones with large screens, and one person is holding up some kind of stick as a weapon for self-defense. It seems as if they are being attacked by flying objects like small helicopters or drones hovering in the air above them. In the background there is a grey crowd. The people are also holding something in the air. The title of the novel, *Homeland*, is printed in red. As the clothes of one person in the centre are also red, he/she might have a close connection to his/her homeland and would do anything to protect it at any price, even in the digital age. There might be some kind of unrest.

Probable conflict: It might be a conflict between an individual and the society he/she lives in or in his/her homeland. It seems as if the conflict might be solved in a battle with modern gadgets, e.g. a cyberwar.

NOVEL ⦾ L2/12

Marcus's dilemma → WB Task 17

LERNWORTSCHATZ whistle-blower, election, incriminating evidence, to leak, to admit, to propose (fml), to corroborate sth (fml), to file sth, to publicise sth, to create an account, to pay attention to sb/sth, to have sth in common, suspect, to spy on sb, to be engaged with sb, to attract attention, cause, ad agency (infml), trove, clout (no pl), initially, to inform on sb, immoral, to disclose

MATERIALIEN → ⦾ L2/12 (Marcus's dilemma, part 1)

COMPREHENSION

2 a) Describe the problem Marcus is facing. b) Outline the solution the ...

LÖSUNGSVORSCHLAG

a) **Description of Marcus's problem:**
Marcus is given information about the wrongdoings of the Californian government by Masha, a whistle-blower. When she is kidnapped, it is his duty to spread the leaked information. But he can only do it anonymously because he has started working for someone who wants to campaign successfully in the upcoming elections. He is facing a conflict of interests: spreading the information or helping his employer. Nevertheless the information has to be made public to a lot of people in next to no time to save Masha.

b) **Marcus and his friends finally decide to:**
- create a new account (e.g. on Twitter/Facebook) under a fake identity
- spread the message to anyone they know of with political commitment or power and a lot of links to friends/followers.

The reason behind it:
- They must protect themselves; if they become suspects, they will be spied on or even assassinated.
- Even if many people treat the information as spam, those ones who read it will spread it further; because it is so shocking people will probably talk about it because people generally have an innate interest in news like this.

LISTENING ⦾ L2/13

3 a) Speculate on the meaning of ... b) Listen to the recording ...

MATERIALIEN → ⦾ L2/13 (Marcus's dilemma, part 2) • Transkript

METHODISCHES VORGEHEN *L zeigt ein Bild vom Löwenzahn (Folie) und fordert die S auf, ausgehend von der Beschreibung dieser Pflanze und deren Besonderheiten über die Bedeutung des Vergleichs* (Simile) We've got to think like dandelions (l. 72) *zu spekulieren. Dabei ist die Nutzung aller vorhandenen Hilfsmittel erlaubt. Neue Lexik zur Beschreibung der Pflanze ist sichtbar zu machen und dient gleichzeitig der Vorentlastung des Hörens. Die Ergebnisse der Spekulation werden schriftlich festgehalten und die Aussagen nach der Hörübung überprüft und als zutreffend oder nicht zutreffend mit der entsprechenden Begründung gekennzeichnet.*

Facts about the dandelion:
- translates as *Löwenzahn, Pusteblume, Butterblume usw.*
- bright golden blossoms sitting on long hollow stem
- open or shut depending on the daytime and the weather
- white, milky, sticky liquid in stem
- seeds produced without pollination, i.e. identical to plant they come from
- turn into white seedheads/puffballs/blowballs with dozens of seeds/fluffs

- scattered over long distances by the wind/tossed into the wind or children blowing at the seeds and making a wish
- long, lobed, green leaves
- deep roots
- very difficult to get rid of, often seen as a pest/a weed, takes over an area quickly
- the plant has spread worldwide
- also seen as a herb used for various medical purposes such as helping to remove toxins/ poison from the body, to fight inflammations etc.

LÖSUNGSVORSCHLAG

a) Speculations about the dandelion image at the end:

- context: when it comes to spreading information about the wrongdoings of the government, they "have to think like dandelions"
- dandelions do not think at all: this might mean that you should leave everything to nature
- comparison between spreading the information and spreading dandelion seeds
- happens uncontrollably and at random depending on the response they get
- you cannot really get rid of the information, avoid receiving it or protect yourself against it
- like dandelion seeds, information will take root and go on spreading regardless of what you do

b) What Kylie means:

- mammals, humans usually have only a small number of children, so they make sure their children survive
- dandelions have thousands of copies; they do not control fluffs to make sure they are steered in the right direction; they do not care that every seed (piece of identical information) survives
- they have to ensure that every opportunity for the information to take root is exploited; every crack in the sidewalk is colonised (they want to find a way in which the information can reach the receiver by chance, by sharing via social networks)
- conclusion: personalise the message by referring directly to the receiver
- keep it short (dandelion style)
- required message for receiver: the story needs support and must continue to spread

ANALYSIS

4 Examine the language and style of the extract. → S5.2, S10

METHODISCHES VORGEHEN

L macht die S vor der Bearbeitung der Analyseaufgabe auf Skill 5.2 Analysing narrative texts *und auf* Skill 10 Style and stylistic devices *aufmerksam.*

LÖSUNGSVORSCHLAG

- The extract from the novel consists mainly of character dialogue with just a few references to the names of the characters and some additional comments (e.g. about Barbara Stratford) when Marcus reveals his way of thinking.
- Marcus narrates the story (l. 26 "I said", l. 31 "I shook my head", etc.) subjectively, which helps to involve the readers and to make them feel as if they were in Marcus' shoes
- This text is a fine example of the scenic mode of presentation/showing. The readers get an overall picture of the situation.
- The register is both formal and informal. Formal or academic language is used concerning the subject matter when it comes to finding ways of spreading the information quickly and anonymously. This puts emphasis on the seriousness of his intentions.
- Metaphorical, idiomatic language is used to characterise the people they are fighting against as evil and emphasise how dangerous the risks are. When Marcus reminds everybody of what he has gone through, he says that the journalist "had let the effort to spring me from the clutches of Carrie Johnstone's torturers" (ll. 17f). It illustrates the dangers of the frightening situation.
- They also use computer science and social media jargon which shows that they are experts and really know what they are doing.
- They compare marketing strategies for products and for information, both of which have to be sold to customers and have to arouse their interest.

- The information is characterised as "dynamite" (l. 61), "a trove of some genuinely explosive material" (l. 63) and "a pile of information plutonium" (l. 63), i.e. the information will have more than a destructive impact on society.
- The information is compared to plutonium, a radioactive powder, which kills all kinds of life on Earth when it accumulates, and it is hardly impossible to get rid of. This word choice hints at the dangers of spreading the leaked information.
- When they say the information has been "dug up in the government's backyard" (l. 64), they use metaphorical language, a euphemism for the fact that the information was gathered illegally but for a good purpose.
- After making the decision to spread the information via email, the large number of unwanted emails people get every day is illustrated with the exaggeration "bazillion" (l. 71) and an enumeration is used to describe the people who normally send those kinds of emails as "con artists and spammers and PR people and nutcases" (ll. 71f).
- The probability that people will read and spread the email does not really seem very high, because people tend to delete that kind of email without opening or reading it.
- The way the activists work is compared with dandelions because they hope their action will be randomly successful despite all the dangers.

SPEAKING

5 **The extract questions the role of journalists. In small ...** →△6

METHODISCHES VORGEHEN

L klärt die Anforderungen an eine Diskussion auf dem Niveau B2 laut Referenzrahmen und verweist zur Vorbereitung auf Skill 24 Discussion and debate. *In leistungsstarken Kursen bietet sich auch die Durchführung einer Debatte zu diesem Thema an. Eine detaillierte Beschreibung von Debatten mit illustrierenden Videos/Audios, Links und* Marksheets *ist z.B. unter* http://www.schoolsdebate.org *zu finden.*
Da es sich bei der Vorbereitung einer derartigen Diskussion um eine Aufgabe handelt, bei deren Lösung der Fokus auf dem Inhalt und dessen Strukturierung liegt, ist es empfehlenswert, in der Lerngruppe ausreichende Recherchezeit einzuplanen sowie gemeinsam auf Moderationskarten Argumente für und gegen die These zusammenzutragen. Erst danach erfolgt die Bildung von Kleingruppen, in der die S unterschiedliche Positionen einnehmen, d.h. eine Meinung vertreten, die nicht mit ihrer persönlichen Überzeugung übereinstimmen muss.
Ausgewählte Diskussionen finden vor der gesamten Lerngruppe statt und werden entsprechend der Anforderungen an mündliche Gruppenprüfungen ausgewertet. Der Lösungsvorschlag enthält einige Argumente im Format eines T-charts, die S können zudem auf ihre Faktensammlung zum Essay (Advanced texts C, Task 7) *zurückgreifen.*

LÖSUNGSVORSCHLAG

Journalists no longer have an important role to play in modern society:

Agree	Disagree
blogger are often experts in a special subject area, report observations and opinions based on facts	most of the time journalists write about hard facts and experts' views and conduct profound investigations
blogger check twice what journalists are publishing, have revealed media hoaxes, no rules for bloggers to follow like there are for journalists	they try to verify/check validity of facts from various perspectives and refer to various sources to provide quality news
many are considered unreliable, subjective, opinionated but they can also improve quality by reporting on thoroughly investigated stories even if they are not trained for this job	unlike bloggers, journalists are considered reliable and authoritative because they are trained to be unbiased, objective and neutral on the job
blogger are called the fifth estate, are independent internet users with no time pressure or restrictions on the number of words they can use	journalists are called the fourth estate/power in a democracy; they publish their findings in all kinds of media including blogs unlike bloggers who just access websites

Agree	Disagree
they can take over the role of journalists because journalists are dependent on central news agencies (e.g. DPA, Reuters etc.) and their own priorities; they do not have the time to investigate the subject themselves	journalists have the right to participate in various events, to apply for accreditation and to gain own experiences; bloggers do not
bloggers are dedicated to the job they are doing without being paid; they feel committed to the truth	journalists can select bloggers to be included in their reporting to make their reporting more multifaceted, but they remain in control of their reporting
have different styles/freedoms, e.g. put up even incomplete posts and have facts added by their readership by using collective intelligence	blog posts are not always comprehensibly written and do not always effectively target a specific group; journalists check comprehensibility, e.g. word choice, syntax etc.

DIFFERENZIERUNG △ *Leistungsschwächere S finden in Aufgabe 6 im* Diff pool *als Hilfestellung Stichwörter für die Abgrenzung von Journalisten und Bloggern.*

VISUALS

6 Look at the cartoon on the right and analyse the point of view it … → S28.2

METHODISCHES VORGEHEN *Die Analyse der Karikatur erfolgt auf der Grundlage des Schemas im* Core skill workshop. *Vorab erfolgt ein Hinweis auf den Tipp zu* A whistle-blower *und auf* Skill 28.2 Working with visuals: Cartoons. *Bevor ein S sein Ergebnis der gesamten Lerngruppe vorstellt, sollte ein Austausch mit einem Partner stattgefunden haben. Hierzu stellen sich die S nach Beendigung ihrer Arbeit an einen näher zu bezeichnenden Ort im Klassenraum, wo sich zeitversetzt ein nächster S einfindet, der seine Arbeit ebenfalls beendet hat. Diese beiden bilden ein Paar nach dem Zufallsprinzip und suchen sich einen Platz, an dem sie ihre Ergebnisse sich gegenseitig vorstellen, besprechen und Ergänzungen vornehmen (*Bus-Stop-*Verfahren).*

LÖSUNGSVORSCHLAG The cartoon presents the perspective of people who carefully observe what is happening to whistle-blowers and the inconvenient truths they are spreading.

What is being criticised?	The cartoonist is drawing attention to the effects of whistle-blowing. The consequences can be dangerous or even fatal.
Which details contribute to this?	One half of the image looks like a red whistle (the colour of aggression or danger) but the other half is a stick of dynamite. The caption gives the clue to explain the connection.
What devices are used?	Combining these two symbolic devices visualises what happens when a whistle-blower makes confidential information public.
Target group?	Anyone interested in the debate on publicising information.
Do you agree with the message? Give reasons.	**Yes:** It is a warning to people who think that exposing secrets only punishes those who deserve it, e.g. corrupt governors. Innocent people and relationships between countries can also be affected. The whistle-blower also runs the risk of being arrested and/or persecuted. **No:** The cartoon supports the opinion that whistle-blowing is dangerous, but in some cases it may be much more dangerous to withhold important information.

EVALUATION

7 Write an argumentative essay on the following topic: … → S14.1

METHODISCHES VORGEHEN *Siehe Ausführungen zu* Advanced texts C, Task 7. *Kopiervorlage 2* (Essay writing) *kann auch hier eingesetzt werden. Das Thema durch entsprechend angepasst. L weist die S zusätzlich auf* Skill 14.1 Argumentative essay *hin.*

LÖSUNGSVORSCHLAG Individual answers expected.

E Etiquette, ethics and the media

BEFORE YOU READ

1 Has anyone ever annoyed you with their mobile phone use? ...

METHODISCHES VORGEHEN *Die S fixieren die Ergebnisse ihrer Diskussion in Form einer Tabelle und fassen sie für die gesamte Lerngruppe zusammen. Dabei ist darauf zu achten, dass keine Fakten wiederholt werden, sondern auf das Ergebnis einer anderen Gruppe verwiesen wird.*

LÖSUNGSVORSCHLAG

Situation (Where?)	Activity (How?)	Response (Effective?)
train	person was talking too loudly/ louder than necessary; passengers could follow details of conversation unintentionally	gave the person a sign/signal to soften her/his voice by putting one's forefinger to one's lips; the person continued speaking more softly
cinema	phone started ringing noisily/ playing a ringtone; cinema goers could not hear what the actors were saying; audience was distracted/annoyed	people in the audience shouted aggressively and told the person to switch her/his mobile off or to put it on silent; some of visitors were quite offended, the person apologised

NEWSPAPER ARTICLE

Mobile phone use by many is outrageously rude → WB Tasks 5, 18

LERNWORTSCHATZ to appreciate, manners (pl), to set aside time, remotely, company, to quit doing sth (infml), to waste, mobile, valuable, to give sb/sth one's undivided attention, courtesy (no pl), to deserve sth

COMPREHENSION

2 Outline what the author is upset about.

LÖSUNGSVORSCHLAG **When meeting another person, the author is upset when the person:**

- checks email and replys to it
- chats with people on Facebook
- answers phone calls
- does not mind their manners
- does not act as if they appreciate being with her
- texts someone
- is interrupts the conversation to communicate with others
- does not ask her how her life is going
- plays with their phone
- puts the phone on silent so it vibrates and keeps checking what has arrived
- glances at their phone all the time
- does not give her undivided attention and respect
- wastes her time
- does not put their mobile phone away for a while

ERWEITERUNG Describe the photograph and state which of the points raised by Liberty Forrest it refers to.

ANALYSIS

3 a) Examine the style and tone ... b) Speculate about the ... → S4.2, S10.1

METHODISCHES VORGEHEN *L macht die S vor der Bearbeitung der Analyseaufgabe auf* Skill 4.2 Analysing non-fictional texts *und auf* Skill 10.1 Style, tone and register *aufmerksam.*

LÖSUNGSVORSCHLAG

a) Style and tone:
- When an author produces a blog post, they want to draw the readers' attention and get a message across. In this case mobile phone users should stop behaving so rudely in the presence of other people.
- Tone is important for that purpose. In this blog it can be characterised as ironic, harsh, stern or even scathing/rude.
- The style shows clearly that the writer of the post is outraged.
- She describes her feelings explicitly in this situation and emphasises that she is really uncompromising because it hurts her feelings.
- In her rage she addresses a person she has probably met; the reader can identify with her; she directly refers to the addressee as "you" throughout the post, and she expresses her views impolitely using informal language, e.g. the phone is always a "bloody" phone or thing (ll. 1, 14, 21) or it is "stupid" (ll. 15f), she uses "piss sb off" (l. 7) to express that she is really annoyed, "what the hell" (l. 23) to emphasise her disapproval that the person has not turned off the mobile phone; she even starts her post by saying "seriously", an ellipsis.

Effect:
- Using conditional I clauses, i.e. statements about behaviour in a real situation and its possible consequences, makes the post sound like a warning to rude mobile phone users who resemble the person she is addressing.
- She also asks lots of rhetorical questions (yes/no questions) to make the addressee think about his/her behaviour (ll. 18–21, ll. 23–25) and decide whether to put the phone away or to lose a friend.

How successful she is:
- She is really successful at making the readers question their behaviour and possibly change it for the better or face the consequences.

b) Target group:
- Young people particularly like to use colloquial words (informal register).
- Hopefully, the author can get through to them this way as young people do not like adults preaching to them.
- By talking about her feelings the author could also help young people to empathise with her.
- But the overwhelming majority of young people have smart phones of their own and take that kind of behaviour for granted.
- Only when they get older/grow up, graduate from school or have a family of their own do they start changing their attitudes and using their mobile phones more responsibly.

CREATIVE TASK

4 a) In groups think of five ... b) Design a poster, an online advert ...

METHODISCHES VORGEHEN

Die S gehen wie in der Aufgabenstellung beschrieben vor. L klärt im Vorfeld die Bedeutung goldener Regeln allgemein sowie der Zielgruppe und ihrer Charakteristika im Besonderen für den Erfolg der Kampagne. Die vorgeschlagenen Regeln sind in ihrer sprachlichen Gestaltung auf die Zielgruppe zuzuschneiden. Vor Beginn der Gruppenarbeit wird eines der vorgeschlagenen Formate festgelegt. Hier spielen neben der technischen Ausstattung der Schule die Merkmale der Zielgruppe und der Situation eine Rolle.

LÖSUNGSVORSCHLAG

a) Golden rules: Important ways of behaving that everybody should adhere to in a functioning community/society.

Content (draft of possible rules):
- Put your mobile on silent in public places.
- Talk in a low voice when other people are present.
- Leave your mobile in your pocket when meeting friends.
- Limit the time you are willing to spend on social networking sites.
- Check messages of all kinds and formats only three times a day except for emergencies.
- Do not take photos of people without asking them for permission.
- Charge your phone in a room where you do not sleep at night.

Choice of target group: members of a general group can be addressed such as elementary school children, elder pupils, young adults; adults or a specific group can be addressed like internet addicts, nerds, family members/parents, teachers, managers, passengers on a train etc.

Focussing on the members of a chosen target group:
- How can their attention be attracted? (e.g. slogan, setting, visuals, typefaces, colours etc.)
- How are they addressed in the most effective way? (e.g. referring to their interests, expectations, desires, habits; using their register, e.g. slang, abbreviations used in texting etc.; using familiar symbols, clichés, stereotypes, idols etc.)
- What manner is appropriate for addressing your target group? An amusing, serious, tongue-in-cheek manner? (e.g. young people do not like to be preached to by adults; irony cannot easily be understood etc.)

b) Individual products expected, e.g. poster family members can hang up in the hall, online advert for elementary school children which automatically pops up when they are checking messages etc.

ADVERTS

Phubbing – Online safety

ANALYSIS

5 a) Look at adverts 1 and 2 and ... b) Describe and compare the adverts. ...

LÖSUNGSVORSCHLAG

a) The term phubbing:
- using your phone while socialising or in public places and thus neglecting people or making them angry
- neologism coined in Australia in 2012 as a part of a campaign, comprised of (mobile) phone and snubbing, i.e. ignoring someone when meeting

b) Description:
- **Advert 1:** People are standing in a queue waiting to be served, probably at a supermarket. If a phubber is using his/her phone and is too distracted to notice it is his/her turn, the next person in line will be served. Therefore, phubbing is not tolerated.
- **Advert 2:** Addresses people in a formal way and warns them not to use their phones; it lists in detail what people are not allowed to do, i.e. phubbers are expected to use their phones in a way that does not keep others waiting.

Effectiveness:
- **Advert 2** might be more effective because it resembles a warning/danger sign people are familiar with. Everybody knows that they can be harmed, and there is some kind of punishment if the rules are not kept, and the required behaviour is explicitly stated.
- **Advert 1** seems to be less effective because phubbers often prefer their virtual lives to reality and might not notice or read comparatively long texts. They simply do not care and probably would not take the time to understand a coded message.

ERWEITERUNG

Have a look at the website *http://stopphubbing.com* and study the information about the anti-phubbing campaign. Sum up the information and inform your fellow students about the campaign. Write a letter titled phubbing intervention by using the template provided on the website. Are there people you know who are worth putting into the hall of shame? Give reasons. Do you agree that phubbing will harm the development of our civilisation? Discuss.

SPEAKING

6 Hold a mobile debate on the following topic: "Mobile phones ..." → S24

METHODISCHES VORGEHEN

Siehe die Ausführungen zur Mobile debate *in* Texts B, Task 6. *Außerdem weist L auf* Skill 24 Discussion and debate *hin.*

LÖSUNGSVORSCHLAG

Individual answers expected.

ANALYSIS

7 Compare the two adverts 3 and 4 in terms of their message, content …

LÖSUNGSVORSCHLAG

Advert 3
- **Message:** Act responsibly and do not offend anybody when clicking the 'like'/'dislike' button.
- **Content:** Cyberbullying should be condemned/forbidden, and you express your view on the topic just by clicking the 'like'/'dislike' button.
- **Effectiveness:** High effectiveness, it uses signs young people are familiar with to get the message across; they get the message in next to no time; it is just a few words to read as most of the communication is non-verbal; young people do not like reading long texts.

Advert 4
- **Message:** Stick to the dos and don'ts, and you will be safe on the internet; there is advice to help victims of cyberbullying.
- **Content:** Rules for making the internet safer are explicitly communicated in the imperative (e.g. think before you post; only connect with friends; be kind to others; don't share your password; keep your settings private; don't be hurtful to others). In case of a cyberbullying attack you have to report it, block the bully, tell your friends/parents/teachers to help you and unfriend whoever does not help you.
- **Effectiveness:** The advert is quite effective. The rules are communicated via an infographic called safebook, which can be considered a pun on the words safety and Facebook. The viewer is addressed as "you", and there is a hand with an index finger pointing at the head of an abstract person in the middle which refers to what users should do when they use Facebook. Every user is personally responsible for their own internet safety and understanding the rules. At the bottom there are four verbs indicating what users should do when they use Facebook. Parents, teachers and friends are addressed as well and told how to act responsibly. The advert is very complex and contains a lot of information for various groups and purposes.

SPEAKING

8 Discuss what other advice you would have on how to behave online.

METHODISCHES VORGEHEN

Die S beginnen mit der Diskussion über die in der Infografik formulierten Empfehlungen/Regeln und erweitern diese.

LÖSUNGSVORSCHLAG

- Share as little personal data and as few photos as possible.
- Check your account regularly and delete unwanted messages.
- Use encryption when sending messages, i.e. make them unreadable or at least more difficult to read for strangers.
- Check the conditions and reliability of sources for all kinds of downloads before downloading songs, games, ebooks, apps etc.

F The power of transmedia

BOOK EXCERPT

The death of a friend

LERNWORTSCHATZ

desperately, to appeal to sb, eventually, devastated, to see sth coming, grief, condolence, to respond, to investigate, to urge sb to do sth, complicit in sth, ache, in theory, to evoke

COMPREHENSION

1 a)–c) Briefly describe the difference between the power of … →▲7

METHODISCHES VORGEHEN

Der Einstieg kann mit einem Unterrichtsgespräch über Computerspiele erfolgen: Describe your favourite computer game, its setting, plot and required action in detail and explain why you like it. *Da beide Texte inhaltlich (nicht sprachlich) schwierig zu verstehen sind, sollte die Unterrichtszeit zur Verständnis- und Ergebnissicherung genutzt werden, während das Lesen in häuslicher Arbeit erfolgt. Die Diskussion der Verständnisaufgaben kann entweder in Kleingruppen oder im Plenum erfolgen. Die Ergebnisse werden zusammengefasst, um als Grundlage für kreative Aufgaben und die* Topic task *zu dienen.*

LÖSUNGSVORSCHLAG

a) The difference between the power of transmedia and that of a book or movie:
- **Transmedia:** The audience can influence plot development by directly interacting with the characters and shaping the narrative; the audience is directly involved in various actions in different ways just like they are in real life.
- **A book/movie:** It presents a complete plot (an open ending is also considered a complete plot) by developing various elements and making the audience react emotionally (e.g. laugh, cry, be angry/happy, ask questions, be devastated/frustrated etc.); the audience consumes content sold to them in the book/movie.

b) The game *Perplex City*:
- The game was developed by Mind Candy, a UK games company.
- It is a game of a two-year treasure hunt.
- Tens of thousands of players have participated in the game.
- The players have bought more than a million puzzle cards.
- Plot: Anna Hearth is married, has three children, is a language professor, works at an academy, investigates a case of theft at the academy by a secret society (third power), disappears, family and players are looking for her, is found tortured and murdered in catacombs of the city.
- The players expressed their grief at her death, wrote condolence emails to other characters, made 333 origami cranes and sent them to the headquarters of the games company.

c) How was the audience made to feel directly involved:
- The players were invited to help with the plot development, e.g. they advised Anna what to do when she was hunting the thieves; therefore, the players felt guilty when she disappeared and was found dead at the end despite the fact that they had even helped search for Anna and tried to save her; but it did not end well (survivor's guilt).
- The audience interacted with the characters in the same way they do with real people in real time, e.g. they sent emails and got responses from the characters in the game; they looked at Anna's website; they informed themselves about her activities (she designed puzzles for her children).
- The audience influenced the storytelling and shaped how it developed.
- The boundaries between fiction and reality were blurred and Anna was perceived as a real person, not just as a fictional character in a game.

DIFFERENZIERUNG

▲ *Leistungsstärkere S bearbeiten nach Aufgabe 1 Aufgabe 7 im* Diff pool. *Sie erörtern in einem* Comment *die Frage, ob Menschen sich so stark auf die virtuelle Realität einlassen sollten, wie in dem Spiel* Perplex City *beschrieben.*

INTERVIEW

Transmedia and marketing

LERNWORTSCHATZ

campaign, to deliver, to get a message across, consumer, to tailor sth (to sb/sth), target, core, approach, economy, impact, content, value

COMPREHENSION

2 Sum up the advantages of using transmedia for marketing.

LÖSUNGSVORSCHLAG

It is an effective way to get a message across because adverts of transmedia campaigns:
- resemble a story or a game
- are targeted at different consumer experiences using different media
- are tailored to individual strengths of media
- fight for consumers' attention with content instead of focusing on a product
- make a strong emotional connection with target audiences

ERWEITERUNG

Interessierte S können weitere Informationen recherchieren: On the website *http://www.poweredbysearch.com/transmedia-storytelling-transforming-digital-marketing/* you can find more information on transmedia marketing as well as several examples. The video marketing *Old Spice*, which was released in 2010, will help you to understand the basics of how successful transmedia marketing really has become and why.

RESEARCH

3 The fantasy TV series *Game of Thrones* used a transmedia marketing ...

METHODISCHES VORGEHEN *Die Erkenntnisse zu den Punkten im Lösungsvorschlag sollten systematisch erfasst und als Diskussionsgrundlage verwendet werden. L weist auf den Unterschied zwischen* Series *(Fernsehserie, BE auch: Staffel) und* Season *(Staffel, v.a. AE) hin.*

LÖSUNGSVORSCHLAG

- content used to attract consumers' attention, e.g. mailing of boxes with maps and scents, free rides in Iron Throne pedicabs
- format
- media used
- required actions to be performed by target audience
- impact of actions on single participants in the campaign
- effectiveness of the marketing procedure

ERWEITERUNG *Ausgewählte Webseiten für* Pre-launch campaigns: *http://www.wired.com/2011/05/game-of-thrones-asks-fans-to-follow-the-maesters-path/* (the use of games), *http://www.tor.com/blogs/2013/02/game-of-thrones-season-3-advertising-hbo* (advertising), *http://www.entrepreneur.com/article/234601* (content marketing), *http://www.tstoryteller.com/canal-launches-season-4-of-game-of-thrones-with-an-ambitious-transmedia-campaign* (transmedia marketing). *Interessierte S können sich zusätzlich mit der Strategieanalyse vertraut machen. Die Webseite* (Transmedia storytelling analysis with *Game of Thrones*) *ist im Internet zu finden.*

CREATIVE TASK

4 Think of a film or TV series that you have enjoyed. To what ...? → S22

LÖSUNGSVORSCHLAG *Diese Aufgabe wird in häuslicher Arbeit erledigt. Dazu erfolgt ein Hinweis auf* Skill 22 Presentation. *Die S ordnen den sechs Punkten in Aufgabe 3 Ideen zu und bereiten die Präsentation in der Gruppe vor. Die besten Ideen werden der gesamten Lerngruppe vorgestellt.*

LÖSUNGSVORSCHLAG Individual answers expected.

Spot on language

1 a) The use of the definite and indefinite ... b) Now read the following ...

METHODISCHES VORGEHEN

a) *Die S arbeiten abhängig vom Lernstand in einer von L zu spezifizierenden Kooperationsform. Die Lösungen zu den Aufgaben werden in vollständigen Sätzen schriftlich fixiert und können vom S zum Vergleich und zur Evaluierung eigener Ergebnisse bei L (Kopien bereitstellen) eingesehen werden. Inhaltlich kreative, besonders aussagekräftige Beispielsätze werden von L hervorgehoben.*

b) *Die S verweisen bei Korrekturen auf die Regel (siehe Teilaufgabe a) und dürfen auch www.googlefight.com, einen Sprachkorpus, nutzen, wenn sie sich auf keine eindeutige Lösung festlegen können. Auf dieser Webseite wird die Akzeptanz einer Lösung nach Verwendungshäufigkeit entschieden.*

LÖSUNGSVORSCHLAG (Solutions in **bold face.**)

1. **The indefinite article** is used when talking about professions and nationalities.
2. Institutions and means of transport are used **without the definite article**, unless a specific building or vehicle is meant.
3. If uncountable nouns (e.g. abstract nouns) are used in a general sense, **no definite article** is used.
4. Before singular names, even if there is an adjective before the name, there is **no definite article**.
5. The indefinite article is placed **after** words such as *half, what, quite* and *such*.
6. The definite article is placed **after** words such as *half (of), both of, all (of)* and *twice*.

Examples for each rule:

1. My best friend wants to become a teacher whereas I want to be an actor. An Englishman, a Pole, a Spaniard and a Turk are the best football players at our international school.

2. After school many people go to university to have better job prospects. Nowadays many pupils have to travel by car or bus to attend schools that are far away. The first bus often leaves at 6 o'clock in the morning or even earlier.
3. My friends wished me love, health, happiness and success on my birthday. When I took part in the national session of the European Youth Parliament, I had an incredible feeling of success.
4. Susan and Paul are our neighbours' children. We often think of them as quiet, introverted Susan and noisy, extroverted Paul.
5. Our lunch break lasts at least half an hour. What a day it was when I was treated like an adult for the first time. It was quite a surprise how well all of us did on the oral exams. When we went on the field trip to the river, there was such a strong wind that we couldn't go swimming or canoeing.
6. The cat had already eaten half of the cake when we arrived at the party. Both of the students who had taken part in the competition were awarded a medal. All of the student teachers for natural sciences who successfully finish their training will definitely get a job in next to no time. In Scandinavian countries there are about twice the number of teachers who directly help pupils develop and meet the requirements than in Germany.

b) (Solutions in **bold face.**)

A: What are you going to do when you **leave school**? (no definite article, 2nd rule)

B: I'm thinking of doing a course in media studies because I'd like to be **a journalist**. What about you? (indefinite article, 1st rule)

A: Well, I'm going to do work experience for **half a** year and then travel for a bit. (5th rule)

B: That sounds exciting. Whereabouts?

A: I'm going backpacking and travelling around India **by bus** – I've always wanted to go there, ever since I saw a documentary about **life** in India. But I think, it'll be **quite a** culture shock! And I'll also miss my friends! (no definite article, 2nd rule; no definitie article, 3rd rule; 5th rule)

B: Thank goodness **for smartphones!** It's much easier to stay in contact **with people in today's** world. (no definite article, no specification; no definite article, 3rd rule)

2 a)–c) Briefly state the difference between adjectives and adverbs in ...

LÖSUNGSVORSCHLAG

a) Difference between adjectives and adverbs:

An adjective explains what a noun is like whereas an adverb refers to the verb in the sentence and describes the way something is done.

b) Adjectives or adverbs or both:

Adjective	friendly, good, hard, late, ugly, early, quick, just, long, lively, daily
Adverb	hard, late, unexpectedly, quite, early, well, often, quick, just, suddenly, always, long, obviously, lively, daily

c) Individual answers expected.

3 Look at the following pairs of adjectives and adverbs. What do you ...?

LÖSUNGSVORSCHLAG

When adverbs are built from adjectives adding -ly, they might change their meaning. Some adverbs have the same form as the adjectives.

Adjective	German equivalent	Adverb	German equivalent
hard	*hart, schwer, mühevoll*	hardly	*kaum, fast nicht, wenig*
near	*nah, vertraut*	nearly	*ungefähr, fast, beinahe*
high	*hoch*	highly	*sehr, in hohem Maße, äußerst*
late	*spät*	lately	*vor Kurzem, neulich*

even	*gerade, glatt*	evenly	*gleichmäßig, ohne Rest*
short	*kurz, klein*	shortly	*bald, in Kürze*

4 a) Choose the correct word in each ... b) Write two sentences of ...

LÖSUNGSVORSCHLAG

a) (Solutions in **bold face.**)

1. Even though I live **near** my school, I **nearly** arrived too **late** this morning as I was reading the latest news about the disaster.
2. **Lately** I've noticed that adverts for certain products seem to be following me around the web.
3. I **hardly** ever watch TV – I often just find it **hard** to find the time – but there's a new reality show in the US that's **highly** recommended. It's due to be broadcast in Germany **shortly**.

b) Possible dialogue:

A: I have not studied as hard as I should for my A-levels but I still have hardly any time to go to parties.

B: Well, I see. I know how you waste nearly five hours per day – on Facebook and playing online games.

5 A British friend of yours has just written an email telling you ... → S26.1

MATERIALIEN

→ Kopiervorlage 3 (A class survey on media literacy)

METHODISCHES VORGEHEN

Bevor sich die S in Einzelarbeit mit der Mediation beschäftigen, wird das Aufgabenverständnis gesichert. Hier wird Scanning *verlangt. Außerdem kommt es darauf an, sich auf das Wesentliche zu konzentrieren, illustrierende Beispiele werden weggelassen. L verweist die S auf* Skill 26.1 Mediating. *Die Formulierung der wichtigsten Fakten können kurz mit dem Nachbarn besprochen werden, bevor die E-Mail in Einzelarbeit verfasst wird. Die Art und Weise, wie der Inhalt sprachlich zusammengefasst wird, hängt vom Adressaten bzw. vom Verhältnis des Absenders zum Adressaten ab. Hier ist ein persönlicher Gestaltungsspielraum gegeben. Die Konventionen für das Schreiben einer E-Mail sind den S bekannt. Der folgende Lösungsvorschlag zeigt eine kritische Betrachtungsweise von Castingshows. Auch andere E-Mails, die entgegengesetzte Standpunkte vertreten (z.B.* no-risk-no-fun attitudes*) mit entsprechender argumentativer Auseinandersetzung mit dem Mediationstext sollten akzeptiert werden.*

LÖSUNGSVORSCHLAG

To: Jane Smith (name of British friend who wants to take part in the casting show Britain's got talent – real or invented)

Re: Participation in casting shows/Dangers arising from Casting shows/Interesting German survey on casting shows etc.

Dear Jane
I have been thinking about your interest in taking part in the casting show, and I am writing to tell you that I have mixed feelings about it. As casting shows are also very popular in Germany, I have watched many of them and tried to put myself in the participants' shoes. I can honestly say that participating in that kind of show would not really be my cup of tea. Not being in the media would be preferable to being followed by paparazzi even if I got a lot of money. I like living in peace and quiet with my family. Have you carefully considered how participating could change your life and whether it will even make you happy?
Recently, I came across an interesting article by Morten Freidel published in the *Frankfurter Allgemeine Zeitung*, a reliable German broadsheet, about the impact of casting shows on participants. It reports the findings of a survey conducted by German media institutions about the long-term psychological impact these shows have on young people. According to the survey most of the contestants felt disappointed at being stigmatised as losers at the end despite performing well at the beginning of the show. They were also upset about the way in which they had been treated. They dealt with their disappointment in different ways – it raised some participants' self-esteem while others simply gave up on their dreams. Just one-third of the subjects considered the show to be a springboard for their career, and only one-fifth

appreciated the experience as an extraordinary opportunity for personal development. That is why producers of casting shows and contestants sign a contract before their work begins, which guarantees that producers cannot be made liable for the possible psychological effect the shows have on participants. There were even some participants who enjoyed being negatively stigmatised as scripted in secret by the producers of the show, which, I think, really is unfair in a casting show like this. As a good friend I thought you might like to know both sides of the story before making a decision on whether or not you would like to participate in the show. Please keep in touch and let me know what you decide. I am looking forward to hearing from you soon.
Best regards
...

ERWEITERUNG *Kopiervorlage 3 (*A class survey on media literacy*) bietet eine Vorlage für einen Fragebogen zu einer Umfrage in der Klasse. Vorbereitung:* Discuss with a partner whether you would be willing to apply as a contestant for a casting show. Give reasons which include probable advantages and risks. *L händigt Kopiervorlage 3 aus.* Use this questionnaire. Answer the questions and give your own definition of media literacy. Evaluate the answers and present your findings to the class. Make suggestions on how to improve media literacy at school.

Spot on vocabulary

METHODISCHES VORGEHEN *Alle Aufgaben auf dieser Seite können nach der* Think-Pair-Share-*Methode gelöst werden, wobei die Kontrolle der Vollständigkeit und der Richtigkeit durch die S selbst erfolgt. L unterstützt die Kontrolle wenn erforderlich. Die selbstständige, funktionsgerechte Verwendung von Nachschlagewerken, Wörterbüchern, Apps und Angeboten aus dem Internet sollte in dieser Phase gefördert und gefordert werden. L weist gezielt auf die* Vocab sheets *hin.*

1 a)–c) Sort the following words according to whether they have ...

METHODISCHES VORGEHEN *Den S wird ermöglicht, die eigenen Definitionen in Teilaufgabe b) mit Hilfe von einsprachigen Wörterbüchern zu überprüfen. Die Arbeit mit den Definitionen kann auch auf http://quizlet.com/students im Flashcard-Modus erfolgen. Wenn alle S ihre Definitionen eingeben, können alle individuell darauf zugreifen – online und offline – und die Beherrschung des Wortschatzes eigenverantwortlich üben und testen. Die Arbeit am Wortschatz in Teilaufgabe c) kann durch die Nutzung von thematischen Wortschatzsammlungen unterstützt werden.*

LÖSUNGSVORSCHLAG **a)**

TV		Print	
English	German	English	German
documentary	*Dokumentarfilm, -bericht*	document(s)	*Dokumentation*
casting show	*Castingshow*		
		circulation	*Auflage(nhöhe)*
panel game	*Rateshow, Quiz*		
commercial	*Werbespot*		
section	*Bereich (z. B. sports section)*	section	*Teil einer Zeitung, Rubrik, Spalte*
sitcom	*Situationskomödie*		
headline	*Schlagzeilen, wichtige Nachrichten kurz gefasst*	headline	*Überschrift*
drama	*Schaupiel, Filmgenre*	drama	*Drama, erschütterndes Geschehen*
cable	*Kabel, Leitung*	cable	*Telegramm*

TV		Print	
English	German	English	German
		article	*Zeitungsartikel*
editorial	*redaktionell*	editorial	*Leitartikel (vom Chefredakteur)*
prime time	*Hauptsendezeit, beste Sendezeit*		
channel	*Kanal, Programm, Sender*	to channel	*kanalisieren, lenken*
column	*Kolumne, regelmäßiger Kommentar eines Journalisten (auch print medien)*	column	*Druckspalte, Zeitungsspalte*
		broadsheet	*seriöse Zeitung*
		tabloid	*Boulevardzeitung*
live coverage	*Liveberichterstattung, Direktübertragung*		
viewer	*Zuschauer/in*	reader	*Leser/in*
to syndicate (a column)	*Kommentare direkt an unabhängige Sender verkaufen*	to syndicate (a column)	*Artikel (Kolumne mit lizensiertem Inhalt) gleichzeitig an mehrere Zeitungen verkaufen*

b) Individual answers expected.

c) **Digital media:**
- Technical gadgets: smart phone, tablet, notebook, smart watch, computer
- Kinds of digital media: social media (e.g. Twitter, Facebook), blogs, encyclopedias, online reference books, dictionaries, ebooks, online shopping, banking websites
- Characteristics: eyewitness reports, text, audio and visuals, video, personalised content, immediacy, sharing information easily and fast, crowdsourcing, online advertising, covert advertising, transmedia storytelling
- Problems: control of copyright, piracy, the spread of confidential information, cyberbullying, protection of privacy
- Impact on individual/society: elections are run differently, the electorate is directly addressed, people use digital media around the clock, changes in education

2 Find adjectives that can be used to describe what articles and headlines ...

LÖSUNGSVORSCHLAG

Positive	Negative	Neutral
engaging	biased	comprehensible
well-written	opinionated	factual
authoritative	judgmental	sensational
interesting	corrupt	huge
brilliant	manipulative	controversial
inspiring	misleading	big
sensible	tabloid	scholarly
perceptive	dull	sophisticated
entertaining	scathing	catchy
balanced	one-sided	attention-grabbing

3 **a) Match each noun on the left … b) Complete the following text using …**

LÖSUNGSVORSCHLAG a) 1. advertising campaign, 2. brand loyalty, 3. market research, 4. product launch, 5. target group, 6. advertising budget

b) 1. market research, 2. target group, 3. advertising budget, 4. advertising campaign, 5. product launch, 6. brand loyalty

4 **Write down the English equivalent of each of these phrases. …**

LÖSUNGSVORSCHLAG

- *übers Internet* – to do something online/via the internet
- *im Internet surfen* – to browse/surf the internet
- *mit dem Internet verbunden sein* – to be connected to the internet/to be online
- *Cyber-Mobbing im Internet* – cyberbullying/bullying on the internet
- *einen Blogeintrag kommentieren* – comment on a blog post
- *persönliche Daten* – personal data/private information
- *Zugang zu Informationen haben* – to have access to information

Topic task

Creating a marketing campaign

METHODISCHES VORGEHEN *Eine Aufgabenstellung wie diese erfordert von den S selbstorganisiertes Lernen über einen längeren Zeitraum. Der Schwerpunkt liegt auf der inhaltlichen Arbeit und der Anwendung von Strategiewissen. Sprache hat eine echte Kommunikationsfunktion.*
Die Topic task *schlägt für die Vermarktung eines Produkts die Wahl zwischen der für die entsprechende Aufgabe entwickelte TV Show* (Texts A, Task 5) *und der Verfilmung des Romans* The Circle *auf der Grundlage des Textauszugs* (Texts B: Sharing is caring) *vor. Eine Erweiterung auf andere im Unterricht besprochene Romane und deren Verfilmungen ist möglich.*
Die Gruppenbildung erfolgt entsprechend der Wahl des Topics. Es sind drei Produkte zu entwickeln, die ausführlich in den Steps 2–4 *beschrieben werden.* Step 1 *entscheidet in besonderem Maße über den Erfolg der gesamten Kampagne, denn er erfordert eine umfassende Berücksichtigung der Charakteristika der Zielgruppe in allen Steps. Deshalb sollten die S angehalten werden, die Merkmale der Zielgruppe ausführlich zu beschreiben und als Arbeitsgrundlage in Stichpunkten zu fixieren. Die Erstellung der drei Produkte kann arbeitsteilig nach Klärung der Grundlagen und der Konsensfindung hinsichtlich der intendierten Ergebnisse erfolgen. Die Präsentation im Rahmen des* Gallery walks *ist zu üben. Die S bewerten den Gesamteindruck der präsentierten drei Produkte und wählen die effektivste und überzeugendste Vermarktungskampagne dafür aus. Sie begründen ihre Entscheidung. Bewertungskriterien sind mit der gesamten Lerngruppe im Detail bei Beginn der selbstständigen Arbeit festzulegen. Sie dienen als Maßstab zur Sicherung von Qualität im Arbeitsprozess.*

KLAUSURVORSCHLAG *Zum* Topic **The media** *steht online nur für die Hand von L ein mehrteiliger editierbarer Klausurvorschlag mit Erwartungshorizont zur Verfügung.*

Code k949tr → **Klausurvorschlag: Jane Thynne: I set my teenage daughter a computer curfew (newspaper article) • Two pictures • Mediation: Elektronisch gefesselt**

KV1: Evaluation sheet – A new reality TV show

Title/Designed by: ____

Description of the idea (title of show) in detail: ____________________________

____

____

Comments/Feedback on title and show concept: ____________________________

____

____

Comments/Feedback on contestant profiles:

Points to be considered	Contestant 1	Contestant 2	Contestant 3	Contestant 4	Contestant 5
Outward appearance					
Predominant character traits/ strengths and weaknesses					
Interests/hobbies					
Background (e.g. age, gender, race, social status etc.)					

Green Line Oberstufe
Autorin: Martina Jaenichen-Köpp, Oranienburg

KV2: Essay writing

1 *Write a short essay (300–400 words) on the following topic:* ***"Citizen journalists will soon replace professional journalists."*** *Make an outline, noting down facts and examples to support your arguments. Your teacher will provide you with additional material to help you with the structure and the language of an essay, if needed. You have 30 minutes to write the essay using your individual notes in the following lesson. Make sure you meet all the criteria described below in the best possible way. Your peers will give you some feedback for revising your essay before you hand it in.*

Essay by: ______________________ **Feedback from:** ______________________

Criteria		Comments/Tips for improvement
Formal aspects	**3**	
• Introduction in task with a thesis statement/reference to statement	1	
• Main body (at least three visible paragraphs)	1	
• Conclusion	1	
Content	**9**	
• Lead into the topic (introduction/ attention grabber and thesis statement)	1	
• Provide at least three arguments (either pro and con or just pro or con): two points per paragraph; or three if really convincing	7	
• Summarise your opinion/give an outlook on further developments and state how the thesis has been proved by the given argumentation (conclusion)	1	
Language	**18**	
• Vocabulary (fitting choice of words, variety in word choice)	4	
• Style and tone (formal register, polite)	2	
• Clear sentence structure (e.g. connect-ors/coherence, topical sentences)	5	
• Correct grammar (no major mistakes, e.g. use of tenses; variety of grammatical structures, e.g. participle constructions)	5	
• Correct spelling	2	
Final assessment Content/Formal aspects (40%) Language (60%)	**30**	

Green Line Oberstufe
Autorin: Martina Jaenichen-Köpp, Oranienburg

KV3: A survey on media literacy

a) *Answer questions 1–9 on your own. Take notes. Skip the questions you cannot answer.*

b) *Discuss your answers in groups of four. Add ideas/the findings of your fellow students.*

c) *Visualise your findings. Present and discuss them in class.*

1. State the qualities that can be expected of a media literate person in our times. Remember: We live in the information age.	
2. Which kinds of media are you able to access?	
3. What technical gadgets do you use for that purpose?	
4. Which questions should you ask yourself when analysing and evaluating information provided in various kinds of media? Think of the following questions: • Who provided the information/message (source)? • Why and for what purpose has the information been spread? Who could profit from the knowledge? • What techniques are used to attract attention? Do they have the potential to manipulate people? • What values and perspectives are (not) represented? • Is there a certain target group for this information? Why (not)? • Explain how information can be interpreted differently depending on the context.	
5. How can you check the reliability of information found online, e.g. in Wikipedia?	
6. All in all, do you feel confident analysing and critically evaluating information? Describe your strengths and weaknesses in detail.	
7. Have you ever produced your own content and published it using various kinds of media? Why (not)?	
8. Refer to an example when describing the procedure and required skills to prepare your own content for publication in a certain format. What points have to be considered? (Keep in mind the questions asked in 4.)	
9. Find a definition of media literacy:	

d) *Discuss what should be done in class/at your school to develop the media literacy which is necessary to be successful in life considering current media culture.*

Green Line Oberstufe
Autorin: Martina Jaenichen-Köpp, Oranienburg

7 Science and utopia

Didaktisches Inhaltsverzeichnis

Textsorte/Thema	Unterrichtsmethoden	Input boxes	Kompetenzen	Textproduktion
Introduction Milestones in science and technology				ca. 2 Unterrichtsstunden
Combination of visuals, quiz, video clip/Milestones in science and technology	*Kursgespräch* *Gruppenarbeit* *L* *Code n5fq6v* *WB Tasks 1, 8–10* *Zusatzmaterial: Kopiervorlage 1*	Useful phrases: Making predictions	*Orientierungswissen* *Bildbeschreibung/ -analyse* *Hör-/Sehverstehen* *Gespräche führen* *Recherchieren* *Kreatives Schreiben*	Describing and assessing pictures Sharing information Writing the beginning of stories Viewing for gist/detail Taking notes
Spot on facts Science and technology changing society				ca. 2 Unterrichtsstunden
Factual information/ The influence of science and technology on society	*Kursgespräch* *Einzelarbeit* *WB Tasks 7, 11–15* *Zusatzmaterial: Kopiervorlage 1*	Fact files: Science vs. technology – Challenges of the 21st century – Utopia and dystopia – Science fiction and fantasy	*Leseverstehen* *Gespräche führen* *Bildbeschreibung/ -analyse* *Argumentieren* *Kreatives Schreiben*	Giving statements Writing introductions Describing and assessing cartoons Presenting book reports
Core skill workshop Writing an argumentative text				ca. 2 Unterrichtsstunden
Newspaper article/ The future of cars	*Kursgespräch* *Einzelarbeit* *WB Tasks 2, 3* *Zusatzmaterial: Kopiervorlage 2*	Tips: Argumentative essay vs. comment – Ways to order your arguments – A paragraph … Useful phrases: Referring to a statement	*Leseverstehen* *Gespräche führen* *Argumentieren*	Completing grids Discussing pros and cons Completing sentences Writing paragraphs Noting down phrases Writing comments
Texts A **The privacy debate**				
Freedom or security?, 2008				ca. 1–2 Unterrichtsstunden
Novel excerpt, quote/ Reaction to terrorist attacks	*Kursgespräch* *Partnerarbeit* *WB Tasks 4, 5*	Fact file: Nineteen Eighty-Four	*Orientierungswissen* *Leseverstehen* *Gespräche führen* *Argumentieren*	Writing definitions Summarising conversations Analysing characters Commenting on quotations
Yes, Big Brother is watching you. But for a good reason, 2013				ca. 1–2 Unterrichtsstunden
Newspaper article, photos, paintings/ Data-trawling by the government	*Kursgespräch* *Einzelarbeit*	Useful phrases: Talking about a line of argument	*Orientierungswissen* *Leseverstehen* *Gespräche führen* *Kreatives Schreiben* *Bildbeschreibung/ -analyse*	Analysing stylistic devices Writing letters to the editor Describing and assessing pictures
Texts B **Donate yourself**				
Never Let Me Go, 2011				ca. 1 Unterrichtsstunde
Film script/Brought up for organ donation	*Kursgespräch* *WB Task 16* *Zusatzmaterial: Kopiervorlage 3*	Useful phrases: Organ donation	*Orientierungswissen* *Leseverstehen* *Gespräche führen* *Kreatives Schreiben*	Summing up facts Analysing atmosphere Writing interior monologues

Textsorte/Thema	Unterrichtsmethoden	Input boxes	Kompetenzen	Textproduktion
Life as a spare part – a review, 2010				**ca. 1 Unterrichtsstunde**
Film review/Organ donation	*Kursgespräch* *Einzelarbeit* *WB Task 6*	VIP file: Roger Ebert	*Leseverstehen* *Argumentieren*	Outlining reasons Analysing strategies Discussing aspects
Advanced texts C Artificial intelligence				
Artificial intelligence is a dream we shouldn't be having, 2009				**ca. 2 Unterrichtsstunden**
Newspaper article, chart/Robotics	*Kursgespräch* *Gruppenarbeit* *WB Tasks 17–19*	Fact file: The three laws of robotics Fact file: Artificial intelligence (AI)	*Orientierungswissen* *Leseverstehen* *Grafiken beschreiben* *Gespräche führen*	Speculating on topics Doing research Describing and assessing statistics Making statements
Spot on facts What can we do with genetics?				**ca. 1 Unterrichtsstunde**
Factual information, radio report/Genetics	*Kursgespräch* *Partnerarbeit* *S L3/5 Transkript*	Fact files: Genetics: the essentials – Genetic engineering	*Orientierungswissen* *Leseverstehen* *Hörverstehen* *Gespräche führen*	Conducting interviews Listening for detail Taking notes Writing short reports
Advanced texts D Genetics – hopes and fears				
Gene test could soon see if future lovers are compatible, 2012				**ca. 1 Unterrichtsstunde**
Newspaper article, cartoon, video clip/ Genetic tests	*Kursgespräch* *Einzelarbeit* *L Transkript* *WB Tasks 20, 21*		*Hör-/Sehverstehen* *Leseverstehen* *Gespräche führen* *Bildbeschreibung/ -analyse*	Viewing for detail Discussing pros and cons Describing and assessing cartoons
Genetically engineering 'ethical' babies, 2012				**ca. 1–2 Unterrichtsstunden**
Newspaper article, factual information/ Designer babies	*Kursgespräch* *Partnerarbeit* *Zusatzmaterial: Kopiervorlagen 4, 5*	Fact file: Genetic screening	*Leseverstehen* *Gespräche führen* *Recherchieren* *Argumentieren*	Doing research Giving presentations Conducting a panel discussion
Advanced texts E Visions of the future				
Echo Boy, 2014				**ca. 2 Unterrichtsstunden**
Novel excerpts, picture/Life in the 22nd century	*Kursgespräch* *Einzelarbeit* *Partnerarbeit* *WB Task 22*	Fact file: Brave New World	*Leseverstehen* *Gespräche führen* *Recherchieren* *Bildbeschreibung/ -analyse*	Making lists Describing and assessing pictures Doing research Giving presentations
Spot on language Listening: The latest technology – Speculating about the future – Mediation				**ca. 1–2 Std**
German internet article, radio report/ Drones in everyday life	*Kursgespräch* *Einzelarbeit* *S L3/6 Transkript*		*Hörverstehen* *Gespräche führen* *Mediation*	Listening for detail Giving one-minute talks Mediating
Spot on vocabulary Talking about science and technology – Talking about science fiction				**ca. 0,5–1 Std**
Working with words	*Kursgespräch* *Einzelarbeit*	Tip: Vocab sheets	*Wortschatzarbeit*	Matching terms and definitions Giving definitions
Topic task Writing posts for a youth blog				**ca. 3–4 Unterrichtsstunden**
Project work/Step 1–4	*Gruppenarbeit* *Zusatzmaterial: Klausurvorschlag Code k949tr*		*Projektarbeit*	Choosing themes Writing posts Creating online features Commenting on posts

Unterrichtsverlauf

🌐 Code n5fq6v

Introduction

Milestones in science and technology → WB Tasks 1, 8–10

LERNWORTSCHATZ science, utopia, ancient times, to print, gunpowder, steam engine, antibiotic, cloning, device, to X-ray, light bulb

SPEAKING **1 Do the quiz above. Then choose 1–2 of the inventions and discoveries . . .**

METHODISCHES VORGEHEN *Nach Nennung des Themas* Science and utopia *erfragt L zunächst die Erwartungen der S an das Thema:* What do you expect the topic to be about? *Dann bearbeiten die S das Quiz in Einzelarbeit, nachdem vorab Vokabelfragen geklärt worden sind. Die Lösungen können in einem Zwischenschritt in Partnerarbeit verglichen oder gleich im Plenum besprochen werden. Für den 2. Teil der Aufgabenstellung sammeln und notieren die S in einer zweiminütigen Murmelphase Ideen, danach erfolgt ein strukturiertes Sammeln der S-Beiträge in einer Tabelle.*

ERWEITERUNG *Vor dem Quiz können die wichtigsten Wortfamilien bewusst gemacht und an der Tafel festgehalten werden:* science – scientific, technology – technological, invention – inventor, discovery – to discover. *Die S stellen und beantworten Fragen zu den Quizinhalten:* What did … discover/invent? – When did … discover/invent…? Who discovered/invented…?

LÖSUNGSVORSCHLAG **Milestones in science and technology (quiz):**
Invention – year: 1. c), 2. d), 3. a), 4. e), 5. b)
Discovery – scientist: 1. b), 2. e), 3. a), 4. g), 5. f), 6. c), 7. d)
Inventor – invention: 1. e), 2. a), 3. b), 4. c), 5. f), 6. d)

Discoveries/Inventions	Impacts
compass, wheel, automobile, flying machine	greater mobility
telephone	improved communication
gunpowder, nuclear fission, atomic bomb	more effective warfare
penicillin, X-ray machine, DNA structure	progress in medicine
light bulb	more comfortable lifestyle
printing technology	greater availability of books
earth circling the sun, laws of gravitation, theory of relativity	changing world view, greater understanding of science

SPEAKING **2 a) What recent inventions . . .? b) What do you think life on earth . . .?**

METHODISCHES VORGEHEN

a) *Nach einer einminütigen Stillarbeitsphase zu den* Top three *werden Erfindungen gesammelt und ggf. auch nach ihrer Bedeutung in eine Reihenfolge gebracht.*

b) *Zuerst werden von L Kenntnis und Erfahrungen mit der* Placemat-*Methode erfragt und deren Funktion ggf. noch einmal erläutert (strukturiertes, interaktives Sammeln und Fokussieren von Ideen). Verweis auf die* Useful phrases *zu* Making predictions. *Möglicher Zeitrahmen: 5 Min. Einzelarbeit, 10 Min. Partnerarbeit (Poster/Flipcharts, Eddings, Scheren, Magnete zur Verfügung stellen). Danach Kurzpräsentationen der ausgeschnittenen und z.B. mit Magneten an der Tafel fixierten Ergebnisse (ca. 1–2 Min. je Gruppe). Im Anschluss werden die Prognosen verglichen und die Wahrscheinlichkeit ihres Eintretens begründet diskutiert* (scientifically impossible, improbable/unlikely, possible, probable/likely).

LÖSUNGSVORSCHLAG **a)** Progress in IT (information technology) and the media has dramatically changed the way (young) people communicate today.

Keywords: internet/world wide web, electronic gadgets (smartphones, tablets, laptops, desktop computers etc.), easy access to information, music and audiovisual entertainment, social media (e.g. Facebook) as a means of self-presentation and creating a wider circle of friendship, easy interaction via text messages and emails, ebooks etc.

b) Individual answers expected.

VISUALS **3 Describe the DVD covers. What information on the setting, the action and . . .?**

LÖSUNGSVORSCHLAG

Information	*RoboCop*	*I am Legend*	*Gattaca*	*1984*
Setting	big city dominated by skyscrapers (urban metropolis)	urban environment destroyed	two planets in one (Earth and Saturn with its prominent ring system); a building that seems cold and functional	time of action: 1984; a huge screen showing the upper half of a face (mysterious setting); the face is partly hidden in the shadow; the cover focuses on the eyes that observe everything
Action	title *RoboCop*/ tagline "Crime has a new enemy" → a new type of police meets the challenge of crime	tagline "The last man on earth is not alone" → a war or disaster has struck Earth (destroyed bridge); the only survivor faces an unknown threat	tagline "There is no gene for the human spirit" → progress in genetic engineering has reached its limits; humankind is facing a critical situation; possible space travel within our solar system	the gloomy cover and dark face on the screen indicate a dark age of surveillance and the loss of privacy
Characters	robotic cops vs. criminals	a lonely, middle-aged man with a dog and a gun	a man and a woman, both dressed in black with white collars	there is only one face on the screen (figure of power/control?)
Inventions, technologies	high-tech flying machines; human robots	a highly destructive military technology	progress in genetic engineering (cloning humans?); space travel	surveillance techniques

ERWEITERUNG **Additional tasks:** Which of these films would you like to see and why? If you have already seen one of the films: What do you remember about it? What issues does the DVD cover raise? Try to find the answers on the internet. Which of the films would you suggest for a film night at school?

CREATIVE TASK **4 Use one of the DVD covers as inspiration to write the beginning ...** → S12

METHODISCHES VORGEHEN *Die Aufgabe kann im Plenum vorbereitet werden durch einen Rückgriff auf die Schlüsselkomponenten einer* Short story (setting, plot, characters, point of view, conflict etc.). *Zusätzlich erfolgt ein Hinweis auf* Skill 12 Creative writing. *Die beiden grundsätzlichen Optionen des Beginns werden gegenübergestellt:* immediate beginning (starting directly with a scene) vs. introduction (setting, main character etc.) *sowie ihre unterschiedliche Wirkung und Funktion dargestellt. Die Vorgabe sollte lauten, in der Einleitung an mindestens einer Stelle das Genre Science-Fiction erkennbar werden zu lassen (ggf. als Hausaufgabe mit einer Wortanzahl von 200–300 Wörtern):* Write the beginning of a science fiction story which takes the reader straight into the action and also clearly states from early on that the story is set in the future. *Wahrnehmungsauftrag für die Zuhörer/Leser der Texte:* Where and when does the reader realise that this is the beginning of a science fiction story?

LÖSUNGSVORSCHLAG Individual answers expected.

VIEWING L **5 a)–c) Watch Michio Kaku's talk "Will mankind destroy itself?" ...** →△1

Michio Kaku (born 24 January 1947) is an American theoretical physicist and university professor who is best known for his predictions of the future and popular presentations of scientific developments. He has often appeared on radio, television and film, and writes extensive online blogs and articles. He has written three New York Times best sellers: *Physics of the Impossible* (2008), *Physics of the Future* (2011), and *The Future of the Mind* (2014). Kaku has hosted several TV specials for the BBC, the Discovery Channel, the History Channel, and the Science Channel.

Buck Rogers and ***Flash Gordon*** are two popular science fiction comic strip series first published in 1928 and 1934, respectively. Both comic strips were named after the protagonist, an American hero who finds himself involved in conflicts with technologically far superior invaders on Earth from outer space in the distant future.

Star Trek: Starting in 1966 and starring a multicultural crew, the TV series follows the adventures of James T. Kirk and the crew of the starship *Enterprise*, a spaceship from the United Federation of Planets which explores the 23rd century universe beyond our solar system.

The Borg is an evil and aggressive fictional alien race which controls vast areas of our galaxy and threatens to invade and destroy the Federation in *Star Trek*.

Independence Day is a 1996 science fiction disaster film in which Earth is attacked by an alien force with advanced spacecraft and sophisticated weapons; the attackers travel from planet to planet to destroy all life and harvest each planet's natural resources.

The Empire Strikes Back is one of the six *Star Wars* science fiction films released in 1980; the galaxy is controlled by the Galactic Empire under the leadership of the villainous Darth Vader who tries to gain control of the entire galaxy and wipe out any resistance. The Empire is actually ruled by Emperor Palpatine. Darth Vader serves the Emperor by eliminating any resistance.

NAFTA (North American Free Trade Agreement) is short for a contract signed by Canada, Mexico and the US in 1994 creating a free trade bloc in North America.

MATERIALIEN **→ L (Will mankind destroy itself?) • Kopiervorlage 1 (Fill in the grid, Task 1)**

METHODISCHES VORGEHEN

a) *Die Hintergrundinformationen oben sollten den S – nach Klärung ihres Vorwissens – als Vorinformationen vor dem ersten Sehen des Videos gegeben werden. Es erfolgt eine Fokussierung auf die Schlüsselbegriffe der zweigeteilten Hör-/Sehaufgabe:* Between what types of civilisation does Kaku distinguish? What opposing trends in today's world does he describe? *Nach dem ersten Sehen werden die relevanten Informationen gesammelt und in Rastern systematisiert. Dies kann auch arbeitsteilig geschehen.*

b) *Nach dem zweiten Sehen werden die Lücken im Raster in Partnerarbeit gefüllt. Ein Paar stellt seine Ergebnisse auf Folie vor. Mit entsprechenden Rückmeldungen der Lerngruppe korrigieren/vervollständigen die S ihre Lösungen.*

c) *Abschließend diskutieren die S über die Zukunft unseres Planeten anhand der vorgegebenen Fragestellung. Das Diskussionsformat (Klassendiskussion, Kleingruppendiskussion, Podiumsdiskussion etc.) wird vorher festgelegt bzw. mit den S abgesprochen.*

LÖSUNGSVORSCHLAG **a)/b) Types of civilisation:**

Civilisation type	Definition	Similar to	Characteristics
Type zero	A civilisation which is earthbound, i.e. it acts/moves on Earth with divisions and conflicts.	(today's society)	energy sources: oil and coal; lifespan: limited (able to wipe out life on Earth); humankind: characterised by savagery, passion, fundamentalist ideas
Type one	A civilisation which is planetary, i.e. it acts/moves on Earth. It is marked by unity and peace.	*Buck Rogers, Flash Gordon*	energy sources: the weather (sun, wind, water), earthquakes, volcanoes; lifespan: self-destruction is no longer an option
Type two	A civilisation which is stellar, i.e. it acts/moves within the planets in our solar system. It is characterised by unity and peace.	*Star Trek*	lifespan: immortal (survives any natural disaster); humankind: unified, multicultural, scientific, tolerant society
Type three	A civilisation which is galactic, i.e. it acts/moves within our galaxy. It is characterised by unity and peace.	*Independence Day, The Empire Strikes Back*	lifespan: immortal (survives any natural disaster); humankind: unified, multicultural, scientific, tolerant society

Opposing trends:

Positive trend	Negative trend
Signs of a multicultural, scientific, tolerant (type one) society: • the internet = beginning of a type one telephone system • English = beginning of a type one language • the European Union/BAFTA = beginning of a type one economy • music/fashion/sports = beginning of a type one culture	Reactions against the creation of a type one civilisation: • terrorists want a theocracy instead of science/tolerance • monoculturalism instead of multiculturalism

Hypothesis: Self-destruction by a nuclear war or climate change (uncontrollable greenhouse effect) may be commonplace among type zero civilisations; so maybe that's why no intelligent life has been found in outer space yet.

c) Will mankind destroy itself? Individual answers expected.

DIFFERENZIERUNG △ *Aufgabe 1 im* Diff pool *gibt zur Bearbeitung von Teilaufgabe a) die Lösungstabelle (siehe oben) vor, damit leistungsschwächere S ihre Notizen leichter strukturieren können. Die Tabelle steht auf Kopiervorlage 1* (Fill in the grid, Task 1) *zur Verfügung. Sie wird ausgeteilt und von den S entsprechend ausgefüllt.*

ERWEITERUNG **Additional task:** What impression does the video convey of Michio Kaku? Consider his body language, voice and rhetoric.

LÖSUNGSVORSCHLAG Michio Kaku comes across as confident and knowledgeable because of his …
- body language (only upper body and head are visible): eye contact, effective gestures etc.
- voice: authoritative with effective use of intonation and emphasis
- rhetoric: short and clearly understandable sentences, repetition of key words, anaphora, rhetorical questions, enumeration etc.

Spot on facts

FACTUAL TEXTS

Science and technology changing society → WB Tasks 7, 11–15

LERNWORTSCHATZ science, evidence (no pl), research, device, advocate, efficiency, critic, pollutant, resource, regulation, challenge, to decrease, pursuit of, at all costs, sustainability, renewable, controversial, to revolutionise, transfer of data, access, to relate to (sb/sth), loss, privacy, surveillance, exploitation, genetic engineering, to cure, life span, GM, malnutrition, artificial intelligence, robotics, to aim to (do sth), bionic, nanotechnology, to impact, utopia, dystopia, imaginary, to be set in, to predominate, anxiety, totalitarian, suppression, individual, advanced, implicitly, tendency, contemporary, unaddressed, to focus on, primarily, advance, extrapolation, to predict, believable, current, spaceflight, humanoid, plot, supernatural, distinction, evil, internally consistent, setting, prolific

COMPREHENSION **1 Choose one of the following options: 1. At a youth conference …**

METHODISCHES VORGEHEN *Zuerst werden die Kriterien eines Kurzstatements und eines Podcast-Anfangs wiederholt bzw. erarbeitet, z. B.*
- *Kurzstatement als individuelle Meinungsäußerung: Aufmerksamkeit weckender Einstieg, prägnante Formulierung der eigenen Position, zentrale Gründe usw.*
- *Podcast-Einleitung als Einstieg in einen über Fakten und Positionen informierenden Hörtext.*

Das Statement kann durch strukturierte Notizen oder ein ausformuliertes Redeskript vorbereitet werden, die Podcast-Einleitung setzt ein vorformuliertes Skript voraus. Zu verdeutlichen ist, dass beide Optionen die Funktion haben, die zwei Fact files *der Seite sprachlich und inhaltlich zu verarbeiten. Beide Aufgaben eignen sich auch gut als Hausaufgabe. Die Präsentation der Ergebnisse erfolgt dann z. B. in Dreiergruppen. Die S tragen zuerst ihre Ergebnisse vor und diskutieren aufeinander Bezug nehmend hinterher noch in einem vorgegebenen Zeitrahmen weiter (Option 1) bzw. vergleichen und bewerten die Qualität ihrer Einstiege ins Thema (Option 2).*

LÖSUNGSVORSCHLAG Individual answers expected.

VISUALS **2 Describe and interpret the cartoon.** → S28.2

METHODISCHES VORGEHEN *Wichtig ist die methodische Abfolge: Beschreibung vor Analyse. L verweist auf* Skill 28.2 Working with visuals: Cartoons. *Die Beschreibung erfolgt strukturiert nach Aufbau, Dronendarstellung und Text. Die Analyse nimmt Bezug auf die Darstellung der Drone sowie die Struktur und Botschaft der fünf Sprechblasen und benennt zusammenfassend die Botschaft des Cartoons.*

ALTERNATIVE *In schwächeren Lerngruppen wird das Vorgehen vorgegeben: Vorbereitungszeit in Einzelarbeit und erster Austausch in Partnerarbeit vor der Besprechung im Plenum (*Think – Pair – Share*).*

LÖSUNGSVORSCHLAG **Description:**
- The cartoon is made up of a series of four mini-pictures.
- A drone is speaking to the reader in a standing position.
- The drone begins by introducing itself and names three tasks it can be used for, e.g. delivering packages, pizzas and weapons.
- At the end the drone advises the reader to be careful while it flies away swiftly into the distance.

- The drone is visualised as a flying object with four thin metal feet, eight rotors/propellers and a rounded metal top with a smiling human-like face and a brown carrier box underneath.

Interpretation/Analysis:
The intention of the cartoonist is to inform the reader concisely about the appearance and functions of drones. In doing so, the drone is humanised/personified as being friendly via its consistently benevolent smile and different facial expressions. The cartoon presents drones as a useful delivery service of both everyday objects and weapons. The destructive potential of drones in war is emphasised by the drastic wording that indicates it is able to "blow your village to kingdom come", a phrase which stands in stark contrast to the drone's friendly appearance. The cartoonist sends a clear message to be aware of the different purposes of drones. Thus drones exemplify science which is morally neutral and, depending on its use, may be a blessing or a curse.

ERWEITERUNG **Additional task:** Which statements from the info boxes does the cartoon refer to?

COMPREHENSION **3 Turn the information from the texts above into a grid which explains, …**

MATERIALIEN → Kopiervorlage 1 (Fill in the grid, Task 2)

ALTERNATIVE *Sinnvoll als Hausaufgabe oder als arbeitsteilige Gruppenarbeit im Unterricht. Anschließende Präsentation der Ergebnisse über Folie. Schwächere S erhalten das vorbereitete Raster auf Kopiervorlage 1* (Fill in the grid, Task 2) *zum Ausfüllen.*

LÖSUNGSVORSCHLAG

Speculative fiction	Utopia	Dystopia	Science fiction	Fantasy
Definition	optimistic description of an imaginary perfect future society	pessimistic description of an imaginary future society (anti-utopia)	description of scientific advances and their effects on society and private life	creation of a fantastic setting different from today's society
Focus	positive effects of technological progress	negative effects of industrialisation and science, e.g. a non-democratic government and the suppression of the individual	extrapolation = prediction of future developments from current trends in science	magic and supernatural elements; good vs. evil
Examples	Thomas More, *Utopia* (1516); Edward Bellamy, *Looking Backward* (1888)	Aldous Huxley, *Brave New World* (1932); George Orwell, *Nineteen Eighty-Four* (1949); Suzanne Collins, *The Hunger Games* (2008–2010)	H.G. Wells, *The Time Machine* (1895); Isaac Asimov's novels and short stories	J.R.R. Tolkien, *Lord of the Rings* (1954–55); J.K. Rowling, *Harry Potter* (1997–2007)

ERWEITERUNG **Additional task:** Find out more about the books/films given as examples in the fact files (plot, characters etc.) What other books/films do you know which could be categorised in one of these four genres? Why did you read or watch them?

SPEAKING **4 Give a five-minute book report on a speculative fiction ...** →△2

ALTERNATIVE *Langfristige Hausaufgabe (1–2 Wochen Vorbereitungszeit): Die Komponenten eines* Book report *werden vorher beim Arbeitsauftrag von L präzisiert (bzw. mit den S erarbeitet) und können damit auch transparenter Bezugspunkt von S-Rückmeldungen und L-Bewertung sein. Zum Beispiel können Aussagen zu* Author, date of publication, length, plot, characters, point of view, language, target readers *usw. erwartet werden sowie ausgewählte Textbeispiele (Leseprobe,* Favourite quote*) und auch eine persönliche Einschätzung der Eignung als Privat- oder Kurslektüre. Die Klassifizierung des Genres nimmt Bezug auf* Definition/Focus *in der Tabelle zu Aufgabe 3.*

LÖSUNGSVORSCHLAG Individual answers expected.

DIFFERENZIERUNG △ *Leistungsschwächere S finden in Aufgabe 2 im* Diff pool *Unterstützung für die Bearbeitung der Aufgabe. Es werden* Useful phrases *zur Ausarbeitung des* Book report *zur Verfügung gestellt, strukturiert nach den Teilen* Introduction, Content, Message/Effect *und* Conclusion. *Zusätzlich zum Tipp in der Randspalte zu* Preparing a book report *verweist L noch auf* Skill 5.2 Analysing narrative texts *und* Skill 16 Review *hin.*

ERWEITERUNG **Additional task:** What is your attitude towards science and technology at school and in your private life? *An interessierte S kann L zusätzlich den folgenden Arbeitsauftrag erteilen:* Use the information in the four fact files (Spot on facts) to write an expository essay ("How modern society is strongly shaped by science and technology") or an argumentative essay ("Will science lead to the destruction of Earth?"). Think of a logical sequence of ideas/paragraphs/ topic sentences.

Core skill workshop

Writing an argumentative text → WB Tasks 2, 3

METHODISCHES VORGEHEN *Der* Core skill workshop *eignet sich für:*

- *die eigenständige Arbeit zu Hause,*
- *längere offene, lehrerbegleitete Lernphasen,*
- *die individuelle Förderung,*
- *als Hilfestellung bei entsprechenden Aufgabenstellungen in der Reihe.*

Die Schlüsselkompetenz Writing an argumentative text *sollte so oft wie möglich während der Bearbeitung des* Topics *geübt werden und entsprechend auch Teil der schriftlichen Leistungsüberprüfung sein. L verweist die S als Einstieg auf* Skill 34 Dealing with exam tasks.
Die Teile A–C sind eine in sich stimmige, themenbezogene und auf Skill 14.1 *abgestimmte kleinschrittige Lern- und Übungssequenz zum* Argumentative essay; *sie endet mit einem einzureichenden oder zu präsentierenden geschlossenen S-Text nach Aufgabe 7. Bei der Vorbereitung finden die S Hilfestellung in* Skill 20.1 Writing paragraphs.
Teil D ist textbezogen und bereitet auf die klausurtypische Aufgabenstellung des persönlichen Kommentars vor. Dazu werden die Hinweise in Skill 14.2 Comment *berücksichtigt. Die für die beiden Textformate oft genutzten Operatoren* Discuss *bzw.* Comment on *sind klar voneinander abzugrenzen in ihren jeweiligen Anforderungen (vgl. Tipp zum* Argumentative essay *zu Beginn des* Core skill workshop*).*
Skill 14 Essay *fokussiert ein strukturiertes Verfahren für die Bewältigung der Aufgabenstellungen und liefert themenübergreifendes Funktionsvokabular. Bei der abschließenden Evaluationsaufgabe 10 verweist L auf* Skill 20.2 Editing and checking *sowie auf* Skill 33 Peer evaluation.

BRAINSTORMING **1 Use these suggestions to think of more arguments to complete ...** → S34

METHODISCHES VORGEHEN *In jeder der oben genannten Arbeitsformen sollten die S Gelegenheit haben, die Ergebnisse ihrer inhaltlichen Vorbereitung in Rasterform mit Mitschülern abzugleichen oder sich inhaltlich-sprachliche Rückmeldung von L zu holen. Hinweis auf* Skill 34 Dealing with exam tasks. *Eine vertiefende Recherche im Internet ist als Weiterführung der Impulsbegriffe hier im LB zu emp-*

fehlen, insbesondere mit Blick auf die aktuelle Situation der Entwicklung batteriebetriebener Autos (Preise für ausgewählte Modelle, Batteriereichweite, Unterhaltskosten, Verkaufszahlen, Marktanteil, etc.).

LÖSUNGSVORSCHLAG

Topic: Battery-powered cars Facts and figures

- run on electricity; rechargeable battery
- still have a low market share
- sales figures are slowly rising
- little competition yet between car-makers
- expected to replace petrol-driven cars in the long term

Pros	Cons
• new driving experience, e.g. smooth acceleration, nearly noiseless driving • high fuel efficiency • drivers would no longer affected by rising petrol prices • reduces air pollution • low maintenance costs due to inexpensive electricity	• insufficient battery power, e.g. most cars would need to recharge after 100–200 km • lack of charging stations • battery recharging takes a long time • prices are still higher than those of conventional petrol-driven cars • limited number of models • risk of high repair costs due to new technology

BRAINSTORMING

2 Look at your grid from Task 1 and mark the facts and figures you want …

METHODISCHES VORGEHEN *L verweist auf den Tipp zu* Ways to order your arguments. *Die S bearbeiten diese Aufgabe am besten in einer Stillarbeitsphase.*

LÖSUNGSVORSCHLAG Individual answers expected.

EVALUATION

3 Compare these beginnings for the introduction, then choose your … → S20.1

METHODISCHES VORGEHEN *Ggf. werden die unterschiedlichen Einstiege voneinander abgegrenzt:* recent trend (1), guiding question (2), opinion (3), prediction (4). *Vorab verweist L auf* Skill 20.1 Writing paragraphs.

LÖSUNGSVORSCHLAG Individual answers expected.

VOCABULARY

4 Revise your knowledge of connectors. Complete the sentences with the …

METHODISCHES VORGEHEN *Hier sind die Lösungen eindeutig. L weist darauf hin, dass die unten verwendeten Konnektoren am Satzanfang in der Regel mit einem Komma abgetrennt werden.*

LÖSUNG

1. Starting: First of all, / **To start with**, most car drivers are aware of the fact that …
2. Drawing conclusions: For this reason / **Therefore**, car-makers have to …
3. Adding: In addition, / **Moreover**, many experts point out that …
4. Introducing a new argument: With regard to / **In terms of** the environment, …
5. Emphasising: Above all, / **Most importantly**, sales figures are likely to …
6. Giving examples: For example, / **For instance**, it is a disadvantage that …
7. Contrasting: In contrast to … / **In comparison**, critics also see the problem of …
8. Making concessions: However, / **Admittedly**, it remains to be seen if …

EVALUATION

5 Write a paragraph on the advantages of battery-driven cars. …

METHODISCHES VORGEHEN *Die Automobilindustrie argumentiert im Eigeninteresse deutlich für ihre neuen Produkte. Die S können angeregt werden zu überlegen, wer aus welcher Perspektive und aus welchem Interesse welche der oben gesammelten Pro-Argumente vorbringen würde:* Environmentalists, consumers, politicians, petrol station owners, urban planners etc. *Hinweis auf den Tipp zu* A paragraph … *in der Randspalte.*

LÖSUNGSVORSCHLAG Individual answers expected.

LANGUAGE

6 To prepare your conclusion, note down phrases for summarising and …

LÖSUNGSVORSCHLAG

Phrases for summarising:
in sum, to summarise, to sum up etc.

Phrases for giving your opinion:
In my opinion/view …; From my perspective … etc.
1. In sum, there is no doubt that the advantages of battery-driven cars already outweigh the disadvantages.
2. In my view battery-driven cars are bound to have a 50 % market share by the year 2030.
3. From my perspective, electric cars are the only way to improve mobility and be environmentally friendly.

ERWEITERUNG

Additional task: Revise connectors to express your opinion. Then choose a connector and continue this concluding paragraph:
- In my opinion/…, battery-driven cars …
- One reason for my optimism/skepticism is …
- A further strong argument is that …
- Another point I would like to make is that …
- Therefore my conclusion/advice/prediction is that …

EVALUATION

7 Finish the body and conclusion of your essay.

METHODISCHES VORGEHEN

Die konsequente Anwendung von Paragraph writing *wird unterstützt durch den Tipp neben der Aufgabe und einen zusätzlichen Hinweis auf* Skill 20.1. *Die S erhalten inhaltliches und sprachliches Feedback von Mitschülern und/oder L und überarbeiten ihre Text zur Endversion. Die Veröffentlichung besonders gelungener Texte kann z.B. durch Aushang im Kursraum oder durch eine Zweitverwendung als Redeskript erfolgen.*

LÖSUNGSVORSCHLAG

Individual answers expected.

VOCABULARY

8 a) Which adverbs of comment …? b) Complete these sentences … → S14.2

METHODISCHES VORGEHEN

Es erfolgt einleitend der Hinweis an die S, dass die Zuordnung bei vielen der Satzadverbien nicht eindeutig ist, sondern abhängig vom Kontext. Hinweis auf Skill 14.2 Comment.

LÖSUNGSVORSCHLAG

a) Other adverbs of comment: possibly, apparently, definitely, actually, truly, evidently, probably, generally, typically etc.

Positive opinion	Neutral opinion	Negative opinion
unquestionably, surely, hopefully, thankfully, luckily	surprisingly, interestingly, undoubtedly, admittedly	unwisely, unfortunately, sadly

b) Individual solutions depending on perspective and personal opinion:
1. **Undoubtedly/Hopefully,** cars which drive themselves will be available soon.
2. **Sadly/Surely,** driverless cars take the fun out of doing it yourself.
3. **Unwisely/Unfortunately,** many young people would prefer to text while the car drives itself.
4. **Hopefully/Unquestionably,** the number of fatal road accidents will drop immensely.

NEWSPAPER ARTICLE

Clean, safe and it drives itself

LERNWORTSCHATZ

species, breakthrough, urban, to prevent sth, to maintain sth, to avoid, compulsory, to measure, insurer, benefit, to regain, accelerator, to ease sth, to commute

COMPREHENSION

9 a) Outline the point the author makes. b) Do you agree with the author's …?

METHODISCHES VORGEHEN

Nach einem ersten Lesen bearbeiten die S Teilaufgabe a). Sie können spontan antworten oder ihre Antwort schriftlich vorformulieren. Hinweis auf den Tipp zu Referring to a statement.

LÖSUNGSVORSCHLAG

a) The author points out another step in car evolution, i.e. the increasing number of driver assistance technologies. This development leads to driverless cars, which will have many advantages.

b) Individual answers expected.

ERWEITERUNG

Als Zwischenschritt vor Aufgabe 10 werden Beispiele für Driver assistance technologies *gesammelt. In einer 2-spaltigen Tabelle notieren die S die Vorteile eines* Driverless car (advantages) *sowie mögliche Nachteile* (disadvantages).

EVALUATION

10 "Putting the car on autopilot is safer than driving it." … → S20.2, S33

MATERIALIEN

→ Kopiervorlage 2 (Feedback sheet for argumentative texts)

METHODISCHES VORGEHEN

a) *Der Einstieg in dieses strukturierte Vorgehen sollte noch im Unterricht erfolgen, wichtige methodische Hinweise aus dem* Core skill workshop *und den* Skills (Skill 20.2 Editing and checking *und* Skill 33 Peer evaluation) *werden aufgefrischt (Anforderungen eines Kommentars, methodisches Vorgehen, Struktur, Absätze, Funktionsvokabular, Bewertungskriterien usw.). Für die Aufgabenbearbeitung ist der Einsatz eines Textverarbeitungsprogramms zu empfehlen, mit dessen Hilfe auch die Überarbeitung zeitökonomisch erfolgen kann.*

b) *Ein mögliches Strukturierungsmuster ist die Formulierung von* Topic sentences *für folgende vier Teile des Kommentars:* 1. Introduction (catch reader's attention; refer to the statement from the text as given in task l. 17); 2. Body part I (state personal opinion [for or against driverless cars], refer to suitable arguments from the text); 3. Body part II (support opinion with further arguments and refute possible counter-arguments); 4. Conclusion (personal opinion on initial statement; outlook on future developments).

ERWEITERUNG

c) *Bei der Ausarbeitung der vier Teile kann auf die Notizen aus Teilaufgabe a) zurückgegriffen werden. Die S nutzen das* Feedback sheet for argumentative texts *(Kopiervorlage 2) für strukturierte Notizen zum gelesenen Text. Das Feedback wird mündlich und/oder schriftlich gegeben. Jeder S überarbeitet seinen Text auf der Grundlage des Feedbacks (möglichst mehrerer S). Eine Veröffentlichung von besonders gelungenen Texten per E-Mail oder Aushang im Kursraum ist zu empfehlen.*

LÖSUNGSVORSCHLAG

Individual answers expected.

A The privacy debate

BEFORE YOU READ

1 Write your definition of privacy on a card and put it up on the board. …

METHODISCHES VORGEHEN

Das Vorgehen ist abhängig von der Kurs- und Raumgröße. Wenn die Bedingungen es zulassen, versammeln sich die S vor der Tafel, um die Beiträge der Mitschüler zu lesen. Im Anschluss werden Cluster gebildet, d.h. die Beiträge werden nach Gemeinsamkeiten gruppiert. Diese Aufgabe kann von einem S übernommen werden, der auf Zuruf der Mitschüler agiert. Alternativ könnten die Beiträge auch auf Folienschnipsel (Präsentation über Overheadprojektor) oder auf kleinere Papierstreifen (Präsentation über ELMO – Dokumentenkamera mit einem Beamer verbunden) geschrieben werden. Der Arbeitsauftrag wird dann in der Formulierung angepasst: Write your defintion on a transparency/piece of paper. Make sure it is legible. Hand it to your teacher. *Sollten die Ergebnisse zu unergiebig sein, können Definitionen aus einsprachigen Wörterbüchern herangezogen werden. Eine kurze Recherche seitens der S ist denkbar. Der abschließende Arbeitsauftrag wird in einer kurzen Einzel- oder Partnerarbeitsphase ausgeführt. Die erstellte gemeinsame Definition wird über einen Tafelanschrieb allen S zugänglich gemacht, damit dieses Vorverständnis nach Bearbeitung der Texte des* Topics *nochmals diskutiert werden kann.*

LÖSUNGSVORSCHLAG

Individual answers expected:

- situation in which one is alone
- the lack of public attention
- the freedom to keep things secret

- the absence of surveillance/control
- anonymity

ERWEITERUNG *Die S suchen Synonyme aus einem Thesaurus,* z. B. seclusion, solitude, isolation, retirement, peace, peace and quiet, peacefulness, lack of disturbance, lack of interruption, freedom from interference etc.

NOVEL EXCERPT

Freedom or security? → WB Tasks 4, 5

LERNWORTSCHATZ privacy, security agency, surveillance, to pretend to, to be fueled by sth, lethal, debit card, to make a face, to skip class, to monitor, to pass, to spy on, to sue sb for sth, to depict, idiomatic, to refer to

COMPREHENSION

2 a) Describe the changes Marcus ... b) Sum up Marcus' conversation ...

LÖSUNGSVORSCHLAG

a) Changes:

- Huge increase in the use of surveillance equipment, e.g. sensors and traffic cameras.
- The Patriot Act II has been passed, which allows the government to monitor all debit card transactions.

b) Summary of the conversation: The owner of the Turkish coffee shop explains why he refuses to accept debit card payments. He tries to make Marcus understand the implications of the new law. From his point of view it helps the government to spy on citizens. He left Turkey 20 years ago because of that kind of surveillance. Now he is not willing to support another government which limits the freedom of citizens. His rejection is so adamant that he even accepts losing money: If his customers do not carry any cash he gives away the coffees for free and asks them to make a donation to the ACLU. Marcus is really impressed by the coffee shop owner's attitude and is determined to support him.

ANALYSIS

3 a) Give a brief characterisation ... b) Examine the style and ... → S7

METHODISCHES VORGEHEN *Vor der Bearbeitung von Teilaufgabe a) werden die S auf* Skill 7 Characterisation *hingewiesen. L erinnert die S daran, bei beiden Teilaufgaben Belegstellen aus dem Text anzuführen.*

LÖSUNGSVORSCHLAG

a) Characterisation:

Marcus, the first-person narrator, is a high school student who lives in San Francisco. On the one hand, he seems to be very observant and mature. On the other hand, he seems fairly naïve. Because of his passion for Turkish coffee Marcus goes to the same coffee shop every day on his way to school. He has even looked up information on the origins of coffee (l. 14), which suggests a basic interest in history. But he does not know anything about modern Turkey and has never talked to the Turkish shop owner before. On his way to school he notices an increase in "surveillance gear" (l. 7), but he does not understand or think about the importance of his observation. It does not seem to worry him. It is the Turkish coffee shop owner who points out that it is all part of a new government programme which limits individual freedom. This thought does not seem to have entered Marcus's mind before. He admits that his "jaw dropped" (l. 32) when the shop owner explains the connection between using debit cards and spying on citizens. Although he admires the courage of the owner to ban the use of debit cards from his shop, Marcus's first thought is how much profit the coffee owner must lose in the process (l. 38). In spite of his naïvety concerning politics he seems to be mature for his age and self-critical. He is aware of patterns in his behaviour (l. 23).

b)

- **Style/Language:** The young first-person narrator uses vivid colloquial expressions, which are not always grammatically correct, e.g. "fixed me up good with a go-cup" (l. 11), "stuff" (l. 18), "it's no big deal" (l. 33), contrasted with occasional very formal words, e.g. "ubiquitous" (l. 10), "the Ottoman Empire" (ll. 14 f).
- **Tone:** The narrator is humorous, which is mainly achieved by commenting on his own behaviour, e.g. "There's no surer way to make me want to understand than to tell me that

I won't." (l. 23) and "I wanted to tell him he was a hero and shake his hand, but that was what came out." (ll. 38 f).
- **Appeal:** Individual answers expected.

SPEAKING

4 The coffee shop owner claims that there is a "problem with [the] ..."

METHODISCHES VORGEHEN

*Zur Vorbereitung werden Argumente für die beiden Sichtweisen (*Exaggerated fear vs. real problem*) gesammelt (ggf. als Hausaufgabe). Ein Austausch im Plenum dient dazu, für alle S eine breite Diskussionsgrundlage zu schaffen. Je nach zur Verfügung stehender Zeit werden die wichtigsten Argumente auf* Cue cards *notiert und als Unterstützung bei der Diskussion eingesetzt. Bei Bedarf werden Wendungen zur Meinungsäußerung wiederholt. In Vorbereitung auf den folgenden Artikel aus dem* Telegraph *kann eine Abstimmung erfolgen, um ein Meinungsbild zu erstellen, das nach der Lektüre des Artikels aufgegriffen und ggf. modifiziert werden kann.*

LÖSUNGSVORSCHLAG

Exaggerated fear	Real problem
• Most citizens have nothing to hide. • Most of the information collected is never looked at. • Surveillance is necessary to protect citizens against terrorism/crime. • There are rules and regulations for the use of surveillance.	• It is a threat to democracy, e.g. whistleblowers are being persecuted. • It leads to a lack of trust in governments. • It is a loss of privacy. • Intelligence agencies can abuse information, e.g. the NSA.

EVALUATION

5 "The choice for mankind lies between freedom and happiness ..."

METHODISCHES VORGEHEN

Die Aufgabe kann als Hausaufgabe erledigt werden. Aufgrund der Komplexität der Fragestellung bietet sie sich aber auch für eine Bearbeitung im Unterricht an. Zunächst werden Ideen zur Interpreta-tion des provokativen Orwell-Zitats gesammelt. L verweist auf das Fact file *zu* Nineteen Eighty-Four. *Wenn das Thema* American Dream *bereits behandelt worden ist, sollte ein Hinweis auf die Unabhängigkeitserklärung* ("life, liberty and the pursuit of happiness") *ausreichen, um die Sicht des Zitats zu verdeutlichen. Es ist zu erwarten, dass die S die Versprechungen des* American Dream *als selbstverständlich annehmen* (Freedom and happiness vs. freedom or happiness). *Die S sollten angeregt werden darüber nachzudenken, ob man ohne Freiheit glücklich sein kann. Je nach Lerngruppe kann L auf Wissen aus dem Philosophieunterricht zurückgreifen. Nach einer ausführlichen Beschäftigung mit dem Zitat sollte der Vergleich mit dem Romanauszug aus* Little Brother *in Einzelarbeit zu Hause zu leisten sein.*

LÖSUNGSVORSCHLAG

- **Quotation from Nineteen Eighty-Four:** see above.
- **Parallels:** In *Little Brother* seems to be threatened by an increase in government snooping (setting similar to *Nineteen Eighty-Four*). The coffee shop owner comes from a country where he has experienced a lack of freedom and has emigrated to the US. Freedom seems to be so important for him that he is willing to accept a loss in profit (fewer customers will purchase his coffee if he does not accept debit cards). However, it can be assumed that, despite being monitored, most people will not be willing to do without their comfortable debit cards.

NEWSPAPER ARTICLE

Yes, Big Brother is watching you. But for a good reason

LERNWORTSCHATZ

to pose a threat (to sb/sth), secretary of state, proportionate (fml), to involve, means, means, concern, to gather, for the sake of, data-miner, scale, checks and balances, exposure

COMPREHENSION

6 a) State your first response to the article. b) Outline the reasons ...

METHODISCHES VORGEHEN

Der Artikel aus dem Telegraph *greift das Thema des Überwachungsstaates wieder auf. Der Bezug ist hier aber die Gegenwart in Großbritannien und nicht eine dystopische Sicht einer Zukunft in San Francisco. Eine spontane Reaktion ist abhängig von der in Aufgabe 4 geführten Diskussion. Auf sie kann verwiesen werden, wenn es keine spontanen S-Reaktionen gibt.*

LÖSUNGSVORSCHLAG **a)** Individual answers expected.

b) Reasons put forward in the text:

- The increase in communications options has made it necessary to search through large amounts of data in order to uncover spies, terrorists and criminals.
- Since terrorism is a global threat, an exchange of information among agencies from different countries is essential to fight it effectively.
- To be able to compete in the international market with new rising economies like China and Russia, it is necessary to beat those nations at their own game.

ANALYSIS **7 a) Show that the article is an ... b) Analyse the stylistic devices ...** → S10.2

ALTERNATIVE *Vor der Untersuchung der Stilmittel in Teilaufgabe b) erfolgt ein Hinweis auf* Skill 10.2 Stylistic devices *und die* Useful phrases *zu* Talking about a line of argument. *In schwächeren Lerngruppen werden die Stilmittel (evtl. in Tabellenform) vorgegeben und L lässt die S nur die Beispiele aus dem Text heraussuchen.*

LÖSUNGSVORSCHLAG **a) Examine the line of argument:**

Introduction/ Antithesis	The public is horrified at the idea that the NSA and GCHQ share data they have collected about individuals without their knowledge. The situation is compared with the dystopian vision presented in the novel *Nineteen Eighty-Four.*
History of surveillance	Two world wars and the Cold War required government organisations to secretly listen to and record private communications. Such interceptions needed a warrant from the Secretary of State, and an independent judge made sure that they were legal. This practice was generally accepted by the public.
Present problems	Due to the increase in communication options intercepting messages with criminal intent has become a lot more difficult. To be effective, it is necessary to search through large amounts of data, most of which belong to innocent people.
Thesis	Cooperation among security organisations at an international level guarantees our safety and should be welcomed.
Arguments in favour	Major companies such as Microsoft have the means to spy on individuals. Companies in China and Russia use those means to spy on their competitors. Occasionally, individuals might become victims of crime. But data-trawling has no negative consequences for the majority of people. Especially in the West governments should have the same opportunities as these companies.
Conclusion	We should be alarmed if governments did not have the right to spy on people who are potentially dangerous.

b) Analyse the stylistic devices and comment on their effectiveness:
The author uses (rhetorical) questions, enumerations, antithesis and allusions to convince readers of his opinion. Furthermore he uses personal pronouns, parentheses and attitudinal adverbs help to create the desired effect.

Stylistic device	Example/Quotation	Effect
Allusions	"Big Brother is watching you. Looks like Big Brother?" (l. 5)	reference to Orwell's famous dystopian novel; evokes an atmosphere of horror

Questions	"Looks like Big Brother? Or is there less than meets the eye?" (l. 5) "Does it matter?" (l. 28)	create a conversational style as if the author were really arguing with the reader; the last question is not rhetorical per se since the author answers it himself
Antithesis	"... a cause of comfort rather than concern." (ll. 19–20) "They don't gather information for the sake of it – they do it to keep us safer." (ll. 20–21) "... government snooping ... governments are prevented from snooping" (ll. 31–32)	typical device in an argumentative text; it is a means of simplifying a complex issue; offering clear-cut alternatives
Enumerations	"showing with whom, where, when and for how long" (l. 3) "spies, terrorists and criminals" (l. 11) "Before you close the door, they can know where you're going, how you're travelling ..." (ll. 23–25)	emphasise examples given
Personal pronouns	"we" (e.g. ll. 3, 6, 7, 28, 29, 30)	establish rapport with the readers
Parenthesis	"some of it genuine" (l. 1) "to us as well as to their own" (ll. 26–27)	typical means of persuasion; present the author's comments

EVALUATION **8 Write a letter to the editor expressing your opinion on this issue.**

ALTERNATIVE *Eignet sich gut als Hausaufgabe. Je nach Vertrautheit mit der Textform sollten die S auf die Informationen in* Skill 18.1 Writing a formal letter/letter to the editor *hingewiesen werden. Bei Bedarf wird das dort abgebildete Beispiel besprochen.*

LÖSUNGSVORSCHLAG Individual answers expected.

ERWEITERUNG *Die Webseite PublishaLetter bietet Zeitungslesern die Möglichkeit, einen Leserbrief auf elektronischem Weg zu übermitteln (http://www.publishaletter.com/selectedpaper.jsp?paper=8142). Hier finden sich interessante Vorgaben, die ein potentieller Leserbriefschreiber zu beachten hat (Länge, Inhalt). Da die Vorgaben teilweise das Problem des Datenschutzes und der Wahrung der Privatsphäre betreffen, ergibt sich ein guter Bezug zum Thema dieses* Topic-*Teils.*

VISUALS **9 Describe the two works by Banksy below and interpret them in the ...**

Banksy is the pseudonym of a street artist whose identity remains unknown. He was probably born in Bristol, England, around 1974. He became famous in the 1990s. His artwork is characterised by striking images which often deal with political themes and criticise war, capitalism, hypocrisy and greed. Banksy is the subject of the documentary *Exit through the gift shop* (2010) which examines the relationship between commercial and street art.

METHODISCHES VORGEHEN *Vor der Bearbeitung der Aufgabe wird kurz auf die Arbeitsschritte* (Description, Interpretation) *eingegangen. Wird die Aufgabe im Unterricht bearbeitet, bietet sich Partnerarbeit in zwei arbeitsteiligen Großgruppen an. Zur Ergebnispräsentation finden sich jeweils zwei Paare zusammen, die verschiedene Bilder bearbeitet haben und sich gegenseitig ihre Ergebnisse vorstellen.*

LÖSUNGSVORSCHLAG **Picture 1 (on the left):**

Description	Interpretation
• old-fashioned TV set/monitor in the foreground • pink frame • dark green screen • reflections of light/the room in the top centre: quotation ascribed to Andy Warhol • one word has been exchanged • instead of "world-famous" it says "anonymous"	• comment on changes in society • fame was an object of desire in the past • the mass media, particularly television, have made it easier for individuals to become well known • according to Warhol this fame is short-lived (15 minutes) • Banksy's version deals with more recent changes in society • increase in surveillance and spying on people's private communications • privacy has become precious/rare • anonymity in the mass media is a contradiction in terms/paradoxical

Picture 2 (on the right):

Description	Interpretation
• a brick wall in the background • has been painted • cartoon-like drawing of a man in the centre with a speech bubble on the right which says "Oh, no … my tap's been phoned" • tap coming out of the wall right next to him on the left • in the left hand corner above the tap there are two words in bold face "Brinngg!" • icons/emanata around the two words illustrating the sound of the ringing phone	• the speech bubble contains a play on words 'tap a phone' – 'phone a tap' • reference to the current debate about an increase in surveillance strategies and the loss of privacy • the cartoon-like drawing and the play on words imply that he is poking fun at those people who react hysterically to the NSA controversy

ERWEITERUNG *Auf der Homepage von Banksy (http://banksy.co.uk/out.asp) erhält man einen guten Überblick über seine Werke. Möglichkeit zur Individualisierung/Vertiefung: Interessierte S suchen ein weiteres Werk Banksys zum Thema* Privacy *aus und stellen es im Unterricht vor.*

B Donate yourself

BEFORE YOU READ **1 What is your attitude towards organ donation?**

MATERIALIEN → Kopiervorlage 3 (Analysing a film scene)

METHODISCHES VORGEHEN *Die Haltungen/Einstellungen können in Form eines Blitzlichts* (Round Robin) *abgefragt werden. Vor Beginn sollte eine kurze Bedenkzeit gewährt werden, in der die S sich Notizen zum Thema machen können. Die* Useful phrases *zu* Organ donation *dienen zur sprachlichen Unterstützung.*

ERWEITERUNG *Nach Möglichkeit wird die entsprechende Szene aus dem Film gezeigt (22:19–25:29), damit die beklemmende Atmosphäre deutlich wird. Wird der Filmausschnitt im Unterricht angeschaut, kann Kopiervorlage 3* (Analysing a film scene) *als* Note-taking sheet *zur Verfügung gestellt werden.*

LÖSUNGSVORSCHLAG **Main message of the scene:** Miss Lucy confronts the students with the truth about their future, but they do not visibly react.

Narrative techniques:
Characters:
appearance
- Miss Lucy (teacher): slim, short dark hair, wears a dark bluish-green dress with a floral pattern and a grey cardigan over it
- students: look neat and tidy, wear grey school uniforms, boys wear ties

body language
- Miss Lucy: tense, sad, her hands are clasped tightly together, serious face, standing, moving towards the window = needs air, at first there is eye contact, later she breaks off eye contact because she cannot handle the situation (tries to stay strong)
- students: attentive, calm, controlled, sitting up straight, most of them have their hands on their desks, little reaction

use of language/communication
- Miss Lucy: voice is clear, trembling, calm, tries to keep her voice under control, talks slowly; the truth about the children's lives is disclosed slowly/gradually
- students: remain absolutely silent, little outer reaction to what they are told

Action:
setting
- time: 1978
- place: classroom at Hailsham, individual wooden desks, old-fashioned

plot
- Miss Lucy tells the students in simple words what their future will be like; she explains that they will die young because they will have to donate their vital organs so that others can live; she argues that this knowledge is necessary to lead a decent life

suspense (unanswered questions)
- Why is there no reaction at all on the part of the students?
- Will they react later when the truth has sunk in properly?
- What will their reaction be like?

Cinematic devices:
camera operations (variety of shots)
- close-ups of objects (flower, map; cf. symbols)
- wide shot of classroom: establishes the location
- close-ups on faces heightens the tension
- medium shots of parts of the classroom
- point-of-view shots showing both Miss Lucy's and the students' perspective
- hardly any movement of camera: intensifies the calm, concentrated atmosphere

sound/music
- violin/string instrument – one increasing/intensifying tone/note = creates sadness as well as suspense
- only one person speaks although there are nearly 30 students; their silence intensifies the suspense which is created

lighting
- no artificial light in the classroom
- dark colours, grey sky, gloomy
- twilight
- wind/rain

symbols
- rain/wind – mood: sad, uncomfortable, uneasiness, despair
- withered flower: absence of life, artificial life, time passing by
- map: knowledge, travel, possibilities (shows what they cannot achieve)
- papers blown off the desk picked up by Tommy: helpful, shows respect, not affected emotionally, shows how they are conditioned to function/work, return to normality

other effects
- "timing"
- general colouring: dark and gloomy

FILM SCRIPT **Never Let Me Go** → WB Task 16

LERNWORTSCHATZ to donate, to reveal, ordinary, staff, to hold in store for sb, bus conductor, vital organ, decent, stunned

COMPREHENSION

2 Sum up what Miss Lucy tells the children about their future and ...

LÖSUNGSVORSCHLAG Miss Lucy tells the children in simple words that their future is mapped out for them; their lives will be very short. They have been bred and raised for the sole purpose of donating their vital organs. This will start when they are young adults. After the third or fourth donation they will die. The children show no reaction to this terrible revelation; they remain silent. Only Tommy moves. He completes what he had wanted to do before Miss Lucy's speech, i.e. pick up some papers from the floor and hand them to Miss Lucy.

ANALYSIS

3 Examine how atmosphere is created in the film script. → ▲3

METHODISCHES VORGEHEN *Wenn der Filmausschnitt gezeigt wurde, kann die Reaktion der S auf die Szene als Ausgangspunkt der Analyse genommen. Arbeitsschritte: 1. Wirkung beschreiben, 2. Analyse, wie diese Wirkung erzeugt wird (induktives Vorgehen). Wurde die Aufgabe allein auf der Textbasis erarbeitet, muss als Vorbereitung evtl. noch einmal geklärt werden, welche Elemente des Textes untersucht werden, wenn es um die Bestimmung der Atmosphäre geht (deduktives Vorgehen). Je nach Erfahrung im Umgang mit Filmskripten, muss darauf hingewiesen werden, wo solche Elemente zu suchen sind (*Stage directions*).*

LÖSUNGSVORSCHLAG

Description	Analysis
"Rain blows through the half open window." (l. 11)	rain – sadness
"It [map] shudders in the wind." (l. 13)	shaking movement – cold/frightened
"There is an odd electricity in the air." (l. 16)	tension; element of danger
"They sense it is seismic." (l. 17)	allusion to earthquakes, i.e. violent shaking of the surface
"The wind ... blows a couple of papers off the desk." (l. 20)	strong movement which upsets the routine; possible reference to the outside world which is hostile
beat	repeated pauses; Miss Lucy speaks slowly; the children remain silent
colours: mainly grey and brown	underline the gloomy atmosphere

DIFFERENZIERUNG ▲ *Leistungsstärkere S bearbeiten zusätzlich Aufgabe 3 im* Diff pool. *Sie charakterisieren Miss Lucy schriftlich.*

LÖSUNGSVORSCHLAG Individual answers expected.

CREATIVE TASK

4 Write an interior monologue illustrating what goes on in ... → S12.2

ALTERNATIVE *Diese kreative Aufgabe eignet sich gut als Hausaufgabe. Damit sie erfolgreich bearbeitet werden kann, muss aber das Textformat geklärt werden. Es geht hier um das Füllen einer Leerstelle in einem literarischen Text. Dazu muss ein Perspektivwechsel vollzogen werden. Die S nehmen die Sichtweise der Lehrerin Lucy ein, deren Anliegen es ist, ihren S ihre Zukunftsperspektiven aufzuzeigen. Der Sprachstil dieser Figur sollte erhalten bleiben. Eine gute Erklärung des Begriffs* Interior monologue *finden die S in der* Encyclopedia Britannica *(http://www.britannica.com/EBchecked/topic/290310/interior-monologue). Hinweis auf* Skill 12.2 Material-based writing.

LÖSUNGSVORSCHLAG Individual answers expected.

ERWEITERUNG *Die S erstellen auf der Basis der Informationen in der* Encyclopedia Britannica *eine Tabelle zu den unterschiedlichen Formen, die der* Interior monologue *annehmen kann. Dann versuchen sie, die hier gestellte Aufgabe auf diese unterschiedlichen Weisen zu lösen. Sie stellen die Ergebnisse im Plenum vor und diskutieren die jeweilige Wirkung.*

FILM REVIEW

Life as a spare part – a review → WB Task 6

LERNWORTSCHATZ donor, resource, plot, to imply, to spell out, to reveal, influential

COMPREHENSION

5 Outline the reasons why Ebert praises the film.

METHODISCHES VORGEHEN *Die S werden vorab auf das* VIP file *zu Roger Ebert aufmerksam gemacht. Sie lesen die Rezension anschließend in Stillarbeit und machen sich Notizen zu den genannten Gründen.*

LÖSUNGSVORSCHLAG

Reasons why Rogert Ebert praises the film:

- The film follows the novel and incorporates social issues within a human story.
- The film involves deep thought. The audience needs to watch very closely in order to understand what is happening.
- The innocence of the main characters, who accept their fate calmly, makes the film very moving.

ANALYSIS

6 Analyse the strategies Ebert uses to convince the reader of the ... → S4

METHODISCHES VORGEHEN *Vor der Bearbeitung der Aufgabe erfolgt ein Hinweis auf* Skill 4 Dealing with non-fictional texts. *Außerdem könnten die S sich in* Skill 16 *über die Merkmale von* Reviews *informieren. Die dort genannten Kriterien bezüglich des Aufbaus und des Stils bieten eine Leitlinie für die Analyse.*

LÖSUNGSVORSCHLAG

Structure:

- The catchy headline arouses interest.
- The first two paragraphs summarise the content of the film.
- The last three paragraphs present the author's opinion including his personal experience, i.e. his visit to the cinema (l. 24).

Language/Style:

- The author makes use of contrasts to underline his arguments, e.g. "human story" (l. 14) – "parable" (l. 15), "human being" (l. 16) – "consumer resource" (l. 17), "implied" (l. 23) – "not spelled out" (l. 2).
- He employs a lot of adjectives and adverbs to emphasise his attitude, e.g. "sadly" (l. 4), "wisely" (l. 13), "essentially" (l. 15), "meditative, delicate" (l. 19), "poor, innocent" (l. 20), "masterful" (l. 23).
- He uses plain style and simple syntax to present horrifying facts especially in the first two paragraphs, e.g. "they exist to grow hearts, kidneys, livers" (ll. 3 f), "die after too much has been cut away" (l. 5).
- Occasionally the style is literary, e.g when he quotes from the Bible (l. 21).

→ His laconic style reflects the storytelling in the film.

EVALUATION

7 Discuss the 'solution' to the organ shortage presented in the film.

ALTERNATIVE *Der Diskussion bzw. schriftlichen Arbeit sollte eine Recherche vorausgehen, um eine solide Basis zu schaffen. Ein Vergleich zwischen der Situation in Großbritannien und Deutschland bietet sich an. Zwei gute Quellen für den Beginn der Recherche: www.organdonation.nhs.uk, https://www.organspende-info.de/. Der Arbeitsauftrag kann danach schriftlich bearbeitet werden. Zur Erstellung eines* Argumentative essays *verweist L auf den* Core skill workshop *und auf* Skill 14.1.

LÖSUNGSVORSCHLAG Individual answers expected.

ERWEITERUNG *Das Thema kann mit der Lektüre eines Ausschnitts aus Jodi Picoults Roman* My Sisters's Keeper *bzw. der Präsentation eines Ausschnitts aus der Romanverfilmung erweitert werden. Dies eröffnet den S eine differenzierte Sicht auf das Thema. Die Protagonistin des Romans/Films Anna ist ein sogenanntes Designer-Baby, das gezeugt wurde, weil die ältere Schwester an Leukämie erkrankt ist. Genetisch perfekt dient sie der Schwester quasi als Ersatzteillager.*

C Artificial intelligence

BEFORE YOU READ

1 a) Speculate on what kinds ... b) Do some research on the film ...

METHODISCHES VORGEHEN

a) *Vorbereitung in Einzelarbeit mit Notizen, dann Murmelphase in Partnerarbeit und anschließendes Sammeln der Spekulationen im Plenum. Evtl. Nachfrage, was ein Roboter ist (Definition:* robot = automated mechanical device which often looks like a human or an animal; it is usually run by a computer programme*) und wofür im Augenblick Roboter genutzt werden* (Repetitive, boring, dirty tasks humans prefer not to do; service robots in the household or industrial robots, e.g. in car production). *Danach wird das* Fact file *zu* The three laws of robotics *gelesen.*

b) *Der 02:26 Min. lange Trailer (nicht das 34 Sek. lange* home video preview!*) ist durch Eingabe von* Official trailer *und* Robot *in eine Suchmaschine leicht im Netz zu finden. Die Aufgabe eignet sich als Hausaufgabe, aber auch für die (ggf. arbeitsteilige) inhaltliche Erarbeitung im Unterricht. Nach der aufgabengemäßen Beschreibung der Informationen des Trailers kann mit der Frage* How likely is the presentation of robots in the trailer in terms of their appearance, functions in society and potential threat to humankind? *zum einen die Zukunftsvision des Films kommentiert werden, aber auch übergeleitet werden zum allgemeineren Konzept der* Artificial intelligence. *Die S formulieren eine vorläufige Arbeitsdefinition für* Human vs. artificial intelligence, *die sie dann mit der Definition und den Aussagen von Sharkey in seinen Antworten auf die ersten beiden Fragen des Interviews vergleichen.*

LÖSUNGSVORSCHLAG

a) Individual speculations expected, e.g.:
- Robots may be used as destructive weapons for military/aggressive purposes.
- Robots may become increasingly autonomous and get out of human control.
- Robots may become smarter than humans and make their own autonomous decisions.

b)
- **Plot:** Some time in the not too distant future, robots have become part of everyday life and a common sight in public life which provide services in the household like looking after dogs and children. After the arrival of a new generation of humanoid robots who can speak and show emotions, their designer Manning suddenly dies. Chicago police detective Spooner suspects the new robots have murdered their creator. The mass production of robots starts and soon there is one robot for every five humans. Robots are then suspected of being able to naturally evolve and learn. When Spooner sees through their conspiracy to take control of the world, open conflict starts between the leader of the robots (Sonny) and Spooner and the female robot scientist he has teamed up with.
- **Main characters:** Chicago police detective Del Spooner (dark-skinned, middle-aged), humanoid robots, a female robot scientist, a producer of robots, a designer of robots.
- **Relation to Asimov's three laws of robotics:** The new generation of robots obviously no longer observes Asimov's three laws of robotics. They kill human beings; they no longer take orders, and they make self-protection and survival their first priority.

ERWEITERUNG **Additional tasks:** Collect questions which the trailer raises about the film. Try to answer them with information from the Internet Movie Data Base (IMDB) or by watching the film. If anybody has seen the film: Can you answer these questions? Analyse the structure and techniques of the trailer. The sci-fi action film *I, Robot* (2004), starring Will Smith, is based on a short story by Isaac Asimov with the same title. Read that story and compare it with the film.

NEWSPAPER ARTICLE

Artificial intelligence is a dream we shouldn't be having → WB Tasks 17–19

LERNWORTSCHATZ to harm, to violate, artificial intelligence, to require, capable of, achievement, assumption, evidence (no pl), to accelerate, empathy, compassion, eldercare, to fail, concern, to deny, surveillance, to discriminate between, legislation, urgent, healthcare, to aim at

COMPREHENSION

2 How does Sharkey define artificial intelligence? Sum up his ... → S13

METHODISCHES VORGEHEN *Diese Aufgabe sollte schriftlich als fokussierte Zusammenfassung eines Sachtextes verstanden werden. Vorab ist es insbesondere in einem Grundkurs sinnvoll, das Vorwissen der S zu erfragen und mit* Skill 13 Summary *abzugleichen. Die Summary sollte entsprechend der Aufgabenvorgaben erkennbar in vier Teilen/Absätzen strukturiert sein. Hinweis auf das* Fact file *zu* Artificial intelligence (AI). *Inhaltlich ist eine sinngemäße Wiedergabe der folgenden Punkte im Lösungsvorschlag zu erwarten.*

LÖSUNGSVORSCHLAG **Definition:** AI = "the science of making machines do things that lead us to believe they are intelligent" (l. 12); these machines are not capable of intelligence (ll. 13–16).

Concerns: In the future:

- Fighting in wars, policing and taking care of the vulnerable will be done by artefacts without empathy, compassion or understanding (ll. 28–30).
- The care of the elderly will be entirely left to robots who cannot provide love or replace human contact (ll. 35–38).
- Armed robots (e.g. drones) may become autonomous and indiscriminate killing machines (ll. 43–47).

Hopes: Robots will become very useful

- for taking care of the elderly at home (l. 33)
- for completing dull duties (l. 34)
- for helping people with tasks that require a good memory (l. 34).

Demands: While there is still time, ethical guidelines and laws on the use of robots should be discussed and agreed upon by citizens, politicians and relevant professional bodies.

VISUALS

3 Describe the chart and comment on the differences between the UK ... → S27

ALTERNATIVE *Geeignet als Hausaufgabe unter Nutzung der* Useful phrases *in* Skill 27 Statistics, diagrams and maps. *Sinnvoll ist auch eine Erhebung der Prioritäten in der Lerngruppe, nachdem zuvor weitere Verwendungsmöglichkeiten für Roboter gesammelt wurden* (Household services, childcare, entertainment etc.). *Die Ergebnisse können in der Grafik ergänzt und mit den vorgegebenen Ergebnissen verglichen werden, bevor die S die eigenen Einschätzungen erläutern.*

LÖSUNGSVORSCHLAG **Description of the chart:** The chart shows five areas of robotics on the horizontal axis and the percentage of the population on the vertical one. For each of the five areas two bars in green and blue indicate the average level of support in the UK (green) and the EU (blue). The most striking figure of the chart is that two-thirds of the British population give top priority to the use of robots in military and security. However, EU citizens prioritise space exploration (53%), closely followed by manufacturing (51%). The difference between the assessment of UK (66%) and EU citizens (42%) is most significant in military and security; in the other four areas the differences of 3 to 8 per cent are fairly small. Both in the UK and the EU only about 20 per cent of the population prioritises healthcare (which includes eldercare).

Comment on the differences: Individual comments on the figures and parallels/differences in assessment. Several ideas may be cited, including the former role of the UK as a world power, its 20th century victory in two world wars, its special relationship to the US and the belief in military involvement as a peacemaking strategy.

Top priority: Individual answers expected.

EVALUATION **4 Robotics professor Hans Moravec is sure that robots will "outperform" ...**

ALTERNAITVE *Die Statements sollten situativ und interaktiv in ein Diskussionsformat eingebettet werden. Je nach Vorerfahrung und Vorlieben wird mit den S ein Diskussionsformat verabredet bzw. auch neu eingeführt (vgl.* Skill 24 Discussion and debate*), z.B.* Class discussion, Debate, Talkshow, Panel discussion, Fishbowl discussion etc.

ERWEITERUNG *Ein Trio leistungsstarker S bereitet sich mit* Skill 24.2 Chairing a discussion or talk show *auf die Anforderungen der Moderatorenrolle vor, alle anderen S formulieren ein individuelles Statement aus (Vorabkorrektur durch L) oder bereiten es in Notizen vor. Zur Aktivierung aller S und zur Übung werden drei moderierte Diskussionsrunden parallel (nach Möglichkeit räumlich getrennt) gemäß dem gewählten Format durchgeführt und ihr Ablauf/Erfolg anschließend im Plenum reflektiert. Mit jeweils 2–3 aus den drei Teilgruppen entsendeten S und einem der drei Moderatoren wird die Diskussion in neuer Besetzung und unter Beachtung der Ergebnisse der Feedbackrunde noch einmal zentral durchgeführt. Die nicht direkt an der Diskussion beteiligten S fungieren zur Hälfte als Zuhörerschaft und haben Gelegenheit, Fragen an die Diskussionsrunde zu stellen. Die andere Hälfte erhält differenzierte Beobachtungsaufgaben und gibt anschließend gezieltes Feedback an die Moderationsrunde (Moderation, Interaktion, Argumente, sprachliche Richtigkeit u.a.).*

LÖSUNGSVORSCHLAG Individual answers expected.

Spot on facts

FACTUALS TEXTS

What can we do with genetics?

LERNWORTSCHATZ genetics, feature, to pass, unit, inheritance, ability, to construct, to operate, to determine, invariably, significant, nutrition, pregnancy, disease, genetic engineering, make-up, herbicide resistant, to highlight, potential, stem cell, capability, versatile, fertilised, controversial, to ban, cloning, tissue, to transplant, species, extinct, endangered, ethical, consumer, to oppose

COMPREHENSION **1 Note down questions about genetics and genetic engineering ...** → S25

METHODISCHES VORGEHEN *Diese Aufgabe zielt auf ein genaues Lesen und Verstehen des Sachtextes (Einzelarbeit oder vorbereitende Hausaufgabe). Evtl. wird eine Mindestanzahl von Fragen vorgegeben (4–6). Die Fragen sollten relativ offen sein und in der Regel eine Antwort mit mehreren Sätzen erfordern. Die Antworten zu den Fragen werden in Stichworten dahinter notiert. Die Auswertung erfolgt in einer Partnerarbeitsphase. Dabei stellen sich die S abwechselnd Fragen und bestätigen die Richtigkeit der Antwort bzw. bieten sachliche Korrekturen und/oder Ergänzungen an, die ggf. am Text überprüft werden können. Zur Vertiefung können die Fragen zu einer Fragesequenz in einem Experteninterview gebündelt werden. Als Vorbereitung dienen die* Useful phrases *in* Skill 25 Interview, *die phasenbezogen hilfreiche Formulierungen für den Interviewer und den Experten zur Verfügung stellen. Das Interview wird schriftlich vorformuliert (Einzel- oder Partnerarbeit), mündlich geprobt und danach im Plenum vorgeführt.*

LÖSUNGSVORSCHLAG

- What does the field of genetics deal with?
- What is the relationship between genes, DNA and chromosomes?
- To what extent do genes inherited at birth determine a person's individual features?
- What is genetic engineering, and how is it used in everyday life?
- Why is genetic research conducted on stem cells?
- What hopes and fears are connected with the process of cloning?

LISTENING ◎ L3/5 **2 a) Make sure you know what IVF and ... b) Listen to the programme ...**

MATERIALIEN → ◎ S • ◎ L3/5 (Three genetic parents) • Transkript

METHODISCHES VORGEHEN a) *Diese den Hörtext inhaltlich vorentlastende Teilaufgabe kann eine vorbereitende Hausaufgabe sein oder die Informationen werden kurz von L gegeben.*

b) *Die S hören den Text zuerst ohne weitere Vorgaben. Nachdem das erste (globale) Verständnis* (Listening for gist) *gesichert worden ist, werden die in Teilaufgabe b) genannten fünf Aspekte vor dem zweiten Hören gelesen und notiert* (Listening for details). *Die S tauschen ihre Notizen aus dem Hörtext zuerst in Partnerarbeit aus und üben dann mit einem neuen Partner die* Short reports. *2–3 Berichte werden exemplarisch im Plenum vorgetragen. Es erfolgen S-Rückmeldungen zu Vollständigkeit und sachlicher Richtigkeit.*

LÖSUNGSVORSCHLAG **a) IVF:** in vitro fertilisation = process of making babies artificially in a test tube.

Mitochondrial diseases:
- an organelle is a part of a cell with a special function
- mitochondria are the organelles in a cell which generate energy (the 'battery' or 'powerhouses' of a cell)
- mitochondrial diseases are caused by dysfunctional mutations in the mitochondrial DNA and often inherited

b)
- **Name of new technique:** mitochondrial DNA transfer or 'three parent IVF' (an IVF technique that uses DNA from three people)
- **Why the DNA from three people is needed:** The technique aims to help women who suffer from mitochondrial disease to have a baby which is genetically theirs but free from the disease. A donated egg acts as a host which carries the parents' genetic material. The technique creates a child and subsequent generations of children free of mitochondrial disease.
- **Whose genes would determine the baby's looks (e.g. hair/eye colour):** The embryo has the nuclear DNA of the mother and father (which determines the child's looks, hair colour, intelligence, music, sporting ability) but has the mitochondrial DNA of the donor.
- **What is destroyed in the process:** 37 genes out of 20,000 in the nucleus of a cell
- **Arguments against this technique:**
  1. The new technique changes the DNA permanently through all subsequent generations down the maternal line.
  2. The mitochondrial disease might recur in subsequent generations, or other health problems may appear as a result of the technique.
  3. The treatment involves the destruction of either an unfertilised egg (in the case of nuclear transfer) or a fertilised embryo.
  4. The technique is a first step towards designer babies and eugenics because the gene pool is being changed.

ERWEITERUNG **Additional task:** In a class discussion, weigh the advantages and the disadvantages of the new technique.

D Genetics – hopes and fears

VIEWING L **1 a) Watch the video clip and sum up … b) Would you like to know …?**

MATERIALIEN → L (Genetic code: Hopes and fears) • Transkript

METHODISCHES VORGEHEN *Hinführung zum Video durch die Frage:* When and why do you go to the doctor's? *Die S legen vor dem ersten Sehen ein 2-spaltiges Raster* (Hopes and fears) *an, das sie nach dem ersten Anschauen des Videos ausfüllen. Vor dem zweiten Sehen formulieren die S eigene Detailfragen zu dem Video und beantworten diese anschließend.*

LÖSUNGSVORSCHLAG **a) Sum up the presenter's hopes and fears:**
Hopes: The presenter is going to have his genes mapped – the first step toward getting his own "owner's manual". A simple blood test will reveal whether he carries risk genes for major diseases. He is particularly interested in his risk of getting Alzheimer's like his parents did. Knowing his personal risks, he is hoping that many terminal illnesses will be eliminated in the future, so lives can be prolonged by decades.

Fears: The presenter is aware of the fact that genetic screening may reveal dangerous or even lethal genes. The risk is calculated in percentages, e.g. someone has an eighty per cent risk of developing a certain disease. To some extent, the presenter fears that he may be faced with potential medical problems, which could possibly change his current optimistic outlook on life.

b) Individual answers (and reasons) expected.

ERWEITERUNG **Additional tasks:** What impression do you get of the presenter? What additional information would you like to get about genetic screening for medical risk genes? Do you think this is a well-made informative video?

NEWSPAPER ARTICLE

Gene test could soon see if future lovers are compatible

→ WB Tasks 20, 21

LERNWORTSCHATZ gene, compatible, entire, long-term, incurable, to abort, to establish, to raise, to embrace sb/sth, obsession, disability, to resist, mind set, treatment, measure

COMPREHENSION

2 Summarise the different positions on gene testing.

METHODISCHES VORGEHEN *Die S markieren in Einzelarbeit Schlüsselwörter und Kernargumente im Text (ggf. Folien auflegen und wasserlösliche Stifte verwenden). Anschließend beschreiben sie in Partnerarbeit mündlich in eigenen Worten die Positionen von Professor Leroi, Lone Frank und Philippa Taylor.*

LÖSUNGSVORSCHLAG

- **Professor Leroi** predicts that with costs for gene testing predicted to fall rapidly soon, it may become common for people to check the genetic make-up of their partners. The couple could use the information to avoid having babies with incurable diseases, which is a practice already applied today to unborn babies diagnosed with Down's syndrome.
- **Neurobiologist Lone Frank** expects different responses. While some countries will welcome the new technology, others may regard this selection of babies as an attempt to play God.
- **Philippa Taylor**, a Christian doctor, criticises our society's obsession with perfection and the devaluation of people with disabilities. She demands that any eugenic mind set should be resisted.

EVALUATION

3 Discuss the pros and cons of gene testing.

→▲4

METHODISCHES VORGEHEN *Je nach methodischen Vorerfahrungen der S werden sie bei der Auswahl eines Diskussionsformats* (Class discussion, Debate, Panel discussion, Fishbowl discussion etc.) *ebenso beteiligt wie bei der Entscheidung, ob eine Rollenübernahme erfolgt (z.B. der im Text genannten Experten, Michio Kaku) oder ob sie eigene Positionen austauschen. Die Auswahl einer bestimmten Methode sollte begründet werden.*

LÖSUNGSVORSCHLAG

Pro	Con
marriages based on genetic screening may: • be happier due to greater compatibility • last longer due to fewer conflicts with the partner • lead to healthier babies • result in fewer abortions • avoid genetic diseases and disabled children genetic screening will become: • affordable • accessible to everybody	genetic screening: • is an attempt to play God • reflects society's obsession with status and perfection • supports the view that the lives of disabled people are less valuable/important • promotes a eugenic mindset • leads to the killing of unborn babies with genetic diseases • may pave the way for designer babies

DIFFERENZIERUNG ▲ *Anstelle von Aufgabe 3 können leistungsstärkere S Aufgabe 4 im* Diff pool *bearbeiten. Sie schreiben einen* Letter to the editor *aus Sicht eines Gentest-Gegners. Die S lesen vor Verfassen des Briefs* Skill 18.1 Writing a formal letter/letter to the editor, *insbesondere die* Exceptions for

a letter to the editor *hinsichtlich Anrede, Briefanfang und Grußformel. Für die angemessene Anrede können die S ggf. das Geschlecht des aktuellen Herausgebers der* Daily Mail *herausfinden. Sie können auch die Post- bzw. E-Mail-Adresse der* Daily Mail *recherchieren* (Northcliffe House, 2 Derry Street, London
W8 5TT, England; letters@dailymail.co.uk)*. L weist ferner darauf hin, dass britische Zeitschriften in aller Regel eine Brieflänge von maximal 200 Wörtern empfehlen. Da der Artikel aus dem Jahr 2012 stammt, sollten die Briefe bzw. E-Mails allerdings nicht abgeschickt werden.*

LÖSUNGSVORSCHLAG

Sir or Madam
With reference to your article dated 6 August 2012 "Gene test could soon see if future lovers are compatible", I would like to … (*for the argumentation cf. cons above*)
Sincerely yours

VISUALS

4 a) Describe the cartoon. What point is …? b) If you had the chance …?

METHODISCHES VORGEHEN

a) *Der Begriff* Astigmatism *(Hornhautverkrümmung/Astigmatismus) wird vorab bzw. bei der einleitenden Beschreibung des Cartoons geklärt. Die in der Aufgabenformulierung abgebildete Schrittfolge (Beschreibung vor Analyse) wird betont und es erfolgt zusätzlich ein Hinweis auf* Skill 28.2 Working with visuals: Cartoons.

b) *Die S erhalten Gelegenheit, ein persönliches, begründetes Statement zu dieser Frage vorzubereiten und beschreiben hierbei ggf. ihr Traumbaby mit Bezug auf unterschiedliche Kategorien* (Appearance, intelligence, special talents, behaviour etc.). *Auf der Grundlage vieler unterschiedlicher Statements und auch mit Blick auf die zuvor erarbeiteten Materialien und Positionen werden in einer Klassendiskussion Vor- und Nachteile kontrovers diskutiert und abgewogen.*

LÖSUNGSVORSCHLAG

a) Description:
- Location: a genetic engineering lab (heading at the top of the cartoon).
- A doctor (middle-aged, bald, wearing glasses, a tie and a white medical coat) is sitting at his desk (one hand on a computer keyboard, the other holding a test tube taken from a rack with three more test tubes).
- He is looking backwards, listening professionally to a couple standing behind him.
- The woman (dressed completely in green) is expressing their wish for a male child with astigmatism because she considers kids with glasses to be cute.
- The man behind her (probably her partner/husband) is smiling supportively.

Message: The doctor is presented as a person who is designing a baby that complies with a couple's wish list, so they can have a perfect baby. The cartoonist criticises the couple for their silly ideas as well as the doctor for using genetic engineering to create a dream baby without thinking critically about his actions.

b) Individual answers (and reasons) expected.

NEWSPAPER ARTICLE

Genetically engineering 'ethical' babies

LERNWORTSCHATZ

obligation, screening, to screen out, to harm, gene, significant, characteristic, to ensure, disposition, to select, to embrace sb/sth, to apply (to), to implant sth into sth, desired, to suffer from, donor, gender, to be likely, vague, controversial

COMPREHENSION

5 Choose the correct statement(s) and give line numbers … → ▲5

METHODISCHES VORGEHEN

Vor der Textlektüre verweist L auf das Fact file *zu* Genetic screening. *Die Erläuterungen erleichtern das Textverständnis. Die Items in Aufgabe 5 erfordern sorgfältiges Lesen in Einzelarbeit, zum Teil auch zwischen den Zeilen und mehrere Textstellen verknüpfend, so dass hier die Anforderungsbereiche Textverstehen und (inhaltliche) Analyse angesprochen sind. Die Besprechung erfolgt (ggf. auch schülermoderiert) im Plenum nach vorherigem Abgleich der Lösungen in Partnerarbeit oder zu dritt.*

LÖSUNGSVORSCHLAG

1. Julian Savulescu …

a) teaches at a British university.	right	l. 2: "Oxford academic"; l. 3: "Professor Julian Savulescu"
b) specialises in theoretical ethics.	wrong	l. 5: "expert in practical ethics"
c) does not write articles for experts in science.	wrong	l. 8: "editor-in-chief of the Journal of Medical Ethics"

2. According to Julian Savulescu, "rational design" …

a) means genetically designing morally superior children.	right	ll. 3–5: "creating … designer babies … makes them grow into 'ethically better children'"
b) will not become obligatory for parents.	right	l. 24: "system would be voluntary"
c) will make immoral behaviour in society non-existent.	wrong	l. 7: "less likely to harm … others"; ll. 16–17: "less violent society in the future"

3. Julian Savulescu demands that …

a) parents should be genetically screened before getting children.	wrong	ll. 5–6: "we should give parents the choice"; ll. 24–25: "voluntary [system] and allow parents to choose"
b) genetic screening should not be legalised any further.	wrong	cf. ll. 25–29: screening for serious diseases has become routine with little public protest; l. 31: "we should embrace it"
c) we should welcome the chances offered by genetic screening.	right	l. 11: "it should be welcomed"

ERWEITERUNG **Additional tasks (on the two pictures):** Describe the two pictures. Relate the pictures to the title of the text. To what extent would you make the screening and manipulation of genes in foetuses/unborn babies legal?

DIFFERENZIERUNG ▲ *Leistungsstärkere S können im Anschluss an diese Aufgabe noch Aufgabe 5 im* Diff pool *bearbeiten. Sie untersuchen die sprachlichen und rhetorischen Stilmittel, mit denen Professor Savulescu versucht, seine Leser von seiner Argumentationskette zu überzeugen.*

LÖSUNGSVORSCHLAG

Example	Language/Stylistic device	Function
"moral obligation" (l. 4, l. 22)	indirect appeal, repetition of a key phrase	used to emphasise the ethical necessity of taking advantage of genetic screening
"rational design" (l. 16)	euphemism	used to belittle or cover up the disadvantages/dangers of the technique
"Surely trying to ensure … is responsible parenting?" (ll. 18f)	rhetorical question	used to win over the support of the readers
"alcoholism, psychopathy and disposition to violence" (l. 21)	enumeration	used to emphasise possible personality flaws genetic screening may rule out

LÖSUNGSVORSCHLAG

Example	Language/Stylistic device	Function
"Unlike the eugenics movement, …" (ll. 23–24)	distancing oneself from the eugenics movement and the Nazis	used to anticipate historical parallels critics of the technique may draw to warn of its consequences for society
"We're routinely screening … and there is little public outcry … few people protested at … bowel and breast cancer genes, …" (ll. 25–29)	historical references	used to mark genetic screening as widely accepted by, and acceptable to, the majority of the population
"Rather than fearing genetics, we should embrace it." (ll. 30–31)	contrast	used to emphasise his personal appeal
"our"/"we" (ll. 30–31)	personal pronouns	used to include his readership and gain their support

CREATIVE TASK

6 a) Prepare questions for a … b) Conduct the interview … → S25

METHODISCES VORGEHEN

a) *Eine differenzierte lehrergesteuerte Rollenzuweisung ist hier sinnvoll: Die Rolle von Professor Savulescu ist anspruchsvoller, da hier die flexible Reaktion auf unbekannte Fragen gefordert sein wird. Das Interview wird durch mündliche Wiederholung der Strategien der Interviewgestaltung und/oder das Lesen von* Skill 25 Interview *vorbereitet.*

b) *Das Interview kann vorab in parallelen Kleingruppen geprobt werden. Bei der Durchführung des* Hot seat-*Interviews kann Professor Savulescu durch einen* Shadow, *der hinter ihm/ihr sitzt, Impulse zugeflüstert bekommen oder er/sie erhält Gelegenheit, die Fragen vorab zu sichten und sich so gezielter vorzubereiten. Während des Interviews erhalten die anderen S differenzierte Beobachtungsschwerpunkte, wie sprachliche Richtigkeit, professionelle Fragetechnik, Umgang mit Kritik, Struktur des Interviews, formale Sprache usw., die vorher mit den S verabredet werden können.*

LÖSUNGSVORSCHLAG

a) Questions for the interview:

- To start with, please tell us how you feel about designer babies.
- What should everybody know about the techniques and aims of genetic screening?
- Can you comment on the success of research in that field?
- How important is it for you that parents have a choice to design their baby?
- What do you hope to achieve with genetic screening?
- What advice would you give to future parents?
- What role should genetic screening play in our future society?

b) Individual answers expected.

RESEARCH

7 Find an article or video on current developments or ethical concerns …

METHODISCHES VORGEHEN

Als Einstieg verweist L auf Skill 22 Presentation. *Dort erhalten die S methodische und sprachliche Hilfen für diese Aufgabe. Außerdem sollten Vorgaben und Vorgehen bei der Bearbeitung der Aufgabe mit den S besprochen werden.*

Vorgaben: *Zeit für die Bearbeitung? Tag und Länge der Präsentation? Einzelarbeit oder auch Partnerarbeit möglich? Länge des Videos? Einmalige oder wiederholte Vorführung? Interaktive Elemente obligatorisch? Wie erfolgt die Sicherung der Ergebnisse? Lern- oder Leistungssituation? Falls letzteres: Kriterien und Gewicht der Bewertung? usw.*

Vorgehen:

1. *Die Präsentation des Videos sollte eingerahmt sein z.B. durch eine kurze Einführung (Thema, Autor, Veröffentlichungsdatum usw.), die Abfrage des Vorwissens des Kurses oder der Fragen zum Thema sowie (evtl. auch binnendifferenziert) genaue Beobachtungs- bzw. Zuhöraufträge. Nach der Präsentation werden die zuvor gestellten Anfragen ans Thema beantwortet, die Wahrnehmungsaufträge abgefragt und offene/ungeklärte Fragen zum Thema festgehalten. Den S sollte der Link mitgeteilt werden, sodass sie sich ggf. den Videofilm zu Hause noch einmal anschauen können.*
2. *Die Präsentation des Artikels könnte über eine PowerPoint-Präsentation erfolgen, deren erste Folie nur die Überschrift, den Autor, die Quelle und das Veröffentlichungsdatum enthält. Die S spekulieren über Thema und Inhalt des Artikels. Zentrale Aussagen, Thesen, Argumente oder Schlüsselzitate können auf den folgenden Folien komprimiert zusammengefasst werden. Die Zuhörer agieren in der Abschlussphase mit einer sinngemäßen, eigenständigen Zusammenfassung, Nachfragen oder auch wertenden Kommentaren. Die PowerPoint-Präsentation und der Artikel sollten dem Kurs in geeigneter Weise zur Nachbereitung zur Verfügung gestellt werden (Kopie, E-Mail-Anhang o.ä.). Die Aufgabe kann auch optional zur individuellen Förderung und Forderung eingesetzt werden.*

LÖSUNGSVORSCHLAG Individual answers expected.

SPEAKING

8 On the basis of the materials dealt with in class, conduct and ... → S24

MATERIALIEN → **Kopiervorlage 4 (Conducting a panel discussion) • Kopiervorlage 5 (Observation sheet for (panel) discussions)**

ALTERNATIVE *Kopiervorlage 4* (Conducting a panel discussion) *präsentiert den Arbeitsauftrag Schritt für Schritt. Sie verdeutlicht Vorlauf, Durchführung und Nachbereitung der Podiumsdiskussion (Transparenz) und ermöglicht durch sukzessives Aufdecken die schrittweise Bearbeitung der Aufgabe. Bei der Vorbereitung auf die sprachlichen Anforderungen für Moderator und Gäste sind* Skill 24.2 Chairing a discussion *und* Skill 24.3 Taking part in a discussion *hilfreich.*

LÖSUNGSVORSCHLAG

Blessing	Curse
• morally acceptable as it may lead to a society with less disease and violence • GM food (herbicide resistant and with better nutritional values) may be the only way to feed the world • stem cell research may simplify organ transplants and prolong people's lives • reproductive cloning may ensure the survival of extinct or endangered animals • genetic screening may lead to healthier babies and happier marriages • genetic screening will result in fewer abortions, disabilities and genetic diseases	• morally unacceptable manipulation of an organism's genetic make-up (playing God) • GM food poses health and environment risks • stem cell research focuses on pluripotent embryonic stem cells from fertilised embryos left over in fertility clinics so it is ethically controversial • reproductive cloning destroys a being's individuality and uniqueness • genetic screening reinforces society's obsession with perfection • genetic screening may lead to designer babies

ERWEITERUNG *Kopiervorlage 5* (Observation sheet for (panel) discussions) *liefert gezielte Beobachtungsaufgaben und unterstützt die individuelle mündliche Rückmeldung der Beobachter durch* Feedback rules. *Es ist empfehlenswert vor dem Einstieg in die Aufgabe das Diskussionsformat Podiumsdiskussion von dem den S medial vertrauteren Diskussionsformat Talkshow abzugrenzen. Dies verdeutlicht die erhöhten Anforderungen an die situative Umsetzung der Diskussion. Erfolgen kann dieses z.B. durch das folgende Tafelbild:*

	Panel discussion	*Talk show*
Shown on TV	*mostly in the late evening, on Sundays*	*mostly in the morning or afternoon*
Target group	*mostly educated viewers interested in learning more about a topic*	*mostly viewers looking for easy entertainment*
Topics	*politics, science, economy etc.*	*personal problems and conflicts, health, lifestyle etc.*
Guests	*experts, decision-makers etc.*	*normal people, celebrities etc.*
Interaction	*mostly polite and respectful – listen and respond*	*often impolite and disrespectful – frequent interruptions and people often talk over each other*
Language	*formal English*	*informal English*

LÖSUNGSVORSCHLAG Individual answers expected.

E Visions of the future

NOVEL EXCERPT Echo Boy → WB Task 22

LERNWORTSCHATZ literally, footage, to pretend to, to cure, to manage to do sth, to extend, grief, mind, to mind, stern, freaky, enhancement, re-emergence, glory, brokerage, client, menace, scope of

COMPREHENSION **1 Sum up the information we get about the narrator.**

LÖSUNGSVORSCHLAG Audrey Castle is a 15-year-old orphan. She lives in the North of England. She has got dark hair, hazel-coloured eyes and wide shoulders. She has decided to write a mind-log to come to terms with her parents' death. She is convinced that her parents' death was murder, not an accident. Like most teenagers in the 22nd century Audrey is schooled at home. Audrey's family has two robots: Travis, an old-fashioned house robot, and Alissa, an enhanced, computerised, humanoid organism called an Echo. Among other things Alissa is responsible for teaching Audrey subjects like Mandarin and climatology. Unlike Travis, Alissa has not been with the family for very long, and Audrey strongly dislikes her and is even somehow frightened of her.

ANALYSIS **2 a) Make a list with elements … b) Which features in the …?** → S5 → △6

METHODISCHES VORGEHEN

a) *Die Aufgabenstellung betont das methodische Vorgehen bei der Textanalyse. Wenn sie im Unterricht bearbeitet wird, können die Elemente, die auf die Zukunft hinweisen, auf einer Folie gesammelt werden. Die Folie bietet dann die Grundlage für eine gemeinsame Erläuterung.*

b) *Im Vorfeld der Bearbeitung dieser Teilaufgabe sollte der Begriff Genre geklärt werden und ein Hinweis auf* Skill 5 Dealing with narrative texts *erfolgen. Aufgrund der Vielzahl der Beispiele erscheint eine Vorauswahl notwendig, bevor die S einen Rechercheauftrag erhalten (Partnerarbeit im Unterricht oder Einzelarbeit in häuslicher Vorbereitung).*

ALTERNATIVE *Alternativ kann eine tabellarische Übersicht eingesetzt werden, die im Unterricht besprochen wird, bevor im Anschluss eine Anwendung auf den vorliegenden Romanausschnitt stattfindet (möglicher Rückbezug auf* Spot on facts, Task 3; *in der Tabelle dort sind bereits vier Genres gegenübergestellt). Vorschlag für eine tabellarische Übersicht:*

Genre	Definition	Characteristics
Autobiographical novel	hybrid genre which combines fiction and non-fiction; an author decides to give a fictional account of a real life experience	usually written like a memoir; first-person narrator; the protagonist is modelled after the author; the plot line mirrors events in his or her life **Examples:** Jeanette Winterson, *Oranges are not the Only Fruit*; Kathryn Stockett, *The Help*; Sherman Alexie, *The Absolutely True Diary of a Part-Time Indian*
Crime fiction	deals with criminal investigations, criminals and their motives	a significant crime sets off the action; the hero usually tries to solve the crime; the criminal is somebody interesting who is introduced at the beginning of the story **Examples:** Edgar Alan Poe, *Murders in the Rue Morgue*; Arthur Conan Doyle, *Sherlock Holmes*; PD James, *Death in Holy Orders*
Diary (also called a journal)	a record (originally in handwritten format) with entries arranged by date which reports on what has happened over a certain period of time	focus on important or less important everyday occurrences together with self-reflection; emotional experience and personal impressions **Examples:** Samuel Pepys, *Diary*; Anne Frank, *The Diaries of a Young Girl*
Thriller	literature or film that uses suspense and excitement as its main plot devices	tension develops from unpredictable, mysterious and rousing events; the protagonist is often an ordinary character confronted with some kind of danger; the action is fast-paced and often includes a lot of violence **Examples:** Daphne du Maurier, *Rebecca*; Stephen King, *Misery*; John Grisham, *The Pelican Brief*
Coming-of-age fiction	covers various types of text including: novels, graphic novels, short stories, and poetry which is written for or marketed to adolescents	themes: covers a wide range of topics e.g. identity, sexuality, depression, family struggles, drug abuse etc.; young readers can identify with the characters **Examples:** Mark Twain, *The Adventures of Tom Sawyer*; John Green, *The Fault in Our Stars*; David Levithan, *Every Day*

LÖSUNGSVORSCHLAG **a) Life in the 22nd century:**

Description (elements)	Explanation
"they have cured ninety-nine per cent of cancers" (ll. 14–15)	progress in medicine
"4-D footage" (l. 12)	today 3-D films are available; the term 4-D suggests that the fourth dimension – time – has been added and creates the illusion that people can "extend their life far beyond its natural span" (ll. 16–17)

Description (elements)	Explanation
"Echo" (l. 29)	impressive progress in the field of AI; the dividing line between human beings and robots has become blurred; Echos look like human beings: "She was flesh and blood." (l. 42)
"info-lenses" (l. 52)	glasses or contact lenses that provide information; similar to Google Glass?
"immersion pod" (l. 63) "the pod, which was a dated indigo floor-to-ceiling Alphatech affair" (l. 65)	seems to be a separate room where the illusion of reality is created; Audrey uses it to learn about 21st century history
travelling (last paragraph)	no details given but it is possible to cover long distances in a very short time, eg. Audrey's mother can go to Taipei and New York and back to England in about six hours
but: "deaths of terraformers on Mars" (l. 55)	attempts to make another planet inhabitable fail

Summary:
Progress in science and technology has made life easier. However, there seem to be environmental problems (tsunamis, hurricanes and endless rain) and setbacks in medicine ("re-emergence of cholera across Europe", l. 54).

b) Which features are typical for other genres? Explain their function.
Elements of crime fiction:
- A significant crime has taken place: Audrey's parents have been killed (l. 3).
- Audrey is convinced that her parents were murdered (l. 20).
- Suspects: Audrey stresses that she dislikes their Echo Alissa and is even frightened of her (l. 35). She mentions that her parents argued about having an Echo living with them (l. 31, l. 34).
- Suspense: The reader does not get any information about the circumstances of their death, but it is implied that other people do not think the Castles were killed.

Elements of coming-of-age fiction:
- the protagonist is a young girl
- she seems ordinary
- topic: she has reached a point in her life when she has to grow up because her parents have died

Elements of autobiographical novels:
- first-person narrator (teenage girl)
- but: obviously not modelled after the author

→ *Echo Boy* mixes elements from different genres. The young narrator makes it easier for young adult readers to identify with her. The future world depicted in the novel does not seem too distant. The similarities to crime fiction help to create suspense.

DIFFERENZIERUNG △ *Leistungsschwächere S können zur Unterstützung für die Analyse in Teilaufgabe b) Aufgabe 6 im* Diff pool *heranziehen. Dort finden sie eine Tabelle mit den typischen Merkmalen der Genres* Coming-of-age fiction *und* Crime fiction.

SPEAKING **3** Does this vision of the future strike you as realistic, ...? → S23

METHODISCHES VORGEHEN *Hinweis auf* Skill 23 Dialogue *zur strukturierten Vorbereitung des Gesprächs. Als Einstieg ist es sinnvoll, Argumente für alle drei Bereiche notieren zu lassen.*

ALTERNATIVE *Bei Bedarf erstellen die S ein Flowchart für den Gesprächsverlauf und notieren dabei sowohl Argumente als auch* Useful phrases. *Ggf. wird eine Mindestlänge vorgegeben (z. B.* four statements each*).*

LÖSUNGSVORSCHLAG

Realistic	Optimistic	Dystopian
• environmental problems still exist, e.g. hurricanes, tsunamis; three-quarters of the North of England is permanently under water • there are social and economic problems, e.g. homes in the desert (slums?) have been destroyed by the government; there is an energy crisis	• progress in medicine: ninety-nine per cent of cancers can be cured; brain tumours disappear within a week • progress in technology: robots have been developed which look like human beings; they can take on the tasks of teachers	• the narrator is frightened of the family's Echo; she is somehow suspicious – there seems to be a connection to her parents' death • the atmosphere is gloomy; the narrator does not want to listen to the news because it is so depressing

EVALUATION **4** Read the fact file and the following excerpt from Huxley's novel ...

METHODISCHES VORGEHEN *Die Aufgabe dient als Rückblick auf das gesamte* Topic. *Zunächst lesen die S das* Fact file *zu* Brave New World *in Stillarbeit. Provokativ ist Monds These* „Science is a public danger". *Zur Anfertigung eines Kommentars sollte auf den* Core skill workshop *verwiesen werden. Besonders geeignet als Basis eines Kommentars sind folgende Texte:*
Introduction: Milestones in science and technology
Spot on facts: Science and technology changing society (Challenges of the 21st century)
Core skill workshop: Clean, safe and it drives itself
Advanced texts: C Artificial intelligence, D Genetics – hopes and fears

LÖSUNGSVORSCHLAG Individual answers expected.

CREATIVE TASK **5** a) Describe the picture of a ... b) Do some research to find ... → S28.1

ALTERNATIVE *Eine geeignete Präsentationsmöglichkeit für Teilaufgabe b) ist z. B. ein* Gallery walk. *Zur Erleichterung des Verständnisses bietet es sich an, ein Foto eines modernen Wolkenkratzers, z. B. Burj Khalifa in Dubai, als Vergleich zu betrachten. Dazu erfolgt ein Hinweis auf* Skill 28.1 Working with visuals: Pictures.

LÖSUNGSVORSCHLAG **a) Description:**

- There is a circular shaped building (similar to an island) in the sea.
- It looks like an iceberg, only a small part is above water.
- Its shape is similar to that of modern skyscrapers, only it has been turned upside down.
- On the surface there is a small forest, and wind generators produce energy.
- There seem to be farms as well.
- Living quarters are just below the surface.
- On the lower levels there are educational facilities, shopping areas, restaurants and recreational facilities.
- There are wires with weights attached to them seem to keep the island upright.

Opinion: Individual answers expected.

b) Individual answers expected.

Spot on language

1 Before you listen: Which recent invention has impressed you ...?

METHODISCHES VORGEHEN *Zur Bearbeitung der Fragen bietet sich* Think – Pair – Share *an. Wenn davon auszugehen ist, dass die S zu geringe Vorkenntnisse für eine ergiebige Ideensammlung haben, ist eine Recherche z.B. auf den folgenden Webseiten möglich: http://time.com/3594971/the-25-best-inventions-of-2014/, http://www.popsci.com/tags/invention-awards-2014. Eine intensive Beschäftigung mit der Auswahl aus* Time *entlastet die anschließende Hörverstehensaufgabe deutlich.*

LÖSUNGSVORSCHLAG Individual answers expected.

2 You are going to listen to a report from a science fair. Before doing so, ...

LISTENING ◎ L3/6

MATERIALIEN → ◎ S • ◎ L3/6 (The latest technology) • Transkript

LÖSUNG 1. a); 2. c); 3 a), c); 4. a), d); 5. a); 6. b)

3 Think about the following questions and use your answers as a basis ...

METHODISCHES VORGEHEN *Falls die Aufgabe unvorbereitet im Unterricht eingesetzt wird, bietet sich ein Brainstorming an, um allen S eine Basis für eine Kurzpräsentation zu geben. Die Ideen können an der Tafel, auf Folie oder als Poster gesammelt und strukturiert werden. Mögliche Ideen:*

LÖSUNGSVORSCHLAG
Health data: weight, blood pressure, heart rate, body fat, stress level etc.
Advantages: might raise more health awareness; if any of the data is alarming, you can consult a doctor straight away; fitness freaks might find the information interesting; shows personal progress
Disadvantages: more information about individuals collected; no guarantee that the data is kept safe; extreme focus on health problems might be more harmful than beneficial; how reliable is the information which is being transmitted?

4 Bill Gates, the founder of Microsoft, and his wife Melinda set up a ...

ALTERNATIVE *Die Bestimmung der verwendeten Zeiten sollte kein Problem sein. Aussagen über die jeweilige Funktion lassen sich mit Hilfe der* **Green Line Oberstufengrammatik** *machen. Kapitel 3 bietet ausführliche Informationen zum Thema „Zukünftiges ausdrücken". Die Aufgabe lässt sich zu Diagnosezwecken verwenden. Individuelle Wiederholung sollte sich danach richten, bei welchen Beispielen Probleme auftraten. Die S werden angehalten, z.B. mit Hilfe des* Workbooks *vorhandene Lücken individuell innerhalb eines vorgegebenen Zeitrahmens zu schließen.*

LÖSUNGSVORSCHLAG
1. **will future:** prediction/assumption about the future
2. **will future:** prediction/assumption about the future
3. **going-to future:** plan or intention for the future
4. **will future:** prediction/assumption about the future
5. **will future:** prediction/assumption about the future
6. **future perfect:** actions and events which will be complete at a point of time in the future (here: 2035)

5 Match form and function. Draw a table.

LÖSUNGSVORSCHLAG

form	will future	going-to future	future perfect
function	• predictions or assumptions about the future • spontaneous decisions, offers and promises	• intention or plans for the future • predictions about the future because there are already signs of sth happening	• actions and events which will be complete at a point of time in the future

6 Remember other ways to say how certain, probable or improbable ...

LÖSUNGSVORSCHLAG

- The internet **is bound to** have spread even further.
- Looking at all the conflicts in the present, it **seems unlikely** that world peace will have been achieved within the next 50 years.
- English **is certain to** remain the language of computer technology.
- Medicine **might** have found a cure for cancer.
- Food **may** have been replaced by pills.

7 Your English pen pal would like to take part in a school competition ...

ALTERNATIVE *Vor der Bearbeitung der Aufgabe sollte die Aufgabenstellung systematisch erschlossen werden, um die Anforderungen einer Sprachmittlungsaufgabe noch einmal deutlich zu machen. Die folgende Tabelle stellt einen Versuch zur Systematisierung dar. Des Weiteren bietet sich ein Hinweis auf die Informationen in* Skill 33 *an.*

General requirements	Your task at hand
1. text type to be produced	email
2. addressee	English pen pal → a teenager/young person, friendly relationship
3. addressee's interest	wants to take part in a school competition called *Young scientistst*, but is a little stuck for ideas
4. source of information	article from a German news magazine
5. selected information to be presented in a language the addressee understands	possible civil uses of drones → relevant information in the German text: l. 1 to l. 13, l. 24 to end

LÖSUNGSVORSCHLAG

Hi ...

How are things? Any news on the competition front? If you're still looking for ideas, maybe I can help. I read this article about drones today. It's amazing what they can do. Did you know that Amazon is using drones to deliver parcels to their customers' doorsteps? Apparently, they can fly up to ten miles and carry a weight of five lbs.

The text also mentioned another project in which drones have been developed to save people's lives. After a fire at a chemical plant, for example, drones can be sent out to gather information about the situation. They can collect data that helps emergency service personnel to make plans. That could be very useful after an accident at a nuclear power plant or after the eruption of a volcano. They can even transmit photos of the affected areas.

If this sounds useful and you'd like more info, just drop me a line.

Cheers

...

Spot on vocabulary

1 a) Find the terms that match the ... b) Give definitions for the following ...

METHODISCHES VORGEHEN *Die folgenden Übungen eignen sich alle für Einzelarbeit und häusliche Vorbereitung. Die Reihenfolge ist beliebig. Als Einstieg erfolgt ein Hinweis auf den Tipp zu den* Vocab sheets.

LÖSUNGSVORSCHLAG

a) 1. technology, 2. to clone, 3. spying, 4. beneficial, 5. science fiction

b) **Possible definitions:**

- **sustainability:** use of natural products and energy in a way that does not harm the environment
- **artificial intelligence:** area of study concerned with making computers copy intelligent human behaviour

- **GM foods:** food that has been genetically modified
- **ethics:** system of moral principles or rules of behaviour
- **dystopia:** pessimistic description of an imaginary future society

2 a) The following text is an excerpt from … b) Explain the secretary's …

LÖSUNGSVORSCHLAG

a) terrorists – internet – follow – closely – open – surveillance – private – premises – visual – coverage – vital – building – lenses – WiFi – camera – unnoticed

b) The Secretary of State would like to increase surveillance. He claims that this is necessary because terrorists, criminals and paedophiles are using private houses to get together. In order to install surveillance cameras, the buildings regulations have to be changed. In the future, it will be possible to install surveillance equipment in private houses.

3 Complete the following text written by the American SF author …

LÖSUNGSVORSCHLAG

1. extrapolative, 2. intensify, 3. extend, 4. prediction, 5. scientist, 6. works, 7. extinction, 8. escapist, 9. depressing, 10. logical

Topic task

Writing posts for a youth blog → S14, S30

MATERIALIEN

→ **Kopiervorlage 2 (Feedback sheet for argumentative texts)**

METHODISCHES VORGEHEN

Die Topic task *kann bereits nach der Einstiegsdoppelseite* (Introduction) *vorgestellt werden. Sie schließt das* Topic *mit einem Miniprojekt ab. Einzelne S übernehmen gemäß* Step 3 *die Sonderaufgabe der Erstellung eines Blogs für die Schul-Homepage. Nach Schaltung des (realen) Blogs schreiben die S begleitend zur Reihe in diesem Blog neue Einträge und Kommentare. Auf der BBC-Webseite ist eine alphabetische Übersicht über alle aktuellen Blogs zu finden. Hier kann nach realen Blogs gesucht werden, die dem vorgegebenen Thema nahekommen.*

STEP 1 Choosing a theme

a) *Die Themen können aus dem Unterricht erwachsen* (Driverless cars, drones, genetic screening etc.) *oder neue Zukunftsentwicklungen thematisieren* (Space travel, global peace etc.). *Sie erlauben über den Schwerpunkt Wissenschaft/Technologie des Kapitels hinaus auch die Thematisierung sozialer und politischer Entwicklungen und damit die Verknüpfung mit früheren Reihenthemen.*

b) *Zur Öffnung und Erweiterung des Themenpools dient eine kurze Umfrage in der Lerngruppe zu den Erwartungen hinsichtlich der Welt von morgen. Ausgewählte S bereiten mit Hilfe von* Skill 30 Making a survey *einen Fragebogen mit 2–5 Fragen vor. Sie werten die Fragebögen aus und präsentieren in der Folgestunde kurz die Ergebnisse.*

LÖSUNGSVORSCHLAG

1. Which short-term development (by 2030) do you expect for …
   - the world: positive/unchanged/negative
   - our country: positive/unchanged/negative
   - your personal life: positive/unchanged/negative
2. Which long-term development (by 2050) do you expect for …
   - the world: positive/unchanged/negative
   - our country: positive/unchanged/negative
   - your personal life: positive/unchanged/negative
3. Name up to three scientific breakthroughs or technological inventions which you expect will shape the 21st century the most in a positive way?
   1. … 2. … 3. …
4. Name up to three scientific breakthroughs or technological inventions which you expect will shape the 21st century the most in a negative way?
   1. … 2. … 3. …

STEP 2 Writing the post
Die Merkmale des Textformats Blog post *sollten im Plenum noch einmal wiederholt werden. Für einen formaleren Blogbeitrag liefert der* Core skill workshop (Writing an argumentative text) *Hilfen und Anregungen. Außerdem erfolgt ein Hinweis auf* Skill 14 Essay. *Qualitätssteigernd kann die Rückmeldung von Mitschülern zu Inhalt, Struktur und Sprache der* Blog posts *sein (Kopiervorlage 2:* Feedback sheet for argumentative texts*).*

STEP 3 Creating online features
Diese Teilaufgabe überschreitet die in der Einleitung gegebene situative Einbettung (BBC Youth Blog) *bzw. steigert den Lebenswelt- und Anwendungsbezug im Falle einer englischen Version der Schul-Homepage. Die Aufgabe zielt auf technisch versierte und motivierte S, im Sinne differenzierten Förderns auch auf leistungsstarke und/oder besonders kreative S.*

STEP 4 Commenting on other posts
Hier gibt es mindestens drei Optionen: Die Posts und Kommentare werden …

1. *auf dem ggf. real existierenden BBC-Blog mit ähnlichem Thema veröffentlicht (globale Interaktion),*
2. *im Kontext des gemäß Step 3 gestalteten Blogs auf der eigenen Schul-Homepage veröffentlicht (Interaktion in der weiteren Schulgemeinde),*
3. *im Kursraum auf einer entsprechend gekennzeichneten Blog-Wandfläche veröffentlicht (kursinterne Interaktion).*

ERWEITERUNG *Mit Hilfe von Kopiervorlage 2* (Feedback sheet for argumentative texts) *holen sich die S vor der Veröffentlichung neuer Posts inhaltlich-sprachliche Rückmeldung. Leistungsschwächere S erbitten gezielte Rückmeldung von L und optimieren so ihre Beiträge. Für die Kurzkommentare sollten keine engen Vorgaben gemacht werden, um den Austausch zu fördern. Diese Stellungnahmen können auch aus einer Rolle heraus erfolgen, um die Übernahme und Einbeziehung anderer Perspektiven zu befördern (S-Name z. B. in Klammern oder in einer Anmerkung für L).*

KLAUSURVORSCHLAG *Zum* Topic **Science and utopia** *steht online nur für die Hand von L ein mehrteiliger editierbarer Klausurvorschlag mit Erwartungshorizont zur Verfügung.*

Code k949tr **→ Klausurvorschlag: Kazuo Ishiguro, Never Let Me Go (novel excerpt) • Mediation: Ishiguro-Bestsellerverfilmung: Ich spende, also sterbe ich**

KV1: Fill in the grid

1 *Watch Michio Kaku's talk* Will mankind destroy itself? *and fill in the grid (Introduction, Task 5a).*

	Definition	**Similar to**	**Characteristics**
Type zero			
Type one			
Type two			
Type three			

2 *Read the fact files and put the information from the texts into the following grid (Spot on facts, Task 3).*

Speculative fiction	**Utopia**	**Dystopia**	**Science fiction**
Definition			
Focus			
Examples			

Green Line Oberstufe
Autor: Thomas Tepe, Münster

KV2: Feedback sheet for argumentative texts

1 *Swap texts with your partner and take notes on his/her argumentative text using this feedback sheet.*

Feedback for: ______								
Feedback written by: ______								
Rating from 0 (problem area) to 5 (great)		0	1	2	3	4	5	**Positive comment***
Content								
Suitable number of arguments								
Both sides considered								
Plausible, convincing arguments								
Statements supported by facts and figures, illustrative examples, reasons or quotes								
Structure	clearly divided (introduction, body and conclusion)							
	introduction: raises interest							
	logical sequence							
	correct use and structure of paragraphs							
	effective connection of ideas (connectors)							
	clear conclusion (with summary statement)							
Overall impression	well-informed							
	objective							
	engages the reader's interest							
Language								
Correct tone (formal register, polite)								
Vocabulary (fitting choice of words)								
Variety in word choice (attractive to read)								
Clear, comprehensible sentence structure								
Correct grammar (no major mistakes)								
Correct spelling (hardly any mistakes)								
Tips for improvement								

* *Your comments should always be positive. Focus on the strengths of the text. Use evaluative adjectives (avoid good, nice and interesting) or qualifying adverbs (e.g. generally, mostly, partly etc.). Give examples and give tips for improvement.*

Green Line Oberstufe
Autor: Thomas Tepe, Münster

KV3: Analysing a film scene

1 *Use this sheet for note taking when analysing the film scene* Never Let Me Go *(Mark Romanek, 2010, 22:19–25:29) in detail.*

Characters	**Action**
Appearance	Setting (place, time)
Body language (face, gestures and movement)	Plot
Use of language/communication	Suspense (unanswered questions)

Narrative techniques

↓

Main function of the scene → ← **Main function of the scene**

↑

Cinematic devices

Camera operations	**Sound/music**	**Symbols**
	Lighting	**Other effects**

Green Line Oberstufe
Autorin: Gerda Piotrowiak, Greven

KV4: Conducting a panel discussion

Scenario: *You are planning a serious TV discussion in the format of a panel discussion on the topic* ***"Genetic engineering – blessing or curse?"*** *You need a host to moderate the discussion, and you will need four or five guests. Your discussion should be between 15 and 25 minutes long. It should include a question time in the middle or at the end, in which the audience asks questions to either all the guests or one guest in particular.*

STEP 1 – Agree on a guest list for the panel discussion

Who are you going to invite? When putting together your guest list, consider the following:

- Think of both experts on the topic and people who are directly affected by genetic engineering or might be in the future.
- Try to create a balance between supporters and critics as well as information and entertainment.
- Aim to include different perspectives, e.g. a political, economic, scientific, moral or personal perspective.
- Make use of people mentioned in the texts you read in class, or invite (play the roles of) celebrities whose stances are generally known.

STEP 2 – Form groups

Form a host group and four or five groups concentrating on one guest each (3–5 students in each group). Share information about the character you are going to represent in the discussion. What sources of information are available to you?

STEP 3 – Be prepared

In your groups prepare your own role cards to use during the panel discussion.

A guest's role card could include the following:

- my connection to, or interest in, the topic
- my opinion on the topic (short and sweet)
- my main character traits (they might become evident during the discussion)
- questions I would enjoy being asked by the host (to be passed on as quickly as possible to the host group)
- questions I would like to ask other guests
- my introductory statement (notes or fully fledged)
- further arguments/examples for the discussion in notes
- favourite discussion phrases I might need (choose from Skill 24.3)

A host's role card could include the following:

- title, topic and length of my panel discussion
- question time: When? How long? Number of questions?
- notes for starting the show and introducing the topic and the guests
- any provocative statements or critical questions (to all guests or to one guest only)
- favourite moderating phrases in different situations (choose from Skill 24.2)

STEP 4 – Rehearse, conduct and assess your presentation

1. Do 10-minute parallel rehearsals without an audience. The panels should consist of randomly chosen representatives from all preparation groups. Choose a seating arrangement with a good distance between the rehearsal groups and remind all participants to keep the noise level down.
2. Share feedback from the rehearsal groups. Find solutions to problems which may have arisen.
3. One group (voluntarily or randomly chosen) should stage a public performance of the panel discussion with the other students acting as the audience and participating during question time.
4. Afterwards, assess the success of the panel discussion together with your teacher.

Green Line Oberstufe
Autor: Thomas Tepe, Münster

KV5: Observation sheet for (panel) discussions

Topic of the discussion: ___________________________________

Name (name of guest/host): ___________________________________

A Criteria for a guest	Your observations and comments
1. Knowledge of the topic and persuasive power • number of points made • convincing statements (in the role played) • variety of arguments • support with facts and figures/evidence/examples • logic and structure • confidence and calmness	
2. Communicating with other guests/the host • responding to questions raised by the host • stating or defending a case, e.g. by giving an opinion or introducing a new point • interacting with other guests, e.g. by agreeing and disagreeing, picking up somebody's statement, asking for an opinion or checking understanding	
B Criteria for the host	**Your observations and comments**
Moderation skills • structuring the discussion • keeping order • involving everybody • staying objective	
C Criteria for both guest and host	**Your observations and comments**
Language competence • correct use of grammar and vocabulary • wide range of vocabulary • use of connectors/transitional phrases • fluency and pronunciation • polite phrases and in-role language	

Feedback rules: Feedback gives someone a fair response to their work. It emphasises somebody's strengths but also points out areas which could be improved.

A Giving feedback	B Receiving feedback
1. Always start with a positive comment: *What I especially liked was …/I really enjoyed how you …* 2. Talk about your personal impression: *I think you came across as …/My impression was that you …* 3. Express your criticism politely: *At some points I found it hard to …/I am not sure if it was really necessary to …* 4. Conclude with a concrete suggestion for improvement: *Next time it might be a good idea to pay more attention to … In your next discussion, you could possibly try to …*	1. Listen carefully and try to understand the comments. 2. Accept the feedback: *I see what you mean. Thank you./That's definitely something to think about.* 3. If necessary, ask questions to avoid misunderstandings: *If I understand you correctly, you mean …/Oh, so you mean I could/should …* 4. When responding do not defend or justify yourself. *Thank you. I will think about …/It may indeed be a good idea to …/That is a useful tip.*

Green Line Oberstufe
Autor: Thomas Tepe, Münster

8 Ecological challenges

Didaktisches Inhaltsverzeichnis

Textsorte/Thema	Unterrichtsmethoden	Input boxes	Kompetenzen	Textproduktion
Introduction				ca. 1 Unterrichtsstunde
Combination of visuals/Ecological problems	*Kursgespräch* *Einzelarbeit* *Code p3bk2n*		*Bildbeschreibung/ -analyse* *Gespräche führen* *Argumentieren*	Describing and evaluating pictures Making lists Giving presentations Writing comments
Spot on facts Global facts				ca. 1 Unterrichtsstunde
Factual information, graph/Ecological challenges	*Kursgespräch* *Einzelarbeit* *Zusatzmaterial: Kopiervorlage 1*	Fact files: Consequences of the exploitation of natural resources – Responsibility to preserve nature	*Orientierungswissen* *Leseverstehen* *Statistiken analysieren* *Argumentieren*	Describing and evaluating statistics Giving opinions
Texts A **Losing our habitats**				
The last parakeet, 1992				ca. 3 Unterrichtsstunden
Short story, visuals/ Destruction of habitats and loneliness	*Kursgespräch* *Einzelarbeit* *Partnerarbeit*	Fact file: Pyrrhura/ Parakeet Fact file: NGO Fern	*Leseverstehen* *Bildbeschreibung/ -analyse* *Gespräche führen* *Recherchieren* *Kreatives Schreiben*	Describing and interpreting pictures Writing summaries Analysing language Discussing aspects Describing and analysing cartoons Writing term papers Writing essays
Texts B **Human responsibility**				
The ocean is broken, 2013				ca. 1–2 Unterrichtsstunden
Newspaper article, recording of a travel report/The pollution of the sea	*Kursgespräch* *Einzelarbeit* *Partnerarbeit* *◎ L1/2 Transkript* *WB Tasks 1–9*	VIP file: Ivan Macfadyen	*Hörverstehen* *Leseverstehen* *Gespräche führen* *Argumentieren*	Taking notes Writing summaries Analysing language Formulating contrasts Discussing aspects
Time capsule found on a dead planet, 2009				ca. 1 Unterrichtsstunde
Short story/Money and the destruction of nature	*Kursgespräch* *Partnerarbeit* *Gruppenarbeit*	VIP file: Margaret Eleanor Atwood	*Leseverstehen* *Gespräche führen* *Argumentieren*	Formulating headlines Analysing language and atmosphere Making suggestions

Unterrichtsverlauf

Code p3bk2n

Introduction

VISUALS

1 Describe the photos on this page and state which ecological issue …

METHODISCHES VORGEHEN

Entweder die Bilder werden sukzessive gemeinsam im Unterricht erarbeitet oder L lässt die S ein Bild auswählen, zu dem sie dann nach einer Stillarbeitsphase die verschiedenen Aufgabenteile zusammenhängend beantworten. Die angesprochenen ökologischen Probleme werden während des Kursgespräches bzw. Kurzvortrages an der Tafel gesammelt – sie werden später in Spot on facts *ergänzt.*

LÖSUNGSVORSCHLAG

- **Photo 1 (top left)** (probably) shows some bay at the seaside or some river that is almost entirely filled with garbage. The only objects that are recognisable are some plastic bottles in the foreground. To the left and to the right, there seem to be some houses and on the horizon, there is some water, either a lake, a river or the sea.
  Ecological issues: waste (plastic in particular) and waste disposal.
  Effect: The effect on the viewer is one of shock at the amount of garbage, followed (hopefully) by an insight into our tendency to throw everything away and our culpability. But the effect is not as powerful as it could be since the background and the exact location remain somewhat undefined.

- **Photo 2 (top middle)** features a tiger in the foreground crossing a dirt road in some kind of forest, and a jeep in the background riding on the road and advancing towards the tiger. The jeep has an open back and some people seem to be sitting or standing on it: they are probably on a safari (or a hunt?).
  Ecological issues: loss of habitats, extinction of species.
  Effect: The presentation of the beautiful tiger on the road in front of the car is meant to arouse an awareness of the tiger as an endangered species which no longer has space to roam freely and has become a tourist attraction. However, the impact has been somewhat lessened here as well because the picture (the jeep, at least) is slightly blurry and the location is not clear.

- **Photo 3 (top right)** shows a dead turtle entangled in a fishing net lying on a sandy beach with its forelegs stretched out.
  Ecological issues: inadequate fishing methods, extinction of species.
  Effect: The picture is emotionally effective, as it features a cute, but dead animal; its legs outstretched as if crying for help. But the addressee of the picture is not really clear since many viewers will see no connection between themselves and a fishing net found on a beach.

- **Photo 4 (bottom left)** shows an aerial view of a tropical rainforest. In the foreground on the right, a part of it (in the shape of a square) has been cut or burned down to the ground. The rest of the forest is green and seems intact, but there is smoke rising in various places, and a dirt road running along the burnt-down field cuts right into the forest.
  Ecological issues: deforestation, cutting down of tropical rainforests, destruction of habitats.
  Effect: The picture very effectively highlights the extent of the damage done by deforestation and of humankind's meddling with nature.

- **Picture 5 (bottom right)** focuses on two black feet and ankles standing on a vast expanse of a dried-out riverbed or lake: the ground is almost white and large cracks have appeared in it. In the background there is some vegetation and a nearly cloudless sky.
  Ecological issues: droughts, water scarcity, climate change.
  Effect: Thanks to the perspective (close-up shot parallel to the ground) and the stark contrast between black and white, the photo is visually appealing, and it clearly depicts the problem of water scarcity. But it is doubtful if it is emotionally effective since one does not see anyone suffering/the person's body or face.

SPEAKING **2 Bring a photo/flyer/cartoon/diagram etc. to class that you ...** → S22, S28

METHODISCHES VORGEHEN *Die Präsentation wird in einer Hausaufgabe vorbereitet (oder ggf. an individuellen PCs/Laptops/Tablets in der Schule). Hinweis auf* Skill 22 Presentation *und* Skill 28 Working with visuals. *Da wahrscheinlich die Mehrzahl der von den S ausgewählten Bilder aus dem Internet stammt (es besteht auch die Möglichkeit, dies aus präsentationstechnischen Gründen zur Auflage zu machen), ist es ratsam, für eine geeignete Möglichkeit der Präsentation von Internetbildern zu sorgen, denn der Erfolg einer solchen Präsentation der Bildanalyse hängt entscheidend davon ab, inwieweit die Zuhörer die Ausführungen nachvollziehen können. Im Anschluss an den Vortrag kann die Liste der* Ecological issues *aus Aufgabe 1 um die im jeweiligen Bild angesprochenen Probleme ergänzt werden – dabei lassen sich die Zuhörer gut einbeziehen.*

LÖSUNGSVORSCHLAG Individual answers expected.

EVALUATION **3 Comment on the following quotation: "Human use, population, ..."**

METHODISCHES VORGEHEN *Das Zitat des Dalai Lama kann entweder in einer schriftlichen Hausaufgabe oder im Unterrichtsgespräch kommentiert werden. Im Unterricht wird L den Fokus dann sicherlich auf die Fragen nach den Konsequenzen für unser (individuelles und politisches) Handeln lenken, nach den Gründen für die zögerliche Umsetzung von Umweltschutzforderungen und nach der Erreichbarkeit der Ziele.*

LÖSUNGSVORSCHLAG There is no denying that what the Dalai Lama says is the truth. One look at the list of ecological issues we have drawn up (see Tasks 1 and 2) is sufficiently demonstrates that dramatic changes in our lifestyle are called for. Most scientists agree that climate change will be irreversible if global warming is not kept below the threshold of 2 °C, and it will have serious adverse effects not only on biodiversity and wildlife, but also on human beings. The last few years there has been brought a considerable increase in floods, fires, droughts and other extreme weather conditions, killing many people and devastating cities and the countryside alike. Some optimists argue that the earth has survived other serious natural catastrophes, such as ice ages and the extinction of species. But never has change been so rapid and so drastic, and it has never been caused by humankind itself. That is why, as most people agree, we must decrease our levels of consumption, reduce population growth and lower the amount of technology we produce to restore the balance. One thing is clear, however: the question is not really whether the earth survives – it is a matter of whether humankind will survive. Mother Earth is resilient, but human beings are fragile.
Although there is most certainly an imbalance and true cause for concern, there is no reason to give up hope. Human beings possess the means to overcome this crisis: Thanks to advanced technology (fuel-efficient cars, energy-plus houses, waste reduction strategies and recycling, renewable energy etc.) we can solve many environmental problems. And we possess the international institutions (not only the UN, but also a large number of NGOs) that can initiate the changes that are necessary. The concept of sustainable development ("a development that meets the needs of the present without compromising the ability of future generations to meet their own needs", see the *Brundtland report*) is the key to a new lifestyle. Taking an optimistic view, one can even see ecological challenges as a chance to unite the world and promote peace, as they transcend borders. The common threat of an ecological catastrophe should make us aware that we can only survive if we cooperate internationally and if all people make a contribution and act according to the slogan: "Think globally, act locally."

Spot on facts

FACTUAL TEXTS

Global facts

LERNWORTSCHATZ exploitation, to accelerate, deforestation (no pl), oxygen (no pl), habitat, species (pl), endangered, to boost, greenhouse gas, emission, principally, peat bog, vapour (BE), moist, flood, to ravag, resource, to pollute, global warming (no pl), ozone layer (no pl), radiation, degradation (no pl), reef, mammal, extinction (no pl), biodiversity (no pl), ecosystem, awareness, energy-saving, heating, alternative forms of energy, fuel-saving, environmental protectional laws (pl), eager, to meet the interests of sb

COMPREHENSION

1 Compare your results from Task 1 on the introduction page to the items ...

MATERIALIEN → Kopiervorlage 1 (Ecological issues – Causes and effects)

METHODISCHES VORGEHEN *Zunächst werden die ökologischen Probleme, die in der Einführung erarbeitet wurden, (an der Tafel) in Erinnerung gerufen. Nach der Lektüre des* Spot on facts *ergänzen die S die bisher nicht genannten, aber im Text angesprochenen Probleme und fügen dann weitere eigene Ideen hinzu. Es empfiehlt sich zunächst eine relativ unsystematische Sammlung der erwähnten Probleme. Eine daran anschließende (zumindest beispielhafte) Ordnung und Systematisierung (nach* cause *and* effect*) wäre sehr nützlich, da sie die Komplexität des Problemzusammenhangs deutlich macht und zu den Ursachen führt. Hierzu dient Kopiervorlage 1 (*Ecological issues – Causes and effects*).*

LÖSUNGSVORSCHLAG

- **Introduction:** waste and waste disposal, loss of habitats and extinction of species, inadequate fishing methods, deforestation and cutting down of tropical rainforests, droughts, water scarcity and climate change
- **Spot on facts:** overpopulation, increasing demand for food production and transportation, increasing demand for energy, greenhouse gas emissions, megafloods, exploitation of natural resources, air pollution and water pollution, global warming, the depletion of the ozone layer, increasing land use, land degradation, loss of biodiversity
- **Additional ideas:** land grabbing, tourism and travel, individual transport, overfishing, urbanisation, desertification etc.

ERWEITERUNG *Kopiervorlage 1 (*Ecological issues – Causes and effects*): Mit Hilfe der Vorlage lassen sich die verschiedenen* Ecological issues *systematisieren. Es bieten sich – je nach Intention – verschiedene Vorgehensweisen an: L kann z. B. die* Secondary effects *(auf Folie oder beim Kopieren) abdecken und gemeinsam oder in Gruppenarbeit erarbeiten lassen. Ebenso kann der Fokus auf die Erarbeitung der Ursachen gelegt werden. Hinweis: Auf der Kopiervorlage werden nur die Folgen für Natur/Umwelt/Mensch dargestellt – die vielfältigen sozialen und politischen Folgen bleiben außen vor, sie könnten aber abschließend auch noch erwähnt werden.*

VISUALS

2 Look at the diagram and comment on the distribution of CO_2 emissions.

METHODISCHES VORGEHEN *Eine etwas stärkere Lenkung scheint hier geboten, da sich ansonsten die Antworten zu den Aufgaben 2 und 3 vermischen könnten: Es ist sinnvoll, die S die dargestellten Fakten zunächst verbalisieren zu lassen, da dies eine der Kompetenzen ist, die sie erlernen müssen – hier ist ein Hinweis oder ein Blick auf* Skill 27 Statistics, diagrams and maps *hilfreich. Nach der Wiedergabe der veranschaulichten Fakten sollte der Fokus auf die Frage gelenkt werden, was dies für die Aufgabe der Reduktion der Emissionen bedeutet.*

LÖSUNGSVORSCHLAG The first pie chart shows that in absolute terms, China (with 8,081 million tons) was the chief producer of CO_2 emissions in the world in 2011, followed closely by the US (with 5,994 million tons). The chart clearly shows that all attempts to reduce CO_2 emissions will have little impact without involving China and the US. The two states are responsible for about two-thirds of the emissions of seven large countries shown in the chart.
The second chart paints a slightly different picture: The countries with the highest per capita emissions of CO_2 are the US (18.0 tons) and Canada (16.1 tons). In China average CO_2 emissions are substantially lower than in the US; they are also lower than in Germany. What the second chart demonstrates very clearly is that the distribution of CO_2 emissions is very uneven: for example, in India average CO_2 emissions comprise of less than a tenth of those in the US.
If the carbon footprint of people all over the world were as large as that of people in the US, that would have catastrophic consequences for environment, the atmosphere and life on earth in general. A fair reduction of emissions should take the unequal distribution of CO_2 emissions into account, meaning that pressure should be put on those countries that have high per capita emissions, and not on the countries with high absolute numbers, since those numbers are due to their large populations.

EVALUATION **3 Explain why or why not the information in this table is convincing.** → S27

METHODISCHES VORGEHEN *Diese Aufgabe ist anspruchsvoll, da sie mathematische, geografische und sprachliche Aspekte kombiniert. Daher erscheint eine schriftliche Sammlung der Punkte (z. B. an der Tafel) sinnvoll. Vorab erfolgt auch hier wieder ein Hinweis auf* Skill 27 Statistics, diagrams and maps.

LÖSUNGSVORSCHLAG **The information is convincing:**

- Both absolute and relative numbers are given, and they complement each other. Giving only absolute numbers would have been misleading.
- The focus is on important countries only, which adds to the clarity of the information given.

The information is not convincing;

- The chart on absolute numbers is irrelevant and unconvincing – it makes people think that China should be the chief addressee of demands for a reduction in CO_2 emissions.
- The information provided on CO_2 emissions is very incomplete since only seven out of over 200 countries in the world are represented. Both pie charts are misleading since a superficial look at them might make readers think that the countries mentioned are responsible for 100 per cent of CO_2 emissions.
- What is missing is information on the emission of other greenhouse gases, such as methane, a gas which is known to be more harmful and noxious than CO_2.

A Losing our habitats

BEFORE YOU READ **1 Look at the colour-by-number picture on the left; it was an idea for ...**

METHODISCHES VORGEHEN *Das Bild sollte L im Unterricht mit dem Hinweis, dass dies eine Idee für eine Kampagne war, eine Weile auf die S wirken lassen. Danach scheint eine relativ freie, sich nicht zu strikt an den Fragen orientierende Erörterung der Aussageabsichten und der Wirkung angebracht, abgeschlossen mit einer Wertung durch die S.*

LÖSUNGSVORSCHLAG The problem highlighted in this poster is the loss of habitats and the extinction of species. The intention of its creator is to make the viewers aware of the fact that it is human beings who are responsible for the destruction of nature.

The picture affects me very much, and I think it is very effective for a number of reasons. First of all, many people who see this picture will be drawn to it since a colour-by-number picture brings back pleasant childhood memories. But the caption in red which reads, "Save my home!" already indicates that this is not a mere child's game and hints at what the poster is all about. Then the viewer takes a second, more careful look since the purpose of the colouring remains unclear. In a way, the poster is like a riddle, like a story with a sting in its tail: When you see that there is only one colour to be filled in, you realise that you can not see anything at all once you have completed the picture.

Moreover, the only colour required is black, a colour that stands for death and destruction. At that point you understand the intention of the poster: to create an awareness of the destruction of habitats and the extinction of species, symbolised by the orangutan disappearing into black nothingness. And because the viewer has filled in the colour, at least mentally, we become aware of our part in this process: Animals die out because we kill them indirectly by destroying their habitats.

Therefore, I consider this poster to be very effective because in the guise of a harmless child's game it attracts viewers speculate on what it means, only to be shocked by the unpleasant truth once they have solved the riddle.

SHORT STORY

The last parakeet

LERNWORTSCHATZ to grip, to turn oneself in, surreptitious, uncommon, dusk (no pl), to inquire (AE), vulgar, to figure out, drawer, hangdog, to lounge, to permit, to impose a law

COMPREHENSION **2 a) Describe the structure of ... b) Explain how they are related ...** →△1

METHODISCHES VORGEHEN *Hinweis auf das* Fact file zu Pyrrhura/Parakeet. *Bei leistungsschwächeren Gruppen sollte L bei der Besprechung der Kurzgeschichte kleinschrittig vorgehen: Da Teile der Aufgabe 2 eher analytischer Natur sind – nämlich der zweite Teil der Aufgabe a) und der erste Teil der Aufgabe b) – kann L sie zunächst zurückstellen und nur die Strukturbeschreibung und die Zusammenfassung angehen. Eine tiefergehende Interpretation erfolgt dann am Ende der Analyse.*

LÖSUNGSVORSCHLAG **a) The structure of the story:** *The last parakeet* is a so-called slice-of-life story: it presents a period of roughly ten minutes from the life of a character in chronological order, a series of coincidental and seemingly unrelated events. The text basically consists of two elements: firstly, the narrator is watching the *Today Show*, in which a story about the last parakeet is his main point of interest; secondly, a neighbour interrupts her twice to borrow and later return some sauce. The story of the parakeet forms frame narrative.

The problems mentioned: The main theme of the short story is our modern way of life marked by a lack of communication and loneliness. The extinction of species and the loss of habitats form a kind of backdrop to the story.

b) How the problems are related to each other: In the short story both problems are related to each other: In a certain sense, human beings are losing their habitats as well, partly due to the negative impact of modern mass media, and although not decimated in numbers, they lead their lonely, secluded lives as if they were the last of their species

The essence of this story: *The last parakeet* is about a person watching the *Today Show* one morning. A story about the last Brazilian parakeet catches her interest. She is interrupted by a knock on the door; it is her neighbour asking for some Worcestershire sauce, which she gives her without further comment. When she returns to the show, there is a report about divorcée millionaires on, which she regrets since she would like to know more about the parakeet. The narrator starts to wonder about the fate of this parakeet and why he "turned himself in", while the weather report is on the TV, followed by the presentation of a 100-year-old lady. Another interruption follows – the neighbour hands back the sauce – and then there the parakeet returns, this time very small, but unfortunately there is no time for him to speak.
Although unrelated at first sight, there is a common thread uniting the major elements, and that is the impression of loneliness, sadness and frustration: the divorcées who make money now (instead of being loving), the 100-year-old woman, Hattie (a "single lady" and a prostitute) who welcomes drab-looking men every evening, "hangdog" astronauts, a "handcuffed kid looking at the ground" and, of course, the last parakeet, who "turned himself in" because of loneliness, the narrator surmises. There is a reason for the narrator's interest in the last parakeet and the idea of the parakeet "turning himself in". The parakeet serves as a projection of the narrator: she is so interested in him because he reflects her own feelings. The narrator is probably as lonely as the last parakeet.

DIFFERENZIERUNG △ *Leistungsschwächere S ziehen bei Teilaufgabe a) die Hinweise in Aufgabe 1 im* Diff pool *zur Unterstützung heran.*

ANALYSIS **3 Define the narrative perspective used in this story and ...** → S8, S9

METHODISCHES VORGEHEN *Eine gemeinsame Erarbeitung ist sinnvoll, da Fragen nach der Erzählperspektive den S oft Probleme bereiten. Es ist hilfreich, die S nach der Bestimmung der Erzählperspektive die Textpassagen markieren zu lassen (ggf. Leerfolie auflegen), die Gedanken und Gefühle der Protagonistin wiedergeben. Hinweis auf* Skill 8 Narrative perspectives *und* Skill 9 Narrative techniques. *Es kann durchaus von Vorteil sein, die folgende Aufgabe 4 mit den S als erste Analyseaufgabe zu bearbeiten, da die S dabei (alleine oder mit einem Partner) konkrete Textarbeit leisten müssen.*

LÖSUNGSVORSCHLAG The short story is written in first-person narration, with the "I" in the text being the narrator and the protagonist of the story. The readers see everything through the eyes of the narrator, who also freely reveals her thoughts, making it easy for the reader to identify with her. Events are not presented objectively, but evaluated and commented on by the narrator:

the neighbour's knock on the door, for example, is characterised as "surreptitious" (l. 9).
At times, when the narrator is absent-minded, her thoughts are presented directly in a kind of interior monologue (ll. 25–31).
What is unusual about this first-person narration is that the narrator herself does not express any feelings explicitly. The interpretation of how she feels is left to the reader, but it can be deduced from her thoughts: She shows the greatest interest in the last parakeet and his loneliness, and the accumulation of sad and lonely figures in this story indicate that it is probably, first and foremost, the narrator herself who feels lonely. The absence of feelings is a sign of alienation and emotional ignorance; she is unable to diagnose what ails her.
The point of view is also responsible for the (humorous?) surprise elements, which give the story its extraordinary, quirky touch. The narrator seems to be someone glued to the TV screen; she even knows about the presenter's toupee (l. 32). While talking about the presenters she uses their Christian names ("Bryant" and "William") and does not stop looking at the screen when she goes to open the door (ll. 11–12). She seems to have lost touch with reality in some way – hence the strange but intriguing opening in which she says that she thinks the "last parakeet is about to make a statement" (l. 1).

ANALYSIS **4 Compare how the author describes the parakeet and the people. . . .** → △2

ALTERNATIVE *Diese Aufgabe kann auch als erste Analyseaufgabe mit den S bearbeitet werden, da sie hier (in Einzel- oder Partnerarbeit) konkrete Textarbeit leisten müssen und dadurch auf die Parallelität in der Beschreibung des Papageis und der Menschen gestoßen werden, die weitere Rückschlüsse auf die Aussageabsicht zulässt.*

LÖSUNGSVORSCHLAG **It is striking that the parakeet and the people are described very similarly:**

- Both the parakeet and the 100-year-old lady are described as having "black eyes" (l. 2, l. 35). In both cases the camera zooms in really close to show the parakeet's face and his eyes very clearly (ll. 1–2, ll. 34–35).
- It is reported that the parakeet "turned himself in" (l. 8). When Elvira Hoopsmart is shown, the narrator adds that the presenter fails to "mention who turned her in" (ll. 35–36).
- Hattie is said to have a "pink bathrobe with a green towel around her head" (ll. 13–14). The same colours are used to describe the parakeet (l. 3).
- Both the parakeet and Hattie have "blue shadows" under their eyes (l. 4, l. 40).
- When describing the parakeet's blue shadows under his eyes, the narrator adds "just like all the guests of the *Today Show* because it's so early there in the New York studio" (ll. 4–5). Here the narrator explicitly establishes a parallel between the outward appearance of the parakeet and of human beings.
- The narrator likens Hattie's evening activities to a "mating ritual" (l. 15), a term which is primarily used to describe animal behaviour.

The great number of overt parallels in the description of the parakeet, and the people are a clear indication that there must be some parallels on the deeper level too: The people mentioned in the story are as lonely and sad as the parakeet (even though they are not the last of their species). The blue eyes in particular are to be interpreted as a symbol of nights spent awake filled with sadness and of loneliness. Another problem highlighted by these similarities (in colours and in behaviour) is that the narrator does not seem to distinguish between the TV world and the real world – she pays more attention to the TV reports than to the visit of her neighbour Hattie, revealing that she has lost touch with reality due to her TV addiction.

DIFFERENZIERUNG △ *S, die Hilfe bei der Analyse benötigen, können vorab Aufgabe 2 im* Diff pool *bearbeiten. Sie legen eine Tabelle mit den Charakteren an und notieren die im Text genannten Farben. Diese Vorbereitung erleichtert ihnen die Analyse.*

EVALUATION **5 With reference to the headline and the last sentence, comment on . . .**

METHODISCHES VORGEHEN *Die Aufgabenstellung verlangt im zweiten Teil eine Interpretation des Aspektes der Zeit im Text. Erst wenn dies erfolgt ist, sollte die Aussage kommentiert werden. Es kann ratsam sein, beide Aufgabenteile zu trennen.*

LÖSUNGSVORSCHLAG **Analysis of the aspect of time:** As it seems, the narrator regrets that not enough time is spent on the issue of the parakeet, which really interests her, she deplores in particular that there is no time "to hear his version" (ll. 47–48). On TV there is no time for what really matters, i.e. how people really feel; you get "just the essence, you know" (l. 42). The fact that the narrator deplores this tendency indicates a need for these things herself. On the other hand, when her neighbour Hattie knocks on the door and asks for some sauce, she treats her similarly, i.e. she does not turn her attention to her; she neither talks to her ("I don't inquire what for.", l. 17), nor does she realise that she might feel lonely too. Instead, she is in a hurry to get back to the *Today Show* (l. 18). In other words, one message of the story seems to be that we do not devote enough time to these important social (and environmental) issues. Though we might feel some strange longing, some void, we do not realise what is wrong and what our real needs are. We only realise when it is (almost) too late – when the last of the species turns himself in.

Personal comments (some ideas):
- The disregard of social and environmental issues is not primarily a question of time, as the story clearly shows: the narrator has enough time on her hands.
- Whether we deal with social or environmental issues is not a question of time but rather a question awareness and a question of priorities.
- Due to increased pressure at work, many people are constantly under stress, so they in fact lack the energy and the time to deal with social issues.
- Life today is so complex and so multifaceted that people have lost perspective and do not know what is truly important.

VISUALS **6 a) Describe and analyse ... b) Do research on other ...** → S28.2, S19, S22

Biodiversity offsetting is a form of ecological compensation. It is a system that is often used by planning authorities in order to compensate for losses caused by large infrastructure projects. When a development damages nature, biodiversity offsetting ensures that new and better nature sites will be created. What is different from other types of ecological compensation is that biodiversity offsetting requires the benefits for nature to be lasting and measurable.

METHODISCHES VORGEHEN

a) *Um den S das Verständnis des Cartoons zu ermöglichen, werden zunächst das* Fact file *zur* NGO FERN (Making the EU work for people & forests) *gelesen und der Begriff* Biodiversity offsetting *erläutert. Hilfreich kann auch der Hinweis sein, dass das Poster Teil des Briefes an die Europäische Kommission war. Der Cartoon eignet sich aufgrund seiner Klarheit und der einfachen Struktur gut zum Einführen bzw. Einüben der Analyse von Cartoons. Hierzu werden die S auf* Skill 28.2 Working with visuals: Cartoons *hingewiesen.*

b) *Interessant wäre es, wenn unterschiedliche Projekte vorgestellt würden, z. B. einige aus der eigenen Region, einige aus angloamerikanischen Ländern, einige aus Entwicklungsländern. Dazu erfolgt ein Hinweis auf* Skill 19 Term paper and quoting *und* Skill 22 Presentation. *Besonders reizvoll ist es für die S, sich über solche Projekte zu informieren, an denen sie selbst (z. B. in einem* Gap year*) aktiv teilnehmen könnten (siehe dazu: http://www.projects-abroad.org/volunteer-projects/conservation-and-environment/, http://www.unitedplanet.org/environmental-volunteer-abroad, http://www.goabroad.com/volunteer-abroad).*

LÖSUNGSVORSCHLAG **a)** The picture consists of two major elements: On the right there is a cartoon-style drawing of a woman in a supermarket. She is putting all kinds of products into a trolley, which is already full up to the brim. What is striking is that the products in the trolley and on the shelves are not usually sold that way in a supermarket. There are small trees and small animals (such as a rabbit or a goose) available – all the products are unprocessed in their natural state. Moreover, all of these natural products have a price tag attached to them. The second element is made up of two phrases printed on the left: the first is in bold print and says, "Nature Not For Sale", and the second, smaller one underneath says, "Challenging biodiversity offsetting and the financialisation of nature". Obviously, the picture and the statements contradict each other. The picture is intended to describe our actual behaviour: We think that we can buy nature; we think we can take everything we want from Mother

Earth as long as we pay for it. The caption is meant to make the viewer realise that nature is not (or should not be) something you can simply buy. Nature extends beyond material measure, and it is worth more than money. To sum up, the cartoon is meant to criticise the average consumer's materialistic attitude towards nature and raise our awareness that the value of nature by far exceeds the market value of its products.

b) Individual answers expected.

RESEARCH **7 Use one of the pictures on these two pages or any related ...** → S14, S32

METHODISCHES VORGEHEN *Die Aufgabe verlangt eine längere schriftliche Darstellung, daher sollte den S dafür etwa eine Woche Zeit gegeben werden. Sie kann auch als freiwillige Zusatzleistung angeboten werden. Hinweis auf* Skill 14 Essay *und* Skill 32 Doing research. *Da* Essay writing *nicht zu den üblicherweise in der Schule eingeübten* Skills *zählt, sollte den S zunächst erläutert werden, was unter einem Essay zum Thema* Endangered species *zu verstehen ist. Der Essay sollte bestehen aus:*
- *einer Vorstellung der gefährdeten Gattung/Art,*
- *Daten zum Vorkommen und zur Entwicklung der Population,*
- *Gründen für die Gefährdung der Art,*
- *Lösungsmöglichkeiten und Projekten,*
- *einer abschließenden persönlichen Stellungnahme.*

Hilfreich ist auch eine Liste mit Useful phrases. *Die S sollten angehalten werden, ihre Informationsquellen anzugeben bzw. mitzubringen.*

LÖSUNGSVORSCHLAG Individual answers expected.

B Human responsibility

LISTENING ⦾ L1/2 **1 Listen to an excerpt from a newspaper article about Ivan ...** → S21

Marine debris is waste created by humans that has found its way into the sea. Large amounts of consumer goods such as plastic bottles, bags, paper, textiles, rubber etc. are either discarded or consciously dumped into the sea or some connected waterway every day. As most marine litter consists of material that degrades very slowly, the amount keeps increasing, making it one of the great environmental problems of today. It has not only led to the death of millions of fish and of birds feeding on the fish, but it also constitutes a problem for human health.
Marine debris is a global problem, and everywhere the world has been affected by litter and its impact. But due to certain oceanic features the amount of debris is significantly higher in certain regions of the sea, particularly in the so-called Great Pacific Garbage Patch, situated in the North Pacific.

MATERIALIEN → ⦾ L1/2 (Macfadyen's voyage) • Transkript

METHODISCHES VORGEHEN *Hinweis auf das* VIP file *zu Ivan Macfadyen und auf* Skill 21 Listening comprehension. *L sollte ferner die Zeitenwahl zu Beginn der Hörverstehensaufgabe mit den S absprechen: In dem Summary ist in diesem Fall sowohl* Present *als auch* Past tense *möglich.*

LÖSUNGSVORSCHLAG The text is about a voyage that Australian yachtsman Ivan Macfadyen made from Melbourne to Osaka in 2013 – the same voyage he had made 10 years before. What astonished him most on this journey was the absence of bird sounds. The only sounds accompanying him were the wind in the sails and the thumping of debris against the boat. The absence of birds was due to the absence of fish: in 28 days, they only caught two, whereas 10 years ago, they had still caught a good-sized fish every day.
One day, by chance, they found out about the reason for this phenomenon. A huge trawler had sent out a speedboat that approached them, offering them a huge bag of fish that they had caught. They explained that they were only interested in tuna and usually threw away the entire by-catch. Every day there are hundreds of trawlers like this out there in the sea, the result being that the amount of fish in these waters has diminished rapidly and that the sea is almost dead – a fact that makes Macfadyen very sad and depressed.

NEWSPAPER ARTICLE

The ocean is broken → WB Tasks 1–9

LERNWORTSCHATZ surface, garbage (AE), astounding, aftermath, tsunami, debris (no pl), to roll over, garbage tip, hull, dented, ubiquitous, domestic, to come to terms with, stunned, maritime

COMPREHENSION

2 Read the second part of the report and summarise the ...

METHODISCHES VORGEHEN *Wie in Aufgabe 1 ist auch bei dieser Aufgabenstellung sowohl* Present *als auch* Past tense *möglich – auch wenn die Aufgabenstellung* Past tense *nahelegt.*

LÖSUNGSVORSCHLAG On this part of the voyage, what struck Macfadyen most was not only the absence of living things but also the "ubiquitous" (l. 22) presence of garbage. On their way back from Japan to Australia the crew saw hardly any fish at all – an unusual experience for an experienced sailor. Instead, they saw great amounts of garbage not only floating on the sea, but also down in the depths: from plastic bottles to broken chairs, from dustpans to factory chimneys, they saw garbage of all shapes and sizes with plastic everywhere to be seen. They saw the rubbish, and they heard it when it hit the hull of the boat, and they had to be cautious to steer clear of it. The sea was so polluted that it made the yellow paint on the boat fade. Part of the phenomenon can be explained by the tsunami that hit Japan in 2010, but despite this explanation Macfadyen was truly shocked on his arrival in Newcastle, Australia and summarised his experiences in the sentence: "The ocean is broken." (l. 29)

ANALYSIS

3 With your notes from the listening exercise (Task 1) and the ...

METHODISCHES VORGEHEN *Gut geeignet scheint hier eine kontrastive Gegenüberstellung an der Tafel oder auf Folie. Dies bietet bei einer Verbalisierung die Möglichkeit der expliziten Einübung kontrastiver Ausdrücke wie* while, whereas, by contrast, in contrast to *usw.*

LÖSUNGSVORSCHLAG

2003	2013
accompanied by sounds of birds	absence of birds
plenty of fish in the sea/there were all kinds of fish: dolphins, sharks and turtles too	hardly any fish to be seen/saw only one (sick) whale
fishing was very easy: they just had to throw out a baited line	they caught only two fish on the way
clean sea: no garbage to be seen	debris ubiquitous: all kinds of garbage floating on the sea and in the depths, esp. plastic
paint job stayed intact despite the sun and the sea	paint job faded due to pollution
conclusion: the sea was intact	conclusion: the sea is dead or "broken"

ANALYSIS

4 More than half of the article consists of quotations. Read them again. ...

METHODISCHES VORGEHEN *Günstig wäre es, den ersten Teil der Aufgabe im Unterricht zu bearbeiten: Nach Auftragserteilung suchen die S sich in Stillarbeit zwei oder drei interessante Zitate aus und erfassen deren Wirkung auf sie. Erst nachdem verschiedene S ihre Eindrücke anschließend im Kurs vorgetragen haben, wird der zweite Teil der Aufgabe zur Funktion von Zitaten allgemein z. B. als schriftliche Hausaufgabe aufgegeben. L sollte vorher entscheiden und den S mitteilen, ob sie auch das letzte Zitat (*"The ocean is broken."*) kommentieren sollen, da dies eigentlich erst in Aufgabe 5 vorgesehen ist.*

- **Quotation 1:** "After we left Japan, it felt as if the ocean itself was dead." (l. 1)
  Effect: If you have not heard about the first part of the voyage, the effect is one of surprise and shock: You ask yourself "How can this be?" and are induced to read on.
- **Quotation 2:** "We hardly saw ... to be seen." (ll. 2–6)
  Effect: The questions forming in the reader's head (see above) are answered: very concrete information is given explaining the allegation that the ocean was almost dead. The

description of the sick whale (which one usually considers to be big, healthy and strong) arouses pity and anger. The number of 3,000 nautical sea miles again comes as a surprise; it makes the extent of the problem quite clear.

- **Quotation 3:** "On the bow … on the waves." (ll. 11–16)
  Effect: The vivid and concrete descriptions sound very authentic. When Macfadyen retells what he saw, one has the feeling of being there with him on board and witnessing the things he depicts.

The function of quotations in an article:

- Quotations provide the readers with first-hand experience; they are more authentic and direct than reported speech; by using quotations you avoid the risk of falsifying statements.
- Quotations make an article more appealing, more realistic, more lively; when you report what someone has said, you run the risk of diluting its impact.
- In quotations feelings are often expressed more freely, clearly and dramatically.
- Quotations are often used to introduce details and illustrate points.
- In a news story reporters often quote people's opinions in order to refrain from taking sides and to remain objective; in quotations subjectivity is permitted.
- Quotations of experts are used to substantiate a point and to confer some credibility to what has been said.
- Quotations of people concerned by a certain event are often used to show different perspectives and help the readers understand a difficult problem.

EVALUATION

5 Comment on the last sentence: "'The ocean is broken', he said, …" → S14.2

METHODISCHES VORGEHEN

Die Diskussion des Satzes "The ocean is broken." *bietet eine gute Möglichkeit, kontrovers sowohl über die inhaltliche Aussage als auch über die sprachliche Ausdrucksweise zu diskutieren. Hinweis auf* Skill 14.2 Comment. *Wenn von den S in ihren Beiträgen die rhetorischen bzw. linguistischen Besonderheiten des Satzes (siehe Lösungsvorschlag) nicht angesprochen werden, sollten sie auf jeden Fall von L thematisiert werden.*

LÖSUNGSVORSCHLAG

The sentence "The ocean is broken." is a very effective summary of Macfadyen's experiences as it makes it very clear that this immensely important part of our ecosystem is dysfunctional. The unusual metaphor highlights the issue particularly well: fact is that an ocean cannot break, but it is exactly because of this paradox that the sentence stays in people's minds. There are other reasons why the sentence can be easily remembered: It is short; the words "ocean" and "broken" have similar sounds, and the sentence pleasantly repeats a rhythmical pattern (an unstressed, a stressed and an unstressed syllable). To sum up, it is a perfect slogan. Some people may argue that the sentence is a great exaggeration since the oceans continue to supply us with fish; people go swimming in them everywhere around the world every day. But one should not forget that Macfadyen coined this phrase after he had just finished the voyage and had experienced everything he describes so vividly. Therefore, the sentence seems like an adequate reflection of his outrage and his shock. Moreover, we know that Macfadyen is not the only seaman who has been sounding the alarm; in recent years there have been many reports about birds and fish dying because they eat the colourful plastic floating in the sea for fish and then die miserably. That is why I consider the sentence to be an adequate means of trying to wake people up and make them aware of the state of our oceans.

SHORT STORY

Time capsule found on the dead planet

LERNWORTSCHATZ

favourable, harvest, fertile, fin, beak, orphan, feast, famine, lamentation, greed (no pl), cropland, grace (no pl), lack of, industrious, contemplation (no pl)

COMPREHENSION

6 Find suitable headlines for the single paragraphs.

ALTERNATIVE

Hinweis auf das VIP file *zu Margaret Eleanor Atwood. Die Übung eignet sich gut für eine Partnerarbeit. Die S sollten darauf hingewiesen werden, dass der erste Satz einiger Abschnitte zwar die Funktion eines* Topic sentence (= a sentence that expresses the main ideas of a paragraph in which it occurs) *hat, dass dieser aber nicht unbedingt immer am besten das zusammenfasst, was im Abschnitt beschrieben wird. Die S können diesen Satz also übernehmen, verändern oder ganz durch eine andere Überschrift ersetzen.*

LÖSUNGSVORSCHLAG

- **Age 1:** The gods of nature/Living in harmony with nature
- **Age 2:** The god of money replaces the gods of nature/Money is invented and worshipped
- **Age 3:** The god of money rules and destroys/Money controls our lives
- **Age 4:** The death of nature/Deserts and death
- **Age 5:** The end of life: an appeal to pray to God

ANALYSIS

7 Analyse the atmosphere created in this text. Consider ... → S5 → ▲3, ▲4

ALTERNATIVE *Die Aufgabe verlangt konkrete Textarbeit, für die die S Zeit benötigen. Hinweis auf* Skill 5 Dealing with narrative texts. *Sie eignet sich gut als Partner- oder (arbeitsgleiche) Gruppenarbeit. Eine arbeitsteilige Gruppenarbeit bietet sich nicht an, da Aufgabe 3 weniger ergiebig ist. Die Beschreibung der Atmosphäre sollte im Anschluss (und nicht zu Beginn) erfolgen, da die Einzelaufgaben dazu wichtige Erkenntnisse bringen.*

LÖSUNGSVORSCHLAG

1. Personal pronouns and their effect on the reader:
In the first part of the text the personal pronoun "we" is used almost exclusively. The first person plural stresses the feeling of community that still existed at the beginning of humankind's existence on earth. It also reflects the fact that at that time people still perceived themselves to be active and self-determined beings. In the second paragraph this pronoun is rarely used, and it is substituted by the pronoun "it" in reference to money, and in the third paragraph the pronoun "it" is exclusively used. This change in personal pronouns is intended to make the readers aware of the community losing and relinquishing control to the impersonal god of money. In the fourth paragraph, though, the first person plural is again predominant – maybe in order to stress that the creation of deserts and the death of nature are ultimately our responsibility. The final paragraph marks the first appearance of the second person (singular or plural) in the text. Although the writer addresses an unknown, potential reader from another planet, the use of the second person might also lead the actual readers (us!) feeling addressed. It might help us to gain some insight into our own culpability if we still think money can make us fly.

2. Negative connotations and their relation to the contents of the paragraphs:
Paragraph 1 has a number of words with positive denotations or connotations like "shining", "favorable", "fertile", "sunshine", "juices", "a million fish" etc., which refer to the nearly paradisaical state of life on earth. In paragraph 2 there is a balance of words with both positive and with negative ("severed head", "small", "mysterious") connotations, reflecting the Janus-faced nature of money or two sides of the coin. In paragraphs 3 and 4, words with negative connotations are clearly predominant: "famines, "lamentations", "greed", "hunger", "destroyed", "ate" (metaphor), "deserts", "cement", "poisons", "wars", "plagues", "filth" etc. Most of these words are illustrations of the destructive effects of money and our awe and admiration of this "god". The last paragraph contains some words with negative connotations describing the dead planet ("dry lakeshore", which is a paradox; "calm", which is a word with negative connotations in this context as it means "absence of life"). The (intended) effect of these descriptions is to make people realise that in order to avoid this catastrophe, they have to act now.

3. Contrast of paragraphs 3 and 5 to paragraphs 1, 2, and 4:
The paragraphs 1, 2 and 4 describe phases in which human beings were active and created something. In the other two periods human beings are depicted as inactive, either because money has taken over control (3), or because life has come to an end (5). The overall atmosphere created in this text is one of failure and of impending doom. The story of life on earth told in this text consists of five acts, like a classical tragedy, and one senses right from the start that the hero will die. At the beginning the atmosphere is still perfect, almost paradisaical, but then the first negative signs and omens appear with the creation of money (the inciting force) which is reflected in the choice of words. The turning point is when humans relinquish of control to the god of money (mirrored in the change of personal pronouns). From

then on the road to destruction is mapped out, the catastrophe cannot be averted any more. The difference between this story of mankind and a classical tragedy is only that in the latter order is restored again at the end, which is not the case here – the story ends pessimistically with man's and nature's ultimate destruction.

DIFFERENZIERUNG ▲ *Leistungsstärkere oder besonders interessierte S können die beiden zusätzlichen Aufgabenstellungen im* Diff pool *bearbeiten. Aufgabe 3 (*Language*) fordert dazu auf, den Wörtern mit negativen Konnotationen positive Beispiele gegenüberzustellen. Aufgabe 4 (*Analysis*) vertieft die Analyse durch einen Vergleich mit der Bibelstelle im Alten Testament.*

SPEAKING **8 If you were in the position to fill a time capsule, what would …** →▲5

The **Voyager Golden Records** are discs that NASA placed on board of the two Voyager spaceships launched in 1977. The discs are meant to portray what life on Earth is like to any being who might find them, no matter if they were human or extraterrestrial. A committee selected a great number of sounds and images typical of human beings and their culture, including pictures of people from different countries, spoken greetings in 55 different languages, samples of the great musical composers of all time and messages from a US president and a UN secretary. Images cover topics like food, architecture, medicine etc., but they also show people going about their daily lives. Care was taken to include impressions of wildlife and nature too: there are images of insects, plants and landscapes on the discs, as well as sounds of whales and of birds. The discs are accompanied by simple pictorial instructions on how to play them.

ALTERNATIVE *Die S werden gebeten, im Brainstorming geeignet erscheinende Objekte aufzuschreiben. Danach benennt jeder S ein Objekt seiner Wahl und erläutert, warum er dieses Objekt für geeignet hält. Als Alternative kann L nach dem Brainstorming auch alle S (mehr oder weniger gleichzeitig) ein ausgewähltes Objekt an die Tafel schreiben lassen und sodann versuchen, sich im Kurs in einer Diskussion von Vor- und Nachteilen auf drei Objekte zu einigen.*

LÖSUNGSVORSCHLAG **Some suggestions:**

- DNA of great heroes of our time (scientists, politicians, sportsmen, …)
- DVD with natural wonders of our world: landscapes, plants and animals
- pure drinking water and something to eat
- CD (and CD player) with examples of the best music of all genres
- scents, perfumes, smells of herbs
- frozen eggs and semen of several different people (of all races)
- solar panel or battery: something to produce energy with
- (small model of) a car
- photos of modern city life

DIFFERENZIERUNG ▲ *Leistungsstärkere S können anstelle von Aufgabe 8 Aufgabe 5 im* Diff pool *bearbeiten.*

LÖSUNGSVORSCHLAG **On our return to planet earth:**

The blue planet is gone – it has become entirely grey. What used to symbolise life, the lush green of trees, the red and yellow colour of ripe fruits, all of that no longer exists. The earth is not broken; it is dead. No matter where you go, there is no sign of water. Everything looks the same: a great mass of greyish dirt covers the surface of the earth. There are still mountains and valleys, but they are merely ups and downs consisting of grimy dirt, grey ash and contaminated earth. There are remnants of what life used to be like: occasionally there is an assortment of ruins rising into the sky that must have been buildings, separated by what used to be streets. Walking over this place, which was once considered to be a paradise, is like entering a party room the morning after, when it looks like a bomb has exploded. And then everywhere you come across these vast expanses of fields with small crosses, standing side by side and staring stubbornly at the sky. The worst thing about it is this utter silence: no voice, no noise, not even the wind is whispering. Only one thing has remained the same: that is the sun, shining forever and ever relentlessly and mercilessly down on this huge cemetery called Earth, where life itself is buried.

KV1: Ecological issues – Causes and effects

Causes		Primary effects	Secondary effects
		increase in the use of water	→ **water scarcity** → droughts and crop failures
Humankind's desire to improve living conditions **+**		increase in food production	→ **overfishing** → extinction of various species → **intensive agriculture (use of insecticides, pesticides and fertilisers)** → loss of biodiversity → **land degradation and soil erosion** → desertification → **water scarcity**
Increase in the number of people	→	increase in the use of land	→ **urbanisation** → **deforestation and loss of oxygen-producing forests** → loss of habitats and extinction of species → greenhouse effect and climate change
+		increase in the production of consumer goods	→ **exploitation of natural resources** → **waste disposal problems**
Lack of regulation on a national and international level		increase in travel, trade and tourism	→ **destruction of natural habitats** → **burning of fossil fuels** → air pollution → greenhouse effect and climate change → health problems
		increase in the demand for energy	→ **use of nuclear energy** → waste disposal problems → health risks → **burning of fossil fuels** → air pollution → greenhouse effect and climate change → depletion of the ozone layer

Green Line Oberstufe
Autor: Reiner Verspai, Rheinbach

9 Globalisation

Didaktisches Inhaltsverzeichnis

Textsorte/Thema	Unterrichtsmethoden	Input boxes	Kompetenzen	Textproduktion
Introduction				ca. 1–2 Unterrichtsstunden
Combination of visuals, short film and quotations/ Globalisation around the world	*Kursgespräch* *Partnerarbeit* *Gruppenarbeit* *L* *Code 7wi6zu*		*Orientierungswissen* *Gespräche führen* *Bildbeschreibung/ -analyse* *Hör-/Sehverstehen*	Brainstorming ideas Describing and assessing pictures Viewing for gist Making lists
Spot on facts Chances and challenges of globalisation				ca. 2 Unterrichtsstunden
Factual information, cartoons/The pros and cons of globalisation	*Kursgespräch* *Gruppenarbeit* *WB Tasks 9–14* *Zusatzmaterial: Kopiervorlage 1*	Fact files: Globalisation: a basic definition – People, cultures and lifestyles – A network of products – The communication network	*Leseverstehen* *Bildbeschreibung/ -analyse* *Gespräche führen* *Argumentieren*	Describing and assessing cartoons Finding solutions
Core skill workshop Dealing with mediation tasks				ca. 2–3 Unterrichtsstunden
German online articles/Street football and football projects	*Kursgespräch* *Einzelarbeit*	Tips: The addressee – Scanning and note-taking – Dealing with mediation situations	*Leseverstehen* *Gespräche führen* *Kreatives Schreiben* *Mediation*	Analysing short texts Skimming and scanning Explaining German phrases in English Writing emails
Texts A Different cultures and lifestyles				
The world until yesterday, 2012				ca. 1–2 Unterrichtsstunden
Book excerpt, photos/Life in New Guinea	*Kursgespräch* *WB Tasks 1, 15* *Zusatzmaterial: Kopiervorlage 2*		*Leseverstehen* *Gespräche führen* *Kreatives Schreiben*	Making lists Examining positions Writing short texts
Why IKEA took China by storm, 2012				ca. 1–2 Unterrichtsstunden
Magazine article, photo/Swedish showrooms in China	*Kursgespräch* *Einzelarbeit* *WB Tasks 2, 5*		*Leseverstehen* *Gespräche führen* *Argumentieren*	Analysing stylistic devices Assessing effects
Texts B Global production and its consequences				
Textile workers in Bangladesh, 2013				ca. 1–2 Unterrichtsstunden
Online article, photo, graph, radio report/Working conditions in Bangladesh	*Kursgespräch* *L2/2 Transkript* *WB Tasks 3, 4* *Zusatzmaterial: Kopiervorlage 3*		*Leseverstehen* *Hörverstehen* *Statistiken beschreiben* *Gespräche führen*	Summarising facts Listening for detail Discussing effects
Texts C Limited resources				
L2/3 The Aqueduct, 1979				ca. 2 Unterrichtsstunden
Short story, cartoon/ Water as a limited resource	*Kursgespäch* *Partnerarbeit* *Gruppenarbeit* Placemat *L2/3* *WB Tasks 6–8*	VIP file: Ray Bradbury Fact file: Water scarcity	*Leseverstehen* *Hörverstehen* *Bildbeschreibung/ -analyse* *Gespräche führen*	Analysing features of short stories Writing comments Describing and assessing cartoons

Textsorte/Thema	Unterrichtsmethoden	Input boxes	Kompetenzen	Textproduktion
Advanced texts D NGOs, civil society and global players				
Working for an NGO, 2014				ca. 1–2 Unterrichtsstunden
Interview/The goals of NGOs	*Kursgespräch* *WB Tasks 9–14*	Fact file: Medair	*Leseverstehen* *Gespräche führen* *Argumentieren*	Describing tasks Outlining problems Giving opinions
Are NGOs fit for their purpose, 2013				ca. 1–2 Unterrichtsstunden
Newspaper article/ Social movements then and now	*Kursgespräch* *WB Task 16*	Fact file: Non-governmental organisations (NGOs)	*Leseverstehen* *Gespräche führen* *Argumentieren*	Summarising differences Analysing stylistic devices Discussing statements
Starbucks celebrates record revenues, 2013 – Capital has a nationality, 2012				ca. 1–2 Unterrichtsstunden
Newspaper articles, photo/Tax evasion	*Kursgespräch* *Partnerarbeit*		*Leseverstehen* *Gespräche führen* *Argumentieren*	Outlining facts Writing speeches Giving speeches
Advanced texts E Developing and developed world				
West African nations pay a price for EU e-waste, 2012				ca. 1–2 Unterrichtsstunden
Online article, photo/ E-waste in Africa	*Kursgespräch* *Gruppenarbeit* *WB Task 17*		*Leseverstehen* *Gespräche führen*	Summarising facts Designing online petitions
Reshoring manufacturing: Coming home, 2013				ca. 2 Unterrichtsstunden
Newspaper article/ Manufacturing back in America	*Kursgespräch* *Gruppenarbeit* *L Transkript*	Fact file: Outsourcing and offshoring	*Leseverstehen* *Gespräche führen* *Hör-/Sehverstehen* *Argumentieren*	Defining terms Outlining reasons Viewing for gist/detail Listing advantages
Global learning, 2013				ca. 1–2 Unterrichtsstunden
Online article/Open online courses	*Kursgespräch* *Partnerarbeit* *WB Task 18*		*Leseverstehen* *Gespräche führen* *Argumentieren*	Examining effects Discussing benefits
Advanced texts F The individual in a global world				
Over the mountains my true love waits, 2012				ca. 2 Unterrichtsstunden
Short story excerpt/ Working abroad	*Kursgespräch* *Einzelarbeit*	Tip: Direct vs. indirect characterisation	*Leseverstehen* *Gespräche führen* *Argumentieren*	Summarising facts Describing feelings Analysing characters
Spot on language Improving texts – Using rhetorical devices – Using connectives – Mediation				ca. 1–2 Std
German speech/ Interdependence of globalisation	*Kursgespräch* *Einzelarbeit*		*Leseverstehen* *Kreatives Schreiben* *Mediation*	Improving texts Using rhetorical devices Writing articles Mediating
Spot on vocabulary Finding core vocabulary – Talking about globalisation				ca. 1 Unterrichtsstunde
Working with words	*Kursgespräch* *Einzelarbeit* *Zusatzmaterial: Kopiervorlage 4*	Tip: Vocab sheets	*Wortschatzarbeit*	Creating mind maps Defining phrasal verbs
Topic task Creating a special issue of the school newspaper				ca. 3–4 Unterrichtsstunden
Project work/Step 1–4	*Kursgespräch* *Gruppenarbeit* *Zusatzmaterial: Klausurvorschlag Code k949tr*	Tip: Dealing with critical comments	*Projektarbeit*	Forming groups and assigning roles Creating newspaper pages

Unterrichtsverlauf

Code 7wi6zu

Introduction

BRAINSTORMING

1 How does globalisation affect you personally?

ALTERNATIVE *Zum Einstieg in das neue Thema eignet sich die Methode* Card survey *(Kartenabfrage) und die anschließende Anfertigung einer Mindmap. L händigt jedem S eine rote und eine grüne Karteikarte aus. Die S notieren jeweils eine positive (auf grünes Papier) und eine negative Auswirkung (auf rotes Papier) der Globalisierung auf ihr persönliches Leben. Bei dem anschließenden Unterrichtsgespräch lesen die S ihre Karten laut vor, erläutern ihre Punkte und ordnen sie an der Tafel (mit Klebestreifen oder Magnetpunkten) nach thematischen Schwerpunkten in Clustern.*

ERWEITERUNG *Die S übertragen die nun entstehende Mindmap in ihre Aufzeichnungen und ergänzen diese in den folgenden Stunden um weitere Aspekte zum Thema Globalisierung. Diese Mindmap ziehen die S am Ende des* Topics *bei der Bearbeitung von* Spot on vocabulary, Task 1 (Finding core vocabulary) *heran. Sie erhalten Ideen und erkennen Zusammenhänge, wenn sie sich, gestützt auf der bereits entwickelten Mindmap, zum Wortfeld* Globalisation *die zentralen Vokabeln zusammenstellen. Damit werden die Kapitelinhalte sowohl sprachlich als auch inhaltlich noch einmal umgewälzt und vertieft.*

LÖSUNGSVORSCHLAG

Positive aspects	Negative aspects
• As a consumer I can get goods from all over the world anytime, often at low prices • Globalisation has made travelling much easier and cheaper • The World Wide Web makes communication with people around the globe really easy, e.g. via social networking like Facebook or Twitter • It's possible to share my political and cultural interests and activities with people from different backgrounds, nations, religious beliefs etc. via the internet, e.g. in blogs • The internet provides access to information from around the world, which can be very useful, e.g. when doing research for a school project • The culture and traditions of people living in a different part of the world spread, e.g. I can try food from India, listen to music from Africa, read Mangas from Japan etc.	• Our generation will have to deal with serious global problems, e.g the destruction of the environment, wars etc. • In the long run one's own culture might be subsumed as global popular culture spreads (sports, art, music, fashion, food etc.) • I will have to compete with graduates from all over the world on the labour market after finishing my studies • Global brands are successful and popular all over the world, which makes their products quite expensive for us teenagers

VISUALS

2 a) Choose one of the photographs … b) For each of the … → S28.1

METHODISCHES VORGEHEN *Die erste Teilaufgabe wird in Partnerarbeit erledigt, die zweite bearbeiten die S in Einzelarbeit. Die Aussprache über die Fotos erfolgt anschließend im Plenum. Vor der Bearbeitung der Aufgabe bietet es sich an, die wichtigsten Redemittel für Bildbeschreibungen zu wiederholen und ggf. an der Tafel festzuhalten. Dazu erfolgt entweder ein Hinweis auf die* Useful phrases *in* Skill 28.1 Working with visuals: Pictures *oder L kann die Erarbeitung über ein Tafelbild vornehmen.*

ALTERNATIVE *L:* Remember to use adequate phrases for your picture description.
- In the picture you can see …
- The picture was taken in/ near …
- In this picture the people … (+ verb in the present progressive)

- The picture shows/illustrates/depicts …
- The picture has … (number) parts.
- The photograph gives the viewer the impression that …
- A striking element is …
- The atmosphere in the picture seems …
- The scene reminds me of …/arouses feelings of …/suggests …
- The photographer presumably wants to show/illustrate/state …

Describing pictures – useful phrases

	at the top	
in the top left-hand corner		*in the top right-hand corner*
	in the background	
on the left/ on the left-hand side	*in the centre*	*on the right/ on the right-hand side*
	in the foreground	
in the bottom left-hand corner		*in the bottom right-hand corner*
	at the bottom	

LÖSUNGSVORSCHLAG

a) Description of the photographs:

- **Photo 1 (left):** Barack Obama, the first black US President, is delivering a speech to an audience of people dressed rather formally. They might be state leaders from different countries or representatives of political organisations from various countries. Five different flags can be seen in the background, which is also an indication that the people come from various nation states.
- **Photo 2 (second from left):** A man, presumably in Africa, is wearing tribal garments and standing in front of a herd of cows, while he is holding up a mobile phone, looking at the screen and typing a message.
- **Photo 3 (middle):** The photo shows a harbour close to a big city. In the foreground there are hundreds of large multicoloured containers on the river bank. The containers are stacked upon each other, and the stacks cover a huge area. In the background there are large container ships.
- **Photo 4 (top right):** Five children in summer clothes are walking along a very run-down street in a dirty-looking neighbourhood. They are barefoot, and they are walking on the dusty street, two of whom are carrying two large items on their heads. They are passing a huge billboard, which is torn on two sides, and stuck to a building which seems to be in ruins. The billboard shows the close-up of Santa Claus, who is drinking Coke. The scene depicts a Coca Cola advertisement; the key effect is the contrast between the associations evoked by Coca Cola and the squalor around the advertisement.
- **Photo 5 (bottom left):** The photograph shows a very crowded department store or shop in which dozens of consumers are holding clothes in their hands, looking at them, and trying to grab more of them. Maybe there is a sale, and the people are trying to strike a bargain.
- **Photo 6 (bottom right):** Female workers, all dressed in the same colours and wearing blue headscarves, are working at sewing machines and making clothes. They are sitting very close to each other, and two of them look quite tense.

b) Possible headings for the photographs:

- **Photo 1:** Political cooperation worldwide
- **Photo 2:** Worldwide communication everywhere and anywhere
- **Photo 3:** Global trade and global logistics
- **Photo 4:** Global brands in the remotest areas of the world
- **Photo 5:** Cheap products thanks to globalisation
- **Photo 6:** Difficult working conditions due to globalisation

ERWEITERUNG *L fordert die S auf, weitere Fotos im Internet zu finden, die sich auf einen Aspekt von Globalisierung beziehen lassen, bzw. selbst Bilder dazu zu erstellen und diese dann im Plenum zu präsentieren. L:* Find another suitable photograph on the internet or draw an image that shows one aspect of globalisation and present it to the class.

VIEWING L **3 Watch the six short clips from *7 Billion Others*, a multimedia website ...**

MATERIALIEN → L (John Naikasie, Christina Frias, Martha Brim, Glezel Delos Reyes, Christian Corcoran, Dulcie Isaro)

7 Billion Others is a series of videos by Yann Arthus-Bertrand. He has filmed people from around the world who relate their life stories, views and attitudes in short video clips, often in their native language. According to the homepage (*http://www.7billionothers.org/*) 6,000 interviews have been recorded in 84 countries by about twenty directors since the project began in 2003.
The interviewees were all asked the same 45 questions, including the following:

- What have you learnt from your parents?
- What do you want to pass on to your children?
- What difficult circumstances have you been through?
- What does love mean to you?

The aim of the project is to find out on a very large scale what unites us and what differentiates us beyond our cultural, ethnic, national etc. differences. Over 6,000 individuals have had their testimonials recorded for the project. The testimonies have been published as a DVD, shown on TV and presented during exhibitions. They have also been printed (in a book, magazines etc.).

LERNWORTSCHATZ to uphold, value, on a daily level, survival, issue, mainstream, to participate, to sacrifice, to be concerned about sth, to get involved with sb/sth

METHODISCHES VORGEHEN *Die S machen sich während des Sehens Notizen. Die Videoclips werden zweimal präsentiert. Ggf. kann eine 2-spaltige Tabelle angelegt werden:* Positive changes of globalisation/negative changes of globalisation.

LÖSUNGSVORSCHLAG

- Technology such as TV has improved life.
- Family structures and family life have been dissolved.
- The need to spend a life abroad to earn money for the family means that marriages might fail and that children grow up without a mother, for example.
- Consumerism is putting people under pressure rather than making them happy.
- Money has become more important and often determines people's lives.
- Education is seen as a vital part of success.
- Political issues concern the whole world; one cannot refrain from becoming involved.

EVALUATION **4 a) Compare your results from ... b) On the basis of your findings, ...**

ALTERNATIVE *Für die Bearbeitung von Teilaufgabe a) ergänzen die S ihre zu Beginn der Themeneinheit angefangene Mindmap. Teilaufgabe b) wird in Kleingruppen diskutiert. Hier eignet sich das Verfahren der* Pyramid discussion *(Schneeball). Jeder S erstellt zunächst eine Liste* (The five most important challenges/the five most promising opportunities of globalisation). *Die S kommen dann in Kleingruppen zusammen. Es geht darum, die anderen Gruppenmitglieder von den eigenen Vorschlägen zu überzeugen. Ziel ist es, sich auf eine Liste von jeweils fünf Punkten zu einigen.*

LÖSUNGSVORSCHLAG

a) Individual answers expected.

b) **The five most important challenges of globalisation:**

- The disparity between Western and developing countries should be minimalised.
- Global environmental damage should be substantially reduced and eventually eliminated.
- Working conditions must be improved in countries where working conditions are suboptimal.
- Natural resources should no longer be exploited for personal gain.
- Companies must be able to compete on a global scale, particularly on the labour market.

The five most promising opportunities of globalisation:

- Regional or national problems can be tackled on a global level (charities, NGOs and governments can cooperate with institutions and organisations all over the world).

- The tendency toward closer international economic integration and the improved means of global communication has resulted in the dwindling importance of political and cultural boundaries, which can ideally lead to a mutual understanding and friendship among global citizens.
- The trend toward harmonisation and cultural integration might make the world a better place, i.e. when norms, standards, rules and practices are defined and enforced on a world-wide level (e.g. human rights, minimum standards for working conditions, safety regulations for means of transportation etc.).
- Globalisation will also benefit people in poorer countries who will profit from job opportunities, easier access to means of communication and transport, education etc.
- Consumers all over the world profit from a considerably larger range of goods and services, thus improving their living standard.

Spot on facts

FACTUAL TEXTS

Chances and challenges of globalisation → WB Tasks 9–14

LERNWORTSCHATZ globalisation, global network, trade, to be a/the key to sth, to affect, to increase, cultural awareness, activism, foster, emergence, civil society, NGO, to grant, microcredit, loan, debt relief, to handle, synonymous, westernisation, to propagate sth, developing country, diversity, value, developed country, to tempt sb, to intervene, beneficial, to hinder sb from sth, consumption, emerging market, to adopt, unsustainable, disposal of sth, scarce, crucial, migration, to gain access, essential, to secure sth, to outsource, to get a fair share, level playing field, subsidisation, distribution, to dominate, market share, interdependent, vulnerable to sth, offshore, competition for sth, to undermine sth, horrendous, to afford, tax evasion, stagnating wages, production conditions, peer pressure, remote, rural, landline, to facilitate, dissident, instant, paper trail, to track sb, to predict, to threaten, to assess

METHODISCHES VORGEHEN *Bevor die Doppelseite* Spot on facts *behandelt wird, werden die S zunächst aufgefordert, eine eigene Definition des Begriffs* globalisation *zu formulieren und diese in ihr Heft zu schreiben. Nach der Diskussion über die verschiedenen S-Vorschläge lesen die S den ersten Abschnitt der* Spot on facts-*Seite. Dann legen sie eine 2-spaltige Tabelle im Heft an und überlegen sich zunächst eigenständig Stichpunkte zu* globalisation – chances and challenges. *Sie beschäftigen sich dann mit den restlichen Abschnitten der Doppelseite und ergänzen ihre Notizen in der Tabelle.*

VISUALS

1 Choose one of the cartoons. Describe it and interpret its message. → S28.2

ALTERNATIVE *Die Aufgabe eignet sich sowohl für eine schriftliche Hausaufgabe als auch für eine arbeitsteilige Gruppenarbeit. Dazu erfolgt ein Hinweis auf* Skill 28.2 Working with visuals: Cartoons.

LÖSUNGSVORSCHLAG **Cartoon 1:** Two young men are talking to each other. One of them is sitting in front of a computer and turns to the other man, who is holding a poster with the word "anarchy" on it. He says: "The internet means we can organise anti-globalisation demos across the planet." There is a certain sense of irony, as the two men oppose globalisation and are politically committed to anti-globalisation issues. However, they use modern forms of communication like the internet to organise a world-wide campaign against globalisation. So they make use of positive developments brought about by globalisation to fight the very process of globalisation itself.

Cartoon 2: The cartoon depicts a teacher who is handing out a report to a student. The report says: "Top of the class." The student, however, does not look pleased or proud but rather downcast or startled. The teacher tells him: "... But in the global marketplace you're only 650,247,555th." The cartoon refers to the fact that graduates today face worldwide competition in the world of work and business. Of course, the exact position in the global ranking mentioned by the teacher is an exaggeration.

SPEAKING **2** Form groups of four or five. Choose five of the challenges ...

MATERIALIEN → Kopiervorlage 1 (Globalisation – Peer conference/Placemat)

METHODISCHES VORGEHEN *Die S diskutieren die Fragestellung in Kleingruppen von vier bis fünf S, wie in der Aufgabenstellung vorgegeben. Sie wählen fünf der genannten Herausforderungen aus, die die Globalisierung darstellt, und diskutieren mögliche Lösungsansätze.*

ALTERNATIVE *Alternativ wird die Methode* Milling around, *eine kommunikative Bewegungsübung, angewandt. Die S gehen im Klassenzimmer umher und L präsentiert über Stichwortkarten eine der Herausforderungen von Globalisierung. Die S bilden ad hoc mit den drei Partnern, die in ihrer unmittelbaren Nähe stehen, eine Kleingruppe und diskutieren über mögliche Lösungsansätze der Herausforderung. Nach einer gewissen Zeit setzen sich die S wieder in Bewegung, bis L eine weitere Karte präsentiert. Wieder bilden die S Kleingruppen mit den Mitschülern in unmittelbarer Nähe und diskutieren den nächsten Aspekt.*

Challenges of globalisation (*Stichwortkarten*):

Westernisation	exploitation of resources	illegal immigration and people smuggling
unfair distribution of wealth and power	increasing power of global players	outsourcing and offshoring
danger of losing control over one's personal data	little or no access to the internet in some countries	global flood of information

LÖSUNGSVORSCHLAG

- **Exploitation of resources:** promote and reward sustainable lifestyles; tackle problems on a global scale as a joint effort of governments, NGOs and individuals; less consumerism; improve recycling systems worldwide
- **Little or no access to the internet in some countries:** Western countries and particularly companies must invest in new technology and research to establish internet services across the developing world; the education system in those countries must be improved so that people acquire media literacy; discarded but still fully functioning hardware from Western countries such as computers, smartphones, printers etc. should be sent to developing countries for free
- **Danger of losing control over one's personal data:** introduce strict international laws to protect people's personal data; establish serious fines for those who violate these laws; raise awareness of the potential dangers of the internet; individuals must be very careful about sharing their personal data

ERWEITERUNG *Kopiervorlage 1* (Globalisation – Peer conference/Placemat) *bietet den S vier verschiedene Zitate zum Thema Globalisierung an. Die S arbeiten in Vierergruppen und einigen sich auf eines der Zitate, mit dem sie sich näher beschäftigen wollen. Sie wählen entweder das Verfahren der* Peer conference *oder das* Placemat-*Verfahren aus und formulieren zunächst ihre eigenen Gedanken zu dem Zitat. Dann tauschen sie sich mit den anderen Gruppenmitgliedern aus.*

Core skill workshop

Dealing with mediation tasks

COMPREHENSION **1** For each of the following example tasks, note the addressee, ...

METHODISCHES VORGEHEN *Die S sind bereits aus den Vorjahren mit* Mediation tasks *vertraut. In diesem* Core skill workshop *werden sie noch einmal sehr dezidiert und gründlich mit den verschiedenen Arbeitsschritten, die eine komplexere Mediationsaufgabe erfordert, vertraut gemacht. Auf den drei Seiten werden vielfältige Übungsmöglichkeiten angeboten, die z.T. mündlich im Plenum, z.T. aber auch schriftlich in Einzelarbeit bzw. als Hausaufgabe erledigt werden. Die erste Aufgabenstellung bietet sich für Einzelarbeit an. Hinweis auf den Tipp zu* The addressee.

LÖSUNGSVORSCHLAG

a)
- addressee: an American pen pal
- purpose: explaining the opportunities street football provides for young people and the projects planned for 2014
- required text type: email
- register: informal

b)
- addressee: users of an internet blog called *Life in Germany*
- purpose: explaining the popularity of the German football league and its relevance for different regions in Germany
- required text type: a short article
- register: formal

COMPREHENSION

2 Skim the following text. State the text type, title, author/source ... → S11

METHODISCHES VORGEHEN

L wiederholt die Merkmale der Arbeitstechnik Skimming *und grenzt sie von* Scanning (cf. Task 4) *ab. Dazu kann entweder ein Hinweis auf* Skill 11 Skimming, scanning and taking notes *erfolgen oder es werden kurze Definitionen als Tafelanschrieb erstellt und von den S ins Heft übertragen. Dann wird die Aufgabenstellung in Einzelarbeit erledigt.*

Skimming and scanning a text – two important reading techniques

- *Skimming means that you move your eyes rapidly over the text to get an overview and find out the main ideas. You want to get the gist of the text.*
- *Scanning means looking at a text in order to find out a specific fact or piece of information.*

LÖSUNGSVORSCHLAG

- Text type: A website article.
- Title: Street soccer brings people together (*Straßenfußball verbindet*).
- Author/Source: *Fußball-Lernen-Global website, 2013.*
- Topic sentence: The article describes the partnership between a German and Brazilian school based on various projects, shared experiences and common plans for the future, which were made when the German student group visited the Brazilians for two weeks.

LANGUAGE

3 Explain these words and phrases from the text in English: ...

METHODISCHES VORGEHEN

Diese Aufgabenstellung eignet sich für eine schriftliche Hausaufgabe. Die vorgeschlagenen Definitionen werden in der Folgestunde im Unterrichtsgespräch besprochen.

LÖSUNGSVORSCHLAG

- *Möglichkeiten der Partizipation* (l. 9) means the opportunity to participate and become involved in a project.
- *Verantwortungsübernahme* (l. 10) means taking over responsibility for a project.
- The expression *gemeinsames Ausrichten eines Straßenfußballturniers* (l. 11) describes how a soccer tournament was organised by both parties cooperating with each other.
- The term *Spielekultur* (l. 14) refers to the rules and the traditions of the game, e.g. what is considered to be fair play.
- The expression *Projekt zu Lebensrealitäten* (l. 20) refers to projects dealing with the living conditions in the different countries.

COMPREHENSION

4 Re-read Task 1a) on the previous page. Scan the text for the ...

METHODISCHES VORGEHEN

L weist die S auf den Tipp zu Scanning and note taking *hin. Die S erarbeiten diese Aufgabenstellung in Einzelarbeit.*

LÖSUNGSVORSCHLAG

who takes part in the project	teenagers from a grammar school in Wulfen, Germany, and students from their Brazilian partner school CEMP in Sao Bento

chances of street football	getting to know each other and each other's culture, sharing common experiences, cooperating on projects, planning projects for the future
future common projects	working on a project on the different living conditions in each country, organising a street football tournament which will take place simultaneously in both countries, improving communication and cooperation by creating a common blog

MEDIATION **5 Write the email to your American pen pal. Follow these steps: a)–c) …** → S18.4

METHODISCHES VORGEHEN *Diese Aufgabe wird am besten als schriftliche Hausaufgabe aufgegeben. L weist die S auf den Tipp zu* Dealing with mediation situations *und auf* Skill 18.4 Personal letter or email *hin. Die beiden Begriffe* Register *und* Style *werden vorab mit einem knappen Tafelanschrieb geklärt.*

Register (dt. Sprachebene): the language used in a particular social context or situation

Style: a typical way of writing or speaking used by a particular person

The choice of vocabulary (formal, informal or neutral), sentence structures and the length of the sentences, stylistic devices, tone and grammar are important features that render language a specific register and define the style of a text.

LÖSUNGSVORSCHLAG

a) Introduction 2 is the best as it starts with a greeting and addresses the pen pal personally when the writer says, "I think I've got some really interesting news."

b) Teenagers from a grammar school in Wulfen, Germany and students from their Brazilian partner school CEMP in Sao Bento have had the chance to get to know each other and each other's culture, share common experiences and cooperating on projects and plan projects for the future when the German group visited their partners in Brazil. They shared their street soccer experiences, talked about the opportunities to take on responsibilities in their communities and gained practical skills when they organised a street soccer tournament. The teenagers are planning to work on a project detailing the different living conditions in both countries, to organise a street football tournament which will take place simultaneously in both countries and to improve communication and cooperation by creating a common blog. I think this example shows that soccer can provide plenty of opportunities and is not a waste of time like your parents think.

c) I am looking forward to hearing from you soon.
Bye for now
…

LANGUAGE **6 Check your text for the following points: …**

METHODISCHES VORGEHEN *Die Aufgabe ist noch Teil der schriftlichen Hausaufgabe. Die S überprüfen ihre Texte selbstständig anhand der in Aufgabe 6 genannten Kriterien.*

LÖSUNGSVORSCHLAG Individual answers expected.

MEDIATION **7 Your school would like to take part in the KICKFAIR project together …**

METHODISCHES VORGEHEN *Die Aufgabe bietet sich ebenfalls als schriftliche Hausaufgabe an. In der Folgestunde werden mehrere Ausarbeitungen vorgelesen und miteinander verglichen.*

LÖSUNGSVORSCHLAG Kickfair is an organisation that aims at providing opportunities for young people to work on projects, learn together and help their communities develop, so it supports and teaches teenagers how to build a sense of community. With the help of street football, young people, regardless of their gender, nationality, social background, ethnic origin or their education can find a common identity and realise that cultural diversity is essentially positive. They should gain insight into global relationships and become aware of globalisation not as a threat, but as a chance to develop together, which is why football is very important for global learning.

Football is vital for social learning as well, as children and teenagers learn to play in a team, to obey the rules, to deal with victories and defeats and to acknowlege the achievements of others. Kickfair works with a network of international partners who are committed in the fields of learning, education and development. (154 words)

A Different cultures and lifestyles

BOOK EXCERPT

The world until yesterday

→ WB Tasks 1, 15

New Guinea is an island of the Eastern Malay Archipelago, in the Western Pacific Ocean, north of Australia. With a length of about 1,500 miles and a width of about 400 miles, New Guinea is the world's second largest island (after Greenland), and it has a tropical climate. The island has a rich variety of plant life (mangrove swamps, figs and palm trees) and unique wildlife. Currently there are about eleven million inhabitants on the island who live in almost a thousand different tribal groups. With roughly an equivalent number of separate languages, New Guinea is the most linguistically diverse area in the world. The majority of New Guinea's population are subsistence farmers. They grow yams, taro, sago, and bananas, for example.

LERNWORTSCHATZ clothed in, tribe, subtle, common, overweight, lean, physician (fml), hypertension, stroke, cancer, urban, schedule (AE), pile, waking hour, to distract

COMPREHENSION

1 Make a list of three columns noting down the features of life ... →▲1

METHODISCHES VORGEHEN *Die S werden aufgefordert, mit Hilfe der beiden Fotos, der Kapitelüberschrift* Different cultures and lifestyles *und anhand der beiden Artikelüberschriften kurz über den Inhalt des Textes zu spekulieren. Nach der gemeinsamen Lektüre des Artikels erledigen sie die Aufgabenstellung in Einzelarbeit.*

LÖSUNGSVORSCHLAG

Features of life in New Guinea today	Features of life in Los Angeles today	Features of life in traditional Guinea
• people have adopted and they now wear Western clothing, e.g. shirts, trousers, skirts, shorts, and baseball caps • New Guineans have learned to write, use computers and fly airplanes • many inhabitants are overweight and suffer from diabetes, hypertension, heart disease, stroke and cancer • the people in New Guinea jungle are under no time pressure, and there are no daily schedules; the inhabitants do not live by the clock • direct and intense interactions with people, which means they give their full attention to their counterpart when they are talking	• people face time pressure, schedules, and stress • masses of emails and phone calls have to be answered, so it is necessary to constantly re-prioritise them "into piles or numbered lists for responding" (ll. 31f) • the use of cell phones also distracts people from giving others their full attention when they are talking	• people wore, only grass skirts, net bags over their shoulders, and headdresses made out of bird feathers • everybody was lean and muscular • many New Guineans were illiterate • nobody suffered from diseases like obesity, diabetes, hypertension, heart disease, stroke or cancer

DIFFERENZIERUNG ▲ *Leistungsstärkere S bearbeiten im Anschluss an diese Aufgabe noch Aufgabe 1 im* Diff pool. *Sie entwickeln einen Dialog zwischen einem* New Guinea Highlander *und dessen Enkel, in dem dieser den alten Mann fragt, wie sich das Leben in Neuguinea in dessen Kindheit von dem heut-*

zutage unterschieden hat. Die S können diese kreative Aufgabenstellung auch in Partnerarbeit erledigen.

LÖSUNGSVORSCHLAG

Grandson: Grandpa, Mum has just told me that you aren't able to read and write. I can't believe it. Is that really true?

Grandfather: Yes, Mark, it is actually true. I never really attended a proper school. You know, life was very different when I was your age. We didn't really need to read books, newspapers or magazines. We children had to help our parents in the fields or else we would have starved.

Grandson: No books, OK. But no computer games would kill me.

Grandfather: Well, instead of sitting in front of the TV screen or playing computer games all the time, you should go outside and exercise. I see that you've gained some weight again. When I was a kid, none of us were overweight. We were all very slim and athletic. And in fact we didn't need all those fashionable garments like T-shirts, jumpers, trainers, baseball caps and athletic gear.

Grandson: Really? So what did you wear instead?

Grandfather: We were just fine with our grass skirts, our net bags over our shoulders and those beautiful headdresses made out of bird feathers.

Grandson: You must be kidding! Can you show me a photo of you wearing that?

Grandfather: Of course not. We didn't have any cameras or mobile phones to take pictures in those days!

ANALYSIS

2 Examine the author's position between the two cultures.

METHODISCHES VORGEHEN

Diese Aufgabenstellung eignet sich zur Besprechung im Plenum. L fordert die S auf, Belegstellen aus dem Text zu nennen.

On the one hand, the author observes some positive developments in New Guinea, e.g. when he points out that "within a generation or two ... New Guinea Highlanders (have) learned to write, use computers, and fly airplanes" (l. 9). On the other hand, as an American he also sees many negative changes, such as the fact that many of the inhabitants now suffer from the same dangerous diseases as Americans (ll. 14–20) or show the same "unfortunately common American body type: overweight people with 'beer bellies' hanging over their belts" (ll. 13–14). The author cherishes the relaxed, stress-free life in New Guinea and thinks that personal relationships are much more intense, focused, long-lasting and warm than those in America. He seems to suffer from time pressure and the emails and messages he has to reply to once he has returned to the Western world, which raises his "pulse rate and blood pressure" (l. 23) and thus has a harmful effect on his health.

CREATIVE TASK

3 Have you ever experienced a foreign culture radically different ...? →△2

MATERIALIEN

→ Kopiervorlage 2 (Staying local vs. the global village – Partner discussion)

METHODISCHES VORGEHEN

Die S erledigen diese Aufgabe zu Hause schriftlich. Ggf. gibt L eine Wortanzahl vor, damit die Ausarbeitungen nicht zu stark voneinander abweichen.

LÖSUNGSVORSCHLAG

Individual answers expected.

DIFFERENZIERUNG

△ *Leistungsschwächere S schreiben anstelle von Aufgabe 3 einen* Comment *zu der Frage:* Would you rather live in traditional or modern New Guinea?

LÖSUNGSVORSCHLAG

Living in traditional New Guinea:
- strong bonds between tribal members and a great sense of community
- simple but relaxed lifestyle
- no time pressure, no influences from the outside world: they live in peace and tranquility
- unspoilt nature
- healthy environment with healthy food which didn't make people ill like today

Living in modern New Guinea:
- make use of all the amenities of modern civilisation but without time pressure

- profit from a higher level of education
- access to modern technology and a means of transport so they can broaden their horizons by communicating with people from abroad or travelling to foreign countries

ERWEITERUNG *Kopiervorlage 2 bietet zwei Rollenkarten zum Thema* Staying local vs. the global village, *über das die S in Partnerarbeit diskutieren. Sie bemühen sich, geeignete* Discussion phrases *zu verwenden und finden auf dem Arbeitsblatt sprachliche Mittel, mit deren Hilfe sie dem Diskussionspartner höflich widersprechen können.*

NEWSPAPER ARTICLE

Why IKEA took China by storm

→ WB Tasks 2, 5

IKEA is the world's largest furniture retailer and operates more than 350 stores in 46 countries. It designs and sells ready-to-assemble modern furniture, various types of appliances and home accessories. IKEA was founded in Sweden in 1943 by then 17-year-old Ingvar Kamprad, who has been listed as one of the world's richest people with an estimated fortune of $3.8 billion.

LERNWORTSCHATZ to attribute sth to sb, failure, CEO, to have little sense of, eager to, to provide, to be appealing to, role model, to invest in sth, to reap, to figure out, to be packed with sth, attorney (AE), unpredictable

COMPREHENSION

4 State the reasons for IKEA's success according to the text.

METHODISCHES VORGEHEN *L gibt einen kurzen Hinweis darauf, dass Ikea mittlerweile mit mehr als 350 Geschäften in knapp 50 Ländern der Erde erfolgreich vertreten ist. In einem Unterrichtsgespräch stellen die S Vermutungen darüber an, warum Ikea in verschiedensten Kulturkreisen so beliebt ist. Mögliche Antworten:* Good quality furniture at comparatively low price; IKEA offers not just furniture, but also home decorations and practicalities; show rooms give consumers ideas how they can decorate their rooms. *Nach der gemeinsamen Textlektüre wird die Aufgabenstellung im Unterrichtsgespräch geklärt.*

LÖSUNGSVORSCHLAG IKEA not only offers ready-to-assemble furniture and home accessories, it also shows Chinese consumers how they can furnish and decorate their homes in a Western style. The number of Chinese home owners has increased dramatically "from practically zero to about 70 percent" (ll. 11–12) within the last 15 years. These home-owners, particularly young couples, are very keen on learning how they can turn their homes into Western-style apartments, which they can easily see in the company's showrooms that display "model bedrooms, dining rooms, and family rooms" (l. 15).

ANALYSIS

5 Analyse how the author uses stylistic devices to …

→ S4, S10.2 → △ 3

METHODISCHES VORGEHEN *Diese Aufgabe eignet sich entweder für eine Einzelarbeitsphase im Unterricht oder als schriftliche Hausaufgabe. Vorab erfolgt ein Hinweis auf* Skill 4 Dealing with non-fictional texts *und* Skill 10.2 Stylistic devices. *Die rhetorischen Stilmittel werden anhand von Textstellen belegt.*

LÖSUNGSVORSCHLAG The author uses the idiom "take by storm" in the headline to arouse the reader's interest right from the beginning to illustrate that the company has become extremely successful in China within a very short period of time. The use of two very strong verbs, i.e. "bombed" (l. 1) and "is killing it" (l. 4), establishes a contrast between the considerable failure of Home Depot on the one hand, and the impressive success of IKEA on the Chinese consumer market on the other hand. The author also makes use of rather chatty phrases in ll. 3–4: "That's true, but it's not the whole story. It's not that simple. Look at IKEA." Using these expressions and the imperative in particular, he addresses the reader personally and draws his/her attention to the following explanations for IKEA's growth.

DIFFERENZIERUNG △ *Aufgabe 3 im* Diff pool *bietet Hilfestellung zur Analyse der Stilmittel. Diese Aufgabenstellung eignet sich für lernschwächere Gruppen. Die S tragen in eine vorgegebene Tabelle die Beispiele für die verschiedenen Stilmittel ein und analysieren den jeweiligen Effekt.*

LÖSUNGSVORSCHLAG

Stylistic device	Example/Line	Effect
Metaphor	"bombed" (l. 1)	stresses the massive failure of Home Depot
Rhetorical question	"So, if the Chinese ..."? (ll. 7f)	focuses the attention on differences between IKEA and Home Depot
Direct address	"Look at IKEA." (l. 4)	draws readers' attention to the following explanations
Parallel structure	"... it's not the whole story. It's not that simple." (l. 3)	stresses the fact that the situation is more complex
Repetition	"the Chinese don't like do-it-yourself" (ll. 2–3, l. 7)	puts emphasis on the topic of the text (the Chinese attitude towards do-it-yourself)

EVALUATION **6 Discuss whether IKEA is synonymous with Western culture.**

METHODISCHES VORGEHEN *Diese Fragestellung wird entweder direkt im Plenum besprochen oder vorab in Kleingruppen diskutiert.*

LÖSUNGSVORSCHLAG IKEA is popular all over the world for its relatively inexpensive, modern-style furniture and accessories, regardless of the cultural background of the consumers. It manages to sell similar products in over 50 different countries around the globe. The ready-to-assemble furniture and other products are designed in Scandinavia. Designers take up other cultural influences, however, e.g. Japanese-style vases, African woodwork or cosy American-style armchairs.
By providing showrooms with readily furnished rooms, the company also provides an example of how people in the Western world live nowadays, e.g. what kind of gadgets a single household needs, which products a young couple should crave, which items a teenager's room should have or how a living room should be furnished. Consumers can put up pictures made by famous Western artists, e.g. Kandinsky or Picasso, as the stores sell cheap posters and copies of famous pieces of art. Seasonal items also reflect Western culture, e.g. decorations for Easter or Christmas. IKEA thus makes certain Western ideas accessible, focuses on consumerism by offering goods at low prices and enables consumers to express their own style using standardised products.

EVALUATION **7 Assess the effects of global consumer trends mostly following Western ...**

METHODISCHES VORGEHEN *Die S legen ihre Überlegungen zu dieser Fragestellung in einer kurzen schriftlichen Stellungnahme dar.*

LÖSUNGSVORSCHLAG On the one hand, when global consumer trends mostly reflect Western culture, Western values like tolerance, liberty or equality might also spread worldwide. On the other hand, cultural differences eventually dwindle and may disappear. Another negative effect is that local handicrafts and regional skills and expertise are at risk if consumers continue to buy mass-produced Western-style products from global corporations. The world will finally become more uniform and less colourful and diversified.

B Global production and its consequences

Bangladesh is the world's second-largest textile export country of Western brands after China. The garment manufacturing industry employs approximately 4 million people and generates an estimated $19 billion a year.
On 24 April 2013 a nine-story factory collapsed on the outer edges of Dhaka, Bangladesh, killing more than 1,100 workers. It was the worst industrial accident anywhere in the world for a generation. Since this horrific event people have been demanding for improved safety measures at such facilities and higher salaries for workers. However, as Western consumers continue to demand the latest trends at low prices, international corporations and their suppliers are fiercely struggling to stay competitive. Unlike almost any other household expense, clothes have become cheaper and cheaper in the last decades. Whereas in 1900 about 15 % of the average household income was spent on clothing in the US, in 2012 the figure was not even 3 %, down from 12 % in 1950.

ONLINE ARTICLE **Textile workers in Bangladesh** → WB Tasks 3, 4

LERNWORTSCHATZ manufacturing, to focus on, global wave, to face increasing pressure, working conditions, wage, garment industry, decade, in the case of (fml), humanitarian, long-run, lucrative

BEFORE YOU READ **1 When you go shopping, do you pay attention to where the clothes . . . ?**

METHODISCHES VORGEHEN *In einem Unterrichtsgespräch legen die S ihre Standpunkte dar. Im Anschluss daran wird anknüpfend an das Foto einer asiatischen Textilfabrik das Vorwissen der S zu den Produktionsbedingungen in der Textilindustrie in Entwicklungs- bzw. Schwellenländern abgerufen, bevor der Text gemeinsam gelesen wird. L weist auf die Grafik* Minimum wage, by country *hin.*

LÖSUNGSVORSCHLAG Individual answers expected.

COMPREHENSION **2 Describe the process that made the textile industry move to . . .** →▲4

METHODISCHES VORGEHEN *Die S können diese Aufgabe alternativ auch in Partnerarbeit vorbereiten. Die Ergebnisse werden in einem L-S-Gespräch überprüft.*

LÖSUNGSVORSCHLAG The textile industry moved to Bangladesh after producing their garments in other countries, e.g. China, South Korea and Japan. Due to the fact that "the textiles and apparel industry brought with it investment and manufacturing knowledge" (l. 29), those countries invested in new industries which offer higher wages, like electronics. Therefore, the textile production labour costs had to rise to attract workers. That prompted Western companies to find less expensive workers in other countries so that they could continue to offer consumers clothes at low prices. As a result, they shifted their production to Bangladesh, which is "the cheapest place in the world to make clothes" (ll. 23–24).

DIFFERENZIERUNG ▲ *Leistungsstärkere S bearbeiten im Anschluss an Aufgabe 2 Aufgabe 4 im* Diff pool. *Die S beschäftigen sich zunächst mit der Grafik* Minimum wage, by country *und diskutieren dann entweder im Plenum, in Kleingruppen, mit einem Partner oder mit Hilfe der Methode* Silent discussion *die Frage:* What might happen if the minimum wage rose to $104 a month in Bangladesh? *Im stummen Schreibgespräch kommunizieren die S zunächst ausschließlich schriftlich miteinander. Sie gehen in Vierergruppen zusammen und erhalten einen DIN-A4-Bogen, auf den sie auf ein Signal hin ihre Assoziationen und Gedanken zu der Fragestellung notieren. Sie laufen dann um den Tisch herum, lesen die Eintragungen der Mitschüler und schreiben ihre eigenen Kommentare oder Ergänzungen daneben oder darunter, ohne dabei zu sprechen. Im Anschluss findet ein Gedankenaustausch zu der Fragestellung im Plenum statt.*

LÖSUNGSVORSCHLAG
- Bangladesh would no longer be able to compete with other developing countries or emerging markets such as India, Cambodia and Vietnam and would lose orders to their competitors.
- If Western companies shifted their production to cheaper countries, the unemployment rate and social unrest would increase in Bangladesh.
- As Bangladeshi workers would earn roughly 30 % more than they currently do, they would be able to spend more money on goods, which would inevitably strengthen the local economy in Bangladesh.
- Factory owners would have to raise productivity, e.g. by giving workers bonuses to produce goods even faster.

LISTENING ⦾ L2/2 **3 Listen to a report about two Bangladeshi women working in a clothes . . .**

MATERIALIEN → ⦾ L2/2 (Two Bangladeshi women) • Transkript

METHODISCHES VORGEHEN *Der Hörtext wird einmal, in lernschwächeren Kursen zweimal vorgespielt und die S machen sich zur Beantwortung der Fragestellung Notizen. Die Ergebnissicherung erfolgt direkt im Plenum.*

LÖSUNGSVORSCHLAG
- Minu, who is in her mid-20s, and her 19-year-old sister Shumi left their village where they were suffering from hunger, and now they work in a textile company six days a week operating sewing machines.
- The older sister had to leave her seven-year-old daughter behind with her grandparents.

- The two women each earn about $80 a month, which is not bad for Bangladesh.
- The sisters and Minu's husband share a little room in a concrete block with only one window and a tin roof.
- Although their life seems to be quite miserable according to Western standards, their new life in the city is a big step forward for them.
- They are really proud of the things they can buy with their wages, e.g. a TV set.
- There is not much opportunity for the sisters to progress further, but Minu hopes that her daughter can stay in school and will have lots of opportunities that she didn't have.

EVALUATION **4 Exploitation or opportunity? Discuss the garment industry's effect ...**

MATERIALIEN → Kopiervorlage 3 (Fair trade)

METHODISCHES VORGEHEN *Diese Aufgabenstellung kann entweder schriftlich in Form eines Essays oder mündlich in Kleingruppen diskutiert werden.*

LÖSUNGSVORSCHLAG **The garment industry's effect on poor people in Bangladesh:**

Opportunity	Exploitation
• Poor people hope for better lives beyond the daily struggle for food, shelter and security – if not for themselves, then for their children. • Working in garment factories is better paid than most jobs in rural areas, so people might be able to improve their living conditions and pay for their children's education. • Corporate taxes go towards investing in local infrastructure, healthcare and social benefits for the poor. • Some workers can climb the social ladder and become a supervisor in the factory, for example. • Some people might be able to save part of their wages and invest in setting up their own business, e.g. a tailoring shop.	• The poor have to accept the substandard, tough working conditions and low pay. • Many young people leave their rural homes, losing the support of their immediate family members and neighbours in their villages, their social connections etc. • Western companies are often not willing to invest in worker safety, so labourers are always at risk being seriously injured or even killed, e.g. by collapsing buildings, fires, insecure machines, toxic substances, exhaustion etc. • The garment industry demands millions of unskilled workers who are not compelled to improve their knowledge and skills and are unable to get better qualified and more remunerative jobs.

ERWEITERUNG *Durch Kopiervorlage 3* (Fair trade) *werden die S angeregt, sich mit dem Konzept des fairen Handels näher zu beschäftigen. Auf der Basis gründlicher Hintergrundrecherche entwickeln sie eine* Fair trade-*Kampagne für eine Partnerschule in UK. In Vierergruppen recherchieren sie zunächst arbeitsteilig die unfairen Produktions- und Handelsbedingungen in Entwicklungsländern bzw. die Idee und Arbeit der* Fair trade-*Organisationen. Sie entwerfen einen Flyer mit den wichtigsten Ergebnissen und entwickeln dann Ideen für eine Kampagne an der Partnerschule.*

The **World Fair Trade Organisation** was founded in 1989. In the following years, different fair trade certification and labelling processes evolved. The goal of the fair trade movement is to provide fair production methods and economic security for producers in developing countries. This is achieved when companies and consumers pay a premium on the market price. Typical fair trade products include fruits and crops, such as coffee, cocoa, sugar, tea, bananas and honey, as well as handicrafts, cotton, flowers, gold etc. A product is granted a fair trade label when its producers have fulfilled particular social, economic, and environmental requirements.
However, activists have criticised the relatively costly fee producers must pay to get a fair trade label. Critics have also claimed that middlemen and retailers profit a lot from this system. Another concern is that very little of the premium consumers pay actually reaches needy producers.

LÖSUNGSVORSCHLAG **b) What is important for a good leaflet:**

- a catchy headline

- relevant and high-quality photographs to interest, excite and intrigue readers
- carefully selected pieces of information
- concise text for quick reading (less is more)
- charts, graphs and tables to illustrate certain points (make sure these visuals are easy to understand as well: less is more)
- call to action (clear, specific, straightforward statement what readers should do)

C Limited resources

◎ L2/3 The Aqueduct → WB Tasks 6–8

Ray Bradbury (1920–2012) was an award-winning, celebrated American author who wrote hundreds of short stories and almost fifty books as well as numerous poems, essays, operas, plays, and screenplays. Among his groundbreaking works are the dystopian novel *Fahrenheit 451* (published in 1953), and the science fiction and horror stories gathered together as *The Martian Chronicles* or *The Illustrated Man* (published in 1950 and in 1951).

A **short story** is a brief work of prose fiction with certain characteristics. It has only a small set of major characters who are usually undeveloped. It displays an economy of setting, i.e. there is no intricate description of the setting or frequent changes in location. However, its foremost feature is its length. Edgar Allan Poe stated that a short story should be short enough to be read in one sitting. He also claimed that it should be of sufficient length to produce an intense and enduring impression on the reader. Thus the story usually evolves around a single incident, an elementary human experience or a crisis which is supposed to create an emotional response in the readers, e.g. fear, terror or melancholy (cf. Skill 5.1 Understanding narrative text types and typical features).

LERNWORTSCHATZ arch, crop, to tower, to raise, to starve, to slay sb, to gather, plow, liquid, to make sth rich for sth, representative, scarcity, affordable, to lack sth, current

MATERIALIEN → ◎ L2/3

COMPREHENSION **1 a) Describe the aqueduct and its . . . b) Give a detailed account of the . . .**

METHODISCHES VORGEHEN *Der Text wird gemeinsam gelesen. L weist auf das* VIP file *zu Ray Bradbury hin. In einer Einzelarbeit im Anschluss notieren sich die S die entsprechenden Zeilenangaben aus dem Text bevor die Besprechung im Plenum erfolgt.*

ALTERNATIVE *Dieser Text bietet sich für das Verfahren* Paired reading and thinking *(wechselseitiges Lesen und Erklären) an. Die S bilden Lesetandems und erschließen gemeinsam den Text der Kurzgeschichte in Partnerarbeit. Beim abwechselnden lauten Vorlesen größerer Abschnitte trainieren die S zum einen ihre Lesegeläufigkeit, da sie sich um flüssiges, betontes Vorlesen bemühen müssen. Zum anderen lernen sie, Gehörtes mündlich zusammenzufassen und ggf. Nachfragen zu formulieren. Folgendermaßen kann vorgegangen werden:* You and your partner read the short story together. Take turns reading out the story to each other as fluently as possible. The other partner does not look at the text but only listens very carefully.
Partner A reads lines 1 to 29 to partner B. Then do task a) together.
Partner B reads lines 30 to 54 to partner A. Then do task b) together.

LÖSUNGSVORSCHLAG

a) The aqueduct is a long pipe of stone arches, which stretch one thousand miles from the North to the South. It rests on thirty-feet-high stone pillars and has got "great gargoyle spouts every hundred yards which would drop tiny streams down into yard reservoirs" (ll. 8–9). It took a year to build the aqueduct, and the citizens of the hot South are very desperate to get water from the North, "for our crops, our flowers, our baths, and our tables" (l. 6). They rely and depend on the water from the North (ll. 16–17).

b) The people in the South hope that they will be able to irrigate their fields and gardens and that they can use the water to wash with and to drink (ll. 5–6, l. 48). They are very excited about the project and can hardly wait for the water to flow (ll. 15 ff). They don't seem to be particularly shocked at the courier's news from the North when he says "there is a slaughtering that is unbelievable. More than one hundred million people have been slain" (ll. 18–19). Instead, tens of millions from the hot countryside gather aroung the aqueduct carrying containers to hold the water. They spread the word that the water is coming and finally raise their glasses when they hear the liquid in the pipe. They are very cheerful when the liquid finally soaks the land (l. 37), and they rejoice, sing and bathe in the liquid. They seem to realise that the liquid is not water but blood; however, no one seems to care. Instead, the children are hushed when they point out the truth (ll. 43 ff), and people ignore the facts (l. 48). The people even continue to support the conflict in the North because that is the reason why they have water in the South. The citizens in the South are happy and content, singing and smiling at the benefits the aqueduct has made possible.

ANALYSIS **2 Explain which single effect Bradbury's story creates for you. To do so ...** → S5

ALTERNATIVE *Im Vorfeld kann ein S damit beauftragt werden, ein Kurzreferat über die wichtigsten Elemente einer* Short story *vorzubereiten. Dabei werden die Hinweise in* Skill 5 Dealing with narrative texts *berücksichtigt. Alternativ werden die Charakteristiken im Unterrichtsgespräch geklärt und ggf. in einem Tafelbild fixiert. Die Aufgabenstellung selbst wird in Einzelarbeit erledigt.*

A short story is a short narrative text form which should be so brief that it can "be read in one sitting" (Edgar Allan Poe, 1809–1849).

Most short stories concentrate on:
- *one main protagonist or a small set of major characters*
- *a single setting*
- *one important event or problem.*

Unlike a novel, the characters and the setting are not fully developed in a short story. It focuses on one single aspect which changes in the course of the story The author usually aims to provoke a reaction in the reader, i.e. a lasting emotion.

LÖSUNGSVORSCHLAG The story creates a feeling of horror in me. I think the image of a 1,000-mile-long river of blood is excessively bloody. Bradbury's description is horrifying, particularly when he writes about the gargoyle spouts dropping streams of blood down in yard reservoirs and blood pouring from the sluiceways down the land. I also find it utterly disturbing how the people in the South benefit from the horrific and cruel manslaughter in the North. Their land is stained with the blood of one hundred million casualties, and they are just singing and laughing, "listening to the good sound of the Aqueduct, full and rich, like a river, rushing through their land toward the morning" (ll. 53–54).

ERWEITERUNG *Weitere Analyseaufgaben, die ggf. in Kleingruppen bearbeitet und anschließend im Plenum präsentiert werden können:*
- **Theme:** What is the main idea of the story? State it in one single sentence. In which way does the story comment on life?
- **Point of view:** Analyse the narrative perspective. What effect does the point of view have on the readers?
- **Setting:** How does the setting contribute to the total effect? How does it directly relate to the meaning or the atmosphere of the story?
- **Style:** In which way do diction (the choice of words and phrases) and dialogues contribute to the effect of the story?
- **Judgement:** Do you like the story? Why (not)? Point out some details in which the author in your view has succeeded/failed to make his story convincing/appealing.

ANALYSIS **3 a) Which parallels with present-day ... b) Analyse the symbolic meaning ...**

METHODISCHES VORGEHEN *Teilaufgabe a) wird in Kleingruppen diskutiert, Teilaufgabe b) eignet sich zur Bearbeitung in Einzelarbeit.*

LÖSUNGSVORSCHLAG

a) Many resources today are extracted in war zones or conflict regions, e.g. diamonds (so-called blood diamonds), gold ore, oil, gas or valuable minerals such as cassiterite or wolframite. Often these resources have prompted or prolonged conflict in regions such as Liberia, Angola, Sierra Leone or Congo. The resources mined in such war zones are often sold to finance an insurgency, to support an invading army or to pay for a warlord's activity. The people involved in the trading these resources are interested in perpetuating the conflict as they profit from the resources. This is very similar to the short story, in which the President of the South "is sending a representative North to make certain that the two countries there continue to disagree" (ll. 49–50). The inhabitants of the South profit from the suffering of the people in the North and are not interested in ending the conflict which provides them access to the desperately needed water.

b) The aqueduct symbolises how the remote North supports and assists people in the poor South, who utterly depend on the North's goodwill. The Southerners have set their hopes on the construction of the aqueduct, which will eventually improve their lives and help them survive. The water, which turns out to be the blood of millions of Northerners, symbolises death, destruction and cruelty. It illustrates how people might profit from the pain and suffering of others and still feel good about it.

EVALUATION

4 a) Do you think the people … b) Exchange your text with … → S33 → △ 5

METHODISCHES VORGEHEN

Die S erledigen Teilaufgabe a) in einer Stillarbeitsphase und tauschen sich danach mit einem Partner aus. L verweist dazu auf Skill 33 Peer evaluation.

LÖSUNGSVORSCHLAG

a)/b) Are the people in the South justified in trying to profit from the war in the North?

Yes, they are.	No, they're not.
• The Southerners don't really have any influence on the North's politics and thus cannot end the war, so they might as well profit from it as the conflict would continue anyway. • Using the water from the North might be the only way the Southerners can survive, so it's ethically sound for them to profit from the war in the North. • It would be morally wrong to risk the lives of the children in the South by denying them the access to the water from the North.	• It's immoral and unethical to accept and profit from the deaths of thousands of Northerners. • The Southerners should do everything they can to improve their relations with the North and try to contribute towards ending the war in the North. • If the Southerners continue to profit from the war by drinking the contaminated water which actually is blood, they will poison themselves and their children.

DIFFERENZIERUNG

△ *S, die Hilfestellung bei der Erörterung der Fragestellung benötigen, können auf Aufgabe 5 im* Diff pool *zurückgreifen. Sie erhalten dort Hinweise zu Aspekten, die es bei der Fragestellung zu berücksichtigen gilt.*

VISUALS

5 Describe and analyse the cartoon. Do you agree with its message?

METHODISCHES VORGEHEN

Vor der Erschließung des Cartoons durch die S kann L in lernschwächeren Gruppen bestimmte Wörter, die die S zur Beschreibung verwenden können, einführen und ggf. an der Tafel fixieren:

- *Wasserhahn:* tap (BE) or faucet (AE)
- *den Hahn auf-/zudrehen:* to turn the tap on/off
- *fließendes Wasser:* running water

LÖSUNGSVORSCHLAG

The cartoon shows a huge tap with a very large drop of water coming out of it. One would expect running water when the tap is turned on, but a single drop seems to emerge. Thus the tap is dripping, and the drop is shaped like a bomb.
The cartoonist is probably illustrating the problem of water scarcity. Many countries suffer from a lack of clean running water; thus the taps in these countries often only drip rather than run. Each drop is quite precious when there is a lack of water. Besides, the bomb-like shape of

the drop, the angry red background and the military camouflage pattern on the tap suggest that water is a resource that ignites many conflicts.

SPEAKING

6 In groups of four create a placemat for the following questions: ...

METHODISCHES VORGEHEN

Beim Placemat-*Verfahren arbeiten jeweils vier S in einer Gruppe zusammen. Zunächst lesen sich die S selbstständig das* Fact file *zu* Water scarcity *durch und schreiben dann in jeweils eine Zone eines DIN-A3-Bogens, der in insgesamt fünf Schreibzonen unterteilt ist, ihre Vorschläge zu den in der Aufgabe gestellten Fragen. Die S lesen sich die Anmerkungen der Mitschüler in ihren jeweiligen* Personal sections *durch und sprechen über die Notizen. In der Mitte des Blattes befindet sich eine runde, ovale oder eckige* Group section, *in der die Gruppe nach dem Austausch der individuellen Ergebnisse die aus ihrer Sicht wichtigsten Aspekte zusammenträgt. Zum Abschluss werden die Ideen der einzelnen Gruppen im Plenum vorgestellt und diskutiert.*

LÖSUNGSVORSCHLAG

Reduce the consumption of water:

- Industrialised nations must invest in water treatment plants in countries affected by water scarcity.
- Governments must agree on treaties regarding the fair distribution of river water in bordering countries.
- There must be joint global measures to tackle the threat of water pollution (from oil spills, raw sewage being pumped into rivers, the contamination of rivers and lakes with industrial waste etc.).
- Investments should be made to improve water pipelines which transport water to arid areas and to develop larger water supply systems and facilities (e. g. water pumping devices, water distribution networks etc.).
- My personal contribution could be: to take showers instead of baths, take shorter showers, install water-saving devices, buy an efficient washing machine and dishwasher and install rain barrels to collect rainwater to reuse in the garden.

Reduce the consumption of other finite resources:

- Countries should invest in renewable energy sources such as wind power, solar energy, water power etc.
- Governments should support consumers who want to install solar panels as an energy source.
- Consumers should buy high efficiency appliances in their homes.
- People should separate recyclables like plastic, paper, tin, glass etc.
- My personal contribution could be: carpooling, using public transport or riding my bike to get to school, using reusable cloth grocery bags instead of plastic bags etc.

D NGOs, civil society and global players

INTERVIEW

Working for an NGO → WB Task 9–14

A **non-governmental organisation (NGO)** is an expression generally used for a voluntary group of individuals or organisations which are entirely or largely unaffiliated with a particular government or political party. An NGO addresses issues such as conservation, human rights issues, medical aid, development assistance, disaster relief etc. on a local, national or international level. Although some NGOs are for-profit corporations, the vast majority are non-profit organisations.

LERNWORTSCHATZ

response, rehabilitation (no pl), recovery, famine, tribal conflict, to strive to, appropriate, sustainable, charitable, representative, recognition, to restrain, level playing field, donor country

COMPREHENSION **1 a) Describe the tasks Medair ... b) Outline the problems NGOs ...**

METHODISCHES VORGEHEN *Zunächst wird das* Fact file *zu* Medair *gelesen. Danach werden beide Teilaufgaben im Plenum besprochen. In lernschwächeren Klassen machen sich die S in Vorbereitung auf das Unterrichtsgespräch vorab Notizen zu den beiden Fragestellungen.*

LÖSUNGSVORSCHLAG a) On the one hand, Medair aims to provide immediate aid, assistance and relief to people who are suffering from natural disasters or from conflict situations such as wars or civic unrest. Medair on the other hand also wants to ensure that the people affected by these crises are supported in the long run so that they are able to cope with similarly difficult situations in the future. For example, Medair provides suitable shelter and finds appropriate infrastructure solutions for the affected communities.

b) International non-governmental organisations (INGOs) have difficulties providing aid in some countries due to the dangers in some regions or because some governments are uncooperative like in North Korea. Sometimes INGOs are not able to cope with the extent of a humanitarian crisis as they lack the necessary means and have only "relatively limited resources" (l. 21). Sometimes NGOs are generally criticised by the press although only "a small number of less professional efforts by charitable organisations, or poorly-resourced organisations" (l. 23) were used as a representative example for NGO projects which might have gone wrong.

EVALUATION **2 With regard to the tasks and the problems NGOs face every day, ...**

METHODISCHES VORGEHEN *Die S notieren sich zunächst einige für sie relevante Aspekte vor einer Aussprache im Plenum. Alternativ eignet sich die Aufgabe auch als schriftliche Hausaufgabe.*

LÖSUNGSVORSCHLAG Individual answers expected.

NEWSPAPER ARTICLE **Are NGOs fit for their purpose?** → WB Task 16

LERNWORTSCHATZ reminder of, crucial, to play a part in sth, to be a/the key to sth, campaign strategy, to be attributed to, a shared set of sth, funding, to be subject to sth, surveillance, neatly, to raise issues about, to risk doing sth, at the expense of, to be at stake

COMPREHENSION **3 Sum up the differences between social movements of the past and ...**

METHODISCHES VORGEHEN *Die S erarbeiten die Aufgabenstellung schriftlich in Thesenform in ihrem Heft und tauschen dann ihre Ergebnisse mündlich im Plenum aus. Hinweis auf das* Fact file *zu* Non-governmental organisations (NGOs).

LÖSUNGSVORSCHLAG In contrast to social movements of the past NGOs today are much more professional. The very skilled and experienced staff organises the work in a highly effective way, and always considers the necessities of the modern world, including the media and social networking. In the past people were very committed and dedicated to their causes, including basic labour rights, the end of slavery or the downfall of the apartheid regime in South Africa, for example (ll. 4ff). However, the staff of modern NGOs are like employees who might fight for totally different causes after a while (ll. 29ff). So they are no longer "highly driven, passionate participants, who exhibited a high degree of solidarity rooted in a shared set of beliefs, values and visions" (ll. 22ff). New technological developments mean that NGOs are now much "better equipped to advocate and campaign" (ll. 12f). Whereas social movements of the past did not receive any government funding and were independent from or even opposed to government agendas, NGOs nowadays not only rely on state money but also cooperate with the government, thus "becoming co-producers of welfare, development and security" (ll. 34–35) which might endanger their independence (l. 35).

ANALYSIS **4 Examine the author's line of argument and use of stylistic devices.**

METHODISCHES VORGEHEN *Diese Aufgabe wird entweder zu Hause oder in Einzelarbeit im Unterricht schriftlich erledigt. L erinnert die S daran, Belegstellen aus dem Text anzugeben.*

LÖSUNGSVORSCHLAG At the beginning of the article the author illustrates the basic differences between social movements in the past and NGOs today. When he describes NGOs and their staff, Jude Howell employs various enumerations (ll. 14–15, 15–16, 17) to point out the opportunities and advantages NGOs have today. However, the author is of the opinion that all these positive developments are insufficient, which he illustrates by using two rhetorical questions ("But has this made today's campaigners more effective? Is it all enough?" (ll. 18–19) and by repeating "(not) enough" in line 21. The author thinks that there is a tremendous difference between the staff of NGOs today and the participants in the social movements in the past, which he contrasts by using enumeration (ll. 22–24 and ll. 27–29). The author warns that NGOs might lose their independence as well as their power due to their cooperation with governments as well as their reliance on state funding. These concerns are further emphasised by a succession of questions in ll. 36ff and an anaphora in lines 37 and 39 ("to what extent does …"). The author concludes the article with an idiomatic expression, which summarises the author's concerns regarding present-day NGOs whose "very relevance may be at stake" (ll. 42f).

EVALUATION **5 Do NGOs still play a crucial role in a global civil society? Can you think …?**

METHODISCHES VORGEHEN *Die S diskutieren diese Fragestellung in Kleingruppen oder im Plenum. Alternativ kann auch die Methode des Blitzlichts* (Round robin) *eingesetzt werden. Reihum oder nach dem Zufallsprinzip geben die S ein kurzes, gut begründetes Statement zu dem Thema ab, ohne dass dies von den Mitschülern zunächst kommentiert, gewertet oder diskutiert wird.*

LÖSUNGSVORSCHLAG **The role of NGOs in a global civil society:**

- NGOs are crucial in assessing and addressing pivotal problems such as human, political and women's rights, healthcare and conservation issues.
- Moreover, they provide an opportunity for volunteers to become committed in working for certain values and civic goals locally, nationally or globally.
- Thus NGOs can empower citizens and promote change at the grassroots level.
- NGOs can effectively promote contentious political participation of citizens.
- NGOs can help to establish and maintain infrastructure by developing land, providing shelter and digging wells in developing countries, for example.
- In addition, they can support innovative projects and improve the infrastructure in dangerous environments.
- They can provide technical assistance and training for the locals so that they will acquire skills necessary to lead an independent life, which also helps countries develop.
- What is more, NGOs can work to promote social or political change on a broad scale or very locally.

Other efficient ways of protesting:

Individual answers expected, e.g. direct action, campaigning, political rallies, civil resistance, mass demonstrations, using social media (e.g. blogging and social networking), criticism through art (literature, paintings, music etc.) or through the media (articles, letters to the editor, advertisements etc.).

NEWSPAPER ARTICLE **Starbucks celebrates record revenues – Capital has a nationality**

LERNWORTSCHATZ revenue, fiscal, corporation tax, tax evasion, to seek to;
to increase, to remain, genuinely, core, benefit

COMPREHENSION **6 a) Outline why the British Prime Minister … b) Point out why international …**

METHODISCHES VORGEHEN *Beide Teilaufgaben eignen sich für eine schriftliche Hausaufgabe bzw. Einzelarbeit, können aber auch in Partnerarbeit oder im Unterrichtsgespräch erörtert werden.*

LÖSUNGSVORSCHLAG

a) David Cameron believes that if one country imposes stricter laws affecting corporate tax evasion strategies to evade paying taxes, these companies will just leave the country and open their headquarters elsewhere. Although the UK has spent a considerable amount of money on trying to make companies pay their fair share of corporate taxes (l. 12), it was obviously not successful. Cameron states that only a joint effort of the G8 countries would be effective: "Clamp down in one country and the travelling caravan of lawyers, accountants and financial gurus just moves on elsewhere" (ll. 13–14).
On the one hand, Starbucks has not really responded to David Cameron's criticism (l. 1) and has denied claims that the company did not pay enough taxes in November 2012 (ll. 16–17). On the other hand, the company was willing to pay ten million pounds a year in corporate taxes for two years only a month later (ll. 17–18) in order to stop growing protests regarding its tax policies.

b) International companies are tightly linked to the country where their headquarters are situated. The majority of the most important business activities is done there, e. g. much of the companies' "high-end research and strategizing" (l. 4). As many pivotal decisions are made there by "home-country nationals" (l. 5) and because the home country will be the last to face job cuts or factory closures, it can be said that international companies are not really 'nationless'.

SPEAKING

7 **a) Write a short speech . . . b) Give your speeches to each other. . . .**

METHODISCHES VORGEHEN

Nachdem die S ihre Rede schriftlich verfasst haben, tragen sie sie einem Partner vor, der konstruktive Rückmeldung gibt. L verweist dazu auf Skill 15 Speech *und* Skill 33 Peer evaluation. *Alternativ kann im L-S-Gespräch ein Kriterienkatalog für das Feedback entwickelt und an der Tafel festgehalten werden.*

Speech writing – a checklist

- *Have you chosen the right tone and an appropriate style for your speech (consider your role, your perspective and your audience)?*
- *Have you managed to catch your listeners' attention right away?*
- *Have you made sure that your audience is aware of your key message?*
- *Does your speech contain relevant points in a suitable, coherent order?*
- *Have you stated your position in a convincing way by using good examples?*
- *Have you ended your speech in a memorable, convincing way?*

LÖSUNGSVORSCHLAG

Individual answers expected.

E Developing and developed world

BEFORE YOU READ

1 **Why and how often do you buy new mobiles and other electronic . . .?**

LÖSUNGSVORSCHLAG

Individual answers expected.

ONLINE ARTICLE

West African nations pay a price for EU e-waste → WB Task 17

LERNWORTSCHATZ

to be barred from, to flourish, junk, efforts are underway, disposal of sth, appliance, commodity, allegedly, associated with, to circumvent, to enforce sth, impact, pollutant, to pose risks to sb/sth, concern

COMPREHENSION

2 **Sum up what happens to European e-waste and which consequences . . .**

METHODISCHES VORGEHEN

Diese Aufgabe wird von den S schriftlich beantwortet. Die Ergebnisse werden anschließend im Plenum zusammengetragen und verglichen.

LÖSUNGSVORSCHLAG Despite the fact that Euopeans are not allowed to export dangerous electronic junk to other countries, items such as old household devices or telecommunication gadgets are sold to poorer states "where second-hand computer components and recycled metals are lucrative commodities" (ll. 7–8). Many of these items, however, can in fact be considered waste as they do not have any reusable value (ll. 13 f). This has a severe negative environmental impact on poorer countries and also leads to human health risks because of the dangerous substances the litter contains (ll. 31 f).

CREATIVE TASK **3 Design an online petition to put public pressure on …** →△6

An **online petition** is a written request posted on a platform like *http://epetitions.direct.gov.uk/* which is typically signed by many people and appeals to the government, administration or companies etc. to demand action for a particular cause.

METHODISCHES VORGEHEN *Im Unterricht wird zunächst der Begriff* Online petition *geklärt. Ggf. werden den S über Beamer Beispiele solcher Online-Petitionen gezeigt. Die S erarbeiten dann in Kleingruppen ihren Text und präsentieren diesen im Plenum. Ausdrucke der besten Online-Petitionen können im Klassenzimmer aufgehängt werden.*

LÖSUNGSVORSCHLAG Individual answers expected.

DIFFERENZIERUNG △ *Leistungsschwächere S bearbeiten anstelle von Aufgabe 3 Aufgabe 6 im* Diff pool. *Sie diskutieren mit einem Partner oder in einer Kleingruppe, was sie selbst tun könnten, um das Elektronikschrott-Problem zu lösen.*

LÖSUNGSVORSCHLAG

- Don't throw e-waste in the trash as all the appliances contain toxic elements that pollute our environment, and it means throwing away valuable metals that can be recycled.
- Try to fix your broken gadget or take it to a company which specialises in repairing electronics.
- Pass on your old gadgets to someone else (family member, friend) who can keep using it, or donate it to a charity in your community.
- If you can't find someone who wants to use your old gadget, you can recycle it (companies or your local garbage collection service offer to take old electronics apart and separate and recycle the materials inside).

NEWSPAPER ARTICLE

Reshoring manufacuring: Coming home

LERNWORTSCHATZ start-up company, manufacturing, sophisticated, device, to investigate, shipping, fee, to outweigh, crucial, to soar, to rise, emerging market, to exeed, to decline

COMPREHENSION **4 a) Define 'reshoring' in your own words b) Outline the reasons why …**

METHODISCHES VORGEHEN *L weist die S auf das* Fact file *zu* Outsourcing *und* Offshoring *hin. Beide Teilaufgaben werden von den S schriftlich erledigt.*

LÖSUNGSVORSCHLAG

a) Reshoring is when companies move their business or parts of their business back to the country from which they were originally outsourced.

b) Producing abroad results in higher transportation costs (l. 6), customs duties and other fees (l. 11). Moreover, it takes longer for the products to be sold on the market (ll. 5 ff). In addition, the quality of the manufactured goods might not meet company standards (l. 8). Another important point is that the wages in low-cost countries have risen considerably, so "pay for senior management in several emerging markets, such as China, Turkey and Brazil, now either matches or exceeds pay in America and Europe" (ll. 32 f).

VIEWIING L **5 a) Watch the video. Which products …? b) What additional advantages …?**

MATERIALIEN → L (Re-shoring to Britain) • Transkript

METHODISCHES VORGEHEN *Das knapp 3-minütige Video wird zweimal vorgespielt. Die S machen sich während des Sehens Notizen. Im Anschluss erfolgt die Aussprache im Plenum.*

LÖSUNGSVORSCHLAG
a) Products manufactured in the UK again:
plastic parts for models, tiles, fans, instant noodles, cookers and laundry products

b) Additional advantages of reshoring:
- the turnaround time for new orders is much quicker
- skilled workers
- training employees is easier
- the UK has become more competitive as a nation

EVALUATION

6 How important is the origin of a product to you? Is it the same ...?

ALTERNATIVE *Die S diskutieren in Kleingruppen. Alternativ kann auch das sogenannten* Fish bowl-*Verfahren durchgeführt werden. Fünf Stühle stehen in der Mitte des Klassenraumes, einer davon bleibt frei. Vier S werden gebeten, die Diskussion zu beginnen. Wenn einige Ansichten ausgetauscht sind, steht ein weiterer S aus dem Zuschauerkreis auf, setzt sich auf den freien Stuhl und nimmt an der Diskussion teil, während einer der ursprünglichen Diskussionsteilnehmer in der Zuschauerreihe Platz nimmt. So lässt sich die Diskussion fortsetzen.*

LÖSUNGSVORSCHLAG Individual answers expected.

ONLINE ARTICLE

Global learning

→ WB Task 18

LERNWORTSCHATZ to adapt, peer, to compete (with), level playing field, enrollment, demand, degree, education sector, superior to, in the short term, developing country, undermining of, to promote sth, to figure out, to enhance

COMPREHENSION

7 In your own words define what a MOOC is and describe how learners ...

METHODISCHES VORGEHEN *Im Unterrichtsgespräch fragt L die S vor der gemeinsamen Textlektüre zunächst, inwiefern das Internet für die S beim Wissenserwerb eine Rolle spielt. Folgende Fragestellungen bieten einen Redeanlass:* Information technology has provided exciting new offers for interactive, online learning. Are you familiar with any of these opportunities, and have you ever used them or are you even a regular user of any of these services?

LÖSUNGSVORSCHLAG MOOC is the acronym for 'the massive open online course' movement. It is a term used for internet-based free courses from renowned American universities which participants can use worldwide. Users outside the US have integrated these services into a non-virtual learning and teaching environment with real teachers and a community of learners. They make use of the opportunity to compete against other learners all over the world.

ANALYSIS

8 Examine the positive and negative effects of online courses on ...

METHODISCHES VORGEHEN *Diese Aufgabe eignet sich für eine schriftliche Bearbeitung in einer Einzelarbeit oder als Hausaufgabe.*

LÖSUNGSVORSCHLAG
- On the one hand, people from developing countries have access to Western-standard educational resources for free. As more and more people in these countries seek tertiary education, the public sector might be unable to provide enough places to study. Privately owned for-profit organisations are considered sub-standard. Thus, open online courses from renowned US universities are a good option for students in the developing world.
- On the other hand, if developing countries rely too much on these offers, they might neglect creating their own learning resources and programmes, which means "they don't build local capacity for education, research or knowledge creation in the education sector" (ll. 25 f). American-style programmes might hinder the development of a culturally unique and accredited university system in those countries (ll. 32 ff). Thus it is vital to find a way "MOOCs can enhance, instead of just compete with, existing national education systems" (ll. 39–40).

SPEAKING **9** **With a partner discuss which benefits you could ...** → S23 → △7

METHODISCHES VORGEHEN *Die Aufgabenstellung wird in Partnerarbeit erledigt. Hinweis auf* Skill 23 Dialogue. *L achtet darauf, dass die Antworten auf den zweiten Teil der Aufgabe hinreichend begründet wird.*

LÖSUNGSVORSCHLAG **Possible benefits the students could mention:**

- MOOCs offer a very wide variety of courses and topics from which learners can choose.
- Learners can interact and communicate with other learners from all over the world.
- Learners can learn during their peak learning time.
- Learners can learn at their own speed, e.g. by skipping topics they already know or by re-reading texts, re-playing a portion of audio, re-viewing a video, and re-testing themselves.
- A wide range of multimedia content is available to the learners (audio, video, blogs, games etc.).
- Learners can test themselves daily and/or compete with students from around the globe.
- As they will instantly receive the results, they can get immediate feedback on their knowledge and skills.

DIFFERENZIERUNG △ *Leistungsschwächere S bearbeiten anstelle von Aufgabe 9 Aufgabe 7 im* Diff pool. *Sie erörtern die Frage, ob ihre Englischklasse an einem MOOC teilnehmen sollte. Die S berücksichtigen mindestens drei der vorgegebenen Aspekte und sammeln Pro- und Kontra-Argumente.*

LÖSUNGSVORSCHLAG On the one hand, MOOCs offer lots of authentic material, like videos, audios and blogs, and participants can communicate with **native speakers** and people from all over the world. Sharing ideas with people from very different backgrounds would enhance the **intercultural awareness** of students in our class. However, a **virtual learning situation** can never really replace face-to-face communication and direct personal interaction with people sitting together in a classroom. So the feeling of community and the **personal touch** that we have achieved in our class would be totally lost.

F The individual in a global world

NOVEL EXCERPT

Over the mountains my true love waits

LERNWORTSCHATZ to devour, to frown, slimy, to glare at sb, array, screening, altered, infinity, ordinary, to slope down to sth, stream, to nurture, to encase sth, bank, to stride, prayer, to gather, devoted to sb/sth, solemn, inconvenient, wholly

COMPREHENSION **1** **a) Summarise what Tashi and Karma ... b) Describe Tashi's feelings ...**

METHODISCHES VORGEHEN *Beide Teilaufgaben können die S unmittelbar nach der Textlektüre im Unterrichtsgespräch im Plenum erörtern.*

LÖSUNGSVORSCHLAG **a)** Tashi and Karma are talking about Tashi's experiences in Los Angeles, where he presented his film together with Chencho, the film director. Obviously the film was successful as it will be shown in several cities. Tashi assumes that the director won't have to continue working in the import/export business and can earn enough money with his films to even go abroad (ll. 23 f). However, Tashi also tells Karma that he is not very happy (ll. 26–27) even though he does not really reveal the reasons for his emotions (ll. 39–42).

b) When Tashi and Karma meet, Tashi is in a very thoughtful mood. The actor is sad despite the fact that his journey to the US and presenting his film in Hollywood seems to have been quite a success. He had a strenuous trip to the US and could not really get used to the different environment in Los Angeles. Tashi could not stand "the delirious mechanical hum" (l. 39) or "the hotel beside the freeway with its insects and slimy eggs and stale toast; the heat which made him feel dirty ... (the) cars, and buildings, and people ignoring him or glaring at him" (ll. 30–34). So he is glad to be back home (l. 45). However, he is not really at ease and doesn't feel at home after his journey to the Western world. He seems to have changed and feels somewhat lost (ll. 83 ff).

ANALYSIS **2 a) Characterise Tashi. b) Examine the descriptions of Los Angeles …** → S7

METHODISCHES VORGEHEN *Die S erledigen beide Teilaufgaben schriftlich. L weist auf* Skill 7 Characterisation *und den Tipp zu* Direct vs. indirect characterisation *hin. Ggf. werden die Redemittel zur Charakterisierung in literarischen Texten zusätzlich an der Tafel festgehalten.*

- *This character is described/presented/portrayed/depicted/characterised as …*
- *One of X's striking characteristic traits is …*
- *X is characterised by one predominant character trait, …*
- *X appears to be a … character.*
- *X is … in contrast to Y, who is …*

LÖSUNGSVORSCHLAG **a) Characterisation:**

- Tashi seems to be a fairly quiet and reflective man who is thinking about his experiences in America.
- When he meets Karma, he is lost in thought but does try to pay attention to his friend.
- He only gives very short replies to Karma's questions but attempts to smile in a deliberate way (l. 21) in order not to appear too rude.
- However, he decides not to reveal his real feelings to Karma (ll. 41f).
- Tashi obviously enjoys solitude, which he longed for in America as well as when he meets Karma (l. 34, ll. 37f).
- He loves nature (the ocean, the river, the hills) and is stifled by the cars, the buildings, the bad air, the people and the noise in Los Angeles (ll. 30ff).
- Tashi realises that his journey to the US has brought about a fundamental change in himself. He does not feel whole anymore: "… he had left and now he was left somewhere else. He did not feel entirely returned; he did not feel like he was wholly inside this little valley anymore" (ll. 84–85).

b) Descriptions of Los Angeles and Thimphu:

- Los Angeles is referred to using several words with negative connotations.
- For example the phrase "the delirious mechanical hum" (l. 30) points to the numbing, monotonous sound of inner cities in contrast to the peace and tranquility of the Bhutanese village (l. 71).
- The heat and dirt in the American city (ll. 31f) is juxtaposed with the clear, chilly air in the Bhutanese countryside (l. 62).
- The citizens he meets in America seem to be quite artificial with their "heavy floral smells and strangely altered faces" (l. 37) while the people in Thimphu are authentic and wear traditional clothes, "a warm mass of colourful dots melting together" (l. 73).
- The description of food which is available in both places is also quite different; whereas there are "slimy eggs and stale toast" (l. 31) in Los Angeles, one can see "strings of dried cheese hanging in the shop windows, deep red chillies drying on the rooftops" (ll. 50–51) in Thimphu.
- All in all, these descriptions evoke an image of a very colourful, warm, authentic Bhutanese village which contrasts sharply to the hectic, detached, unattractive and dirty American metropolis.

ERWEITERUNG *Zur Überprüfung eines vertieften Textverständnisses, aber auch um die Kreativität der S anzuregen und sie dazu zu animieren, sich über die Gefühle, Beweggründe und Handlungsmuster einer literarischen Figur klar zu werden, eignet sich die Methode* Hot seat. *Die S überlegen sich zunächst eine Liste mit Fragen an die zentrale Figur des Textes, Tashi. Sie notieren sich die Fragen in ihr Heft. Ein S nimmt die Rolle des Charakters ein und setzt sich auf einen Stuhl in der Mitte, den* Hot seat. *Der S wird von den Mitschülern befragt und tritt in einen Dialog mit ihnen ein. Es ist darauf zu achten, dass die Antworten plausibel im Hinblick auf den Textinhalt sind.*

L: Your task is to prepare questions you would like to ask Tashi. Prompts:

- Could you explain why you …?
- What made you/led you to …?
- What happened when/after …?

- How did you feel when …?
- If you could turn back time, would you …?

EVALUATION

3 "He did not feel like he was wholly inside this little valley anymore."… →▲8

METHODISCHES VORGEHEN

Die S bilden zwei einander zugewandte Kreise. Die beiden S, die sich jeweils gegenüber sitzen, tauschen sich aus. Mit Hilfe eines akustischen Signals wird nach einer Zeitspanne von wenigen Minuten angezeigt, dass die S des einen Kreises einen oder zwei Plätze weiterrücken. Die S tauschen sich dann mit einem neuen Partner aus. Die Methode des Kugellagers (Double circle) *fördert das freie Sprechen und das aktive Zuhören. Dadurch, dass viele S gleichzeitig sprechen, erhöht sich die individuelle Sprechzeit. Inhaltlich und sprachlich bereits Besprochenes kann wieder aufgegriffen und ggf. korrigiert bzw. modifiziert erneut weitergegeben werden.*

LÖSUNGSVORSCHLAG

Experiencing different cultures and lifestyles in a globalised world enriches one's life:
- Experiencing different cultures and lifestyles enhances people's sensitivity to other cultures; many things that seemed very peculiar, different or even threatening at first may not be so different after all; this experience broadens their horizons.
- Having to adapt to different cultural and social settings makes people acquire important skills and character traits, i.e. flexibility, open-mindedness, tolerance and endurance.
- People will acquire a unique awareness of diverse ideas and various ways of understanding the world, which will make them less dogmatic and more open to diverse opinions and attitudes.
- Culture is neither static nor unchanging; this also applies to one's sense of identity, which varies and changes differently for every person.
- One's cultural identity is in a constant state of flux, which is constantly influenced by life experience; thus there can be no real loss of identity just because one experiences different lifestyles and cultures.

Experiencing different cultures and lifestyles in a globalised world leads to a loss of identity:
- Experiencing different cultures and lifestyles might compel people to break off all major cultural ties to their home country, and they might become more or less world/global citizens, so the folk songs, fairy tales, celebrations or stories from their childhood, for example, will no longer be of any importance.
- In our globalised world there have been many processes of homogenisation in food, popular music, fashion, economy etc., so cultural differences are becoming less significant; experiencing different cultures and lifestyles might quicken this process.
- Globalisation and the way in which individuals experience different cultures and lifestyles makes it harder for people to identify with a particular culture and to feel deeply rooted in their culture, which might lead to a loss of identity.
- Experiencing different cultures and lifestyles might make people uncertain of the role they play in their local communities, which might lead to a sense of loneliness, a lack of belonging and a loss of identity.

DIFFERENZIERUNG

▲ *Leistungsstärkere S bearbeiten nach Aufgabe 3 noch Aufgabe 8 im* Diff pool. *Sie sammeln Informationen über die Initiative Bhutans, das Bruttonationalglück* (Gross National Happiness) *dem* Gross National Product *bzw.* Gross Domestic Product *gegenüberzustellen. Die S werten die Informationen aus dem Internet aus und präsentieren ihre Ergebnisse im Plenum.*

LÖSUNGSVORSCHLAG

Gross National Happiness (GNH) is an indicator to evaluate the well-being of a country and its citizens. The Bhutanese consider economic development to be a way to fight poverty, malnutrition and disease. They believe that political and individual action must be undertaken in a way that sustains livelihoods and the environment. Thus the four pillars of GNH are:
- a sustainable and fair development of the economy and society
- the preservation of the environment
- the preservation and enhancement of culture
- the promotion of good national and local governance

The Bhutanese consider the following areas (among others) to be vital for establishing and maintaining national and personal well-being in their country: physical and mental health of

its citizens, an appropriate work-life balance, cultural diversity and resilience, education, ecological diversity, an adequate living standard and good governance including political participation and political freedom.
In 2010, Bhutan conducted a Gross National Happiness survey conducted using a GNH questionnaire and found out that 41% of the population could be considered happy. Whereas 50% of the populace was happy in urban areas, only 37% of people were happy in rural areas. This can be explained by better results in the areas of health, living standards and education in cities and towns. However, the countryside had better results in community vitality, cultural resilience and good governance.

Spot on language

1 Read the statements about globalisation and make them more dynamic ...

METHODISCHES VORGEHEN *Die S notieren sich in Einzelarbeit zu jeder Lücke das passende Wort. Die Lösungen werden im Plenum verglichen.*

LÖSUNG

1. exciting
2. than ever
3. steady
4. ongoing
5. immediately
6. appropriately
7. dramatically
8. fierce
9. increasing
10. worrying
11. more and more
12. completely

2 a) You can use rhetorical devices ... b) Focus on either the ... → S10.2

METHODISCHES VORGEHEN *Die S schreiben für Teilaufgabe a) in Partnerarbeit Definitionen zu den Stilmitteln, die dann im Plenum verglichen werden. Ggf. wird ein kurzer Tafelanschrieb mit einer Musterlösung erstellt. Die S ziehen* Skill 10.2 Stylistic devices *heran, die Beispiele dort illustrieren die Stilmittel und erleichtern das Formulieren der Definitionen. Für Teilaufgabe b) notieren sich die S in einer Stillarbeitsphase Beispielsätze, die sich auf die Chancen oder Risiken von Globalisierung beziehen und benutzen dabei fünf verschiedene Stilmittel. Diese Sätze werden im Plenum vorgetragen.*

LÖSUNGSVORSCHLAG

a) Definitions:

1. **direct address:** when the speaker or writer directly addresses another individual, for example the audience or the reader
2. **anaphora:** words or phrases are repeated at the beginnings of successive clauses
3. **enumeration:** a set of points is set out in a list
4. **parallelism:** similar or identical words or phrases are repeated in successive clauses, neighbouring lines, stanzas, paragraphs etc.
5. **metaphor:** a poetical comparison without using the words 'like' or 'as', i.e. one thing is represented by a word which normally describes something different
6. **contrast:** two extremes are put in opposition
7. **repetition:** single words or phrases that appear several times in a text to emphasise something
8. **hyperbole:** when reality is greatly exaggerated
9. **rhetorical questions:** a question that need not be answered because the answer is either obvious or it cannot be answered at all.

b) Example sentences:

1. **direct address:** Have you ever stopped to think about how globalisation affects you in a positive way?
2. **repetition:** Globalisation means breaking down national boundaries, breaking down trade barriers and breaking down cultural differences.
3. **contrast:** Whereas supporters of globalisation praise the deregulation of trade and the emergence of open markets, critics point to the exploitation of poor countries and the growing gap between multinational corporations and small local companies or shops.

4. **enumeration:** For workers in developing countries globalisation means working for a very low minimum wage under very hard and dangerous working conditions in an unhealthy, dirty workplace with long working hours and without any chance of improving their situation.
5. **rhetorical question:** Shouldn't we Western consumers try to act more responsibly and demand that Western companies do everything they can to improve the situation of workers in developing countries?

3 a)–c) Decide which connective fits best to link the following sentences ...

METHODISCHES VORGEHEN *Die beiden ersten Teilaufgaben können zusammen im Plenum mündlich erarbeitet werden. Teilaufgabe c) wird zu Hause schriftlich erledigt.*

LÖSUNG a) 1. moreover, 2. in particular, 3. instead of, 4. therefore, 5. then

LÖSUNGSVORSCHLAG **b) The function of the correct connectives:**

1. **moreover:** adding information
2. **in particular:** emphasising
3. **instead of:** contrasting
4. **therefore:** showing cause and effect
5. **then:** showing a sequence

c) More connectives:

1. **moreover:** furthermore, in addition, what is more, too, also, as well as
2. **in particular:** above all, especially, indeed, notably, significantly
3. **instead of:** yet, nevertheless, in spite of, despite, as opposed to, whereas
4. **therefore:** as, since, for this reason, so, that's why, thus
5. **then:** first of all, to begin with, ultimately, eventually, finally

4 What is your attitude towards globalisation? Write a short statement ...

METHODISCHES VORGEHEN *Diese Aufgabe eignet sich für eine schriftliche Hausaufgabe. L gibt ggf. eine bestimmte Wortanzahl vor, um vergleichbare Ergebnisse von den S zu erhalten.*

LÖSUNGSVORSCHLAG Individual answers expected.

5 During your internship at an international news agency you have ...

METHODISCHES VORGEHEN *L erinnert an den* Core skill workshop, *mit dessen Hilfe die S in diesem* Topic *systematisch die Aufgabenform Mediation reflektiert und geübt haben. Die vorliegende Mediationsaufgabe wird von den S als schriftliche Hausaufgabe erledigt.*

LÖSUNGSVORSCHLAG In his 2012 speech Globalisation stands at a crossroads (*Globalisierung am Scheideweg*), German President Joachim Gauck points out that many people around the world have gained political and economic freedom in the last 20 years; therefore, they have been able to benefit from the increase in prosperity and progress in their countries. This has been particularly true for Eastern Europe, where the struggle for freedom took place a few years ago. However, in many countries people are still struggling to achieve political and economic freedom, to live and think freely and to be able to make a living for themselves and support their families and communities. Wealth is growing on a global scale and poverty levels are declining, yet the gap between rich and poor is still widening. Globalisation offers people many opportunities, but some companies haven't yet realised that permanent success should not be based on poverty level wages and feeble regulations regarding working conditions and environmental issues. President Gauck reminds us that we are all responsible for protecting our environment. Globalisation stands at a crossroads, and we all have to struggle hard to establish freedom and peace worldwide. (186 words)

Spot on vocabulary

1 Create a mind map to collect the most important vocabulary for ...

METHODISCHES VORGEHEN *Die S haben ggf. bereits eine thematische Mindmap zum Thema* Globalisation *angelegt (vgl. methodische Hinweise zu* Introduction*). Bei der in Aufgabe 1 geforderten Mindmap handelt es sich eher um ein Wortnetz, da hier systematisch der Lernwortschatz des* Topics *umgewälzt und gefestigt werden soll. Zusammen mit der thematischen Mindmap vertiefen die S ihr in diesem* Topic *erworbenes Wissen. Die Aufgabe wird als schriftliche Hausaufgabe erledigt.*

LÖSUNGSVORSCHLAG

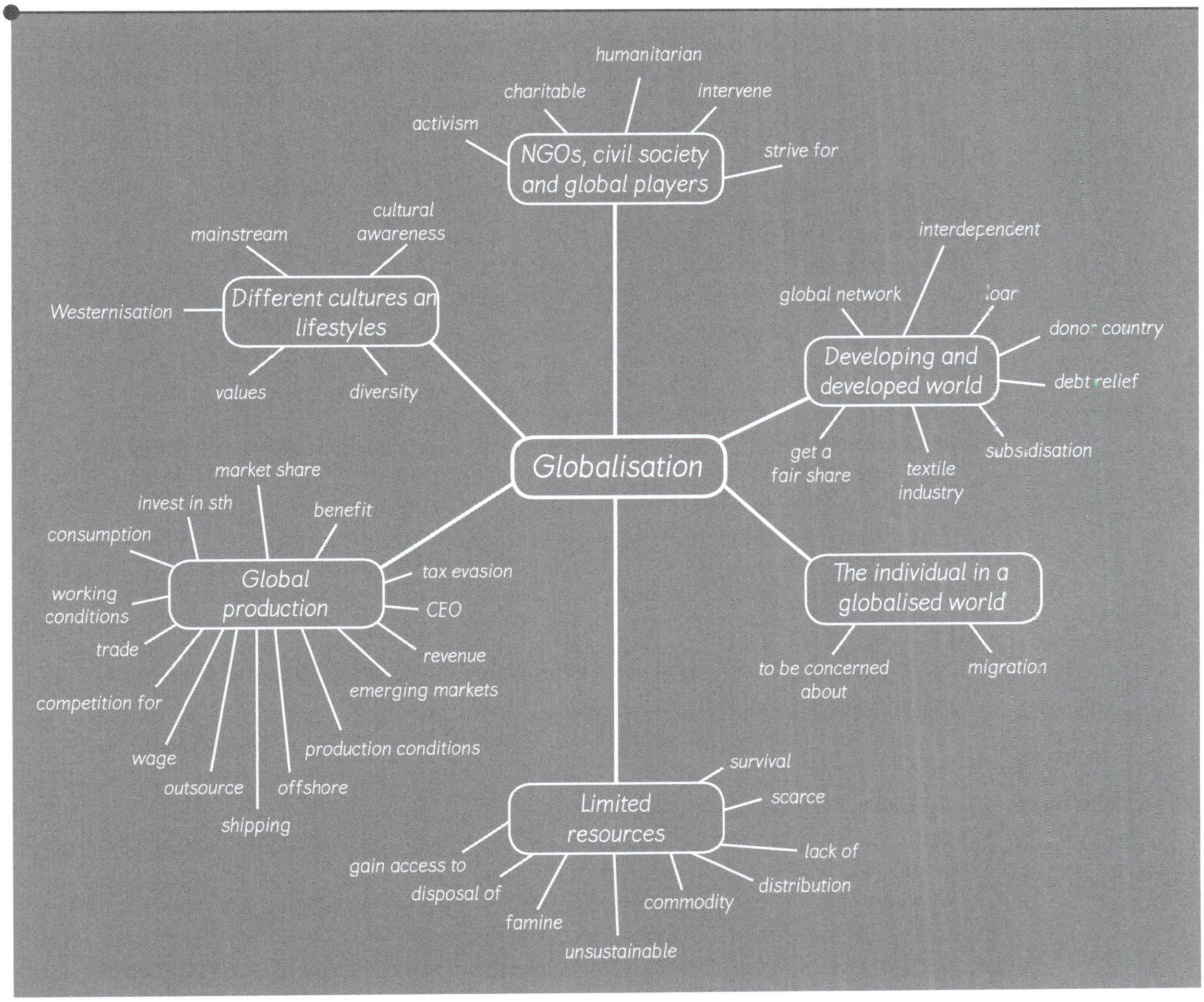

2 a) Complex nouns often seem ... b) Pick five root words and note as ...

METHODISCHES VORGEHEN *Beide Teilaufgaben werden von den S schriftlich erledigt.*

LÖSUNGSVORSCHLAG **a)** (Root words in **bold face.**)

Prefix	Suffix
dis**possess**	**possess**ion
un**aware**	**aware**ness
mis**manage**	(mis)**manage**ment
un**product**ive	**product**ion, **product**ivity
–	**prosper**ity

Prefix	Suffix
under**developed**	**develop**ment
inter**depend**	(in)**depend**ence
non-**govern**mental	**govern**ment
dis**agree**	**agree**ment
un**equal**	**equal**ity
un**employ**ed	(un)**employ**ment
un**sustain**able	**sustain**ability
trans**national**isation	**national**isation

b)
1. **depend:** dependence, dependent, dependability, dependable, dependably
2. **prosper:** prosperity, prosperous, prosperously
3. **employ:** employability, employed, employee, employer, employment, employable
4. **develop:** developer, developed, development
5. **sustain:** sustainability, sustainable

3 Prepositions give phrasal verbs a new meaning (e.g. to come across ...)

METHODISCHES VORGEHEN *Diese Aufgabe wird im Plenum gemeinsam mündlich erarbeitet.*

LÖSUNGSVORSCHLAG
1. **about:** to bring about = to make sth happen
2. **to:** to attribute sth to = to say or believe that sth is the result of a particular thing or responsible for sth
3. **for:** to push for = try hard to make sth happen, to fight for sth
4. **out:** to pull out = to withdraw, to leave a situation
5. **for:** to call for = to demand
6. **down:** to shut down = to close

4 Complete these collocations with the correct preposition. Use them to ...

MATERIALIEN → Kopiervorlage 4 (Brain28 or Touch-Turn-Talk)

LÖSUNG 1. to, 2. for, 3. for, 4. on, 5. about, 6. on, 7. for, 8. for

LÖSUNGSVORSCHLAG **Five sentences about global civil society action:**
1. Some governments see civil society actions as a threat and claim that these actions pose a risk to the social and political order in their country.
2. Many civil society organisations such as NGOs, trade unions or advocacy groups strive for the establishment of fair and suitable living and working conditions for people worldwide.
3. People in developing countries who have profited from the work of these organisations and groups often have a more optimistic future outlook.
4. Activists who take responsibility for improving the situation of thousands of people usually find their work quite rewarding.
5. Participation in these civil society actions is on the rise worldwide.

ERWEITERUNG *Am Ende des* Topics *können der Lernwortschatz und wichtige inhaltliche Aspekte spielerisch wiederholt und damit gefestigt werden. Kopiervorlage 4* (Brain28 or Touch-Turn-Talk) *bietet 28 Schlüsselbegriffe, die als Wortkärtchen vergrößert und laminiert werden. Es bieten sich die folgenden Möglichkeiten zur Verwendung:*

1. Brain28

Brain28 *ist eine Memory-Technik, bei der die S versuchen, möglichst viele der gezeigten Begriffe im Gedächtnis zu behalten und anschließend niederzuschreiben. Die Wörter werden in 7er-Blöcken gelernt. Die Anzahl sieben geht auf eine Theorie in der Lernpsychologie zurück, nach der unser Gehirn optimal sieben Informationen bzw. Einheiten wie Vokabeln, geschichtliche Daten*

o.ä. auf einmal lernt, bevor man eine kurze Pause vor der nächsten Einheit einlegen sollte.
L hält jeweils eine Karte hoch, die S versuchen, sich den Begriff einzuprägen. Verlauf:

- *Die ersten sieben Wörter werden von L nacheinander vorgelesen und die Karten jeweils kurz gezeigt.*
- *Die nächsten sieben Begriffe werden nur hochgehalten und gezeigt.*
- *Die nächsten sieben Begriffe werden nicht gezeigt, sondern nur laut vorgelesen.*
- *Die letzten sieben Kärtchen werden wieder vorgelesen und gezeigt.*
  Die S schreiben nun alle Begriffe auf, die sie im Gedächtnis behalten haben. Nach fünf Minuten wird das Sammeln der Begriffe beendet und die S vergleichen ihre Liste mit der Tabelle, die über den Overheadprojektor oder Beamer gezeigt wird.

2. Touch-Turn-Talk

Jeweils ein S zieht eine Karte mit einem Schlüsselbegriff (Touch), *heftet sie an die Tafel, dreht sich zur Klasse um* (Turn) *und spricht über den Begriff zur Klasse* (Talk). *Die S werden zum freien Sprechen und Stehen vor der Klasse aktiviert, gleichzeitig üben sie, sich spontan zu einem Begriff oder inhaltlichen Aspekt zu äußern.*

Topic task

Creating a special issue of the school newspaper → S17, S26.1, S20

METHODISCHES VORGEHEN

Die S erstellen in Kleingruppen jeweils eine Seite für eine gemeinsam mit einer amerikanischen bzw. britischen Schule konzipierten Schülerzeitung zum diesjährigen Sonderthema Globalisierung. Die S sollen ihre Artikel neutral nur auf der Grundlage der online angebotenen Texte verfassen, ohne eigene Kommentare oder weitere Hintergrundinformationen.
Die einzelnen Gruppen wählen in Step 1 (Forming groups and assigning roles) *einen der vorgeschlagenen Themenbereiche aus:* Public opinion on globalisation in Germany, Culture and lifestyle, Ecology, Politics *oder* Economy, technology and communication. *Sie beziehen die Hinweise in* Skill 17 Newspaper article *ein.*
Mit Hilfe der Texte, die unter dem **Green Line Code 7wi6zu** *online aufgerufen werden können, schreiben die S in* Step 2 (Writing your contribution) *einen kurzen informativen Artikel zu ihrem jeweiligen Themenkomplex. L weist auf* Skill 26.1 Mediating *und den Tipp zu* Dealing with critical comments *hin. Die Texte zeigen eine deutsche Sichtweise zu einem Teilaspekt von Globalisierung. In* Step 3 (Creating your newspaper pages) *gestalten die S ihre Seite und redigieren ihre Texte selbstständig. Hinweis auf* Skill 20 Paragraphs, editing and checking.
Die Kleingruppen präsentieren ihre Ergebnisse anschließend im Plenum (Step 4 Presenting the newspaper) *und die Klasse entscheidet darüber, welche Artikel in dem Teil der Sonderausgabe der Schülerzeitung, der mit dem Titel* A German take on globalisation *überschrieben werden soll, abgedruckt werden.*

KLAUSURVORSCHLAG

Zum Topic **Globalisation** *steht online nur für die Hand von L ein mehrteiliger editierbarer Klausurvorschlag mit Erwartungshorizont zur Verfügung.*

🌐 Code k949tr → Klausurvorschlag: The world's game, not England's (newspaper article) • Two cartoons

KV1: Globalisation – Peer conference/Placemat

1 *What's your opinion on these quotes? Get together in groups of four and read the four quotations. Decide which statement you would like to focus on. Then decide how your group should respond to the quotation. Choose from the two options below.*

> "In Globalization 1.0, which began around 1492, the world went from size large to size medium. In Globalization 2.0, the era that introduced us to multinational companies, it went from size medium to size small. And then around 2000 came Globalization 3.0, in which the world went from being small to tiny."
>
> **Thomas Friedman** (*1953, US journalist)

> "One day, there will be no borders / No boundaries, no flags, and no countries / One day, when every war is over / The only passport will be the heart."
>
> **Carlos Santana** (*1947, popular Mexican and American musician)

> "It has been said that arguing against globalization is like arguing against the laws of gravity."
>
> **Kofi Annan** (*1938, 7th Secretary-General of the UN 1997–2006, from Ghana, winner of the Nobel Peace Prize in 2001)

> "Seen through the eyes of the vast majority of men and women around the world, globalization has not met their simple aspiration for decent jobs, livelihoods and a better future for their children."
>
> From a report on the results of the UN World Commission on the Social Dimension of Globalization (2004)

a) ***Peer conference:*** *Each of you writes a personal comment on the quotation. Exchange your text with a partner in your group and correct each other. Check if the line of argument is convincing, correct their vocabulary, grammar and spelling mistakes and give some feedback on the overall content of the text. Then talk about your views in the group.*

b) ***Placemat:*** *Take a big sheet of paper and divide it into four equal parts. Leave a circle/oval/rectangle in the centre of the paper which will contain the group's final results. First think about the topic individually. Then, without speaking to your partners, write your ideas in your section of the placemat. After a few minutes turn the paper clockwise so that you have got a new section in front of you. When you have read all your partners' statements, discuss your ideas in the group and try to agree on a result which you will write in the centre of the paper.*

Green Line Oberstufe | **Autorin:** Alexandra Neuberger, Würzburg | **Textquellen:** 1. wired.com, from an interview with Thomas L. Friedman for the online magazine *Wired*; 2. From the lyrics to the song "No Borders" by Carlos Santana and Todd Smallwood, on the Mick Fleetwood Band album "Something big", 2004; 3. Quotation from a speech by Kofi Annan at the 2000 United Nations Conference on Trade and Development; 4. From the report *A Fair Globalization: Creating Opportunities for All* by the UN International Labour Organisation World Commission, February 2004

KV2: Staying local vs. the global village – Partner discussion

1 *Get together in pairs and have a controversial discussion by taking on the following roles:*

Partner A

You have done a project on globalisation and have taken quite a critical stance. You are even thinking of joining an anti-globalisation group in order to make people aware of the negative aspects of globalisation because you think it's worth maintaining a local and regional identity – you don't need the global village.
Your partner, however, seems to be living on cloud nine and keeps talking about how wonderful it is to live in a globalised world. Try to make him/her understand that globalisation is not perfect. Can you reach a consensus?

Partner B

You think it is wonderful to live in a globalised world that offers lots of opportunities not only to countries and companies but also to you as an individual – it has broadened your horizons.
Your friend, however, is a real pessimist and is even thinking of joining an anti-globalisation group as an activist. Try to make him/her understand that he/she should think positive too. In your view the 'global village' offers a lot of chances and will certainly help mankind to create a better world. Can you reach a consensus?

Make sure you use suitable discussion phrases. If you want to contradict your partner, for instance, you could use some of the expressions below, for example:

- You have made some good points; however, one must also consider …
- You seem to have forgotten some very important issues, namely …
- At first glance your argument seems to be true. But …
- You have obviously failed to reveal the truth of the matter, …
- I agree with you about …, but …
- You've rightly pointed out that … However, …
- I strongly disagree with what you were saying. One must take into account that …
- I can't approve of …
- That's one way to think about it, but you should also think about/consider ...
- Your argumentation seem plausible at first glance; however, I would like to remind you of …
- I'm afraid but your arguments are not really convincing. These days it is generally accepted that …
- You have rightly pointed out …, but …
- There's no doubt about …, but …
- I'm afraid I have to contradict you there/on that point.
- I agree/disagree with you on the following points …
- Another way to look at this is …
- Surely you have to admit that …

Green Line Oberstufe
Autorin: Alexandra Neuberger, Würzburg

KV3: Fair trade

1 *Your class and a twinning class at your partner school in the UK have decided to start a campaign for fair trade products. You want to make students at both schools aware of the unfair production methods in many regions of the world and point to the exploitation of workers, farmers and small traders in developing countries. Your aim is to convince students and teachers to buy more fair trade products. You have agreed that the German partners will devise a campaign for the school in the UK and vice versa. Get together in groups of four.*

a) *Two partners should deal with task 1; two partners should deal with task 2. Then present your results to each other.*

1. Do some research on unfair production methods in many regions of the world as well as the exploitation of workers, farmers and small traders in developing countries.
2. Do some research on the fair trade movement, their goals and their work. For example, you can refer to the following websites:

- Fairtrade Foundation: An organisation that certifies fair trade products in the UK and raises awareness of fair trade issues.
- Fairtrade Labelling Organisations International: Fairtrade labelling standards around the world.
- Global Exchange: Building fairer links across the world.
- No Sweat Apparel: Retailer of footwear and clothing made by workers in decent conditions.
- Oxfam Trade Campaign “Grow“: UK based aid and development agency campaigning for fair trade.

b) *In your group design a leaflet appealing to young people which presents the most important results of your research and promotes the idea of fair trade. Before you start designing, discuss which facts you would like to focus on and develop general criteria that an effective leaflet should have. Write down what makes a good leaflet here*

FAIRTRADE

c) *In your groups discuss different ways your UK partner school can campaign for free trade.*

d) *Present your leaflet and your ideas for a campaign strategy to the whole class.*

Green Line Oberstufe
Autorin: Alexandra Neuberger, Würzburg
Bildquelle: transfair e.V., Köln

KV4: Brain28 or Touch-Turn-Talk

a) ***Brain28:*** *Your teacher is going to show you 28 flashcards with issues or vocabulary regarding the material presented in this topic on globalisation. The flashcards will be presented to you in piles of seven. Listen attentively and do not talk to your neighbour. After all 28 cards have been presented, write down what you remember. Don't talk, and don't cheat, please. You have got five minutes for this task. Then count your words. After that move around and collect the words that are missing to make a total of 28. Compare your results with the solution sheet that your teacher is going to present to you. Also check and see whether you have remembered the right words. Cross out the wrong ones.*

b) ***Touch-Turn-Talk:*** *Students in your class will be given a flashcard with an issue or a new item of vocabulary concerning the material presented in this topic on globalisation. When you get a card (**touch**), think about the word. Walk to the board, attach the card to the board, **turn** around and **talk** about your word. Present your associations as well as some facts you have learned in the previous lessons. Speak for about two minutes.*

cultural awareness	**unsustainable lifestyle**	**IKEA in China**	**offshoring**
emerging markets	**westernisation**	**outsourcing**	**New Guinea**
global trade	**developing countries**	**finite resources**	**e-waste**
Bangladesh	**global players**	**global civil society**	**reshoring**
water scarcity	**exploitation**	**distribution**	**gain access**
global learning	**developed country**	**consumption**	**NGOs**
loss of identity	**tax evasion**	**production conditions**	**fair trade**

Green Line Oberstufe
Autorin: Alexandra Neuberger, Würzburg

10 The world of work

Didaktisches Inhaltsverzeichnis

Textsorte/Thema	Unterrichtsmethoden	Input boxes	Kompetenzen	Textproduktion
Introduction				**ca. 2 Unterrichtsstunden**
Combination of visuals/Different work places	*Kursgespräch* *Partnerarbeit* *Gruppenarbeit* Think-Pair-Share *Code ew755v*		*Orientierungswissen* *Bildbeschreibung/-analyse* *Gespräche führen* *Argumentieren*	Describing and assessing pictures Discussing rankings Commenting on cartoons Holding mobile debates Giving presentations
Spot on facts Work then and now				**ca. 2 Unterrichtsstunden**
Factual information, cartoon, statistics/ Working conditions	*Kursgespräch* *Einzelarbeit* *S L4/3 Transkript* *WB Task 5*	Fact files: From an agrarian to a post-industrial society – Expanding social security – The changing workplace – Equality at work	*Orientierungswissen* *Leseverstehen* *Statistiken analysieren* *Hörverstehen*	Describing and evaluating statistics Listening for gist Designing posters
Core skill workshop Applying for a job				**ca. 3 Unterrichtsstunden**
Preparing for an application/Covering letter, CV, personal statement	*Kursgespräch* *Einzelarbeit* *Partnerarbeit* *Gruppenarbeit* *WB Tasks 1–2, 6–14, 17* *Zusatzmaterial: Kopiervorlage 1*	Tip: Résumé and cover letter Fact file: George Orwell's writing rules Useful phrases: Writing a covering letter Tip: Personal details Useful phrases: Action verbs – Positive ways to describe people – Adjectives for profiles Tip: Personal statement (or profile)	*Leseverstehen* *Kompetenzen auswerten* *Gespräche führen* *Argumentieren* *Kreatives Schreiben*	Writing covering letters Using action verbs in sentences Placing skills in contexts Describing interests and activities Re-writing profiles Making notes Writing profiles
Texts A **Different types of jobs**				
The best job in the world?, 2014				**ca. 2 Unterrichtsstunden**
Online article, video clips/Job descriptions and qualifications	*Kursgespräch* *Gruppenarbeit* *L* *WB Task 15* *Zusatzmaterial: Kopiervorlage 2*	Fact file: Tourism Australia	*Leseverstehen* *Hör-/Sehverstehen* *Gespräche führen* *Argumentieren*	Understanding job descriptions Discussing qualifications Creating video clips Viewing for gist/detail
Texts B The reality of work				
A day in the life ..., 2013				**ca. 1 Unterrichtsstunde**
Newspaper article/ The necessity of PR	*Kursgespräch* *Einzelarbeit* *Partnerarbeit* Double circle		*Orientierungswissen* *Leseverstehen* *Gespräche führen* *Argumentieren*	Brainstorming ideas Summarising facts Explaining one's opinion

Textsorte/Thema	Unterrichtsmethoden	Input boxes	Kompetenzen	Textproduktion
Night workers, 2012				**ca. 1 Unterrichtsstunde**
Poem/Working conditions	*Kursgespräch* *Einzelarbeit* *Partnerarbeit* *Gruppenarbeit* Round Robin Think-Pair-Share	VIP file: Helen Dunmore	*Orientierungswissen* *Leseverstehen* *Gespräche führen* *Argumentieren*	Analysing poems Doing research Discussing dangers Sharing ideas
Living your work, 2009				**ca. 2 Unterrichtsstunden**
Novel excerpt, photo/The history of Facebook	*Kursgespräch* *Einzelarbeit* *Partnerarbeit* *Gruppenarbeit* *WB Task 3*		*Orientierungswissen* *Bildbeschreibung/ -analyse* *Leseverstehen* *Gespräche führen* *Argumentieren* *Recherchieren*	Describing and assessing pictures Making notes Listing pros and cons Comparing findings Doing research
Advanced Texts C Finding and applying for a job				
Spoof advert, 2012/Real advert, 2014				**ca. 2 Unterrichtsstunden**
Adverts/Jobs at the Secret Intelligence Service	*Kursgespräch* *Einzelarbeit* *Partnerarbeit* *Gruppenarbeit* ◎ *L4/4 Transkript* *WB Task 16*		*Leseverstehen* *Gespräche führen* *Argumentieren* *Hörverstehen*	Pointing out similarities and differences Examining style and tone Listening for detail
Mr Penumbra's 24-hour bookstore, 2012				**ca. 2 Unterrichtsstunden**
Novel excerpt/A job interview in a bookstore	*Kursgespräch* *Einzelarbeit* Buzz groups *Zusatzmaterial: Kopiervorlage 3*	VIP file: Robin Sloan	*Leseverstehen* *Gespräche führen* *Argumentieren* *Kreatives Schreiben*	Outlining aspects Forms of characterisation Analysing narrative perspective Writing comments
Advanced Texts D The future of work				
Many more of us will work from home, 2014				**ca. 1 Unterrichtsstunde**
Newspaper article/ Workplaces in the future	*Kursgespräch* *Einzelarbeit* *Partnerarbeit*	Fact file: The drawbacks of technology	*Orientierungswissen* *Leseverstehen* *Gespräche führen* *Argumentieren*	Brainstorming ideas Commenting on statements
Spot on language Telephoning – Small talk – Meetings – Interviews – Mediation				**ca. 2 Unterrichtsstunden**
German newspaper article/Changes for employees	*Kursgespräch* *Einzelarbeit* *Partnerarbeit* ◎ *S* ◎ *L4/5 Transkript*		*Hörverstehen* *Gespräche führen* *Mediation*	Listening for detail Analysing phone conversations Mediating Writing emails
Spot on vocabulary Talking about work				**ca. 1 Unterrichtsstunde**
Working with words/ on word fields	*Einzelarbeit* *Partnerarbeit* ◎ *S* ◎ *L4/6 Transkript*	Tip: Vocab sheets	*Wortschatzarbeit*	Using collocations Comparing BE and AE Translating
Topic task Applying for a job				**ca. 2 Unterrichtsstunden**
Project work/Step 1–4	*Kursgespräch* *Gruppenarbeit* *WB Task 4* *Zusatzmaterial: Klausurvorschlag Code k949tr*	Tip: Action verbs	*Projektarbeit*	Identifying key words Structuring personal statements Writing CVs and covering letters

Unterrichtsverlauf

Code ew755v

Introduction

VISUALS

1 a) Describe each photo and say … b) Confucius said, "Choose …" → S28.1

METHODISCHES VORGEHEN

Die sieben Fotos werden im Uhrzeigersinn sukzessive in Partnerarbeit erarbeitet und die einzelnen Begriffe werden entsprechend zugeordnet. Dazu erfolgt ein Hinweis auf Skill 28.1 Working with visuals: Pictures. *Die S erläutern die jeweilige Zuordnung mündlich. Der Cartoon wird zunächst zurückgestellt, er wird in Aufgabe 3 thematisiert. Die S äußern sich spontan zu dem Zitat und beziehen anschließend dessen Bedeutung auf die Fotos.*

LÖSUNGSVORSCHLAG

a) (Aspects of work in **bold face**. Other correlations are possible.)

- **Photo 1 (p. 1 top left)** shows an office, possibly at Google headquarters; some employees are working while others are relaxing. The scene represents a **combination of work and fun**.
- **Photo 2 (p. 1 top middle)** depicts a cook who is checking (and possibly tasting) a soup. The aspect of work here is **vocation**.
- **Photo 3 (p. 1 top right)** represents a **desk job**, but the young woman is working on her laptop in a cafe. The picture represents **freelance** work and **flexibility**.
- **Photo 4 (p. 2 top right)** shows an engineer or a foreman of a construction crew who is checking a construction drawing. The aspect of work alluded to is **flexibility/nine-to-five job**.
- **Photo 5 (p. 2 bottom right)** represents a photographer who is wearing a helmet and a bulletproof jacket. He is obviously in a war zone. The aspect of work is **freelance**.
- **Photo 6 (p. 2 bottom left)** shows a doctor or nurse who is examining the throat of a patient. The aspect of work is **vocation**.
- **Photo 7 (p. 1 bottom right)** stands for **work is fun**, as the young man works at a leisure centre and enjoys what he does.

b) The quote from the Chinese teacher and philosopher (551–479 BC) expresses the idea that if you have a job you like, you will experience happiness and success in what you do. If you identify with your work, your working hours will not seem long or burdensome. Photos 1 and 7 clearly reflect Confucius' advice.

SPEAKING

2 Think – Pair – Share: Which of these aspects are most important …?

METHODISCHES VORGEHEN

Die Aufgabe wird in häuslicher Arbeit vorbereitet. Zu Beginn der Stunde tauschen sich jeweils zwei S über ihre Vorstellungen aus, anschließend wird der Vorgang in einer Vierergruppe wiederholt. Die jeweiligen Gruppen stellen ihr gruppeninternes Ranking vor und begründen ihre Rangfolge. Wenn in der Gruppe keine Einigung erzielt werden kann, werden die abweichenden Meinungen vorgetragen. Abhängig von den Erläuterungen der S kann ein kurs- bzw. klassenbezogenes Ranking erstellt werden. Interessant wird es sein festzustellen, ob es geschlechtsspezifische Unterschiede im Ranking gibt und wie diese begründet werden.

LÖSUNGSVORSCHLAG

Individual answers expected.

VISUALS

3 a)–c) Comment on the cartoon above. b) In pairs discuss the …

METHODISCHES VORGEHEN

a) *Der Cartoon wird im Unterrichtsgespräch kommentiert. Dabei können die teilweise schlechten Bedingungen insbesondere für Studierende, die ein studienfachbezogenes Praktikum absolvieren, diskutiert werden. Es erfolgt ein Hinweis auf* Skill 28.2 Working with visuals: Cartoons.

b) *Die beiden Teilaufgaben b) und c) werden in Partnerarbeit bearbeitet. Dabei halten die Partner ihre Auffassungen stichwortartig im Heft fest. Sollten sie nicht zu einer übereinstimmenden Meinung gelangen, werden die Meinungsverschiedenheiten im Unterrichtsgespräch angesprochen. L erstellt aufgrund der Äußerungen der S ein Tafelbild mit den Überschriften* Internship vs. volunteering.

c) *Ähnlich wird bei den Äußerungen zu Teilaufgabe c) verfahren. Auch hier kann ein Tafelbild mit der Überschrift* Useful work experiences *erstellt werden. Die S erhalten so die Gelegenheit, die eigenen Praktikumserfahrungen rückblickend zu bewerten und mögliche Kriterien für ein ertragreiches Praktikum zu benennen.*

LÖSUNGSVORSCHLAG

a) The cartoon depicts a group of galley slaves. The caption suggests that today's internships sometimes resembles slave labour, i.e. long working hours and very little pay or no pay at all.

b) **Internship vs. volunteering:**

Internship	Volunteering
• Provides you with insights into a job/company. • Familiarises you with work routine and the production process. • Makes you aware of the qualifications needed for the job. • Makes you assess your own suitability for a particular kind of job.	• Voluntary work is honorary. • You do it of your own free will because you believe in organisation's aims and concerns. • You do it out of civic duty.

c) **Useful work experiences:**
- You were given helpful instructions.
- You participated in a team.
- Your questions were answered, and you were given help when needed.
- You learned something about the scope of the specific job, i.e. which aspects it entails.
- You learned the qualifications needed to perform the job successfully.
- You were given information about trainee programmes/apprenticeships.

SPEAKING

4 Hold a mobile debate on the topic: "Today, people live to work ..." → S24.3

METHODISCHES VORGEHEN

Die S werden auf Skill 24.3 Taking part in a discussion or talkshow *hingewiesen und organisieren die* Mobile debate *wie in der Aufgabenstellung beschrieben. Die in der Debatte genannten Argumente werden an der Tafel festgehalten.*

LÖSUNGSVORSCHLAG

Motion: "Today, people live to work and don't work to live."

People live to work	People don't work to live
• People must work long hours, be flexible and sacrifice a great deal of their free time. • They constantly experience stress and burnout. • They define themselves by the nature of their work (income and prestige). • Work has become the most important meaning of life.	• Work is a way to earn money. • Earning money is necessary in order to survive. • You only work to satisfy your needs. • You can enjoy life after work.

Spot on facts

FACTUAL TEXTS

Work then and now → WB Task 5

LERNWORTSCHATZ

crop, craft, industrialisation, urban, to operate, working conditions (pl), pay, manufacturing, assembly line, to automate, production, labour, unskilled, closure, to lay sb off, unemployment, economic, workplace, consumption, services (pl), goods (pl), knowledge (no pl), computer literacy (no pl), requirement, security, wage, legislation, to exploit sb, benefits (pl), statutory, sick pay (no pl), parental leave, pension scheme, overtime (no pl), medical insurance (no pl), life assurance (no pl), share, job security (no pl), employee, loyalty, job-sharing, teleworking, to set up a business, corporation, freelance, to outsource, competitive, recession, to downsize, workforce (no pl), to make sb redundant (BE), salary, fierce, equality, to pass, recruitment (no pl), to discriminate against sb, racial, origin, gender (fml), disability, diversity, customer, supplier, entry-level, vice president, executive

COMPREHENSION

1 Compare the information about the working conditions . . . → S27 → △1

METHODISCHES VORGEHEN *Zunächst werden die Zahlen im Unterricht verbalisiert, da dies eine der Kompetenzen ist, die die S erlernen müssen. In diesem Zusammenhang empfiehlt sich ein Hinweis auf* Skill 27 Statistics, diagrams and maps. *Anschließend äußern sich die S spontan zu dem einen oder anderen Aspekt. Danach wird die verständnissichernde Aufgabe im fragend-entwickelnden Unterrichtsgespräch detailliert erarbeitet. Die Ergebnisse werden an der Tafel fixiert. Der zweite Teil der Aufgabe kann zur häuslichen Recherche aufgegeben werden.*

LÖSUNGSVORSCHLAG **Working conditions in the US, the UK and Germany:**

- percentage of people with a paid job: US 67%, UK 71%, Germany 73% – the percentage is significantly higher in Germany
- employment rate: higher in both the UK and Germany than in the US
- average wage per year: highest in the US, lowest in the UK
- average hours worked per year: highest in the US, lowest in Germany
- paid vacation days: none in the US, more in the UK than in Germany
- minimum wage: highest in Germany, lowest in the US
- paid parental leave: none in the US, two and a half times longer in the UK than in Germany

ERWEITERUNG *Mit der Erweiterung der Aufgabe soll den S bewusst werden, dass es in der EU weitergehende sozialpolitische Standards als in den USA gibt. L:* Evaluate the differences between the two European countries and the US. Possible answer: In the US people work 400 hours per year more than in Germany; hence their yearly pay is significantly higher than in Germany. The US does not have any paid holiday, nor does it have paid parental leave. Both are social benefits that people take for granted in the EU.

DIFFERENZIERUNG △ *Aufgabe 1 im* Diff pool *kann von leistungsschwächeren S anstelle von Aufgabe 1 bearbeitet werden. Sie bietet sich für Partner- oder Kleingruppenarbeit an. Die S notieren Stichworte zu den drei Zeichnungen in dem Cartoon sowie zu der meinungsbildenden Aufgabe. Mögliche Meinungsunterschiede werden festgehalten und ggf. vor dem Kurs begründet. Die Gruppen bestimmen einen Gruppensprecher, der die Ergebnisse vorträgt, L moderiert das Auswertungsgespräch.*

LÖSUNGSVORSCHLAG

- The man in figure 1 looks self-confident, if not autocratic. In figure 2 he raises his index finger admonishingly as if to say: "I set the norms." In figure 3 he seems to be satisfied with himself and seems to say: "Well, that's that." The cartoonist underlines the unlimited power of the employer and clearly implies that there is no equality between employees and employers.
- Equal opportunities: people who are equally qualified should receive the same pay, i. e. no discrimination based on sex or ethnicity. People should have access to higher learning regardless of their social or ethnic background.

LISTENING ⦾ L4/3

2 Outline what is said about teleworking.

MATERIALIEN → ⦾ S • ⦾ L4/3 (Teleworking) • Transkript

METHODISCHES VORGEHEN *Mit der Hörverstehensaufgabe wird lediglich das globale Verstehen des Textes überprüft. Dementsprechend ist es nicht zwingend erforderlich, den kurzen Text zweimal vorzuspielen. Bei Bedarf erfolgt ein Verweis auf* Skill 21 Listening comprehension.

LÖSUNGSVORSCHLAG **The following points should be made:**

- The employer's firm has outsourced teleworking.
- It is mostly done by men.

- The advantage is that people do not disturb you while you are working. You escape the pressures of the office.
- The disadvantage is that teleworking involves more overtime as compared with office work.

EVALUATION **3 Discuss how effective you find the EU poster (coffee mug picture above) ...**

ALTERNATIVE *Hier empfiehlt sich die Anwendung des* Think-Pair-Share-*Verfahrens. Die S notieren zunächst ihre eigenen Gedanken, tauschen sich dann mit ihrem Nachbarn aus und bilden anschließend eine Vierergruppe, in der sie sich erneut austauschen und dabei eine gemeinsame Position finden, die von einem Gruppenmitglied vorgetragen wird. Wenn eine Einigung nicht möglich ist, werden die abweichenden Meinungen formuliert.*

LÖSUNGSVORSCHLAG

- **Students might point out the following:** The various cups form a circle, which indicates togetherness and equality. Within that circle each cup contains a different shade of coffee, and the different colours highlight diversity within the circle.
- **Evaluation of poster:** Individual answers expected.
- **Creative task:** Individual products expected.

Core skill workshop

Applying for a job → WB Tasks 1–2, 6–14, 17

LERNWORTSCHATZ covering letter (BE), CV (Curriculum Vitae) (BE), opportunity, employer, to ensure, job application, convincing, sense of humour, genuine, to flatter sb, insincere, work experience, personal statement, work history, voluntary work, placement (BE), marital status (fml), explicitly

BRAINSTORMING **1 Read the tips on writing a covering letter. Not all of them offer ...** → S18.2

METHODISCHES VORGEHEN *Die einzelnen Ratschläge werden in Stillarbeit gelesen. L verweist auf den Tipp zu* Résumé vs. cover letter *und auf* Skill 18.2 Writing an application. *Anschließend können die S eine Liste erstellen oder eine Tabelle* (agree/disagree) *anlegen und in Stichworten ihre Begründungen notieren. Die Antworten werden im Unterrichtsgespräch ausgewertet.*

LÖSUNGSVORSCHLAG

1. I disagree because it is redundant and would not make the reader interested in my CV.
2. I disagree because the letter should mention your skills and motivation.
3. I agree because otherwise the reader will lose interest.
4. I disagree because the opening should state who you are, what you do and what you are looking for.
5. I agree, provided the different companies offer identical or very similar job opportunities.
6. I agree because the date comes before the reference.
7. I agree because formal English is required.

ANALYSIS **2 Decide in which order the paragraphs in a covering letter should be arranged.**

METHODISCHES VORGEHEN *Diese Aufgabe ist anspruchsvoll und wird unter Zuhilfenahme von* Skill 18.2 Writing an application *in Partnerarbeit bearbeitet. Die wesentlichen Punkte des Auswertungsgesprächs werden an der Tafel/auf Folie festgehalten. Hinweis auf das* Fact file *zu* George Orwell's writing rules.

LÖSUNGSVORSCHLAG **Order of the paragraphs:**

2. This is the first paragraph. Here the applicant very briefly introduces him-/herself and states the reason why he/she is applying for a particular job.
1. This is the second paragraph. The applicant lists his/her skills and qualifications.
4. This is the third paragraph. Here the applicant states why he/she wants the job, what his/her career goals are and what he/she can bring to the company.
3. This is the final paragraph in which the applicant re-states his/her interest and ends with a friendly sentence.

CREATIVE TASK **3 You are applying for a placement at a company of your choice. ...** → S18.2

MATERIALIEN → Kopiervorlage 1 (Notes for a covering letter)

ALTERNATIVE *Die S bearbeiten die Aufgabe mithilfe von Kopiervorlage 1* (Notes for a covering letter). *Die grafische Gestaltung der Kopiervorlage erleichtert den S die Strukturierung ihres Bewerbungsschreibens und gibt ihnen entsprechende Anregungen. Hinweis auf die* Useful phrases *zu* Writing a covering letter *und auf* Skill 18.2 Writing an application. *Die ausführliche Aufgabenstellung im SB erfordert keine weiteren methodischen Anmerkungen. Die Lerngruppe verfasst den vollständigen Text in häuslicher Arbeit und bringt in der Folgestunde einen Computerausdruck mit. Die Texte werden im Klassenzimmer aufgehängt und in einem* Gallery walk *ausgewertet.*

LANGUAGE **4 When describing what you have done, it is important to use ...** → S18.3

METHODISCHES VORGEHEN *Die Aufgabe kann als Hausaufgabe erledigt werden, die Ergebnisüberprüfung erfolgt zu Beginn der Folgestunde. Die S verwenden die* Action verbs, *die als* Useful phrases *angeboten werden. L macht auf den Tipp zu* Personal details *und auf* Skill 18.3 Curriculum Vitae – CV *aufmerksam.*

LÖSUNGSVORSCHLAG

- At school I completed successfully a debating course, in which I gained experience doing public speeches.
- During my internship/work placement I was in charge of the texts for the company's newsletter and created a new design for it.
- I have worked in a bookshop where I assisted people to find the right books. I was also responsible for the window displays.
- I have volunteered at the local animal shelter. There I ran some office work, but I also fed the animals and cleaned the cages.
- I organised the school's annual summer party with other committee members and liaised with people in other classes to make sure everyone coordinated their efforts.

SPEAKING **5 a) Read the following descriptions ... b) Read through the skills ...**

METHODISCHES VORGEHEN *Teilaufgabe a) wird zunächst individuell bearbeitet, danach erfolgt der Gedankenaustausch mit dem Nachbarn. Die Ergebnissicherung erfolgt im Unterrichtsgespräch. Die S verwenden die* Useful phrases *zu* Positive ways to describe people. *Teilaufgabe b) erfordert eine Bearbeitung in Gruppen von vier bis fünf S. Im ersten Durchgang werden die Kompetenzen und die dafür erforderlichen persönlichen Eigenschaften benannt. Anschließend reflektiert die Gruppe anhand der von den Gruppenmitgliedern eingebrachten Lösungsvorschläge die angewandten Kompetenzen, die zur Bearbeitung nötig waren. Die einzelnen Gruppen einigen sich auf einen Gruppensprecher, der die Ergebnisse dem Kurs vorträgt. Dabei übt sich die Lerngruppe im* Peer assessment.

LÖSUNGSVORSCHLAG

a) Skill or personality trait the descriptions reflect:

- part of the school's buddy team: people-oriented/showing initiative
- member of the school debating team: people-oriented/self-confident
- stage manager: well-organised, hard-working/dependable
- set up a computer club: showing initiative, innovative and determined

b) What each skill involves and the personal qualities you need to have for it:

- **verbal communication:** the ability to listen, to cooperate, to speak to the point and to use criticism constructively
- **written communication:** fluency, knowledge of language registers (here: formal English) and writing conventions as well as the ability to express oneself precisely and briefly
- **problem-solving:** showing initiative and determination, a tolerance of frustration, ability to cooperate and to organise a potential problem-solving approach and adaptability
- **organisational skills:** people-oriented, determination and self-confidence
- **leadership:** self-confidence, determination, displaying initiative and innovation
- **time management:** organisational skills and the ability to devise a time frame
- **numeracy skills:** the ability to calculate costs per head, to understand tables in reports and to interpret graphs

Examples of things that people in the group have done: Individual answers expected.

LANGUAGE **6 a) Do not just list a few activities ... b) Choose three interests ...** → S18.3

METHODISCHES VORGEHEN

a) *Das vorgeschlagene Beispiel aus der Welt des Sports lässt sich unschwer auf andere Sportarten anwenden. Weitere Bereiche könnten sein:*
- designing websites for your sports club or your local school
- spokesperson of your school's student body
- editor of your school's newspaper.

Die Aufgabe wird in Einzelarbeit bearbeitet, die Auswertung erfolgt im gemeinsamen Unterrichtsgespräch, dabei üben sich die S im Peer assessment.

b) *Die Bearbeitung bereitet die S auf das Verfassen des eigenen Bewerberprofils und auf den späteren Lebenslauf vor. Entsprechend wird die Aufgabe zunächst in Einzelarbeit erledigt. L verweist dazu auf* Skill 18.3 Curriculum Vitae – CV. *Im Austausch mit dem Partner werden die Sätze begutachtet, ggf. werden Verbesserungsvorschläge eingebracht. L lässt einige Beispiele vorlesen, die von den S konstruktiv kritisiert werden. Besonders gelungene Sätze können zur Verdeutlichung auf einer Folie festgehalten werden.*

LÖSUNGSVORSCHLAG

Individual answers expected. The following example is meant to show what may reasonably be expected:

Writing news articles and editing a newspaper: I have worked for my school's newspaper as an editor for two years. Since last year I have been the editor-in-chief and have developed a completely new and attractive layout for the paper in that capacity.

LANGUAGE **7 a) Rewrite the following profile ... b) Discuss your suggestions ...** → S18.3

METHODISCHES VORGEHEN

Der Text wird in Einzelarbeit umgeschrieben. Dazu berücksichtigen die S Skill 18.3 Curriculum Vitae – CV *sowie die* Useful phrases (Adjectives in a profile) *und den Tipp zu* Personal statement (or profile). *Es werden drei bis vier Texte vorgelesen und im Unterrichtsgespräch ausgewertet. Die Auswertung in Teilaufgabe b) erfolgt im offenen Unterrichtsgespräch* (Peer assessment).

LÖSUNGSVORSCHLAG

a) Having recently finished my A-Levels with excellent grades in both Maths and Science, I am now looking to further develop the wide range of organisational and marketing skills that I acquired while working with the school's English theatre group. I designed a poster for two productions, found sponsors and organised a social media campaign.
During my time at school I was actively involved in extra-curricular activities. Besides being a member of the school's successful badminton team, I voluntarily tutored younger people. I enjoy working with people, and I don't mind working hard under pressure. I am very communicative and I like to share ideas with other people, so I would like to pursue a career in marketing.

b) Individual answers expected.

LANGUAGE **8 You are applying for a placement at a company of your choice. Make ...**

METHODISCHES VORGEHEN

Der Lerntipp sowie das bereitgestellte Sprachmaterial ermöglichen den S eine zügige Bearbeitung. L kann die S ggf. anweisen, wie folgt vorzugehen:
1. *Name und Art der Firma/Institution, bei der man sich bewerben will, festlegen.*
2. *Die Ich-Form wählen, da dies in der Regel einfacher ist.*
3. *Notizen für die Kurzvorstellung anfertigen.*
4. *Kompetenzen, die man einbringen kann, notieren.*
5. *Kurze Angabe zum Berufsziel.*

Nach der gruppeninternen Auswertung der Texte kann entweder ein gemeinsamer Mustertext entworfen werden, der der Lerngruppe vorgelesen wird, oder die Gruppe kann sich auf einen Text, den sie als den gelungendsten ansieht, verständigen und liest diesen vor. L kann ergänzend die einzelnen Gruppen auffordern, die Gesichtspunkte/Kriterien zu benennen, nach denen man den vermeintlich besten Text festgelegt hat. Ein solches Vorgehen könnte dazu führen, dass am Ende der Stunde ein gemeinsamer Kriterienkatalog erstellt werden kann.

LÖSUNGSVORSCHLAG

Individual answers expected.

A Different types of jobs

ONLINE ARTICLE **The best job in the world?** → WB Task 15

LERNWORTSCHATZ to review sth, to promote sth, native, spectacular, indigenous, adventurous, outdoors, destination, ancient, produce, to launch, applicant, salary

BRAINSTORMING **1 Explain which of the three jobs you would most like to do, and why.**

METHODISCHES VORGEHEN *Die drei Arbeitsplatzbeschreibungen sowie die Aufgabe werden in häuslicher Arbeit gelesen und bearbeitet. Die Auswertung erfolgt in der Folgestunde im Unterrichtsgespräch.*

LÖSUNGSVORSCHLAG
- **Chief Funster:** The job description appeals to me because I am very communicative and outgoing. I have some work experience in event management, and I think I will enjoy reviewing events and festivals.
- **Park Ranger:** I find the job as park ranger most attractive because I am a great fan of the outdoors, and I love being in nature. I care about protecting our natural environment, and I would like to do this in Australia.
- **Taste Manager:** This job appeals to me most as I intend to enrol at a school of hotel management. Being a taste master would enable me to acquire a detailed knowledge of exquisite agricultural products, of how gourmet cuisine is made or of learning about first-class wines. As I love to try out various dishes, I am looking forward to study Australian food.

SPEAKING **2 Prepare a placemat and discuss what kind of qualities and ...**

MATERIALIEN → Kopiervorlage 2 (Preparing a placemat)

METHODISCHES VORGEHEN *Die Aufgabe wird mithilfe von Kopiervorlage 2* (Preparing a placemat) *bearbeitet. Vorab lesen die S das* Fact file *zu* Tourism Australia. *Die S bilden Vierergruppen und bearbeiten zunächst die Aufgaben eigenständig. Anschließend diskutieren sie die Qualifikationen, die die Bewerber haben sollten, und vervollständigen ihre Notizen. Sie bestimmen einen Gruppensprecher, der zu den einzelnen Punkten die Gruppenergebnisse vorträgt.*

LÖSUNGSVORSCHLAG **Job profiles:**
- **Chief Funster:** communicative, outgoing, hard-working, ability to cope with stressful situations, verbal and written competence to do reviews, sound judgement, eagerness to learn and to cope with unfamiliar situations, dependable
- **Park Ranger:** lover of the outdoors and of nature – particularly of unspoiled nature, active supporter of environmental protection, interested in wildlife, adaptable and dependable, ability and willingness to live outdoors in simple conditions, hard-working, ability to cope with stressful situations
- **Taste Manager:** people-oriented, extroverted, hard-working, intellectual curiosity about agricultural products, food and wine, eagerness to acquire first-hand knowledge about wine cultivation/viticulture and of (unfamiliar) agricultural products, sound judgement, competence in marketing and promotion, creativity

Must have abilities: Individual answers expected.

LANGUAGE **3 Imagine you are applying for one of the jobs. Choose a job ...** →△2

METHODISCHES VORGEHEN *Die Aufgabe wird individuell und in häuslicher Arbeit erledigt. Drei bis vier S-Texte werden zu Beginn der Folgestunde vorgelesen und im Unterrichtsgespräch ausgewertet. Dabei übt sich die Lerngruppe* im Peer assessment.

LÖSUNGSVORSCHLAG Individual answers expected.

DIFFERENZIERUNG △ *Aufgabe 2 im* Diff pool *wird von leistungsschwächeren S anstelle von Aufgabe 3 in Einzel- oder Partnerarbeit bearbeitet. L sollte die S darauf hinweisen, dass es sich um realistische Berufsbeschreibungen handeln sollte, also keine absonderliche Gehalts- oder Urlaubsvorstellungen. L lässt einige Texte vorlesen und von S auswerten, dabei werden ggf. Vorstellungen an der*

Tafel unter der Überschrift Aspects of dream jobs *notiert. Je nach Stundenverlauf werden die Vorstellungen in eine Rangfolge gebracht.*

LÖSUNGSVORSCHLAG After finishing my A-Levels with an A* in Creative Writing, I decided to apply for an internship in the marketing department at your company. Since you specialise in public relations, this opportunity would help me develop my organisational and communication skills. At school I was in charge of marketing for the English theatre group, so I designed a poster for two productions, found sponsors and organised a social media campaign. This experience made me interested in marketing because I enjoy working creatively to promote projects and products. Because your company works with charities in the UK, it would be great to work together with you.

CREATIVE TASK **4 a) Each applicant had to … b) Watch your videos in class …** → S29.3, S33

METHODISCHES VORGEHEN *Die Bearbeiter verständigen sich auf eine der drei Arbeitsplatzbeschreibungen und stellen folgende Überlegungen an: Position des Bewerbers, sitzend, stehend? Hintergrund? Einstellungsgröße der Kamera:* Close shot, medium shot or full shot? Facial expression and gestures. Content: what to say in thirty seconds. *L verweist dazu auf* Skill 29.3 Making a film. *Es wird erforderlich sein, den Vorstellungstext gemeinsam zu entwerfen und ihn als Übung mehrfach vorzutragen. Vor der eigentlichen Aufnahme sollten mindestens zwei Probedurchläufe gemacht und gemeinsam ausgewertet werden. Hinweis auf* Skill 33 Peer evaluation.

LÖSUNGSVORSCHLAG **a)** Individual productions expected. The following may serve as a guideline:

- The applicant is initially filmed in a full shot, then in a close shot. The full shot provides the viewer with an idea of the applicant's height and his/her business attire. The close shot will underline the person's facial expressions.
- Personal statement: My name is …, and I am 18 years old. I will finish my GCSEs in four months and will study biology at the University of …
- I am a committed environmental protectionist, and love the outdoors and unspoiled nature. My previous work experience includes a work placement at the marine life station in Norddeich, where seals are taken care of if they have been abandoned by their mothers. I am dependable, adaptable and hard-working and, I am definitely a team player.

b) Individual answers expected.

VIEWING L **5 Watch the videos of the winning applicants Elisa and Rich. Say whether …**

MATERIALIEN → L (Elisa's application video) • L (Rich's application video)

METHODISCHES VORGEHEN *Die Lerngruppe sieht zunächst das Bewerbungsvideo von Elisa, das zweimal gezeigt wird. Anschließend werden die Beobachtungen und Auswertungen notiert. Der gesamte Vorgang wird mit dem Video von Rich wiederholt. L moderiert ein offenes Lerngespräch, in dem die unterschiedlichen Bewertungen der S diskutiert werden. In diesem Zusammenhang bietet es sich an, die Videos mit der einen oder anderen Eigenproduktion zu vergleichen. Dabei sollte es weniger um die Professionalität der Aufnahmen als um deren Informationsgehalt und Effektivität gehen.*

LÖSUNGSVORSCHLAG

	Park Ranger: Elisa	Taste Master: Rich
Qualifications	she is in tourism marketing, grew up on a farm, is used to having animals around her	apart from his interest in tastes and flavours – none
Presentation	overdoes her presentation in an attempt to be witty	presents himself in various surroundings
Suitability	dislikes big city life and having grown up on a farm does automatically qualify her	friendly, easy-going, people-oriented, witty
Originality	funny and unorthodox	mixture of unoriginal (family dinner) and creative scenes (barbecuing crabs or prawns)

B The reality of work

BEFORE YOU READ

1 In pairs discuss what PR is and why companies, and even ...

METHODISCHES VORGEHEN *Die Übung eignet sich gut für eine Partnerarbeit. Die S überlegen, was* Public Relations *(dt. Öffentlichkeitsarbeit) ist und welche Bereiche sie umfasst. Sie versuchen sich an einer Begriffsbestimmung und tauschen sich mit weiteren Paaren aus. L notiert einige der Vorstellungen der S an der Tafel.*

LÖSUNGSVORSCHLAG

- PR refers to the management of communication between a company or an organisation and the public. The aim of the communication is to establish a positive image and a positive reputation for the company. Thus a company may have the image of being very customer-friendly; its products may be considered very dependable. Similarly, an organisation, e.g. a political party, may have the image of being modern and progressive.
- Individuals, in particular celebrities, need PR either to maintain a certain image, e.g. that of being selfless, or to create a new image, if the public has started to consider that celebrity to be conceited or arrogant.
- A company's or an individual's image determines how they are perceived by the public. Hence it ultimately contributes to their success or failure.

NEWSPAPER ARTICLE

A day in the life ...

LERNWORTSCHATZ PR (Public Relations), to shape, on behalf of sb/sth, objective, customer, to respond to, crucial to sth, brand, commercial

COMPREHENSION

2 a) Briefly sum up what Tom ... b) Explain how PR is changing ...

METHODISCHES VORGEHEN *Die Aufgaben verlangen konkrete Textarbeit, für die die ausreichend S Zeit erhalten sollten. Sie eignen sich gut zur häuslichen Bearbeitung. Die Ergebnissicherung erfolgt zu Beginn der Folgestunde und bereitet die Arbeit mit der* Double circle-*Methode vor.*

LÖSUNGSVORSCHLAG

a) Tom works for a PR firm. He talks to his clients, i.e. representatives of companies, in order to understand their business objectives. He then creates the messages that are geared towards the company's customers and develops strategies for effectively responding to the customers' reactions. Apart from that, he checks the social media and the print media in order to find out what consumers say about the company in question. Additionally, he works together with advertising people and sees to it that their campaigns run smoothly and receive media coverage.

b) PR used to be a one-way affair; the PR agents created messages for a company and responded to the customers' reactions. With the emergence of the internet the communication between company and its customers has become a two-sided matter. Thus the PR agents check blogs in order to find out what the public says about a company and devise strategies for using these discussions in their next campaign. Additionally, PR firms nowadays have a great influence in the preparation and execution of brand advertising, also in the content of TV commercials.

SPEAKING

3 Use the double circle method and explain why you would be ... → S24.3

METHODISCHES VORGEHEN *Diese Methode ist eine besondere Form der Partnerarbeit, bei der ein Austausch mit wechselnden Partnern stattfindet. L verweist vorab auf* Skill 24.3 Taking part in a discussion or talk show. *Die Methode trainiert nicht nur das freie Sprechen, sondern auch das aktive Zuhören. L organisiert die Lerngruppe zunächst wie folgt:*

- count off in As and Bs
- the As form a circle facing outward
- the Bs form an outer circle facing someone in the inner A circle.
- on the word 'go', the Bs move left three seats down
- round one: the As (inner circle) share their ideas about working in PR with the Bs

- the Bs (outer circle) take notes, ask questions and state opinions
- round two: the Bs move three seats to the left so that they are talking to a new person in group A
- the roles are now reversed; the As take notes and the Bs share their ideas and opinions on PR

Der Vorgang wird so lange wiederholt, wie es für die Durchführung der Aufgabe erforderlich ist. Nach der Durchführung moderiert L ein Auswertungsgespräch, bei dem insbesondere die Methode durch die S bewertet werden sollte.

LÖSUNGSVORSCHLAG Individual answers expected.

BEFORE YOU READ

4 Brainstorm the types of jobs that people do only at night. Think about ...

METHODISCHES VORGEHEN *Die S äußern sich spontan zu den entsprechenden Berufen. L fixiert ggf. einige der genannten Berufe an der Tafel.*

LÖSUNGSVORSCHLAG **The following jobs might be mentioned:** DJs, office cleaners, bakers, numerous shift workers (hospital staff, policemen, taxi drivers, airline personnel etc.).

POEM

Night workers

LERNWORTSCHATZ companion, to think nothing of sth, traffic lights (pl), vending-machine, attendant, weary, dawn

COMPREHENSION

5 Briefly outline what the poem is about in your own words.

ALTERNATIVE *Folgende alternative Vorgehensweisen bieten sich an: Das Gedicht wird zu Beginn der Stunde zunächst still, dann von einigen S laut gelesen und Aufgabe 5 wird spontan mündlich bearbeitet, oder der Text sowie Aufgabe 5 werden in häuslicher Arbeit erledigt. Bei der Erstbegegnung im Unterricht wird vermutlich die folgende Vokabel* charged with (be responsible for) *erklärt werden müssen. Hinweis auf das* VIP file *zu Helen Dunmore.*

LÖSUNGSVORSCHLAG The speaker of the poem talks about various night workers who return home from work and about people that have been awakened and cannot go back to sleep.

ANALYSIS

6 a)–c) To whom is the poem addressed? To what extent does ...? → S6.1

METHODISCHES VORGEHEN *Die Aufgabenstellungen verlangen ein sorgfältiges, erneutes Lesen des Textes. Für die unterrichtliche Bearbeitung bietet sich eine Stillarbeitsphase an, in der die S die drei Teilaufgaben in ihrem Heft bearbeiten. Sie berücksichtigen dabei die Hinweise in* Skill 6.1 Analysing poetry. *Die Ergebnissicherung erfolgt im fragend-entwickelnden Unterrichtsgespräch.*

LÖSUNGSVORSCHLAG

a) The poem is clearly addressed to night workers and sleepless people. The speaker sympathises with these people because he addresses them directly by saying "all you" or simply "you". Moreover, the speaker is familiar with their lot and points out how "wearily" they wait for the buses to take them home. Using the adverb here expresses his sympathy, as it stylistically stands out in a text that is virtually devoid of adjectives/adverbs.

b) The poem is written in free verse as it has no rhymes; the speaker enumerates aspects of night life that usually remain unmentioned. He does so plainly, the language is matter-of-fact and dispassionate. Hence there is an aesthetic effect peculiar to this poem: Night life and working at night are seen as an ordinary, commonplace and everyday matters.

c) The metaphor of the *sleeping houses* personifies the building and suggests that human beings live behind its walls exists despite the fact that they have been closed down. The solitary lit window indicates that people are awake both inside and outside the houses: those who cannot sleep and those returning from work. If we link the last two stanzas to the first stanza, sleepless mothers of infants are also seen as night workers; the only difference is that they don't return from work because their work and home spheres are not clearly separate.

EVALUATION **7 Comment on Dunmore's examples of night workers. Do you think ...?**

METHODISCHES VORGEHEN *L moderiert ein offenes Lerngespräch, einzelne S-Äußerungen werden auf einer Folie fixiert, so dass auf sie bei der Bearbeitung der Aufgaben 8 und 9 ggf. zurückgegriffen werden kann.*

LÖSUNGSVORSCHLAG **Students might point out the following:** The examples only refer to non-professional, unskilled or semi-skilled workers. Thus they are one-sided. Hospital staff or airplane technicians are examples of highly qualified personnel that also often work at night.

EVALUATION **8 Increasingly, employees are expected to be available ...** → S14.2 → △ 3

METHODISCHES VORGEHEN *Die Aufgabe kann zusammen mit Aufgabe 7 in einem gemeinsamen Unterrichtsgespräch erarbeitet werden. Der nachfolgende Lösungsvorschlag kann als Tafelbild entstehen. Es erfolgt vorab ein Hinweis auf* Skill 14.2 Comment.

LÖSUNGSVORSCHLAG **The permanent availability of employees:**

Reasons for the development	Dangers for the individual
• modern means of communication: mobile phones, email etc. • global competition, uniquely qualified people need to be contacted on a short-term basis • employers increasingly take advantage of their employees' contactability • hire and fire mentality	• loss of private life and of family life • excessive work-load • permanent stress, not enough time to recuperate/relax • impaired efficency • burnout and illness

DIFFERENZIERUNG △ *Leistungsschwächere S finden in Aufgabe 3 im* Diff pool *Hilfestellung zur Bearbeitung der Aufgabenstellung. Es werden Stichwörter zu den Gründen der Entwicklung und zu den Gefahren, die sie für den Einzelnen bedeuten, angeboten. Die Aufgabe eignet sich gut für eine Bearbeitung in Kleingruppen (3–4 S). L gibt einen festen Zeitrahmen vor. Die Gruppen bestimmen zunächst einen Gesprächsleiter, einen Protokollführer, der die Ergebnisse stichwortartig festhält sowie einen Zeitmanager, der auf die jeweils noch zur Verfügung stehende Bearbeitungszeit hinweist. Anhand der vorgegebenen Stichwörter werden die beiden Aspekte besprochen, der Protokollführer wird die Gruppenergebnisse vortragen, d.h. die Punkte, die für die Gruppenmitglieder am entscheidendsten sind. L moderiert das Auswertungsgespräch.*

SPEAKING **9 Think – Pair – Share: Think about how working at night would affect ...**

METHODISCHES VORGEHEN *Es empfiehlt sich, das vorgeschlagene kooperative Lernverfahren in der Form zu erweitern, dass im Anschluss an den Austausch mit dem Partner der Austausch in einer Vierergruppe fortgesetzt wird. Dadurch werden die Diskussionsmöglichkeiten deutlich erweitert. Die Vierergruppen bestimmen jeweils einen Sprecher, der die Gedanken für die übrigen Kursmitglieder zusammenfasst. L moderiert das gemeinsame Auswertungsgespräch.*

LÖSUNGSVORSCHLAG
- Family life is negatively affected and people scarcely have any time for children, a very limited social life, virtually no time for hobbies, spare time activities etc.
- Permanent night work, particularly on a shift basis, may impair your health.
- Individual answers expected regarding their willingness to apply for a night job.

BEFORE YOU READ **10 Describe the photo. Discuss the qualities a person might need ...** → S28.1

METHODISCHES VORGEHEN *S äußern sich spontan zu der Abbildung, dabei wird die Methode* Round Robin *angewendet, d.h. jeder S gibt eine kurze Stellungnahme zu dem Foto in einem Satz. Vorab erfolgt ein Verweis auf* Skill 28.1 Working with visuals: Pictures. *Die jeweiligen Äußerungen bleiben unkommentiert stehen. In einem nächsten Schritt werden die Eigenschaften benannt, die jemand haben muss, um in einer derartigen Umgebung zu arbeiten. L notiert die genannten Eigenschaften an der Tafel. Anschließend geben die S persönliche Stellungnahmen ab.*

LÖSUNGSVORSCHLAG

- **Step one (description, possible statements):** Mark Zuckerberg is in front of a pinboard. His gestures and facial expression indicate that he is communicative and friendly and that he is proudly presenting Facebook's success. The photos in the background probably show newly registered Facebook members.
- **Step two (qualities a person might need):** Such a person would need enthusiasm, a can-do-mentality and ambition.
- **Step three (personal statement):** Individual answers expected.

BOOK EXCERPT

Living your work

→ WB Task 3

Silicon Valley is situated in the southern part of the San Francisco Bay Area. It is one of the most important locations of IT industries world wide. There are now more than 1,000 companies in the semiconductor and computer technology business, including Apple, Google, Adobe, Yahoo, Facebook, Amazon etc. The term Silicon Valley was coined in 1971. It is now also used as *pars pro toto* for the American computer and electronics industries.

LERNWORTSCHATZ to set up a company, to set up, residential area, to launch, suburban, appropriate, to assemble, intern (AE), freshman (AE), work ethic, literally, to run, day-to-day, to pursue sth/sb, to found, drive (no pl), stamina, unique, current, investor, to graduate, fate, belongings (pl)

COMPREHENSION

11 a) Describe Mark's 'workplace' ... b) Outline Sean's reaction to what ...

METHODISCHES VORGEHEN *Aufgrund der Textlänge sollte die Erstbegegnung mit dem Text in häuslicher Arbeit erfolgen, bei der auch die beiden verständnissichernden Aufgaben bearbeitet werden. Die Ergebnissicherung erfolgt zu Beginn der Folgestunde.*

LÖSUNGSVORSCHLAG

a) The workplace is in a suburban area where you usually only find family homes. The place includes a swimming pool, a lounge, student living quarters and a computer lab where people work around the clock. As mention is made of "strewn about" laptops, "wires curling everywhere" and rock music being played, the workplace seems to be buzzing with excitement. There is clearly a lively atmosphere.

b) Entrepreneur Sean Parker is highly impressed by the quality of the team Zuckerberg has assembled and by their hard work around the clock. Moreover, Zuckerberg's drive and energy, convince Parker that Zuckerberg has the makings of a truly great success story. Parker is surprised not to see the original financial sponsor Eduardo Saverin, whose money is financing the current operation. He sets aside his worry and believes that he and Mark Zuckerberg can turn the start-up company into a billion-dollar enterprise.

ANALYSIS

12 a)–c) Make notes on what we learn about Mark in this ...

→ S7 → ▲4

METHODISCHES VORGEHEN *Die drei Teilaufgaben werden in einer Stillarbeitsphase bearbeitet. Dazu erfolgt ein Hinweis auf* Skill 7 Characterisation. *Teilaufgabe b) kann im Sinne der Differenzierung noch um die Charakterisierung von Sean Parker erweitert werden* (Diff pool, Task 4). *Im Anschluss an die Bearbeitung moderiert L das Auswertungsgespräch.*

LÖSUNGSVORSCHLAG

a) Mark Zuckerberg is portrayed like a workaholic who is totally devoted to his project. He is obviously able to attract highly qualified people and to instill them with drive and energy. Zuckerberg is energetic, ambitious and has the mental strength to see a project through. Thus he has emerged as a kind of pioneer of the digital age.

b) Eduardo Saverin is the "titular" (l. 38) head of facebook; the use of "titular" indicates that he does not have any real power or authority even though he is finances the company's operations. He is not involved in the company's daily affairs; instead he is said to be doing an internship at a New York based investment bank. Unlike Zuckerberg, who is like an obsessed pioneer willing to take risks, Saverin is described as a businessman who follows traditional rules and is conventional and prudent.

c)

Zuckerberg's approach	Saverin's approach
• innovative and risk-taking • driven by ambition and obsession • showing initiative • visionary	• conventional and prudent • avoids risks • has no long-term vision

Evaluation:
- Zuckerberg's approach is needed when starting an innovative business.
- Saverin's approach is called for when you are conservative and want to avoid unnecessary risks.

DIFFERENZIERUNG ▲ *Leistungsstärkere S bearbeiten zusätzlich noch Aufgabe 4 im* Diff pool. *Sie fertigen nach der Bearbeitung von Teilaufgabe b) eine schriftliche Charakterisierung von Sean Parker an.*

LÖSUNGSVORSCHLAG Sean Parker is a successful entrepreneur who is unconventional and who lets himself be affected by the energy and drive of Zuckerberg and his team. He is familiar with the mentality needed to turn a start-up company into a successful business, and he believes Zuckerberg has the qualities of a new pioneer. Parker himself was a pioneer when he started Napster; thus he is a self-made man and willing to take risks, meet challenges and show initiative. He is self-confident and determined.

RESEARCH

13 Find out about unusual perks and benefits that are offered ... → S32 → △5

METHODISCHES VORGEHEN *Die Aufgabe bedingt eine ausführliche Internetrecherche. Dazu verweist L auf* Skill 32 Doing research. *Folgende Suchbegriffe sind hilfreich:* Top job perks, employee benefits, banking bonuses. *Diese Begriffe können zunächst einzeln eingegeben werden, anschließend im Zusammenhang mit bestimmten Firmennamen wie z. B. Microsoft, Google oder verschiedenen Namen von internationalen Großbanken. Die Aufgabe kann von zwei bis drei Kleingruppen in häuslicher Bearbeitung erfolgen, dabei müssen sich die Gruppen bezüglich der Recherche abstimmen, um unnötige Überschneidungen zu vermeiden. Die Bearbeiter stellen ihre Ergebnisse in einer PowerPoint-Präsentation vor. Anschließend moderiert L ein offenes Auswertungsgespräch, in dem die einzelnen Vergünstigungen und Boni miteinander verglichen werden und die S ihre persönliche Einstellung dazu äußern.*

LÖSUNGSVORSCHLAG Individual answers expected, as students will research different companies on their own.

DIFFERENZIERUNG △ *Leistungsschwächere S bearbeiten statt Aufgabe 13 Aufgabe 5 im* Diff pool. *Sie präsentieren eine weitere Erfolgsgeschichte aus dem Silicon Valley. Ein leicht zu recherchierendes Beispiel ist Steve Jobs, der Gründer der Firma Apple. Daneben kann auch mit dem Eintrag* Success stories in Silicon Valley *gearbeitet werden, die Suchmaschinen zeigen hierzu eine Fülle von erfolgreichen Firmengründern. Die Bearbeiter stellen die Ergebnisse ihrer Recherchen in Form einer PowerPoint-Präsentation vor.*

SPEAKING

14 Note down ideas about your ideal working environment. Think ... → S24.3

ALTERNATIVE *Die Aufgabe eignet sich gut für die Anwendung eines erweiterten* Think – Pair – Share-*Verfahrens. Vorab wird auf* Skill 24.3 Taking part in a discussion or talk show *verwiesen. Jeder S notiert zunächst die eigenen Vorstellungen und vergleicht diese mit denen seines Partners. Gemeinsam wird eine Rangliste erstellt. Diese wird dann mit der eines weiteren Zweierteams verglichen und die Vierergruppe einigt sich auf eine gemeinsame Liste. Nachdem die Vierergruppen ihre Ranglisten vorgestellt und S diese diskutiert haben, wird eine Klassenliste erstellt. Dabei ist von L zu entscheiden, ob hier geschlechtsspezifisch vorzugehen ist, da erwartet werden muss, dass Mädchen andere Schwerpunkte als Jungen haben werden. Dementsprechend kann es zu zwei getrennten Listen kommen. Sollten diese gravierende Unterschiede aufweisen, bietet sich eine weitere, von L moderierte Diskussionsrunde an.*

LÖSUNGSVORSCHLAG Individual answers expected.

C Finding and applying for a job

ADVERTISEMENTS **Spoof advert – Real advert** → WB Task 16

Secret Intelligence Service: The British SIS is made up of four branches. MI6 – Military Intelligence Section 6 – was founded in 1909. It provides the government with information on foreign intelligence. The other agencies were derived from this agency. MI5 – Military Intelligence Section 5 – is the domestic intelligence agency. It deals with counter-terrorism and counter-espionage within the UK and protects British democracy and economic institutions. GCHQ – Government Communication Headquarters – is situated in Cheltenham. It provides signal intelligence to the British government and the armed forces. Its responsibilities include securing the government's communication. The fourth agency is Defence Intelligence. Its primary task is to provide information needed to carry out military operations and to inform the Ministry of Defence on politico-military and technological developments which might threaten the security of the UK or affect its vital interests.

LERNWORTSCHATZ intelligence, surveillance (no pl), salary, overtime, shift work, to pose a risk to sb/sth, to deal with sth, candidate, distinguishing, resourceful, to suit, prior, appropriate;
challenging, to get on with sb, vital, to reveal, resilient, achievement, overseas, to disclose, credible, cover story, unique, to investigate, outstanding

COMPREHENSION **1 a) Read through the first advert ... b) Explain whether the second advert ...**

METHODISCHES VORGEHEN *Die beiden Texte werden in häuslicher Arbeit gelesen und die verständnissichernden Aufgaben entsprechend bearbeitet. Die Ergebnissicherung erfolgt zu Beginn der nächsten Stunde.*

LÖSUNGSVORSCHLAG

a) The first advert is about the job summary and job description of a secret agent. The successful applicant would have to travel a lot and to execute people. They should have no distinguishing physical features and should have a military background as well as experience using sniper rifles.

b) The second advert is for working at MI6 in general. Phrases like "this is a team game and every member is constantly supported" (ll. 18–19) or "many operational jobs are in our London HQ and fit well with family life" (ll. 25–26) make it clear that MI6 is not looking for a superspy with outstanding abilities but for applicants who are looking for an ordinary job at the organisation.

ANALYSIS **2 a) Point out similarities and ... b) Analyse the style of both adverbs. ...**

METHODISCHES VORGEHEN *Die beiden textanalytischen Aufgaben 2 und 3 können entweder in einer Stillarbeitsphase individuell oder in Partnerarbeit bearbeitet werden. Die Aufgabenstellungen sind komplex und erfordern eine größere Bearbeitungszeit. L moderiert das Auswertungsgespräch und fixiert die Ergebnisse an der Tafel oder auf einer Folie.*

LÖSUNGSVORSCHLAG

a)

Spoof advert vs. real advert

Similarities:
- *Both are look for applicants; both list qualifications that are required.*

Differences:
- *The spoof ad offers a specific job (executioner) and lists the salary to be expected and demands previous work experience.*
- *The real ad seeks to do away with clichéd views about secret intelligence.*
  - *It offers job opportunities but does not specify for which kinds of job.*
  - *It stresses that the jobs will fit in with family life.*
  - *It says that it is not geared to a specific gender or to people with a specific ethnic background.*

b)
- **Spoof ad:** It uses euphemisms ("target elimination specialist", l. 17; and the "need to remove people", l. 20) and of exaggerations ("mini submarine", l. 42). The text makes use of typical James Bond clichés ("martinis shaken", l. 45) and invites potential applicants to express their interest in public. The mere fact that the job ad explicitly states that assassinations are required indicates that the ad is a spoof.
- **Real ad:** It uses rhetorical questions, a chatty style ("let's face it", l. 7), frequent direct addresses to the reader ("you"), which creates a connection between the potential applicant and the employer, and it uses self-mockery to shatter the clichéd myths surrounding the Secret Intelligence Service ("loners", l. 16; "fend for themselves" vs. "team game", ll. 17–18).

EVALUATION **3 To what extent is the second advert a 'typical job advert'? ...** → S24.3 → ▲6

ALTERNATIVE *Die Aufgabenstellung eignet sich gut für die Anwendung des* Think - Pair - Share-*Verfahrens. L verweist dazu auf* Skill 24.3 Taking part in a discussion or talk show. *Die S notieren zunächst ihre Antworten zu den beiden ersten Teilfragen in Einzelarbeit, tauschen sich anschließend mit ihrem Partner aus und besprechen die dritte Teilaufgabe gemeinsam. L moderiert das Auswertungsgespräch.*

LÖSUNGSVORSCHLAG **To what extent is the second advert a 'typical job advert'?**
- The ad is a typical job advert in that it mentions specific job requirements and the qualifications needed.
- Moreover, it provides some information about the employer which is meant to attract potential applicants.
- It is important that the ad dispels possible negative myths and connotations associated with the Secret Intelligence Service.

Would you be interested in applying for a job advertised like this?
- Individual preferences expected, however the following may be pointed out:
  I am not interested in applying as the job advert says nothing about the salary, career prospects, working conditions or potential benefits.

DIFFERENZIERUNG ▲ *Leistungsstärkere S bearbeiten nach Aufgabe 4 noch Aufgabe 6 im* Diff pool. *Sie schreiben eine Bewerbung auf die Stellenanzeige. Die Aufgabenstellung vertieft die im* Core skill workshop *erworbenen Kompetenzen. Die Ausarbeitung erfolgt als Hausaufgabe. Zu Beginn der Unterrichtsstunde werden drei bis vier Bewerbungsschreiben vorgelesen und ausgewertet. Alternativ können die S gebeten werden, ihren Text zu tippen und einen Computerausdruck mitzubringen. In diesem Fall könnten die Texte zu Stundenbeginn im Klassenzimmer ausgehängt und während eines* Gallery walk *diskutiert und ausgewertet werden. Neben inhaltlichen Gesichtspunkten sollte darauf geachtet werden, dass die Schreibkonventionen eingehalten sind.*

LÖSUNGSVORSCHLAG MI6 Headquarter
Department of Personnel
Vauxhall Cross
85 Albert Embankment
London

15 June 20...

Application for a job as an intelligence officer
Dear Sir or Madam
I am writing in response to your advertisement published in *The Times*. I have recently finished my studies at the University of Reading, where I majored in Sociology. My studies included two obligatory work placements abroad. Therefore, I worked twice in the Department of Social Affairs at the headquarters of the European Union in Brussels. Here I greatly enjoyed working in a multicultural and multilingual team.
As you will see from the enclosed CV, I also did two internships at the Metropolitan Police Station in London, where I gained insight into the workings of the counter-terrorism department. The work has greatly impressed me as I have come to realise the dangers the UK faces. I am keen to join your organisation. I have no fanciful ideas about working for the Secret

Intelligence Service. I am interested in working for the collective good of the UK by contributing to its safety.
My computer skills are excellent, and I am fluent in French because our family has often spent our holidays there. I also speak some German. I am communicative, outgoing, open-minded and a team player, and I easily relate to people. I am sure that I would make a valuable contribution to your organisation, and I look forward to hearing from you.
Sincerely yours
...

LISTENING ⓞ L4/4 **4 Listen to Alex talk about his job with the Secret Intelligence Service. ...** → S21

MATERIALIEN → ⓞ L4/4 (Working for the Secret Intelligence Service) • Transkript

METHODISCHES VORGEHEN *Der Text ist zielsprachlich komplex und sollte den S auf jeden Fall zweimal vorgespielt werden. L verweist vorab auf* Skill 21 Listening comprehension. *Um das Verständnis zu erleichtern, wird der Begriff* Counter-proliferation *vorab erklärt:* The term refers to efforts of controlling the export of arms.

LÖSUNGSVORSCHLAG

- **Assignments:** Alex initially worked for a counter-narcotics team which seeks to uncover illegal drug operations. Then he worked on counter-proliferation where he gained insight into the workings of the government. Next he spent two years in Afghanistan, where he worked with the British military on counter-terrorism operations. Since his return to London has been a targeting officer working to uncover terrorist threats to the UK.
- **Atmosphere:** He praises the cameraderie among team members, the sense of collective achievement and the friendly rivalry among members of the intelligence community. He likes his job because he can work for the collective good of the country.

NOVEL EXCERPT

Mr Penumbra's 24-hour bookstore

LERNWORTSCHATZ distracted, genetically modified, to retreat, unemployed, bankrupt, corporate, to found, to promote sth, economy, competition, to run, to insist (on), prospectus, legitimate, shift, requirement, benefits (pl), border, to cling to sb/sth, gloom, ominous, rumour, presumably, to emerge, cardigan, support, wrinkle, to seek, fortress, to defend, prior, trade, stack, obsessed with sth, obviously

COMPREHENSION **5 a)–c) Outline Clay Jannon's previous work experience and describe ...** →△7

METHODISCHES VORGEHEN *Der Text wird in häuslicher Arbeit gelesen und die drei verständnissichernden Aufgaben entsprechend bearbeitet. Die Ergebnissicherung erfolgt zu Beginn der nächsten Stunde. Hinweis auf das* VIP file *zu Robin Sloan.*

LÖSUNGSVORSCHLAG

a) Clay Jannon went to art school and worked as a designer for a new startup bagel shop whose logo he designed. After he became unemployed, he looks for help wanted ads on the internet, prints some of them out and walks the streets looking for help wanted signs in windows. He sees one in the window of a bookstore and walks in.

b) Initially he feels uncomfortable and is taken aback. The huge amount of books running up three stories are like a jungle full of dangerous and sinister elements to him, and the ladders attached to the shelves look ominous. After meeting the proprietor and talking to him, he relaxes and begins to feel comfortable.

c) Mr Penumbra inquires about previous work experience in book trading. When he learns that Jannon has none, he cryptically remarks that prior experience would be of little help. He then wants to know about Jannon's reading experience and learns that his favourite series of books were fantasy children's books. Strangely, the answer seems to satisfy him because he then asks Jannon if he can climb a ladder. The question does seem strange, but then Penumbra has obviously only looked for someone who has a good head for heights and can fetch books that are high up.

DIFFERENZIERUNG △ *Leistungsschwächere S finden in Aufgabe 7 im* Diff pool *Hilfestellung zur Bearbeitung von Teilaufgabe b). Es werden* Keywords *angeboten, mit denen die S als Einstieg Clays ersten Eindruck von der Buchhandlung beschreiben.*

LÖSUNGSVORSCHLAG Initially Jannon believes that the name "24-hour bookstore" stands for something seamy, possibly a porno store as its location is in a somewhat disreputable area of the city. When he enters the interior, he compares the shelves to a Transylvanian forest full of sinister and dangerous animals and figures.

ANALYSIS

6 a) Analyse the way in which ... b) Examine the narrative perspective ... → S7, S8

METHODISCHES VORGEHEN *Die beiden textanalytischen Aufgabenstellungen können in individueller Stillarbeit oder in Partnerarbeit bearbeitet werden. Die S berücksichtigen dabei die Hinweise in* Skill 7 Characterisation *und* Skill 8 Narrative perspectives. *L moderiert anschließend das Auswertungsgespräch und fixiert die Ergebnisse ggf. an der Tafel.*

LÖSUNGSVORSCHLAG

a) **Characterisation of Mr Penumbra:**

- **Direct form of characterisation:** Jannon's impressions and observations – Mr Penumbra "totters" (l. 85), needs to support himself while walking, i.e. he is frail, old and has an altered sense of time.
- **Indirect form of characterisation:** The reader learns more about Penumbra through his statements and reactions to what Jannon says; his seemingly strange questions and his reaction to Jannon's lack of experience in book trading reveals that he has a sly sense of time. Moreover, he describes himself as "the custodian of this place" (l. 91) which ironically reveals that he appears to be guarding the books rather than selling them.

b) **Narrative perspective:**
There is a first-person narrator; we only learn about the narrator's impressions and observations. Thus the perspective is limited to his view. The first-person perspective allows the reader to easily identify him-/herself with the narrator; in this case readers may sympathise with his lot of having to climb the ladder, retrieve books from the third floor and make acrobatic movements ("Lean, my boy!", l. 122).

EVALUATION

7 "It does not matter whether you believe in a company's ..." → S14.2 → ▲8

MATERIALIEN → Kopiervorlage 3 (Buzz groups)

ALTERNATIVE *Die Aufgabenstellung eignet sich gut für die Anwendung des kooperativen Lernverfahrens* Buzz groups. *Die Methode hilft, Ideen zu sammeln und aktiviert alle S zum Sprechen. Vorab erfolgt ein Hinweis auf* Skill 14.2 Comment. *Ziel ist es nicht, zu einem gemeinsamen Ergebnis zu kommen, sondern möglichst viele Sichtweisen auszutauschen. L erläutert kurz den Ablauf der Methode und teilt die Lerngruppe in Kleingruppen von etwa vier S ein und setzt ein Zeitlimit. Grundlage des weiteren Vorgehens ist Kopiervorlage 3* (Buzz groups).

LÖSUNGSVORSCHLAG Individual answers expected. Students might point out the following:
If a company's mission is to make easy money via child labour or sweatshops, working for such a company might be problematic. Similarly, if a company supports questionable and oppressive governments, one might have seconds thoughts about working there. Generally speaking, companies should follow corporate governance that employees can support.

DIFFERENZIERUNG ▲ *Leistungsstärkere S bearbeiten anstelle von Aufgabe 7 Aufgabe 8 im* Diff pool. *Sie schreiben entweder eine Fortsetzung der Geschichte oder einen Dialog zwischen Clay und einem Freund. Die Aufgabe wird individuell in häuslicher Arbeit bearbeitet. L muss entscheiden, ob die Auswertung anhand eines* Gallery walk *vorgenommen wird oder ob lediglich einige wenige Texte vorgelesen und von den Kursteilnehmern kommentiert werden.*

LÖSUNGSVORSCHLAG Individual answers expected. The dialogue should reflect Jannon's initial impression of the store, his view of the old man and whether he intends to continue working there. The students who would like to continue the text might describe the narrator's emotions while he is working, as well as his relationship to Mr Penumbra.

D The future of work

BEFORE YOU READ

1 In pairs brainstorm how you think the way we work might ... →△9

METHODISHCES VORGEHEN
L gibt ein Zeitlimit von 5–7 Minuten vor, jeder der Partner notiert die Ergebnisse des gemeinsamen Gedankenaustausches. L moderiert die Auswertungsphase, fixiert die Gedanken auf einer Folie und lässt anschließend die Lerngruppe die Begriffe nach Kategorien ordnen. Dabei werden die kategorialen Zuordnungen auf einer weiteren Folie notiert, die die S in ihr Heft kopieren. Gibt L die Kategorien vor (siehe Aufgabe 9 im Diff pool*), werden unter den einzelnen Überschriften einige Beiträge von S an der Tafel notiert. Die S ergänzen, wo erforderlich, ihre eigenen Ergebnisse.*

LÖSUNGSVORSCHLAG
The following may be stated: more people might work remotely, robotics and artificial intelligence might have an increased presence in our lives; flexible working hours would depend on the task; an international team could work across continents via Skype and email; perks might be offered to teams rather than to individuals etc.

DIFFERENZIERUNG
△ *Falls die S Unterstützung beim Brainstorming benötigen, finden sie in Aufgabe 9 im* Diff pool *eine Liste mit Stichwörtern.*

NEWSPAPER ARTICLE

Many more of us will work from home – or a cafe – says BT futurologist

LERNWORTSCHATZ
corporate, to evolve, state of mind, distraction, connectivity, company, popularity, proposal, to promote, staff, to broadcast

COMPREHENSION

2 a) State how Dr Millard believes ... b) Read the information in the ...

METHODISCHES VORGEHEN
Der Text wird zu Hause gelesen und die beiden Teilaufgaben werden ebenfalls in häuslicher Arbeit erledigt. Die S berücksichtigen bei Teilaufgabe b) die Informationen im Fact file *zu* The drawbacks of technology. *Die Ergebnissicherung erfolgt zu Beginn der Folgestunde. L schreibt die Überschrift* Changes in office work *an die Tafel und notiert die S-Äußerungen entsprechend.*

LÖSUNGSVORSCHLAG

a) Changes in office work:
The futurologist believes that knowledge workers will no longer be bound to a particular office or desk; they will work remotely. The traditional office will change to an activity-based office, which is divided into different zones used for different functions, e.g. areas for presenting, for socialising, for independent work etc. Furthermore, she is of the opinion that knowledge workers will have more time for tasks that require quiet and concentration. One disadvantage of this could be reduced or minimal communication among colleagues as each has his/her own virtual desk. A remedy for this could be the use of radio-frequency identification to track employees.

b) Measures people could take to reduce interruptions:
Measures could include: fixed periods of time during which phone calls are made or answered, e.g. from 9 to 10 am. Fixed periods should be set aside to read and answer email: half an hour at the beginning of the workday and towards the end of the workday.

EVALUATION

3 "The office is obsolete." Comment on this statement in the ... → S24.3, S14.2

ALTERNATIVE
Die Aufgabenstellung eignet sich für eine erweiterte Anwendung der Think – Pair – Share-*Methode. Vorab erfolgt ein Hinweis auf* Skill 24.3 Taking part in a discussion or talk show *und auf* Skill 14.2 Comment. *Nachdem die Partner sich ausgetauscht haben, teilen sie ihre Ergebnisse mit einem weiteren Paar. Sie einigen sich in dieser Vierergruppe auf eine gemeinsame Position und bestimmen einen Gruppensprecher. L moderiert das Auswertungsgespräch.*

LÖSUNGSVORSCHLAG
Individual answers expected. The following might be pointed out: It is not so much the office that might become obsolete, but virtual desks might replace fixed desks.

Spot on language

⦾ L4/5 **1 a)–d) Listen to the three dialogues and note down what they are …**

MATERIALIEN → ⦾ S • ⦾ L4/5 (Three dialogues: Telephoning) • Transkript

METHODISCHES VORGEHEN *Die drei Dialoge werden einzeln vorgespielt, nach jedem Sprechtext notieren die S stichwortartig den Inhalt. Nachdem die Hörverstehensaufgaben bearbeitet worden sind, moderiert L die Ergebnissicherung. Teilaufgabe c) wird im fragend-entwickelnden Unterrichtsgespräch mündlich bearbeitet. Für die Partnerarbeit in Aufgabe d) sollte L einige Gesprächsthemen vorschlagen, z. B.* Booking hotel accommodation and flights, inquiring about tickets to a concert *usw. Während der Dialogübungen geht L zu einzelnen Gesprächspaaren, greift ggf. korrigierend ein bzw. gibt positives Feedback. Zwei bis drei Paare führen ihre Telefongespräche dem Kurs vor. L moderiert ein kurzes Auswertungsgespräch.*

LÖSUNGSVORSCHLAG

a)

- **Dialogue 1:** A woman calls a company and asks to talk to someone from the accounts department named Steve Green. She cannot be connected as he isn't at his desk. She asks for his extension and says she will call back later.
- **Dialogue 2:** Sam Schooner from RJB Holdings' Boston office calls the company's headquarters and asks the telephone receptionist, Peter, to connect him to Aisha in sales. He is told that her line is engaged. Sam Schooner asks Peter to tell Aisha to call him back as soon as possible. Peter asks Sam to spell his last name and to give him his extension.
- **Dialogue 3:** Kate calls Helen from a transit train and tells her that she will be late as her flight was delayed. The connection is bad because of tunnels. Helen understands that Kate will take a taxi and will be there in about half an hour. The conversation abruptly comes to an end when Kate's battery dies.

b)

- Good afternoon, RJB Holdings, Peter speaking.
- Who is calling?
- Please hold while I put you through. Just a moment, please.
- I'm afraid he/she is not at his/her desk at the moment.
- Would you like to leave a message?/Can I take a message?
- I'd like to speak to …/Could you connect me to …?
- I'm afraid the line's engaged.
- Could you spell your last name, please?/Can I have your extension, please?
- I'm afraid I didn't catch your last name. It's really a bad line. You keep breaking up.
- We're going through tunnels. My battery is getting low.

c)

- **Can I just go over that again, please?** – Let me repeat that again. Used when you don't understand something completely.
- **OK, fire away.** – Go ahead and tell me. Used when you tell someone that you are ready to answer questions.
- **Could you speak up a bit?** – Speak louder, please. Used when you cannot understand the other person.
- **He hung up.** – He ended the call. You tell someone that the caller has stopped talking to you.
- **Sorry about that, where were we?** – Sorry, what were we talking about? Used when you get interrupted by something else and want to return to the last topic of the conversation.
- **She's tied up at the moment.** – She's busy at the moment. Used when she cannot be disturbed right now.
- **Can I put you on hold?** – Will you wait until I can connect you? Used when transferring a call from one person to another.
- **Do you have a second?** – Can you wait a moment? Used when you want to know if the caller has enough time to wait until you can connect him.
- **He's completely snowed under.** – He has more work than he can deal with. Used to express that the person cannot be disturbed or cannot be given an additional task.

d) The following example may demonstrate what should be expected:
(Student A plays two roles in this dialogue.)
A: Good morning, British Airlines at Heathrow, Janet speaking. How can I help you?
B: Hello, this is Mr Bauer. I would like to make a reservation for the next flight to Berlin.
A: Certainly, I will put you through to reservations.
B: Thank you.
A: Mr – eh, sorry, what did you say your name was?
B: Bauer, Werner Bauer.
A: Sorry, sir, I'm afraid all the lines are busy at the moment. Can I put you on a hold?
B: Please do.
A: Reservations. My name is Peter Jennings. What can I do for you?
B: This is Werner Bauer speaking. I'd like to reserve a seat for the next flight to Berlin.
A: How do you spell your name, sir?
B: B-A-U-E-R.
A: Thank you, sir. I'm afraid all seats are taken for the 11 o'clock flight. I can put you on the 3 pm flight, if you wish.
B: Please do. I'd like a window seat.
A: Sorry, I didn't catch that.
B: I said I would like to have a window seat.
A: Yes, there is one available.
B: Thank you.
A: Good bye, Mr Bauer.

2 The following phone conversation is rather informal. Identify the ...

METHODISCHES VORGEHEN *Der Dialog wird mündlich bearbeitet. L lässt zunächst das Gespräch mit verteilten Rollen vorlesen. Anschließend machen die S Verbesserungsvorschläge, die ggf. auf einer Folie notiert werden. Danach wird der Dialog – je nach Anzahl der notierten Verbesserungsvorschläge – einmal oder mehrfach erneut mit verteilten Rollen gelesen.*

LÖSUNGSVORSCHLAG
Sarah: Good morning/afternoon, GB supplies, Sarah speaking. How can I help you?
Tom: Hello, I'd like to speak to Jay in Marketing.
Sarah: Certainly. Who shall I say is calling?
Tom: It's Tom Smith.
Sarah: Just a moment, please.
Tom: Thank you.
Sarah:: I'm afraid the line's engaged. Can I take a message?
Tom: No, thank you. I'll try again later.
Sarah: No problem. Thank you.

3 a) Find the matching pairs ... b) Match the following statements ...

METHODISCHES VORGEHEN *Die beiden Aufgaben werden entweder individuell in Stillarbeit oder in Partnerarbeit bearbeitet. Die Ergebnisse werden jeweils im eigenen Heft fixiert. L gibt eine konkrete Zeitvorgabe und leitet das Auswertungsgespräch.*

LÖSUNGSVORSCHLAG a)
1. It's about a personal matter. When you do not wish to tell the receptionist what you want.
2. Sorry, there's no one of that name working here. You say that when the person asked for does not work at your company.
3. I'd like to make an appointment with Mr Jennings. You say that when you wish to see someone at an arranged time.
4. I'm afraid I've been delayed. Used when you tell someone why you are not on time.
5. I'll just get something to write with. Used when you need to interrupt a phone conversation for a moment because you are looking for a pen.
6. Is 4.15 tomorrow convenient? Used when you suggest a time to meet.
7. I'm afraid I cannot keep my appointment. Used when you phone and say why you need another appointment.

b)
- **Sorry, I've been held up ...** – I'm afraid I've been delayed ...
- **Sorry, I'm going to have to reschedule.** – I'm afraid I have to postpone my appointment.
- **It's confidential.** – It's about a personal matter.
- **I'd like to arrange to see ...** – I'd like to make an appointment with ...
- **Let me just grab a pen.** – I'll just get something to write with.
- **I think you've dialled the wrong number.** – Sorry, there's no one of that name working here.
- **Does 4.15 tomorrow suit you?** – Is 4.15 tomorrow convenient?

4 a)–c) Decide which of the following topics are suitable in ...

METHODISCHES VORGEHEN *Die beiden ersten Teilaufgaben werden individuell in Stillarbeit bearbeitet. Da sie die Sprachübung c) vorbereiten, werden während der Ergebnissicherung die Antworten zu b) auf einer Folie festgehalten, damit sie als Redemittel für c) zur Verfügung stehen. Es bietet sich an, Teilaufgabe c) nach dem erweiterten* Think – Pair – Share-*Verfahren zu bearbeiten. Die S machen sich zunächst Gedanken über das Tagungsthema, tauschen sich mit ihrem Nachbarn aus, einigen sich auf ein gemeinsames Thema und legen dann mit einem weiteren Zweierteam das endgültige Thema fest. Für diese Phase sowie für die folgende gibt L ein festes Zeitfenster vor. Anschließend sammeln die Vierergruppen gemeinsam Redemittel und üben sich in deren Anwendung. L geht zu den einzelnen Gruppen und gibt ggf. Ratschläge. Danach führen zwei bis drei Gruppen ihren Small Talk der Lerngruppe vor, die entsprechend konstruktive Kritik übt.*

LÖSUNGSVORSCHLAG **a)**
- **Talking to a stranger:** the weather, travel or sport
- **Talking to a good colleague:** hobbies, family problems, your health or political beliefs
- **Talking to your future boss:** the weather, your last holiday or developments in the field in which your work

b) Possible expressions and phrases:
- Yes, indeed, that was a fantastic match last evening.
- I see that you have recently been to Greece? Which city/region did you visit? I have been to Crete too. Fantastic island, isn't it?
- Have you come across the article on ... in *The Times*? What do you make of the editorial on the need to limit immigration to the UK? Ah yes, I agree with you.
- You make a very interesting point. I also believe that we should ...

c) Individual answers expected.

5 a) Which of the nouns collocate ...? b) Use some of the expressions ...

METHODISCHES VORGEHEN *Die Aufgaben werden in Partnerarbeit innerhalb eines von L vorgegebenen Zeitrahmens bearbeitet. Dabei trägt jeder S die Ergebnisse in das eigene Heft ein. Die Ergebnissicherung erfolgt im fragend-entwickelnden Unterrichtsgespräch.*

LÖSUNGSVORSCHLAG **a)**
- **Agenda:** to write up/to keep to/to circulate the agenda
- **Minutes:** to take the minutes
- **Meeting:** to schedule/to chair/to hold/to attend/to cancel a meeting

b) (Solutions in **bold face**.)
Dear Tariq,
Thanks for **scheduling the meeting** to discuss the marketing plans for the product launch. Could you please **circulate the agenda** beforehand so everyone can gather ideas in advance? I presume that Sina will be **chairing the meeting** as she is in charge of the product. She's also very focused, so make sure that everyone **is attending the meeting**! And as everyone's really pressed for time at the moment, maybe her assistant could **take the minutes** and **write them up** afterwards, what do you think?
Best,
Liz

Liz, I'm afraid we'll have to **cancel** today as Sina is ill. She suggested **holding** it next Thursday at the same time. Please let me know if that's ok. Tariq

6 Many of the discussion phrases that you know can, of course, be used ...

LÖSUNGSVORSCHLAG

- **Asking for someone's opinion:** What is your view on ...?/I wonder what you think about ...
- **Agreeing with someone:** Yes, I quite share your view on .../I am also of the opinion that ...
- **Disagreeing with someone:** I beg to differ./I wonder if that really is the best way to ...
- **Partly agreeing with someone:** Yes, I can see your point, but I wonder if we shouldn't also consider .../You are right when you say that ... but shouldn't we also use ...
- **Giving your opinion:** I am convinced that this is the best way to .../I feel that we should .../ I am of the opinion that .../To my mind ...

◎ L4/6

7 a) What would you say in each ...? b) Listen to the recording and ...

MATERIALIEN → ◎ S • ◎ L4/6 (Saying the right thing) • Transkript

METHODISCHES VORGEHEN *Die Aufgabe wird in Partnerarbeit erledigt, L moderiert die Ergebnissicherung. Die acht Äußerungen werden zweigeteilt, d.h. L spielt zunächst die ersten vier Beiträge von der CD vor und die S schreiben stichwortartig den Inhalt der Mitteilungen in Einzelarbeit auf. Anschließend werden die nächsten vier Äußerungen vorgespielt. Im Anschluss an die Bearbeitung erfolgt die Ergebnissicherung durch L.*

LÖSUNGSVORSCHLAG

a)

1. Well done!
2. Congratulations! You really deserve the job.
3. I am very sorry to hear that. My sincere condolences.
4. Good idea! I hope you'll feel better soon.
5. Merry Christmas! Enjoy the holiday.
6. Happy New Year! Did you have a good time? How was New Year's Eve?
7. Don't mention it! I am glad I could have been of help.
8. I greatly appreciate your help with the presentation. I wouldn't have managed without it.

b)

Announcer 1: BC have sent the signed contract back.
Announcer 2: Liz will become Head of Marketing.
Announcer 3: Steve says he couldn't attend the last meeting because his father-in-law had passed away.
Announcer 4: Andy feels ill, possibly because of the fish he had at lunch.
Announcer 5: One should only wish colleagues a Merry Christmas if one knows they celebrate Christmas. Otherwise it's Happy Holidays.
Announcer 6: Happy New Year!
Announcer 7: Thank you for helping me with the report.
Announcer 8: Thanks so much for your help with the presentation.

8 Decide which of the following would be more appropriate in an ...

METHODISCHES VORGEHEN *Die Aufgabenstellung wird mündlich bearbeitet. Die S lesen jeweils einen Satz vor und begründen die gewählte Mitteilungsform. Mitschüler kommentieren die Lösungen bzw. begründen abweichende Meinungen.*

LÖSUNG 1. b), 2. a), 3. b), 4. b), 5. b)

9 What other questions might you ask an interviewer? Think of how ...

METHODISCHES VORGEHEN *Die Aufgabenstellung wird zu einer Dialogübung erweitert, damit die S ihre Sprechfertigkeiten schulen können. Partner A stellt Partner B eine Frage, die dieser beantworten muss. Anschließend stellt Partner B die nächste Frage, welche jetzt Partner A beantworten muss. Die Übung wird so im Wechsel fortgeführt. L geht zu den einzelnen Paaren und greift, wo erforderlich, korrigierend ein bzw. gibt Hilfestellungen.*

LÖSUNGSVORSCHLAG

A: What kind of training programmes do you offer?
B: We offer such programmes regularly, particularly for our IT staff and our marketing staff.
B: What is your typical team size like?
A: Well, that depends on the project or task they are working on. Team size ranges from two to six team members.
A: Will I have the opportunity to use my French or German?
B: Certainly, as we have branch offices both in France and in Germany.
B: I am wondering about the company's leadership philosophy.
A: As you know we are not hierarchially structured. We put great emphasis on teamwork. In fact, ad hoc teams select their own spokesperson.
A: Could you give me examples of some projects you are currently working on?
B: Well, a very recent project is being done in the marketing department. An airline has asked us to come up with a new strategy to improve their image. Another example is a project we are doing for a political party that would like to attract young people as potential voters. Here we are currently working with filmmakers to produce some film clips.
B: After I have been working with you for a while, what might be the next steps in my career?
A: After your trial period is over, you will be assigned to a new team dealing with a new project. After a year or so you might be sent to one of our branch offices abroad if you should desire to do so. Naturally, this will depend on the availability of an open position.

10 A US friend of yours has just written you an email saying that ... → S26.1

METHODISCHES VORGEHEN

Die Aufgabe wird in häuslicher Arbeit erledigt. Es erfolgt ein Hinweis auf Skill 26.1 Mediating. *Die folgende Musterlösung enthält 284 Wörter. L lässt zu Beginn der Folgestunde einige Texte vorlesen. Die S üben sich im* Peer assessment.

LÖSUNGSVORSCHLAG

Hi John
Your plan sounds really interesting, and I will keep my fingers crossed that everything will work out for you. I have recently come across an article on Marissa Meyer which was published in one of Germany's leading newspapers. It occurred to me that you might be interested in what the writer says about the recent changes Meyer has introduced and the challenges that Yahoo is facing. Obviously Meyer has introduced new principles of assessment in the *Quarterly Performance Review.* Management must now divide the employees into performance groups. The tricky thing is that there are fixed margins of assessement. Thus only 10% can achieve the grade absolutely outstanding, whereas another 10% must be in the category occasionally does not meet the stated goal and 5% must be in the category misses the stated goals. If you belong to either of the last two groups, you are likely to be fired. Not surprisingly, the new system has made Yahoo's employees nervous and even frightened. According to the technology blog *All Things D* around 600 employees have already been given notice.
As you know, Meyer, who formerly worked for Google, has become Yahoo's CEO in order to foster an economic turnaround. The company's online advertising business is no longer growing, and its turnover is declining. So there are no rosy prospects. Meyer clearly fits in the category of misses the stated goals. It seems to me that the new assessment system with its rigidity, and its pre-fixed margins will not increase performance; it will only produce dissatisfied employees. So let me know what you think about Meyer and the changes she has introduced. You still want to apply for an internship at Yahoo? Take care!
Best
...

Spot on vocabulary

1 a)–e) Decide whether the following collocate with 'work', 'job' or both ...

METHODISCHES VORGEHEN

L weist vorab auf den Tipp zu den Vocab sheets *hin. Die fünf Teilaufgaben in Aufgabe 1 können alternativ auch zusammenhängend in Partnerarbeit bearbeitet werden. Dabei notiert jeder S die Ergebnisse im Heft. L gibt einen Zeitrahmen vor. Die Auswertung erfolgt im fragend-entwickelnden Unterrichtsgespräch.*

LÖSUNGSVORSCHLAG

a) Decide wether the following collocate with 'work', 'job' or both:
- **work:** workforce, to go to work, workplace, work experience, work ethic, to look for work, hours of work, shift work
- **job:** job satisfaction, job applicant, job security, nine-to-five job, desk job, job interview
- **both:** to offer sb work/job, part-time job/work, to lose one's job/work

b) Individual answers expected, e.g. full-time job, to work overtime/night shift, job centre etc.

c) Explain the difference between the expressions and find an example to illustrate each one:
- **to work in:** I work in publishing, advertising etc. General statement about the area in which you work.
- **to work on:** I am working on a new article on environmental pollution. The work is work in progress; it is not yet finished.
- **to work at:** I work at the BBC. Specific information on where you work.
- **to work for:** I work for a law firm. Information about the type of work you do, but not about who you work for.
- **to work as:** I work as a personal assistant to the head of marketing. You give specific information on the nature of your job.

d) Match the definitions with the collocations from your lists:
- **The physical place where . . . :** workplace
- **An employment practice in . . . :** shift
- **It can be helpful to do this when . . . :** work experience
- **A job with this means that . . . :** job security
- **Before you are offered a job, . . . :** job centre
- **This refers to how content . . . :** job satisfaction
- **The people who work for a . . . :** workforce

e) Find words that collocate with the word 'business':
to be on business, business trip, business contacts, business deal, business activities, software/construction/publishing business, business hours, business school, to go into business, to start up a business, to go out of business, to run a business, mind your own business, unfinished business, that's my business etc.

2 a) Find the correct preposition . . . b) Write sentences using three . . .

METHODISCHES VORGEHEN

Die beiden Teilaufgaben werden ebenfalls im Zusammenhang bearbeitet. Für a) bietet sich eine mündliche Bearbeitung an, Aufgabe b) wird schriftlich und in Einzelarbeit erledigt. Die Ergebnissicherung erfolgt lehrergelenkt.

LÖSUNGSVORSCHLAG

a) (Solutions in **bold**.)
to be in charge **of** sth, to be responsible **for** sth, to discriminate **against** sb, to be good **at** sth, to be fluent **in** a language, to take part **in** sth, to apply **for** a job

b) Sentences you could use in a job application:
- For two years I have been in charge of my school's debating club.
- I am good at communicating with people.
- I am fluent in Spanish.

3 Write the British English equivalent of the American English terms . . .

METHODISCHES VORGEHEN

Die Aufgabe wird ebenfalls schriftlich in Einzelarbeit erledigt. Sie ist auch als schriftliche Hausaufgabe geeignet.

LÖSUNGSVORSCHLAG

AE: intern, internship, résumé, busy (of a phone line), high school, cover letter, labor union
BE: houseman, work experience, curriculum vitae, engaged, grammar school, covering letter, trade union

4 a) Some German words have ... b) How would you explain ...?

METHODISCHES VORGEHEN *Beide Aufgaben werden zusammen in Partnerarbeit bearbeitet. Beide S notieren die Ergebnisse in ihr Heft. L setzt einen Zeitrahmen, die Ergebnissicherung wird von L moderiert, dabei üben S konstruktive Kritik und machen Verbesserungsvorschläge.*

LÖSUNGSVORSCHLAG **a)** *Arzttermin* – appointment at the doctor, *Abgabetermin* – deadline, *Geschäftsreise* – business trip, *Reiseziel* – destination, *Rundreise* – tour, *Wirtschaft* – economy, *wirtschaftlich* – economical, *Wirtschaftslehre* – economics, *wissenschaftliche Qualifikationen* – academic/professional qualifications, *naturwissenschaftlich* – natural science(s)

b)

- *Abitur* – A-level exams: school-leaving exam enabling you to go to university
- *Abschlussnote 2,0* – final mark/grade: my final mark was 2.0 which means 'good'
- *Pflichtfach* – compulsory subject: subjects that you must take, like your native language, math, a foreign language etc.
- *Wahlfach* – non-compulsory: optional subject that you can choose like geography, social sciences, art or music
- *Q12* – final year at school
- *Studienfahrt* – field trip: our English A-level course always goes to England in year eleven for a week

Topic task

Applying for a job → S18.2, S18.3, S33 → WB Task 4

METHODISCHES VORGEHEN *Die* Topic task *beinhaltet die Anwendung und Vertiefung der in dem* Core skill workshop *erworbenen Kompetenzen. Für die Durchführung sollten zwei Stunden veranschlagt werden.* Step 1 Read the job advert *und* Step 2 Brainstorming ideas *werden im Klassenverband mündlich erarbeitet. L verweist auf den Tipp zu den* Action verbs *und notiert die Ergebnisse an der Tafel/auf Folie. Die S bearbeiten* Step 3 Producing the materials *in Einzelarbeit. Sie berücksichtigen dazu die Hinweise in* Skill 18.2 Writing an application *und* Skill 18.3 Curriculum Vitae – CV. *Sollten sich einige S für den Videoclip entscheiden, müsste die Produktion zu Hause erfolgen. Die Auswertung in* Step 4 Reviewing the applications *erfolgt in Gruppen. Die S erstellen dazu ein Bewertungsraster und einigen sich über die Bewer-tungsrichtlinien. Die Hinweise in* Skill 33 Peer evaluation *unterstützen sie bei der Vorbereitung.*

LÖSUNGSVORSCHLAG **STEP 1 Read the job advert**

key phrases: promote Germany, act as tourism ambassadors, full-time summer job, breaking down stereotypes, good communication skills, interpersonal skills, willing to learn

STEP 2 Brainstorming ideas

- **key responsibilities:** promote German life and culture in English-speaking countries, break down stereotypes and improve Germany's profile
- **skills and qualities:** communicative, open-minded, enthusiastic, willing to learn and self-motivated
- **relevant experience:** exchange student to Germany, hosted an Austrian exchange student, A-levels in German
- **skills and interests:** interested in German life and culture and can communciate easily with people

KLAUSURVORSCHLAG *Zum* Topic **The world of work** *steht online nur für die Hand von L ein mehrteiliger editierbarer Klausurvorschlag mit Erwartungshorizont zur Verfügung.*

Code k949tr → **Klausurvorschlag: A 4G future: Four generations in same workplace by 2030 and more women (newspaper article) • Mediation: Die Anderen**

KV1: Notes for a covering letter

- Name of company: …
- British branch of parent company based in …
- Specialises in …
- Has high ethical standards …

1st paragraph

- Secondary school pupil in …
- Interested in the job …

2nd paragraph

- Have completed my studies in …
- Wish to become …
- Successfully completed similar work experience at a German company in …

3rd paragraph

- Reasons for wanting the job …
- What I want to learn …
- What I can bring to the company …

Final paragraph

Green Line Oberstufe
Autor: Prof. Dr. Peter Bruck, Lüdinghausen

KV2: Preparing a placemat

1 *Get into groups of three. Fill in the profiles below with the qualities and qualifications that you think are needed for each of the three job descriptions. After you have done that, discuss your ideas in your group and improve your list by adding additional aspects. Jot down two qualifications that you think are an absolute must for the job. Decide on who will present your findings to the course.*

Job profiles

Chief funster:

____

____

____

____

____

____

Absolute must: ______________________________

____

Park ranger:

____

____

____

____

____

____

Absolute must: ______________________________

____

Taste master:

____

____

____

____

____

____

Absolute must: ______________________________

____

Green Line Oberstufe
Autor: Prof. Dr. Peter Bruck, Lüdinghausen

KV3: Buzz groups

1 *The aim of the following method is to gather as many ideas as possible in a short period of time regarding a particular topic or issue (cf. Advanced texts C, Task 8).*

Steps to follow:

a) Get together in groups of no more than four.
b) In your group select a person who will take notes and be the time manager. You have a maximum of five minutes to complete steps one and two.
c) Start the buzz session:

- Discuss the topic.
- Note taker: Jot down the group's main ideas below; at the end read out the notes to the others and agree on what to present. Then present the main results to the class.
- Time manager: Keep track of the time, e.g. remind everyone how many minutes are left.

For the buzz session you have a total of 15 minutes. Space for note taking:

Green Line Oberstufe
Autor: Prof. Dr. Peter Bruck, Lüdinghausen

11 India

Didaktisches Inhaltsverzeichnis

Textsorte/Thema	Unterrichtsmethoden	Input boxes	Kompetenzen	Textproduktion
Introduction				**ca. 1 Unterrichtsstunde**
Combination of visuals, map and short texts/India	*Kursgespräch* *Partnerarbeit* *Code bq83i8*		*Orientierungswissen* *Bildbeschreibung/ -analyse* *Recherchieren*	Brainstorming ideas Describing and assessing pictures Doing research
Spot on facts India – an overview				**ca. 2 Unterrichtsstunden**
Factual texts, statistics/History, population and religion	*Kursgespräch* *Gruppenarbeit* *WB Tasks 10, 11* *Zusatzmaterial: Kopiervorlage 1*	Fact files: Colonisation and Independence – A sense of place – Population – Hinduism: The main religion in India	*Leseverstehen* *Statistiken beschreiben* *Gespräche führen* *Recherchieren* *Kreatives Schreiben*	Writing short reports Giving talks Pointing out differences
Core skill workshop Analysing an extract from a novel				**ca. 3 Unterrichtsstunden**
Novel excerpts/ Examples from Indian literature	*Kursgespräch* *Partnerarbeit* *Gruppenarbeit* *WB Tasks 12–14* *Zusatzmaterial: Kopiervorlage 2*	Tips: Tension – Author vs. narrator Useful phrases: Narrative point of view	*Leseverstehen* *Gespräche führen* *Argumentieren* *Kreatives Schreiben*	Analysing characters Brainstorming ideas Analysing narrative perspective Rewriting paragraphs
Texts A A nation of entrepreneurs				
Street-smart, 2005				**ca. 2 Unterrichtsstunden**
Novel excerpt, photos/Street life in Indian cities	*Kursgespräch* *L Transkript* *WB Task 1*		*Leseverstehen* *Bildbeschreibung/ -analyse* *Hör-/Sehverstehen*	Describing and assessing pictures Writing diary entries Viewing for gist/detail
A competitive edge, 2011				**ca. 1–2 Unterrichtsstunden**
Novel excerpt/India – a country of rapid change	*Kursgespräch* *◎ L2/6 Transkript* *WB Task 2*		*Leseverstehen* *Hörverstehen* *Gespräche führen* *Recherchieren*	Outlining aspects Listening for detail Doing research Comparing people
Texts B The rich-poor divide				
Slums in Vakola, 2012				**ca. 1 Unterrichtsstunde**
Novel excerpt, photo/ Slums in India	*Kursgespräch* *Partnerarbeit* *WB Tasks 3, 4*	Fact file: Bombay/ Mumbai – Vakola	*Leseverstehen* *Gespräche führen* *Argumentieren*	Making mind maps Examing style Acting out role plays
India has one third of the world's poorest, says World Bank, 2013				**ca. 1 Unterrichtsstunde**
Newspaper article, photo/Poverty in India	*Kursgespräch* *WB Tasks 6, 8–9, 16*		Leseverstehen Gespräche führen Argumentieren	Outlining aspects Listing problems Discussing statements
Texts C Popular culture				
Cricket – India's national sport				**ca. 1 Unterrichtsstunde**
Factual text/Cricket	*Kursgespräch* *WB Task 5* *Zusatzmaterial: Kopiervorlage 3*	VIP file: Sachin Tendulkar	*Orientierungswissen* *Leseverstehen* *Gespräche führen* *Recherchieren*	Preparing oral reports

Textsorte/Thema	Unterrichtsmethoden	Input boxes	Kompetenzen	Textproduktion
Bollywood, 2013				ca. 1 Unterrichtsstunde
Newspaper article/ Indian cinema	*Kursgespräch* *Partnerarbeit*	Fact file: Bollywood	*Orientierungswissen* *Leseverstehen* *Gespräche führen* *Recherchieren*	Doing research Preparing reports Presenting films
Advanced texts D Hinduism and India's caste system				
Interview with Tarquin Hall, 2013				ca. 2 Unterrichtsstunden
Interview, video clip, photos/Indian caste system and arranged marriages	*Kursgespräch* *L Transkript* *WB Tasks 7, 17*	Fact file: The caste system in India	*Orientierungswissen* *Leseverstehen* *Hör-/Sehverstehen* *Gespräche führen* *Argumentieren*	Viewing for gist Making notes Giving talks Comparing views Listing arguments
Advanced texts E Tradition and gender roles				
India dishonoured?, 2013				ca. 2 Unterrichtsstunden
Painting, book excerpt/The role of women and Indian mythology	*Kursgespräch* *Partnerarbeit* *WB Tasks 18, 19*		*Orientierungswissen* *Leseverstehen* *Gespräche führen* *Argumentieren* *Recherchieren*	Collecting vocabulary Describing and comparing aspects Doing research Giving presentations
Cartoons for change in the New Delhi metro, 2012				ca. 1 Unterrichtsstunde
Cartoons, online article/The role of women	*Kursgespräch* *Partnerarbeit* *Zusatzmaterial: Kopiervorlage 4*		*Bildbeschreibung/ -analyse* *Leseverstehen* *Gespräche führen*	Describing and assessing cartoons Discussing statements
Advanced texts F The history of India				
The sun sets on the British Empire, 2007				ca. 2 Unterrichtsstunden
Book excerpt/Indian history	*Kursgespräch* *L2/7 Transkript* *WB Tasks 15, 20*	VIP file: Mahatma Gandhi, Jawaharial Nehru, Muhammad Ali Jinnah	*Leseverstehen* *Hörverstehen* *Gespräche führen* *Argumentieren*	Analysing aspects Listening for detail Explaining ideas
Train to Pakistan, 1956				ca. 1–2 Unterrichtsstunden
Historical novel excerpt/Partition	*Kursgespräch* *WB Task 21*	Fact file: Sikhism Fact file: Partition and the Punjab	*Leseverstehen* *Gespräche führen* *Kreatives Schreiben*	Describing scenes Comparing aspects Analysing stylistic devices Writing responses
Spot on language Being aware of persuasive strategies – Mediation				ca. 1 Unterrichtsstunde
Travel brochure, German travel ad/ Holidays in India	*Kursgespräch* *Einzelarbeit*		*Leseverstehen* *Gespräche führen* *Kreatives Schreiben* *Mediation*	Analysing strategies Writing summaries Writing travel brochure texts Mediating
Spot on vocabulary Synonyms and opposites – Organising vocabulary for a talk – Phrasal verbs				ca. 1 Std
Working with words	*Kursgespräch* *Einzelarbeit*	Tip: Vocab sheets	*Wortschatzarbeit*	Making mind maps Preparing talks Writing sentences
Topic task Organising an Indian literature festival				ca. 3–5 Unterrichtsstunden
Project work/Step 1–6	*Partnerarbeit* *Gruppenarbeit* *Zusatzmaterial: Klausurvorschlag Code k949tr*		*Projektarbeit*	Choosing a novel Planning contributions Rehearsing Holding a literature festival

Unterrichtsverlauf

Code bq83i8

Introduction

LERNWORTSCHATZ ceremonial, colonial governor, delivery, IT services, economic, development, in recent years, to gain popularity, surrounding area, rural, predominantly, caste, metropolitan area, seat

BRAINSTORMING **1 What do you already know about India? Make a list of keywords and places.**

METHODISCHES VORGEHEN Think-Group-Share: *Nach einer vorbereitenden Stillarbeitsphase (3–5 Minuten) tauschen sich die S in 4er-Gruppen aus. Dabei erstellen sie eine Mindmap. Eine der Gruppen überträgt ihre Mindmap auf eine Folie und präsentiert ihre Ergebnisse im Plenum. Nach der Präsentation der Mindmap werden nur noch neue Aspekte ergänzt, um Wiederholungen zu vermeiden. Die Ergänzung erfolgt durch Mitglieder der anderen Gruppen. Alle S ergänzen in ihren Mindmaps die neuen Aspekte. Die S sollen eine Mindmap während der Arbeit an dem* Topic *sukzessive ergänzen und sie immer wieder aktiv einsetzen. In* Spot on facts *(Aufgabe 2) werden die S gezielt dazu aufgefordert.*

LÖSUNGSVORSCHLAG

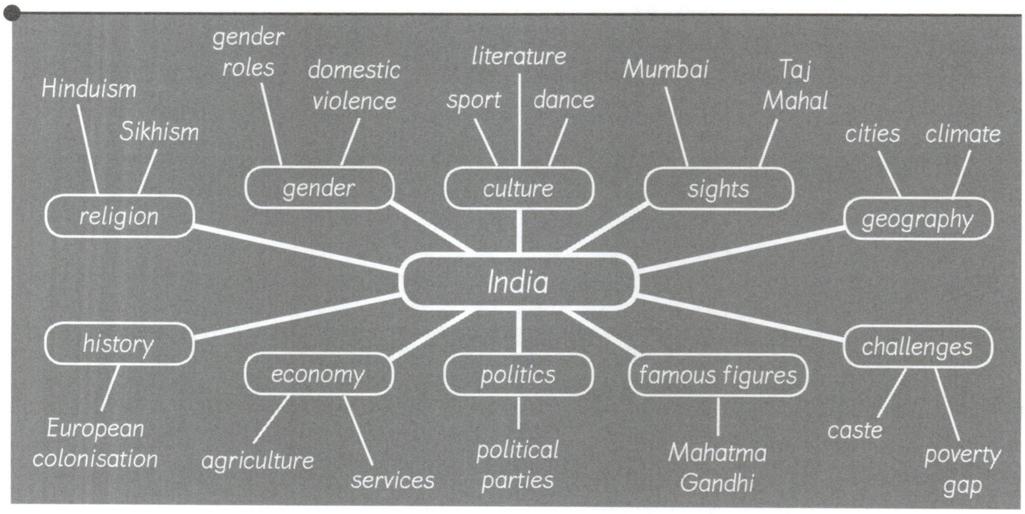

ERWEITERUNG *L kann die S dazu anregen, die Mindmap auf ein großes Blatt (DIN-A3) zu übertragen und während der Arbeit am* Topic *regelmäßig zu ergänzen. Am Ende des* Topics (Spot on vocabulary, Task 2) *werden die Ergebnisse dann ausgewertet.*

SPEAKING **2 Examine the photos and the texts on this page and then compare ...**

Photo 1 (top left): The Gateway of India is the country's most famous landmark. It was built to commemorate the visit of King George V and Queen Mary in 1911, but it was only completed in 1924. It lies at the heart of Mumbai's tourist district. The ferry boats in the foreground take people across the bay to Elephanta Island with its cave temples, a UNESCO World Heritage Site. To the left of the picture is the Taj Mahal Palace with its Tower, one of India's finest hotels. It was the scene of a terrorist attack in 2008.
Photo 2 (top, second from left): The picture shows one of the collection points for the Mumbai Tiffin Box Suppliers Association, which organises the dabbawalla(h)s, often migrants from the neighbouring city of Pune. In the foreground a dabbawalla is tying tiffin boxes, three or four round stainlesss steel containers (dabbas), to his bike ready to deliver the home-cooked lunch boxes to office workers, probably in the financial area around the Mumbai Stock Exchange. In the background other tiffins are being sorted according to the colour coded office addresses.
Photo 3 (top, second from right): Holi is the North Indian harvest festival, which is celebrated in March by throwing coloured powder and spraying people with coloured water. It marks the end of winter. On the eve of Holi bonfires are lit and images of Holika, a demon, are burnt to show the triumph of good over evil. It is one of the most important Hindu festivals.
Photo 4 (top right): The Indian Railways network was established in 1853. It is the fourth largest network in the world and the largest single employer with over 1.6 million employees. 10,000 trains run daily transporting on average 13 million people. Trains are always crowded as can be seen in the photo. There are three kinds of train: passenger, express and mail. The air-conditioned express trains have fewer stops and better facilities.

Photo 5 (bottom right): A typical Indian street scene in one of the big cities with crowds of people jostling for space. This might be in Chandni Chowk in the heart of Old Delhi, a crowded, busy and noisy road with its temples and stalls and hawkers and touts. The picture shows women carrying their bean harvest from the fields back to their village.
Photo 6 (at the bottom in the middle): In the 2011 Indian census the total population was 1210.2 million with 68.84 % (833.1 million) living in rural areas and 31.16 % (377.1 million) in urban areas. Almost one-third of the country's population continues to live below the poverty line, and a large proportion of poor people live in rural areas. The poorest areas are in parts of Rajasthan, Madhya Pradesh, Uttar Pradesh, Bihar, Jharkhand, Orissa, Chhattisgarh and West Bengal. These areas are either in the country's semi-arid tropical region, where water shortages and recurrent droughts have limited the development that the Green Revolution has achieved elsewhere, or in flood-prone areas such as those extending from eastern Uttar Pradesh to the Assam plains, especially in northern Bihar. New farming techniques and machinery are being introduced, but many still rely on manual labour and traditional farming methods. Women often do less skilled jobs, such as sowing, transplanting, weeding and harvesting. This agricultural work is often unpaid subsistence labour, work that is combined with domestic life and child-rearing.
Photo 7 (bottom left): India is a world leader in soft-ware development. Bangalore, in the state of Karnataka, is the centre of the computer software industry where several multinational corporations have opened up offices. It is sometimes referred to as Asia's Silicon Valley.

METHODISCHES VORGEHEN *In Stillarbeit (ca. 10 Minuten) betrachten die S die Bilder und die Karte und lesen die Texte. In Partnerarbeit überlegen sie, welche wichtigen Aspekte noch fehlen. In einem anschließenden Gespräch im Plenum nehmen die S Stellung zu den dargestellten Bildern und erörtern die fehlenden Aspekte. Wenn die S zur Bildbeschreibung Unterstützung brauchen, verweist L auf* Skill 28.1 (Working with visuals: Pictures). *Dort sind* Useful phrases *zur Bildbeschreibung zusammengestellt, die die S heranziehen können. Die Antworten der S werden unterschiedlich ausfallen. Im Folgenden sind die Themen aufgelistet, die in den Bildern angesprochen werden. Die Mindmap (siehe Aufgabe 1) liefert weitere Themen, die von den S ggf. ergänzt werden können. Ob diese der Karte zugeordnet werden können, hängt vom Thema ab.*

LÖSUNGSVORSCHLAG
- urban areas/cities
- small businesses/making a living/typically Indian occupations
- religion/religious festivals
- transport/trains/(demands for) infrastucture
- crowds/overpopulation
- farming/agriculture/gender issues
- IT/the economy

RESEARCH

3 Find pictures for three of the additional aspects of India ...

METHODISCHES VORGEHEN *Diese Aufgabe kann alternativ auch als Hausaufgabe erledigt werden. Ein* Gallery walk *am Anfang der Folgestunde hat den Vorteil, dass alle S die Möglichkeit haben, ihre Bilder und Texte zu zeigen. Alternativ könnten einzelne S ihre Bilder – wenn vorhanden – auf einem Smartboard präsentieren.*

LÖSUNGSVORSCHLAG Individual answers expected.

SPEAKING

4 In class discuss what themes particularly interest you and explain why.

METHODISCHES VORGEHEN *Nach dem* Gallery walk *bzw. einer anderen Art der Präsentation erfolgt ein Plenumsgespräch über die Themen, die die Gruppe zum* Topic India *interessieren. Falls es Themen gibt, die nicht im SB behandelt werden, können die interessierten S ein* Short talk *zu ihrem Thema während der Unterrichtsreihe geben. L gibt ggf.* Useful phrases *zu* Expressing your opinion (*siehe* Skill 14.2 Comment) *zur Unterstützung an der Tafel oder auf Folie vor.*

LÖSUNGSVORSCHLAG Individual answers expected.

ERWEITERUNG *Die S können Fragen stellen, die sie gerne im Laufe der Unterrichtsreihe beantwortet haben möchten und sie an einem Plakat festhalten. Das Plakat kann in einer Feedbackstunde am Ende der Unterrichtsreihe aufgegriffen werden (vgl. Aufgabe 1):* What have I learnt about India?

Spot on facts

FACTUAL TEXTS India – an overview → WB Tasks 10, 11

LERNWORTSCHATZ prior to sth, British East India Company, trading company, to occur, loyalty, to be rewarded, Indian National Congress, resistance, partition, to seal, to divide up into, comprising, to separate, to dispute sth, unresolved, distinct, entity, temperate, monsoon, to account for sth, head of government, to nominate, due to, GDP (Gross Domestic Product), vast, to do for a living, to shrink, large-scale agriculture, manufacturing industry, food processing, at a glance, census, sex ratio, density of population, literacy rate, tension, uncommon, reincarnation, effect, scripture, diverse, notion, to involve, incarnation, supreme being, destroyer, evil, creator, triumvirate, creation, creature, preserver, troubled times, to restore

RESEARCH **1** **In a group of four choose one of these topics: The British ...** → S32

MATERIALIEN → Kopiervorlage 1 (Giving a short report)

METHODISCHES VORGEHEN *Die S lesen den Text in Stillarbeit und erstellen dann in Partnerarbeit eine Zeitleiste (*Timeline*) mit den wichtigsten Daten/Ereignissen. Anhand der Zeitleiste berichten einzelne Paare über den Inhalt des Textes. Nun bilden die S Vierergruppen und wählen eins der vier Themen. Das Thema wird zu Hause recherchiert und als Hausaufgabe ein* Short report *geschrieben. Es erfolgt ein Hinweis auf* Skill 32 Doing research. *Am Anfang einer Folgestunde (nicht zwangsläufig in der nächsten Stunde) werden die Texte in den Expertengruppen in einem* Relay check*/Staffelverfahren (die S-Arbeiten werden reihum gelesen) inhaltlich und sprachlich überprüft. Es ist wichtig, dass die S gleich lange Texte schreiben, um die Lesezeit in den Gruppen in etwa gleich gestalten zu können. Danach werden Gruppen gebildet, in denen alle vier Themen vertreten sind. Im Staffelverfahren lesen die S mindestens einen Bericht über alle vier Themen, machen sich Notizen und verbessern ggf. Fehler im Text.*

LÖSUNGSVORSCHLAG **The British East India Company** was founded by royal charter on 31 December 1600 by a few London businessmen who wanted to make money importing spices from South Asia. After the destruction of the Spanish Armada in 1588 the Spanish and Portuguese monopoly of the East Indies spice trade was broken, and the British and Dutch sought their share of this wealthy import business. There was competition from the Dutch and the Portuguese, but the company succeeded in winning trading concessions from the Mughal Empire in central and northern India. It traded in cotton and silk goods, indigo and saltpetre as well as spices from South India and other trading activities in the Persian Gulf, Southeast Asia and East Asia. To protect its interests, the company had its own army and administration and became an imperial power in its own right. However, the British government slowly took full control of the company until it went out of existence in 1873. (156 words)

ERWEITERUNG Kopiervorlage 1 (Giving a short report) *bietet Hilfestellung für die Erstellung und Durchführung eines Kurzreferats* (Short talk).

SPEAKING **2** **Use the map at the beginning of the topic and the information ...** → S22

METHODISCHES VORGEHEN *Die S lesen die beiden Texte und bereiten einen* Info spot *vor. Ein* Info spot *dauert zwei Minuten und wird frei vorgetragen. Dazu verweist L auf* Skill 22 Presentation. *Die S können Notizkarten (*Postcard technique*) mit bis zu fünf Schlüsselwörtern (*words, phrases, names, dates, terms*) pro Karte benutzen. Die Anzahl der Karten hängt von der Anzahl der Themen ab.*

LÖSUNGSVORSCHLAG Individual answers expected.

ERWEITERUNG *Als Wortschatz- und/oder Differenzierungsaufgabe können* Word webs *zu den einzelnen Themen erstellt und zusammenhängende Sätze zum Thema geschrieben werden.*

LÖSUNGSVORSCHLAG **Population:** sex ratio, density of population, population growth, percentage of the total population, census figures, to hold a census, total population etc.

- The most recent **census figures** are from the last Indian census held in 2011.
- The **percentage of the total population** under six is 13 percent.

- The **sex ratio** in the Indian population is 940 females per 1,000 males.
- The average **population density** in India is 382 per square kilometre, but this is obviously much higher in urban centres like Kolkata and Mumbai.
- **Population growth** remains a cause for concern in India.

ANALYSIS

3 The last Indian census was held in 2011. What questions or comments ...?

METHODISCHES VORGEHEN

Die S betrachten die Informationen in Figures at a glance *und versuchen sie in Partnerarbeit zu verbalisieren. Dabei werden die Statistiken kommentiert und Fragen dazu geäußert. Welche Gründe stehen möglicherweise hinter den Zahlen? Im Plenumsgespräch diskutieren die S ihre Gedanken dazu. Ggf. können offene Fragen auf einem Plakat oder einem* Open questions sheet *gesammelt und während der Bearbeitung des* Topics *beantwortet werden:* Let's come back to that question later. *L verweist bei Bedarf auf die* Useful phrases *in* Skill 27 (Statistics, diagrams and maps) *und kann Vergleichszahlen zur Bevölkerungsdichte in Deutschland liefern: Bevölkerungsdichte ungerundet: 80.767.463 Einwohner/357.167,94 km² = 226,13 Einwohner pro km² (Quelle: Statistische Ämter des Bundes und der Länder, Oktober 2014).*

LÖSUNGSVORSCHLAG

Questions might be asked concerning the male-female ratio (abortion and even female child killings, dowry problem), the potential for population growth (13 % in the 0–6 age group), literacy rates among men and women (gender roles – education not seen as really necessary for girls) and comparisons might be made between India and Germany concerning the population totals and density.

ANALYSIS

4 Point out the main differences between Hinduism and what you ...

METHODISCHES VORGEHEN

Nach einer stillen Lesephase werden *eventuelle Fragen zum Wortschatz geklärt. Die S schreiben ihre Gedanken zu der Aufgabenstellung auf und formulieren in der Murmelphase konkrete Äußerungen aus. Anschließend erfolgt ein Austausch im Plenum* (Think-Pair-Share).

LÖSUNGSVORSCHLAG

- karma (similarities with Buddhism)
- reincarnation (*samsara*)
- montheistic/polytheistic religions (cf. Christianity and Islam)
- Hinduism has a supreme being (Brahman), but with different incarnations

ERWEITERUNG

Besonders interessierte S können Informationen zu den Religionen, die im Topic *vorkommen, zusammentragen und als Plakat, Text* (Handout) *oder Präsentation* (Topic talk), *evtl. auch als Gruppenpräsentation, aufbereiten.*

Core skill workshop

Analysing an extract from a novel → WB Tasks 12–14

LERNWORTSCHATZ

to occur, to be involved in, to infer, to convey, to deserve sth, to negotiate sth, to put sth into practice, desperate, to spot, to deceive, to settle on sb/sth, compartment, to be struck by sth, to size up sb/sth, first-person narrator, third-person narrator, impersonal, omniscient, jammed, to honk, to whine, to splutter, to be dedicated to sth, refuge, exaggeration, deity, invincible, utmost distress, devotee, sanctum sanctorum, incense, considerably, to make one's communion with, intent, to keep sth handy, aquiline nose, intimidating

COMPREHENSION

1 Record text evidence from Extract A below about the ... → S5

METHODISCHES VORGEHEN

Die S lesen den Einführungstext und den Tipp zu Tension *in Stillarbeit. L verweist zusätzlich auf* Skill 5 Dealing with narrative texts. *Bei der Textarbeit werden die S ermuntert, Farbstifte zu nutzen, um Textstellen zu markieren und zwischen Informationen zu verschiedenen Themen zu unterscheiden. Falls das SB ausgeliehen ist, legen die S eine Leerfolie auf und verwenden wasserlösliche Folienstifte. Die Aufgabe wird zuerst individuell bearbeitet und die Ergebnisse danach in Partnerarbeit verglichen, um anschließend über die Handlung zu spekulieren.*

LÖSUNGSVORSCHLAG

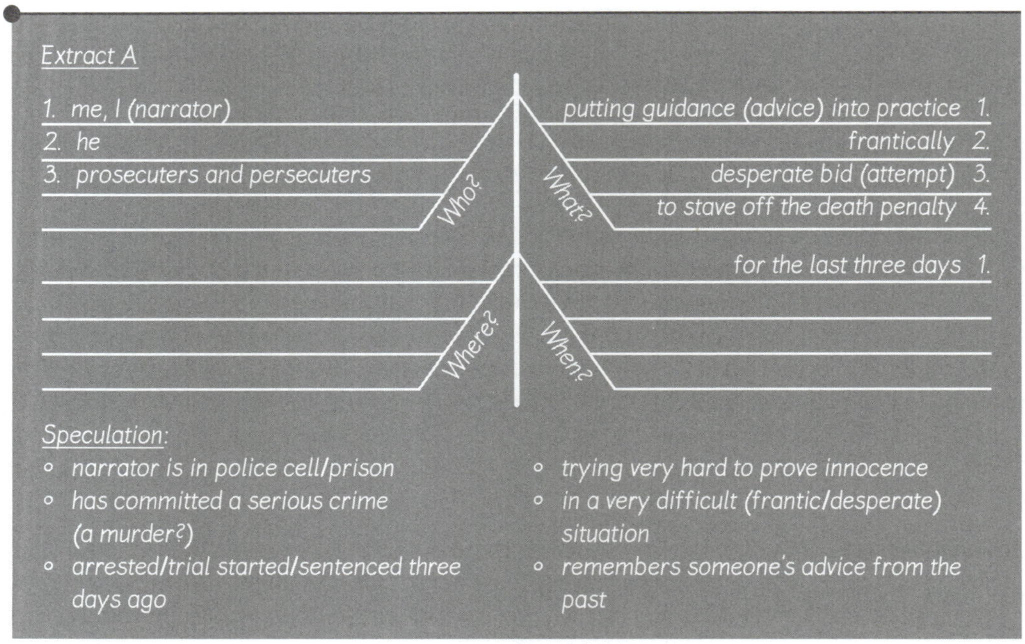

COMPREHENSION

2 Now record text evidence from either Extract B or C from …

METHODISCHES VORGEHEN *Die S gehen wie bei Aufgabe 1 vor. L kann die Darstellung an der Tafel an den Tafelanschrieb oben anpassen.*

LÖSUNGSVORSCHLAG

Extract B:
Who? Kanai, her, snack vendors and tea-sellers
What? description of a woman
Where? station platform
When? Kanai has just arrived at/left station?

Extract C:
Who? Piya; him
What? scalded sb with tea, description of a man
Where? in compartment/railway carriage in train (from Kolkata)
When? during train journey

Speculation:
- a man and a woman (unbeknown to each other) see each other for the first time on a platform in Kolkata
- take the same train
- woman spills hot tea over the man
- make each other's acquaintance
- have an argument, fall in love etc.

ANALYSIS

3 The two extracts describe the scene on the platform from … → S7

METHODISCHES VORGEHEN *Eine arbeitsteilige Aufteilung der Aufgabe ist hier ratsam. Bei der Spekulation über die mögliche Entwicklung der Beziehung ist dadurch eine Identifikation mit einem der Charaktere gegeben und führt zu einer lebhafteren (und zeitsparenderen) Diskussion in Partnerarbeit. Die S sollten auf jeden Fall auf die Möglichkeit einer direkten und indirekten Charakterisierung hingewiesen werden. Dazu erfolgt ein Verweis auf* Skill 7 Characterisation.

LÖSUNGSVORSCHLAG

Kanai:
- awesome, (Piya) in awe of him, made an impression on her: "mortified" (l. 17), "the last person she would have chosen" (ll. 18f)
- contented, smug, complacent, "self-satisfied tilt of his head" (ll. 20f)
- unembarrassed, confident: "the unabashed way [he observed everyone]" (l. 21)

- indirect characterisation – implying sth from Piya's reaction to him and by his body language and behaviour

Piya:
- man noticed her immediately: "spotted her the moment he stepped onto the platform" (l. 8)
- not immediately attractive, but attracted to her?, sth about her: "was not deceived [by her appearance]" (l. 9)
- boyish: "close-cropped hair" (ll. 9f), "clothes … of a teenage boy" (ll. 10f)
- determined, resolute, single-minded: "[w]inding unerringly" (l. 12)
- physically attractive: "her slim, shapely figure" (l. 15)
- direct characterisation: description of her physical appearance
- indirect characterisation: implying sth about her from Kanai's reaction to her and by what she does

Speculation:
- both seem attracted to each other
- a love relationship might develop
- depends on where they are going/what their plans are
- might just be a chance meeting on a train and the plot develops quite differently

BRAINSTORMING

4 Would you rather carry on reading *The Accidental Apprentice* …?

METHODISCHES VORGEHEN

Die S bilden Vierergruppen und tauschen sich spontan über die Fragestellung aus. L weist auf den Tipp zu Author vs. narrator *hin. Ein Mitglied der Gruppe führt Protokoll und ist nach 3–5 Minuten bereit, die geäußerten Argumente der Gruppe anhand der Notizen zusammenzufassen. Nach der ersten Zusammenfassung werden nur neue Argumente von den anderen Gruppen ergänzt. Zwei S schreiben die Ergebnisse für das jeweilige Buch an die Tafel.*

LÖSUNGSVORSCHLAG

The Accidental Apprentice	The Hungry Tide
• more tension/suspense • exciting plot • a page turner	• more descriptive passages/details • slower plot • deals with relationships (a love story?)

ANALYSIS

5 Look at extracts A, B and C again and ask yourself these questions …

METHODISCHES VORGEHEN

Die S lesen den Einführungstext durch. Die Fragen werden in Stillarbeit bearbeitet und in Partnerarbeit besprochen. L macht die S darauf aufmerksam, dass sie ihre Entscheidung nur von dem Textabschnitt abhängig machen sollten. In Extract C *sollten die S sich nicht durch die direkte Rede* ("Oh, I'm so sorry!", l. 17) *verwirren lassen. Das Gesprochene wird gehört und nicht vom Erzähler gesagt.*

LÖSUNGSVORSCHLAG

	A	B	C
first/third person	first person "I have been putting" (l. 4)	third person "Kanai spotted her … he stepped onto the platform" (l. 8)	third person "She had noticed him" (l. 19)
character	yes	no	no
observer	no	yes, but through Kanai's eyes	yes, but through Piya's eyes
thoughts	no	yes "he was not deceived" (l. 9)	yes "Piya was mortified" (l. 17)

ANALYSIS **6** **Examine how the different narrative points of view ...** → S8

METHODISCHES VORGEHEN *Die S machen sich zunächst ihre eigenen Gedanken zur Aufgabe und tauschen sich erst danach in Partnerarbeit aus. L verweist auf die* Useful phrases *zu* Narrative point of view *und auf* Skill 8 Narrative perspectives. *Es ist hilfreich, wenn die S ihre Partner ab und zu wechseln. Es muss nicht immer der Tischnachbar sein. Die Gespräche werden dadurch in der Regel lebendiger. Die Ideen können anschließend in einem Plenumsgespräch ausgetauscht werden. Die S ergänzen bzw. korrigieren dabei ihre Notizen.*

LÖSUNGSVORSCHLAG

A – first-person narrator	◦ *identification with the character* ◦ *experience limited to that of the first-person narrator* ◦ *experience his/her story*
B + C – third-person narrator	◦ *see action from different perspectives* ◦ *better informed, know sth about each character* ◦ *can anticipate/speculate about actions/reactions*

CREATIVE TASK **7** **Choose one of the extracts and rewrite it from another narrative perspective.**

METHODISCHES VORGEHEN *Diese Aufgabe bietet sich als schriftliche Hausaufgabe an. Ggf. verteilt L die Textauszüge, damit alle drei Abschnitte von den S bearbeitet werden.*

LÖSUNGSVORSCHLAG **Extract B:** I spotted her the moment I stepped onto the platform. I was deceived neither by her close-cropped hair, nor by her clothes, which were those of a teenage boy – loose cotton pants and an oversized white shirt. I observed her as she wound unerringly through the snack vendors and tea-sellers who were hawking their wares on the station's platform until my eyes settled on her slim, shapely figure.

COMPREHENSION **8** **Give a brief summary of the main events.**

MATERIALIEN → Kopiervorlage 2 (Feedback sheet for short talks)

METHODISCHES VORGEHEN *Die Aufgaben zu* Part C *können zu Hause bearbeitet werden – außer Aufgabe 12. Den S sollten genügend Zeit zur Bearbeitung gegeben werden. In einer Folgestunde werden die S-Antworten korrigiert und stichwortartig Feedback zu Wortschatz, sprachlicher Richtigkeit, Textgestaltung und Inhalt gegeben (Kopiervorlage 2:* Feedback sheet for short talks*).*

LÖSUNGSVORSCHLAG A woman (the narrator) goes to a temple dedicated to Hanuman during her lunch break to pray for Alka, whose tragic death she feels responsible for. After a short wait in the ladies' queue she has her communion with the Goddess Durga. On leaving she is confronted on the stairs by an elderly man who wants to talk to her.

ERWEITERUNG *Kopiervorlage 2 (*Feedback sheet for short talks*) enthält ein Bewertungsraster für Kurzreferate zum individuellen Feedback in Partnerarbeit bzw. in der gesamten Lerngruppe.*

ANALYSIS **9** **a) Characterise the narrator, taking into ... b) Analyse the point of view ...**

LÖSUNGSVORSCHLAG **a) Characterisation:**

- a working woman; works in a showroom
- religious; respectful: changes from her work uniform into "a demure, sky-blue salvar kameez" (l. 7) to go to the temple; "a routine [she] follow[s] every Friday" (l. 8); "[Goddess Durga] gave me strength/is always with me whenever I need her" (ll. 22–23)
- guilty conscience; responsible for sb's death?: "Most people go to temples to pray; I go to expiate." (l. 12); "[hasn't] forgiven [herself] for Alka's death" (ll. 12–13); "my fault" (l. 14)

b) The point of view and the narrator's role:

- The narrator is a character in the story.
- The reader only knows what the first-person narrator tells him/her (a limited narrative perspective).

- The reader experiences the story through the narrator's eyes.
- The reader identifies with the narrator.
- The point of view creates suspense.

ANALYSIS

10 Examine how the author uses details to present a typically Indian setting.

LÖSUNGSVORSCHLAG

- Indian names: Baba Kharak Singh Marg (l. 1) (street name); salvar kameez (l. 7), kurta pyjama (l. 35) and pashmina shawl (l. 35) (clothing); Hanuman Mandir (l. 15), Durga Ma (l. 29), darshan (l. 30), sanctum sanctorum (l. 25) and a vermillion tika (l. 38) (religious terms/expressions)
- references to Hindu gods: temple dedicated to the monkey god, Hanuman (l. 11); Goddess Durga (l. 20)
- typical smells: sweat, sandalwood, flowers and incense (l. 27)
- chaotic road conditions: traffic jams, typical sounds and general noise (ll. 1–3)
- air pollution in cities: toxic cocktail of smog (l. 5)
- gender roles/position of women: women feel threatened; often carry "that bottle of pepper spray" (l. 33)
- location: in Delhi (l. 32)

ANALYSIS

11 Examine how suspense is created here. Would you like to ...? → S9

METHODISCHES VORGEHEN

L verweist auf Skill 9 Narrative techniques. *Die S diskutieren die Frage im Unterrichtsgespräch und begründen ihre Einschätzung.*

LÖSUNGSVORSCHLAG

- unanswered questions: What happened to Alka? How was the narrator involved? What does the man want to talk to the narrator about? What's going to happen next?
- arouses the reader's interest and a desire to find out what happened/is going to happen

CREATIVE TASK

12 a) With a partner decide on ... b) Write the dialogue that follows ...

METHODISCHES VORGEHEN

Diese Aufgabe wird eine Stunde in Anspruch nehmen. Die S sollen sich in Partnerarbeit über die beiden Charaktere austauschen: What sort of people are they? Educated? What sort of work do they do? What are the man's motives for speaking to her? What does he say? How does she react? *Danach schreiben sie einen Dialog. Gegen Ende der Partnerarbeit wählt L 2–3 Gruppen aus und bittet sie, ihre Dialoge vorzuspielen. Im Anschluss an die Rollenspiele können die S im Plenum sagen, welche der Dialoge sie überzeugt haben und warum:* Which of the dialogues convinced you? Was the content plausible? What about the language? Was it authentic and in character with the narrator and the elderly man as you saw them in your mind's eye?

LÖSUNGSVORSCHLAG

Individual answers expected.

ERWEITERUNG

L ermuntert die S, einen weiteren indischen Roman ihrer Wahl zu bestellen und zu lesen. L achtet darauf, dass der Kurs möglichst verschiedene Buchtitel auswählt. Als Anregung können die Buchtitel, die im Topic *vorkommen, an der Tafel aufgelistet werden.*

- Vikas Swarup, *The Accidental Apprentice*
- Amitav Ghosh, *The Hungry Tide*
- Aravind Adiga, *The White Tiger* (Klett 579872)
- Araving Adiga, *Last Man in Tower*
- Tarquin Hall, *The Case of the Love Commandos*
- Kushwant Singh, *Train to Pakistan*

A A nation of entrepreneurs

NOVEL EXCERPT

Street-smart → WB Task 1

LERNWORTSCHATZ

entrepreneur, to have little option but to, to be street-smart (AE), it is estimated that, to be dependent on sth, corporate, overwhelming, to squeeze out, predictable, by contrast, on a razor's edge, to take sth for granted, gross, livelihood

COMPREHENSION

1 Choose another title for the text and make a list of the most …

METHODISCHES VORGEHEN

Um in den Lernkontext hineinzukommen, beschreiben die S zunächst die drei Bilder (Skill 28.1: Working with visuals: Pictures) *und stellen einen Bezug zur Kapitelüberschrift* A nation of entrepreneurs *her (*rickshaw drivers, street market with vendors selling vegetables, hawker selling snacks on a train, selling goods/wares to make a living on the street, small businesspeople/entrepreneurs*). Bevor die S den Text lesen, äußern sie sich zur Bedeutung des Titels* Street-smart *(*clever, with the experience and knowledge to survive*). Der Text wird gelesen und die erste Aufgabe in Stillarbeit bearbeitet. L ermutigt die S, Wortschatz bzw. Ideen aus dem Text zu verwenden, um eine andere Überschrift zu finden. Die alternativen Überschriften können an der Tafel gesammelt werden und die S geben danach den Inhalt des Textes anhand der Notizen in Partnerarbeit wieder. Ein S fasst den Text abschließend im Plenum zusammen.*

LÖSUNGSVORSCHLAG

- title: the biggest employer in the country, footpath businessmen, the livelihood of the poor etc.
- the street = biggest employer in the country (l. 2)
- various street jobs/businesses = small shopkeepers, tea stall owners etc. (ll. 3–4)
- ten million work as street hawkers and vendors; 60 million dependent on the trade (ll. 4–6)
- nine out of ten people self-employed (l. 8)
- only 3 % workforce in formal/organised sector cf. 90 % in Europe (with its social benefits = "safety net", ll. 6–12)
- India's footpath businessmen lead precarious lives fighting for survival every day ("on a razor's edge", l. 12)
- 60 % of India's gross savings from informal/unorganised sector (sheer numbers involved, considerable economic importance)

VISUALS

2 Use vocabulary from the text to describe one of the street … → S28.1

METHODISCHES VORGEHEN

*Nachdem die S die Bilder schon als Einstieg in Aufgabe 1 beschrieben haben, suchen sie nun Vokabular aus dem Text, das sie verwenden können, um ihren Tagebucheintrag zu verfassen (*an example of a footpath businessman, hawkers and vendors, self-employed, squeezing out an income/a living, no safety net, work on a razor's edge, every day is a new challenge, can't take anything for granted*). Die S dürfen gerne kreativ sein und auch andere Passagen aus dem SB nutzen, wie die Beschreibung der Straßenszene im Auszug aus* The Accidental Apprentice, ll. 1–6. *Bei Bedarf wird noch einmal auf* Skill 28.1 Working with visuals: Pictures *verwiesen.*

LÖSUNGSVORSCHLAG

Rickshaw drivers: young and old, carry tourists through crowded streets, hard work in the heat/noise/chaos of the crowded streets (see Extract from *The Accidental Apprentice*, ll. 1–6); might be fun for a few hours, but every day/for a living? etc.
Street market: produce (vegetables) on bare ground, looks fresh, vendors sitting, crowded streets, noise, haggling, cf. markets at home, standards of hygene (regulations)
Hawker: scene in a railway carriage; legal and illegal hawkers on trains; man in picture wearing a uniform (probably legal); selling snacks, books, toys, … from a plastic basket; hawkers often try to sell things through the barred windows of the carriages from the platform when the train stops at a station; can only sell things small enough to pass through the bars

VIEWING L

3 a) Watch the film about … b) Analyse how the film makers … → S29 → △1

MATERIALIEN → L (Tiffin in Mumbai) • Transkript

METHODISCHES VORGEHEN

a) First viewing: Watch this film about dabbawallahs in Mumbai. Don't make notes while you are watching the film; just try to remember what you can about the tiffin box delivery system. Immediately after watching, make notes and then try to fill in any information gaps with other members of the course. *L verweist dazu auf* Skill 29 Working with films.

b) Second viewing (mute screen): Now watch the film again but, as there will be no sound, concentrate on what can you see. Is there more visual input to help you with the tiffin delivery system? How is an authentic picture of life in Mumbai created? *Beim zweiten Anschauen können visuelle oder auditive Lernertypen die Möglichkeit erhalten zu wählen:*

Einige S können nur die Bilder anschauen (und halten sich die Ohren zu) oder nur den Ton hören (und wenden sich ab). Anschließend werden Bilder und Ton im Gespräch zusammengeführt. Eine dritte Präsentation (mit Ton) ist möglich, falls es noch offene Fragen gibt. In Partnerarbeit gehen die S arbeitsteilig vor. L: You and your partner can divide/share the task: one partner listens and the other watches. Fill each other in on the details afterwards.

LÖSUNGSVORSCHLAG

a) Details about the tiffin box delivery system:
- dabbawallah = tiffinwallah = couriers delivering people's home-cooked lunches from the outskirts/suburbs of Mumbai to offices in the centre of the city
- 200,000 lunches delivered every day
- dabbawallah carries 80 tiffin boxes on his head
- transported from home into the city by train – stressful/pressed for time
- costs 15p per day
- only one in six million tiffins fails to arrive

b) More details about the tiffin box delivery system:
- (colour?) coding on tiffin boxes
- transporting tiffins on a head tray/scooter(bike)/with a trolley/hand cart
- tiffinwallah sweating/wiping his forehead/face with a towel (heat/hard work)

An authentic image:
- crowded streets/station
- honking/hooting cars/vans/motor rickshaws
- dodging in and out to avoid pedestrians/vehicles
- small shops along side of road
- advertising hoardings/advertisements
- women in saris (Indian dress)
- shaky camera movement (speedy/quick movement/haste/running with the camera)
- typical Indian home/kitchen with typically Indian food (dishes/ingredients)
- interview with Indian housewife, Shivani (Shiwani)

DIFFERENZIERUNG

△ *Leistungsschwächere S finden zur Bearbeitung von Teilaufgabe b) in Aufgabe 1 im* Diff pool *unterstützende Hinweise zur Filmanalyse.*

LÖSUNGSVORSCHLAG

00:00–01:50
- film shot on location in Mumbai
- reporter on the move accompanying tiffin courier – somewhat breathless/out of breath, seems as if she is talking to the viewer (side shots) or as if the viewer is following the reporter (over the shoulder shot/tracking shot)
- shaky hand-held camera/quick panning and tilting/uncontrolled camera movement convey feeling of movement, unfiltered background noise (horns, crowd noise, station announcements)
- reporter has to almost shout to make herself heard
- field size constantly changing (medium/extreme long shots, medium shots, extreme/medium close-ups) creating a hectic atmosphere
- music with rhythmical, quick and slow beat of drums underlines tense and more relaxed scenes with more or less movement

01:51–end
- Indian background music for the kitchen scene
- medium and close-up shots
- more controlled camera movement
- create a relaxed mood/atmosphere in contrast to the first part

ERWEITERUNG

Die S können offene Fragen über Dabbawallahs *stellen und ein S kann die Antworten für die nächste Stunde recherchieren. Besonders interessierte S können zusätzlich einen Bericht schreiben:* A day in the life of a tiffin-carrier. Start like this: Each day starts in Shavina's kitchen in a typically Indian home in the suburbs of Mumbai. Her husband …

EVALUATION

4 Assess the chances of a similar home-cooked food delivery system …

METHODISCHES VORGEHEN *In Kleingruppen sammeln die S im Brainstorming Argumente für und gegen einen solchen Auslieferungsservice. Im Plenum werden die Argumente dann ausgetauscht. Die S werden sicher vorwiegend Argumente finden, die ein Scheitern dieses Auslieferungssystems prognostizieren. Falls das Rollenspiel (siehe Erweiterung) gespielt wird, haben es die S der Pro-Gruppe mit ihrer Argumentation vermutlich schwer. Aber vielleicht entsteht dabei eine lustige Debatte in der Klasse.*

LÖSUNGSVORSCHLAG

Con	Pro
• no demand • probably too expensive • wages too high in Germany • plenty of good, cheap restaurants • canteen food available • home-cooked food doesn't have the same importance/significance in Germany	• no need to take a lunch break; can carry on working • a great time saver • can have a flexible lunch break and finish a task before eating • great idea for people with dietary problems (vegetarians, allergies, etc. or for those who simply love home cooking) • perhaps no local restaurants/canteen food available

ERWEITERUNG *Diese Aufgabe kann als Rollenspiel erweitert werden. Vier Geschäftsleute und zwei Entrepreneure nehmen am Gespräch im Fishbowl-Verfahren teil. Im englischen Fernsehen gibt es das Programm* Dragon's Den. *Entrepreneure stellen ein Produkt oder eine Geschäftsidee vor und versuchen, einen Person aus einer Gruppe von vier etablierten Geschäftsleuten zu gewinnen, um Geld und Expertisen in die Geschäftsidee zu investieren. Argumente werden ausgetauscht, bis ein Investor gefunden wird oder alle eine Investition ablehnen. Falls sie keine Interesse mehr haben, sagen sie:* I'm out! *und beteiligen sich nicht mehr am Gespräch.*

NOVEL EXCERPT

A competitive edge → WB Task 2

LERNWORTSCHATZ competitive, to portray, to abandon, to postpone, embedded, to operate, to perceive sb as, superstition, collateral, loan, interest, to bother to do sth, a lack of, profound, default setting

COMPREHENSION

5 Outline the author's view of the contemporary Indian economy and …

METHODISCHES VORGEHEN *Als* Pre-reading task *überlegen die S, was mit dem Ausdruck* A competitive edge *gemeint ist.* (having an advantage over your competitors, having better ideas, using (new) problem solving strategies, producing goods more cheaply etc.) *Die S lesen den Text und unterstreichen bzw. machen Notizen von den wichtigsten Punkten.*

LÖSUNGSVORSCHLAG

- India's economy is growing/booming compared with other developed countries' economies.
- Indians are thrifty/careful with money and save rather than going into debt/using credit, save and consume later rather than consume and pay later is their motto (cf. financial crisis, bad debts).
- Young Indians have a lateral approach to solving problems which gives them an advantage over others.
- Indians are highly motivated and economically successful, the Indian image/reputation in the world has changed (no longer seen just as victims of famine and religious superstition).
- India is a country of extreme contrasts.
- The macrocosm that is India is perhaps what the world will be like in the future – a global mix of extreme wealth and poverty.

ERWEITERUNG *Die S überlegen, welche Aussage das textbegleitende Foto macht* (Rich-poor divide/poverty gap/differences between rich and poor, successful entrepreneur, car = symbol for/of success, competitive edge/cheap labour) *und/oder sie schreiben einen Sprechblasentext für den Fahrer*

(I've made it!/I'm a success story.) *Der Fahrer könnte danach im* Hot seat *sitzen und die S stellen Fragen, wie es zu seinem Erfolg kam. Kreativität ist gefragt!*

ANALYSIS

6 Explain the function of the joke forwarded by the author's Indian friend. ...

METHODISCHES VORGEHEN *Die S erzählen die Geschichte (*The joke*) in Partnerarbeit in ihren eigenen Worten und nehmen dann anhand des Beispiels aus der Geschichte Stellung zu folgendem Tafelanschrieb:*

A lateral approach = using your imagination to see a problem in a new way and then to solve it ⟶ a competitive edge?

LÖSUNGSVORSCHLAG The example of the Indian multi-millionaire is intended to show how his lateral thinking helped him to find a way to solve his parking problem. He was very clever, and coming up with new ways to solve problems is what economic success is all about. In the context of Indian economic growth it seems most effective and appropriate.

LISTENING ⦾ L2/6

7 Listen to the beginning of the novel *The White Tiger* ... → S21 → △ 2

MATERIALIEN → ⦾ L2/6 (The White Tiger) • Transkript

METHODISCHES VORGEHEN *Die S lesen die Fragen durch und erstellen ein Antwortraster (siehe Lösungsvorschlag). L betont, dass es um globales Verständnis geht, nicht um Detailverstehen. Die S hören den Text zunächst, ohne sich Notizen zu machen. Erst nach dem ersten Hören notieren sie das Raster. Während des zweiten Hörens fertigen sie Notizen an. Nach dem Durchgang vergleichen sie ihre Notizen in Partnerarbeit bzw. in kleinen Gruppen (*A gap filling phase*). In dieser Phase sollen die S sich gegenseitig ergänzen und korrigieren – inhaltlich und sprachlich. Einzelne S nutzen dann die Notizen, um eine der drei Fragen zusammenhängend zu beantworten.*

ALTERNATIVE *Alternativ können Dreiergruppen gebildet werden. Jeder S macht sich Notizen zu einer Frage und berichtet der Gruppe darüber. Ggf. ergänzen die anderen Gruppenmitglieder den einen oder anderen Punkt. Diese arbeitsteilige Variante eignet sich auch als Differenzierungsmöglichkeit in weniger leistungsstarken Lerngruppen. Einzelne S beantworten danach die Fragen im Plenum.*

LÖSUNGSVORSCHLAG

1. Narrator and story	• **narrator** = self-taught entrepreneur (no formal education) with an office in Bangalore; one of most successful but least known businessmen (in his opinion) • **story** = hears on the radio that Chinese Premier Jiabao is coming to Bangalore; Jiabao wants to meet successful Indian entrepreneurs; narrator writes letter to him; wants to give him advice; shouldn't buy bootlegged copies of American business books from hawkers at traffic lights; should take his advice
2. Entrepreneurship in India	• thousands of entrepeneurs in India; esp. in field of technology; outsourcing companies (although India has no drinking water, electricity, sewage system etc.) • expresses his dissatisfaction with the situation India (= politicians have no idea about entrepreneurism) with references to the English phrase: What a fucking joke.
3. India's role in world, cf. West and China	• Chinese far ahead of India in every respect – except for having entrepreneurs; China 21st century = future of China (yellow man) and India (brown man) • the West (US/white man) in decline (due to buggery, here: loose morals, mobile phone usage and drug abuse)

DIFFERENZIERUNG △ *Im* Diff pool *wird mit Aufgabe 2 eine vorbereitende Übung zur Hörverstehensaufgabe angeboten. Die S lesen drei Statements und prüfen anhand der Tonaufnahme, ob die Aussagen richtig oder falsch sind. Die falschen Aussagen werden korrigiert.*

LÖSUNGSVORSCHLAG

1. true
2. false – According to the narrator, American business books are a waste of money. (He hasn't read many books, but he has read all the ones that count. He is a self-taught entrepreneur who says that entrepreneurship is born, nurtured, and developed. He says self-taught entrepreneurs are the best kind there is.)
3. true

RESEARCH

8 Find information about a successful Indian businessperson and ... → S32

METHODISCHES VORGEHEN

L präsentiert den S eine Auswahl von verschiedenen erfolgreichen indischen Großunternehmern. Die S wählen eine Person aus, recherchieren und bereiten Pen portrait talks (family history, character, education, career biography, hobbies/interests, goals and interesting facts) *vor. Dazu erfolgt ein Hinweis auf* Skill 32 Doing research.

Indian businesspeople:
- Sunil Mittal (telecommunications)
- Karsanbhai Patel (soaps and detergents)
- Naresh Goyal (Jet Airways)
- Sushil Suri (pharmaceuticals)
- Uday Kotak (banking)
- Kumar Mangalam Birla (industrialist with various interests)
- Dirubhai Ambani (perhaps India's most celebrated rags-to-riches entrepreneur)

LÖSUNGSVORSCHLAG

Individual answers expected.

B The rich-poor divide

NOVEL EXCERPT

Slums in Vakola → WB Tasks 3, 4

LERNWORTSCHATZ

divide, construction site, to dodge sb/sth, rooster (AE), to hold sth aloft, squatter, slum-dweller, municipal official, to intervene, willpower, philanthropy, to disintegrate

COMPREHENSION

1 Outline what happens in this extract and explain why Mary is so afraid. → S13

METHODISCHES VORGEHEN

L verweist auf Skill 28.1 Working with visuals: Pictures. *Die S beschreiben als Einstieg das Foto und überlegen, wie es wäre, in der Monsoonzeit in einem solchen Viertel zu leben. L:* Describe the picture and imagine what it would be like to live there during the monsoon season. *Im Anschluss daran lesen die S den Text und das* Fact file *zu Bombay/Mumbai und bearbeiten die Aufgabe in Stillarbeit. Dazu erfolgt ein Hinweis auf* Skill 13 Summary. *Die Handlung (*The plot*) wird an der Tafel festgehalten.*

LÖSUNGSVORSCHLAG

What happens in this extract?
- Mary hurries back to her tent in the slum.
- Somebody tells her that it was a false alarm.
- No municipal officials were coming to evict the squatters.
- They were safe until after the monsoon.

Explain why Mary is so afraid:
Mary is afraid because a new official has been appointed to clear Mumbai's illegal slums; the slum dwellers live in constant fear of being evicted.

VOCABULARY

2 Make a mind map on the topic of slums using vocabulary from the text.

METHODISCHES VORGEHEN

L regt die S dazu an, bei der Erstellung der Mindmap Kategorien zu bilden: accomodation and possessions, life in the slum, types of slum. *Die S nutzen das Vokabular in der Mindmap, um eine mündliche Zusammenfassung des Textes zu geben.*

LÖSUNGSVORSCHLAG

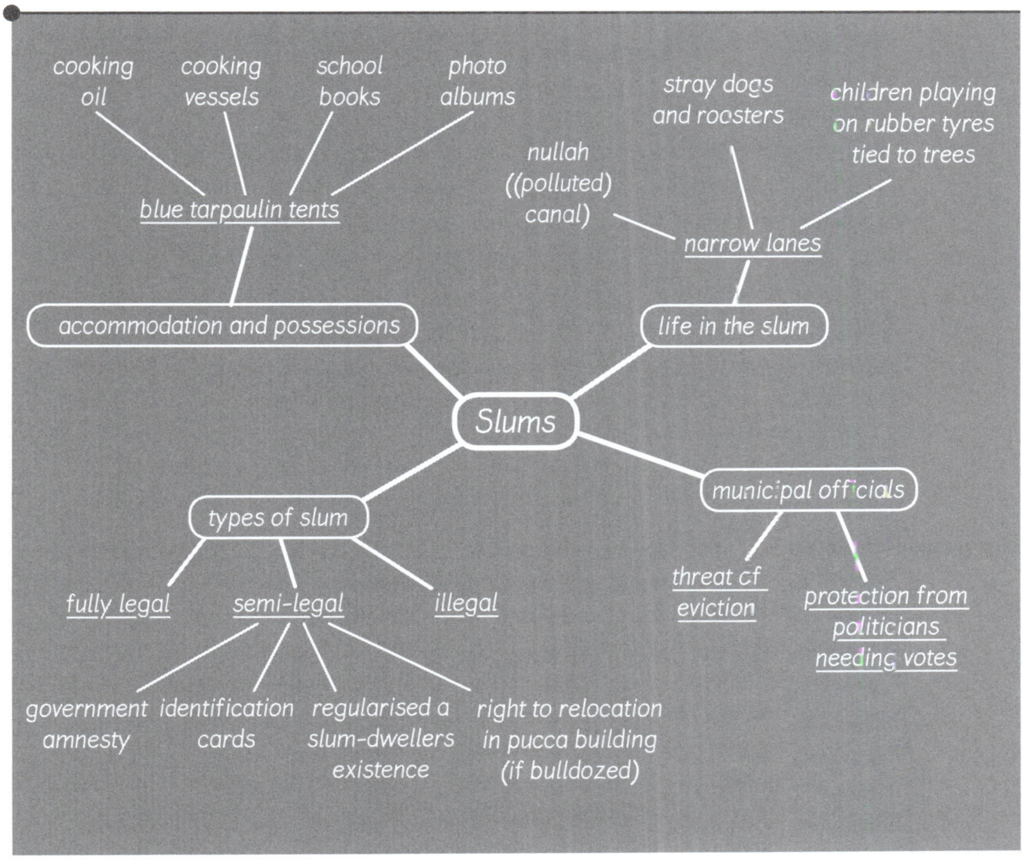

ERWEITERUNG *Die S nutzen die Vokabeln zusätzlich, um über das Foto zu sprechen. L:* Describe the photo and explain the effect it has on you.

ANALYSIS **3 Examine the style and tone of this excerpt. How does it …?** → S10 → △3

METHODISCHES VORGEHEN *L kann den S den Hinweis geben, dass sie den Text in zwei Abschnitte unterteilen können. Welche sprachliche Mittel nutzt der Autor, um Marys Gefühle zu vermitteln? Dazu wird auf* Skill 10 Style and stylistic devices *verwiesen.*

LÖSUNGSVORSCHLAG

- fictional prose text, literary style in first part (narrative, descriptive, dramatic and tense) and formal style in final paragraph (informative and factual)
- use of the participle: "bumping, pushing" (l. 1), "passing" (l. 3), "dodging" (l. 4)
- anaphora: "she ran … she ran" (l. 1); "past … past … past" (l. 2)
- short sentences (parataxis) or use of commas to break sentences up (breathlessness, running, short quick steps etc.)
- → all imply movement, haste, fear
- tempo of narration slows down: "Finally …" (l. 5); "false alarm" (ll. 9–10); "Slowing down, breathing deeply, …" (l. 11); "We're safe …" (l. 14); "Mary sat down and wiped her face." (l. 16)
- → express relief, portrays one incident to illustrate the precarious nature of Mary's existence
- final paragraph informative (ll. 16–31), types of slums and fears of slum inhabitants, gives background information to help reader understand Mary's fears

DIFFERENZIERUNG △ *Zur Unterstützung steht im* Diff pool *Aufgabe 3 zur Verfügung. Die S erhalten eine Auswahl an Adjektiven zur Beschreibung von Marys Gefühlen. Nach der Bearbeitung der vier Teilaufgaben gehen sie über zu Aufgabe 3 im SB.*

LÖSUNGSVORSCHLAG

a) desperate

b) a) short sentences; broken sentences (parataxis)
b) bumping, pushing, passing, slowing down → participles all describing Mary's movement

c) "Mary sat down and wiped her face." (l. 16) → movement stops with the use of sat down and wiped (simple past for a completed action) contrasting with the movement before

c) relieved

d) At first Mary fears that the order has been given to clear the illegal slum where she is living. She is desperate to get home, but when she sees that her tent and all her family's possessions are safe, she is relieved. Having realised that her home is intact, she sits down to recover from the shock.

SPEAKING

4 Mary talks to a local politician about the need to legalise ... → S12.2

METHODISCHES VORGEHEN

Bei der vorbereitenden Hausaufgabe haben die S die nötige Zeit, sich mit Mary auseinanderzusetzen. Sie beziehen die Ergebnisse der vorangegangenen Aufgaben mit ein, um das Skript sprachlich und inhaltlich zu gestalten. L verweist auf Skill 12.2 Material-based writing. *Am Anfang der Folgestunde präsentieren die S die Skripte in Partnerarbeit und überlegen, welches Skript sie als improvisierten Dialog im Rollenspiel vorführen möchten.*

LÖSUNGSVORSCHLAG

Mary: been living next to *nullah* for more than two years; constant fear of eviction; existence must be regularized

Politician: can understand your problem; not easy; some politicians want to clear city's illegal slums; land needed for investors to build high-rise buildings; growing population – accommodation; land is scarce in the centre of Mumbai

Mary: have to live somewhere; son has to go to school; can't afford to pay high rents; need an identification card

Politician: but you came to Vakola after the last government amnesty for illegal slums; situation has changed; not easy

Mary: it's all the same with you politicians; want our votes before an election; then don't want to know us; bribed by property developers to clear slums; look at what's happening in Thane

Politician: I know, I know; very bad situation

Mary: our slum must be regularized; if we are bulldozed, we will be relocated; can't go on like this; think of my son; need a *pucca* building

Politician: see what I can do; don't forget to vote for me in the next municipal election; might then really be able to help!

Mary: (*speaking to herself*) Promises are like pie crusts – made to be broken.

ERWEITERUNG

Further book tips:

- Gregory David Roberts, *Shantaram* – almost a thousand pages, but a great just for fun read (for teachers – and students, perhaps!).
- Vikas Swarup, Q&A (*Slumdog Millionaire* – from the title of the film).

NEWSPAPER ARTICLE

India has one third of the world's poorest, says World Bank → WB Tasks 6, 8–9, 16

LERNWORTSCHATZ

to decline significantly, to account for sth, to voice concern at sth, overall, stain, collective conscience, direct investment towards sb/sth, to require coordinated effort, let's face it, despite, inadequate, mortality, infant, intervention

COMPREHENSION

5 a) In your own words outline how ... b) List the problems facing India ...

METHODISCHES VORGEHEN

Die S beschreiben als Einstieg das Foto und versuchen, die Lebensumstände der Leute zu erklären. Die bisher gewonnenen Erkenntnisse können hier angewendet werden und die Beschreibung dient als Wiederholung. Die Teilaufgaben a) und b) eignen sich als Differenzierungsaufgaben – mit einem schriftlichen oder einem mündlichen Produkt. Teil 1 des Textes (ll. 1–25) wird in Aufgabe a) schriftlich bearbeitet und die Ergebnisse zu Aufgabe b) werden mündlich vorgetragen (Teil 2 , ll. 20–34). L weist die S auf die Notwendigkeit hin, die Informationen im Text neu zu ordnen, um eine möglichst klare Darstellung der Entwicklung in ihren Texten zu errei-

chen. In Aufgabe b) sollen die S nicht nur die Probleme auflisten, sondern sie auch erläutern und mit Fakten/Beispielen belegen (Skill 27: Statistics, diagrams and maps).

LÖSUNGSVORSCHLAG

a) The number of people living in extreme poverty in the world has dropped considerably from one-half in 1981 to one-fifth in 2010, but the percentage of the world's poor living in India has risen from one-fifth to one-third in the last thirty years. 1.2 billion people still live below the poverty line, 400 million of whom are in India.
It is predicted that India's population will reach 1.5 billion by 2026, but the economy isn't growing fast enough to create the required 20 million new jobs per year. So the share of India's poor living in extreme poverty will increase further.

b)
- population growth and need to create new jobs
- poor health services
- child malnutrition
- inadequate education and training
- reduction in aid

EVALUATION

6 Discuss the following statement: "The cure to extreme ..." → S14 → ▲ 4

ALTERNATIVE

L verweist zunächst auf Skill 14 Essay. *In Dreiergruppen sammeln die S Argumente. Zwei Gruppen schließen sich zusammen und bereiten eine kurze Aussage vor:* Work with another group and prepare a short statement in which you express your group's opinion (Skill 24.3: Taking part in a discussion or talk show). *Zwei Gruppen (möglichst mit unterschiedlichen Meinungen) tragen ihre Aussagen vor und eine offene Diskussion im Plenum erfolgt. Ein S übernimmt die Rolle des Moderators. Er leitet die Diskussion ein und fordert zwei andere S auf, die Diskussionsergebnisse am Ende zusammenzufassen.*

LÖSUNGSVORSCHLAG

- India has had growth rates of almost 9 % in recent years, but the percentage of those living in extreme poverty has increased (one-fifth of world's poorest, now one-third)
- need faster economic growth and new jobs just to maintain the status quo
- need "focused interventions" (l. 38)
- need to improve education and training (almost 50 % drop-out rate from school by age of 13; only 10 % have job training)
- need to improve health services and child care
- wealth needs to be redistributed to provide health and education services for the poor (government policies)
- (voluntary and government) aid programmes need to be effectively implemented
- faster economic growth is a requirement, but not the cure

DIFFERENZIERUNG

▲ *Anstelle von Aufgabe 6 können leistungsstärkere S Aufgabe 4 im* Diff pool *bearbeiten. Die S erarbeiten einen stufenweisen Plan zur Armutsbekämpfung und präsentieren ihre Ergebnisse in der Klasse. Die S können Details bzw. Statistiken aus dem Text nutzen, um zu verdeutlichen, was schon geschehen ist und was noch getan werden muss. L kann den S raten, weitere Recherchen vorzunehmen.*

LÖSUNGSVORSCHLAG

- need to invest in the poor (coordinated effort by the Bank, country partners, the international development community and the richer members of Indian society)
- short-term: focused interventions to improve
  - health services for the poor
  - child nutrition (to ease and eventually to eradicate malnutrition)
  - (improved) education and training in rural areas and urban slums
- medium-term: to further improve and extend these interventions
- long-term need for economic growth to create jobs and improve public services throughout India

C Popular culture

FACTUAL TEXTS Cricket – India's national sport – Bollywood → WB Task 5

LERNWORTSCHATZ accidentally, to boast sth, domestic league, infinite, caste system, batsman, spin bowler, to worship, regardless of whether, creed;
to release, silent film, to premiere, star-crossed lovers, sacrifice

COMPREHENSION **1 Explain why cricket is said to be "an Indian game".**

METHODISCHES VORGEHEN *In einer Stillarbeitsphase lesen die S den Text durch und überlegen, welche Punkte die Beliebtheit des Kricketspiels in Indien erklären könnten. Im* Chalk relay *machen die S Notizen an der Tafel. Ein S notiert seinen Aspekt und gibt die Kreide an den nächsten S, der sich meldet, weiter. Alle S übertragen die Notizen in ihre Hefte und melden sich, um ggf. Sprache und Inhalt zu korrigieren. Im Anschluss daran nutzen die S die Notizen und geben eine mündliche Erklärung zu der gestellten Frage. Ein S kann die Aufgabe mit einem zusammenfassenden Beitrag abschließen.*

LÖSUNGSVORSCHLAG

Why cricket is an Indian game

- *cricket is ideally suited to the national character*
- *India = complex country with infinite possibilities*
- *cricket = complex game with infinite variations*
- *caste system defines roles in society*
- *players roles defined in team (batsman, spin bowler etc.)*
- *unifying effect (in a country divided by caste, creed and colour)*

RESEARCH **2 Prepare a short oral report on either Sachin Tendulkar or …** → S22

Sachin Tendulkar was born 24 April 1973 in Mumbai, India as the youngest of four children in a middle-class family. His father was a teacher, and his mother worked for an insurance company. As a 16-year-old he made his Test debut during a five-day international match in Karachi against Pakistan in November 1989. Then he played his first one-day match against the same team a month later. He was the leading century maker, achieving 100 runs in a single inning in both Test and ODI matches (one-day internationals) and scored 100 international centuries (51 Test and 49 ODI). In addition, he played in the highest number of Test and ODI matches, and he also played for the Mumbai Indians in the Indian Premier League. So he is thought to be the greatest cricket player of all time. In 2011 he won the World Cup along with the rest of the Indian team. In 2013 he retired from cricket, and on 4 June 2012 he was sworn in as a Rajya Sabha member of the Parliament House in New Delhi. In November 2013 he was awarded the Bharat Ratna, India's highest civilian honour.

For more information on the **Indian Premier League** see http://www.iplt20.com/ and for additional information on the **Indian Super League** see http://www.indiansuperleague.com/.

MATERIALIEN → Kopiervorlage 3 (Cricket in a nutshell)

METHODISCHES VORGEHEN *L wiederholt die zentralen Hinweise zum* Short report *und verweist auf* Skill 22 Presentation *und das* VIP file *zu Sachin Tendulkar. Die S sollen recherchieren, sortieren (gewichten und ordnen), üben und präsentieren. Die Präsentation soll ca. 2–5 Minuten dauern und mit passenden Hilfsmitteln (Bild, Tabelle, Karte usw.) unterstützt werden. Diese Aufgabe kann von interessierten Freiwilligen übernommen werden bzw. die Lerngruppe kann zwischen den beiden Themen in der Aufgabenstellung und dem Thema* Indian Super League Football *(ISL, siehe Erweiterung) sowie* Bollywood *in Aufgabe 3 wählen. Interessierte S tragen die Standorte der* Indian Premier League-*Mannschaften auf einer Umrisskarte von Indien ein, eventuell auch die für die neue Fußballliga* Indian Super League.

LÖSUNGSVORSCHLAG *Siehe* **Hintergrundinfos.**

ERWEITERUNG *Kopiervorlage 3 (*Cricket in a nutshell*) enthält eine Anleitung zu den wichtigsten Regeln des Cricket-Spiels.*

RESEARCH **3 Use this text as the starting point for doing research to prepare …**

Bollywood – the beginnings: *Raja Harishchandra* (1913), by Dadasaheb Phalke, the father of Indian Cinema, was the first silent feature film made in India. By the 1930s over 200 films were being made every year. The first Indian sound film to be made was Ardeshir Irani's *Alam Ara* in 1931 and in 1937 he made the first colour film in Hindi, *Kisan Kanya*. The 1930s and 1940s were eventful years for India and the Indian film industry. The Indian independence movement and the violence of the Partition encouraged film makers to produce escapist films.

Golden Age: Following India's independence, the period from the late 1940s to the 1960s is considered to be the 'Golden Age' of Hindi cinema. Some of the most famous epic films of Hindi cinema were produced during this time; e.g. Mehboob Khan's *Mother India* (1957), nominated for the Academy Award for Best Foreign Language Film. In this historic period, films dealt with social themes and were both entertaining and educational.

Modern cinema: In the late 1960s and early 1970s, romance movies and action films were popular. This was the heyday of masala films, but these made way for violent gangster films in the mid-1970s. During the late 1980s and early 1990s there was a movement back towards family-orientated romantic musicals, but action and comedy films were also successful. The 2000s saw a growth in Bollywood's popularity across the world. Films with innovative storylines and great technical advances (special effects and animation) contributed to this popularity.
In the early 2010s big-budget masala films didn't always receive critical acclaim, but they were major commercial successes nevertheless. The Hindi film industry has generally preferred films that appeal to a cross-section of people although film makers are now producing films that appeal to different audiences – to rural Indians and to urban and international audiences. In spite of various technical developments in the media landscape cinema remains the single largest form of entertainment in India.

METHODISCHES VORGEHEN *Die S lesen den Text und das* Fact file *zu Bollywood. Sie benennen danach kurz die Merkmale eines Bollywood Films. Auch diese Aufgabe kann als freiwillige Präsentation übernommen oder als eins von drei Pflichtthemen angeboten werden. L führt ggf. den Terminus* Masala film = mix of genres (e.g. action, comedy, romance, and drama or melodrama) *ein.*

LÖSUNGSVORSCHLAG *Siehe* **Hintergrundinfos.**

RESEARCH **4 Choose a successful Bollywood film and do some research …** → S32

METHODISCHES VORGEHEN *Hinweis auf* Skill 32 Doing research. *L kann als ein geeignetes Beispiel den Film* Lagaan *vorschlagen. Der Trailer ist im Internet zugänglich. Falls sich ein S bereit erklärt, diesen Film zu präsentieren (*Skill 29: Working with films*), sollte der Trailer in der Klasse vorgespielt werden. Im Plenum wird vorab darüber diskutiert, inwiefern* Lagaan *als Bollywood-Film gesehen werden kann:* Mixture of singing and dancing, romance/star-crossed lovers/angry parents, comedy, action, sacrifice, corrupt politicians (here: British army officers). *Die Filmpräsentation dauert max. zehn Minuten. L weist darauf hin, dass einzelne Filmausschnitte im Trailer gezielt angesprochen werden sollten. Der Film wird zusätzlich ohne Ton (*Mute screen*) angeschaut, um die visuellen Informationen besser wahrzunehmen.* Voice-over *und Bild haben manchmal keinen unmittelbaren Bezug zueinander. Die präsentierenden S können auch den Film anhalten und Standbilder (*Film stills*) benutzen, um bestimmte Aspekte während der Präsentation zu veranschaulichen. Nach der Präsentation haben die S die Möglichkeit, den Trailer nochmals anzuschauen bzw. bestimmte Szenen nochmals zu betrachten. Im Anschluss äußern die S ihre Meinung zu Bollywood-Filmen:* Take a look at the photo in the fact file taken outside a cinema in India. Would you like to watch a Bollywood film in an Indian cinema? Explain why or why not.

LÖSUNGSVORSCHLAG **Lagaan – a trailer summary**

The trailer opens with jumps cuts showing Captain Andrew Russel arriving at British headquarters and then being reprimanded by his superior officers for having placed a bet with Bhuvan, played by the Indian actor Amir Khan, and his village. The film is set in the small village of Champaner in the Victorian period (1893) at a time when the British ruled India (the British Raj). The British had a dual role: to protect the Rajahs, now no more than nominal rulers, from each other and to administer law and order. To pay for this, the British collected land tax (*lagaan*) from the villages in a province. The villages had to pay with a proportion of the yearly harvest, and in times of drought this caused great hardship for the villagers. Captain Russel and Bhuvan, a young farmer, take an instant dislike to each other, and Russel challenges

Bhuvan and his village to a cricket match against the British. If the village wins, they won't have to pay any taxes for the next three years and neither will the whole privince, but if they lose, which they will according to the arrogant Captain Russel, the village will have to pay three times the tax. What follows is the period leading up to the cricket match. Bhuvan and the villagers have to learn the game and to practise. With the help of a stranger (Captain Russel's sister), who is also competing for Bhuvan's affections, they get ready for the match. Even the monsoon rain comes in the end. The film is interspersed with music and dance scenes, and there's romance, comedy and action in this spice mix masala – a typical Bollywood film.

ERWEITERUNG *Hier kann ggf. wieder auf Kopiervorlage 1 (*How to give a short report*) zurückgegriffen werden.*

D Hinduism and India's caste system

VIEWING L **1 Watch the video clip, and make notes about the Indian caste system.**

As described in the *Rigveda*, one of the oldest Hindu scriptures, the **Hindu marriage ceremony** is based on that of Surya, the daughter of Savita (the Sun), to Ashwinikumar. During the various rituals, the couple promise to remain faithful to each other in front of the Fire God, Agni, and all the witnesses. The bride's parents give the bride away by pouring water onto their and the couple's hands, symbolising the continuity of life.

The traditional red **bindi** is worn by Hindu women in India in the area between the eyebrows, said to be the sixth chakra, or centre of spiritual energy. It is sometimes also called the third eye. The colour red represents honour, love and prosperity. The bindi has many different meanings; it can simply be a personal decoration, but it can also be a spiritual symbol. It is associated with intellect and meditation.

MATERIALIEN → **L (The Caste System) • Transkript**

METHODISCHES VORGEHEN *Die S betrachten die beiden Fotos und äußern sich dazu. L ergänzt die S-Beiträge mit einem L-Vortrag (siehe Hintergrundinfos). Es gibt zwei Filmpräsentationen (*Two viewings*). Bei der ersten Präsentation schauen die S den Film vollständig an und machen sich unmittelbar nach dem Anschauen Notizen* (Global understanding). *Sie überlegen, welche Informationen fehlen bzw. unklar sind, bevor sie sich mit einem Nachbarn austauschen. Vor der zweiten Präsentation gibt L* Headings *an, die zur Organisation der Notizen dienen* (Detailed understanding). *Die S ordnen ihre Notizen den* Headings *zu, bevor sie den Film ein zweites Mal anschauen. Sie achten auf ihre* Black holes *und ergänzen ihre Notizen, bevor eine* Gap filling phase *mit Mitschülern folgt.*

LÖSUNGSVORSCHLAG

The film and caste

1. *Influence of caste*
   - *social division rooted in Hindu society*
   - *society fragmented*
   - *discrimination*
   - *caste divisions still remain*

2. *Caste-based actors*
   - *occupation*
   - *inheritance/hereditary*

3. *Factors weakening caste system*
   - *increased access to education*
   - *rapid economic growth (emerging middle class/economic liberalisation)*
   - *governmental policies to aid the most disadvantaged groups*

4. *Reservation policies/quotas*
   - *in education*
   - *in government jobs*
   - *in the private sector*

5. *Marriage*
   - *matchmaking websites*
   - *e.g. shaadi.com*
   - *interfamilial compatibility becoming less relevant (for more than 50 per cent of users)*

ERWEITERUNG *Standbild 2:58 – L:* Take a close look at this still taken from the film. Comment on the information required to register for this website (Community, partner's community. no/caste bar = role of caste in choice of partner). *Die S können über* Hindu matrimony stories *auf der Homepage von shaadi.com berichten:* http://www.hindishaadi.com/join-now/hindi-matrimony.

BEFORE YOU READ

2 Use these notes to prepare an 'Info spot': Make a few notes on a card ...

METHODISCHES VORGEHEN *Die S bereiten einen* Info spot *über* Caste in India *vor und tragen ihre Ergebnisse zunächst einem Partner vor. Die Erweiterungsaufgabe bietet sich als zusätzliche* Pre-reading task *an (evtl. als Hausaufgabe).*

LÖSUNGSVORSCHLAG

The caste system in India

- groups → functions + status
- ancient religious texts
  → 4 castes (see diagram)
- infringement of caste rules
- 1949, Constitution → equal rights
- gradual change
- professional + financial success (cities)
- Dalits

ERWEITERUNG *Die S lesen das* Fact file *über* The caste in India *und nutzen die Grafik, um einen* Info spot *mit den Informationen der* Fact file *vorzubereiten. Dies kann in Partnerarbeit als* Pre-viewing activity *erledigt werden und von einem oder beiden S im Plenum präsentiert werden. Die S sollen Notizen für ihren Spickzettel auswählen (siehe Lösungsvorschlag) und die Präsentation üben.*

INTERVIEW

Interview with Tarquin Hall → WB Tasks 7, 17

LERNWORTSCHATZ rural, issue, untouchable, decent, plot, to be honest, to come across sb, generally speaking, to be on the run, arranged, to give one's consent to sth, to have a say, when times get tough, commitment, extended family, to shift, not necessarily, to be well off, affirmative action system (AE), job quota, to empower sb, to generalise, to strengthen, infringement, rules of conduct, to grant, to equip sb with sth

COMPREHENSION

3 a) Explain what the 'Love Commandos' are. b) Summarise the aspects ...

METHODISCHES VORGEHEN

a) *Die S lesen den Text und bearbeiten die Aufgabe in Stillarbeit. Hinweis auf das* VIP file *zu Tarquin Hall. Um Zeit zu sparen, können sie gezielt nach* Text evidence *mit den Zeilenangaben suchen. Das Tafelbild kann hier als* Support card *eingesetzt werden. Schwächere S bekommen nicht nur die Zeilenangaben, sondern auch die* Gap notes *(im Tafelbild unterstrichen). Anhand der Notizen berichten die S in Partnerarbeit über die* Love Commandos.

b) *Die S lesen den Text und erstellen eine Mindmap. Die Mindmap nutzen die S, um ein* Short report *über* Caste *entweder in Partnerarbeit oder im Plenum vorzutragen.*

LÖSUNGSVORSCHLAG **a)**

The Love Commandos

ll. 2–4	a real life charity, works with young people, want to marry against families' wishes
l. 24	run away couples
ll. 6–7	e.g. boy from untouchable family + high caste girl
ll. 25–29	safe houses in Delhi, fear of being killed, no parental consent

b)

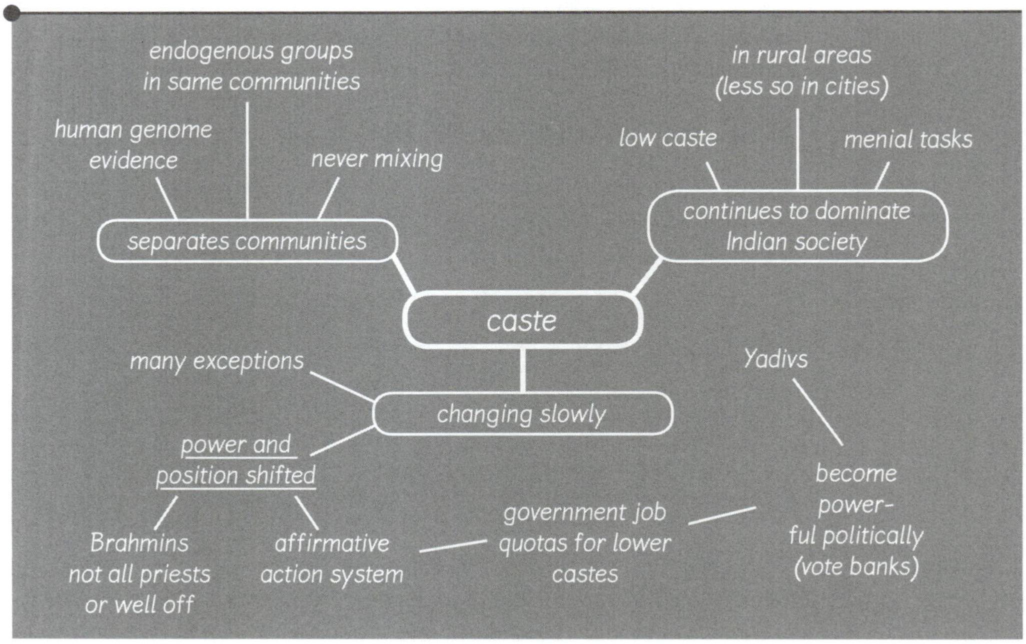

ERWEITERUNG *Hier kann ggf. noch einmal Kopiervorlage 1 (*How to give a short report*) eingesetzt werden.*

VIEWING L

4 Compare the view of the caste system today as given in the film clip ...

MATERIALIEN → L (The Caste System) • Transkript

METHODISCHES VORGEHEN *L kann die Aufgaben 3b) und 4 (höherer Schwierigkeitsgrad) zur Auswahl anbieten:* Choose which of the two tasks you would like to do. *Die leere Tabelle wird mit Überschriften an die Tafel geschrieben. Die S machen sich Gedanken und tauschen sich aus und ergänzen die Tabelle. Wenn konträre Darstellungen aufkommen, werden sie nebeneinander in die Tabelle geschrieben, sonst wird eine neue Zeile verwendet. Ein Paar erhält die Tabelle auf einer Folie und bereitet sie für die Plenumsdiskussion auf. L kann* Useful phrases *zu* Comparing and contrasting *als Hilfestellung anbieten* (whereas, in contrast to that, both (the text and the film), similarly/in a similar way etc.).

LÖSUNGSVORSCHLAG

The caste system today

In the film	*In the text*
◦ *growing economy with growing middle class reshaping caste?*	◦ *still dominates Indian society*
◦ *caste based on occupation + is hereditary*	◦ *changing slowly*
◦ *entrepreneurs now also from lower castes – clients don't ask about caste, only interested in product*	◦ *more so in rural areas/less so in cities*
◦ *society fragmented by caste – groups discriminated against for centuries*	◦ *power + position shifted*
◦ *increased access to education, rapid economic growth, government policies (reservation policies = quotas) changing things*	◦ *role of democracy*

In the film	In the text
◦ quotas in education, government jobs + also in private sector	◦ Brahmins not all priests/well off
◦ caste big factor in marriage – Hindus prefer to marry within caste	◦ affirmative action/govermental job quotas for lower castes
◦ matrimonial website (shaadi.com) says more than 50 per cent of customers not interested in caste	◦ lower castes become powerful politically (vote banks)

EVALUATION

5 Assess to what extent modern India has overcome the caste system. → S14.2

METHODISCHES VORGEHEN *Diese Aufgabe kann als schriftliche Aufgabe gelöst werden. Die S können ihre gewonnenen Kenntnisse aus der Arbeit mit dem* Topic *notieren und zusätzliche Recherchen durchführen (siehe Erweiterung).*

LÖSUNGSVORSCHLAG The caste system is still alive and well particularly in the rural areas, as is witnessed by the work of the Love Commandos and the honour killings which are often reported in the Indian media. The Constitution of India granted all its citizens equal rights in 1947, but even today, in spite of gradual change over the last 60 years, Indian society is still often dominated by caste. Inroads have been made with the introduction of a system of affirmative action with quotas for government jobs and quotas for education places, but the members of the lower castes have not all profited from these developments. Nevertheless, democracy and the right to vote has empowered many, and the vote banks have given them more political influence. India's Prime Minister Modi, elected in 2014, originated from a lower caste. It has to be said that the whole idea of caste dividing society into groups of people with different functions and status is slowly disintegrating. Not all Brahmins are priests nowadays, and they certainly are not all well off. The caste system has been weakened by the lifestyle in the cities, but caste remains a factor in the lives of many rural Indians. The role played by religion must not be underestimated in areas where traditional values continue to dictate the way people live. India is certainly experiencing changing attitudes to the caste system, but there is a long way to go before India overcomes it.

ERWEITERUNG

- *The Washington Post*, 'Overcoming caste': *http://www.washingtonpost.com/wp-dyn/content/story/2008/01/19/ST2008011902488.html*
- *Daily Telegraph*, 'Indian caste councils praise families that carry out "honour killings"': *http://www.telegraph.co.uk/news/worldnews/asia/india/9803127/Indian-caste-councils-praise-families-that-carry-out-honour-killings.html*
- *The World Post*, 'India Honor Killing: Man Beheaded, Woman Beaten To Death After Eloping': *http://www.huffingtonpost.com/2013/09/19/india-honor-killing-man-beheaded-woman-beaten-to-death_n_3952927.html*

EVALUATION

6 List Hall's arguments for and against an arranged marriage. ...

METHODISCHES VORGEHEN *Die Tabelle wird an die Tafel mit Überschriften präsentiert. Die S tragen die Argumente dafür und dagegen ein, sobald sie ein Argument im Text entdecken. Jeweils ein S darf an die Tafel und muss das Argument ohne Buch aufschreiben. Der S reicht die Kreide an einen anderen S weiter* (Chalk relay)*. Entweder folgt eine spontane Plenumsdiskussion oder in Dreiergruppen wird das Skript in der Erweiterungsaufgabe geschrieben und danach von zwei Gruppen vorgespielt. Es können zusätzliche Charaktere in der Szene vorkommen.*

LÖSUNGSVORSCHLAG

Arranged marriages according to Tarquin Hall

For	Against
∘ some arranged marriages work very well	∘ better to have choice/to be able to decide for yourself
∘ people get on/learn to love each other	∘ can be absolutely terrible
∘ helps when times get tough to feel sense of commitment to husband/wife and to extended family	∘ locked into a situation with sb they don't love or who, even worse, persecutes them

ERWEITERUNG Write the script for a scene in a Bollywood film. A girl wants to marry her boyfriend from a lower caste; however, her parents refuse to give their consent.

E Tradition and gender roles

BEFORE YOU READ

1 What do you know about the role of women in India and the problems ...?

METHODISCHES VORGEHEN *Die S lesen das* Fact file *zu Ramayana, betrachten das Bild und lesen die Bildunterschrift:* Take a close look at the picture and the caption. Explain what is going on and what this tells you about the traditional role of women in India. (Sita was kidnapped by Ravana in the *Ramayana*, a Hindu epic. In a trial by fire she has to prove her faithfulness to Rama, her husband. The traditional role of women is to be be quiet and obedient/to do what their husbands tell them to do.) *Nach einer Murmelphase tragen die S ihre Erkenntnisse im Plenum zusammen. L oder ein S hält sie an der Tafel fest. L ergänzt die Notizen ggf. mit einem L-Vortrag.*

LÖSUNGSVORSCHLAG **Role of women in India:**

- men enjoy higher status than women
- traditional role in the home, childcare, in the fields (farm work)
- occasional female infanticide/increasing abortion of female fetuses (following prenatal gender testing)
- institution of the dowry → financial liability for bride's family
- expected to be obedient and devoted to husbands (husbands treated like gods)
- young widows expected not to remarry/cf. sati = funeral ritual, Sati Prevention Act, 1987 (also date of last known sati)
- status of women in Kerala is an exception (matrilineal system)
- domestic violence/rape/discrimination
- changing (education/professional women)

BOOK EXCERPT

India dishonoured? → WB Tasks 18, 19

LERNWORTSCHATZ gender role, ordeal, faithfulness, to dishonour, to cast doubt on sth, rumour, gathering, epic tale, canon, dutiful, honourable, archetypal, righteous, fate, sect, trial, unharmed, undoubtedly, to shape, worship, to be intricately interwoven, complementary, to put on a pedestal, to live up to the expectations of sb, epic, avatar, antagonist

COMPREHENSION

2 State the problem Lord Rama has in the extract from the Ramayana ...

METHODISCHES VORGEHEN *Die S lesen die Zeilen 1–12 und schreiben eine kurze Antwort (ca. 10 Minuten). Ggf. können sie Wörterbücher zur Hilfe nehmen.*

LÖSUNGSVORSCHLAG Sita has been held captive by Ravana and Rama, although he says he trusts his wife, is concerned about what people are saying, so he asks her to prove her purity by undergoing the fire ordeal/a trial by fire. Sita is upset by the rumours and her husband's doubting her faithfulness in public and sees no alternative but to enter the fire.

ERWEITERUNG If you had been Rama or Sita, would you have insisted on the ordeal by fire or have submitted yourself to it? Explain why or why not.

VOCABULARY

3 a) Go through the text and ... b) For each of these words try ... → S3

METHODISCHES VORGEHEN *Die S bearbeiten die beiden Teilaufgaben mit einem Partner. Alternativ kann Aufgabe 3 auch als schriftliche Hausaufgabe aufgegeben werden. L verweist auf* Skill 3 Working with a dictionary.

LÖSUNGSVORSCHLAG **a) Qualities expected of women:**
tolerance, forbearance, purity, chastity, (in)fidelity, noble, duty (dutiful), love, honour (honourable), kind, righteous, strong, obedient, good (daughters and wives)

b) Word families:

noun	adjective	verb
tolerance	tolerant	to tolerate
forbearance	forbearing	to forbear
purity	pure	to purify (to be pure)
chastity	chaste	(to be chaste)
fidelity	(loyal/faithful)	(to be loyal/faithful)
nobility/(a) noble	noble	(to be noble)
duty	dutiful	(to do one's duty)
love	loving	to love
honour	honourable	to honour
kindness	kind	(to be kind)
righteousness	righteous	(to be righteous)
strength	strong	to strengthen (to be strong)
obedience	obedient	to obey
goodness	good	(to be good)

COMPREHENSION

4 Describe the traditional picture of the ideal woman and how it ...

METHODISCHES VORGEHEN *Die S bilden gemischte Gruppen und besprechen das traditionelle Bild der Frau in Indien. Sie formulieren einen Satz, indem sie dieses Bild zusammenfassen. Anschließend suchen sie Textstellen, die das heutige Bild der indischen Frauen beschreiben. Die S erstellen ihr eigenes Tafelbild nach dem unten gezeigten Muster. Im Plenumsgespräch werden die Ergebnisse vorgetragen und korrigiert bzw. ergänzt.*

LÖSUNGSVORSCHLAG **Traditional picture of the ideal woman in India:**
an obedient, loving and faithful wife who marries, cares for the children and supports her husband

... and in modern India (according to the text):

- traditonal views (based on religious texts) still influence perception of women (ll. 27–30)
- Ramayana and Mahabharata still provide role models for being a good person (ll. 32-33)
- men and women in different but complementary roles (ll. 40–41)
- women put on a pedestal, cf. Western ideals of feminist equality (ll. 41–42)
- women encouraged to be good daughters and obedient wives, not independent (ll. 45–48)
- women's behaviour reflects on their families/communities (both shame and honour); must fulfil expectations of others; not free ('a trap') (ll. 48–53)

ANALYSIS **5 Compare it with your picture of women in contemporary German society.**

METHODISCHES VORGEHEN *In denselben Gruppen werden Ideen im Brainstorming-Verfahren zusammengetragen. Danach werden die Ergebnisse im Plenum von zwei S an der Tafel festgehalten. In einer anschließenden Diskussion wird das Bild der Frau in Indien (Aufgabe 1) und Deutschland (Aufgabe 5) verglichen.*

LÖSUNGSVORSCHLAG

Picture of women in contemporary German society

- *baby and career*
- *independent*
- *educated*
- *gender equality*
- *job/salary discrimination*
- *female quotas*
- *feminism (women's rights)*
- *no longer tied to the home/held back in careers*
- *traditional gender roles changing (men and childcare)*

EVALUATION **6 Discuss the following statement from the text: "This symbolism ..."**

METHODISCHES VORGEHEN Discussion web: *Die Aussage wird in Partnerarbeit, in Gruppen zu viert, in Gruppen zu acht und dann im Plenum diskutiert. Diese Methode bietet sich an, wenn das Gesprächsthema schwierig ist, da die Methode den S genügend Übungsmöglichkeiten bietet. Im Laufe der Gespräche sammeln sie Argumente und üben ihren Vortrag, um bereit zu sein, sie im Plenum zu präsentieren.*

ALTERNATIVE *Alternativ können die S die* Talking tokens-*Methode anwenden. Bei dieser Methode werden S, die in einer Diskussion zurückhaltend sind, gezwungen sich zu äußern. Die S bekommen drei Marken. Nach jeder Äußerung geben sie eine Marke ab. Sind alle Marken verbraucht, stellen sie nur noch Fragen. Die* Talking token-*Methode kann auch als* Discussion web *gestaltet werden.*

LÖSUNGSVORSCHLAG

- women are looked up to, honoured – but only if they fulfil the expectations of society
- women are trapped in a role (role model of the woman put on a pedestal)
- determined by tradition
- not free to choose another role (as it will bring shame on family/community)
- women who don´t adhere to this traditional role considered fair game for rape/domestic violence
- independent, educated, professional women in cities/not in rural communities
- period of transition

RESEARCH **7 Find out more about the storyline in the Ramayana and give ...** → S22, S32

A synopsis of the Ramayana:

Background and banishment: Rama is the eldest son of Dasharatha, King of Aydohya. Bharata is the son of the King's second and favorite wife, Queen Kaikeyi. There are also two twins, Lakshman and Shatrughna. Sita, the daughter of a neighbouring city's ruler, marries Rama. When King Dasharatha decides it is time to give his throne to his eldest son, Rama, everyone seems pleased except for Rama's step-mother, who wants her son, Bharata, to be King. Dasharatha had made a promise to her years before, so he agrees to banish Rama for fourteen years and to crown Bharata. The ever obedient Rama accepts his father's decision and sets off for the forest with Sita and Lakshman. Bharata finds out what has happened and tries to persuade Rama to return and rule, but he refuses.

Kidnapping: After many happy years in the forest an evil princess tries to seduce Rama, but Lakshman drives her away. She returns to her brother, Ravana, the ten-headed ruler of Lanka (Sri Lanka, formerly Ceylon), and tells her brother about the beautiful Sita. Ravana makes a plan to kidnap Sita. He sends a magical golden deer to the forest, and Rama and Lakshman go off to hunt it, but first Rama and Lakshman draw a protective circle around Sita and tell her not to step outside the circle. When Ravana appears as a holy man begging for alms, Sita steps outside the circle to give him food. Ravana kidnaps her and takes her to his kingdom in Lanka.

Rescue: Rama returns from the hunt but cannot find Sita. A band of monkeys offer to help him find Sita. At his place in Lanka Ravana tries to get her to agree to marry him, but Sita can only think of her beloved Rama. Hanuman, the general of the monkey band, finds Sita and tells her Rama will soon come and save her. Ravana's men capture Hanuman, but he escapes to tell Rama where Sita is. After a mighty battle Rama kills the ten-headed Ravana and frees Sita. After Sita proves here purity, they return to Ayodhya, and Rama becomes King.

From: http://www.mythome.org/RamaSummary.html (abridged); another source: http://www.bl.uk/learning/cult/inside/corner/ramayana/synopsis.html.

METHODISCHES VORGEHEN *Diese Aufgabe kann als freiwillige Aufgabe angeboten werden und im Plenum oder als* Split presentation *präsentiert werden. Es erfolgt ein Hinweis auf* Skill 22 Presentation *und auf* Skill 32 Doing research. *Eine Dreiergruppe kann die Präsentation im Plenum halten oder jede Dreiergruppe präsentiert innerhalb der Gruppe, d.h. ohne Publikum. Der Vorteil ist, dass hierbei alle S zum Vortrag kommen und ihren Teil der Präsentation selbst halten können. Die Reihenfolge kann spontan in der Gruppe entschieden werden.*

LÖSUNGSVORSCHLAG Siehe **Hintergrundinfos**.

ERWEITERUNG Present the Ramayana in the form of a comic (six pictures) or poster summary.

ONLINE ARTICLE

Cartoons for change in the New Delhi metro

LERNWORTSCHATZ commuter, to attest to sth, awareness, empowerment, to ensure that, domestic, secure, tag line (AE), to chage one's attitude towards sb/sth, to attract attention, to be rooted in sth, to take sth for granted

VISUALS

8 Your partner analyses one cartoon and you analyse the other. . . . → S28.2

METHODISCHES VORGEHEN *In Stillarbeit betrachten die S die Cartoons und lesen den Text durch. In Partnerarbeit entscheiden sich die S für einen der beiden Cartoons. L weist auf die* Useful phrases *in* Skill 28.2 Working with visuals: Cartoons *hin und die S analysieren ihren Cartoon. Im Anschluss werden die Cartoons mit Hilfe der Notizen zunächst in Partnerarbeit und danach im Plenum präsentiert.*

LÖSUNGSVORSCHLAG

Cartoon 1

- **Introduction**
  Author: one of cartoonists Sudhir Tailang, Neelabh Banerjee, Jayanto Banerjee
  Date: September 2011
  Publication source: stations on Red Line of Delhi Metro; supported by National Committee for Women and UN Women (as part of campaign to change attidudes towards women)
- **Description**
  Visuals: women wearing traditional Indian clothes in background harvesting wheat (?) with a scythe in the hot midday sun (shadows); blue cloudless sky; woman seems to be sweating (beads of sweat around head); a hoe lies on the ground behind the woman; man with boy in foreground; man lying on bed in the shade of a tree smoking a hookah (water pipe); wearing a turban and a kurta pyjama; boy stands next to man holding an open book; posture, gesture (finger on chin) and facial expression indicate he has a question
  Text: from the text in the man's speech bubble it becomes clear he is the father of the boy, and his mother is working in the field; boy's/son's question: "What is the meaning of motherland?"; father's answer: "The land which is your **mother's to work on**, and your **father's to own**."; bold print is used to highlight parts of his response
- **Analysis**
  Message: portrays typical attitudes towards gender roles in Indian society; status of women compared to men; particularly in rural communities
- **Evaluation**
  attempt to create greater awareness about gender roles in India; aim is to change attitudes towards women (see tag line/slogan in text: "It's time to change your attitude towards women." ll. 14–15); to provoke reactions about things people take for granted; cartoon based on daily experiences of women in rural India; women's traditional role questioned

Cartoon 2

- **Introduction**
  Author: one of cartoonists Sudhir Tailang, Neelabh Banerjee, Jayanto Banerjee
  Date: September 2011
  Publication source: stations on Red Line of Delhi Metro; supported by National Committee for Women and UN Women (as part of campaign to change attidudes towards women)
- **Description**
  Visuals: a room in a police station; a wanted poster and handcuffs on the wall at the back;

on the right the barred door of a prison cell; a policeman in uniform sitting at his desk pointing to a pile of files in the in tray; cobwebs between the files and ceiling; the out tray is empty; the file at the top is Domestic Violence; woman with right arm in a sling and a bruised face looks up at the pile of files; worried expression and agitated gesture with left hand in mouth/biting nails; aggressive, muscular man lying in wait behind the open door to the left; right hand in a clenched fist, pushing up his shirt sleeve, getting ready for a fight
Text: policeman's speech bubble: "Yes Ma'am, your case is still **TOP PRIORITY…**"; TOP PRIORITY in capitals and bold print; other issues in the files include Court Hearings, Crime, VIP Duty

- **Analysis**
- Message: woman obviously been to see policeman before to complain about recurrent domesetic violence/her husband; empty out tray and cobwebs imply inactivity; critical of police's lack of response to complaints by women about domestic violence; don't offer women protection
- **Evaluation**
  attempt to create greater awareness about gender roles in India; aim is to change attitudes towards women (see tag line/slogan in text: "It's time to change your attitude towards women." (ll. 14-15)); to provoke reactions about things people take for granted; cartoon based on daily experiences of women in India; highlights issue of domestic violence but also raises other issues related to crime and police protection for politicians/VIPs

EVALUATION

9 The text claims that cartoons can make a difference. Assess whether …

MATERIALIEN → Kopiervorlage 4 (Role play cards: Presenting arguments and counter-arguments)

METHODISCHES VORGEHEN *Die S überlegen, welche Argumente und Gegenargumente sie in einer Diskussion vorbringen könnten. Die Lerngruppe wird geteilt. Eine Gruppe sammelt Argumente für die Aussage. Die andere Gruppe muss mit einem Gegenargument antworten. Die S beginnen ihre Gegenargumente mit einer Wendung aus einer* Useful phrases support card *(siehe Tafelanschrieb). Die S üben mit einer begrenzten Anzahl von Redemitteln und tragen diese anschließend in eine* Language box *in ihrer eigenen* Language bank *ein* (Skill 24.3: Taking part in a discussion or talk show). *Zwei S führen Protokoll und fassen das Ergebnis kurz zusammen. Die S haben dann die Möglichkeit, ihre eigene Meinungen kurz darzulegen.*

Useful phrases to present a counter-argument

- *However, …*
- *But …*
- *On the other hand, …*
- *Of course that's true, although …*
- *That's certainly true, but at the same time …*
- *You're probably right there, but …*

LÖSUNGSVORSCHLAG

For	Against
• can make people aware of/reflect on an everyday situation they take for granted • can highlight problems • an interesting way to reach a large number of people • commuters confronted by cartoons and their messages every day • we need to make a start	• not everyone will want to reflect on their behaviour • we need action, not reflection • are they the ones you need to reach? • not all commuters will understand the message, or even look at them • the cartoons alone won't change anything

ERWEITERUNG *L verteilt Kopiervorlage 4 (*Role play cards: Presenting arguments and counter-arguments) *mit den* Useful phrases *und den Pro- und Kontra-Argumenten. In Partnerarbeit ergänzen die S die Argumente und Gegenargumente mit ihren eigenen Ideen und führen danach in einer Vierergruppe ein Streitgespräch. Einer der Partner spricht jeweils, während der andere beobachtet. Nach drei Durchgängen wechseln die Partner in der Gruppe für die nächsten drei Runden.*

ANALYSIS

10 In the light of the ideas expressed about women in the text ... →△5

METHODISCHES VORGEHEN *L fragt nach, ob die S ahnen, was Rajesh – als Hindu – zu seiner Äußerung bewegt haben könnte. Im Text* India dishonoured? *ist die Antwort zu finden. Die Textstelle sollte benannt werden (ll. 40–42) und die S beantworten die Frage schriftlich in Einzelarbeit.*

LÖSUNGSVORSCHLAG Women are put on a pedestal as epitomised by Sita in the *Ramayana*. She is the model wife, the archetypal woman. Women are expected to be honourable, obedient and faithful. They are not seen as equals, but as fulfilling a certain role and are not considered to be independent individuals. If they do show signs of independence men might feel threatened and violence results, both domestic violence and violence towards women in general.
As a consequence of the campaign to change attitudes towards women, Rajesh was inspired to reflect on his own behaviour at home and expresses a wish to check out his sister's future husband. His view that every family should ensure that the women of the family feel safe and secure might reflect the pledge Hindus and Sikhs make during Rakhee, a Hindu and Sikh festival, to protect their sisters for life.
It is all too easy for women to become the victims of domestic violence, and women need to be protected – if need be by or even against their own family members.

DIFFERENZIERUNG △ *Leistungsschwächere S beschäftigen sich vor der Bearbeitung von Aufgabe 10 mit der Hilfestellung im* Diff pool. *Die bisher erarbeiteten Aspekte der Behandlung indischer Frauen werden dort noch einmal herausgearbeitet und gegenübergestellt.*

SPEAKING

11 "The discrimination of women does not fit India's self-image ..." → S24

METHODISCHES VORGEHEN *Hinweis auf* Skill 24 Discussion and debate. Take five (minutes)*: In Partnerarbeit überlegen die S vorab, welche Aussagen sie in der Diskussion machen könnten.* Circle of speakers*: Es werden Vierergruppen gebildet. Jeder S hat eine Nummer, S1 protokolliert, S2 fängt mit einem Satz an, S3 und S4 führen die Diskussion mit je einem Satz weiter, usw. Die Diskussion wird fünf Minuten lang geführt* (Take five). *Der Protokollant fasst die Diskussion für die Gruppe zusammen. L bestimmt einen weiteren Protokollanten, die Diskussion im Plenum zusammenzufassen.*

LÖSUNGSVORSCHLAG

- Constitution, 1949; equal rights = gender equality?; gender disparity remains
- urban-rural discrepancy
- educated, professional women in industry and politics
- Western feminist equality in conflict with traditional Indian view of women
- rape, domestic violence, job/education discrimination contribute to low self-esteem/ negative image abroad
- lower female to male workers ratio
- gender discrimination limits/hinders growth (lower output); majority of farm work performed by women (manual labour tasks)

F The history of India

NOVEL EXCERPT

The sun sets on the British Empire → WB Tasks 15, 20

The title alludes to the statement "The sun never sets on the British Empire". At its zenith in the second half of the 19th century, the British Empire spanned the globe leading to the saying that the sun never set on it, as there was always daylight somewhere in the Empire. With India's independence in 1947, the sun set on imperial India, not on the Empire as is mentioned in the text. The last of the major colonies to be lost was Hong Kong in 1997.

LERNWORTSCHATZ The sun sets on ..., to defeat, victorious, constituent assembly, conspicuous, split, predominantly, to be regarded as, foremost, leading statesman, to render sb/sth, sophistication, Independence Movement

COMPREHENSION **1 a)–c) Explain what was so special about the end of British rule in India. ...**

METHODISCHES VORGEHEN *Die S lesen den Text, bearbeiten die drei Teilaufgaben in Einzelarbeit und besprechen die Ergebnisse danach im Plenum. Als Einstieg bittet L die S, das Stilmittel in der Überschrift zu nennen und zu erklären* (A metaphor: end of British imperial India/independence for India). *L kann die S-Antworten mit einem kurzen L-Vortrag (siehe* **Hintergrundinfos***) ergänzen. Vor Teilaufgabe b) sagt L den S, dass sie das* VIP file *zu Mahatma Gandhi, Jawaharial Nehru und Muhammad Ali Jinnah bei der Beantwortung der Aufgabenstellung beachten sollten und evtl. weitere Recherchen nötig sind, um offene Fragen zu beantworten.* (Why was Jinnah in Pakistan and not in Delhi? What was Gandhi doing in Calcutta? What was the cause of the riots?). *Für Teilaufgabe c) benutzen die S ein Wörterbuch und verwenden nicht nur andere Wörter, sondern auch Wörter derselben Wortfamilie (z.B. Adjektive statt Nomen:* confident *statt* confidence*).*

LÖSUNGSVORSCHLAG **a)**

- did sth no other empire had done before
- it "gave up", l. 2 (= surrendered)
- "fell ... on its own sword", l. 3 (= committed suicide/ended its life voluntarily/gave India its independence without being forced to)
- no revolution or lost battle
- its politicians and the country itself weren't weak
- a conscious decision was made to leave India and give the country its independence

b)

- **Ali Jinnah**, who became Pakistan's first Govenor General, was in Pakistan (which came into existence on 14 August 1947, a day before India, so that Lord Mountbatten, the last Viceroy of India, could attend both independence ceremonies).
- **Mahatma Gandhi** had fought for Indian independence/self-rule, but was against the partition of the country into India and Pakistan (East and West Pakistan). He was in Calcutta (trying to stem the religious riots, which were already beginning in the immediate aftermath of Partition). His absence was a form of protest.

c) **Nehru**, alongside Gandhi, had become a leading statesman during the campaign for Indian independence. He was a handsome upper caste Brahmin from Kashmir whose pleasant, friendly manner made him someone whom people felt they could speak to. He had a sense of humour and was always good for a laugh. His appearance could be deceiving. He might have seemed to be a bit of a dreamer, but he was mentally alert and could sometimes get angry easily. He was a confident, sophisticated and charasmatic character.

ANALYSIS **2 Examine the author's attitude towards the British Empire.**

METHODISCHES VORGEHEN *L sollte die S auf die Aufgabe vorbereiten, damit sie wissen, dass die Antwort nicht eindeutig ist. Die S belegen ihre Äußerungen mit Textstellen.*

LÖSUNGSVORSCHLAG

- mixed feelings?
- seems surprised/at a loss to explain why Britain left India ("did something no empire had done before", ll. 1–2; "did not decline, it simply fell", ll. 2–3); lists reasons why there was no reason to leave, ll. 3–6)
- perhaps even expresses regret/disappointment/sadness ("It gave up", l. 2; "The world's capital could enjoy another hour or two ... before the sun literally and finally set on the British Empire.", ll. 8–10)
- might be admiration ("proudly and majestically", l. 3)

LISTENING ⦾ L2/7 **3 a) Listen to the beginning of Nehru's ... b) What does Tully's family ...?**

MATERIALIEN → ⦾ L2/7 (Mark Tully on India's independence) • Transkript

METHODISCHES VORGEHEN *L bereitet den kurzen Auszug aus der Rede mit den S vor. Der Schluss des Textes leitet die Rede auf der CD ein. Die S paraphrasieren evtl. mit Vokabelhilfen* (Support cards) *oder mit einem Wörterbuch vorab die Aussage im Tafelbild. (Lösungsvorschlag:* A long time ago we agreed that freedom was our destiny and made a promise to be free one day, and now that time has come.

It's not exactly what we wanted (Partition!), but, as of midnight tonight, India will be independent.)

> *"Long years ago we made a tryst with destiny ... we shall redeem our pledge ... not wholly ... but very substantially ... At the stroke of the nidnight hour ... India will awake to life and freedom."*
>
> *Support card:* *to make an agreement/to agree – to fulfil a promise/to promise – not completely but mostly – independence*

a) *Da Faiz Ahmed Faiz den S unbekannt sein dürfte, schreibt L den Namen an die Tafel. Zu dem Namen wird* Urdu poet *ergänzt:* Urdu is historically associated with Muslims and is the national language and lingua franca of Pakistan today. *Beim ersten Hören sollen die S sich auf Tullys Kommentar konzentrieren und nur grobe Notizen machen* (General comments/the gist – *siehe die hervorgehobenen Wörter im Lösungsvorschlag). Beim zweiten Hören ordnen die S ihren Notizen Details zu. Bei Bedarf erhalten die S die Möglichkeit, in Partnerarbeit Informationslücken zu schließen. Zum Schluss wird die Erklärung, warum es Gründe für* Joy as well as sadness *gab, in einem Satz (wie in einer Sprechblase) gesagt.*

b) *Die S versuchen, diese Frage zunächst ohne weiteres Hören zu beantworten. Sie machen sich Notizen aus der Erinnerung und beraten sich mit ihren Mitschülern. Zur Kontrolle kann L die Aufnahme anschließend ein drittes Mal vorspielen. Nach einem Austausch im Plenum schreiben die S eine kurze Antwort (50–80 Wörter) bzw. einzelne Sätze als Differenzierungsoption (siehe Lösungsvorschlag).*

LÖSUNGSVORSCHLAG

a) Mark Tully's comments

- Tully quotes Nehru and Faiz Ahmed Faiz, who see independence differently.
- Nehru is **optimistic**: At the stroke of midnight [...] India will awaken to freedom and life.
- Faiz Ahmed Faiz (Urdu poet) is **less enthusiastic**: a scarred daybreak, a night-bitten dawn.
- Faiz seemed to be right as riots had already broken out in Punjab, east and west of the border – in Lahore, Pakistan and in Amritsar, India.
- Partition resulted in anywhere between 200,000 and 1,000,000 estimated deaths.
- Tully's family stunned by news of death of their Muslim nursery boy during the riots in Bengal.
- Tully's father thought independence inevitable and had come too soon.
- India was never home to the British – once they had done what they came to do, it was expected that they return to Britain – not stay and certainly not to marry a native (to go jungly/native)

Joy and sadness

- independence/freedom on the one hand, but riots and deaths on the other (details above)

b)

- Tully's father, like many other British people, had always intended to return to England.
- The British came to do a job (to do business, to build bridges, to rule and to administer justice) and then to return and retire back in Britain.
- Uncle Charlie married an Indian woman/a native; he went native/jungly.
- Tully's grandmother was very orthodox; "going jungly" was seen by her as an unforgivable crime.
- Colonial officers were in India to do a job, and when they finished, they returned to Britain. They kept themselves and their families apart and didn't mix with the natives. If they did, "going jungly" was looked down upon. Tully's grandmother thought it was "an unforgivable crime". Of course there were exceptions, like Uncle Charlie, and Indian servants also sometimes became part of the family, like Jaffa, the Tully family's nursery boy.

NOVEL EXCERPT

Train to Pakistan → WB Task 21

LERNWORTSCHATZ Partition, bossy, drooping, holster, to protrude, dagger, city-dweller, to assume, air, peasant, martial, to contradict, contemptuously, jaunty, convoy, to gauge, in revenge for sth, to commit a crime, to butcher, refugee, to flee, to be located, persecution, displacement, vicious circle

COMPREHENSION

4 Describe the scene from the novel putting it in its historical context ...

METHODISCHES VORGEHEN *Die S lesen den Text und die beiden* Fact files *zu* Sikhism *und* Partition and the Punjab *als Hausaufgabe. Sie bereiten einen* Info spot *(zwei Minuten) zum Thema* Partition and the Punjab *vor – entweder zu Hause oder am Anfang der Folgestunde. Die S nehmen Bezug auf die Karte im* Fact file *und das Foto. Sie nutzen* Phrases *(z.B.* As you can see in the photo ...; ... is illustrated in the photo. To the east/west of ... etc.*), die sie auf einem* Useful phrase slip *bekommen. Die S bilden Vierergruppen und jede Gruppe erhält vier unterschiedliche Spielkarten* (clubs, diamonds, hearts, spades*). Alle S ziehen verdeckt eine Spielkarte. Der S, der Kreuz* (clubs*) zieht, gibt den* Info spot*. Neue Vierergruppen werden gebildet und das Verfahren wird wiederholt, evtl. auch ein drittes Mal. Die Zuhörer geben Feedback zum Inhalt, zur Sprache und zur Präsentation (siehe Kopiervorlage 1).*

LÖSUNGSVORSCHLAG

- Punjab region was divided with Partition of India into India and Pakistan (see map)
- religious violence between Hindus and Sikhs and Muslims in the immediate aftermath of Partition in the summer of 1947
- fear of displacement/persecution
- migration from east to west (Muslims) and west to east (Hindus and Sikhs) – see photo
- atmosphere of anxiety and unrest
- viscious circle of violence
- religious fanatics responsible for up to two million deaths
- in the extract from the novel *Train to Pakistan* a young fanatical Sikh tries to stir up people in a Sikh village to support revenge attacks on Muslims

ANALYSIS

5 What impression of the boy do you get from the text? Compare ... → S7

METHODISCHES VORGEHEN *Die S erstellen eine Liste mit Zitaten für eine direkte/indirekte Charaktisierung und den entsprechenden Zeilenangaben. Als Hausaufgabe wird der Junge mit den Dorfbewohnern in einem kurzen Text verglichen. Es müssen nicht alle Zitate verwendet werden, sondern es kann eine Auswahl getroffen werden. L verweist auf die* Useful phrases *in* Skill 7 Characterisation *und ggf. auf* Skill 19.3 Quoting.

LÖSUNGSVORSCHLAG

Boy

- "[He] motioned the others to sit down. Everyone sat down." (ll. 7–8) → commands respect
- aggressive bossy manner (l. 8)
- "in his teens, a little beard, small in size, slight of build, effeminate" (ll. 9–10)
- "[wearing] bright blue turban, khaki army shirt [hanging] loosely from round drooping shoulders" (ll. 11–12)
- "black leather Sam Browne, strap across narrow chest, broad belt clamped about still narrower waist, holster with revolver, dagger" (ll. 12–15)
- "He looked as if his mother had dressed him up as an American cowboy." (ll. 15–16) → narrator seems to be making fun of him/not taking him seriously
- "He looked around him with complete confidence." (l. 18) → behaviour at odds with his appearance
- "... he asked insolently." (l. 19); "assumed a superior air" (l. 20); "no regard for age or status" (l. 21)
- "an educated city-dweller" (l. 20)
- "glowering menacingly" (l. 24)
- "Potent or impotent?" (l. 25); "not the sort of language one used in a gurdwara" (ll. 26–27) → no respect
- "... you call yourselves Sikhs – the brave Sikhs! The martial class!" (ll. 31–32); "sarcasm" (l. 33) → sarcastic/provokes his audience

- "... daring anyone to contradict him." (ll. 33–34) → in control
- "Listen and listen very carefully. He paused, looked around, and started again. He spoke slowly, emphasising each sentence by stabbing the air with his forefinger." (ll. 45–47) → good speaker
- "glared angrily" (l. 63)
- "The boy wanted to squash him further." (ll. 69–70) → aggressive/determined/dominating/ruthless/pitiless/unyielding/merciless

Villagers

- "peasants" (l. 21) → simple (illiterate) people
- "'Yes, sir' answered the lambadar." (l. 22) → submissive/respectful
- "No one knew what to say. No one protested ..." (l. 26) → intimidated
- "People looked down somewhat ashamed of themselves." (l. 34) → guilty conscience
- "'But, Sardar Sahib,' said the lambadar falteringly, 'do tell us what we can do.'" (l. 44) → shows respect/shows uncertainty/shows helplessness
- "People listened to him with rapt open-mouthed attention." (ll. 53–54) → impressed, enthralled, enthused
- "... said Meet Singh haltingly." (l. 58) → unsure, uncertain, insecure, lacking confidence, afraid
- "Meet Singh was subdued." (l.69) → defeated, frustrated, disappointed, at a loss/unsure about what to say (next)

The boy's physical appearance is at odds with his character. He is described as someone in his teens with a little beard who is small in size and slight of build with a narrow chest and an even narrower waist. All in all, he makes a rather effeminate first impression. "He looked as if his mother had dressed him up as an American cowboy." (ll. 15–16) The narrator seems to be making fun of him here. In stark contrast to this, it soon becomes obvious that he is someone who immediately commands respect. Perhaps this reflects the weapons he is carrying, but the reader learns that "[h]e looked around him with complete confidence." (l. 18) The use of phrases like "asked insolently" (l. 19), "glowering menacingly" (l. 24) and "glared angrily" (l. 63) indicate that he instills fear and respect in his audience. He is not someone to mess about with. He is a good speaker, one who is not prepared to accept any backtalk. When Meet Singh questions his reasoning, "[t]he boy wanted to squash him further." (ll. 69–70) He is quite merciless – a fanatic. The villagers are quite helpless in the face of such fanaticism. They are "peasants" in awe of educated the city-dweller and listen "with rapt open-mouthed attention" (l. 54) to his speech. They show him respect but also seem intimidated by him. The boy even makes them ashamed of their inaction. However, Meet Singh says "haltingly" that "[o]nly people who have committed crimes should be punished" (ll. 61–62), but he is "subdued" by the boy's response. He is at a loss what to say next.

ANALYSIS

6 Illustrate the use of anaphora in the boy's speech.

METHODISCHES VORGEHEN *L schreibt eine Definition an die Tafel, ggf. eine S-Definition. Die S suchen nach Beispielen, die an die Tafel geschrieben werden. Sie überlegen, welche Wirkung dieser Stilmittel hat und vervollständigen das Tafelbild.*

LÖSUNGSVORSCHLAG

Anaphora = repetition of a word or words at the beginning of two or more successive sentences.

- *No one knew what to say. No one protested ... (l. 26)*
- *Do you know how many ...? (l. 28) Do you know of ... (l. 29)*
- *Do the Mussalmans ... (ll. 38–40); Do they apply for ... (l. 40)*
- *For each ... (ll. 47/48/49(x2)/50)*

It is used for emphasis in a speech/argumentative prose in an attempt to convince the listener/reader.

EVALUATION

7 Think of recent international violent conflicts between religious ...

METHODISCHES VORGEHEN *Im Plenum überlegen die S, welche Kernideen im Text zum Ausdruck kommen. In einem Brainstorming werden diese Ideen gesammelt. Die S wählen ein Krisengebiet aus, machen weitere Recherchen zu Hause und setzen das Gespräch im Plenum in einer späteren Stunde fort.*

LÖSUNGSVORSCHLAG

- religious fanaticism, motivated by blind hate, thoughts of revenge, not open to logical/objective argument/common sense (boy – Meet Singh), people forced into a conflict, majority don't speak up, takes courage to stand up to fanatics
- various violent conflicts associated with divided countries and divisions within countries – Israel and Palestine, Syria, Iraq, Afghanistan, Ukraine/Russia, Rwanda, Sudan etc.

CREATIVE TASK

8 If you were Meet Singh, how would you respond to ...? → S12.2 →▲6

METHODISCHES VORGEHEN *Die Ideen, die in Aufgabe 7 geäußert wurden, können hier verwendet werden. Wie reagiert Meet Singh? Wird er dem Jungen entgegentreten? Wenn ja, wie? Oder wird er sich aus der Sache heraus halten und klein beigeben?* Think-Pair-Share: *Die S machen sich Gedanken, tauschen sich in Partnerarbeit und dann im Plenum aus. L kann Ideen ergänzen, um ggf. ein Rollenspiel einzuleiten (siehe Erweiterung). Hinweis auf* Skill 12.2 Material-based writing.

LÖSUNGSVORSCHLAG Meet Singh can either fall silent, defeated, realising that anything he says will fall on deaf ears, or he will be outspoken and stand up to the boy. He can talk about the need to break the viscious circle of violence and that the rule of law should apply. Indiscriminate killing, rape and violence will not solve the problem, and the desire for revenge is a guarantee for further violence. Gandhi's non-violent resistance (*satyagraha*) to British rule should be an example to them. Non-violence, the principle of *Ahimsa* (a Sanskrit word meaning not to injure) is the only way forward.

DIFFERENZIERUNG ▲ *Leistungsstärkere S können entweder anstelle von Aufgabe 8 oder im Anschluss an diese Aufgabe (als schriftliche Hausaufgabe) Aufgabe 6 im* Diff pool *bearbeiten. Sie schreiben einen kurzen Brief von Meet Singh an dessen Bruder.*

LÖSUNGSVORSCHLAG Dear Sanjeev

Some young boys calling themselves Sikhs came to the village yesterday evening. These young boys from the city have no respect for us villagers. They think we are uneducated, simple people who are afraid of fighting. At the meeting I was the only one who had the courage to speak up. Have they all forgotten what Guru Nanak taught us? They can only think of revenge for the deaths of our Sikh and Hindu brothers. But Muslims are our brothers too! I can draw my sword to fight evil, but not against innocent people. What they are planning is evil, and I fear the fighting is getting out of control. Do take care of yourself and the family, Sanjeev. I hope to hear from you soon.

Your brother

Meet

ERWEITERUNG *Rollenspiel mit dem Jungen und einem S. Die S müssen das Skript nicht schreiben, sondern „nur" auswendig lernen:* Learn the roles by heart and present the scene to the course. *Die Zuhörer sollen sich zur Aussage des S äußern. Alternativ dazu schreiben die S ihren eigenen Dialog in Partnerarbeit und tragen ihn im Kurs vor. Partner A übernimmt die Rolle des S, Partner B liest den Text des Jungen vor.*

Guru Nanak (15 April 1469 – 22 September 1539) was the founder of Sikhism and was the first of the Sikh Gurus, whose belief was based on equality, fraternal love, goodness and virtue.
Guru Gobind Singh (22 December 1666 – 7 October 1708) was the tenth of the ten Sikh Gurus and a warrior, poet and philosopher who transformed the pacifist Sikh sect into a martial community. He decided to terminate the succession of gurus and asked followers to venerate the *Grant Sahib* (the holy book/the symbol of God).

S: *(haltingly)* I was going to say: What have the Muslims here done to us to justify us killing them in revenge for what Muslims in Pakistan are doing? Only people who have committed crimes should be punished.

Boy: *(angrily)* What had the Sikhs and Hindus in Pakistan done to justify the fact that they were butchered? Weren't they innocent? Had the women committed crimes for which they were ravished? Had the children committed murder for which they were spiked in front of their parents? … Why, brother? Now speak and say what you want.

S: *(Individual answers based on the ideas suggested.)*
I really must speak up. I have to. You come here saying what we should or shouldn't do. But this is not the way forward. You want revenge – an eye for an eye, but we must break this vicious cirlce of violence. The founder of our faith, Guru Nanak, taught unity between Hindus and Muslims. Gandhi promoted the principle of *Ahimsa* – non-violence. We as Sikhs believe in drawing the sword to fight evil – this is what Guru Gobind Singh taught us – but what you are suggesting is evil. We cannot kill innocent people just because they have another faith. Now **you** speak again!

Spot on language

LERNWORTSCHATZ destination, to dazzle one's senses, to submerge oneself in sth, hustle and bustle, bargain, galore, to brace oneself for sth, peace, tranquility, to reign

1 Travel catelogues and brochures are both informative and persuasive. …

METHODISCHES VORGEHEN *Die S studieren die aufgelisteten Strategien. Nach einer Stillarbeitsphase fragen sie sich abwechselnd in Partnerarbeit ab. Ein S nennt ein Stichwort (fett gedruckte Wörter im SB) und der Partner versucht, die Strategie zu beschreiben. Danach wird der Text* India holidays *gelesen und die S füllen eine Tabelle wie im Lösungsvorschlag entweder als Hausaufgabe oder in Einzel-, Partner- oder Gruppenarbeit aus. Anschließend wird die Aufgabe in Vierergruppen besprochen. Bei Problemen geht einer der S zu einer anderen Gruppen und erstattet der eigenen Gruppe Bericht. L macht deutlich, dass die Zuordnung zu einer einzigen Strategie nicht immer möglich ist. Außerdem hängt die Zuordnung manchmal von den Assoziationen des Lesers ab. Die S sollen über die Zuordnung und die Wirkung von bestimmten Strategien sprechen. Nicht alle aufgelisteten Strategien sind in dem kurzen Text vorhanden. Vielleicht erkennen sie aber auch andere Strategien im Text, z.B.* Giving advice: A good camera is an essential for holidays to India. (l. 19: implying the promise of great sights/things to see); Giving guide book information: which took 22 years to build (l. 18: to arouse interest).

LÖSUNGSVORSCHLAG

Strategy	Lines	Examples
Desire and fulfillment messages	–	–
Vivid descriptive passages	10–11 11 13 22 18–19	• "the hustle and bustle of the hot streets and bazaars" • "the dust and aromas" • "rows upon rows of ochre spices" • "beautiful sweeping beaches" • "which took 22 years to build and where peace and tranquillity reign, even during the busiest times" and a photo of Taj Mahal
Connotations	2 17 18–19	• "a country of extremes" → adventure etc. • "where ancient ruins and modern luxury sit side by side" → education and relaxation? • (where) "peace and tranquillity" (reign) → relaxation?

Alluring expressions	2 3–4 16 21	• (will) "dazzle" (your senses) • "memories that last a lifetime" • "a mind-boggling experience" • "heady chaos"
Emphasis	1 6 15 18 21 21–22	• "really" (sinks) • (beaches of Goa are) "no doubt" (world-class) • (certain sights you) "simply" (cannot miss) • (the Taj Mahal is) "an altogether different" (wonder) • (What makes India) "such a" (fantastic holiday destination) • "mind-bending" (beauty)
Contrasting	–	–
Superlatives	–	–
Imperative	19–20	• "don't forget" (to get a snap of)
Rhetorical questions	–	–
Argumentative structures		• "The beauty of India is twofold." (→ 1. beaches, 2. inland sights [= best secrets])
Emotional manipulation	1 6-7	• (India is a destination that really) "sinks into your soul" • "soft" (sands) … "warm" (waters)
Intimacy and trust (you/we)	12 14 15 16	• "you'll" (come across) • (merchants will compete for) "your attention" • (certain sights) "you" (simply cannot miss) • "brace yourself"

ERWEITERUNG Die S ergänzen die Strategien, die fehlen, indem sie den Text mit eigenen Sätzen, die diese Strategien beinhalten, anreichern. Vorschlag:

- **Desire and fulfilment messages**: You can make your dream come true with India Travel. Discover India's secrets with India Travel, your key to the exotic world of spices and beaches you have always dreamed of.
- **Contrasting** (home and foreign location): Escape to India and experience a completely different world. Leave the everyday routine at home and lose yourself in incredible India.
- **Superlatives**: India's beaches are among the best in the world. This will be the most fantastic experience you've ever had.
- **Rhetorical questions**: Do you want to have the experience of a lifetime? What makes a trip to India so unforgettable?

2 Point out what you really learn about India from this text in a summary …

METHODISCHES VORGEHEN *Die S bearbeiten diese Aufgabe als schriftliche Hausaufgabe.*

LÖSUNGSVORSCHLAG India is a country of extremes. It has wonderful beaches in Goa on the Arabian Sea, but there are also interesting sights away from the coast. There are interesting bazaars and markets, and cities like Delhi have ancient ruins to visit. The Taj Mahal in Agra took 22 years to build and is a unique sight with a lotus pool bench (made famous by Princess Diana, who once had her photo taken on it). There is not a lot of concrete information, but quite a lot of padding in the text. It focuses on atmosphere and mentions mind-boggling experiences and mind-bending beauty without going into detail.

3 Choose a sight or travel destination in India and write your own …

METHODISCHES VORGEHEN *Die S können Ideen auf der offiziellen Webseite* Incredible India *finden (http://www.incredibleindia.org/en/). Andere touristische Webseiten bieten weitere* holiday brochure *Lexik für ihre Texte.*

LÖSUNGSVORSCHLAG Individual answers expected.

4 An English friend is about to take his/her final exams … → S26.1

METHODISCHES VORGEHEN *Die S lesen den deutschen Text und machen sich Notizen zu den Überschriften. Evtl. müssen einige Überschriften zusammengeführt werden (siehe Lösungsvorschlag). L kann schwächeren S die Überschriften aus dem Lösungsvorschlag vorgeben. Hinweis auf* Skill 26.1 Mediating. *Nachdem die S ihre Notizen gemacht haben, können sie sie mit den Eintragungen auf der* Support card *vergleichen. Es gibt auch hier die Möglichkeit, lexikalische Fragen zu lösen. Mit den folgenden Leitfragen improvisieren die S in Partnerarbeit ein Telefongespräch.*

Key questions – but also ask spontaneous questions and make comments

A: *Intro (small talk) … I think I've found a trip for us …*
B: *Sounds great. When is it? And how much does it cost?*
A: *(tour dates – price)*
B: *And where does it go?*
A: *Well, it's a round trip through Rajastan. We … (itinerary/highlights)*
B: *… What's the accommodation like? And are the meals included?*
A: *(accommodation – meals)*
B: *Oh, travel arrangements. Have you got anything there?*
A: *(flights/travel arrangements)*
B: *Is there anything else I should know?*
A: *(other things) You know what? I'll send you an email with the most important details, and you can get back to me.*

LÖSUNGSVORSCHLAG **Mediation notes (Support card)**

- **Tour dates**: duration = 15 days; different departure dates; starting on 29 January
- **Price/Accommodation**: to share a room; price for a double room depends on (the holiday season); (single room surcharge?); in the low/high season; 3-4 star hotels according to national hotel categories/classification categories; in a double room with shower/bath/WC/ air-conditioning; to spend one night/two nights in (Delhi)
- **Meals**: breakfast/lunch/evening meal as specified in the tour programme/itinerary (not available yet/not in brochure; must get in touch with the tour operator)
- **Flights/Travel arrangements**: rail transfer to airport possible for an extra fee (Rail and Fly); domestic transfer flights/flights from different points of departure to international airport available; subject to availability; booking class; surcharge; kerosene price subject to change without notice; scheduled/regular economy class return (one-way) flight to Delhi; business class flights available; local travel in air-conditioned buses and taxis
- **Travel documents**: visa fees and application cost €70
- **Itinerary/Trip highlights**: just a general overview/trip highlights;
  Text: Rajasthan; palaces and fortresses; the Palace of Winds (Jaipur); lake palace (Jag Niwas), Udaipur (= settting for James Bond film); fortresses in Jaisalmer and Bikaner; caravanserai/caravan city in the middle of the desert; Indian dancing lesson (probably an extra: Kathak classical Indian dance lesson in Jaipur); Taj Mahal (Agra)
  Map: planned route; tour starts and finishes in Delhi; (still need to get a detailed itinerary)
- **Other things you should know**: group size = a minimum of 10 – a maximum of 20 participants; extras = evening programme in Jaisalmer/guided tour in Udaipur; guided walking tour through the dunes included (in the price); voluntary flight surcharge to offset CO_2 emissions; carbon neutral bus/jeep/train travel (constuction of biogas plants in India); guide books included; German- or English-speaking guide

ERWEITERUNG

- *Die S schreiben die E-Mail an den englischen Freund.*
- Book tip: Monisha Rajesh, *Around India in 80 Trains.*

Spot on vocabulary

1 Find a synonym for the words in A and the opposite of the words in B ...

METHODISCHES VORGEHEN *Vor der Bearbeitung der Wortschatzseite verweist L auf den Tipp zu den* Vocab sheets. *Die Aufgaben können entweder im Unterricht oder als Hausaufgabe bearbeitet werden.*

LÖSUNGSVORSCHLAG **a) Synonyms**

presented → portrayed
satisfaction → gratification
kindness → good-hearted
very big → overwhelming
slow → sluggish
working → operating
choice → option
difficult task → challenge
to put off → to postpone
confused → puzzled
craftsman → artisan
part of the economy → sector

b) Opposites

variety ↔ uniformity
microcosm ↔ macrocosm
unseen ↔ visible
wealth ↔ poverty
independent of ↔ dependent on
educated ↔ ignorant
private ↔ public

2 a) Make a mind map on India using ... b) Prepare a short talk using ...

LÖSUNGSVORSCHLAG **a)** See mind map on the right.

b) Individual answers expected.

3 Combine the verbs and prepositions to form phrasal verbs you ...

LÖSUNGSVORSCHLAG **Phrasal verbs** (solutions in **bold** face):

1. to give **up on** (saving)
2. to squeeze **out** (an income)
3. to account **for** (one third of the population)
4. to call **for** (wealthy countries to do more)
5. to cut **down** (poverty)
6. to drop **out of** (school)
7. to bump **into** (people)
8. to give **up** (= stop trying
9. to force **out** (by revolution)
10. to step **up** (to make a speech)
11. to grow **into** (a role)
12. to take **off** (shoes)
13. to dress **up** (as a cowboy)
14. to look **around** (a room)
15. to hold sb **up** (as the epitome of a good husband)
16. to bring sb **up** (to be an obedient wife)
17. to get **on with** (living)
18. to play **out** (the entire cycle of life)
19. to keep **on** (turning)
20. to speak **up for** (your rights)

Five sentences about India: Individual answers expected.

Topic task

Organising an Indian literature festival

METHODISCHES VORGEHEN *Am Anfang der Arbeit mit dem* Topic India *sollte L den S erklären, dass der Kurs ein indisches Literaturfest organisieren und durchführen wird. Dazu wird die Anmeldeliste (*Registration list*) vorgestellt. Sobald die S sich für einen Roman entschieden haben, tragen sie sich in die Liste ein. Bei der Arbeit mit dem* Core skill workshop *wurden die S ermuntert, einen indischen Roman ihrer Wahl zu bestellen und zu lesen (siehe auch die Buchtipps in den Erweiterungen). L achtet darauf, dass der Kurs unterschiedliche Buchtitel auswählt. In der Vorbereitungsstunde bespricht L die Steps 1–6 mit den S.*

Registration list		
Surname, Forename	Author	Novel (title)

LÖSUNGSVORSCHLAG **a)** See Task 2a) on the left.

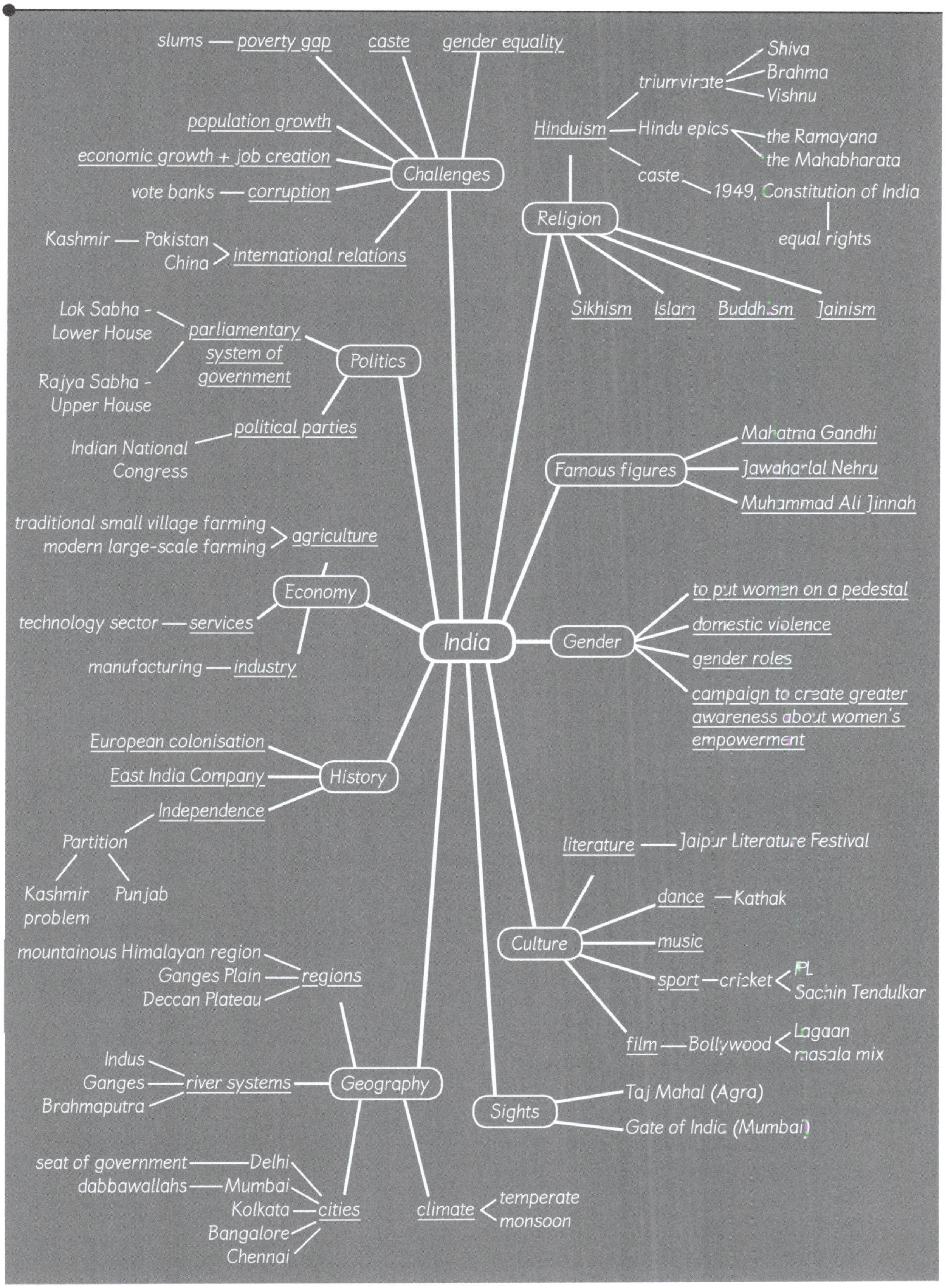

ALTERNATIVE *Um Zeit zu sparen, kann die abschließende* Topic task *als* Book presentation *in komprimierter Form durchgeführt werden, wodurch die Eröffnungs- und Abschlussrede sowie die Diskussion am Ende des Literaturfestivals entfällt. Kern der* Topic task *sind damit sechs bzw. acht Buchpräsentationen, wobei immer jeweils zwei Bücher parallel vorgestellt werden.*

STEP 1 Choosing a novel

METHODISCHES VORGEHEN *Die S lesen die Einführung und L trägt mit den S zusammen, welche Romane im* Topic *vorkamen. Hierzu dient das Bild des Bücherstapels im SB. Falls noch nicht geschehen, bittet L die S, die Anmeldeliste (*Registration list*) zu vervollständigen. L muss dafür sorgen, dass die S rechtzeitig einen Roman auswählen, um die benötigte Lesezeit zu haben. Evtl. kann ein Zeitpuffer für die Vorbereitung der Präsentation eingebaut werden – über die Ferien oder ca. 1–2 Wochen in der Schulzeit bis zum Literaturfest.*

Extracts from/References to in topic

Vikas Swarup, The Accidental Apprentice
Amitav Ghosh, The Hungry Tide
Aravind Adiga, The White Tiger, (Klett 579872)
Araving Adiga, Last Man in Tower
Tarquin Hall, The Case of the Love Commandos
Kushwant Singh, Train to Pakistan

Book tips

Gender: Kishwar Desai, The Sea of Innocence
The rich-poor divide: Vikas Swarup, Q&A (Slumdog Millionaire)
Gregory David Roberts, Shantaram – almost a thousand pages, but a great read (for teachers – and students, perhaps!)

STEP 2 Choosing what to present

METHODISCHES VORGEHEN *L bespricht* Step 2 *mit den S und betont die Notwendigkeit, eine kurze Passage (maximal zwei Minuten Lesezeit), die eine relevante Aussage über den Roman macht, auszuwählen. Die S sollten erklären, warum sie genau diesen Ausschnitt gewählt haben.*

STEP 3 Planning your contribution

METHODISCHES VORGEHEN *Die Präsentation sollte genau geplant werden. Die zehn Minuten müssen eingehalten werden, sonst kommt die Planung des Festivals durcheinander bzw. es gibt zu viel Leerlauf. Eine Diskussion mit einem Mitschüler, in dem sie sich über den Roman unterhalten und möglicherweise unterschiedliche Meinungen haben* (agreeing/disagreeing – in part)*, trägt zur Abwechslung bei. Die S können ihre Präsentation mit der* Postcard technique *strukturieren (eine Postkarte für jede Präsentationsphase).*

STEP 4 Entering your contribution in the festival programme

METHODISCHES VORGEHEN *L bittet die S sich für das Festivalprogramm anzumelden, indem sie sich in das Progammblatt eintragen. Es enthält drei Spalten:* Time slots 1–3 (10 min.); Last name, first name; Title and abstract. *Das Progamm wird im Kursraum aufgehängt. Ein Titel für die Präsentation muss gefunden werden und eine kuze Zusammenfassung muss geschrieben werden (1–2 Sätze). Da die Kurse sicherlich mehr als sechs S aufweisen werden, müssen zwei Progammblätter für bis zu 12 S, drei für bis zu 18 S usw. aufgehängt werden. Die S entscheiden, ob sie als erster, zweiter oder dritter S präsentieren möchten. Alle S müssen eine Präsentation vorbereiten und bereit sein, ihre Präsentation zu halten. Wenn möglich sollten zwei Präsentationen zum selben Roman nicht gleichzeitig stattfinden. Es ist zwar möglich, aber nicht empfehlenswert, da eine S-Wahl und nicht eine Themenwahl stattfindet. Das endgültige Programm wird im Kursraum aufgehängt* *und die S entscheiden zu welchen Präsentationen sie gehen möchten. Nur die Hälfte des Kurses wird zu einer Präsentation zugelassen.*

STEP 5 Rehearsing

METHODISCHES VORGEHEN *L erinnert die S daran, dass alle S die Präsentation üben müssen, obwohl nur sechs S werden präsentieren können. Sie werden aber in der Plenumsdiskussion zum Schluss die Gelegenheit bekommen, ihre Meinung zu äußern. L:* Remember the three p's: prepare, practise, present. Structure your presentation using the postcard technique and practise talking freely (to a mirror?) with your postcard notes. Every time you look down at your notes, you can't see your audience – so keep eye contact with your audience for as long as possible, not with your notes.

STEP 6 Holding your literature festival

METHODISCHES VORGEHEN *Ein S wird ernannt, der das* Indian literature festival *eröffnet. Evtl. könnten sich zwei S diese Aufgabe teilen (max. zwei Minuten). Alle S sind zur Eröffnung in einem Raum. Danach sollte L möglichst zwei nebeneinander liegende Räume zur Verfügung haben. Die S wechseln zwischen den beiden Räumen. Die* Time slots *müssen genau festgelegt werden, um einen reibungsfreien Ablauf zu ermöglichen. Die Schlussrede (max. drei Minuten) mit dem Thema* How can fiction help to develop intercultural understanding? *sollte in einer Folgestunde stattfinden, da es eine Überforderung für die S wäre, eine spontane Rede zu diesem Thema zu halten. Sie sollten die Arbeit mit dem Topic Revue passieren lassen und die Präsentationen, die sie erlebt haben, in geeigneter Form erwähnen. In der Folgestunde wird die Schlussrede in Partnerarbeit gehalten und 1–3 S halten ihre Rede im Plenum. Die anschließende offene Diskussion findet im Plenum statt. Die* Topic task *bietet sich in einer Doppelstunde an. In diesem Fall könnte der Ablauf entspannter stattfinden, vor allem, falls die zwei Räume nicht unmittelbar nebeneinander liegen. In einer Doppelstunde könnten vier* Time slots *anvisiert werden. Obwohl mehr Zeit zur Verfügung steht, scheint es nicht sinnvoll, mehr als vier Präsentationen zu halten, da die Konzentration der S sicherlich nachlässt. In einer Doppelstunde könnte die Abschlussrede mit der* Take five-*Methode vorbereitet werden. In Partnerarbeit haben die S fünf Minuten (oder mehr, je nach vorhandener Zeit), um mündlich Überlegungen zur Frage anzustellen und danach eine (kurze) Rede anhand von Notizen, entweder allein oder mit einem Partner, spontan zu präsentieren. Zur Differenzierung können schwächere S die Option erhalten, ihre Rede in einer Folgestunde zu halten. Die stärkeren S halten die Rede spontan. Eine Plenumsdiskussion sollte den Reden folgen.*

ERWEITERUNG *Zum Abschluss der Unterrichtsreihe findet ein offener Austausch mit Feedback über das* Topic *und das* Indian literature festival statt.

Feedback on the Indian literature festival

organisation
reactions to/general comments on:
- *what I have learnt*
- *themes*
- *texts (written, audio, audio-visual)*
- *tasks*
- *skills*

Topic task

- *presentations in general*
- *individual presentations*
- *points of content*
- *language practice/usage*

KLAUSURVORSCHLAG *Zum* Topic **India** *steht online nur für die Hand von L ein mehrteiliger editierbarer Klausurvorschlag mit Erwartungshorizont zur Verfügung.*

Code k949tr **→ Klausurvorschlag: Indian publishers wake up to new generation of home-grown thrillers (newspaper article)**

KV1: Giving a short report

Remember 'The three Ps' (Prepare – Practise – Present) before you give a talk on a specific topic in class.

Prepare:
- Collect material from different sources.
- Select the relevant material.
- Organise your talk. Give it a logical structure (introduction, body and conclusion).
- Prepare prompt cards (postcard technique) with one card for each section or part of your talk.

Practise:
- Practise giving your report with your prompt cards.
- Check how long your report takes. You usually have a time limit (e.g. a five-minute talk).

Present:
- Introduce your talk. Give your audience advance planning; i.e. say what you are going to do in your talk.
  – State the topic: *"The topic of my talk today is …"*
  – Then say what you are going to talk about in the different parts of your talk:
  "I have divided my talk up into … sections.
  Firstly, I will consider …
  Secondly, I will take a closer look at …
  The third section deals with …
  And in the fourth and final part of my talk I will …" (You can vary the way you say this.)
- Use connectives like the ones in brackets
  – to add information *(furthermore/moreover)*
  – to give ideas/events a sequence *(firstly/finally)*
  – to compare *(as with/likewise)*
  – to contrast *(although/whereas)*
  – to show cause and effect *(as a result/because)*
  – to further explain an idea *(however/provided that)*
  – to emphasise something *(above all/ significantly)*
  – to give examples *(such as/as revealed by).*
  (It is a good idea to make your own list of connectives according to their function. You can refer to these lists when preparing other talks or when doing written tasks in the future.)
- Make some concluding remarks to finish your talk.

Remember to:
- Speak at a normal pace and speak clearly.
- Explain anything your listeners might not understand (vocabulary or content).
- Use signposting to structure your report and to emphasise important points *(enumeration: My third point refers to …)* or oral stress pointers *(This is a very important point, in my opinion)* etc.
- Involve your audience by asking them about difficult points of vocabulary or content. *(Is that clear to you all?)*
- Give your listeners visual props (e.g. dates, names, key words on the blackboard/whiteboard/overhead/PowerPoint slide/handout).
- Prepare a structured handout for note taking (with the topic and headings) or to use when taking active notes (i.e. for completion with keywords), or simply distribute a summary sheet at the end of your report.
- Structure your written summary, in whichever form you choose, according to the structure of your report.

Sources:
Give any sources you have used on your handout like this:
- Books: author, book title, publisher, year of publication, chapter, chapter title, page references.
- Websites: internet address, retrieved (time/date).

Green Line Oberstufe
Autor: Paul Dennis, Lahnstein

KV2: Feedback sheet for short talks

General feedback sheet for short talks on various themes.

Categories	Criteria	☺☺	☺	😐	☹	☹☹	Comments
Content	Correctness						
	Relevance						
	Competence (knows his/her stuff)						
Structure	Intro – Body – Conclusion						
	Coherence (logical development, advance planning/signposting and links)						
Language	Clarity (tempo, volume, pronunciation and intonation)						
	Fluency						
	Vocabulary (variety and technical terms)						
	Grammatical accuracy						
	Rhetorical devices (e.g. enumeration)						
Presentation techniques	Body language (posture, gestures and facial expression)						
	Eye contact						
	Self-confidence/interaction						
Visual aids	Choice (appropriate/supportive)						
	Legibility (of text)/Clarity (of visuals)						
	Handling						

Green Line Oberstufe
Autor: Paul Dennis, Lahnstein

KV3: Cricket in a nutshell

Indians love cricket, but what is cricket?

A cricket match is a game between two teams of 11 players. All the players in the team must bat (an **innings**[1]) and attempt to get as many **runs** (points) as possible by running from one end of the pitch (the playing area in the middle of the field) to the other or by hitting the ball to the boundary (4 runs) or over the **boundary** (edge of the field) without touching the ground (6 runs).

The other team fields and bowls and tries to stop the batsmen from getting runs. A **bowler** bowls, or throws the ball with a straight arm, to one of the **batsmen** six times from one end of the pitch (an **over**) and tries to get him out. A different bowler then starts a new over from the other end of the pitch. The captain tells the **fielders** where to stand in the field depending on whether it is a **fast**, **medium-paced** or **spin** bowler. There are **wickets** (comprising three stumps and two bails) at each end of the pitch. The batsman can be out in different ways; e.g. **bowled** when the ball hits his wicket, **caught** when he hits the ball in the air and a fielder catchers it or **lbw** (leg before wicket) when the ball hits his leg in front of the wicket. A batsman can also be **run out** when he does not get back to his **crease** (the area between the white lines in front of the wicket) before a fielder hits his wicket with the ball or **stumped** when he moves out of his crease and the wicketkeeper catches the ball and hits the wicket while he is out of the crease.

The winner is the team with the most runs.

There are two **umpires**, or referees; one stands behind the wicket at the bowler's end, and the other stands at the side at the batsman's end of the pitch.

Twenty 20 is a single innings cricket match, a limited overs match, in which each team bats for a maximum of 20 overs. This is the format of the IPL (Indian Premier League). There are other limited over formats too. International matches, **test matches**, are played over five days and each team has two innings.

a) *Explain the meaning of the cricket terms in **heavy print**.*

b) *What is cricket? In the 1970s an amusing explanation of cricket was printed on a tea towel[2] as a souvenir for tourists. Can you now explain the game of cricket to a foreign visitor?*

CRICKET as explained to a foreign visitor

- You have two sides one out in the field and one in.
- Each man that's in the side that's in goes out and when he's out he comes in and the next man goes in until he's out.
- When they are all out the side that's out comes in and the side that's been in goes out and tries to get those coming in out.
- Sometimes you get men still in and not out.
- When both sides have been in and out including the not outs. **That's the end of the game.**

HOWZAT![3]   CRICKET BY ULSTER WEAVERS 7492

---

[1] **innings** – the time in a game when a player – or the whole team – bats
[2] **tea towel** – used to dry wet dishes etc.
[3] **Howzat!** = How is that! is what the fielding team often shout when appealing to the umpire because they think the other team's batsman is out

Green Line Oberstufe
Autor: Paul Dennis, Lahnstein
Textquelle: Text acknowledged to Marylebone Cricket Club
Bildquellen: 1. dreamstime.com, Brentwood, TN; 2. Getty Images RF (PhotoDisc), München

KV4: Role play cards – Presenting arguments and counter-arguments

a) *The text* Cartoons for change in the New Delhi metro *claims that cartoons can make a difference. Discuss this claim using the useful phrases. Some arguments and counter-arguments have been provided, but find more arguments for your role.*

b) *Get together with another pair and in groups of four hold a discussion on the question: "Can cartoons make a difference?"*

Student A	
Introducing arguments	**Arguments for**
• To my mind … • I am of the opinion that … • I am sure/convinced that … • It seems to me that … • From what I've read/seen/heard, I think … • As I understand it, (women/men in India) …	• can make people aware of/reflect on an everyday situation they take for granted • can highlight problems • they are an interesting way to reach a large number of people • commuters are confronted by cartoons and their message every day • we need to make a start • __________ • __________ • __________ • __________ • __________ • __________ • __________ • __________

Student B	
Introducing arguments	**Arguments against**
• However, … • But … • On the other hand, … • Of course that's true; however … • That's certainly true, but at the same time … • You're probably right there, but …	• not everyone will want to reflect on their behaviour • we need action, not reflection • are they the audience you need to reach? • not all commuters will understand the message or even look at them • the cartoons alone won't change anything • __________ • __________ • __________ • __________ • __________ • __________ • __________ • __________

Green Line Oberstufe
Autor: Paul Dennis, Lahnstein

12 International relations

Didaktisches Inhaltsverzeichnis

Textsorte/Thema	Unterrichtsmethoden	Input boxes	Kompetenzen	Textproduktion
Introduction				ca. 1 Unterrichtsstunde
Combination of photo and maps/ Trouble spots worldwide	*Kursgespräch* *Gruppenarbeit* *Code jy9z2b* *Zusatzmaterial: Kopiervorlage 1*	Useful phrases: Talking about international relations	*Orientierungswissen* *Bildbeschreibung/ -analyse* *Gespräche führen*	Describing and assessing pictures Writing lists Considering aspects
Spot on facts The European Union				ca. 1 Unterrichtsstunde
Factual information, photos, chart/The EU	*Kursgespräch*		*Orientierungswissen* *Leseverstehen* *Diagramm auswerten* *Gespräche führen*	Describing and assessing charts Analysing facts
Texts A **Military Power**				
Can the EU become the world's policeman?, 2013				ca. 2 Unterrichtsstunden
Newspaper article, cartoon, chart/The military power of the EU	*Kursgespräch* *Partnerarbeit* *Gruppenarbeit* *WB Tasks 1–4*		*Leseverstehen* *Diagramm auswerten* *Gespräche führen* *Argumentieren*	Describing and analysing charts Analysing an author's intentions and language Discussing theses
Texts B **The EU and the UK – another special relationship?**				
"EU treatment of human rights is second to none" – "If we left, we would get back our democracy", 2014				ca. 2 Std
Newspaper articles, cartoon, film clip on EU flag/The EU and the UK	*Kursgespräch* *Partnerarbeit* *L Transkript* *Zusatzmaterial: Kopiervorlage 2*		Leseverstehen Kreatives Schreiben Hör-/Sehverstehen Argumentieren	Comparing positions Slipping into a role Writing letters Writing comments
Texts C **The new old anti-Americanism**				
Der neue alte Antiamerikanismus, 2014				ca. 1 Unterrichtsstunde
German newspaper article, German podcast/Anti-Americanism	*Kursgespräch* *L2/9* *WB Task 5*		*Orientierungswissen* *Argumentieren* *Mediation*	Brainstorming ideas Writing emails Mediating

Unterrichtsverlauf

Code jy9z2b

Introduction

SPEAKING

1 Describe the state of the world we live in. Then share your . . .

METHODISCHES VORGEHEN

Die abgedruckte Karte basiert auf einem Datensatz der Abteilung für Friedens- und Konfliktforschung der Universität Uppsala in Schweden. Das UCDP (Uppsala Conflict Data Program) *sammelt seit 1946 Daten zu Konflikten auf der ganzen Welt und stellt diese Datensätze Wissenschaftlern zur Verfügung. Die im SB abgedruckte Karte zeigt sowohl Konflikte zwischen Staaten als auch einseitige Konflikte und nicht-staatliche Konflikte im Jahr 2013. Ergänzt wurde die Karte 2014 um den bewaffneten Konflikt in der Ukraine.*

ALTERNATIVE

Die Karte erweckt den Eindruck, dass die ganze Welt ein großer Krisenherd ist, was in dieser Dramatik sicherlich überzogen ist; schließlich leben wir in Europa mit Ausnahme des Balkan-Konflikts seit Jahrzehnten in einer Phase des Friedens. Dennoch ist es sinnvoll, den S vor Augen zu führen, dass es auch im 21. Jahrhundert eine große Anzahl an bewaffneten Konflikten gibt, die für die betroffene Zivilbevölkerung stets großes Leid bedeuten. Zu dieser Thematik kann der Artikel von Zenko und Cohen Clear and Present Safety *in der Zeitschrift* Foreign Affairs *(Ausgabe März/April 2012) empfohlen werden, der in Auszügen auch im Arbeitsheft* The challenge of choices *(Klettnummer 601033, S. 53/54) abgedruckt ist.*

LÖSUNGSVORSCHLAG

Possible discussion topics:
life expectancy, literacy, social welfare, war, peace, current crises etc.

VISUALS

2 Describe the map and identify the various crisis regions. → S27

ALTERNATIVE

Bei dieser und der folgenden Aufgabe ist es sinnvoll, dass die S in Gruppen arbeiten, da sie unter Verwendung der Useful phrases *zu* Talking about international relations *einiges an Weltwissen zusammentragen müssen. L kann die Namen der verschiedenen Krisenregionen an der Tafel oder auf Folie festhalten. Hinweis auf* Skill 27 Statistics, diagrams and maps.

LÖSUNGSVORSCHLAG

First impression:
A lot of countries are marked red on the world map and indicate trouble spots.

Description: Twelve African countries and 17 Asian countries have been marked as trouble spots, not counting the Russian Federation.

Various crisis regions in detail:

- Africa: Senegal, Mauritania, Mali, Algeria, Lybia, Nigeria, Sudan, Central African Republic, Republic of the Congo, Uganda, Ethiopia and Somalia.
- Asia: Turkey, Syria, Lebanon, Israel, Palestine, Iraq, Iran, Azerbaijan, Yemen, Afghanistan, Pakistan, Tajikistan, India, Burma, Thailand, Cambodia and the Philippines.

ANALYSIS

3 a)–c) List possible causes for international conflicts and suggest . . . →△1

MATERIALIEN

→ Kopiervorlage 1 (Speaking prompts)

LÖSUNGSVORSCHLAG

a)

Possible causes	Ways to resolve them
• religious/ethnic conflicts • conflict over resources • sociocultural differences • shifts in the balance of power	• separation of conflicting parties • force • negotiations/reconciliation of interests • international organisations as peacemakers/peacekeepers/mediators

b) International organisations create institutional ties between countries thereby reducing the likelihood for conflict. These institutional ties are supposed to increase the costs of waging war against each other, i.e. by fighting with each other, countries would have to forego the established benefits of e.g. trade. If war has broken out, international organisations aim at bringing peace to the region by separating and mediating between the conflicted parties. Furthermore, these organisation coordinate and/or execute relief efforts to ease the pain of those who have to suffer most from conflicts, i.e. civilians.

c) The resolutions have to respect all the conflicted parties' interests and need to be a compromise; the conflicted parties have to accept the terms not only in the present, but also in the future. After drafting a peace agreement between conflicted parties, military and logistic support is often necessary for a certain amount of time to facilitate reconstruction and nation-building. Therefore international organisations have to be able to exert the necessary authority to fulfill their role. This entails either having the necessary military and financial means or having the support of a nation willing to lend its military or financial support to the cause of the organisations.

DIFFERENZIERUNG △ *S, die Unterstützung bei Teilaufgabe b) benötigen, können Aufgabe 1 im* Diff pool *heranziehen. Sie legen eine Tabelle an und notieren die wesentlichen Informationen zu den drei genannten Organisationen. L überprüft die Ergebnisse ggf. mit einem Tafelanschrieb.*

LÖSUNGSVORSCHLAG

	NATO	UN	EU
Aims	to safeguard the freedom and security of its members	peacekeeping human rights	peace prosperity
Members	total: 28 among others: US, UK, Germany	total: 193	total: 28 among others: UK, Germany, France
Decision-making	Military Committee consultation consensus	Security Council unanimity	European Council unanimity
Acceptance	depends on conflict and conflicted parties		

These international organisations differ considerably, not so much with regard to their primary objective, which is to promote peace, but with regard to the available means they have at their disposal. NATO is a military organisation per se and because the US is a key member of NATO, NATO is a powerful military actor. The UN is a civilian organisation, and its peacekeeping forces are only armed with light weapons to illustrate the peaceful nature of the organisation.
The EU is also a civilian organisation, but it is a loose confederation of independent states which pool their national military resources. The EU does not have an extensive history of military engagements, but its role has changed over the past years with respect to an increasing number of military engagements, and it is quite likely that the EU will continue on this trajectory.

ERWEITERUNG *Kopiervorlage 1* (Speaking prompts) *kann bei Teilaufgabe a) ergänzend eingesetzt werden. Dort finden die S vier Illustrationen, die eine Vielzahl an Redeanlässen bieten.*

Spot on facts

FACTUAL TEXTS

The European Union

The given chart shows the Draft Budget for the **European Commission** for 2015. The EU does not raise taxes directly, apart from the income tax on EU staff members. This income tax however, only accounts for less than 1% of the EU budget. The lion's share comes from its member states, which have to transfer a certain percentage of their GNI (Gross National Income), customs duties and sugar levies to the EU. In addition, 0.3% of VAT (value-added tax) raised in the member states goes to the EU. An interesting fact about the EU budget is that the EU can only spend the amount of money it receives, and therefore it cannot run into debt.

The **European Union** plans to spend roughly three-quarters of its budget on sustainable growth and economic, social and territorial cohesion. The money spent on sustainable growth goes into the Common Agricultural Policy, Common Fisheries Policy, rural development and environmental measures.

The money spent on economic, social and territorial cohesion goes into projects to support less prosperous regions in the EU and interregional cooperation.

Interestingly, only 5.9% are spent on administration, which negates the claim that Brussels is a bureaucratic monster.

LERNWORTSCHATZ relations (pl), European Union (EU), supranational, to secure (sth), prosperity, the roots lie in, competency, executive branch, legislative branch, judiciary branch, underlying goal, to enact, legal framework, legal policies aim at, crucial issue, to pass legislation, to readily feel sth, currency, impact, administration, cohesion, competitiveness, citizenship, expenditure

BEFORE YOU READ

1 What does the European Union mean to you? How does it affect your . . .?

ALTERNATIVE *Diese Frage kann entweder direkt im Plenum diskutiert werden oder L geht nach dem* Think-Pair-Share-*Verfahren vor. Das bietet sich vor allem in weniger aktiven Lerngruppen an, die Anregungen zur Meinungsäußerung benötigen. Die S werden aufgefordert, die drei Illustrationen als Impulse einzubeziehen.*

LÖSUNGSVORSCHLAG

- **Picture of euro bills (left):** makes paying in countries which are members of the Eurozone easier; it's easier to compare prices as opposed to having to convert currencies; country-specific flipside of coins shows how EU countries mix; has also triggered fears because weaker economies like the southern (e.g. Greece) and eastern (e.g. Slovakia) member states are seen as a burden for the Eurozone.
- **Picture of passport control (middle):** EU eases travelling; no need to show your passport when travelling between EU member states; free movement of people is central to the European idea; however, easier travelling might result in the spread of organised crime.
- **Picture of EU flag (right):** twelve stars represent unity, but they have nothing to do with the number of member states at any given point in the history of the EU.

ANALYSIS

2 To what extent are the tasks and goals of the EU reflected in the budget . . .?

LÖSUNGSVORSCHLAG

- **Goals:** The European Union is a political and economic union, whose goal it is to secure peace and prosperity in Europe.
  Budget: By securing sustainable growth through green industrial policies and resource efficiency, the European Commission aims to lay a foundation for peace and prosperity throughout Europe.
- **Goals:** These legal policies aim at ensuring the free movement throughout the EU of people, goods, services, and capital as well as ensuring a wider and deeper integration of Europe.
  Budget: One-third of the European Commission's budget goes toward economic, social and territorial cohesion, a goal that is clearly laid out in the EU's charter.
- **Goals:** EU policies include the common currency for member states of the monetary union and the freedom to work, study and travel anywhere in the EU.
  Budget: Maintaining the euro and allowing citizens the freedom to work, study and travel anywhere in the EU are reflected in the 33.3% part of the budget as well as in the small 1.5% portion of the budget covering security and citizenship.

In sum, one can say that the budget of the EC reflects the tasks and goals of the EU fairly well.

A Military power

BEFORE YOU READ **1 Discuss whether you think there is a need for a world policeman.**

METHODISCHES VORGEHEN Possible discussion topics:
- role of the US in past and current conflicts
- role of the UN in past and current conflicts
- prerequisites and consequences of a world policeman

LÖSUNGSVORSCHLAG Individual answers expected.

NEWSPAPER ARTICLE **Can the EU become the world's policeman?** → WB Tasks 1–4

Anne Applebaum is a Pulitzer Prize-winning author and journalist who has written extensively on the Soviet Union and its satellite countries. She has worked for *The Economist* and the *Washington Post* and is married to Poland's former Minister of Foreign Affairs Radoslaw Sikorski. In 2014 she created a stir by criticising the Western conduct in the Crimean crisis for its appeasement policy.

LERNWORTSCHATZ to plot, to preserve one's power, sophisticated, to step up a campaign, barely, to sustain, to overcome an obstacle, notably, abhorrence, a complication emerges, to renegotiate, to unfold, foreign policy, defense policy (BE), to deploy, to fill the vacuum

COMPREHENSION **2 a) Illustrate the development ... b) Explain the obstacles that ...** → S4.1

ALTERNATIVE *Bevor der Text thematisiert wird, bietet es sich an, die Frage, die der Text in seiner Überschrift stellt, an Hand der Karikatur mündlich in Form eines Unterrichtsgesprächs oder im Partner-/ Gruppengespräch zu erörtern. Eine ausführlich Karikaturanalyse kann den S als Hausaufgabe gegeben werden. Dazu erfolgt ein Hinweis auf* Skill 4.1 Understanding non-fictional text types and typical features. *Als Erweiterung kann diese Aufgabe auch auf den Text bezogen werden:* Analyse the cartoon and relate it to the text.

LÖSUNGSVORSCHLAG

a) Starting with scattered military engagement, e.g. by the French since 1960, the European Union has intervened militarily in more than two dozen conflicts. Applebaum refers to two military engagements in particular: the 2011 military operation in Lybia and the 2013 military operation in Mali. Moreover, she mentions covert EU operations "beneath the publicity radar" (ll. 32–33). All in all, the number and magnitude of EU military engagement has increased over the past years.

b) Applebaum lists various obstacles with the most notable one being the relatively small amount of money Europeans spend on military, which makes it impossible for the EU to sustain a military conflict. In addition, she cites the strong dislike some Europeans have of soldiers, most notably the Germans because of the horror and suffering Europeans had to endure during WWI and WWII. For decades after WWII Europe was able to prosper under the protective umbrella of NATO and the US. But the US has shown a keener interest in the Pacific and the UK has distanced itself from the EU. Without their support it might be virtually impossible for the EU to overcome these obstacles.

ANALYSIS **3 a) Analyse the author's attitude ... b) Analyse the language ...** → S4.2

METHODISCHES VORGEHEN *Erfahrungsgemäß benötigen weniger leistungsstarke Lerngruppen bei Aufgaben, die auf Sprecherabsichten abzielen, Unterstützung. L verweist auf* Skill 4.2 Analysing non-fictional texts. *Darüber hinaus kann L die S vor der Bearbeitung der Aufgabe durch folgende Vorgaben für die entsprechenden Textstellen sensibilisieren:* Author's attitude: Let's collect adjectives and adverbs which either have a positive (l. 8 "fortunately", l. 9 "sophisticated", l. 33 "successfully") or a negative connotation (l. 19 "barely", l. 20 "poorly") and understand them in context. In addition, let's find out whether positive or negative nouns dominate in ll. 38–45 (l. 38 "obstacles", l. 42 "abhorrence", l. 44 "complication") and what this tells us about the author's attitude.

LÖSUNGSVORSCHLAG

a) Applebaum considers the EU to be viable candidate for the world's next policeman. She concedes that this process had a rough start (the French allegedly ran out of bombs in the 2011 Lybia operation), but it is one in which the EU has proven its improved military abilities in the past years (e.g. l. 33 "successfully attacked pirate bases"). She also admits that a number of obstacles have yet to be overcome including relatively low military spending and a strong anti-war mindset in some European countries (e.g. l. 42 "abhorrence of soldiers"). Taking these obstacles into account, she is realistic about the EU's ability to become the world policeman: Although the EU may not be the strongest (military) superpower, it is the best candidate at hand.

b) Applebaum's realistic assessment of the EU's ability to become the world policeman also shows in the language she employs. In some parts, Applebaum uses positive language when attempting to convince the reader. Expressions like "fortunately" (l. 8) or "it does have more experience than you'd think" (ll. 31f) help to create the impression that the EU could fulfill this role. However, she also speaks of "a number of obstacles" (l. 38), "big obstacles" (l. 49) and "added complications" (l. 44), which gives her critical, yet cautiously optimistic, assessment heightened credibility. In addition, Applebaum addresses the reader directly with phrases like "Don't laugh" (l. 16) or a rhetorical question "But what's the alternative?" (l. 49) and uses a simple sentence structure when trying to convince the reader, e.g. "That power is Europe." (l. 12) or "But it's the only one we've got." (l. 55).

ANALYSIS

4 Describe and analyse the graph. → S27

METHODISCHES VORGEHEN

L kann die Beschreibung im Unterrichtsgespräch vornehmen und die Aufgabe anschließend als schriftliche Hausaufgabe stellen. Hinweis auf Skill 27 Statistics, diagrams and maps.

LÖSUNGSVORSCHLAG

The graphs show the military budgets of the US and 14 other countries in 2013. The source for the given data is *The Military Balance* of 2013. The US allocated more than 600 billion USD on its military in 2013 outspending all other countries by far with China trailing behind the US by a margin of nearly 490 billion USD. In fact, the US unilaterally spends almost as much as the next 15 countries combined, which shows the enormous value (with regard to money as well as importance) the military has in the US. Interestingly, the next three top investors are China, Russia and Saudi Arabia, all of which have been openly very critical of US foreign policy in recent years.

SPEAKING

5 a) Discuss with your partner ... b) In percent, how much money ...?

METHODISCHES VORGEHEN

L regt die S dazu an, vor der Diskussion der Fragestellung in Teilaufgabe a) einige Pro/Kontra-Argumente zu überlegen. Die S notieren ihre Ideen in Einzelarbeit und vergleichen ihre Notizen danach in Partnerarbeit. Der prozentuale Vorschlag in Teilaufgabe b) sollte von jedem S begründet werden. Darüber hinaus können die S thematisieren, welche Konsequenzen bzw. welchen Preis hohe/niedrige Ausgaben für das Militär haben. Die abschließende Besprechung der Einschätzung erfolgt im Plenum.

LÖSUNGSVORSCHLAG

a)

Pro	Con
• (feeling of) security • independence from other states • easier decision-making and therefore faster response possible	• costs – money could be spent elsewhere • joint forces are stronger • perceived threat for other states when cooperating with other armed forces

b) Individual answers expected.

EVALUATION **6** a)–c) **Discuss the following theses, taking the article …** →▲2

LÖSUNGSVORSCHLAG **a) Possible arguments:**

1. The EU has the necessary technology and skills, promotes Western values like democracy and open/free societies as opposed to other candidates (China, Russia etc.), but no need for a new world policeman; the US can fulfill the role, or the UN should take that role.
2. The defense budget of the US exceeds other countries by far; therefore the US military operates on another level with regard to sheer numbers, technology and experience, but public opinion can change in favour of a greater need for (military) security; the US economy is flailing, which leaves less leeway for military expenditure while some strong European countries could invest more heavily in the military.
3. Greater efficiency is necessary (fewer costs and improved effectivity) and Europe must create a unified foreign policy strategy. But there is a general problem regarding the UK and its relationship with the EU. Cooperation on economic matters (e.g. trade) seems to be easier than cooperation on political matters.
4. There are various issues, such as language barriers, the location of bases, the potential incompatibility of certain weapons systems, etc. But obstacles can be overcome, and joint operations are nothing new (such as the pirate hunt off the Horn of Africa).
5. There is a logical consequence to the EU's increase in power: the EU has existed safely under the protective umbrella of the US, but there is a trade-off when acting independently. When more money is spent on the military, that means less money can be allocated elsewhere.

b)/c) Individual answers expected.

DIFFERENZIERUNG ▲ *Leistungsstärkere S bearbeiten anstelle von Aufgabe 6 Aufgabe 2 im* Diff pool. *Die S diskutieren dabei die zukünftige Rolle der EU und wägen zwischen der Rolle als Friedensorganisation einerseits und der Rolle als militärischer Akteur andererseits ab.*

LÖSUNGSVORSCHLAG

The EU – the world's peacemaker	The EU – the world's policeman
• in line with the European agenda • future oriented (education sows the seeds of peace and prosperity) • cheaper	• force can be threatened to guarantee peace • to promote Western values like freedom and democracy • to protect Europe

B The EU and the UK – another special relationship?

VISUALS **1** **Analyse the relationship between the EU and the UK …** → S28.2

METHODISCHES VORGEHEN *Im Vorfeld kann L kurz die in* Skill 28.2 Working with visuals: Cartoons *dargestellten vier Schritte bei der Analyse einer Karikatur wiederholen, evtl. verbunden mit dem Hinweis, nur die relevanten Details zu beschreiben. Die S analysieren die Karikatur dann in Partnerarbeit und formulieren ihr Ergebnis. Für die Anschlussfrage* (Can you think of possible consequences of an increasing distance between the EU and the UK?) *ist wahrscheinlich die Unterstützung durch L nötig. Mögliche Leitfragen:* Where might the UK lean to? What might happen to the political influence of the EU on the world stage?

LÖSUNGSVORSCHLAG **Relationship between the EU and the UK:**

- David Cameron, François Hollande and Angela Merkel are depicted in this cartoon (left to right).
- Cameron is using a pole to push the UK farther away from the EU.
- The Union Jack symbolises the British pound.
- The speech bubble ("Just to make sure we keep our distance …") shows an interesting word choice ("keep"): There was, is and always will be distance between the EU and the UK.

- Hollande is surprised and has his back to Cameron (?!); Merkel is indifferent, not surprised, she faces Cameron (!!).
- Cameron is eager to widen the gap between the UK and the EU, and the key actors on the mainland, Hollande and Merkel, are not able to do much apart from being surprised or upset.

Possible consequences of an increasing distance:
- The UK might lean more to the US and rekindle its special relationship.
- Increasing the distance between the UK and the EU weakens both actors.
- The UK might become isolated in Europe.
- Nationalistic movements in the UK might gain momentum.
- France and Germany might move closer together.

NEWSPAPER ARTICLES

"EU treatment of human rights is second to none" – "If we left, we would get back our democracy"

The EU and the UK have had a rocky relationship from the start even though the "father of Europe" Jean Monnet wanted the UK in the EU from the beginning. However, the UK demurred, and former French President Charles de Gaulle reciprocated in 1963 and 1967 by vetoing the UK's application to join the EEC (European Economic Community) twice. Due to a slackening economy at home and after witnessing France and Germany prosper in the post-war era, the UK continued to feel the economic imperative to join the EC (European Community). After de Gaulle left office, the UK finally joined the EC in 1973.
Various British Prime Ministers have maintained relatively close ties to the EC/EU with Edward Heath as a Euro-integrationist and Margaret Thatcher as a Eurosceptic. Britain bargained for the British rebate, which is still in effect and is the source of frequent debate. Since the UK is one of the net contributors to the EU and the UK rebate ensures that if the UK gives more to the EU than it gets in return, the UK will be reimbursed by 66%, which is financed by other EU net contributors). The logic behind the rebate was that at that time the lion's share of EU funds was invested in the CAP (Common Agricultural Policy), which did not benefit Britain as much as other European states (France is a case in point). In recent years anti-EU sentiment has gained momentum, most notably in the institutionalised form of UKIP (UK Independence Party) which, as the name implies, tries to push the agenda of the UK leaving the EU. With UKIP's political influence increasing, British Prime Minister David Cameron (Conservative) has felt political pressure to placate the Eurosceptics among the British public and promises to hold a referendum on British EU membership before the end of 2017.

LERNWORTSCHATZ to be second to none, to come up to a major crossroads, to ditch an expansive vision, to opt for sth, to abandon, entity, cautious move, to abdicate from sth, predominantly, to obey a rule, vast, domestic, to have a say, to set one's own policies, say …

COMPREHENSION

2 Compare and contrast these two MPs' positions. → S4

METHODISCHES VORGEHEN *L oder ein S notiert die Stichwörter, die im Plenum zusammengetragen werden, tabellarisch an der Tafel. Dazu erfolgt ein Hinweis auf* Skill 4 Dealing with non-fictional texts.

LÖSUNGSVORSCHLAG

Shirley Williams	Mark Reckless
• breaking away from the EU would mean giving up influence and responsibility • leaving the EU would "shrink our ideas, our attitute and the scale of innovations" • this policy is a step backwards • a relationship with America is no longer an option → Britain has to stay in the EU	• Britain would regain independence and sovereignty • leaving the EU means "trading with Europe, but governing ourselves" • there is no "need to apply the vast regulatory superstructure of the EU" • Britain would have "a national say on global rules" and greater flexibility in free trade → Britain has to leave the EU

SPEAKING **3** **Slip into the role of either Williams or Reckless and argue ...** → S24

MATERIALIEN → Kopiervorlage 2 (Role cards)

METHODISCHES VORGEHEN *Die S sollten sich ausreichend Zeit für die Vorbereitung des Streitgesprächs nehmen und nicht nur die eigenen Argumente vorbereiten, sondern auch die zu erwartenden Argumente des Streitpartners antizipieren und mögliche Gegenantworten vorbereiten. Zusätzlich zu* Skill 24 Discussion and debate *und den* Useful phrases *in* Skill 24.3 Taking part in a discussion or talk show *kann L auch auf die* Useful phrases *in* Skill 23 Dialogue *verweisen und diese vor Durchführung des Streitgespräches mit den S wiederholen. Wenn die Aufgabe zu einem Streitgespräch mit mehreren Teilnehmern erweitert wird (siehe unten), ist es sinnvoll, in jeder Gruppe einen leistungsstärkeren S als Diskussionsleitung einzusetzen.*

LÖSUNGSVORSCHLAG Individual answers expected.

ERWEITERUNG *Diese Aufgabe kann mit Hilfe von Kopiervorlage 2* (Role cards) *zu einem Rollenspiel mit zwei weiteren Personen (UKIP-Vertreter/in und Unternehmer/in) erweitert werden.*

EVALUATION **4** **Write a letter to either Williams or Reckless in which you argue ...** → S18.1

ALTERNATIVE *Diese Aufgabe kann als Hausaufgabe erledigt werden. Hinweis auf* Skill 18.1 Writing a formal letter/letter to the editor. *In der Folgestunde werden die formalen und zum Teil auch die inhaltlichen Punkte mittels* Peer evaluation *überprüft. Im Anschluss an die* Peer evaluation *(siehe* Skill 33*) tragen einige S ihre Briefe vor. Ein passendes* Peer evaluation sheet *könnte so aussehen:*

Peer evaluation "Letter to an MP" from ____________ for ____________

	Good	Need to improve	How to improve
Date			
Reference line			
Salutation			
Opening sentence states the motivation behind writing the letter			
State your position			
Back up your opinion with at least one argument, preferably two or three			
Complimentary close			

LÖSUNGSVORSCHLAG **Re: Your comment dated 18 January 2014 in *The Observer* on the question of whether Britain should remain in or leave the EU**

Dear Ms Williams
I am writing in response to your comment dated 18 January 2014 in *The Observer*. In your comment you put forth the vision of an EU in which we have a say and the EU gives us the leverage to act an international level which we otherwise would not have. Moreover, you negate the special relationship we have with the US.

I disagree with your position for three reasons:

1. Despite our globalised and innovative industry, our world-class academic institutions and London being the financial centre of Europe, our word has less weight in the EU than that of other countries, such as Germany and France.

2. As a result, the UK would have at least as much leverage on the international level if we acted independently and would arguably have even more because we would not be forced to water down our policies so that even the smallest and most insignificant member of the EU agrees.
3. Finally, we had, have and will always have a special relationship with the US: We are not only America's most reliably ally, but we also have a similar take on foreign policy and trade (de)regulation.

Sincerely yours
...

Re: Your comment dated 18 January 2014 in *The Observer* on the question of whether Britain should remain in or leave the EU

Dear Mr Reckless
I am writing in response to your comment dated 18 January 2014 in *The Observer*. In your comment you argue that if we left, we would get our democracy back because we would not have to follow Brussels' rules and regulations anymore. Furthermore, you complain about the excessive bureaucracy of the EU and claim we would have a national say on global issues.

I disagree with your position for three reasons:
1. We trade extensively with EU member states as we import and export goods worth billions of pounds. If we left the EU, our trade volume would certainly decline since trade regulations would have to be renegotiated, which would probably be to our disadvantage since we would be one player against 27.
2. If we want to trade with the EU, we have to play by the rules laid out by the EU. Just because we have the right or the need to renegotiate does not mean we do not have to adhere to the rules.
3. Finally, it is simply illusory to think we can have a unilateral say on global issues in today's globalised world. Again, we would be one player, but this time not against 27 EU members, but 159 WTO members.

Sincerely yours
...

VIEWING L

5 Watch the film clip "Flying the EU flag in the UK" and compare what ...

MATERIALIEN → L (Flying the EU flag in the UK) • Transkript

METHODISCHES VORGEHEN *L präsentiert den Videofilm einmal ohne Unterbrechung. Vor dem zweiten Anschauen legen die S eine Tabelle an, die sie während der Vorführung ausfüllen. Evtl. wird der Film ein weiteres Mal präsentiert, um die Frage nach der* Word choice *zu beantworten.*

LÖSUNGSVORSCHLAG

British flag	EU flag
• good representation of all the different cultures (Irish, Scottish, Welsh and English) • made of 31 distinct parts • however, it is not held in high regard • a lot of blood, sweat and toil went into making it • people have an emotional tie to it	• is a bit "bland" • people don't have a natural affinity to it • stars and blue background • it is unique

His word choice:
"Blood, sweat and toil" are very emotional words often related to national identity and heritage. This stands in stark contrast to "bland" and "not natural affinity" which denotes the lack of a European identity in general especially in the case of the English.

EVALUATION **6 "It's one thing to run something up a flagpole, another to salute it." ...**

METHODISCHES VORGEHEN *Der* Comment *kann als Hausaufgabe geschrieben werden. Ggf. gibt L eine Wortanzahl vor (ca. 300 Wörter), damit die Ergebnisse nicht zu stark voneinander abweichen. Verschiedene Ausarbeitungen werden in der Folgestunde im Plenum vorgetragen. Bei Bedarf kann der folgende Lösungsvorschlag als Musterlösung ausgegeben werden.*

LÖSUNGSVORSCHLAG Britain has repeatedly been fined for not hoisting the EU flag or failing to use EU logos where EU money was involved. While these fines are obvously grist to the mill of any EU critic in general and parties like UKIP in particular, we have to ask why the British are so reluctant to fly the EU flag. A flag is a highly emotional piece of cloth. People salute it on national holidays, in football stadiums, in schools and at home. And even though it is just a piece of cloth, this is what familiy members are given by the military in the US if they have to mourn the loss of a loved one who was a veteran. So there seems to be something to this piece of cloth that goes far beyond the tangible. National identity and the flag are two elements that are inextricably related. Yet people living in the EU still have a strong national identity and consider themselves to be first and foremost German, English or French, for example. Very few people regard themselves as Europeans; hence the EU flag has little to no emotional value for them.
Moreover, I would argue that this is a phenomenon, in which governments have very little say. Admittedly, there continue to be numerous campaigns by the EU to create European people that transcends national borders, but the effects have yet to be noticed.
In addition, regardless of the magnitude of these efforts, the development of a European identity is not something that can be created overnight. We will need a lot of patience and charismatic and trustworthy political leaders if we want to foster European identity.
So even if the British government complies with EU regulations and expectations in the future and we see the EU flag hoisted and EU logos on projects funded by the EU in Britain more often, the EU will still have to walk a long and stony road because identity is something that develops over time. (337 words)

C The new old anti-Americanism

GERMAN ARTICLE **Der neue alte Antiamerikanismus** → WB Task 5

BEFORE YOU READ **1 What comes to mind when you think of the US-German ...?**

METHODISCHES VORGEHEN *Die Aufgabe nimmt ihren historischen Ausgang seit 9/11 und knüpft daher eher an die Lebenswelt der S an, für die jedoch selbst 9/11 schon seine tagespolitische Relevanz eingebüßt hat. Obwohl ein Teil der Ereignisse, die unten aufgeführt sind, noch weiter in die Vergangenheit reichen und auch nicht unmittelbar relevant für die Mediationsaufgabe sind, kann es dennoch sinnvoll sein, den S weitere bedeutsame Ereignisse der deutsch-amerikanischen Beziehungen zu vergegenwärtigen. Eine mögliche Auswahl stellen folgende Ereignisse dar:* Marshall Plan (European Recovery Program), Berlin Airlift, Vietnam War, Pershing 2, German Reunification, Iraq War, 9/11, Operation Enduring Freedom, Financial Crisis, NSA scandal.

LÖSUNGSVORSCHLAG Individual answers expected.

MEDIATION ⦾ L2/9 **2 Listen to a German *Tagesschau* podcast and write an email about ...** → S26.1

MATERIALIEN **→ ⦾ L2/9 (Deutsch-amerikanische Beziehungen nach NSA-Spionage)**

METHODISCHES VORGEHEN *Die S hören den Podcast und machen sich Notizen auf Deutsch, die sie in ihrer E-Mail auf Englisch (am besten als Hausaufgabe) ausformulieren. Hinweis auf* Skill 26.1 Mediating.

LÖSUNGSVORSCHLAG Hi there!
I just listened to a podcast from the *Tagesschau* (that's our major news programme), and I had to let you in on what they said about the NSA scandal. You know, this whole Snowden affair with the NSA eavesdropping on virtually everything alive.

Well, the podcast even went as far as to talk about expelling American diplomats! Can you believe that? I have never heard anything like that on a radio programme here in Germany and this is not the first time that our two countries have shared a rather icy relationship. It's good we're still friends, right?
Anyway, the podcast also talked about our countries having to rebuild lost confidence and trust. Actually, I can totally see that. I mean, the NSA wiretapped Chancellor Merkel! And who wouldn't be mad about that?
I just hope that we can also work on our friendship by seeing each other next summer.
Look forward to hearing from you.
Cheers
…

MEDIATION

3 The exchange student wants to find out more about … → △3

METHODISCHES VORGEHEN *Der deutsche Ausgangstext ist sprachlich wie inhaltlich eher anspruchsvoll und eignet sich wegen des schwierigen Vokabulars gerade im letzten Abschnitt (e.g. „muffigste Ressentiments", „dualistisch", „degeneriert" usw.) sehr gut für eine Mediationsaufgabe. L kann in diesem Zusammenhang darauf hinweisen, dass es bei der Mediation um eine adressatengerechte Übertragung des Inhalts, z.B. in einer E-Mail, und nicht um eine Übersetzung im traditionellen Sinn geht (die hier von den S nicht geleistet werden könnte). In diesem Zusammenhang kann es durchaus Sinn machen, vorab die Bedeutung der deutschen Begriffe zu erklären.*

LÖSUNGSVORSCHLAG Dear …
I found an interesting article about German-American relations that I'd like to share with you. As we know, the recent relationship (after WWII) between Germany and the US has been marked by a series of ups and downs ranging from profound gratitude in the aftermath of WWII to open resentment during the Iraq War and the Bush administration. Most recently, however, anti-Americanism seems to have dominated public and sometimes even political discourse.
According to the German journalist Tobias Jaecker, the German government wants to create an anti-spy program. Some media are even calling for an open break in the close relations between Europe and the US. Can you believe that? But in order for that to work, Europe would have to gain some strength. Because Big Money, Big Data and Big Guns run the show in the US – something Europeans don't want to let happen over here – the old continent would have to choose a different path to increase its powerful position in the world.
However, this solution for a bright-looking European future is being viewed through a negative and hypocritical filter. Anything negative that is reported is projected onto America, and this strategy is supposed to result in a European identity that is of a higher quality. The hypocrisy of this way of thinking becomes evident when one considers how decrepit democracy in Europe actually is.
Creating a dualistic picture of the degenerate, materialistic and bigoted America on the one hand and the cultured European civilisation on the other is dangerous because it may appear to instil good feelings (in European minds), but it is actually anything but constructive.
As a result, the underlying rationale behind anti-Americanism is, as with any 'anti-ism', an oversimplification of complex realities. This oversimplification is hyped by the media and results in a "we're good; they're bad" attitude, which is nothing short of hypocrisy and hubris.
I think Mr Jaecker has a point here, doesn't he? I look forward to hearing from you again soon.
All the best
…

DIFFERENZIERUNG *△ Leistungsschwächere S bearbeiten als Hilfestellung Aufgabe 3 im* Diff pool. *Dort wird ein englischer Lösungsvorschlag angeboten, in dem der Mittelteil verbessert werden muss.*

LÖSUNGSVORSCHLAG *Siehe E-Mail oben – ohne Einleitungs- und Schlussabsatz.*

KV1: Speaking prompts

1 *Work with a partner. Talk about the topics portrayed in the pictures below and select keywords to reflect the pros and cons. Write the words below the pictures.*

Separation

Pro ____________________

____

____

Con ____________________

____

____

International organisations

Pro ____________________

____

____

Con ____________________

____

____

Force

Pro ____________________

____

____

Con ____________________

____

____

Negotiation

Pro ____________________

____

____

Con ____________________

____

____

Green Line Oberstufe
Autor: Dr. Steffen Brand, Grünkraut
Bildquellen: 1. iStockphoto, Calgary, Alberta (Fotograf: Kwieciszewski); 2. iStockphoto,Calgary, Alberta (Fotograf: Heidi Sheppard); 3. iStockphoto, Calgary, Alberta (Fotograf: Craig DeBourbon); 4. Fotosearch Stock Photography, Waukesha, WI

KV2: Role cards

1 *In groups of four act out a role play. Each group member takes one of the role cards. Study the arguments and think of one or two more. Write them down. Then come together and discuss the topic.*

Shirley Williams (Liberal democrat)
- Britain has to stay in the EU.
- Breaking apart from the EU would mean giving up influence and responsibility.
- Leaving the EU would have a negative impact on our attitudes, ideas and innovative outlook.
- This would be a reactionary policy.
- A partnership with America is no longer an option.

Mark Reckless (Conservative)
- Britain has to leave the EU.
- Britain would regain independence and sovereignty.
- Britain has to reduce uncontrolled immigration.
- Existing EU migrants in the UK would be asked to leave the country.
- Instead work permits would be granted for a limited amount of time to fill gaps in the UK labour market.

Nigel Farage (UKIP)
- Britain has to leave the EU.
- By leaving, we (Britain) would regain control of our borders and we could set up border controls again.
- We should be deeply patriotic: "We want our country back."
- Brussels regulates everything even if it does not know anything about it. This has to stop.
- The EU is a money wasting machine.
- Britain would save 55 million pounds each day (!!!) if it left.

Richard Branson (entrepreneur)
- Britain has to stay in the EU.
- If Great Britain left it would turn into Little Britain.
- Leaving the EU would be bad for British business because:
  - Britain would lose power in negotiations since it's merely a solitary country and no longer part of an entire region.
  - The EU is the UK's largest trading partner. Increased tariffs and barriers would make trade more difficult and would hurt the economy.
- Britain and Germany could work together to restructure the EU.
- Leaving the EU would be a reactionary policy.

Green Line Oberstufe
Autor: Dr. Steffen Brand, Grünkraut

13 Political systems

Didaktisches Inhaltsverzeichnis

Textsorte/Thema	Unterrichtsmethoden	Input boxes	Kompetenzen	Textproduktion
Introduction				ca. 2 Unterrichtsstunden
Combination of visuals, statistics, interview (video clip)/Young people and politics	*Kursgespräch* *Umfrage* Think-Pair-Share *Partnerarbeit* *Gruppenarbeit* *L Transkript* *Code us23yz* *WB Task 1*	Useful phrases: Talking about survey results	*Orientierungswissen* *Gespräche führen* *Bildbeschreibung/ -analyse* *Statisktiken beschreiben* *Hör-/Sehverstehen*	Conducting surveys Presenting results Analysing statistics Viewing for gist/detail Describing and assessing pictures Giving opinions
Texts A Young people and politics				
Teen "rights" of passage, 2013				ca. 1–2 Unterrichtsstunden
Newspaper article/ Driving and voting	*Kursgespräch* *Einzelarbeit*	Useful phrases: Talking about politics	*Leseverstehen* *Gespräche führen* *Argumentieren*	Outlining similarities Comparing experiences Collecting information
Spot on facts Political systems in the US and the UK				ca. 1–2 Unterrichtsstunden
Factual information/ US vs. UK government	*Kursgespräch* *Einzelarbeit* *Zusatzmaterial: Kopiervorlage 1*	Fact files: The political system of the United States – The political system of the United Kingdom	*Leseverstehen* *Gespräche führen* *Argumentieren*	Comparing systems Analysing aspects
Texts B Old characteristics and new political developments				
The Negotiator, 1989				ca. 1–2 Unterrichtsstunden
Novel excerpt/ The British and US political systems	*Kursgespräch* *Einzelarbeit* *WB Task 2*	VIP File: Frederick Forsyth	*Leseverstehen* *Textanalyse* *Gespräche führen* *Argumentieren*	Outlining aspects Analysing facts and language Giving opinions
Open government, 2011–2014				ca. 1–2 Unterrichtsstunden
Political statements/ Open government	*Kursgespräch* *Gruppenarbeit* *WB Task 3*	Fact file: Open government	*Leseverstehen* *Gespräche führen* *Argumentieren*	Creating tables Considering aspects

Unterrichtsverlauf

Code us23yz

Introduction

→ WB Task 1

At the ballot box everybody is equal – register and vote: This was the poster slogan in the 1970s for the NAACP (National Association for the Advancement of Colored People), a civil rights organisation fighting for the rights of ethnic minorities in the US. Therefore it might be significant that the poster is in black and white.

Aaron Schock was born in Minnesota in 1981 and moved with his family to Peoria in Illinois. Aged 19, he became the youngest person to serve on a school board, and at 23 the youngest school board president in Illinois as well as the youngest member of the Illinois House of Representatives. In 2009, aged 27, he was elected as a Republican to the US House of Representatives, becoming its youngest member. Schock worked hard to encourage more young people to get involved in politics and represent the younger generation in Congress. After being questioned on spending and record-keeping inconsistency, Schock resigned in 2015.

Pamela Nash was born in Scotland in 1984. She lost her parents when she was 17. After high school she spent some time as a volunteer at a school in Kenya and did a work placement in Uganda when she was studying politics at the University of Glasgow. She became a member of the Scottish Youth Parliament and, after graduation, she worked for three years as a parliamentary assistant for the MP of her constituency. In 2010 she was elected as a Member of Parliament in Westminster for the Labour Party and, being the youngest member of the House of Commons, was called the Baby of the House.

LERNWORTSCHATZ to elect, House of Representatives, House of Commons, fiscal, to legalise (BE), tax, citizenship, law, abortion

CREATIVE TASK

1 Conduct a survey in your class using these questions: ...

→ S27, S30

METHODISCHES VORGEHEN *Es werden einige S mit der Umfrage beauftragt. Hinweis auf* Skill 27 Statistics, diagrams and maps *und* Skill 30 Making a survey. *Sie gehen umher und sammeln anhand der sechs Fragen Antworten ihrer Mitschüler und notieren diese. Die ausgewerteten Ergebnisse tragen sie dann der Klasse unter Verwendung der* Useful phrases *zu* Talking about survey results *vor.*

ERWEITERUNG *In der Zwischenzeit versuchen die nicht beschäftigten S anhand der folgenden Fragen aus der Statistik Ergebnisse abzuleiten. Diese lassen sich durchgehend mit gesundem Menschenverstand begründen (eventuell in Partnerarbeit). Die Ergebnisse werden im Klassenverband besprochen und diskutiert. Vorher sollten folgende Begriffe gesichert werden:*

- key issue: one of the most important topics that people are currently talking about,
- fiscal: connected to government or public money, especially taxes,
- healthcare: the service of providing medical care *(Gesundheitswesen)*; here: compulsory health insurance for all citizens ('Obamacare') *(gesetzliche Krankenversicherung).*

Mögliche Fragestellungen:

1. In which two fields are the results relatively similar? Why do you think this is the case?
2. In which two fields can the greatest difference be found? Try to explain why.
3. Why do you think so many people under 30 are in favour of legalising abortion?

Mögliche Antworten/Begründungen:

1. a) tax increases on very high incomes
(Such increases meet with the approval of only 46% of the older respondents and 50% of the younger ones. Presumably the reason for this widespread disapproval stems from citizens' future hopes. Since people in lower tax brackets aspire to be in the higher tax bracket one day, they do not want to support anything that could mean high earners pay more money. That way, if lower earners ever do make it into the higher tax bracket, they will not suffer from higher tax rates. So lower earners do not mind having a greater tax burden now because they want to have the prospect of less taxes in the future. The fact that the older respondents are less in favour of such increases may be due to better prospects/the better likelihood of progressing in their careers, unlike the younger ones.

Moreover, owing to youthful idealism, those between 18 and 29 possibly have a stronger belief in equality and in spreading the nation's wealth more evenly.)
b) citizenship for illegal immigrants
(Here almost two-thirds of all respondents are in favour of lessening restrictions on illegal immigrants, young people even more so. One reason may be the awareness among both age groups that the US is traditionally a land of immigration. Furthermore, the legal status of many naturalised citizens - especially Hispanics - would benefit the nation as a whole as they would identify more strongly with their new home, pay taxes and social security contributions and would be able to participate openly in the social, political and cultural life of the US. Last but not least, clear regulations on who qualifies as a legal immigrant would clarify any grey areas, which would decrease the exploitation of foreign workers and their families and provide them a sense of security.)

2. a) legalising same-sex marriage
(Older people tend to be more conservative, often due to a stricter religious upbringing, while younger ones are normally more tolerant and liberal with regard to alternative lifestyles and forms of relationships. This would explain why two-thirds of the younger respondents are in favour compared with only 45 % of people over 30.)
b) expanding healthcare legislation or leaving it as it is
(Most young people, especially students or those in low-wage jobs, would directly benefit from the state providing affordable healthcare options, or even free healthcare if they are living in poverty. Older people may be worried that taxes would rise to pay for more benefits. Many (especially older) Americans believe that expanding legislation would violate their freedom of choice.)
3. Younger people are most likely to be affected by the problem of unwanted pregnancies. They are less likely to be married or in a stable relationship so that the financial and practical problems of bringing up a child alone might make legal abortion seem to be the only alternative. They are also generally more in favour of women's right to choose whether they want to have children and when.

VIEWING L

2 a) Watch the interview with ... b) Think-Pair-Share: How much ...?

MATERIALIEN → **L (Interview with Aaron Schock) • Transkript**

ALTERNATIVE *Im Klassenverband werden vorab die Fotos auf der Seite betrachtet und mit Hilfe folgender Fragen besprochen:*

1. What do the people in the photos have in common? (They are all young.)
2. What differences can be seen? (ethnicity: an African American, two white people, Britons of Asian origin; gender)
3. What are the keywords concerning political systems in the photos and the captions? (to vote, to register, ballot box (*Wahlurne*), equal, to be elected, the House of Representatives, the House of Commons, polling station (*Wahllokal*))

ERWEITERUNG Use your dictionary to find words and phrases belonging to the same word family:

- to vote: to vote for a candidate, the vote (*Wahlrecht*), a vote (*Stimme*), voter, voting (will take place on Thursday), to cast your vote, voting booth (AE: *Wahlkabine*)
- to register (*sich ins Wählerverzeichnis eintragen lassen*): registration, an electoral register (*Wählerverzeichnis*)
- ballot box: the ballot (*Abstimmung*), to ballot (*geheim wählen*), a ballot paper (*Wahlzettel*)
- equal: equality
- to elect: election, elector (= voter/voting representative), electoral, the electorate (*Wählerschaft*)
- polling station: polling booth (BE: *Wahlkabine*), polling day, the poll/the polls, to poll (*Stimmen erhalten*)

METHODISCHES VORGEHEN

a) *Die S schauen sich das Interview mit Aaron Schock mindestens zweimal an. Beim ersten Durchgang schauen sie nur zu, ohne etwas zu notieren. Beim zweiten Anschauen notieren sie sich Stichpunkte, auf deren Grundlage sie anschließend die politische Einstellung des*

Interviewten zusammenfassen. Der Lösungsvorschlag ist eine Zusammenfassung des gesamten Hörtextes, wobei die expliziten Einstellungen des Sprechers zur Politik hervorgehoben sind.

b) *In dieser Teilaufgabe werden die Erkenntnisse aus dem Film, der Statistik und den Fotos zusammenfassend bewertet (Think-Pair-Share). Die S notieren ihre Gedanken zunächst in Einzelarbeit, diskutieren ihre Ergebnisse anschließend in Partnerarbeit und tauschen sich zum Schluss im Plenum über die Frage aus.*

LÖSUNGSVORSCHLAG

a) The interview begins with Aaron Schock's reason for becoming a politician: The government – in the form of the school board – had tried to hinder his academic progress. This is followed by an account of his business, academic and political success while he was still a teenager, including his first victory in an election at the age of 19. After an energetic and committed campaign he became a member of the school board, an achievement which taught him **the importance – both in politics and in high school – of working hard, being well-prepared and thinking things over carefully**. In this way he became **an elected official, one of the people responsible for making the rules**. Mr Schock then emphasises that his main political goal is to ensure that **government at all levels helps and serves the people, not vice versa**.
He goes on to appeal to young people with similar aims to choose public service as a career, particularly in Congress, pointing out that the most recent presidential election was the first one in a generation in which more citizens under 30 cast their votes than senior citizens. In spite of this eagerness to vote, however, young people are noticeably underrepresented in Congress, which leads to a lack of **diversity** and **a need for more members with most of their adult lives still ahead of them**.
In the following section Mr Schock describes a recent positive trend in Congress, which currently consits of 20 Democrats and 20 Republicans under 40: Younger members of Congress tend to be **less party-oriented and more inclined to work together in order to find solutions and make reforms**. The Congressman then enumerates the advantages of young politicians over older ones, e.g. their **work ethic, energy and determination**, which outweigh by far their relative lack of life experience.
Mr Schock again emphasises **the need for more politicians in their 20s and 30s, who will not only have to face the consequences of congressional decisions for decades but can also contribute new ideas and points of view to the policy-making process**.
He concludes by expressing his determination to continue to **use his political influence to serve the public as well as possible**.

b)

- **Film:** By being elected to the US House of Representatives at the age of 27, Aaron Schock has set an example for other young people aspiring to a career in public service. He has shown that with determination, energy and hard work, it is possible to be successful in politics and even become a Congressman. Other young people following in his footsteps can help to mould the nation's future for citizens of their generation.
- **Statistics:** The statistics here show that – provided attention is paid to their views – young voters, by sheer weight of numbers, influence politics in the fields that affect them most, in this case same-sex marriage, healthcare law, facilitating immigration and legalising abortion. Politicians who wish to be (re-)elected cannot afford to ignore younger citizens' more liberal attitude on such issues.
- **Pictures:** By showing two young politicians elected to the House of Representatives and the House of Commons respectively, the pictures make it clear that young men and women can succeed at a very high level of politics and thus take part in important policy-making processes.
The pictures demonstrate the role played by youthful citizens from other ethnic groups. They include a young African American woman, who is obviously in favour of voting, and some young Britons of Asian origin heading to the polling station. By voting, all these people and others like them can support candidates who offer a new approach to issues and encourage a break with tradition.

A Young people and politics

NEWSPAPER ARTICLE

Teen "rights" of passage

LERNWORTSCHATZ to register to vote, adept at, lack of, privilege, responsibility, liberal standpoint, to align oneself with sb, disillusioned, politician, gridlock, primary election, civic duty, to take advantage of sth, constitution, ballot, notion

ALTERNATIVE *Vor der Behandlung der Aufgaben 1 und 2 kann zur sprachlichen Vorbereitung eine Vertiefung des textrelevanten Wortschatzes erfolgen:*

1. Find the vocabulary in paragraph one (ll. 1–10) that has to do with driving.
   Possible answers: driver's license (BE: driving licence, l. 1), road test (BE: driving test, l. 2), navigation (l. 4), drivers (l. 4), road (l. 5), side street (l. 5), highway (l. 5), traffic circle (BE: roundabout, l. 5), joy ride (l. 6), GPS (BE: satnav, l. 6), direction (l. 10)
2. Look for negative words or phrases illustrating Erica's experience of both first-time voting and driving.
   Possible answers: disappointed (l. 7), unfulfilled (l. 10), without direction (*orientierungslos*, l. 10), anticlimax (l. 11), fears of being incarcerated (l. 14), disillusioned (l. 17), unyielding (*unnachgiebig*, l. 17), frustrated (l. 17), gridlock (*totaler Stillstand*, l. 17), hype and confusion (l. 27)

COMPREHENSION

1 Outline similarities between driving and voting in the text.

LÖSUNGSVORSCHLAG

- Your life changes with the independence accompanying both driving and voting.
- In order to find your way both politically and when driving, you need knowledge.
- A lack of experience and practice can lead to mistakes in traffic and in electoral choices.
- Driving and voting are not always fun because a sense of responsibility is involved in both cases.
- Your first experience of both driving and voting can leave you feeling frustrated and disoriented.

ANALYSIS

2 Explain why deMichiel has chosen the comparison between learning …

LÖSUNGSVORSCHLAG Erica has made this comparison because both being entitled to drive and having the right to vote for the first time left her feeling disappointed. Her difficulty in navigating the streets and roads corresponded to her problems in finding her way through the labyrinth of political choices; in both cases her lack of knowledge and experience made it hard to take the right decision. Similarly, these two activities constitute a huge responsibility for the well-being of one's fellow citizens (in the form of road safety and good leadership). In short, her initial expectation that driving and voting would not only be fun but also easy to learn were not met, and she was therefore left feeling confused. However, this only strengthened her desire to acquire the knowledge necessary to become a capable driver and a responsible voter who was able to stay on the right track both literally and metaphorically.

SPEAKING

3 Compare the author's experience with your own experience of elections.

METHODISCHES VORGEHEN *Da es sich hier um individuelle und private Erlebnisse handelt, kann keine allgemeingültige Lösung vorgeben werden. Gedacht ist an Erfahrungen mit Bundes- oder Landtags- bzw. Stadt- oder Gemeinderatswahlen, falls die S wahlberechtigt sind, aber natürlich auch Wahlen für ein Jugendparlament, im Verein, in der Schule (Klassen- oder Schulsprecher/in) kommen in Frage, sowohl als Wähler/in als auch als Kandidat/in. Diese Aufgabe sollte – mit diesen Anregungen – zunächst im Unterrichtsgespräch behandelt werden, kann aber anschließend auch als schriftliche Hausaufgabe gestellt werden. Die S beziehen die* Useful phrases *zu* Talking about politics *mit ein. Ggf. kann Aufgabe 3 auch erst nach der Bearbeitung von* Spot on facts *erledigt werden.*

LÖSUNGSVORSCHLAG Individual answers expected.

RESEARCH

4 Find out about a political topic which affects you personally. . . . → S24

METHODISCHES VORGEHEN

Diese Aufgabe eignet sich nach einem vorbereitenden Unterrichtsgespräch als schriftliche Hausaufgabe. Zur Durchführung der Debatte weist L auf Skill 24 Discussion and debate *hin.*

LÖSUNGSVORSCHLAG

Individual answers expected.

Spot on facts

FACTUAL TEXTS

Political systems in the US and the UK

LERNWORTSCHATZ

federal, constitution, to ratify, branch, legislative, Congress, judicial, Supreme Court, executive, Administration, checks and balances, abuse of power, majority, opposition party, Democratic Party, liberal, Republican Party, conservative, candidate, Electoral College, representative, senator, citizen, vice president, chamber, Congressman/-woman, law, treaty, to regulate, expenses (pl), to declare war, justice, to appoint sb for life, court of appeal, unconstitutional, to sign a bill, cabinet, to nominate judges, constitutional monarchy, parliamentary democracy, to evolve, monarch, sovereign, head of state, to represent, to rule, first-past-the-post, constituency, to benefit sb/sth, Conservatives (Tories), Labour Party, to disadvantage sb, coalition, Liberal Democrats, to provide a close link, MP (Member of Parliament), domestic issue, to devolve, national assembly, legislation, to affect, international relations (pl), national, House of Commons, bill, House of Lords, Prime Minister, senior minister, Shadow Cabinet, Commonwealth, hereditary, assent

ANALYSIS

1 Compare the UK and US political systems. Look, for example, . . . →△1

MATERIALIEN

→ Kopiervorlage 1 (Political systems)

ALTERNATIVE

Diese vergleichende Gegenüberstellung der beiden Systeme kann abschnittsweise als Tafelanschrieb oder als Folie (PowerPoint-Präsentation usw.) verwendet werden. Eine weitere Möglichkeit besteht darin, die Klasse in eine variable Anzahl von Gruppen aufzuteilen, die jeweils einen der unten dargestellten Aspekte erarbeiten und ihre jeweiligen Ergebnisse dem Plenum vorstellen. Im Lösungsvorschlag steht in Klammern jeweils check *oder* checks and balances (C & B), *wo dies zutrifft. Falls Aufgabe 3 der vorausgehenden SB-Seite noch nicht behandelt wurde, bietet es sich an, sie direkt im Anschluss an Aufgabe 1 einzusetzen.*

LÖSUNGSVORSCHLAG

US	UK
a) political system	**a) political system**
• federal republic based on the rule of law • each of the 50 states endowed with executive (the governors) and legislative (state assemblies) power	• constitutional monarchy with parliamentary democracy based on the rule of law • centralised government (Westminster, London) • regional assemblies in Scotland, Wales and Northern Ireland
b) role of the President	**b) role of the Monarch**
• Head of State • also Head of Government • Commander-in-Chief of the Armed Forces • appoints Supreme Court Justices but needs Congressional approval (C & B) • appoints Cabinet (with Congressional approval) (C & B) • proposes laws but needs ratification by Congress (C & B)	• Head of State but not Head of Government • Commander-in-Chief of the Armed Forces • appoints Supreme Court Judges • appoints the Prime Minister • appoints all Lords in the House of Lords • gives Royal Assent to bills so that they can become Acts of Parliament (check)

LÖSUNGSVORSCHLAG

US	UK
• is largely responsible for relationships with other nations and for national security • is the elected leader (not directly by popular vote but indirectly via the Electoral College) • may serve for a maximum of two terms only (eight years) • secular leader because of separation of church and state	• has only a representational function on visits to foreign countries and as host to foreign leaders etc. • inherits the office • is in office for life • is the Supreme Governor of the Church of England (the established church)
c) balance of power (C & B)	**c) balance of power (check)**
• three branches of government considered equal • these branches are able to prevent any one branch from abusing power thanks to the system of checks and balances	• three branches of government, but the real power is largely concentrated in the hands of the Prime Minister, his Cabinet and his party's or coalition's MPs and there are fewer checks on his/her power
1. the legislative branch • two chambers of Congress consisting of the Senate (two elected members for each state) and the House of Representatives (435 elected members, the number for each state corresponds to its population) **the rights and duties of Congress:** • can pass, veto and ratify laws and treaties (C & B) • can override the President's veto, but only with a two-thirds majority (C & B) • can approve or refuse to approve the appointment of Supreme Court Justices and Cabinet members nominated by the President (C & B)	**1. the legislative branch** • two Houses of Parliament, the House of Commons (650 elected MPs, one for each constituency) and the House of Lords (760 members appointed by the sovereign) **the rights and duties of Parliament:** • The House of Commons debates and drafts bills, but these bills have to be approved by the House of Lords and also require Royal Assent before becoming Acts of Parliament. (check) • The House of Lords can suggest but not enforce changes in bills from the House of Commons. If opposed to a bill, the House of Lords can delay it, but only for up to one year. (check)
2. the executive branch • the President signs or vetoes bills proposed by Congress (C & B) • proposes his own laws, which then need Congressional approval (C & B) • can be confronted with difficulties if there is an opposition majority in one or both chambers of Congress • makes treaties with foreign countries • nominates Supreme Court Justices, whose appointments have to be approved by Congress (C & B)	**2. the executive branch** • the Prime Minister is Head of Government • the Prime Minister is the leader of the winning party or the leader of a coalition with a smaller party • never has to face having bills rejected by opposition parties • is appointed by the Monarch and has to report regularly to the latter (check) • appoints his/her Cabinet (20 senior ministers)
• nominates Cabinet: these 15 heads of executive departments need Congressional approval (C & B) • the Cabinet also has one elected member (the Vice President) • in cases of extreme malpractice or misconduct the President can be impeached by Congress and removed from office (C & B)	• MPs and Lords from the Opposition form the Shadow Cabinet, which checks and questions the Cabinet's work (check), but, being in the minority, the Opposition has little or no influence on government decisions.

LÖSUNGSVORSCHLAG

US	UK
3. the judicial branch (the Supreme Court) • nine Justices, not elected but appointed • in office for life • highest court of appeal • safeguards the Constitution by ensuring that new Congressional or Presidential laws are constitutional (C & B) • can declare executive actions unconstitutional (C & B)	**3. the judicial branch (the Supreme Court of the United Kingdom)** • a wholly independent court of appeal, separated from the executive and legislative branches of the State • highest court of appeal in the UK • Judges appointed by the Monarch on the advice of the Prime Minister • makes sure that legislation is lawfully enforced (check)
d) constitution	**d) constitution**
• a written constitution ratified by Congress in 1790; since then several amendments, therefore not static	• a largely unwritten constitution partly based on customs, traditions and precedents; not static
e) parties	**e) parties**
• only two large parties: – the Democratic Party (more liberal) – the Republican Party (more conservative) • no coalitions because there are only two parties	• two large parties: – the Labour Party (left-of-centre) – the Conservative Party (right-of-centre) • two smaller parties: – the Liberal Democrats (middle-of-the-road) – the United Kingdom Independence Party (UKIP: right-wing, anti-European, populist) • coalitions more common in recent years
f) elections	**f) elections**
• eligible to vote: citizens over 18 • first-past-the-post system • presidential elections every four years: president indirectly elected via the Electoral College, which, however, reflects the popular vote • Senate elections: one-third of the Senate elected directly every two years, so each senator has a six-year term • House of Representative election: all members directly elected every two years	• eligible to vote: citizens over 18 • first-past-the-post system • House of Lords: no elections because members appointed by the monarch • House of Commons election: one candidate per constituency directly elected in general elections every five years

DIFFERENZIERUNG △ *In leistungsschwächeren Lerngruppen kann Aufgabe 1 im* Diff pool *zur Unterstützung hinzugezogen werden. Die Aufgabe lässt sich entweder im Unterrichtsgespräch (mit Tafelanschrieb) oder in selbstständiger Arbeit mit anschließender Besprechung ausführen.*

LÖSUNGSVORSCHLAG *Siehe* Texts B, The Negotiator, Task 3.

ERWEITERUNG *Kopiervorlage 1* (Political systems) *enthält einen Lückentext zur Vertiefung sowohl des sachlichen Inhalts als auch des dazugehörigen Vokabulars.*

B Old characteristics and new political developments

NOVEL EXCERPT **The Negotiator** → WB Task 2

LERNWORTSCHATZ party, general election, chief executive, opposing political party, legislation, experienced, at a national level, former, previous, civil servant, to keep the records, incumbent, at state level, it accounts for, reputation

COMPREHENSION

1 a) Decide whether the following ... b) Outline the three ways ...

METHODISCHES VORGEHEN

a) *Um sich einen Überblick über den Sachverhalt zu verschaffen, wird zunächst der gesamte Textabschnitt gelesen und der relevante Wortschatz gesichert. Dies kann auch als Hausaufgabe geleistet werden. Hinweis auf das* VIP file *zu Frederick Forsyth. Die vier Statements können in Gruppen erarbeitet und im Plenum besprochen werden. Bei* True *sollte die Antwort ebenso begründet werden wie bei* False.

b) *Wegen fehlender Abstimmungsmöglichkeit zwischen etwaigen Gruppen bietet es sich an, diese Aufgabe im Klassenverband als Unterrichtsgespräch (eventuell mit einer vorbereitenden Partnerarbeit) zu behandeln. Der zweite Teil* (Corresponding problems) *kann jeweils unmittelbar angefügt werden.*

LÖSUNGSVORSCHLAG

a)

1. False. It is not the monarch but the senior civil servants, the so-called 'mandarins' with all their years of political experience, who advise all the new Prime Ministers. (ll. 11–17)
2. True. The Prime Minister is the leader of the party or coalition with the parliamentary majority; therefore, he/she faces opposition only from members that are in the minority in the House of Commons, so the Opposition is unable to obstruct legislation. (ll. 4–7)
3. True. Some of the older senior civil servants have served up to three administrations/governments. (ll. 12–15)
4. False. At the most only very few records are left for the new president, who "takes almost everything with him"; the others have been removed or even shredded. (ll. 18–20)

b)

- While even controversial bills can be passed in the UK because the prime minister's party or coalition has a parliamentary majority, the US President can be confronted with a majority composed of members of the opposition party either in the Senate or in the House of Representatives or even in both chambers. They can veto laws or override the President's veto if they have a two-thirds majority vote. (ll. 4–7)
- Another advantage is that a new Prime Minister is only rarely inexperienced or ignorant of the inner workings of government, having already acquired political skills at national level. For example, he/she may have served as the party leader or often as a cabinet minister under a predecessor from the same party. (ll. 8–11)
- In contrast, a newly elected US President has to begin from scratch as hardly any official records have been left behind by the outgoing incumbent. Moreover, the incoming Chief Executive has frequently only been familiar with politics at state level and thus lacks experience at national level. (ll. 18–24)
- The Prime Minister can benefit from the experience and knowledge of long-serving officials who can give the newcomer the support, warnings and advice required (ll. 12–17). However, the newly elected US President has to cope without the help of his predecessor's advisers, who are replaced by an inexperienced team that has yet to grow into its new role. Thus, the incoming US President runs a far greater risk of making beginner's mistakes than a new Prime Minister in the UK. (ll. 18–24)

ANALYSIS **2 a) Explain the meaning of ... b) Point out, in contrast to the ...** →△2

METHODISCHES VORGEHEN *Diese beiden Teilaufgaben werden am besten in Einzelarbeit unter Zuhilfenahme eines (gegebenenfalls zweisprachigen) Wörterbuchs gelöst und anschließend im Plenum besprochen.*

LÖSUNGSVORSCHLAG **a)**

- The expression "cold turkey" (l. 22) in this context means that, in dealing with their new responsibilities, the incoming President and his advisory staff have nothing to make life easier for them (i.e. no drug). They lack the experience and know-how that could be depended on (as an addict depends on a drug) and could make their tasks and decision-making less stressful. In this respect the comparison with "cold turkey", i.e. the abrupt loss of the (illusion of) peace and tranquillity provided by a drug, is quite apt in this context.
- The expression "walking round with a permanent limp" (ll. 23f) refers to the severe injuries their reputations might sustain if they make mistakes as absolute beginners at national level. Instead of kicking "footballs" (l. 22), they inadvertently kick "landmines" (l. 23) whose existence and location they are unaware of. As such injuries will never heal, their reputations will not be able to recover; they will not be able to walk properly again, rather will have "a permanent limp" (l. 24). This metaphor shows that a new President and his advisers have to learn the hard way how to distinguish between what is politically harmless and what is potentially harmful.
- Another example of both a metaphor and a hyperbole is the saying (figure of speech) "they would give their right arms for the British governmental system" (l. 2). This is an idiomatic expression that emphasises, in this context, that Washington insiders would do almost anything, make almost any sacrifice, even their right (!) arms, to enjoy the advantages of the British governmental system.
- By comparing the senior civil servants in the UK with 'mandarins' (l. 15), influential government officials in the former Chinese empire, the author is using a metaphor to reflect the widely held view that these civil servants have too much power and influence in the UK, especially in view of the fact that they are not democratically elected.
- Another example of the use of metaphors is that of "footballs" (l. 22) and "landmines" (l. 23). These metaphors, in connection with kicking, illustrate the difference between harmless actions (a football match) and ones with disastrous results (hitting a landmine) for those who are not aware of where the potential political dangers and pitfalls lie. The location of the latter is, like that of landmines, known only to a few people.
- Personification (here: reputations as people) can be found in ll. 23f, where some "Washington reputations" are described as having severely injured legs and thus "walking around with a permanent limp" (ll. 23f). The politicians' positive reputations will never be entirely restored, just like people with legs injured by a landmine can never walk properly again.

b) The 'mandarins' are no longer young as they are senior civil servants. They see prime ministers come and go while their positions are secure. Therefore, they do not have to assume direct responsibility for wrong decisions taken by the government and, being – at least theoretically – politically neutral, they do not need to feel any particular loyalty towards the government currently in power. Moreover, unlike politicians, the voters do not hold them personally accountable. There is the additional danger that stability can lead to political stagnation.

A new President's advisers, whose positions are not permanent, are loyal solely towards the incumbent and will leave the White House when the President they serve is no longer in power. Therefore, they have a vested interest in supporting this one person. Being in the White House for the first time, they are more likely than the 'mandarins' to be in favour of change and of trying out new ideas and methods. It is realistic to assume that they are more energetic and idealistic than the 'mandarins' who might have become cynical in the meantime, and they are eager to put their ideas into practice. As a result, they can introduce a breath of fresh air which may be sorely needed, even if risks are involved.

DIFFERENZIERUNG △ *Aufgabe 2 im* Diff pool *unterstützt leistungsschwächere S mit einer vorbereitenden Aufgabenstellung zu Teilaufgabe b). Nachdem die S mit Hilfe eines vorzugsweise zweisprachigen Wörterbuchs die drei Begriffe erarbeitet haben, versuchen sie damit Sätze zu bilden.*

LÖSUNGSVORSCHLAG

- *frischer Wind*: (introduce) a breath of fresh air
- *volksnah*: grass roots; down-to-earth; in touch with the people
- *Vetternwirtschaft*: nepotism: giving unfair advantages to your own family if you are in a position of power, especially by giving them (well-paid) jobs, (lucrative) contracts etc.
- Being in the White House for the first time, the incoming President and his advisers **introduce a breath of fresh air** as they now have the chance to put their own new ideas into practice and set reforms in motion. Thus a wind of change will/can blow through the White House.
- Their previous careers have usually been as politicians and advisers at **grassroots** level (with state or local functions), where contact with ordinary citizens is more common. This means that they have been **in touch with the people** in their own states; therefore, they are more familiar with the problems arising from these people's everyday lives than a relatively isolated Prime Minister can possibly be.
- As the maximum stay in the White House is two terms (eight years), **nepotism** is less likely to pose a problem in the US than in countries where leaders may be in power for decades and have gradually built up family networks which benefit professionally and financially from these leaders' power and influence.

EVALUATION

3 Use your knowledge of the different political systems in Germany, ...

ALTERNATIVE *Dies ist eine komplexere, zeitlich etwas aufwändige Aufgabe, die sich als schriftliche Hausaufgabe eignet. Sie kann alternativ bereits nach Aufgabe 1 in* Spot on facts *eingesetzt werden. Da eine persönliche Äußerung bzw. Stellungnahme erwartet wird, kann keine verbindliche Lösung vorgeschlagen werden. Im Folgenden werden einige mögliche Hilfen zum Unterrichtsgespräch und zur Lösung der Aufgabe angeboten.*

LÖSUNGSVORSCHLAG

The German political system:

1. a federal republic based on the rule of law (cf. US), not a centralised government as in the UK
2. every federal state (*Bundesland*) with its own government (cf. US governors and state legislatures; First Ministers and regional assemblies in Scotland, Wales and Northern Ireland)
3. written constitution (since 1949) as in the US but not in the UK
4. constitution safeguarded by a supreme court (*Bundesverfassungsgericht*), cf. US
5. two national legislative chambers, both with real power as in the US but not the UK:
   a) *Bundestag*:
   - 598–631 members of parliament
   - drafts bills
   - elects the federal chancellor
   - government is checked and its decisions questioned by the opposition

   b) *Bundesrat*:
   - 69 members
   - helps to administer the individual federal states and upholds their rights
   - proposes laws and suggests alterations to bills from the Bundestag
   - can veto *Bundestag* bills and demand changes
6. executive branch: consists of the cabinet and its leader, the head of government (the federal chancellor – cf. the prime minister in the UK and the president in the US)
7. *Bundespräsident*:
   - head of state (cf. US president and UK monarch)
   - represents the nation internationally (cf. US president and UK monarch)
   - not directly elected by the people (cf. UK monarch), unlike the US president, who is elected via the Electoral College, which is obliged to respect the popular vote
   - signs or vetoes bills prior to their becoming laws

8. separation of church and state, cf. US but not the UK
9. a number of political parties to choose from, therefore a variety of coalitions possible
10. elections:
    - for all citizens over 18
    - every four years
    - not first-past-the-post system, unlike the US and the UK, thus more representative of the wishes of the electorate
    - a combination of proportional representation, in which members of the Bundestag are elected indirectly, and of the simple majority system, in which one candidate per constituency is elected directly (one definite advantage of the German system with no equivalent in the UK or the US)

STATEMENTS Open government → WB Task 3

Open Knowledge Foundation is a non-profit organisation that promotes open knowledge, including open content and open data. It was founded in Cambridge, UK, on 24 May 2004.

Professor Dwayne Winseck, professor at the School of Journalism and Communication, Carleton University, Ottawa, Canada, wrote this blog post in 2012.

Marten Mickos, a technical physicist from Finland and CEO (Chief Executive Officer) of a US Silicon Valley company in California, published his article on an open source website based in North Carolina.

Andrea di Maio, an Italian IT engineer, award-winning analyst, former European Commission Program Officer and (as of 2014) managing Vice President of an IT research company, also published his article on the internet.

LERNWORTSCHATZ transparency, open data, open participation, inequality, to challenge, to tackle sth, publicly-funded, balance of power, repressive, respectively, to track sb down, connected device, collaborative, policy, to create a divide between sb/sth

COMPREHENSION **4 Divide into two groups. Create a table of advantages ...**

METHODISCHES VORGEHEN *Für diese Gruppenarbeit mit Präsentation und Diskussion der Ergebnisse im Plenum sollte ausreichend Zeit eingeplant werden. Hinweis auf das* Fact file *zu* Open government*. Einige mögliche Vorstellungen, die sich in der Diskussion ergeben könnten, sind unter* own ideas *angegeben.*

LÖSUNGSVORSCHLAG **1. Open data**

Advantages	Disadvantages
• knowledge resulting from the publication of data collected by government institutions enables citizens to check and criticise the work done by the government, especially with regard to discrimination, inefficiency and the abuse of power • everyone has an opportunity to acquire the knowledge required to deal with important problems like poverty and climate change • the success of measures taken to solve these problems can be monitored • information can help to transfer some power from governments to the people they govern	• open data can endanger people who are in some way different (e.g. homosexuals in intolerant communities) by making it hard for them to remain anonymous • open data can pose a serious risk to citizens rebelling against dictators, military rule etc. because, for example, posts on Facebook make it easier for the police, the military etc. to find and arrest demonstrators, dissidents, insurgents and rioters

2. Open participation

Advantages	Disadvantages
• open participation is more suited to modern-day modes of communication in a world with three billion people online and over 15 billion connected devices • it is also more attuned to contemporary behaviour and ideas in a world whose citizens are no longer as willing to accept 'command and control' as in the past • the system of 'command and control' is being replaced by more modern forms of co-operation • there is a new awareness that what is good for the public is virtually identical to what is good for the individual	• online participation is a privilege of the digital generation • this minority can have an excessive and unfair influence on future policies and services • as a result there would be a division of the population into two unequal groups: those who can take advantage of the chances provided by online participation and those whose sole political participation consists of voting in elections • the participating minority would be able to exert undue influence on policy-making between elections • As a result, what would happen to the idea of equal rights for all?

Possible student contributions

1. Open data

Advantages	Disadvantages
• supporters say the commercial use of data creates more jobs and thus more public income • open data can lead to a better understanding of political issues: by making facts, developments etc. public, open data can help citizens to develop a more well rounded view of the situation and, if necessary, take more effective action in the form of demonstrations, petitions etc. • if citizens in general are well-informed, there is less danger of power remaining in the hands of an elite that is allegedly wiser but, in reality, is often ignorant, especially in the field of local politics • well-informed citizens can – thanks to open data – see both sides of a controversial issue or all the facets of a problem and are therefore more likely to make the right decisions and choices, e.g. in an election or a referendum	• loss of individual privacy, even to the extent of having information published about a person's political views, sexual preferences, past convictions, debts, current assets, health problems, school and university grades etc. • open data can, in the worst case, lead to cyber-bullying (*Internet-Mobbing*) and even cyber-stalking • misinterpretation or deliberate misuse of information, statistics etc. to manipulate people by persuading them to view things in a particular way • it takes a lot of time and effort to inform oneself properly, which is something not everyone is willing or able to do • a justified fear of serious repercussions on a person's career prospects if potential employers read critical blogs etc; this restricts the freedom of expression via the internet • the danger that the authorities, e.g. the police, will have too much access to information concerning not only criminals but also innocent citizens • the risk of depending too much on and being misled by so-called facts that are, in reality, unfounded, unproven or quite simply wrong

2. Open participation

Advantages	Disadvantages
• it makes a major difference when citizens are given the opportunity to influence politics continually, not just periodically in elections • via the internet, more and more responsible citizens can share their ideas with other private individuals and, by forming large groups with similar views, pool their efforts in order to have a more positive effect on governmental policies • if the people participating demonstrate solidarity, it will no longer be so easy for those in power to 'command and control' individuals	• it is essential to know who participates and why; for example, whether there is a hidden political or economic agenda that will not benefit the population as a whole • one great danger is that groups similar to lobbies, e.g. those employed by large corporations, would be able to promote their own selfish interests at the expense of society in general • a platform is provided for extremist political or religious groups to express and to spread their radical views in order to recruit new members • if open participation is made available to only a few people, a new dimension would be added to the growing gap between rich and poor, educated and uneducated, well-informed and ignorant citizens; the disadvantaged group would thus have even less say in how their country is run • it is not proven that public input is really taken into account in governmental decision-making rather than being simply ignored by those in power

SPEAKING **5** **In your groups choose one of the topics below: . . .** →A3

METHODISCHES VORGEHEN *Es folgen einige Gedanken, die im Verlauf der Gespräche oder Diskussionen angeschnitten werden sollten.*

LÖSUNGSVORSCHLAG **Topic 1: Making students pay for university education**

a)

Group 1	Group 2
As long as they are relevant and reliable, available statistics could show: • whether it is only young people from a minority of wealthy families or ones that are at least comfortably off that can afford to study • whether larger families can spare the money to let all their children study, or only one or two • whether tuition fees for university students deny poorer students access to higher education, which would mean that there is no equality of opportunity • what loss that would mean for society and the economy if so much intelligence and potential were wasted	The members of the public most likely to participate in a debate on this topic are those most directly affected, namely: • the students themselves (either prospective or current students) and their parents • all citizens who believe in equality/equal rights • all citizens who believe in the value of education and the contribution it can make to society and the economy • educationalists, including university and school teachers and administrators • politicians from all parties and at all levels • the media

b) Groups 1 and 2 together

The public at large might not be considered really qualified to make such a decision as it does not directly affect the majority of the citizens, only indirectly in the form of (additional) taxes to finance the lack or loss of tuition fees. The elected representatives, who are expected and obliged to have the best interests of the whole nation in mind, may be considered better qualified to decide whether public money should be spent on free higher education.

On the other hand, all of the public would benefit indirectly from as many qualified workers as possible being educated in the public system. A majority of the public cannot easily afford to pay for their children to attend university and they should be able to fight for their children's right to education. The elected representatives often come from well-situated backgrounds and may be biased towards the elite or more inclined to reduce public spending and thereby gain votes.

Topic 2: Declaring war on another country

a)

Group 1	Group 2
Public understanding of this topic could be influenced by statistics on: • violations of human and civil rights • discrimination against or persecution of religious, racial or political minorities • ethnic cleansing, mass murder or genocide instigated by a dictator or military regime • information about military capacity and economic power of the country • information on the real costs and subsequent costs of war according to records of previous wars	The members of the public most likely to take part in a debate on this topic are: • human rights activists and/or pacifists • refugees from the country to be attacked, who have first-hand experience of the atrocities taking place there • the arms lobby, whose clients would profit from a war • leaders of religious communities • ordinary citizens who want a peaceful solution using diplomacy, negotiations or boycotts • politicians from all parties and at all levels • the media

b) Groups 1 and 2 together:

As long as a majority of elected representatives is willing to take an objective stand on the issue and to exhaust all peaceful diplomatic possibilities of avoiding war, the public views (especially extremist and fanatical ones) may not need to play too great a role. After all, it is ultimately the parliamentarians who have to make a decision with such far-reaching and unforeseeable consequences (both material and non-material) as declaring war. They bear the moral responsibility for military and civilian casualties. On the other hand, the public will live with the consequences for much longer than the government is in office.

Topic 3: More taxes for rich people

a)

Group 1	Group 2
Public understanding of the issue of raising taxes for the rich could be improved by means of statistics which show: • the tax rate in other countries for people in the same income bracket • the tax rate for high earners • whether the gap between the rich and the poor is really growing and, if so, how fast and how much • what percentage of the population owns what percentage of the total assets • how many rich people and corporations take legal but unethical advantage of tax	Members of the public most likely to participate in a debate on this topic are: • honest taxpayers among average earners, who naturally object to tax avoidance and tax evasion • citizens who believe that everyone who can make a contribution to society should actually do so • citizens who think the rich are better able to shoulder the tax burden than those with lower incomes • those rich people who have no wish to pay higher taxes

Group 1	Group 2
havens abroad to avoid paying taxes in their own country (tax avoidance) • whether or not money earned by the rich is the result of work or of investments (even speculation), of an inheritance or of some other form of unearned income • how many people pay capital gains tax, inheritance tax etc. and the CGT rate • whether there is a growing or declining trend towards tax evasion among the rich • how much net income is left after taxation for people with average wages or salaries as compared to the net income left for rich people after paying taxes	• employees who fear that employers will move their factories and businesses to countries where they have to pay lower taxes • the media

b) Groups 1 and 2 together

This is a very emotional issue. The rich want to keep as much money as legally possible while those with lower incomes think it is unfair that they have to pay relatively high taxes, which take a large chunk out of their wages or salaries. The rich may argue that their capital, their investments and the employment opportunities they offer help to stabilise the economy and that this is only possible if their profits are not greatly reduced by taxes. Elected representatives may be able to make more objective decisions.

Topic 4: Allowing same-sex marriage

a)

Group 1	Group 2
Statistics could show: • how many homosexual and lesbian couples want to get married • how society generally feels about this issue • how many younger people are in favour as compared with respondents over 30 • how this issue is viewed in other countries and what measures, if any, have been taken there	Members of the public most likely to participate in a debate on this topic are: • lesbians and homosexuals wishing to get married • homophobic people, who would be 100 % opposed to such marriages • people with strong religious beliefs, e.g. Christian, Jewish, Muslim etc., who may find these marriages sinful • otherwise tolerant people who would fear harm to children adopted by homosexual couples or born to lesbian couples • political parties with a strong religious base of members and supporters • political parties with ideology based on liberalism and a *laissez-faire* approach • young people, most of whom are more open-minded on sexual matters and alternative lifestyles • all citizens who believe in equal rights, based on live and let live, and who are opposed to discrimination on the grounds of a person's sexual orientation • everyone who wants to restrict the influence of the state on the individual's private life • the media

b) Groups 1 and 2 together
Here it might be better to let the public decide because consensual sexuality is a private sphere which should have nothing to do with politics. Besides, a majority of the elected representatives may not be objective enough, especially if they and/or their voters have predominantly conservative views.

DIFFERENZIERUNG ▲ *Aufgabe 3 im* Diff pool *bietet zum Abschluss für leistungsstärkere S eine Gruppendiskussion mit Präsentation und Besprechung im Plenum an.*

LÖSUNGSVORSCHLAG **Group 1: "Facts are stubborn things, but statistics are more pliable."** (Mark Twain)
Facts are known to be true and have been proven so, which makes it hard to deny or ignore them. Being "stubborn", they cannot easily be got rid of. By contrast, statistics, being "pliable", can be influenced or controlled by those compiling and publishing them. Therefore, before deciding whether open data based on statistics is the solution to better information management, people need to know who is responsible for these statistics and what purpose they serve. Statistics are valuable only if they are 100% reliable and objective. If the intention behind them is to mislead the public about issues, developments, trends etc., they are not only of no use but downright harmful because they do not reflect the complete picture as only facts can do. As a cynic once said: "Do not trust any statistics you did not fake yourself." (attributed to Winston Churchill)

Group 2: "The best argument against democracy is a five-minute conversation with the average voter." (Winston Churchill)
Winston Churchill obviously had a low opinion of the average voter, whose ignorance and lack of intelligence are supposedly already revealed in a very brief conversation. He therefore regarded such people as incapable of making wise decisions in democratic elections. This is clearly an argument for less open participation because any intellectual contribution they wished to make to political decision-making processes would be of very little to no value in his view. This opinion should ideally be viewed in its historical context; Churchill came from an aristocratic background and was Prime Minister in Britain during the Second World War. It reflects an elitist world view and Churchill uses massive exaggeration to make his point. The statement completely ignores the real value of the average voter's competence.

KV1: Political systems

1 *Using the words below, fill in the gaps in the text. You may need to use a word more than once. Be careful: there are more words than you need.*

appoints • balances • bills • chambers • changes • Commander • Commons • Congress • constituency • constitution • constitutional • Court • eight • elected • executive • judges • judicial • justices • legislative • life • Lords • monarch • MPs • Opposition • parliamentary • peer • President • Prime • Representatives • republic • Shadow • Senate • sovereign • state • treaties • validity

Unlike the US, which has a written ____________ (1), the UK has a largely unwritten one. While the US has been a ____________ (2) headed by a ____________ (3) since 1790, the UK has a ____________ (4) as its head of ____________ (5). He or she ____________ (6) the ____________ (7) Minister and all members of the House of ____________ (8). However, the monarchy is a ____________ (9) one, so real power is in the hands of Parliament. Therefore the UK's political system is an example of ____________ (10) democracy.

Like the US the UK has a ____________ (11) branch consisting of two ____________ (12) known as Houses, the House of ____________ (13) with its 650 ____________ (14) and the House of Lords. However, an important difference in the US is that both chambers of Congress, the ____________ (15) and the House of ____________ (16), can pass and veto laws whereas the UK's House of Lords cannot pass ____________ (17) itself but can only suggest ____________ (18) to the House of Commons or delay action for a limited period of time.

In America the ____________ (19) branch is represented at its highest level by the Supreme ____________ (20), which consists of nine ____________ (21), each of whom is nominated by the ____________ (22) and has to be approved by ____________ (23). In the UK, on the other hand, it is the ____________ (24) who is responsible for such appointments.

By far the most influential member of the ____________ (25) branch is the US President. Like the monarch the President is the ____________ (26)-in-Chief of the nation's armed forces and appoints the highest ____________ (27). Unlike the King or Queen, the President is not in office for ____________ (28) but is ____________ (29) for a maximum of two terms, i.e. for ____________ (30) years.

Abuse of power by any one branch of government in the US is prevented by its system of checks and ____________ (31), which has no real equivalent in the political system of the UK although the members of the ____________ (32) Cabinet (consisting of MPs and Lords from the ____________ (33)) fulfil a similar function to a lesser extent.

LÖSUNG: 1. constitution, 2. republic, 3. President, 4. sovereign/monarch, 5. state, 6. appoints, 7. Prime, 8. Lords, 9. constitutional, 10. parliamentary, 11. legislative, 12. chambers, 13. Commons, 14. MPs, 15. Senate, 16. Representatives, 17. bills, 18. changes, 19. judicial, 20. Court, 21. justices/judges, 22. President, 23. Congress, 24. monarch/sovereign, 25. executive, 26. Commander, 27. judges/justices, 28. life, 29. elected, 30. eight, 31. balances, 32. Shadow, 33. Opposition

Green Line Oberstufe
Autoren: Corienne Naumann, Erlangen; Dr. Peter Naumann, Erlangen

14 The Englishes

Didaktisches Inhaltsverzeichnis

Textsorte/Thema	Unterrichtsmethoden	Input boxes	Kompetenzen	Textproduktion
Introduction				ca. 1–2 Unterrichtsstunden
Combination of visuals, diagram, cartoon and recordings/ English as a global language	*Partnerarbeit* *Gruppenarbeit* ◎ *L1/3–5 Transkripte* *Code g77e4V* *WB Task 5* *Zusatzmaterial: Kopiervorlage 1*		*Orientierungswissen* *Bildbeschreibung/ -analyse* *Statistiken erklären* *Hörverstehen* *Gespräche führen* *Recherchieren*	Talking about diagrams Describing and assessing cartoons Listening for gist Preparing posters Giving presentations
Spot on facts English				ca. 2–3 Unterrichtsstunden
Factual information, video clips/The history of English	*Partnerarbeit* *Gruppenarbeit* ◎ *S Aufgaben* *L Transkript* *WB Tasks 1, 2*	Fact files: English: a timeline – The Englishes – English as a global lingua france	*Leseverstehen* *Hör-/Sehverstehen* *Bildbeschreibung/ -analyse* *Recherchieren*	Analysing a timeline Viewing for gist Creating mind maps Doing research
Core skill workshop Analysing a listening text				ca. 2 Unterrichtsstunden
Radio interviews, song/British English phrases, the relevance of English as a lingua franca (ELF) and English as a new disease	*Kursgespräch* *Einzelarbeit* *Partnerarbeit* *Gruppenarbeit* ◎ *L1/6–8 Transkripte* ◎ *S Aufgaben* *WB Tasks 6–7, 9–11* *Zusatzmaterial: Kopiervorlage 2*	Tips: One-way listening situations – Graphic organisers – Time limits – Taking notes – Listening – Task formats Fact files: Word of Mouth – 21st century flux	*Leseverstehen* *Hörverstehen* *Gespräche führen* *Argumentieren* *Kreatives Schreiben*	Summarising messages Listening for detail Taking notes Dealing with closed and half-open tasks Creating mind maps or graphic organisers Writing poems
Texts A **The global spread of English**				
English – the global language of pop music?, 2010				ca. 2 Unterrichtsstunden
Newspaper article/ English in songs	*Kursgespräch* *Partnerarbeit* *WB Tasks 3, 8, 12*	Fact file: French foreing language policy	*Leseverstehen* *Argumentieren* *Kreatives Schreiben*	Making ranking lists Outlining reasons Writing blog entries
Why diet is a four-letter word in Germany, 2012				ca. 2 Unterrichtsstunden
Newspaper article/ Pseudo Anglicisms in advertisements	*Kursgespräch* *Einzelarbeit*		*Leseverstehen* *Gespräche führen* *Argumentieren* *Kreatives Schreiben*	Outlining advertising campaings Analysing language Writing comments
Texts B **Language and cultural identity**				
Learn English online: How the internet is changing language, 2012				ca. 2 Unterrichtsstunden
News magazine article/The influence of the internet	*Kursgespräch* *Einzelarbeit* *WB Tasks 4, 13*	Fact file: Internet users	*Leseverstehen* *Gespräche führen* *Argumentieren*	Analysing lines of argumentation Doing a class survey
◎ L1/9 The other hand, 2009				ca. 2 Unterrichtsstunden
Novel excerpt, quotations/A Nigerian girl in a detention camp	*Kursgespräch* *Partnerarbeit* ◎ *L1/9* *Zusatzmaterial: Kopiervorlage 3*	Fact file: Immigration Removal Centres	*Orientierungswissen* *Leseverstehen* *Hörverstehen*	Outlining living conditions Completing sentences Writing letters Discussing quotations

Textsorte/Thema	Unterrichtsmethoden	Input boxes	Kompetenzen	Textproduktion
Advanced texts C Dialects of English				
Voices from Britain – The history and future of British dialects – Mind your language				**ca. 2 Unterrichtsstunden**
Interview, radio report/Regional varieties and dialects	*Kursgespräch* *Einzelarbeit* *◎ L1/10–15* *Transkripte*	Fact file: Cockney	*Hörverstehen* *Gespräche führen* *Argumentieren*	Listening for detail Doing research Making lists Giving one's opinion
Advanced texts D Linguistic imperialism				
Linguistic imperialism – Just speak English?, 2013				**ca. 2 Unterrichtsstunden**
Newspaper article/ English in the EU	*Kursgespräch* *Einzelarbeit* *WB Task 5*		*Orientierungswissen* *Leseverstehen* *Recherchieren*	Analysing facts Doing research Giving presentations
Advanced texts E All the Englishes				
Mother Tongue, 2007				**ca. 2 Unterrichtsstunden**
Novel excerpt/ Limited English of first-generation immigrants	*Kursgespräch* *Einzelarbeit* *Partnerarbeit* *WB Tasks 14, 15*	VIP file: Amy Tan Tip: Imitate language	*Orientierungswissen* *Leseverstehen* *Gespräche führen* *Kreatives Schreiben*	Matching headlines to paragraphs Writing dialogues Acting out dialogues
Advanced texts F English worldwide				
Six countries				**ca. 1 Unterrichtsstunde**
Audio files/Varieties of English from different countries around the world	*Kursgespräch* *Partnerarbeit* *Gruppenarbeit* *◎ L1/16–21* *Transkripte* *Code g77e4V*	Tip: Six audio files Useful phrases: Talking about pronunciation	*Orientierungswissen* *Hörverstehen* *Gespräche führen*	Brainstorming ideas Listening for gist Summarising facts
Advanced texts G The future of English				
English will die out like Latin, 2012				**ca. 2 Unterrichtsstunden**
Newspaper article/ Machine translation	*Kursgespräch* *Gruppenarbeit* *WB Task 16*		*Leseverstehen* *Argumentieren* *Recherchieren*	Summarising facts Comparing texts Doing research
English on the internet, 2012				**ca. 1 Unterrichtsstunde**
Diagrams/Languages on the internet	*Kursgespräch* *Einzelarbeit* *Zusatzmaterial: Klausurvorschlag*		*Statistiken analysieren* *Gespräche führen* *Argumentieren*	Describing and assessing diagrams Writing comments Giving presentations
Spot on language Improving your English – Writing: Formal and informal English – Mediation				**ca. 1–2 Std**
Internet blog, German newspaper article/The role of Denglish	*Kursgespräch* *Einzelarbeit* *Partnerarbeit*		*Leseverstehen* *Gespräche führen* *Argumentieren* *Mediation* *Kreatives Schreiben*	Improving texts Creating lists Re-writing blogs Mediating Writing comments
Spot on vocabulary Writing about English and its varieties				**ca. 1 Unterrichtsstunde**
Working with words	*Kursgespräch* *Einzelarbeit*	Tip: Vocab sheets	*Wortschatzarbeit*	Correcting false friends Completing texts
Topic task Creating a podcast				**ca. 1–2 Unterrichtsstunden**
Project work/Step 1–5	*Gruppenarbeit* *Zusatzmaterial: Kopiervorlage 4, Klausurvorschlag* *Code k949tr*		*Projektarbeit*	Doing research Assigning roles Planning, scripting, recording, editing and presenting podcasts

Unterrichtsverlauf

Code g77e4v

Introduction → WB Task 5

VISUALS

1 Describe the photos and the newspapers. What do they say …? → S28

METHODISCHES VORGEHEN

Die S erhalten Gelegenheit, die Bilder sowie das Diagramm und den Cartoon in Stillarbeit zu betrachten. Hinweis auf Skill 28 Working with visuals. *Anschließend stellen sie erste Vermutungen über die Rolle des Englischen für die globale Kommunikation an. Eine Alternative ist die gemeinsame sukzessive Betrachtung und Deutung der Bilder im Unterrichtsgespräch. Statt über die Bildimpulse kann auch mit den Vorerfahrungen der S in das* Topic *eingestiegen werden.*

ALTERNATIVE

Durch ein Think-Pair-Share-*Verfahren können die S zunächst allein überlegen, welche Bedeutung die Bilder haben, bevor sie diese dann mit dem Partner diskutieren. Erst danach erfolgt die Auswertung im Plenum. Durch dieses Verfahren erfolgt in besonderer Weise eine Verknüpfung mit dem individuellen Vorwissen der S. Außerdem erhalten auch schwächere S die Gelegenheit, eigene Ideen mit dem Partner auszutauschen. Folgende Antworten könnten erwartet werden:*

LÖSUNGSVORSCHLAG

- **Picture 1 (p. 1 top left):** A woman with a veil (hijab) in an African country is teaching English words which have been written on a blackboard. The photo stresses the importance for students worldwide to learn English as a foreign language.
- **Picture 2 (p. 1 top right):** The poster promotes a Salsa dancing event to be held in Beijing from 3–6 October. Although the event is being held in China, the title (China Salsa Congress) and the date are written in English, which highlights the growing importance of English as a global language.
- **Picture 3 (p. 1 bottom left):** This sign in Malaysia has been written in four languages (Malay, Chinese, Tamil and English), which exemplifies the role of English as a second or third official language in many countries. Currently English is an official language in 58 countries. Many of these countries are former territories of the British Empire.
- **Picture 4 (p. 1 bottom right):** A passenger is riding in a *tok tok* (or auto-rickshaw) and reading an English-language newspaper (*The Times of India*). With more than seven million readers *The Times of India* is not only India's biggest newspaper, but the biggest English-language newspaper worldwide. The *tok tok* or auto-rickshaw is a three-wheeled motorised cabin cycle which has become the major means of transport in most Indian cities. The photo stresses the importance of English as an official language in India. Although English is probably spoken by only seven per cent of the population, this amounts to more than 125 million speakers – the largest English-speaking community outside the US and the UK.
- **Picture 5 (p. 2 top left):** The photo shows a French train on its way to Paris. In front of the train a poster informs passengers of the opportunity to learn English on their way to work. The photo demonstrates the importance of English in the world of business and commerce.
- **Picture 6 (p.2 top right):** The photo shows people travelling to their holiday destinations. Probably they are going to a foreign country and need to speak English in order to make themselves understood. The photo underlines the importance of English for tourism and worldwide travel.
- **Picture 7 (p. 2 bottom left):** The diagram points out the distribution of English speakers worldwide. Among the largest English-speaking communities are the US (with more than 270 million speakers), India (with up to 125 million speakers), the Philippines (90 million speakers), Nigeria (80 million speakers) and the UK (60 million speakers). An additional 1.2 billion speakers worldwide speak English as a first or second language.
- **Picture 8 (p. 2 bottom right):** The cartoon shows a group of immigrants who are all learning English as a foreign language. Among the learners is a native speaker of English (Ken from Glasgow) who cannot make himself understood although or because he presumably speaks a Scottish dialect of English. The cartoon illustrates the wide range of regional varieties of English spoken in Great Britain.

ERWEITERUNG

Die Bildimpulse 1–6 können Ausgangspunkt für individuelle Präsentationen der S zu folgenden Themenbereichen sein:

- English language use in Africa
- English as a global language/lingua franca
- English in Malaysia
- The role of English in India
- English for business and commerce
- English and tourism/worldwide travel

SPEAKING **2** **In which international contexts have you already used English ...?**

→ Kopiervorlage 1 (Interview sheet – Your individual experiences with English as a global language)

METHODISCHES VORGEHEN *In Partnerarbeit unterhalten sich die S über ihre individuellen Erfahrungen mit Englisch in internationalen Kontexten. Dazu gehören neben Urlaubsreisen und Begegnungen mit Austauschschülern auch Kontakte über das Internet. Indem die S mindestens drei verschiedene Partner interviewen* (Milling around) *wird sichergestellt, dass unterschiedliche Perspektiven und Erfahrungen eingebracht werden. Kopiervorlage 1* (Interview sheet – Your individual experiences with English as a global language) *unterstützt die Durchführung des Erfahrungsaustauschs.*

LÖSUNGSVORSCHLAG
- **Tourism:** You can travel abroad, communicate with people from other countries in English, make new friends and meet people on the beach/in the hotel etc.
- **Media:** The dominance of English on the internet means you can hold a conversation (email, chat etc.) with people from all over the world in English.
- **Music:** Most international bands sing in English, so you can understand the lyrics.
- **School trips/Exchange students:** English is used to meet students from other countries and cooperate with a partner school, which means you can experience new cultural perspectives.

ANALYSIS **3** **Explain the pie chart about Global English Speakers. What is ...?** → S27

METHODISCHES VORGEHEN *Die Aufgabe bezieht sich auf Abbildung 7 und erfordert eine Unterscheidung zwischen Sprechern in den USA und in Großbritannien einerseits und der englischsprechenden Bevölkerung in Indien, den Philippinen und Nigeria andererseits. Sie eignet sich als vertiefende Aufgabe im Anschluss an Aufgabe 1, sofern die S das nötige Hintergrundwissen haben. L verweist auf* Skill 27 Statistics, diagrams and maps. *Eine weitere Möglichkeit ist, sie als freiwillige Rechercheaufgabe anzubieten und in der Folgestunde die Ergebnisse gemeinsam mit* Task 4 *zu präsentieren.*

LÖSUNGSVORSCHLAG English is spoken as a first language in the US (270 million speakers) and in the UK (60 million speakers). In India, the Philippines and Nigeria people speak many other languages and English is not spoken by the majority of the population.

RESEARCH ⦾ L1/3–5 **4** **a)–c) Look at the cartoon. What does it say about the English ...?** → S28.2, S32

Glasgow dialect (or Glasgow patter) is the regional variety of English spoken in and around Glasgow. It is a (West Central) Scots dialect with a strong Irish influence due to the high number of Irish immigrants during the 19th century. Just like other Scots dialects, the Glasgow patter has low social status and is considered to be spoken mainly by people with low levels of education. The variance in pronunciation and the wide range of Gaelic words and phrases make it difficult for people from the South of England or tourists from abroad to understand the dialect.

MATERIALIEN → ⦾ L1/3–5 (Nigerian English, Glaswegian English, Pakistani English) • Transkripte

METHODISCHES VORGEHEN *Teilaufgabe a) wird vor dem Vorspielen der Hörtexte direkt im Plenum besprochen. Die S äußern sich spontan zu dem Cartoon. Hinweis auf* Skill 28.2 Working with visuals: Cartoons. *L präsentiert danach die drei Tracks von der CD und die S finden heraus, welcher der Sprecher aus Glasgow stammt (Teilaufgabe b). Der letzte Teil der Aufgabe wird als Hausaufgabe erledigt. Die S bekommen für die Recherche* (Skill 32 Doing research) *ausreichend Zeit zur Verfügung gestellt.*

LÖSUNGSVORSCHLAG
a) The cartoon expresses the idea that people from Glasgow are not really understood by English speakers due to the very specific dialect spoken in that region of Scotland.

b) The second speaker is from Glasgow.

c) English consists of a wide range of varieties, the two best known being British and American English, but there are also African, Asian, Pacific and Caribbean varieties. In general, the term variety refers to a distinguishable variant of a language caused by social, historical or spatial reasons. As a result of its contact with other languages, English has developed regional distinctiveness in many countries, such as Australia, the Bermudas, Belize, Burma, Cameroon, Canada, India, Jamaica, Kenya, Malaysia, New Zealand, Nigeria, Singapore, Pakistan, the Philippines and South Africa. Furthermore, British and American English also have a national variations.

PRESENTATION

5 English is an official language in 88 states around the ... → S22, S32

METHODISCHES VORGEHEN

Um zu vermeiden, dass die S ausschließlich bekannte Länder wie USA, Großbritannien oder Australien wählen, können zunächst einige Namen von Ländern, in denen Englisch Amtssprache oder offizielle Sprache ist, auf Karten geschrieben werden. L verweist außerdem auf Skill 22 Presentation *und auf* Skill 32 Doing research. *Jede Gruppe wählt eine Karte aus, zu der eine kurze Präsentation erarbeitet wird. Zentrale Aspekte der Präsentation könnten sein:*

LÖSUNGSVORSCHLAG

- Where is the country? (region/map)
- How many people speak English in the country? (as first or second language)
- Is English the primary language in the country?
- What other languages are spoken in the country?
- What is the official status of English in the country? (official language/de jure language/de facto language)
- Why has English become an official language in the country? (historical/social reasons)

Spot on facts

FACTUAL TEXTS

English → WB Tasks 1, 2

LERNWORTSCHATZ

to settle, to invade, official language, reign, to establish, rule, principal language, to consolidate, to attribute sth to sb, to come to mind, Australasia, due to, pidgin language, creole language, hybrid language, on a par with, majority, lingua franca, fellow, to facilitate, aeronautical, maritime, periodical, to come second place to sth, to decline, non-native

COMPREHENSION

1 Explain the influences of important historical events on the ...

METHODISCHES VORGEHEN

Die S geben die für sie zentralen Aspekte in eigenen Worten kurz wieder und tauschen sich dazu mit dem Partner aus. Die Übung dient zugleich der inhaltlichen Vorentlastung für die nachfolgende Hör-/Sehverstehensaufgabe.

LÖSUNGSVORSCHLAG

Various foreign influences (Latin, Celtic, Greek, Old Norse, French) have shaped the English language over time. While Old English was mainly a Germanic language, brought to the British Isles by the Anglo-Saxons, Middle English was heavily influenced by the French language due to the Norman conquest of England in 1066. In the 15th and 16th century Early Modern English was mainly influenced by the languages of science (Greek and Latin). Furthermore, some words from languages spoken in the territories that had belonged to the British Empire (e.g. Hindi, Malay) found their way into the language. In the 18th century English spread across the world as the principal language in the US and other former British colonies (New Zealand, West Indies, Australia, West Africa).

S L

2 Divide into groups. Each group watches one or more of the ... → S22

MATERIALIEN

→ S • L (The History of English 1–10) • Transkripte

METHODISCHES VORGEHEN

Die S erhalten Gelegenheit, die Videos in Kleingruppen zu bearbeiten (z. B. im Computerraum oder als vorbereitende Hausaufgabe) und erstellen eine Kurzpräsentation (z. B. One-minute presentation*) zum jeweiligen Videoclip, ggf. unter Bezugnahme auf die* Timeline *in Aufgabe 1.*

L verweist auf Skill 22 Presentation. *Um das Textverständnis zu sichern, können bei Bedarf auch die Transkripte (im DUA oder online über den* **Green Line Code g77e4v**) *eingesetzt werden.*

LÖSUNGSVORSCHLAG

- **Chapter 1: Anglo-Saxon – Whatever Happened to the Jutes?**
  After the end of the Roman invasion of Britain Germanic tribes (Anglo-Saxons) invaded the country and brought their language with them. Additionally, Christian missionaries brought Latin words to English. Finally, the Vikings arrived in the country and their language had a strong influence on English as well.
- **Chapter 2: The Norman Conquest – Excuse my English**
  In 1066 William the Conqueror invaded England, and French became the official language in Britain for nearly 300 years. When the Hundred Years War between France and Britain started in 1337, the French influence on English gradually decreased.
- **Chapter 3: Shakespeare – A Plaque on Both of His Houses**
  William Shakespeare not only wrote various plays and poems in (Early Modern) English, he also invented about two thousand new words, which made English a very rich, vibrant language with unlimited expressive and emotional power.
- **Chapter 4: The King James Bible – Let There be Light Reading**
  The publication of the King James Bible in 1611, made it possible for everyone to read the Bible in English and helped to establish a wide range of metaphors and sayings in English.
- **Chapter 5: The English of Science – How to Speak with Gravity**
  In the 17th and 18th century the languages of science (Latin and Greek) helped to establish new words in English.
- **Chapter 6: English and Empire – The Sun Never Sets on the English Language**
  With the expansion of the British Empire to territories in the Caribbean, India, Australia and Africa, English quickly spread across the world, and in some places new forms of English emerged. At the same time, the British borrowed new words from these territories.
- **Chapter 7: The Age of the Dictionary – The Definition of a Hopeless Task**
  When Samuel Johnson published his Dictionary of the English Language in 1755, it helped to define a standard spelling of English and shaped the form of English as we know it today.
- **Chapter 8: American English – Not British English, but Somewhere in the Ballpark**
  After the settlers had landed in America, they borrowed words from the Native Americans and their respective languages influenced American English, which gradually differentiated American English from British English.
- **Chapter 9: Internet English – Language Reverts to Type**
  The technical revolution has introduced several new terms which have become part of the English lexicon.
- **Chapter 10: Global English – Whose Language is it Anyway?**
  Due to the influence of the British Empire and the use of English as a global lingua franca many hybrid forms of English, such as Hinglish (Hindi-English) and Chinglish (Chinese-English), have become distinct languages and are used by speakers worldwide.

VOCABULARY

3 Make a mind map of the factors which have contributed to the …

METHODISCHES VORGEHEN *Die S erstellen eine Mindmap basierend auf der* Timeline *und den Videoclips. Die Aufgabe eignet sich als Fortführung der Gruppenarbeit in Aufgabe 2 oder als nachbereitende Hausaufgabe.*

LÖSUNGSVORSCHLAG

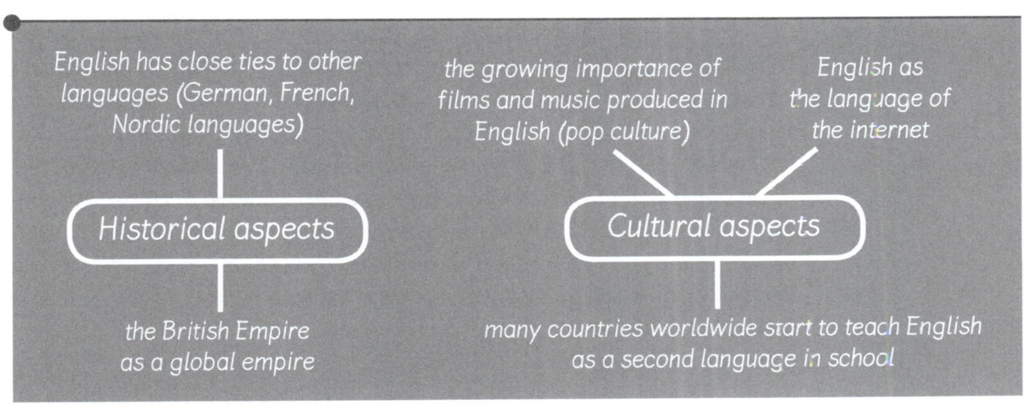

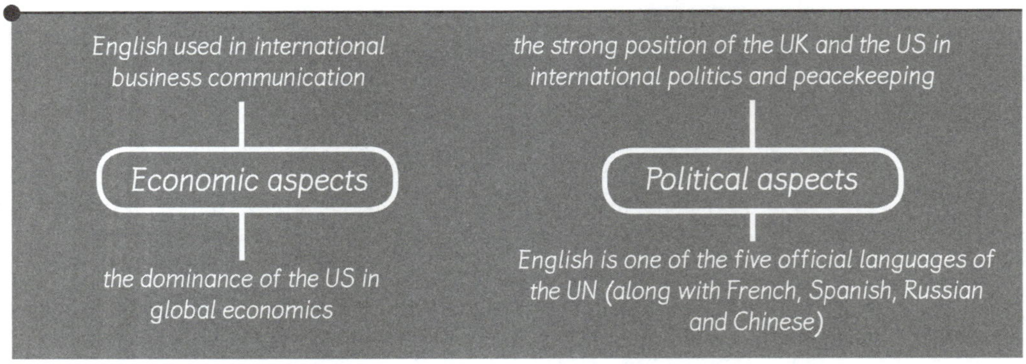

COMPREHENSION

4 Describe in your own words the different kinds of English ...

METHODISCHES VORGEHEN *Die S fassen in eigenen Worten die zentralen Aussagen des Textes zusammen. Es bietet sich an, die Zusammenfassung entweder schriftlich erarbeiten zu lassen oder sie als mündliche* one-minute presentation *vorbereiten zu lassen.*

LÖSUNGSVORSCHLAG English has developed into a wide range of varieties, which sometimes differ in pronunciation, vocabulary and even grammar. While some of today's varietal differences can be explained by the continual language contact between English and other languages (like Gaelic and Nordic languages in the North or Germanic in the South), some differences can only be explained as an effect of historical developments in the context of the expansion of the British Empire in places beyond the British Isles (the US, India, the Caribbean, Australia etc.). Finally, English is used in many countries as an official language where several native languages exist (e.g. Nigeria) and English is needed to make communication among fellow countrymen possible.

RESEARCH

5 Do some research to find out more about the current role of ... → S32

METHODISCHES VORGEHEN *Die individuelle Recherche der S sollte die Vielfalt der Verwendung des Englischen in der internationalen Kommunikation verdeutlichen. L verweist auf* Skill 32 Doing research. *Daher bietet es sich an, unterschiedliche Rechercheaufträge an die S zu vergeben, damit auch wirklich verschiedene Aspekte herausgearbeitet werden. Folgende Schwerpunkte könnten thematisiert werden:*

LÖSUNGSVORSCHLAG

- English as a lingua franca in international business communication (e.g. stock markets, trading and communication among multinational companies)
- English as the lingua franca in the media (English on the internet and the role of English in pop music, films and computer games)
- English as a lingua franca in international politics (role of English in the EU/UN and at international conferences)
- English as a language of science and research

Core skill workshop

Analysing a listening text → WB Tasks 6–7, 9–11

METHODISCHES VORGEHEN Der Core skill workshop *gliedert sich in drei Hörverstehensaufgaben, von denen die erste schwerpunktmäßig auf Hörverstehensstrategien ausgerichtet ist* (Inferring, predicting, answering wh-questions, structuring), *während die zweite Hörverstehensaufgabe sich mit den verschiedenen Aufgabenformaten beschäftigt und die dritte Aufgabe sich mit den besonderen Schwierigkeiten beim Hören lyrischer und literarischer Texte am Beispiel eines Songtextes befasst. Die Aufgaben 1–13 können daher sowohl der Reihe nach bearbeitet werden, sie können aber auch je nach individueller Schwerpunktsetzung nur teilweise bearbeitet werden. Auch binnendifferenziertes Arbeiten bietet sich an dieser Stelle besonders ein, wobei die Aufgaben 1–3 von allen, 4–6 von etwas leistungsstärkeren und 7–13 von besonders leistungsstarken S bearbeitet werden können.*

BEFORE YOU LISTEN

1 Gather all the information you can about the text you are going to hear. …

METHODISCHES VORGEHEN

Für Hörverstehensprozesse sind sowohl aufsteigende als auch absteigende Verarbeitungsprozesse (Bottom-up/top-down) *gleichermaßen relevant. Im Zusammenspiel von Verstehen auf der Wort- und Satzebene sowie der Reaktivierung von Vorwissen, Kontexten und situativen Schemata wird Verstehen erst möglich. Daher ist für das Hörverstehen eine vorgeschaltete* Pre-listening-*Phase von besonderer Bedeutung. Zunächst werden die S auf den Kontext der Hörverstehensaufgabe hingewiesen:* The radio interview is about British English phrases that have found their way into American English. *Zur Vernetzung mit Vorwissen werden die S nach generellen Unterschieden zwischen* British English *und* American English *gefragt. Exemplarisch können einzelne Wortpaare von den S genannt und an der Tafel festgehalten werden.*

British English (BE)	American English (AE)
pavement	sidewalk
elevator	lift
biscuit	cookie
football	soccer

LÖSUNGSVORSCHLAG

The general message in one sentence: The text is about the growing number of British English expressions that have found their way into American English.

LISTENING ◎ L1/6

2 The radio interview is about British English phrases that found … → S21

MATERIALIEN

→ ◎ L1/6 (Britishisms in America) • Transkript • Kopiervorlage 2 (Listening strategies)

METHODISCHES VORGEHEN

Nach Reaktivierung von Vorwissen erfolgt das erste Vorspielen des Hörtextes. Die S machen sich Notizen und sammeln Schlüsselwörter. Anschließend erfolgt ein erster Abgleich (entweder im Plenum oder mit dem Partner). Bevor die S den Text ein zweites Mal hören (Detailverstehen), werden die Hörstrategien angesprochen. L verweist dazu auf den Tipp zu One-way listening situations *sowie auf* Skill 21 Listening comprehension.

LÖSUNGSVORSCHLAG

Possible key words: Britishisms, become common, ginger, to go missing, Americanisms, transfer, pronunciation, high status, uncomfortable etc.

ERWEITERUNG

Zur Unterstützung des Hörverstehens wird Kopiervorlage 2 (Listening strategies) *herangezogen.*

LISTENINNG ◎ L1/6

3 Listen to the radio interview again and take notes on the details. … → S21

MATERIALIEN

→ ◎ L1/6 (Britishisms in America) • Transkript

METHODISCHES VORGEHEN

Die S hören den Text ein zweites Mal und beantworten die Leitfragen 1–5, indem sie die Informationen aus dem Hörtext in ein Venn-Diagramm eintragen. Hinweis auf den Tipp zu Graphic organisers *und auf* Skill 21 Listening comprehension.

LÖSUNGSVORSCHLAG

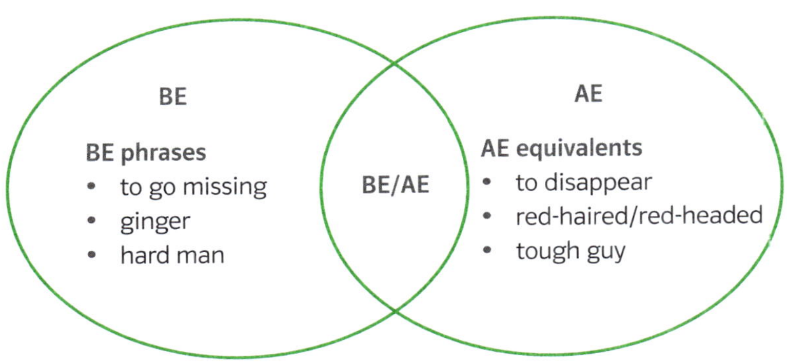

1. British phrases that have entered into AE: to go missing, ginger, hard man.
2. Equivalents for these Britishisms in AE: to disappear, red-haired/red-headed, tough guy.
3. Differences between the two dialects: Sometimes, it seems that there is no real equivalent for a British English term in American English (e.g. one-off, meaning something that only

happens once, or go missing, which is similar to disappear, but has a slightly different meaning). In other cases, British English seems to have a different social status because it is considered more distinctive and posher (e.g. using hard man instead of tough guy). Finally, in terms of pronunciation British and American English have become more and more diverse. However, globalisation and the international use of media have contributed to a converging effect on vocabulary, which means that more and more words can now be found both in American and British English.

4. The attitude of British English speakers towards Americanisms is mainly positive because there has been a constant flow of Americanisms since the end of the war.
5. In the 1980s Americans thought their accent was inferior to British English; therefore they had a rather negative attitude to Britishisms. This has changed since then, and Americans now value their dialect over British English, so they feel less disturbed by Britishisms entering American English.

BEFORE YOU LISTEN ⦾S

4 You are going to hear a short radio interview about the relevance ...

MATERIALIEN → ⦾S (Tasks on the interview: English as a lingua franca)

METHODISCHES VORGEHEN *Neben der Kenntnis zentraler Hörverstehensstrategien ist für die S auch eine Auseinandersetzung mit den unterschiedlichen offenen, halboffenen und geschlossenen Aufgabenformaten von besonderer Bedeutung. Die folgende Hörverstehensaufgabe zielt daher im Schwerpunkt auf diese unterschiedlichen Aufgabenformate, kann aber auch zur Vertiefung und Übung der in Aufgabe 2 eingeführten Hörverstehensstrategien genutzt werden. Die S lesen zunächst das* Fact file *zu* Word of Mouth *und stellen mündlich erste Vermutungen darüber an, worum es in dem Hörverstehenstext gehen könnte. Anschließend wählen sie von der S-CD eine der beiden standardisierten Aufgaben aus und bearbeiten nach dem ersten Hören die geschlossene oder halboffene Hörverstehensaufgabe. Diese Aufgabenstellung eignet sich als vertiefende Hausaufgabe.*

LÖSUNG **Listening: closed task**

0. b) English as a lingua franca (ELF) is a global form of English used for communication in situations where no party is a native English speaker.
1. b) In many communities that had been colonised by the British, English finally became nativised, which means that a variety of English with its own distinctive forms becomes the native language of the people in these countries.
2. c) English as lingua franca can be used by people from all over the world and with different first languages to communicate in English.
3. d) The main features of English as a lingua franca include specific forms of pronunciation and grammar.
4. d) Consequences of the growing importance of ELF might be that correctness in language use is no longer defined by native speaker standards.
5. a) Further consequences for learners of English as a lingua franca are that there is no single form of correctness.

0	1	2	3	4	5
b	b	c	d	d	a

LÖSUNGSVORSCHLAG **Listening: half-open task**

1. What is English as a lingua franca?	EFL is a global form of English used for communication in situations where no party is a native English speaker.
2. Why is ELF different from other varieties of English?	There are no clear rules nor is there a fixed structure, so ELF is flexible, i.e. it can vary widely depending on the context of the conversation.
3. What are the factors that cause ELF to be so varied?	Languages change and have continuously changed all the time in order to adapt to new situations and contexts in which they are used.

4. What are the implications for the teaching of English as a foreign language?	The focus is no longer on linguistic correctness or a specific language standard (e.g. British English or American English), but it concentrates on how students might use English for global communication.

LISTENING ⦾ L1/7

5 Listen to the text and complete as much of the task as you can.

MATERIALIEN → ⦾ L1/7 (Word of Mouth: English as a lingua franca) • Transkript

METHODISCHES VORGEHEN *Bereits beim ersten Hören machen sich die S Aufzeichnungen zur Bearbeitung der ausgewählten Aufgabe. L verweist auf den Tipp zu* Time limits.

LÖSUNGSVORSCHLAG Individual answers expected.

LISTENING ⦾ L1/7

6 Listen to the text a second time and finish the task. Before you ...

MATERIALIEN → ⦾ L1/7 (Word of Mouth: English as a lingua franca) • Transkript

METHODISCHES VORGEHEN *Nach dem zweiten Hören ergänzen die S ihre Aufzeichnungen und versuchen, die Aufgabe zu bearbeiten. Nach Abschluss des zweiten Hörens und vor der Bearbeitung der Aufgaben können die S angehalten werden, ihre individuellen Höreindrücke zu visualisieren und dabei eines der drei Formate* (Herringbone technique, layered hierarchy or a concept map) *zu erproben.*

LÖSUNGSVORSCHLAG 1. **A herringbone technique** with key questions

Who?
Chris Ledgard, radio presenter
Jennifer Jenkins, professor of English at the University of Southampton

Where?
BBC radio station

When?
not stated in the text

What?
interview about English as a lingua franca and recent changes in the language

How?
presented as an interview

Why?
not clearly stated, but it informs native speakers about recent developments and calls for a change in attitudes towards non-native speakers

2. **A layered hierarchy** with three different layers

most important facts	1. English as a lingua franca
still relevant facts	2. differences between ELF and world Englishes
not relevant facts	3. implications for teaching and the future of English

3. **A concept map** with different sub-structures

misconceptions
English as a nativised language
differences between ELF and world Englishes
implications for teaching
English as a lingua franca

BEFORE YOU LISTEN

7 Have a close look at the following word cloud for the song ...

METHODISCHES VORGEHEN

Der dritte Hörverstehenstext basiert auf dem Song 21st century flux *des britischen Rappers Dizraeli und setzt sich mit der Rolle des Englischen als* Global lingua franca *auseinander. L verweist die S auf das* Fact file *zu* 21st century flux. *Der Schwerpunkt liegt auf dem Detailverstehen, zugleich sollen die S aber auch eine gewisse Nichtverstehenstoleranz entwickeln, da der Song eine Vielzahl unbekannter Wörter enthält, und dazu noch schnell und rhythmisch betont gesprochen wird, was das Hörverstehen deutlich erschwert. Es erfolgt eine erste Sammlung von Ideen zum Song anhand der abgebildeten* Word cloud *und ein Abgleich mit dem Partner. Die S stellen zusätzlich Vermutungen über den Titel* 21st century flux *an.*

LÖSUNGSVORSCHLAG

What the song might be about:

- English is a key term and should be located at the centre of the word cloud, which might indicate its importance in the song.
- Other words that seem to be relevant are added, altered, bends, century, strange, African, affected, loose, begins, safe – this might refer to the constant changes of the English language over the centuries.

What the title tells us: The titel *21st century flux* might refer to the fact that in the 21st century the English language has been constantly developing due to its growing importance as a lingua franca in global communication.

LISTENING ⊙ L1/8

8 Listen to the song the first time and in your own words summarise ...

MATERIALIEN

→ ⊙ L1/8 (21st century flux) • Transkript

METHODISCHES VORGEHEN

Die S hören den Song, verbunden mit dem Hörauftrag, die drei zentralen Aspekte des Refrains zu benennen.

LÖSUNGSVORSCHLAG

- The central message of the chorus is that all languages have been continuously developing in the 21st century – they are in a state of flux.
- Currently, English is the dominant language, but this importance may soon fade because every language has declined in importance and/or died out at a certain point in history.
- However, it is important to actively use English in order to communicate with others.

LISTENING ⊙ L1/8

9 a) When listening the ... b) Answer the following ... →△1, ▲2

MATERIALIEN

→ ⊙ L1/8 (21st century flux) • Transkript

METHODISCHES VORGEHEN

Die S hören den Song ein zweites Mal. L verweist auf die Tipps zu Taking notes *und* Listening. *Sie suchen Beispiele für die zentralen Aussagen und tragen sie in eine Tabelle ein. Dazu werden sie in Dreiergruppen eingeteilt, machen sich während des Hörens Notizen und beantworten anschließend die Fragen in Teilaufgabe b). Diese Fragen stellen das Textverständnis der S sicher und helfen ihnen, sich auf zentrale Aspekte des Songs zu konzentrieren. Anschließend erfolgt ein Abgleich im Plenum.*

LÖSUNGSVORSCHLAG

a)

Language is in a constant flux	English has a dominant position	One should actively contribute
• "degenerate slang isn't Standard English" (l. 29) • "every single idiom is intermingling stream-like" (l. 35)	• "The new disease?" (l. 1) • "It pours out of TV and computer screens" (l. 2) • "Nothing's safe; doesn't stop" (l. 5) • "it dominates the airwaves and reigns/rains on the internet" (l. 6)	• "What matters is the message that is put across, and the passion that's invested in it." (ll. 38f)

b) Why is English a new disease?

English is described as a new disease because it spreads like an infectious virus all over the world, and there seems to be no antidote. Just like a virus, which has negative effects on the whole body, English as a lingua franca has negative effects on other languages, which might simply die out.

What is the professor's criticism and how does the narrator respond?
The professor points out that the different varieties and dialects of globalised English do not reflect Standard English and should be seen as degenerate slang. He argues that language can also be used as a social barrier to distinguish between social classes. The narrator, however, totally disagrees with the professor and states that there is no standard language, but an unlimited variety of Englishes.

What is the consequence of English being a lingua franca?
A lingua franca clearly helps to establish and expand international communication. However, it also weakens the importance of other languages, which might only be spoken by a minority of native speakers, while language learners will only strive to learn English.

DIFFERENZIERUNG △ *Leistungsschwächere S finden Hilfestellung zur Bearbeitung der ersten Frage* (Why is English a new disease?) *in Teilaufgabe 9 b) in Aufgabe 1 im* Diff pool.

LÖSUNGSVORSCHLAG

a) Words like "pour out", "spread" and "rain" compare the language to a natural phenomenon which cannot be stopped. Just like a spreading disease or water that rains/pours on people, English seems to constantly influence the people, leaving nobody unaffected. The language dominates international communication, sometimes alters other languages and cultures and confuses people at times.

b) The choice of words emphasises the fact that people around the globe are affected by these changes, and it is nearly impossible to ignore the effect that English has on all languages as a lingua franca.

DIFFERENZIERUNG ▲ *Leistungsstärkere S bearbeiten anstelle der zweiten Frage* (What is the professor's criticism and how does the narrator respond?) *in Teilaufgabe 9 b) Aufgabe 2 im* Diff pool.

LÖSUNGSVORSCHLAG The dialogue structure of the verse is like an exchange of ideas. The professor starts to express his opinion in a very clear and determined way, while the narrator presents his position in a lengthy monologue. He uses very specific intonation and speaks quite rapidly, which indicate a rather tense atmosphere. The professor and the narrator totally disagree on the nature of language, and the narrator seems to be emotionally charged.

LANGUAGE

10 a) A line from the song contains ... b) Explain why the poet uses ...

METHODISCHES VORGEHEN *Die folgenden Aufgaben setzen einen sprachlichen Schwerpunkt und ermöglichen die selbstständige Recherche der S mit Hilfe des Wörterbuchs oder des Internets. Daher eignet die Aufgabe sich als Hausaufgabe oder als Kurzpräsentation.*

LÖSUNGSVORSCHLAG

a) Find out where the words come from and what they mean:

Word	Origin	Meaning
1. shampoo	Hindi	to press, to knead (originally a traditional Indian body massage)
2. juggernaut	Hindi	something very large and powerful that cannot be stopped; a large, heavy truck (named after a festival wagon used during a procession for the God Krishna)
3. moolah	origin unknown	money
4. hullabaloo	Indian (?)	uproar
5. ad infinitum	Latin	endless
6. pow-wow	North American Indian (Algonquin)	a conference or meeting for discussion, especially among friends or colleagues (from a North American ceremony involving singing and dancing)
7. kudos	Greek	praise and honour received for an achievement

8. déjà vu	French	a feeling of having already experienced the present situation
9. wonton	Chinese	(in Chinese cookery) a small round dumpling or roll with a savoury filling, usually eaten in soup
10. billabong	Aboriginal Australian	a branch of a river forming a backwater or stagnant pool made by water flowing from the main stream during a flood
11. wha gwan	Jamaican Patois	what's going on
12. wigwam	North American Indian (Algonquin)	an American Indian dwelling, usually round or oval made of poles overlaid with bark, mats or skins

b) Explain why the poet uses these words:
The words illustrate how English has been influenced by other languages, particularly in the last stanza when the speaker says, "English is linked to the globe in entirety, with fragments of every language you'll think of." English has borrowed words from many different languages, which were very often languages spoken in countries under British imperial rule.

ANALYSIS ⦾S **11 a) Explain the meaning of … b) Why did Dizraeli choose …?** → S6

MATERIALIEN → ⦾S (Tasks on the song "21st century flux")

METHODISCHES VORGEHEN *Die Aufgabe eignet sich zur Klausurvorbereitung und kann auch als Hausaufgabe nach der Beschäftigung mit dem Song gestellt werden. Hinweis auf* Skill 6 Dealing with poetry and drama *und den Tipp zu* Open tasks.

LÖSUNGSVORSCHLAG

a) The meaning of "English isn't English, it's an elastic patchwork":
English is a hybrid language, including and combining various languages from different parts of the world. Therefore, there is no genuine English; even Old English and Early Modern English included a range of languages like Latin, Celtic, Greek, several Germanic and Nordic languages, French, Italian and many more. Consequently, the language has no single origin and is more like a carpet or rug which consists of many different threads in different colours. It it this hybridity, which makes the language so adaptable to new situations and has helped English to become a global lingua franca.

b) Why did Dizraeli choose this music to go with his poem? How does the music fit with its message?
The poet uses dub poetry, a special form of performance poetry which originated in the West Indies. Dub poetry uses the rhythms and beats of reggae music, which emerged in Jamaica in the 1960s. Therefore, the rhythmic (reggae) pattern underlines the general message of the song because it stresses the importance of non-standard forms of music and shows how these hybrid forms (reggae being a mixture of rhythm and blues and ska) have influenced music worldwide. Finally, it shows that everyone can add his voice even if it is a local variety instead of the established standard.

ERWEITERUNG *Zur Unterstützung des Hörverstehens, insbesondere beim zweiten Hören, eignen sich die geschlossene und die halboffene Aufgabe auf der S-CD. Die Bearbeitung kann auch als häusliche Vorbereitung gegeben werden.*

LÖSUNG

Listening: closed task
True: 0, 1, 3, 4, 7, 8;
False: 2, 5, 6

Listening: half-open task
0. disease, 1. fluency, 2. spread, 3. dialecting, 4. multilinguist, 5. limits, 6. dictionary, 7. idiom, 8. message, 9. mutates, 10. twists, 11. words, 12. express, 13. lingua franca, 14. performers, 15. voice, 16. vernaculars, 17. globe, 18. tongue

CREATIVE TASK **12 Create your own poem about your individual experiences with …**

METHODISCHES VORGEHEN *Mit Hilfe dieses kreativen Schreibauftrages können die S ihre eigenen Erfahrungen mit der Weltsprache Englisch auszudrücken versuchen.*

LÖSUNGSVORSCHLAG Individual answers expected.

EVALUATION **13 Interpret the sentence "English is the language of choice …"** → S6

METHODISCHES VORGEHEN *Das Textzitat eignet sich für einen abschließenden schriftlichen Kommentar und kann als schriftliche Hausaufgabe gestellt werden. L verweist auf* Skill 6 Dealing with poetry and drama.

LÖSUNGSVORSCHLAG The sentence "English is the language of choice … let it be said you added your voice." refers to the fact that English can only maintain its current position as a global lingua franca if it is used in a broad variety of contexts. "English is the language of choice" might refer to the fact that speakers of English – wherever they are from – do not need to be too worried about language standards, mistakes and correct pronunciation. It is far more important that they bring in their own perspectives and their cultural heritage in order to keep English as flexible and adaptable as it has been over the last 1,500 years …

A The global spread of English

BEFORE YOU READ **1 With a partner make a list of your personal top ten songs. …**

METHODISCHES VORGEHEN *In Partnerarbeit stellen die S eine Liste mit aktuellen Musiktiteln zusammen und überlegen, wie viele der Songs auf Englisch gesungen werden und wie viele dieser Interpreten nicht aus den USA oder Großbritannien stammen.*

LÖSUNGSVORSCHLAG Individual answers expected.

NEWSPAPER ARTICLE

English – the global language of pop music? → WB Tasks 3, 8, 12

LERNWORTSCHATZ spread, previous, commitment (to), attitude, confidence, to spill over, fluency, to gain, recognition, leap of, policy

COMPREHENSION **2 Outline the reasons for French artists to perform their songs in English.**

METHODISCHES VORGEHEN *Nach dem indivduellen Lesen des Textes und des* Fact file *zu* French foreign language policy *(z.B. als vorbereitende Hausaufgabe) fassen die S in eigenen Worten die Gründe zusammen, die französische Musiker dazu bringen, ihre Songs in englischer Sprache zu singen.*

LÖSUNGSVORSCHLAG

- the growing importance of the internet as a medium for listening to music
- the direct access to American and international music markets
- an increase in foreign language proficiency among French students
- the growing confidence of French students in their foreign language skills
- artists enjoy the new opportunities to express their ideas in a foreign language

ANALYSIS **3 Find out more about French foreign language policy. Explain the …**

METHODISCHES VORGEHEN *Die Aufgabe eignet sich für ein Kurzreferat oder eine vorbereitende Hausaufgabe. Durch eine Internetrecherche können sich die S mit den Besonderheiten französischer Sprachenpolitik vertraut machen. Alternatives Vorgehen: Ohne vertiefende Internetrecherche kann direkt auf das* Fact file *verwiesen und vor diesem Hintergrund Aufgabe 4 bearbeitet werden.*

LÖSUNGSVORSCHLAG

- the *Toubon* law – which states that 40 per cent of all music aired must be sung in French
- language purity – attempts by the French government to replace Anglicisms with proper French words (e.g. French *courriel* instead of email and *mot-dièse* instead of hashtag)

EVALUATION

4 Discuss whether a similar radio music quota in Germany would ... → S23

METHODISCHES VORGEHEN *Die Frage wird mit den S im Plenum diskutiert oder als schriftliche Hausaufgabe aufgegeben. L macht die S auf* Skill 23 Dialogue *aufmerksam.*

LÖSUNGSVORSCHLAG

- A radio quota might help musicians performing in German to promote their songs.
- A radio quota would be rather ineffective because the internet plays a more important role in the music market.
- A radio quota would penalise German musicians and bands which perform in English.

CREATIVE TASK

5 Imagine you are a music producer who wants to promote ... →△3

METHODISCHES VORGEHEN *Die Aufgabe eignet sich als schriftliche Hausaufgabe. In der Folgestunde werden mehrere Blogbeiträge vorgetragen und die Argumente besprochen.*

LÖSUNGSVORSCHLAG In contrast to France, where a quota regulates the percentage of songs sung in French, Germany does not need that kind of foreign language policy in order to promote songs in German. Over the last two decades, many German bands (some of which previously performed only in English) have decided to sing their songs in German. Musicians like Cro, Die Toten Hosen, Casper, Udo Lindenberg, Helene Fischer and many more have also gained international recognition although they sing exclusively in German. Especially German hip hop and rap musicians have developed their own distinctive style and can easily compete with their international counterparts. Moreover, a quota would put newcomer bands perfoming in English at a disadvantage because radio stations would prefer to play the most commercially popular songs in English which might not include new, independent German bands perfoming in English.

DIFFERENZIERUNG △ *Leistungsschwächere S ziehen als Hilfestellung Aufgabe 3 im* Diff pool *heran. Sie erhalten dort Anregungen für die Ausarbeitung ihrer Blogbeiträge.*

BEFORE YOU READ

6 Make a list of five commonly used Anglicisms in German. ...

METHODISCHES VORGEHEN *Bevor die S sich mit dem Text auseinandersetzen, sammeln sie in einer Brainstorming-Phase jeweils fünf Anglizismen und präsentieren diese im Plenum. Vertiefend kann im Unterricht auch auf Pseudo-Anglizismen, d.h. Anglizismen mit Bedeutungsunterschied (z.T.* False friends*), hingewiesen werden.*

LÖSUNGSVORSCHLAG

Anglicisms (= words in German that have an English origin)	*Pseudo Anglicisms (= different meaning in English)*
Airport	*body bag (Leichensack)*
Babysitter	*beamer (English: projector)*
Bodybuilder	*bodywear (English: underwear)*
Catering	*city (English: city centre/downtown)*
Comedian	*dressman (English: male model)*
Hardware/Software	*evergreen (English: golden oldie)*
Make-up	*handy (English: mobile phone)*
Notebook	*public viewing (öffentliche Aufbahrung eines Verstorbenen)*
Party	
Reality TV	*quizmaster (English: quiz show host)*

NEWSPAPER ARTICLE

Why diet is a four-letter word in Germany

LERNWORTSCHATZ purist, cosmopolitan, Anglicism, deal, native tongue, Denglish, aftermath

COMPREHENSION

7 Outline Unilever's advertising campaign and explain why it has ... → S4.2

METHODISCHES VORGEHEN

Die S fassen in eigenen Worten die Kernaussagen des Zeitungsartikels zusammen und erläutern die Problematik des gewählten Anglizismus. Hinweis auf Skill 4.2 Analysing non-fictional texts.

LÖSUNGSVORSCHLAG

Unilever's advertising campaign "Fuck the diet!" for its German brand "*Du darfst*" aims at health-conscious women who want to fight calories while not being on a diet. Although the rest of the advertising was presented in German, the company's main slogan "Fuck the diet!" was in English, which was considered an unnecessary Anglicism by not only language purists. The German Language Association complained that English is frequently presented as being superior to German, more modern and more appropriate for the intended target groups. The question, however, is whether the literal German translation of the slogan ("*Scheiß auf Diät!*") would have been more appropriate in this context.

ANALYSIS

8 Analyse how the author uses language to support her position. ... → S4.2, S10.1

METHODISCHES VORGEHEN

Diese Aufgabe entspricht der klassischen Analyseaufgabe in Klausuren, daher bietet sie sich als Klausurvorbereitung an und sollte von den S als Hausaufgabe vorbereitet werden. L verweist vorab auf Skill 4.2 Analysing non-fictional texts *und auf* Skill 10.1 Style, tone and register.

LÖSUNGSVORSCHLAG

1. **The structure of the article (coherence and line of argumentation):**

The article can be divided into four main parts:

- Introduction: Yet another Anglicism? (ll. 1–6)
- Unilever's new slogan (ll. 7–14)
- Reactions to the campaign (ll. 15–17)
- Anglicisms in German (ll. 18–29)

The structure follows the basic structure of an argumentative essay. It starts with an introduction, presents a stance and possible counterarguments and ends with a conclusion which allows the readers to decide for themselves. The logical structure is mainly based on cause and effect (the new advertising campaign and the reactions it caused), which helps readers to understand the contradictory perspectives.

2. **Language and choice of words:**

It is quite informal and includes a range of informal and colloquial expressions and phrasal verbs, for example:

- vocabulary: "flaunted" (l. 3), "to litter" (l. 3), "to flog" (l. 7), "to slurp" (l. 11)
- imagery: "jump on the bandwagon" (l. 5)
- phrasal verbs: "to go down with sb" (l. 15), "to go for sth" (l. 29)

The overall tone of the text is humorous and ironic, and it pokes fun at the fact that some people are upset by Anglicisms in German and want to maintain language purity.

EVALUATION

9 Comment on the statement that German might be fully replaced by ...

METHODISCHES VORGEHEN

Um möglichst viele S in die Diskussion einzubinden, eignet sich eine Kugellagerdiskussion (Double circle), *bei der die S mit jeweils wechselnden Gesprächspartnern interagieren. Die S werden in zwei Gruppen eingeteilt und stellen sich in einem Innen- und einem Außenkreis einander gegenüber. Jeder hat nun einen Gesprächspartner. Nach einer bestimmten Zeit oder auf ein Signal von L gehen beide Kreise in gegensätzlicher Richtung einen Platz weiter. So kommen neue Gesprächspaare zustande, die sich nun weiter über das Thema austauschen können. L entscheidet, wie häufig die Partner gewechselt werden. Aspekte für die Diskussion können sein.*

LÖSUNGSVORSCHLAG

- the dominant position of English in business communication
- young Germans have becoming increasingly interested in watching the original version of TV series and movies (without dubbing)
- English as a lingua franca on the internet
- but there is a growing importance of other languages in international business communication (e.g. Chinese and Arabic)
- and there is a close connection between native language and cultural identity

B Language and cultural identity

NEWS ARTICLE **Learn English online: How the internet is changing language** → WB Tasks 4, 13

LERNWORTSCHATZ to predict, to outnumber, to socialise, Hinglish, Spanglish, Konglish, computational, prevalence, instead, figure, accordingly

COMPREHENSION **1 Which three statements sum up what the article is about?**

METHODISCHES VORGEHEN *Die* Comprehension-*Aufgabe orientiert sich an entsprechenden standardisierten Aufgabenformaten, wie sie im Abitur vorkommen können.*

LÖSUNG Statements 1, 2 and 5.

ANALYSIS **2 Explain why Mr Munro thinks that English as the lingua franca ...**

METHODISCHES VORGEHEN *Nachdem das Textverständnis gesichert wurde, kann die Aufgabe entweder in Einzelarbeit oder in Partnerarbeit bearbeitet werden. Die S lesen vorher das* Fact file *zu* Internet users.

LÖSUNGSVORSCHLAG Mr Munro points out that although English currently dominates the internet (with more than 565 million people using the Internet in English), that does not mean that other languages do not play a role on the internet. The most prominent example is probably Chinese, which has become increasingly prevalent on the internet in recent years. Currently, only 40 per cent of the Chinese population is online, but this figure is expected to increase rapidly in the upcoming years, which could mean that the majority of websites might be written in Chinese in the near future. Moreover, the dominance of English does not mean that there is a single (standard variety) of the language. On the contrary, there are many different varieties of English which can be found online, including Hinglish, Spanglish and Konglish, all of which are hybrid varieties, in which English has merged with other languages like Hindi, Spanish or Korean. As many people today are multilingual, the internet will also reflect that trend in the near future, and English will be just one of several languages on the internet.

EVALUATION **3 Do a survey in class. What is your experience of English on the ...?** → S30

MATERIALIEN → Kopiervorlage 3 (Class survey – English and the internet)

METHODISCHES VORGEHEN *Um ihr eigenes Internetverhalten und die Verwendung von Englisch zu reflektieren, bietet sich eine Umfrage in der Klasse an. Dazu erfolgt ein Hinweis auf* Skill 30 Making a survey. *Der Fragebogen* (Class survey – English and the internet) *kann individuell mit den S erstellt werden, es kann aber auch Kopiervorlage 3 eingesetzt werden. Jeder S erhält den Auftrag, fünf (oder mehr) Mitschüler zu interviewen und nach deren Internetgewohnheiten zu fragen. Anschließend arbeiten je zwei S zusammen, vergleichen ihre Ergebnisse und werten diese aus. Sie geben die Angaben in Prozentwerten wieder und stellen sie ggf. in Form eines Diagramms dar.*

ERWEITERUNG *Die für die Klasse erfassten Werte können anschließend mit entsprechenden Studien zum Internetverhalten von Jugendlichen verglichen und diskutiert werden. Im Rahmen der* PEW Internet Research Studie 2014 *(http://www.pewinternet.org/2015/01/09/social-media-update-2014/) gaben 74 % der Internetanwender an, regelmäßig soziale Netzwerke zu nutzen. In der Altersgruppe 18–29 waren es sogar 89 %. Von diesen nutzen 67 % der Anwender regelmäßig ihr Smartphone für solche Anwendungen. Zu den am häufigsten besuchten Netzwerken zählten Facebook (87 %), Twitter (37 %), Instagram (53 %), Pinterest (34 %) und LinkedIn (23 %).*

LÖSUNGSVORSCHLAG Individual answers expected.

BEFORE YOU READ **4 Most of the asylum seekers detained in centres in the UK ...**

METHODISCHES VORGEHEN *Als Einstieg eignet sich eine Karte oder ein Kurzreferat zur Rolle des Englischen in den genannten Herkunftsländern (vgl.* Spot on facts*). Ggf. vertiefender L-Vortrag (siehe* **Hintergrundinfos** *auf der folgenden Seite).*

Pakistan's national language is Urdu, but English has the status of an official language. Furthermore, more than 50 regional languages are frequently used. As an official language, English is used for all official government purposes and is the medium of instruction in schools, colleges and universities. Urdu is only spoken by a minority as its first language but is widely understood as a lingua franca. It is currently being promoted by the government as the national language, while the importance of other languages is gradually receding. (Pakistani) English is used by approx. 49% of the population as a second language, but it has been influenced by some of the regional languages in Pakistan.

As the language of the former colonisers, English still plays an important role in **India** and is one of the two official languages (the other being Hindi). Although there have been attempts to promote Hindi as a national language, there still is considerable opposition, and English has become a *de facto* lingua franca throughout much of India. Indian English (Hinglish) has developed into several varieties which differ in terms of pronunciation and vocabulary and have been influenced by some of the other 1,600 dialects spoken on the Indian subcontinent.

The official language of **Bangladesh** is Bengali, which is spoken by 98 per cent of the population. However, due to the fact that Bangladesh was part of the British Empire just like India and Pakistan, English has still maintained its importance as a lingua franca for administrative, economic and educational purposes. English is spoken as a second language by 18 per cent of the population.

English is only of minor importance in **Afghanistan**. The country's official languages are Pashto and Dari, which are spoken along with approximately 30 additional regional languages like Uzbek, Turkmen, Balochi, Pashayi and Nuristani. English is used by a small minority as a second language, but it has no official relevance.

English is the only official language in **Nigeria**, which was chosen as a lingua franca to bridge the gap between the more than 450 regional languages that are spoken in Nigeria, including Hausa, Igbo and Yoruba. As the language of the colonial past, English is still spoken by 53 per cent of the population as a second language although most speakers use Nigerian Pidgin English, a simplified form of English. Standard English is only spoken by a small and well-educated minority of approx. three per cent.

In **China** more than 300 different languages are spoken, of which Mandarin (the official language of China), Wu, Cantonese (Yue), Min, Jinyu und Xiang are the most important. English has no official status and is only spoken by a small minority (currently 0.7 per cent) as a second language. However, English, which has become an obligatory subject in the Chinese university entrance exams (the *Gaokao*), currently enjoys widespread popularity as a foreign language with more than 300 million learners.

LÖSUNGSVORSCHLAG While English is an official language in Pakistan, India and Nigeria and is widely spoken in Bangladesh, only a small number of people in Afghanistan or China speak English. Since these immigrants do not come from former British colonies, they may not have the cultural or linguistic background which would allow them to integrate quickly into British society.

⦾ L1/9 The other hand

LERNWORTSCHATZ detention, due to, the Queen's English, mother tongue, heir, plain, talkative, to display, removal, according to

MATERIALIEN → ⦾ L1/9 (The other hand)

COMPREHENSION **5 Outline the living conditions and the social status of illegal immigrants ...**

METHODISCHES VORGEHEN *Als vorgeschaltete* Pre-reading activity *ist folgende Frage denkbar:* Little Bee, a young girl from Nigeria, lives as an illegal immigrant in a detention camp. What do you expect her living conditions to be like? What might happen if she gets released from the camp? *Nach dem ersten Lesen fassen die S kurz zusammen, welche Informationen der Text über die Lebensumstände illegaler Immigranten in Großbritannien enthält. Die Informationen können in Form einer Mindmap präsentiert werden. Das* Fact file *zu* Immigration Removal Centres *wird einbezogen.*

LÖSUNGSVORSCHLAG **Living conditions of illegal immigrants in the UK:**

- language barriers (l. 6)
- always in danger of getting repatriated (l. 23)

- living in small cells in the detention camp (l. 39)
- not really prepared to start a new life outside the camp (ll. 35ff)

COMPREHENSION

6 Work with a partner and complete the sentences with ...

METHODISCHES VORGEHEN *Die S lesen den Text ggf. ein zweites Mal und beantworten die Multiple-Choice-Fragen gemeinsam mit einem Partner. Alternativ kann die Aufgabe auch als Hausaufgabe gestellt werden.*

LÖSUNG

1. c) The Queen's English **describes the standard type of English as used in books and newspapers.**
2. b) According to Little Bee, compared to Nigerian English the Queen's English **is a bit sad.**
3. b) According to Little Bee, in order not to get repatriated, female asylum seekers have to **be either pretty or talkative.**
4. c) Little Bee is angry with herself because **she used the wrong kind of language to thank the detention officer.**
5. b) Little Bee realises that **she needs to practise speaking to English people.**

COMPREHENSION

7 Why is learning 'the Queen's English' important for Little Bee?

METHODISCHES VORGEHEN *Die Aufgabe kann als offene Aufgabe auch alternativ zu Aufgabe 6 gestellt werden und bietet sich für eine schriftliche Bearbeitung an.*

LÖSUNGSVORSCHLAG Little Bee believes that the Queen's English is not only a language variety. It represents a better future for her in the UK. Her time in the detention camp has taught her that the only way to avoid repatriation and to gain the status of a legal immigrant in the UK is to speak perfect British English. As a native speaker of Nigerian English, Little Bee must not only learn a new language, but also deny her cultural identity to some extent. The incident with the detention officer exemplifies this as being more a question of assimilation than that of integration.

ANALYSIS

8 Little Bee uses the expression 'the Queen's English' to ... →△4

METHODISCHES VORGEHEN *Die Aufgaben 7 und 8 können entweder im Unterricht einzeln besprochen, aber auch im Sinne der Klausurvorbereitung von den S in Einzelarbeit vorbereitet und im Unterricht gesammelt besprochen werden.*

LÖSUNGSVORSCHLAG

Nigerian English	Queen's English
• considered better than Queen's English (l. 6) • choice of words: colloquial expressions ("wahala", "bottom power", "bad bush", ll. 8ff) • the tone is sometimes funny, conversational and open	• a simplified version of Nigerian English (without all "the tricks" of Nigerian English, l. 7) • learning the Queen's English is a little bit sad (l. 12), like giving up something that you really like (ll. 12ff) • difference between the English used in books and newspapers and the English spoken by the people (ll. 37ff) • if she wants to stay in the UK and not be sent back again, she must learn the difference between the Queen's English and non-standard forms of English (ll. 41ff)

DIFFERENZIERUNG △ *Aufgabe 4 im* Diff pool *bietet Hilfestellung für die Bearbeitung von Aufgabe 8. Die S werden gezielt auf die Berücksichtigung von Satzstruktur, Wortwahl, Stil und Ton hingewiesen.*

EVALUATION

9 Compare the sentence in Nigerian English about Princess Diana with ...

METHODISCHES VORGEHEN *Die beiden Sätze können kontrastiv an der Tafel dargestellt und dann von den S zunächst in Partnerarbeit bearbeitet werden. Ggf. kann danach noch ein Austausch in Kleingruppen erfolgen, bevor die Ergebnisse im Plenum zusammengetragen werden. Alternativ eignet sich auch das* Think-Pair-Share-*Verfahren für diese Aufgabe.*

LÖSUNGSVORSCHLAG

Nigerian English: *"There was plenty of* ***wahala****, that girl done use her* ***bottom power*** *to engage my number-one son and anyone could see she would end in the* ***bad bush****."*	*Queen's English:* *"My late daughter-in-law used her feminine charms to become engaged to my heir, and one might have foreseen that it wouldn't end well."*
◦ *use of* ***slang expressions*** *to illustrate the situation ("plenty of wahala" = trouble, "bad bush" = a place where people who have not died of natural causes are buried)*	◦ *it does not mentioning the result ("plenty of wahala", which ends in the "bad bush")*
◦ *use of* ***demonstrative pronouns*** *("that girl") to indicate a rather bad relationship or distance between the Queen and her daughter-in-law*	◦ *it does not indicate the relationship between the Queen and her daughter-in-law*
◦ *use of* ***figurative language*** *("bottom power", "number-one son") to further stress the conflict*	◦ *neutral choice of words ("feminine charms", "it wouldn't end well") which does not specify the nature of the conflict*
→ *language is more precise and explains the conflict and the final (tragic) outcome*	→ *language is not precise; people have to know the context in order to fully understand the conflict and the final (tragic) outcome*

CREATIVE TASK **10 Write a letter in which Little Bee tells her mother about her …** → S18.4

METHODISCHES VORGEHEN *Die Aufgabe eignet sich als Hausaufgabe und zielt darauf, in kreativer Weise einen Registerwechsel zu* Standard English *zu vollziehen. Hinweis auf* Skill 18.4 Personal letter or email.

LÖSUNGSVORSCHLAG Dear Mum

Last week I was finally allowed to leave the Immigration Detention Camp – now I am free and can start a new life in the UK. The most important thing that probably helped me to leave the camp was the fact that I had learned some Standard English (the Queen's English), which is quite different from the way we speak English back home in Nigeria. It probably also separates the detention camp from the outside world. After arriving, I quickly learned that speaking proper English is a necessity if one does not want to get repatriated, i.e. sent back to Nigeria. The other girls in our detention camp told me that in order to leave the centre, a girl has to either look outstandingly pretty or speak the Queen's English. Otherwise, it might take years before one is let out of the Immigration Detention Centre. Fortunately, during my two-year stay here at the centre, I was able to learn the Queen's English although it is different from the way we speak English back home in Nigeria. I think it is like leaving out all the richness and complexity that our mother tongue has; instead, they speak a reduced form of English that sounds sad to me. Although I nearly switched back to Nigerian English when I thanked the detention officer for his kindness, he did not notice, and he let call a taxi to take me away from that horrible place. The only thing is that I do not know what the future might bring …

Love

Little Bee

ERWEITERUNG *Als Erweiterung lesen die S ein Interview mit dem Autor Chris Cleave, in dem er über seine Beweggründe berichtet, den Roman* The Other Hand *zu schreiben. Das Interview (https://www.bookbrowse.com/author_interviews/full/index.cfm/author_number/1183/chris-cleave) ist als vertiefende Aufgabe geeignet, die den S nicht nur den Plot des Romans kurz zusammenfasst, sondern ihnen zusätzlich Aufschluss über die Intentionen des Autors gibt. Wird das Interview im Unterricht gelesen, tauschen sich die S nach der Lektüre zunächst mit einem Partner aus und tragen dann die Erkenntnisse im Plenum zusammen:* Read the interview with the author of the novel *The*

Other Hand. What does Chris Cleave say about the plot and the central topic of the story? What made him write the novel? Take notes, and share your results with your partner. *Alternativ kann der Arbeitsauftrag auch an einzelne, interessierte S als Hausaufgabe gestellt werden Die S berichten dann in der Folgestunde über die dem Interview entnommenen Informationen.*

LÖSUNGSVORSCHLAG In his interview, Chris Cleave reveals that he came up with the idea for his book when he accidentally visited a Immigration Detention Camp in Oxfordshire. He tried to give the immigrants a voice and make their stories come alive by creating two protagonists: Little Bee, a Nigerian refugee girl who has got nothing when she comes to the UK, and Sarah, a girl from London who has got everything. But both girls are fleeing from something that might kill them. The central theme of the book is: Can their friendship help them both to survive?

DISCUSSION **11** **Work with a partner and discuss the two quotations below, ...**

METHODISCHES VORGEHEN *Die beiden Zitate werden von L an die Tafel oder auf Folie geschrieben, damit die S sie während der Partnerarbeit vor Augen haben. L informiert über die Lebensdaten und Amtszeiten der beiden amerikanischen Präsidenten:* Theodore Roosevelt (1858–1919) was the 26th president of the US (1901–1909) and Lyndon Baines Johnson (1908–1973) was the 36th president (1963–1969).

LÖSUNGSVORSCHLAG

1. **Theodore Roosevelt**
   Theodore Roosevelt's statement refers to the idea of assimililation and emphasises his view that immigrants should fully adopt the ambient language and culture. If that were true, however, a multicultural society simply could not exist. The quote exemplifies American immigration policies in the 19th and early 20th century (the US as a melting pot).

2. **Lyndon B. Johnson**
   However, more recent politicians like Lyndon B. Johnson refer to the idea of integration (the US as a salad bowl), which means that different cultures can live together without being merged into one single culture. In his quote, Johnson values different cultural identities of the various immigrants that have come to the US and have helped to create a multicultural society, which facilitates the peaceful coexistence of different races, ethnic groups and cultures.

C Dialects of English

AUDIO FILES Voices from Britain → S21

LERNWORTSCHATZ distinctive

LISTENING ⦾ L1/10 **1** **a) Describe the changes Rob ... b) Examine the reasons for this ...** →△5

MATERIALIEN → ⦾ L1/10 (Interview A: Rob Conley) • Transkript

METHODISCHES VORGEHEN *Die Hörverstehensaufgabe ist aufgrund der sprachlichen Besonderheiten (insbesondere der für S unbekannten regionalen Dialekte) recht anspruchsvoll. Hinweis auf das* Fact file *zu* Cockney. *Es geht im Folgenden weniger um vollständiges Verstehen der Hörtexte, sondern darum spezifische Merkmale der regionalen Varietäten nachzuvollziehen. L weist auf* Skill 21 Listening comprehension *hin und stellt ggf. das Transkript zur Verfügung, um weitere Hilfestellung anzubieten.*

LÖSUNGSVORSCHLAG

a) **The changes in the language Rob Conley has noticed:**
   Conley states that the pronunciation of Cockney English has changed from one generation to the next. While the older generation had a very distinctive way of pronouncing certain vowels, the pronunciation has gradually shifted.

b) **The reasons for this change:**
   The main reasons for this shift in pronunciation can be seen in education and social changes in the population due to immigration from other countries. While former generations were largely illiterate and therefore did not know how to write or spell, people are fairly well educated today; therefore they are more familiar with the Standard

Pronunciation of English. A second reason results from the influence of immigrants from other countries, who have also contributed to the shift by adding their own pronunciation, which has created a new variety of English called Estuary English, which is similar to Cockney, but is not limited to the working class in London's East End.

DIFFERENZIERUNG △ *Leistungsschwächere S beziehen Aufgabe 5 im* Diff pool *mit ein. Dort wird ein Raster vorgegeben, das die S als Vorbereitung zu Teilaufgabe a) ausfüllen können.*

LÖSUNGSVORSCHLAG

Change	Example	Reasons
pronunciation of vowels	brahn – brown	people weren't literate and didn't know how to spell words
new words entered the language	Puckapoo (= a popular game of chance in China)	influences from immigrants
rhyming slang	Bacardi breezer – geezer; mince pies – eyes	Cockney rhyming slang lets people avoid saying the rhyming word

EVALUATION

2 Do some research about Estuary English and the future role of Cockney. …

METHODISCHES VORGEHEN *Die Rechercheaufgabe kann als Hausaufgabe gestellt werden. Besonders interessierte S können sie im Sinne eines Kurzreferates aufbereiten. Folgende Aspekte können untersucht werden:*

LÖSUNGSVORSCHLAG

- Cockney as a London working class dialect in the past
- London as a multicultural and multilingual city today
- Cockney is gradually being replaced by Estuary English, which is considered more hip and stylish
- attempts to preserve the traditional Cockney working class dialect

LISTENING ◎ **L1/11**

3 Make a list of the local vocabulary they talk about and what it means …

MATERIALIEN → ◎ L1/11 (Interview B: Regional dialect speakers on local vocabulary) • Transkript

METHODISCHES VORGEHEN *Aufgrund der sprachlichen Komplexität, des spezifischen Wortschatzes und der ungewohnten Aussprache können die folgenden Hörverstehenstexte für S eine Verständnishürde darstellen. Jedoch geht es im Folgenden weniger um das Detailverstehen, als um die selektive Wahrnehmung spezifischer lexikalischer Einheiten. Daher sollte das Hörverstehen möglichst direkt auf das* Local vocabulary *fokussiert werden, ohne dass der Text insgesamt verstanden werden muss. L stellt ggf. das Transkript zur Verfügung, damit die S die kritischen Passagen nachlesen können.*

LÖSUNGSVORSCHLAG

Local vocabulary	*Standard English*
bredrin, bro', blood, boyo, busyaruh, homie	*brother/close friend*
to get brayed	*to get kicked by sb*
kid, sprog, bairn, toddler	*child, baby*
to be radged	*angry*
to be blide about sth	*to be happy/pleased about sth*
waneshone	*to be cold*

ANALYSIS

4 Explain the role of regional vocabulary by referring to local German words …

METHODISCHES VORGEHEN *Hier können die S eigene Beispiele lokaler und umgangssprachlicher Ausdrücke im Deutschen anführen (z.B. Semmeln, Wecken, Schrippen, Rundstücke = Brötchen). Auch geeignet sind Ausdrücke der Jugendsprache (z.B. Bauern-Metal = Volksmusik, Campus-Maut = Studiengebühren, Erpelkutte = Gänsehaut). Nach der Sammlung solcher sprachlicher Besonderheiten an der Tafel erläutern die S einem Partner jeweils einen ausgewählten Begriff in englischer Sprache.*

LÖSUNGSVORSCHLAG Individual answers expected.

AUDIO FILES **The history and future of British dialects** → S21

LERNWORTSCHATZ to date back to, invader, decrease, to become extinct

LISTENING ⓞ L1/12 **5 Explain the use of local words in Yorkshire dialects and compare them …**

MATERIALIEN **→ ⓞ L1/12 (Interview C: Yorkshire dialect) • Transkript**

METHODISCHES VORGEHEN *Die S hören den Hörverstehenstext und schreiben die im Text genannten regionalen Besonderheiten heraus. Hinweis auf* Skill 21 Listening comprehension. *An der Tafel werden diese um die entsprechenden Begriffe im Standardenglischen ergänzt. Abschließend äußern die S Vermutungen darüber, welche sprachlichen Parallelen sich zum Deutschen ziehen lassen.*

LÖSUNGSVORSCHLAG

Yorkshire dialect	*Standard English*
a runner *a beck* *lerkin'*	*a small river* *a very small river, a small stream* *playing*

Similarities to their German equivalents:
- a runner → resembles the variety of words for a river or stream in other languages (e.g. in German 'Bach', 'Fluss', 'Strom', 'Rinnsal' etc.)
- a beck → similarities to the German 'Bach'; indicates that some local words have their orgins in Old or Middle English, with their close connections to Germanic and Nordic languages, Latin, Greek or French
- lerkin' → example of a local word; they are also very common in Germany, e.g. the German 'Fußball spielen': 'Fußboi spuin' (Bavaria), 'pöhlen' (Ruhr area), 'bäbbeln' (Saxonian), 'futbaale' (Frisian), 'tschutte' (Swiss German), 'boltza' (Swabian)

EVALUATION ⓞ L1/13 **6 a) Describe what role regional … b) Discuss the future of regional …** → S14.1

MATERIALIEN **→ ⓞ L1/13 (Interview D: Regional varieties at school) • Transkript**

METHODISCHES VORGEHEN

a) *Die S berichten über eigene Erfahrungen mit der Verwendung regionaler Dialekte im schulischen Kontext. Anschließend erfolgt das Vorspielen des Hörverstehenstextes und ein Vergleich der eigenen Erfahrungen mit den geschilderten Erlebnissen der Sprecher (Umgang mit Standardsprache, Ausspracheschulung in der Muttersprache usw.).*

b) *L erläutert zunächst die Bezeichnung* R(eceived) P(ronunciation) English *als Synonym für* Standard English *oder* the Queen's English. *Im nächsten Schritt beurteilen die S schriftlich die Zukunft regionaler Varietäten vor dem Hintergrund der Dominanz der Standardsprache. Während Aufgabe a) vor allem in solchen Regionen ergiebig sein dürfte, in denen regionale Dialekte des Deutschen noch zum Alltag der S gehören, kann Aufgabe b) von allen S (auch als schriftliche Hausaufgabe) bearbeitet werden. Hinweis auf* Skill 14.1 Argumentative essay.

LÖSUNGSVORSCHLAG

a) Describe what role regional varieties played at school:
The two narrators are reporting about the strict regulations at school which did not allow students to speak a local dialect. The school headmaster was from a different region (Nottingham), so he was not able to understand the local Yorkshire dialect. Therefore, the students had to speak Standard English all the time. Despite all the strict regulations the children still spoke the local dialect outside school and even speech training turned out not to have any lasting effect.

b) The future of regional dialects in view of language policies that aim at standardisation:
Regional varieties of English seem to have played a more important role in the past, when many people could not read and write; therefore, they developed their own distinctive pronunciation, which became established as a local variety of English (e.g. Cockney). However, when more and more people became literate, the standardisation of English (RP

English/Queen's English) became necessary. In school RP English was the only accepted standard; other regional varieties were not accepted and gradually received lower social status (people speaking a local dialect are referred to as 'dorky' or stupid/foolish). Standardisation was a necessary step in times of greater social mobility, when people from other parts of the country moved to find jobs (the teacher was from Nottingham and was not able to understand a word when the two students used their local dialect). Nevertheless, it also led to the gradual dissolution of regional varieties. While some regional varieties are already extinct, others could simply disappear in the next few decades due to the growing importance of a standard language, which also means that the cultural heritage of that regional variety will be lost forever.

EVALUATION ⦾ L1/14

7 Explain what role the media will play in protecting regional varieties.

MATERIALIEN → ⦾ L1/14 (Interview E: The media and regional varieties) • Transkript

METHODISCHES VORGEHEN *Nach dem Vorspielen des Hörverstehensbeitrags beantworten die S die Aufgabe schriftlich. L sammelt die Beispiele vorab an der Tafel. Ggf. wird den S das Transkript zur Verfügung gestellt. Alternativ – wenn Aufgabe 6 ausführlich bearbeitet wurde – bietet sich auch eine* Panel discussion *im Klassenverband an:* Should the media support regional varieties or should they exclusively use Standard English?

Slang	*Standard English*
(mental) Chicken Oriental	*mentally insane, mad*
mardy	*sulky, moody, grumpy*
buzzing	*sth that creates excitement*
mint	*cool*
wicked	*exciting, cool*

LÖSUNGSVORSCHLAG The role of the media is important to keep regional varieties from extinction. The two people in the interview refer to the case of TV presenter Denise van Outen, who used slang on TV and has made it extremely popular. The media can raise the social status of these regional varieties and can enhance the status of regional words by making them cool to say.

AUDIO FILES

Mind your language → S21

BEFORE YOU LISTEN

8 How important is it for people in the media to speak in a standard accent? ...

METHODISCHES VORGEHEN *Der erste Teil dieser* Pre-listening-*Aufgabe kann knapp behandelt werden, wenn Aufgabe 7 umfassend bearbeitet wurde.*

LÖSUNGSVORSCHLAG

How important is it for people in the media to speak in a standard accent?
In Germany local varieties play only a minor role on TV. Standard German is considered a necessary prerequisite for success in the media. Therefore, most journalists, TV presenters and actors aim at speaking a flawless Standard German. Accordingly, news presenters at the *Tagesschau* receive special training in order to practise Standard German pronunciation and avoid regional variety at all costs, which is seen as a quality criterion and ensures the neutrality of the news.

Which TV presenters in germany speak a regional dialect?
Normally, TV presenters in Germany speak exclusively Standard German, and there are only a few exceptions like Ethopian-born Yared Dibaba, who speaks a Low German variety (*Plattdütsch*). However, regional varieties are very popular among comedians like Michael Mittermeier, Bülent Ceylan or Hennes Bender, who often use those varieties to question cultural stereotypes.

COMPREHENSION ⦾ L1/14

9 Voice coach Elspeth Morrison makes three suggestions as to how ...

MATERIALIEN → ⦾ L1/15 (Cheryl Cole's accent) • Transkript

METHODISCHES VORGEHEN *Vor der eigentlichen Hörverstehensaufgabe kann kurz abgefragt werden, welche S das TV-Format* X-Factor *kennen und ggf. schon mal gesehen haben. Anschließend wird der Hörtext vorgespielt. L verweist noch einmal auf* Skill 21 Listening comprehension.

LÖSUNGSVORSCHLAG Voice coach Elspeth Morrison recommends that Cheryl Cole should slow down and try to modify the way she pronounces some consonants, which are pronounced differently in Geordie, like the 'r' sound. Finally, she says Cheryl Cole should try to adopt a mixed American-Geordie accent, which still includes some features of her original Geordie accent, but would be loaded with American pronunication and vocabulary.

EVALUATION

10 Should Cheryl Cole drop her Newcastle accent in order to be ... → S14.2

METHODISCHES VORGEHEN *Die Aufgabe eignet sich als abschließende schriftliche Hausaufgabe. Hinweis auf* Skill 14.2 Comment. *Sie kann alternativ auch als* Panel discussion *durchgeführt werden (vgl. Aufgabe 7).*

LÖSUNGSVORSCHLAG In my opinion Cheryl Cole should neither drop her genuine Geordie accent nor should she try some hybrid American-Geordie pronunciation instead. The TV show in which she appeared as a judge, aims at presenting a broad variety of talents which people want to show the world. Using regional varieties can be considered just another form of art, a way of creatively working with language. Cole, a British pop star, was invited to participate in the show because of her expertise in music, not as a role model for perfect American pronunciation. Therefore, if the audiences in the US are not willing to accept her regional dialect, which also helps to make the show more culturally diverse, Cole should drop her judging role on X-Factor USA.

D Linguistic imperialism

BRAINSTORMING

1 What does the term 'imperialism' usually refer to? Collect ideas ...

METHODISCHES VORGEHEN *Die S sammeln Vorerfahrungen zu dem Begriff Imperialismus und stellen Vermutungen über den möglichen Verwendungszusammenhang im Kontext von Sprache an.*

LÖSUNGSVORSCHLAG Imperialism usually involves ruling an empire or controlling other nations. Consequently, imperialist nations acquired and held colonies and established imperial rule, which set the interests of the imperial nation above those of supressed dependent states. In the context of language use, the term imperialism could include imposing a new official language in dependent states and guarantee that language's superior status as opposed to other languages which are spoken in dependent countries.

BEFORE YOU READ

2 Imagine the Council of Europe decides that English is the only ...

METHODISCHES VORGEHEN *Diese Aufgabe kann nach der* Think-Pair-Share-*Methode bearbeitet werden. Die S notieren sich zu der Frage zunächst erste Stichworte* (Think), *bevor sie sich mit dem Partner austauschen* (Pair). *Die Ergebnisse werden dann im Plenum vorgestellt* (Share).

ERWEITERUNG *Als Erweiterung können die S nach der* Pair-*Phase in Gruppen zusammenarbeiten und ein Poster erstellen, auf dem sie ihren jeweiligen Standpunkt verdeutlichen und im Plenum präsentieren. Zur Gruppenbildung bietet sich eine* Four-Corners-Activity *an, d.h. die S stellen sich, je nach persönlicher Positionierung, in einer der vier Ecken des Klassenraums auf:*

1. English should be the only official language.
2. English should be the dominant language; however, other languages should be accepted as well.
3. English should be one of three official languages together with French and German.
4. English should be just one of the official languages of the EU among many others.

LÖSUNGSVORSCHLAG

Aspects that could be mentioned:

- Increased demand in English language training at schools and universities.
- Necessity to help people without any knowledge of English.
- Gradually, English would become more important in everyday life (e.g. TV programmes would not be dubbed any more; radio broadcasts and the internet would be in English only).
- In general, local interests might no longer be represented by the EU.

NEWSPAPER ARTICLE

Linguistic imperialism – Just speak English? → WB Task 5

LERNWORTSCHATZ matter, to spread, official language, policy, When it comes to …, Say …, legislating, citizenship, to fail, in the long run

ANALYSIS

3 Why are people afraid of the dominance of the English language …? →▲6

METHODISCHES VORGEHEN *Der Lesetext verdeutlicht die besondere Stellung des Englischen innerhalb der EU. Nach dem Lesen werden die Hauptargumente zunächst an der Tafel gesammelt. Anschließend kann die Aufgabe schriftlich in Einzelarbeit von den S erledigt werden. Alternativ ist eine mündliche Zusammenfassung möglich.*

LÖSUNGSVORSCHLAG Although it may seem quite convincing to make English the only official language of the EU in order to save costs for translation services and make communication among the member states more efficient, one has to consider that the EU is a rather fragile union of independent member states who want to stress their individual rights and their own cultural heritage. Therefore, the official motto of the EU is "united in diversity" (l. 15), which exemplifies the strong importance of the EU's federal system and its 24 official languages. Furthermore, keeping in mind that German and French have an equally strong position and that cultural identity includes language, there is no convincing argument for making English the only official language of the EU.

DIFFERENZIERUNG ▲ *Leistungsstärkere S bearbeiten im Anschluss an Aufgabe 3 noch Aufgabe 6 im* Diff pool. *Sie analysieren die Haltung des Autors zur Vormachtstellung des Englischen innerhalb der EU und berücksichtigen dabei sowohl seine Argumentationskette als auch seine Sprachverwendung.*

LÖSUNGSVORSCHLAG The author argues that it might initially seem convincing to replace the 24 official languages of the EU with a single language that can be understood and spoken by everyone. His argumentation and his choice of words, however, demonstrate that he believes such a decision would do the EU a disservice ("undermine the loyality to the EU", l. 6). He structures his argumentation clearly and begins by saying that many Europeans do not want English to dominate the political affairs of the EU (ll. 7f). However, that might be considered a weak argument because it is simply an emotional argument which cannot be proven.
Therefore, he adds a more convincing argument concerning language communities in the EU by stressing the fact that only one-fifth of the EU speaks English as their native language (ll. 11f). German or French would be far more likely choices as official languages of the EU. Moreover, he adds another argument, which he classifies the "real reason not to adopt a mainly English language policy" (l. 14) by referring to the EU's motto of "united in diversity". He dismisses possible allegations that the recognition of all languages within the EU could sound too "romantic" (l. 19) by claiming that any argument about language will be guided more by emotion than by reason.
In his final paragraph (ll. 26–33) he explains that by making English the only official language of the EU, all other languages would be reduced to second-class languages (l. 28), which would gradually lead to the extinction of these languages if they are no longer used for all communicative contexts. In order to support his line of argumentation the author uses strong words that evoke emotions, e.g. "unwieldly … languages" (l. 2), "English hegemony" (l. 25), "keep their cute little languages, but that all serious stuff" (ll. 26f).

PRESENTATION **4 Do some research about the diversity of languages within …** → S22 → ▲7

ALTERNATIVE *Um die im Text angesprochene* Language policy *der EU den S transparenter zu machen und zugleich auf den besonderen Stellenwert von Mehrsprachigkeit zu verweisen, bietet es sich an, die S durch eine Recherche weitere Informationen zusammentragen zu lassen. Auf den Internetseiten der EU finden sich dazu Grundlagentexte sowie Hörbeispiele in verschiedenen Amtssprachen (http://europa.eu/about-eu/facts-figures/administration/index_de.htm). L verweist auf* Skill 22 Presentation. *Mögliche Aspekte einer Kurzpräsentation* (One-minute presentation)*:*

- European language policy: Key documents
- Consequenes of a EU with 24 official languages
- Foreign language education policies: Plurilingualism
- Language diversity and the role of minority languages

LÖSUNGSVORSCHLAG Individual answers expected.

DIFFERENZIERUNG ▲ *Leistungsstärkere S bearbeiten anstelle von Aufgabe 4 Aufgabe 7 im* Diff pool. *Sie scheiben einen* letter to the editor, *in dem sie die Ausdehnung der Vormachtstellung der englischen Sprache kritisieren. Gleichzeitig betonen sie die Notwendigkeit, die sprachliche Vielfalt aufrechtzuerhalten.*

LÖSUNGSVORSCHLAG Dear Sir or Madam

I was pleased to read the article about linguistic imperialism in your latest issue and wanted to provide a German perspective. In his article, the author explains that the EU should not agree on English as the only official language because this would stir up resentment among the non-native speakers of English within the EU and would also mean giving up the EU's official motto "united in diversity". I totally agree with this view and think that a "mainly English" EU language policy would even upset those who still call themselves supporters of the EU. In Germany, we have a very positive attitude towards English as a foreign language, which is learned at schools from an early age onwards, and more than 60% of the German population consider themselves (more or less) fluent in English. Moreover, Anglicisms have entered the German language to the extent that some people are starting to call it Denglish, a hybrid language which combines English words and German sentence structure. The unique position of English as a lingua franca in the international business world, administration, politics and culture encourages people to learn English in great numbers. However, this trend would probably come to a full stop if English was made the only official language of the EU, and people would begin to support anti-EU parties en masse. While Anglicisms are often used in German to express specific ideas where there is no real equivalent in German and although many people enjoy speaking English in global contexts as a lingua franca (especially with non-native speakers), most of them would feel inferior if they had to speak solely in English in all official contexts. It would bring back memories of the imperial past, when colonisers imposed their language on other people and cultures. Therefore, any attempts to give up the EU's plurilingual language policy for a mainly English policy would directly lead to an end of the EU.

Sincerely

…

ERWEITERUNG Watch parts of the Riz Khan programme (timecode 00:00–09:26) on the internet (*http://www.aljazeera.com/programmes/rizkhan/2010/10/201010209328966727.html*). What is said about the role of English in the world and linguistic imperialism? *Die Aufgabe eignet sich für leistungsstärkere S und dient der Vertiefung der Rolle des Englischen in der internationalen Kommunikation. In dem Interview diskutiert der Moderator Riz Khan mit dem Sprachwissenschaftler Robert Philipson und dem Autor Robert McCrum über die Vor- und Nachteile des Englischen als globaler Lingua franca und stellt die Frage, ob die besondere Rolle des Englischen nicht Ausdruck des westlichen Imperialismus sei. Aufgrund der Komplexität der Informationen in dem Interview bietet es sich an, die S paarweise zusammenarbeiten zu lassen, sodass die Informationen zunächst mit dem Partner abgeglichen werden können. Ein Rückbezug zum vorhergehenden Text ist denkbar.*

LÖSUNGSVORSCHLAG In the interview TV presenter Riz Khan and his guests, author Robert McCrum and linguist Robert Philipson discuss the role of English in global communication. They briefly talk about

Globish, which can be seen as a simplified version of English (both in terms of grammar and vocabulary) and discuss the possible use of Globish as an alternative to Standard English in international business communication. McCrum explains that Globish is not really a pidgin (a simplified version of a language used by non-native speakers in communication), but rather a kind of a lingua franca. On the other hand, Professor Philipson states that the linguistic needs of non-native speakers in international business communication are rather limited and focused on a clear target. However, general education focuses mainly on teaching a foreign language to help people understand the diversity of the people from various countries who use English as their first language (including different varieties of English). The range of communicative contexts is therefore much wider and more complex. Moreover, McCrum argues that the use of English in lingua franca contexts does not automatically have a negative effect on a person's first language. The question, as Philipson points out, is whether English dominates the first language by being the language of the elite, which would exclude ordinary people who still speak other languages; they would than have to assimilate.

E All the Englishes

BEFORE YOU READ

1 a)–c) Which language(s) did you learn from your parents? ...

METHODISCHES VORGEHEN

Die Aufgabe dient der Anknüpfung an eigene Sprachlernerfahrungen und spricht insbesondere S mit Migrationshintergrund an (Teilaufgabe a), kann aber auch auf regionale Dialekte (Teilaufgabe c) bezogen werden. In jedem Fall bietet es sich an, die S zunächst paarweise erste Erfahrungen austauschen zu lassen, bevor diese im Plenum präsentiert werden.

LÖSUNGSVORSCHLAG

a) Individual answers expected.

b) A mother tongue literally refers to the language spoken by one's mother. In many cases, this language might be different from the father's language (mixed marriages); sometimes the languages spoken by the mother and father can also differ from the language spoken by other people in the ambient country (migration). Therefore, the expression 'mother tongue' is not specific enough to express the linguistic complexities of today, and many researchers prefer the term 'first language', i.e. a language that one has learned from birth onwards and forms the basis for one's own linguistic identity. This first language can be different from both the mother's and the father's language.

c) Aspects to focus on:

- The use of language varieties (dialects).
- The use of age-specific language varieties (*Jugendsprache*).
- The use of a different first language at home.
- The use of various languages at home and outside school.

NOVEL EXCERPT

Mother Tongue → WB Tasks 14, 15

LERNWORTSCHATZ

stock exchange, mother tongue, to evoke, recently, major, imagery, lately, to lack sth, limited, perception, imperfect, adolescent, to tolerate, impeccable, ability, to reveal, apart from

COMPREHENSION

2 a) Decide which headlines from ... b) Complete the following ...

METHODISCHES VORGEHEN

Diese zweiteilige standardisierte Leseverstehensaufgabe wird nach dem individuellen Lesen des Textes in Einzelarbeit erledigt. Die S werden auf das VIP file *zu Amy Tan aufmerksam gemacht.*

LÖSUNGSVORSCHLAG

a) Line numbers

1. Mrs Tan's 'limited' English (ll. 32–63)	4. The power of language (ll. 1–5)
2. Mother and daughter tongue (ll. 6–21)	5. Critical praise (ll. 78–91)
3. The real Mrs Tan (ll. 22–31)	6. Mrs Tan won't budge (ll. 64–77)

Right order: 4 – 2 – 3 – 1 – 6 – 5

ll. 1–5	4. The power of language
ll. 6–21	2. Mother and daughter tongue
ll. 22–31	3. The real Mrs Tan
ll. 32–63	1. Mrs Tan's "limited" English
ll. 64–77	6. Mrs Tan won't budge
ll. 78–91	5. Critical praise

b) (Solution in **bold face.**)

1. Because Amy Tan is a writer, language **gives her great power, and she really is fascinated by language and the way it can evoke an emotion, a visual image, a complex idea or a simple truth.**
2. For Amy Tan's mother the kind of English Amy used in her speech about her book **sounded wrong because it was not the language they used at home, but the Standard English Amy had learned at school.**
3. The English Amy Tan uses with her mother and husband is **a language of intimacy, a form of English related to the kind of family talk Amy had grown up with.**
4. For Amy Mrs Tan's English is not limited since she uses language **full of observation and imagery.**
5. To get things done, Mrs Tan soon realised that **it would be easier if her daughter made important phone calls in her name.**
6. As soon as the doctor called, Amy **got all the information her mother had unsuccessfully asked the doctor for previously.**
7. In her stories Amy wanted to capture **her mother's passion for language, her imagery, her rhythm of speech and her very specific way of thinking.**

ANALYSIS

3 a) What role does language play ...? b) How does Amy Tan describe ...?

METHODISCHES VORGEHEN *Die beiden Fragestellungen der Analyseaufgabe eignen sich für eine schriftliche Bearbeitung in Einzelarbeit oder als Hausaufgabe. In ihrer Struktur ist Teilaufgabe a) offener und somit anspruchsvoller als Aufgabe b).*

LÖSUNGSVORSCHLAG

a) What role does language play in the relationship between Amy Tan and her mother?
The different languages Amy and her mother use in everyday life reflect their different ways of dealing with immigration. Amy, as a first-generation Asian-American, had learned Standard English at school; therefore, she could easily assimilate into the new culture. However, her mother, who had given up her cultural heritage and her mother tongue, never had that option. Amy Tan points out that when she was a teenager, it was embarrassing for her to listen to her mother speaking English. Not only did it sound limited and imperfect, but it also made her think that whatever her mother had to say was imperfect too. As an adult Amy Tan comes to the conclusion that her mother's English – despite its linguistic imperfections – shows a specific quality because it has somehow preserved her mother's cultural identity. Therefore, her mother's language is loaded with witty observations and imagery which underline her unique cultural perspective. Only later does Amy realise that she also makes use of a similar 'mother tongue' when speaking to her mother and her family. She finally decides to use this specific voice in her writing as well to express her very individual way of thinking and speaking, which was neither English nor Chinese, but a mixture of the two languages. By accepting these different 'voices', Amy is finally able to see her mother in a new light and is highly satisfied when her mother expresses her delight with the book.

b) How does Amy Tan describe the variety of English used by her mother?
Amy describes mother's use of English as "broken" and fractured (l. 35), which clearly focuses on the imperfection of her mother's language in terms of language accuracy. Therefore, it does not stress the positive aspects, like the use of imagery and her mother's

wit and observation (ll. 29 ff). She takes the position of a native speaker of English and assesses her mother's use of English using native speaker standards. On the other hand, she expresses her resentment (l. 34) because she simply has no other criteria to describe her mother's use of English and somehow feels that simply speaking a "limited English" (l. 37) cannot reveal the richness and creativity her mother has.

CREATIVE TASK **4 a)–c) Write a dialogue between Amy and her mother in …** → S12.1 → ▲8

METHODISCHES VORGEHEN *Diese kreative Schreibaufgabe setzt voraus, dass sich die S intensiver mit der sprachlichen Ausdrucksweise von Amys Mutter befassen. Daher sollte die besondere Ausdrucksweise ihrer Mutter im Text noch einmal aufgegriffen werden, bevor die S mit der Erstellung eigener Dialoge beginnen. Es erfolgt ein Hinweis den Tipp zu* Imitate language *und auf* Skill 12.1 Free writing.

LÖSUNGSVORSCHLAG

Amy: Hello Mom, I have to tell you something: In my new book I have decided to imagine you as a potential reader and use all the different Englishes I grew up with …

Mother: I no like you use mother in your book. You only make fun of old mother.

Amy: No, no … it is not my intention to make any fun of the way you speak. On the contrary, I have just recently understood the beauty and the richness of the way you speak. Your kind of English somehow resembles the Chinese cultural heritage. Whenever you speak, you use various forms of imagery, and your language is vivid, direct and full of observation.

Mother: But as child you always embarrassed hear your mother speak English.

Amy: Yes, but as a child I was made to think your way of speaking English was broken or limited – some of my classmates did not even understand a single word. But I had to understand that you not only managed to make yourself understood, but you were also able to express your position to extend far beyond what one would call fractured or limited. I even had to understand that I use the same form of language when I talk to you or to other family members.

Mother: Yes, because it is language of your mother.

Amy: Exactly, and that's why I finally decided to use this very intimate language in my new novel as well – I hope you are not too embarrassed about that.

Mother: How could I? After all, you are daughter and if it helps you …

DIFFERENZIERUNG ▲ *Leistungsstärkere S bearbeiten anstelle von Teilaufgabe a) Aufgabe 8 im* Diff pool. *Statt des Dialogs erörtern sie die Frage, ob Amys Zögern, das Englisch ihrer Mutter als* Broken/limited English *zu bezeichnen, gerechtfertigt ist oder nicht. Sie beziehen neben den Textinformationen auch ihr persönliches Wissen mit ein.*

LÖSUNGSVORSCHLAG Amy Tan hestitates to call her mother's English broken or limited because she realises that she thought of it as something limited or fractured. She believed it to be a language variety that did not meet the expected standards of proper English. Thinking about her mother's English, she comes to the conclusion that her mother's broken English might not live up to the standards of English, but it is far from limited. Amy Tan says that she also uses this form of broken English (l. 19) and it seems more than appropriate to express family intimacies (ll. 20 f). Moreover, her mother has developed her own strategies to cope with the imperfection of her English (ll. 47 ff) and Amy came to realise that her mother's limitations did not mean that her thoughts were imperfect as well (l. 47). On the contrary, her mother's language is full of imagery as well as her very own experiences and observations (l. 31). Therefore, Amy has difficulties calling her mother's English broken, fractured or limited although there seems to be no proper term to describe her mother's English. Amy Tan's observation is true because we very often tend to value people's statements in terms of linguistic correctness. It sometimes seems that many immigrants only speak broken German; therefore we sometimes consider their remarks to be less valuable. Many immigrants have had similar experiences as those described by Amy Tan's mother (ll. 44 f). Unfortunately, we usually lack the linguistic knowledge to fully understand the cultural richness that is expressed in this fractured language.

F English worldwide

Code g77e4v

Six countries

BEFORE YOU LISTEN

1 Talk to your partner about English around the world. …

METHODISCHES VORGEHEN

Die S tauschen sich mit dem Partner über eigene Erfahrungen aus (z.B. Urlaubskontakte, Schülerbegegnungsprojekte, außerschulische Kontakte). Es folgt ein Austausch im Plenum.

LÖSUNGSVORSCHLAG

Individual answers expected.

LISTENING L1/16–21

2 These audios present some of the varieties of English from …

MATERIALIEN

→ L1/16–21 (Audio 1: Canadian speaker, Audio 2: Singapore speaker, Audio 3: Nigerian speaker, Audio 4: Pakistani speaker, Audio 5: Jamaican speaker, Audio 6: Indian speaker) • Transkripte

METHODISCHES VORGEHEN

Die Hörbeispiele sollten nach Möglichkeit in Kleingruppen angehört werden, um den S die Gelegenheit zu direktem Austausch in der Gruppe zu geben. Wichtig ist, dass die S sich vor dem Hören mit den jeweiligen Aufgabenstellungen vertraut machen. Idealerweise besteht die Möglichkeit, dass die S in Gruppen die Hörbeispiele individuell hören. Dazu bietet es sich an, die S im Computerraum arbeiten zu lassen. Über den **Green Line Code g77e4v** *sind die Audiobeispiele auch im Internet abrufbar. L verweist auf den Tipp zu den* Six audios *und die* Useful phrases *zu* Talking about pronunciation. *Außerdem können ggf. die Transkripte ausgehändigt werden. Vorsicht: In den Transkripten sind die Nationalitäten der Sprecher erkennbar.*

LÖSUNGSVORSCHLAG

Audio 1: Canadian English

1. Which accent does this accent remind you of?	American English
2. Listen carefully to the way the speakers pronounce the word 'about'. Does it rhyme with 'shout', 'boat', or 'bite'?	'about' sounds similar to 'boat' in Canadian English
3. What is different to British English about the way the speakers pronounce the end of the words 'popular' and 'texture'?	the 'r' is pronounced

Audio 2: Singapore English

1. Listen carefully to the 'l' sound in the words 'full', 'also' and 'health'. What do you notice?	the 'l' is stressed (a vocalised dark 'l')
2. What is the difference between the way the first two speakers and the last speaker pronounce 'th'?	the last speaker pronounces 'th' more like 'f' (e.g. in health)

Audio 3: Nigerian English

1. Listen carefully to the way the speakers pronounce the first part of the word 'country'. Does it rhyme with 'contact', 'counter' or 'canter'?	'country' is pronounced with a short 'o' like in the word 'contact'
2. How does the second speaker pronounce 'th' in 'the'?	the speaker pronounces 'th' like 'd'
3. What do you notice about the way the third speaker pronounces the end of 'million'?	the speaker stresses both syllables [mil'i'jon] mil-i-jon

Audio 4: Pakistani English

1. Listen carefully to the way the speakers pronounce the end of the words 'available', 'beautiful' and the 'r' in 'world', 'girls', 'empowered', 'are'. What do you notice?	the 'l' is pronounced strongly in 'available'/'beautiful'; the 'r' is pronounced more than in Standard English
2. What do you notice about the way the last speaker pronounces 'came', 'take', 'place' and 'available'.	the vowels are slightly different, 'came' sounds as thought it were pronounced with an 'e' instead of an 'a'

Audio 5: Jamaican English

1. Listen carefully to the way the third speaker pronounces 'melting pot'. Does 'pot' rhyme with 'lot' or 'cat'?	melting pot rhymes with 'cat'
2. What do you notice about the way nationalities are pronounced?	the last syllable is stressed ('-can' in African, '-en' in European)

Audio 6: Indian English

1. Listen carefully to the way the first speaker pronounces the vowel in 'taste' and the 't' in 'item'. How are they pronounced differently from Standard English?	the vowel in 'taste' sound more like 'test'; the 't' in 'item' sounds more like 'd'
2. Listen to the way the last speaker says 'former Prime Minister of UK' and 'most'. What differences do you notice to Standard English?	the speaker has a different way of pronouncing the 'r' in 'former' (a rolling 'r'), the 'o' in 'most' is shorter (without the diphthong) than in Standard English

G The future of English

NEWSPAPER ARTICLE

English will die out like Latin → WB Task 16

LERNWORTSCHATZ to claim, device, to decline, to rely on sb/sth, administrative, to emerge, ancient, millennium, millennia (pl), mother tongue, endangered

COMPREHENSION

1 Sum up what Dr Ostler thinks about the future of English.

METHODISCHES VORGEHEN Die S fassen kurz in eigenen Worten die zentralen Textaussagen zusammen.

LÖSUNGSVORSCHLAG According to Dr Ostler, English may soon die out as a world language because machine translation might gradually replace English as a lingua franca. He points out that machine translation services are improving quickly and will probably develop into a real alternative to learning foreign languages in the very near future. However, English could be used to send text messages for a while before its use as a lingua franca finishes.

ANALYSIS

2 Compare and contrast the information here with what you have ...

METHODISCHES VORGEHEN *Die Aufgabe fasst zentrale Aspekte des* Topics *noch einmal zusammen und fordert die S zu einer abschließenden Stellungnahme auf. Daher eignet sich die Aufgabe auch zur Vorbereitung auf die Klausur. Zum Vergleich mit dem Text eignen sich insbesondere die Auftaktdoppelseite* (Introduction), *die* Spot on facts-*Seiten sowie die Texte zur Rolle des Englischen in den Medien* (Texts A: English – the global language of pop music?, Texts B: Learn English online: How the internet is changing language).

LÖSUNGSVORSCHLAG **In which ways do the predictions about the future of English differ from another?**
Dr Ostler points out that English, just like other lingua francas previously will die out within the next years, because the West is gradually losing its economic and political power, and other nations like China, India and Brazil are taking its place. He strongly believes in machine translation which will make a common lingua franca obsolete. English will continue to be spoken as a mother tongue in English-speaking countries, but it will soon lose its dominant position as a lingua franca in global communication. While Dr. Ostler's position seems convincing at first glance, one has to take into consideration that although English might be on the decline as a global lingua franca, there is currently no other language that could replace it. Moreover, it seems unikely that machine translation will improve in the next few years, so it will probably not make learning foreign languages redundant. Moreover, learning a foreign language is more than just learning grammar and vocabulary – it also helps people to get a new cultural perspective; therefore it is absolutely essential for the peaceful co-existence of

different cultures and nations. This cultural dimension cannot be replaced by machine translation; therefore machine translation – just like Globish, the reduced form of English for business communication – will only be useful in very specific communicative contexts. In general, people will still have the need and the desire to learn foreign languages. That is why the EU recommends its citizens learn two additional foreign languages. Although English might lose its dominant position as the world's leading foreign language, it will still be highly popular and will be used by people around the globe for intercultural communicative purposes.

ALTERNATIVE *Alternativ kann die Aufgabe auch als Pro-Kontra-Diskussion im Unterricht geführt werden, bei der beide Seiten zunächst anhand der Materialien des* Topics *Argumente zusammentragen und diese anschließend mündlich vorstellen und diskutieren.*

LÖSUNGSVORSCHLAG **Will English die out like Latin?**

Pro	Con
• machine translation will replace English as the world's lingua franca • English has lost its economic, cultural, administrative and military dominance • other languages (such as Chinese) will not be able to obtain the status of a new lingua franca, but machine translation will make the need for a lingua franca obsolete • English will probably only continue to exist as an official language in English-speaking nations	• English still has a dominant position as 65% of the world's population use English in global communication • more and more musicians all around are deciding to sing in English – irrespective of their mother tongue • although Chinese might overtake English as the most widely used language of the internet, English will probably continue to play an important role – although English will include more and more variations, like Hinglish, Spanglish and Konglish

RESEARCH

3 Find out about the development of the global or … →△9

METHODISCHES VORGEHEN *Die S recherchieren im Internet zur Bedeutung und Entwicklung von Latein, Französisch und Englisch als globaler Lingua franca und stellen ihre Ergebnisse in Kurzpräsentationen vor.*

LÖSUNGSVORSCHLAG

- Central aspects of the colonial use of Latin, French and English: the dominant military power and ruling classes exclusively used their own dominant language.
- Factors that played a role in the decline of these languages: After the Roman Empire had ceased to exist, Latin was no longer officially the language of the ruling class, but Latin remained important as a global lingua franca for several centuries due to it being the dominant language of the church.
- After Norman rule had ended French quickly ceased to exist as a lingua franca in Britain. French, however, became the language of diplomacy and culture due to the status of France as a European power. Elites in some countries such as Germany and Russia spoke French among their equals.
- In contrast, English is neither directly linked to political power (e.g. the British Empire), nor is it the exclusive language of the ruling classes. It is learned by people from all social classes and is not the native language of one single, dominant political power. Therefore, one might assume that English will maintain its importance as a global lingua franca for a longer period of time.

DIFFERENZIERUNG △ *Leistungsschwächere S bearbeiten statt Aufgabe 3 Aufgabe 9 im* Diff pool. *Sie diskutieren die Frage schriftlich, ob die Kunst der Konversation zerstört wird, wenn Englisch als Lingua franca von* Text talk, *der Sprache in SMS-Nachrichten abgelöst wird. Folgende Aspekte können beleuchtet werden:*

LÖSUNGSVORSCHLAG

- Successful conversation requires both partners to express their ideas as precisely as possible to avoid misunderstandings.
- Text talk – due to its shortness – very often leads to misunderstandings.
- Originally, text talk was used to quickly share basic information; it was not intended to be used in direct conversation.

DIAGRAMS

English on the internet

COMPREHENSION

4 What do diagrams 1 and 3 reveal about the importance of ... → S27

METHODISCHES VORGEHEN

Die Diagramme können von den S zunächst in Partnerarbeit arbeitsteilig bearbeitet werden, anschließend erfolgt eine kurze gegenseitige (mündliche) Präsentation der Ergebnisse. L verweist dazu auf Skill 27 Statistics, diagrams and maps *und ggf. auf* Skill 22 Presentation.

LÖSUNGSVORSCHLAG

- **Diagram 1** shows the top ten languages on the internet, which include both English and Chinese. Out of a total of 2.7 billion people worldwide who use the internet, 565 million people use English; another 510 million visit websites written in Chinese. Additional languages include Spanish (165 million), Japanese (99 million), Portuguese (83 million), German (75 million), Arabic (65 million), French and Russian (both 59 million) and Korean (39 million). The pie chart illustrates the dominant position of both English and Chinese as leading languages on the internet (with a share of more than 50 per cent), while other languages only play a subordinate role.
- **Diagram 3** shows the percentage of individuals who use the internet worldwide. The most surprising result is probably that in Iceland 96 per cent of the population regularly use the internet with similar figures for Norway (95 per cent), Sweden (94 per cent) and Denmark (93 per cent). The next European countries on this list are the Netherlands (93 per cent), Luxemburg (92 per cent) and Finland (91 per cent), while the UK can only claim twelfth place (87 per cent) and in Germany only 84 percent of the population regularly use the internet (17th place).

ANALYSIS

5 Can you find statistical support for Dr Ostler's position that English ...

Nach der Präsentation der beiden Diagramme im Plenum bietet es sich an, die S in Kleingruppen zu organisieren, um die Daten mit den Aussagen des Textes in Verbindung zu bringen. Die Ergebnisse werden von den Gruppen auf Postern festgehalten und im Plenum kurz vorgestellt.

LÖSUNGSVORSCHLAG

Support for Dr Ostler's position:

- Chinese has nearly overtaken English as the dominant language on the internet.
- No single language in the top ten languages on the internet has the political, economic or military importance to become the next global lingua franca.
- Eleven out of the twelve countries with the highest percentage of internet users do not use English as a mother tongue.

COMMENT

6 Do you believe that machine translation will make the learning ... → S14.2

METHODISCHES VORGEHEN

Diese Evaluations-Aufgabe eignet sich als schriftliche Hausaufgabe. L verweist dazu auf Skill 14.2 Comment *und gibt ggf. eine gewünschte Wortanzahl vor.*

LÖSUNGSVORSCHLAG

Although the potential to use small handheld devices in the near future to directly translate spoken language, text and signs into my own native tongue seems promising at first glance, I am quite sceptical that such a technological revolution could occur within the next few decades. Although translation services like Google translate already exist, they are only partially helpful when it comes to translating messages between various languages. These machine translations often lead to very funny results, especially when translating from one language into another and then back into the original again. It seems that in many situations the programme can only provide one literal meaning of a word and cannot cope with the complexity of meaning in a language. Furthermore, machine translation often excludes culturally specific information, especially when there is no direct translation from one language to another. Finally, I doubt that machines will be able to translate the wide range of expressions in any language, such as the use of irony, humour, sarcasm etc. Therefore, I believe that machine translation will not make the learning of foreign languages redundant; learning the basics of a foreign language is a necessary prerequisite for using machine translation in a reasonable manner.

PRESENTATION **7 Prepare a one-minute talk about the facts and figures presented …** → S22

METHODISCHES VORGEHEN *Die Aufgabe kann alternativ zu Aufgabe 6 als vorbereitende Hausaufgabe zur nächsten Stunde gestellt werden. L erinnert die S an* Skill 22 Presentation.

LÖSUNGSVORSCHLAG Individual answers expected (cf. Tasks 4–6).

Spot on language

LERNWORTSCHATZ to increase, means of communication, common, cosmopolitan, to put sb off sth, fluent

1 a) The role of English as a lingua … b) With the help of a dictionary …

METHODISCHES VORGEHEN *Die S überarbeiten mit einem Partner den Text und ersetzen die markierten* Overused words (get, think, say, bad, but, good, interesting) *durch Synonyme und präzisere Begriffe. Anschließend erfolgt der Abgleich im Plenum.*

LÖSUNGSVORSCHLAG **a)** (Solution in **bold face.**)
English has **become increasingly** important as a means of communication in international contexts. Some people **state that** this **has had a negative effect on** other languages, **while** others **refer to the fact** that people have a common language for communication. While some non-native speakers **point out** that the use of English limits their ways of **expressing** things, others **claim** that they now can **put forward** the same idea in different ways. More and more Anglicisms **enter** the German language year after year, a trend which **isn't seen positively by everyone**. Young people think it's cool to use English words; they **consider** English **to be** more cosmopolitan, so companies **hold the view that** young people will notice products if they are advertised in English. This **view raises questions** because older people often don't understand the slogans, which **can only be regarded negatively** as **it means they don't understand the overall message**.

b) Overused word 'think' and possible synonyms
- think = believe: assume, hold that, be of the opinion, conclude, esteem, conceive etc.
- think = anticipate: expect, suppose, reckon, presume, foresee etc.
- think = judge: consider, estimate, deem, regard as etc.
- think = remember: recall, recollect, review etc.

2 Formal English is generally considered to be more appropriate …

METHODISCHES VORGEHEN *Die S sammeln mündlich Beispiele für unterschiedliche Verwendungskontexte von* formal and informal English. *Diese können an der Tafel gesammelt werden.*

LÖSUNGSVORSCHLAG

Informal English	*Formal English*
◦ *meeting students from our partner school* ◦ *writing a postcard to our former exchange student* ◦ *talking to my relatives in the UK*	◦ *applying for a summer job in the US* ◦ *writing a letter to the editor of an English sports magazine* ◦ *creating a website about a school project with our partner school from the UK*

3 a) Turn the following text from … b) Share your results with a …

METHODISCHES VORGEHEN *Die S übertragen den informellen Text in einen formellen Text, indem sie das passende sprachliche Register wählen. Anschließend vergleichen sie ihre Ergebnisse mit einem Partner und achten besonders auf die unterschiedliche Verwendung der beiden Register.*

LÖSUNGSVORSCHLAG

- ll. 1–9: The internet has definitely changed our life. As a matter of fact, we can now communicate worldwide – all we need is a common language, a lingua franca. Accordingly, some people have argued, Esperanto could take the role as a global lingua franca due to its cultural neutrality. However, this has to be reconsidered as in the EU less than 0.02 per cent of the population speaks Esperanto, while more than 50 per cent is fluent in English.
- ll. 10–20: My father always pointed out that we do not need to learn French or other languages as many people worldwide already speak English. Furthermore, he argued that people who are not fluent in English might get in trouble because they could encounter difficulties of communicating in a globalised society. However, I am not quite convinced of his opinion as there is a broad variety of languages worldwide which all have their own cultural value and are spoken by many people. A global lingua franca could discourage people from learning other languages. These languages and cultures could disappear altogether.
- ll. 21–23: I recently discovered that Chinese, for instance, is spoken by more people worldwide than English. Consequently, one should start learning Chinese as soon as possible.
- ll. 24–29: Finally, many speakers of English as a foreign language are quite concerned that they are not able to thoroughly express their feelings and thoughts in English. In conclusion, it could be argued that we all need to be fluent in at least two languages in order to successfully communicate in international contexts.

4 a) Tell him what Denglish is … b) Write a comment on the … → S26.1, S14.2

METHODISCHES VORGEHEN

Die Aufgabe eignet sich zur sprachlichen Vorbereitung auf eine Klausur mit Mediationsaufgabe und sollte daher schriftlich als Hausaufgabe vorbereitet werden. Bei Teilaufgabe a) erfolgt ein Hinweis auf Skill 26.1 Mediating, *bei Teilaufgabe b) verweist L auf* Skill 14.2 Comment. *Bei der Besprechung der Aufgabe ist darauf zu achten, dass es um möglichst sinngetreue Übertragung, nicht aber um exakte wörtliche Übersetzung des Ausgangstextes geht.*

LÖSUNGSVORSCHLAG

a) What is Denglish and why is it problematic?

In Germany Denglish, a mixture of German and Anglicisms, is becoming more and more popular and this sometimes makes the German nearly unintelligible. Denglish even has an entry in the official dictionary of the German language: a negative term for German containing (too) many Anglicisms.

When these words are used with German flexions, they not only sound strange, they also cause misunderstandings, because the English original is no longer recognisable, even to proficient speakers of English. For instance, flights are gecancelt, which looks and sounds like the German word *abgekanzelt* (which means 'reprimanded'). Moreover, the German system of flexions suggests that the German spelling should be used, which would mean it should be spelt *gezanzelt*. Similarly, *spacig* (meaning futuristically designed and taken from the English word 'space') could also be seen as a typographical error for *spaßig*, which means 'funny').

The author argues that the only way to avoid these problems is to abandon Denglish altogether even if those words are listed in German dictionaries (e.g. words like tough, chillen, hippe, canceln, recyceln) and use proper German terms instead. This might prevent misunderstandings because flights would no longer be gecancelt, but gestrichen. There is always an alternative to Denglish: proper German! (202 words)

b) Should we avoid Anglicisms in German and use German words instead?

Although some people say that there are already by far too many Anglicisms in German, one has to take into consideration that in many contexts these have a very specific meaning that cannot simply be replaced by a German equivalent (e.g. *Comic, Doping, Handy, Software, quizmaster, Wellness-Center* etc.). Furthermore, one has to take into consideration, that only 1–3 per cent of the average German's vocabulary is made up of Anglicisms, which illustrates that there is no real threat to German, and there is no real danger that German might become extinct. On the contrary, these English loan words might help to culturally enrich the language. However, as recent surveys show, many

Germans do not approve of the high number of Anglicisms entering the German language at the moment. Some of these Anglicisms seem ridiculous and a bit far-fetched and could easily be replaced by a German equivalent. Additionally, many of these Anglicisms have been easily modified using German grammar and sentence structure (e.g. *einchecken, ausflippen, brandneu*); therefore many people do not consider them Anglicisms any more but would consider them to be German instead. Therefore, it seems unlikely that we can fully avoid Anglicisms in German although one should be careful not to use too many of them and think of a possible German equivalent first.

Spot on vocabulary

1 Create a table with words belonging to the same word family. ... → S3

METHODISCHES VORGEHEN *Vor der Bearbeitung der Aufgaben auf der* Spot on language-*Seite verweist L die S auf den Tipp zu den* Vocab sheets. *Bei der Aufgabe, die sich auch für die Bearbeitung mit einem Partner anbietet, vervollständigen die S die Tabelle entsprechend, indem sie das entsprechende Verb, Adjektiv oder Nomen finden. Dazu erfolgt ein Hinweis auf* Skill 3 Working with a dictionary.

LÖSUNGSVORSCHLAG (Solutions in **bold face**.)

noun	verb	adjective
aspiration	aspire	aspirational
commitment	**commit**	committed
communication	**communicate**	communicative
competition	compete	**competitive**
confidence	**confide**	confident
intention	**intend**	**intent**
prosperity	**prosper**	prosperous

2 Find the false friends in the following sentences and correct them.

METHODISCHES VORGEHEN *Die S ersetzen in der schriftlichen Übung die* false friends *durch die korrekten Wörter. Anschließend erfolgt ein Vergleich der Lösungen im Plenum.*

LÖSUNGSVORSCHLAG

1. In their **advertisment**, the German brand "Du darfst" used a slogan that has raised criticism not only among language purists.
2. The **current** form of English is heavily influenced by a number of languages, including Latin, German, French, Norse, Dutch and many others.
3. Most multinational **companies** have started to use English as means of communication.
4. Many German speakers of English make the same **mistakes** with respect to the use of tenses, word order and prepositions.
5. **Mobile phones** have become an intrinsic part of modern life, so that owning the latest products has become a status symbol.
6. Some people think Chinese will become a lingua franca, but this **opinion** isn't generally accepted.
7. In countries like Sweden or the Netherlands nearly all the **channels** show English and American films in English.
8. There is a lot of **criticism** when German firms use English for their advertising slogans.

3 Use the following vocabulary from this topic to complete the text: ...

METHODISCHES VORGEHEN *Die S ergänzen den Lückentext mithilfe der vorgegebenen Wörter. Dies kann entweder individuell oder in Partnerarbeit erfolgen.*

LÖSUNGSVORSCHLAG 1. confident, 2. dominant language, 3. RP English, 4. native speaker, 5. variety, 6. aspire, 7. proficiency, 8. misunderstanding, 9. endangered, 10. prevalence, 11. competitive, 12. varieties, 13. dialects

Topic task

Creating a podcast → S32, S20

MATERIALIEN → Kopiervorlage 4 (Feedback sheet – Creating a podcast)

METHODISCHES VORGEHEN *Die Erstellung eines eigenen Podcasts ist für S nicht nur motivierend, sondern schafft zugleich auch neue Hörverstehenstexte. Diese können von den Mitschülern gehört und mit einer entsprechenden Rückmeldung versehen werden. Für die technische Erstellung von Podcasts reicht ein handelsüblicher PC mit Mikrofon, Kopfhörer und ggf. ein Programm zum Schneiden der Tonbeiträge (z.B. das im Internet kostenlos verfügbare Programm* Audacity). *Inzwischen lassen sich aber auch mit einfachen Smartphones Podcast-Beiträge aufnehmen und direkt weiterverarbeiten. Entsprehende Anleitungen und Video-Tutorials hierzu finden sich im Internet.*

Der Audiobeitrag sollte etwa fünf Minuten umfassen und sich schwerpunktmäßig auf eines der Themen des Topics (The history of English, English varieties and dialects, English as a lingua franca, Linguistic imperialism, The future of English) *beziehen. L macht die S als Einstieg auf* Skill 32 Doing research *aufmerksam. In Kleingruppen recherchieren die S zu ihrem Thema* (Step 1 Doing background research) *und sammeln zentrale Informationen* (Step 2 Brainstorming first ideas and assigning roles). *Jedem Gruppenmitglied wird dabei eine klare Rolle zugewiesen, so dass alle Gruppenmitglieder aktiv an der Gestaltung des Podcasts beteiligt werden. In einem dritten Schritt* (Step 3 Planning and scripting your podcast) *entwickelt die Gruppe zunächst ein Skript, das neben selbst gesprochenem Text auch weitere Materialien enthalten kann (Musik, Interview-Ausschnitte, Tonbeispiele etc.). Die Basisstruktur* (Introduction *mit Titel, Zusammenfassung sowie Vorstellung der Gesprächspartner,* Body *und* Conclusion) *wird mit den S im Vorfeld kurz besprochen. Dabei berücksichtigen sie die Hinweise in* Skill 20 Paragraphs, editing and checking.

ERWEITERUNG *Auch geeignete Kriterien für ein gelungenes Podcast sollten im Vorfeld mit den S gesammelt werden, um für die Präsentations- und Evaluationsphase ein Kriterienraster erstellen zu können. Kopiervorlage 4* (Feedback sheet – Creating a podcast) *bietet eine Raster, das die S ausfüllen können.*

Die Produktion des Podcasts (Step 4 Recording and editing your podcast) *kann von den S als Hausaufgabe vorbereitet werden, da die Nachbearbeitung der Audioaufnahmen zeitaufwändig ist und im Idealfall von S bearbeitet werden sollte, die mit den technischen Grundlagen vertraut sind. Im letzten Schritt* (Step 5 Presenting your podcast) *erfolgt die Präsentation der Podcasts im Plenum, wobei die übrigen Gruppen einen entsprechenden Hörauftrag erhalten und anhand der im Vorfeld besprochenen Evaluationskriterien ein entsprechendes Feedback an die Gruppe geben sowie ggf. Ergänzungen bzw. Verbesserungsvorschläge machen. Die fertigen Produkte lassen sich abschließend veröffentlichen (z.B. auf der Schulhomepage), sofern die Beiträge nicht gegen Copyright-Vorgaben verstoßen (z.B. durch die Verwendung von nicht-lizenzfreier Musik im Podcast).*

KLAUSURVORSCHLAG *Zum* Topic **The Englishes** *steht online nur für die Hand von L ein mehrteiliger editierbarer Klausurvorschlag mit Erwartungshorizont zur Verfügung. Der Klausurvorschlag enthält auch eine Hörverstehensaufgabe. Das Transkript befindet sich am Ende des Erwartungshorizonts.*

Code k949tr → Klausurvorschlag: France's SNCF puts English lessons on fast track for passengers (newspaper article) • Hörverstehen: English as a lingua franca • Transkript

KV1: Interview sheet – Your individual experiences with English as a global language

1 *Use the questionnaire below to walk around the room and interview as many students as possible. When you find someone who, for example, has visited a country without being able to speak the language, write down that student's name on your worksheet and take down some notes about his/her individual experiences. Then move on to the next student. The goal is to meet and talk to as many people as possible within the given time and try to put one name/individual experience next to each of the questions below. When the time is up, report your findings to the class. What do they tell you about the role of English as a global language?*

	Find someone who ...	Name(s)	Experience(s)
Face-to-face contact	1. has visited a country without speaking the language.		
	2. has stayed in an English-speaking country and used English for communication purposes (e.g. asking for directions).		
	3. has taken part in a school exchange project with an English-speaking partner (visited a partner school/ hosted guests from a partner school abroad).		
	4. has used English to talk to relatives or friends abroad.		
	5. has used English to speak to foreigners (e.g. tourists from other countries) here in Germany.		
	6. has used English in order to speak to non-native speakers of English (using English as a lingua franca).		
Media and communication	7. has written a letter/email in English.		
	8. has used English on the phone before.		
	9. has used English for online communication (e.g. Skype, chatrooms etc.)		
	10. has played a computer game in English (outside of school).		
	11. has read a book in English (outside of school).		
	12. has watched a film in English (outside of school).		
Other	13. written songs or poems in English.		
	14. has performed a play in English.		
	15. has ...		

Green Line Oberstufe
Autor: Michael Rogge, Essen

KV2: Listening strategies

1 ***Predicting:*** *Before listening, have a look at the following words from the text. Can you already predict what the text might be about?*

Americanism	Being different	Britishism
Dialects	Identity	Pronunciation

I think the following text will be about ______________________________

____

2 ***Inferring:*** *Now listen to the text for the first time and try to understand the main idea. Also note down words that help you to understand the main idea (clues). Finally, add what you already know about the topic and the main idea.*

Main idea	Clues (words, concepts etc. that help me to understand the main idea)	What I know about the topic
	dialects	In American English some words (like lift, sidewalk) are different from British English.

3 ***Answer the wh-questions:*** *After listening to the text for the first time and inferring the main idea, write down what you remember by answering the following wh-questions. Then listen to the text again and complete the chart.*

1. Who?	radio presenter Evan Davis, blogger Lynne Murphy and linguistics professor Ben Jagoda
2. What?	
3. Where?	
4. When?	
5. Why?	

4 ***Structuring:*** *Listen to the text for a third time and take notes. After listening, structure the information using the chart below.*

Part	Heading/Key message
1	Britishisms: British words used by Americans
2	
3	
4	

Green Line Oberstufe
Autor: Michael Rogge, Essen

KV3: Class survey – English and the internet

a) *Answer the following questions individually.*

b) *Interview five partners and note down their answers.*

c) *Work together in groups of six and discuss your findings. Create a poster presentation including diagrams (e.g. pie charts, bar charts) and present your results in class.*

1. How often do you use the internet?						
	You	**Partner 1**	**Partner 2**	**Partner 3**	**Partner 4**	**Partner 5**
a) every day						
b) more than once a week						
c) once a week						
d) once a month						
e) less than once a month						

2. If you use the internet every day how many hours do you use it?						
	You	**Partner 1**	**Partner 2**	**Partner 3**	**Partner 4**	**Partner 5**
a) less than one hour per day						
b) 1–2 hours						
c) 2–3 hours						
d) 3–4 hours						
e) more than 4 hours a day						
f) don't use it every day						

3. Which of the following things do you regularly do on the internet?						
	You	**Partner 1**	**Partner 2**	**Partner 3**	**Partner 4**	**Partner 5**
a) talk to people in chat rooms						
b) read/write blogs						
c) do online shopping						
d) use social media sites						
e) do internet research						
f) play online games						

4. Which social media sites do you use regularly?						
	You	**Partner 1**	**Partner 2**	**Partner 3**	**Partner 4**	**Partner 5**
a) Facebook						
b) YouTube						
c) Twitter						
d) Pinterest						
e) Instagram						
f) LinkedIn						

Green Line Oberstufe
Autor: Michael Rogge, Essen

KV4: Feedback sheet – Creating a podcast

1 *Use the following feedback sheet to evaluate your classmates' podcasts and give appropriate feedback.*

I like your podcast, because ...	**+ +**	**+**	**0**	**–**	**– –**
• the podcast was well structured and organised.					
• the topic was well chosen and was presented in an interesting way.					
• the introduction was informative and motivated me to listen to the entire podcast.					
• the information was well researched and balanced and provided several perspectives.					
• the language was clear and easy to understand. It did not include too many difficult words, and the sentences were short.					
• the presenters read their texts freely without hesitating or stammering.					
• the voices were clearly audible, and there was no distortion; the presenters could be heard over the background music.					
• the podcast really helped me to learn something about the topic.					

1. What I liked best about your podcast:

____

____

____

____

2. Questions that still need to be answered:

____

____

____

____

3. Things that could be improved next time:

____

____

____

____

Green Line Oberstufe
Autor: Michael Rogge, Essen

Intercultural communication

Introduction

1 Individual answers expected.

Asking politely

1 **Lösungsvorschlag**
- in Germany more direct, perhaps should use "bitte" more often
- in English-speaking countries "please" used more often, politeness perhaps a little exaggerated

2 **a) Lösung**
1. is the most polite because it's the most indirect.
2. is the least polite because it's the most direct.

b) Individual answers expected.

3 **a) Lösungsvorschlag**
1. (Excuse me.) I wonder if I could borrow your laptop.
2. (Excuse me.) I was wondering if I might be able to use your phone.
3. (Excuse me.) Do you think you could tell me how to get to the bus station?
4. (Excuse me.) I wonder if you could tell me what he/she said.
5. (Excuse me.) Do you think you could open the door for me?

b) Individual answers expected.

⊙S ⊙L4/7 **4** **a) Lösung**
The responses in 2, 4 and 5 are inappropriate.

b) Lösungsvorschlag
2. – I was wondering if I could use your phone.
   – I'm sorry but I'm expecting an important call at any moment.
4. – Do you think you could tell me what he said?
   – No, I'm sorry. I didn't catch what he said either.
5. – I wonder if you could open the door for me.
   – Sorry, it's made of steel and I've hurt my wrists.

5 **a) Lösung**
1. b), 2. b), 3. a), 4. b)

b) Individual answers expected.

c)
1. Thank you so much, I promise I'll only be a couple of minutes.
2. Oh, that's really a shame. Thanks anyway.
3. Are you sure. I wouldn't want to put you to any trouble.
4. Thanks, I was suddenly so weak from the heat.

6 **Lösungsvorschlag**
1. Excuse me, do you think there might be room for us here?
2. Siehst du, es hat geklappt!
3. Thanks, our legs are so tired after all this sightseeing!

◎S 7 Individual answers expected.

Opinions and criticisms

◎S ◎L4/8 1 **a) Lösungsvorschlag**

Conversation 1

MD's Question	Sophie's statement
Enjoying time at Barlow's	Everyone is nice, but she wants to work rather than sit around and watch
Having a good time in Cressford	Not much to do around here
Go to the town parade last Sunday?	She did, but wasn't impressed because the parades are bigger and better in Germany. The bus service was bad.
Got used to the English way of life yet?	Doesn't like the English breakfast and people should get up to go to work earlier

Conversation 2

MD's Question	Lea's statement
Enjoying time at Barlow's	Learning a lot and colleagues are nice and helpful
Having a good time in Cressford	Loves the city centre and the old buildings
Go to the town parade last Sunday?	Yes, she loves parades because they have a lot of parades where she is from.
Manage with the bus afterwards?	The service was a bit haphazard! It's the same everywhere with public transport.
Got used to the English way of life yet?	She's getting there and it's getting easier every day.

b) Lösungsvorschlag

SOPHIE She is not enjoying her time in England and would rather be back in Germany. "Enjoy the rest of your stay – if you can."

LEA She is enjoying her time in England and getting used to the way of life there. "It looks like when you go home you'll miss it all. Enjoy the rest of your stay – I'm sure you will."

2 **Lösungsvorschlag**

1. Do you like fish and chips? [You think that kind of food is very unhealthy.]
   Well, I've haven't really tried them yet, but everyone says they're delicious.
2. What did you think of the meeting this morning? [You were bored and didn't understand half of what was going on.]
   It was really interesting but I'm afraid I didn't know all the background details.
3. Did you have a good weekend at the seaside? [It rained and there was a cold east wind.]
   It's such a beautiful part of the country but the weather meant we couldn't do everything we planned.
4. Hey, what do you think of my new trainers? [You hate that brand and the colour is almost blinding.]
   The colour is really unusual but they look great on you.
5. You'll love the local folk music group at the festival! [You can't stand that sort of music and amateurs are usually awful.]
   They must be really good to get to play at this festival.

3 Lösungsvorschlag

1. Well, you certainly have a nice variety of pastries here. It all looks delicious.
2. Since Germany is much smaller than the US, the schools put a lot of emphasis on training us to speak English and it's also very easy to actually find someone to speak English to in Germany.
3. You look nice in black. Is everyone going to be wearing short skirts to the dance?
4. Oh, thank you! I'm looking forward to trying something new again!

4 Lösungsvorschlag

AMERICAN	Well, how are you enjoying America so far?
YOU	… (Er will wissen, wie es uns hier gefällt.)
FATHER	Ich finde, dieses amerikanische Bier schmeckt nach nichts.
YOU	… (American beer tastes a bit different from what we're used to.)
AMERICAN	This one's our favorite.
YOU	… (Das ist ihre/seine Lieblingsmarke.)
FATHER	Deutschland hat das beste Bier der Welt.
YOU	… (We're very proud of our beer brewing tradition.)
AMERICAN	Yes, we've heard a lot about the Oktoberfest!
YOU	… (Alle kennen das Oktoberfest.)
FATHER	Amerikaner kauen ständig Kaugummi.
YOU	… (A lot of people here seem to love chewing gum.)
AMERICAN	Yes, it keeps your breath fresh all the time.
YOU	… (Die machen es wegen der Mundhygiene.)
FATHER	Überall wird man freundlich bedient, aber die Restaurants haben nur dieses Fast-Food.
YOU	… (Everywhere in restaurants the people are so friendly, but they all seem to have fast food.)
AMERICAN	Yeah, there are so many you don't know which one to choose!
YOU	… (Amerikaner mögen halt diese Vielfalt an Fast Food.)
FATHER	Wo sind dann die richtigen Restaurants?
YOU	… (But it would be interesting to try a specialty restaurant sometime.)
AMERICAN	Oh, yes, but you'd have to go downtown for that.
YOU	… (In der Innenstadt sind einige Spezialitätenrestaurants.)

⦾S **5** Individual answers expected.

Making a complaint

1 a) Lösung

1. c), 2. b), 3. d), 4. f), 5. a), 6. e)

b) Individual answers expected.

⦾S ⦾L4/9 **2 Lösungsvorschlag**

Scene	Customer's polite phrases	How does the employee feel?
1. Restaurant	I'm really sorry to bother you but my steak is a bit too rare. Do you think you could send it back to the kitchen and have them throw it on the grill again? Thanks a million.	The employee wasn't criticised for the cook's mistake. He or she feels respected.

2. Airport	Good morning! Could you please help me with this? It does look like some people have been rescheduled already. Couldn't you please see when you could put us on the next flight to Louisville? There must be some misunderstanding. I'm terribly sorry to be so persistent but …	She understands the customer's problem but isn't offended by the person being so persistent.
3. Hotel reception	I'm afraid there must be a misunderstanding. Let me just show you our receipt.	The employee is treated politely and is willing to help the customer.
4. Baggage claim	Well, I understand it's not your fault, but my luggage hasn't arrived yet. Here you go.	She doesn't feel she is being held personally responsible for the lost suitcase.

3 Lösungsvorschlag

Can we order now, please?
  Excuse me, but could we please order soon?
Excuse me, but I didn't order that.
  I'm terribly sorry. I'm afraid there's something wrong here. Do you think it would be possible for me to have the meal I ordered?
Pardon me. What do you mean, you don't accept credit cards?
  Pardon me. I seemed to have misunderstood. I thought I could pay with a credit card.
Sorry, ma'am. The food is way too salty!
  I'm really sorry to bother you, but my food is a bit too salty and I simply can't enjoy it. Do you think you could take it back and get me something else?
Ma'am! Excuse me! Where is our food? We've been waiting for 30 minutes now!
  Excuse me, ma'am. Do you think you could check on our order? It seems to be taking quite a long time today.
Excuse me, but this check is wrong! We didn't eat fish!
  Excuse me, but there seems to be a slight mix-up with the check. We had the … rather than fish.

4 Lösungsvorschlag

a) The assistant is being very impolite. He or she asks very direct questions. The customer simply remains polite and persistent.

b) The customer is very direct when he or she is addressing the assistant. The shop assistant ignores the direct comments and simply gives polite responses.

◎S **5** Individual answers expected.

Register

1 Lösungsvorschlag

The language the workers use is far too formal. You would expect to find this type of language spoken by a butler in a very rich home.

2 Lösung

Formal	Informal
1. Would you mind lending me your pen for a second, please?	Can I borrow your pen, please?
2. That is a lovely dress you are wearing!	I really like that dress. Is it new?
3. Should you require further assistance, please don't hesitate to contact me, sir.	Just call me if you need any help!
4. The flight will be departing shortly, ma'am.	We're going to be leaving soon.
5. These cameras over here are rather inexpensive.	Let's look at those cheaper cameras.
6. To finish this task, we still need more input from you.	If you don't start working, we'll never get this job finished.
7. She would really appreciate it if you could stop making so much noise.	Stop talking, please!
8. This book should be read by tomorrow.	Please read this book by tomorrow!

3 Lösungsvorschlag

1. Structure
2. Choice of words – "lovely"
3. Structure and choice of words – "hesitate", "require further assistance"
4. Choice of words – "departing" and "shortly", "ma'am"
5. Choice of words – "inexpensive"
6. Choice of words – "input"
7. Structure and choice of words – "appreciate"
8. Structure

4 Individual answers expected.

◎S ◎L4/10 **5 Lösung**

a) Dialogue 1 – the second picture; wrong register
Dialogue 2 – the first picture; right register
Dialogue 3 – the third picture – wrong register

b) Dialogue 1:
Excuse me, sir. I was wondering whether I understood the syllabus.
Should we have the book read by next week?
Dialogue 3:
Can I go to the game with you on Friday?
Is 7:00 OK, or do you normally go later?
It's going to be great!

c) Lösungsvorschlag

Picture 1	Picture 2	Picture 3
1. Excuse me, could you direct me towards the restrooms?	Pardon me, but could you tell me where I could find the closest restroom?	Hi! Do you know where the restrooms are?
2. Sir, could you please tell me how to get to the main office?	Excuse me for bothering you, but I was wondering if you could tell me where I could find the main office.	Hi there! I'm looking for the main office. Can you help me?
3. Sorry, sir, but I'm looking for one of my classmates. She's tall and got red hair. Have you seen her walk by?	Pardon me, sir. I'm looking for one of my classmates. I hate to bother you, but I was hoping you'd seen her. She's …	Oh hi, have you seen a tall girl with red hair walk by?

4. Pardon me, sir, could you tell me what time it is?	Excuse me, sir. Could you help me just a second? Have you by any chance got the time?	Hi! Do you know what time it is?

6 Lösungsvorschlag

FRIEND	Frag mal, ob wir Karten für heute Abend bekommen können?
YOU	Excuse me, but we were wondering whether there are any tickets available for tonight's performance?
CLERK	I'm afraid the only tickets available for this evening are with restricted view.
YOU	Leider gibt es nur Karten mit einer Sichtbehinderung.
FRIEND	Und morgen Abend?
YOU	Pardon me, could you tell me whether there are any tickets available for tomorrow night's performance?
CLERK	I'm sorry, sir, but tomorrow evening is completely sold out.
YOU	Leider gibt es für morgen überhaupt keine Karten mehr.
FRIEND	Wir sind aber nur heute und morgen hier. Kann man da nichts machen?
YOU	I'm sorry to bother you again, but we'll only be in town tonight and tomorrow night. Isn't there any possible way to get two tickets?
CLERK	Well, sir, I could offer you tickets for tomorrow's matinee.
YOU	Für die Vorstellung morgen Mittag gäbe es Karten.
FRIEND	Klasse! Dann nehmen wir zwei Karten für den Nachmittag.
YOU	Excuse me again, we'd love to have the tickets for the matinee tomorrow.
CLERK	I can offer you two seats together in the middle of row 7.
YOU	In der Reihe 7 hätten wir Karten.
FRIEND	Die nehmen wir!
YOU	That's wonderful! We'd like to have the two tickets in row 7 for the matinee.

⦾S **7** Individual answers expected.

Small talk (I)

1 Individual answers expected.

⦾S ⦾L4/11 **2 Lösung**

a) Both Germans are surprised that the stranger is talking to them. Both of them react inappropriately.

b) In the first dialogue, the German could have simply answered the girl's question by saying he was from Germany and then asked about the girl's holiday. The German in the second dialogue wasn't willing to chat about Kate and Kate's sister and thought the British woman wanted her newspaper. The German could have just chatted a bit about the Royals.

3 Individual answers expected.

4 Lösungsvorschlag

1. Oh my, do you know anything about the storm? I haven't seen the news …
2. That tea looks wonderful. Where did you find that?
3. Hi! How are you doing with the hostel breakfast menu? …
4. What a wonderful party! Thank you so much for the great evening! The food is fantastic!
5. Hi! Is this your first semester here, too?

5 Lösung

the rainy weather; the great sales; classes that will be offered next semester; What they like to do in their free time

6 Individual answers expected.

7 Individual answers expected.

S L4/12 8 **Lösungsvorschlag**
The polite speaker simply ignores the political or rude topic and keeps moving the topic back to the weather or the nice atmosphere with an optimistic comment.

9 **Lösungsvorschlag**
1. Overvalued euro: "Well, I'm not a financial expert."
2. School in Germany: "Well, yes that could happen to some people, but most of us are finished when we're eighteen.
3. Government spending: "That might be, but let's not worry ourselves about it today."
4. The Bible: "I'm glad you are satisfied with that. Have you seen …"
5. The internet: "Times are always changing!"
6. Germany: "Really? I'm not too much into politics."
7. Immigrants: "I'm not at all sure about that."
8. Flu: "Glad you are feeling a bit better."

S 10 Individual answers expected.

Small talk (II)

S L4/13 1 **Lösungsvorschlag**
a) Dialogue 2 is a good example of small talk. The ball is kept bouncing by the speakers asking each other questions and not responding with one-word answers.

b) The German in dialogue 2 is invited to join the American's crowd and meet more people.

2 **Lösungsvorschlag**
PARTNER A Gosh, there's a long line here today.
PARTNER B Oh, the line's always long here. Is this your first visit to America?
PARTNER A Yes, I've been here for two weeks now. I'm from Germany.
PARTNER B Oh, really. Whereabouts are you from in Germany?

3 Individual answers expected.

4 Individual answers expected.

5 **Lösung**
1. Didn't end successfully.
2. Not completely successful as the German indirectly asked for help in finding the bus station.
3. Not a very successful ending because the German didn't want the person to leave.
4. Ended successfully.

S L4/14 6 **Lösung**
The people in dialogue 2 are probably going to meet up again since they exchanged numbers.

7 Individual answers expected.

S 8 Individual answers expected.

Negotiating

1 Lösung
The boy doesn't get to stay out later because he demanded to stay out rather than ask his mother nicely.

⦾S ⦾L4/15 **2 Lösungsvorschlag**
1. The boy in the first dialogue presents the matter as something that is bothering him and is a question rather than a demand.
2. The attitude of the girl in the second dialogue is disrespectful.

3 Lösungsvorschlag
1. Preparation: a, e, l, n.
2. Bidding for more than you want: b, i
3. Arguments: g, j
4. Counter arguments: d, k, m, o
5. Compromise: c, f
6. Make the compromise attractive: h

⦾S ⦾L4/16 **4 Lösungsvorschlag**
In the first dialogue the au pair prepares her arguments and offers a compromise so that she ends up getting every other weekend off.

5 Lösung
1. c), 2. a), 3. b), 4. f), 5. e) 6. d)

6 Lösungsvorschlag
1. Excuse me, Mr. Smith, but I'd like to ask if I could miss next period. My friend really needs help with her presentation in Biology class. Would it be OK if I miss just this once? I'll get the notes from another student so that I won't have missed too much.
2. Excuse me, Mr. Smith. Are you aware of the fact that we've got three exams this week? It would be very nice if you didn't give us any homework today.
3. Excuse me, sir, but I'm supposed to make the announcements today. Could I please leave class five minutes earlier?
4. Excuse me, sir. I won't unfortunately be able to take the test next week because I've got a very important appointment at the doctor's. I did tried to postpone it but it wasn't possible.

⦾S **7** Individual answers expected.

Watch your English!

⦾S ⦾L4/17 **1 Lösungsvorschlag**

a) Dialogue 1: Leonardo DiCaprio uses inappropriate language in his movies. You can also hear the "f"-word in songs on the radio.

Dialogue 2: The German girl isn't wearing a bra or the appropriate clothing. People are more covered in the USA. Rather than it being called "prude," her host sister refers to it as "good taste."

Dialogue 3: Tim is wearing a baseball cap at school. It is considered rude to wear a hat indoors.

Dialogue 4: Tom is wearing a T-shirt with offensive language or gestures on it.

b) Dialogue 2: "When you look at it like that … I'll put a different top on."
Dialogue 3: "Certainly, it won't happen again. I'm very sorry. I didn't know that."
Dialogue 4: "I see your point. But I still like the shirt!"

c) Individual answers expected.

S L4/18 **2 Lösungsvorschlag**

a) Dialogue 1: "Do you think you could pass the sugar?" The non-native speaker thought he was being asked what he was thinking.
Dialogue 2: "… I think perhaps I'll have the fish." The waiter doesn't understand how the word "perhaps" is being used. "I was wondering if I could possibly have vegetables …" The waiter doesn't understand the why the man says "he was wondering."
Dialogue 3: "We must meet up for coffee sometime." The non-native speaker thinks the person wants to fix a date for the next meeting right away.
Dialogue 4: "I wonder if we shouldn't give this some more thought." The non-native speakers didn't understand this to be a "no."

b) Dialogue 1: The speaker asked for the sugar more directly, but with a "please."
Dialogue 2: The speaker answered nicely by repeating his order without the "perhaps." He simply repeated his order in a more direct form.
Dialogue 3: The person simply said that he or she would call the non-native speaker back.
Dialogue 4: The German person was very direct by saying that he didn't want to stay overnight in a tent.

3 Lösung

I was wondering if I could possibly have … with Can you give me …, please?
I'm not sure if that's such a good idea. with Sorry, but I don't want to do that.
I'm afraid, it would be rather inconvenient for me next week. with I'm sorry, but I haven't got time then.
I'm sure we'll see each other before you leave at the end of the month. with If we don't see each other again, goodbye.

4 a) Lösungsvorschlag

	Advantage	**Disadvantage**
1	They might remember the mistake they made and avoid it next time.	They might feel offended and stop taking part in the conversation.
2	You might understand it a second time and they might try to speak more clearly.	You might not understand it the second time and they could be annoyed.
3	It could encourage them to think of a clearer way of expressing their ideas.	You might still not understand and have to try a different approach.
4	It is a good way of avoiding misunderstandings.	They might not understand you but then you could try to say it in a simpler way.

b) Individual answers expected.

5 Individual answers expected.

Evaluation sheet 1 (right at the beginning of Year 11)

Dear student,
Think about your last school year – how would you characterise the quality of your work and the effort you put into your English lessons? Tick the boxes on this page. Then discuss your results with a partner.
You will look at this sheet again in a few weeks' time.

	very good	good	OK	could be better
Attendance: classes missed				
Attendance: punctuality				
Homework: amount done				
Homework: quality/neatness				
Vocabulary work (on my own)				
Revision (on my own)				
Class work: being prepared for lessons				
Class work: active participation				
Class work: making notes				
Class work: expressing views in discussions				
Attitude: interested				
Attitude: effort				
Language: fluency				
Language: accuracy				
Language: pronunciation				

What I have achieved that I feel proud of:

Green Line Oberstufe
Autor: Harald Weisshaar, Bisingen

Evaluation sheet 2 – Part 1 (the final year before my Abitur)

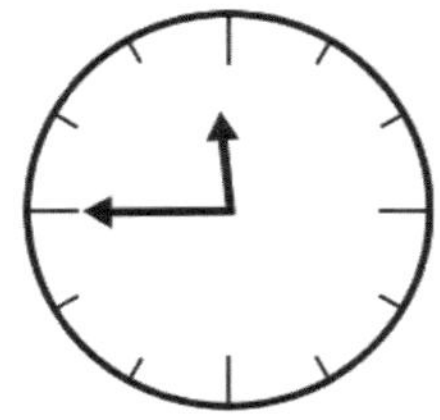

Dear student,
You are about to embark on the final journey … just one more year to go till your final exams. The following pages want to help you to realise how much you have already learnt and what areas you need to work on – beginning today, not two weeks before the exams.
First, work on this sheet on your own. Then talk to a partner and explain to him/her why you have ticked these boxes. At the very end, write down what you want to achieve over the next two months.

☺ good ㅤ 😐 fair ㅤ ☹ need to practise ㅤ ? don't know

I can …

		a) my view	b) my partner
Listening	… understand everything my teacher/my peers say in class.	○	○
	… follow any everyday conversation in standard English.	○	○
	… understand the most important aspects of radio or TV broadcasts.	○	○
	… understand reports or interviews even when they use different varieties of English.	○	○
	… understand song lyrics and the main message of the song.	○	○
	… watch an English film and understand different speakers.	○	○
	… understand a spoken text even if there are background noises or if the speakers speak very fast.	○	○
		○	○

I can …

Speaking	… express myself fluently and spontaneously in English without much searching for expressions.	○	○
	… use spoken language flexibly and effectively for different purposes.	○	○
	… talk about current events with little or no preparation.	○	○
	… state my own opinion and talk about advantages and disadvantages of various views.	○	○
	… involve other speakers in a conversation, discussion etc.	○	○
	… sum up a film or a literary text and compare it to other texts I know.	○	○
	… start up a conversation and keep a conversation going.	○	○
	… give a presentation in English and talk for at least 10 minutes on the topic I have prepared and pre-structured.	○	○
	… crack a joke in English or use puns to make my partner laugh.	○	○
	… adapt my spoken English to different contexts and different speakers.	○	○

Green Line Oberstufe
Autor: Harald Weisshaar, Bisingen

Evaluation sheet 2 – Part 2 (the final year before my Abitur)

I can …

		a) my view	b) my partner
Reading	… read and understand an English book.	O	O
	… read and understand an article dealing with current events.	O	O
	… read longer and demanding texts and sum them up in my own words.	O	O
	… read texts and recognize the writer's point of view.	O	O
	… read a variety of texts on the Internet to learn about a specific topic.	O	O
	… skim or scan texts and find the relevant information.	O	O
		O	O

I can …

Writing	… write clear, well-structured, detailed texts using correct English.	O	O
	… paraphrase any given text and use my own words to sum it up.	O	O
	… answer questions on the contents of any text.	O	O
	… tackle questions that ask me to create a new text with specific conventions (letters, interior monologue etc.).	O	O
	… write a comment or essay on a given topic, giving arguments for and against.	O	O
	… use link-words and other means to structure my text.	O	O
	… turn a picture, a diagram, a caricature etc. into a coherent text.	O	O
	… write an English letter in any everyday situation (asking for information, applying for a job, ordering, complaining etc.).	O	O
		O	O

What I intend to concentrate on hardest over the next two months:

____

____

____

____

____

____

____

Green Line Oberstufe
Autor: Harald Weisshaar, Bisingen

Evaluation sheet 3 (three months before my Abitur)

What I have done for English so far …

Tick the appropriate box:
frequently ★★★ sometimes ★★ hardly ever ★ never –

I have …	★★★	★★	★	–
… used computer programmes to help me with my English.				
… listened to English songs and tried to understand/translate the lyrics.				
… watched an English movie in my free time.				
… read an English book in my free time.				
… read longer texts on the Internet.				
… written to an English pen pal.				
… written private messages/short memos/shopping lists etc. in English.				
… spoken English to my friends, neighbours, etc.				
… spoken English to people on buses, trains, planes etc.				
… used a dictionary to look up new words or expressions.				
… learnt vocabulary.				
… used a grammar book to look up rules.				
… kept my own personal vocabulary/grammar file.				
… re-written or corrected my own texts or that of my friends.				
… learnt texts by heart.				
… collected texts/materials on one topic.				
… given a presentation in English.				
… practised to express things in my own words.				

Green Line Oberstufe
Autor: Harald Weisshaar, Bisingen

Evaluation sheet 4 – Part 1 (the final weeks before my Abitur)

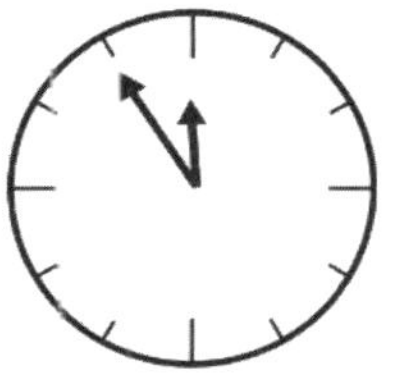

Dear student,
Now there are just a few more weeks till your final exams. The following pages want to make you aware of what areas you need to sink your teeth into – beginning today!!! First, work on this sheet on your own. Then talk to a partner and explain to him/her why you have ticked these boxes. At the very end, write down what you want to achieve over the next six weeks.

☺ good ㅤㅤ😐 fair ㅤㅤ☹ need to practise ㅤㅤ? don't know

Exam skills

I know what parts the final exam consists of and how much time I have.	○
I know how to revise for the exam (when to start, how to structure my work etc.).	○
I am aware of a number of techniques to improve my memory (mindmaps etc.).	○
I know which command words require me to do what in my written answer (e.g. compare, analyse, comment on etc.).	○
I know how to structure my work in the exam.	○
I know how to deal with problems, e.g. when I run out of time, when I can't think of a word etc.	○
I know how to go through my written answers again, scanning for "typical" mistakes.	○
I know that 50 words in my own handwriting under exam conditions take up x lines.	○
I know how my exam will be marked (by whom, how often, with what criteria etc.).	○
I know how to match the length of my answer to the number of credits available.	○
	○

Vocabulary
I can …

… use a number of techniques to guess new words.	○
… paraphrase new words from a text by using my own words/the help of a dictionary.	○
… think of a number of synonyms for the most common words or expressions to improve my style.	○
… use dictionaries to find out new words, collocations, prepositions etc.	○
	○

Green Line Oberstufe
Autor: Harald Weisshaar, Bisingen

Evaluation sheet 4 – Part 2 (the final weeks before my Abitur)

Mediation
I can …

… mediate between English and German.	O
… adapt my mediation to various contexts, text types etc.	O
… use the kind of written language expected of me when translating written texts.	O
… guarantee that I will not forget to translate an entire sentence.	O
	O

Working with texts
I can …

… read thoroughly and understand any topical text without too many problems.	O
… use a marker-pen when reading a text and make sure that I don't underline all the text.	O
… analyse and understand the structure of a text.	O
… find the elements in a text that a particular question is referring to.	O
… answer questions on any given text, using my own words.	O
… support my answer with evidence from the text.	O
… use a text as a basis for my own discussion or creative transformation of a topic.	O
	O
	O

Strategies and skills
I can …

… find and use a variety of resources for my work, for presentations etc.	O
… use a dictionary not just to look up words but to extract other information, too (and I have practised to do this as fast as possible).	O
… give a list of the five most common mistakes I make and explain why I go wrong here.	O
… condense and divulge a lot of information about the English-speaking world, particularly Britain and America.	O
… assess and evaluate my own performance realistically.	O
… complete an assignment and think beyond the obvious.	O
… find and use a variety of resources for my work, for presentations etc.	O
… use a dictionary not just to look up words but to extract other information, too (and I have practised to do this as fast as possible).	O
	O

Green Line Oberstufe
Autor: Harald Weisshaar, Bisingen

Evaluation sheet 4 – Part 3 (the final weeks before my Abitur)

Language awareness
I can …

… check/scan my own texts for "typical" mistakes and re-write them in correct English.	O
… paraphrase sentences or passages from a text.	O
… improve my style by using synonyms, paraphrases or by making use a large number of adjectives or verbs.	O
	O

Contents
I can …

… apply my knowledge of Britain and America to any topical text.	O
… talk about any aspect mentioned in the Bildungsplan for at least one minute.	O
… sum up what we talked about over the past 18 months using 10 cue-words only.	O
	O
	O

Finally, write down three tips for yourself when sitting in your final exams:

Good luck!

Green Line Oberstufe
Autor: Harald Weisshaar, Bisingen
Bildquellen: 1. Avenue Images GmbH (RF/Radius Images/Masterfile), Hamburg; 2. Avenue Images GmbH (RF/Radius Images/Masterfile), Hamburg

Methoden

Fishbowl discussion

EINSATZ *Training von aktivem Zuhören und Sprechen in einer sicheren Umgebung, Diskussion*

UNTERRICHTSPHASE *Behandlung kontroverser Themen*

ZEITRAHMEN *15–25 Minuten*

DURCHFÜHRUNG
- *Die S bilden einen Innen- und einen Außenkreis und lassen 1–2 Plätze leer.*
- *S des Innenkreises (*Fish*) bringen jeder ihre (vorbereiteten) Argumente vor und diskutieren im Anschluss, S des Außenkreises (*Observers*) hören zu, beobachten und bewerten ihren direkten Partner des Innenkreises (Feedbackphase auch erst am Ende der Diskussion möglich).*
- *Nach der ersten Runde haben die S die Möglichkeit, Plätze zu tauschen (sie signalisieren dies durch eine Berührung ihres Partners an der Schulter), um sich und neue Argumente/Ideen in der Runde einzubringen oder ihren Partnern auszuhelfen.*
- *Optimalerweise sollte eine lebendige Diskussion stattfinden.*

MATERIALIEN *Beobachtungsbögen, evtl. Textvorlage*

DETAILS *Im Gegensatz zu einer Podiumsdiskussion werden bei dieser Methode alle S dazu angeregt, sich aktiv zu beteiligen, indem sie ihre eigene Meinung formulieren und mitteilen, in die Diskussion eingreifen und neue Gedanken hinzufügen können; zudem können sie Mitschülern, die ins Stocken geraten sind, aushelfen und Vielredner bremsen. Dazu muss das Verfahren jedoch im Vorfeld genauestens erklärt werden, denn das Austauschverfahren hat vor allen Dingen die Aspekte des Einbringens neuer Gedanken im Fokus. Die S sind dafür verantwortlich, die Diskussion lebendig zu halten und mögliche unsachliche Argumente zu erkennen und zu korrigieren. Auch bietet es sich an, einen Moderator zu benennen, der die Diskussion steuert.X*

Freeze frame

EINSATZ *Einfühlen in und Verstehen von literarischen Figuren und ihrer Rolle im Text/Konflikt, Textverständnis (schwieriger Textstellen)*

UNTERRICHTSPHASE Pre-reading, While-reading *und* Post-reading

ZEITRAHMEN *30–45 Minuten*

DURCHFÜHRUNG
- *Die S arbeiten in Gruppen und studieren die Textvorlage.*
- *Die S bereiten zunächst die einzelnen Positionen, dann das Standbild vor und studieren es ein.*
- *Die S zeigen das Standbild für eine oder mehrere Minuten.*
- *Die S schauen sich Standbilder anderer Gruppen an und bewerten diese; die präsentierenden S antworten auf Fragen der Beobachter.*

MATERIALIEN *Textvorlage, Rollenkarten, Bewertungsbogen, freier Platz innerhalb/außerhalb des Kursraumes*

DETAILS *Die Methode erfordert bereitwillige S, die sich vor Publikum inszenieren wollen und Einfühlungsvermögen beweisen können. Aus diesem Grund muss sie genauestens geplant und vorbereitet werden. So kann die ausgewählte Textpassage bereits in die vorbereitende Hausaufgabe gelegt werden, den S können Rollenkarten zur Verfügung gestellt werden, die entweder von L oder von den S selbst verfasst werden. Der zu oberflächlichen Deutung einer Textpassage kann durch genaue Analysefragen im Vorfeld entgegengewirkt werden; die S werden darauf aufmerksam gemacht, dass sie in der Feedbackphase die Auswahl ihrer Positionen/Gesten begründen müssen. Es sollte außerdem eine Ergebnissicherung (eventuell in Form von Fotografien der Standbilder) und auch Beobachtungsaufträge stattfinden. Je nach Textvorlage bietet sich entweder eine Inszenierung derselben Szene durch alle Gruppen oder die Inszenierung unterschiedlicher Szenen an.*

Gallery walk

EINSATZ *Austausch von Ergebnissen, gegenseitiges Informieren, Bildung eines Zwischenfazits, Gruppenarbeitstraining, Kommunikationsübungen, Präsentationsübungen*

UNTERRICHTSPHASE *Ergebnispräsentation, Stunden-/Reihenende, Schulfest*

ZEITRAHMEN *15–30 Minuten*

DURCHFÜHRUNG
- *Vorbereitung: In Gruppenarbeit bereiten die S relevante Materialien vor und gestalten ihre Ergebnispräsentation.*
- *Die S benennen einen Experten.*
- *Die Ergebnisse werden ausgehängt oder auf Tischen/an Stationen ausgelegt.*
- *Alle S wandern zu den verschiedenen Stationen, dort werden sie von dem jeweiligen Experten informiert, sie machen sich Notizen und stellen Zwischenfragen.*

MATERIALIEN *Poster, Handzettel, Zeichnungen, Mindmaps, Flyer usw., Bewertungsbogen*

DETAILS *L sollte Gruppen bilden, die nacheinander z.B. im Uhrzeigersinn verschiedene Stationen betrachten, so werden Staus vermieden. Diese Methode eignet sich auch für eine Erarbeitungsphase, um beispielsweise landeskundliche Informationen über eine Region/Sehenswürdigkeit von den S exzerpieren zu lassen. Hierzu können zielsprachliche Flyer aufgehängt werden, die S mit einem speziellen Arbeitsauftrag losgeschickt werden usw. Der* Gallery walk *eignet sich als Würdigung der Produkte kreativer Schreibaufgaben, die nach der Besichtigung mit einem bewertenden Kommentar von den Mitschülern versehen werden.*

Group puzzle (Jigsaw puzzle)

EINSATZ *Diskussion, Erarbeitung komplexer Themen*

UNTERRICHTSPHASE While-reading *und* Post-reading

ZEITRAHMEN *45–90 Minuten*

DURCHFÜHRUNG
- *Die S werden in Stammgruppen eingeteilt, in denen sie in der ersten Phase zwar zusammen sitzen, aber je S unterschiedliche Arbeitsaufträge bearbeiten.*
- *Die S, die die jeweils gleichen Arbeitsaufträge in der ersten Phase bearbeitet haben (z.B. durch gleichfarbige Arbeitsblätter kenntlich gemacht), treffen sich nun in Expertengruppen, tauschen sich hier aus und beraten über gemeinsame Arbeitsergebnisse.*
- *Die S gehen wieder in ihre Stammgruppen aus der ersten Phase zurück und referieren über die Arbeitsergebnisse aus den Expertengruppen. Sie hören sich die anderen Beiträge der anderen Gruppenmitglieder an, machen sich Notizen und stellen Nachfragen.*

MATERIALIEN *Wörterbücher, akustisches Signal, Texte*

DETAILS *Ziel dieser Methode ist, die Verantwortlichkeit jedes einzelnen S im Hinblick auf ein gutes gemeinsames Ergebnis zu stärken, sowie die Bereitschaft, anderen S durch das eigene Expertenwissen zu helfen und somit gleichberechtigter Teil einer autonom arbeitenden Gemeinschaft zu werden, die sich Wissen selbst erarbeitet. Auch hier werden alle vier Fertigkeiten trainiert. Die Methode bietet vielfältige Einsatzmöglichkeiten, so kann ein Thema aus mehreren Perspektiven beleuchtet werden, lange (Hör-)Texte oder Lektüren in Segmente aufgeteilt werden, unterschiedliche Standpunkte zu einem Thema erarbeitet werden u.v.m. Die Materialien sollten so ausgewählt und aufgeteilt werden, dass alle S sie in der gleichen Zeit bearbeiten können. Weiterhin bietet sich hier eine Differenzierungsmöglichkeit an, stärkere S bekommen schwierigere oder komplexere Aufgabenstellungen usw. Zum Abschluss sollte auf jeden Fall eine Ergebnissicherung/-präsentation stattfinden.*

Hot seat

EINSATZ *Auskunft geben bzw. befragt werden zu einer Figur (deren Hintergrund, Motivation, Verhalten, usw.), Interviewtechniken üben*

UNTERRICHTSPHASE While-reading *oder* Post-reading-*Aktivität zu einem Erzähltext*

ZEITRAHMEN *10–15 Minuten*

DURCHFÜHRUNG
- *Ein S wird bestimmt (per Los oder freiwilliger Meldung), auf dem* Hot seat *Platz zu nehmen und dort befragt zu werden. Im Vorfeld sollte der Kandidat sich auf seine Rolle vorbereiten, z.B. durch Beantwortung möglicher Fragen (vorbereitet durch Mitschüler oder L) oder Erstellung eines Figurenprofils.*
- *Nach der Vorbereitungszeit nimmt der S Platz und wird durch die Mitschüler, die eventuell auch eine Rolle einnehmen (z.B. als Polizisten, Richter oder Journalisten usw.) befragt.*
- *Falls nicht alle S die Befragung durchführen, sollten sie Beobachtungs-/Bewertungsaufträge erhalten und darauf achten, dass die Antworten im Rahmen der Textvorlage plausibel sind.*

MATERIALIEN *Textvorlage, Fragebogen, Beobachtungs-/Bewertungsbogen, Wörterbücher*

DETAILS *Die Methode verhilft zu einem besseren Einfühlungsvermögen der S in eine Figur und dient somit der tieferen Analyse eines Textes oder dem Perspektivwechsel. Der* Hot seat *ist eine geeignete Methode, um das freie Sprechen zu trainieren. Als Vorbereitung sollte L sowohl einen authentischen Zeitpunkt (zu Beginn/Ende einer Erzählung, währenddessen, zehn/… Jahre danach, im Anschluss an ein gewisses Ereignis, usw.) innerhalb eines Textes festlegen als auch vorab geeignetes Sprachmaterial erarbeiten bzw. zur Verfügung stellen.*
In der Vorbereitungsphase sollte der Hot seat-*Kandidat sich Notizen machen dürfen, einen Fragebogen mit Einfühlungsfragen beantworten, oder* Mood cards *erstellen. Auch die S, die ihn befragen, sollten sich vorab Interviewfragen überlegen. Ist die Methode für die S neu, sollte L noch mehr Hilfestellung geben, auch kann die Befragung hier erst einmal durch L erfolgen. Die* Hot seat-*Aktivität wird am Schluss ausgewertet. Ein Evaluationsbogen kann durch L gestellt oder gemeinsam mit den S im Vorfeld erarbeitet werden. Es kann auch zusätzlich ein Beobachterteam ernannt werden, das die Ergebnisse im Anschluss auswertet.*

Placemat

EINSATZ *Ideenfindung, Gedanken-/Meinungsaustausch, Sammeln von Argumenten, Konsensfindung*

UNTERRICHTSPHASE *Jederzeit*

ZEITRAHMEN *15–25 Minuten*

DURCHFÜHRUNG
- *Die S arbeiten in Gruppen zu je vier S (bei ungerader S-Zahl auch in Dreiergruppen) und sitzen an einem gemeinsamen Gruppentisch mit dem* Placemat *in der Mitte.*
- *Die S notieren sich eigene Gedanken bzw. einen eigenen Lösungsvorschlag zu einem vorgegebenen Arbeitsauftrag in ihrem Feld. Währenddessen sollte nicht gesprochen werden.*
- *Die S drehen das* Placemat *dann im Uhrzeigersinn bis alle die Notizen der anderen Gruppenmitglieder gelesen (und ggf. schriftlich kommentiert) haben.*
- *Die S diskutieren im Anschluss über das Gelesene und einigen sich auf eine gemeinsame Lösung; diese wird in dem noch offenen Feld in der Mitte festgehalten.*

MATERIALIEN *Stifte in unterschiedlichen Farben je S, ein* Placemat *je Gruppe*

DETAILS *Diese Methode ermöglicht es allen S, sich vorab alleine mit einem Thema auseinanderzusetzen und sich eine Meinung zu bilden. Durch den ersten Schritt der schriftlichen Fixierung, auf deren Basis zunächst ein schriftlicher Ideenaustausch und daraufhin ein mündlicher Austausch erfolgt, werden Sprach- und Ideenhemmungen abgebaut. Alle S profitieren zugleich vom Input der anderen S. Es ist sinnvoll, die S mit unterschiedlichen Farben schreiben zu lassen, um nachher die Schreiber identifizieren zu können.*

Reading journal (Lesetagebuch)

EINSATZ *Sammeln von Leseerfahrungen, Formulierung von Leseeindrücken, Recherche, Zusammenfassungen, Vorableistungen im Zusammenhang mit der weiteren literarischen Unterrichtsarbeit (Vorbereitung von Figurencharakterisierungen, Figurenkonstellationen etc.), kreatives Arbeiten*

UNTERRICHTSPHASE Pre-reading, While-reading *und* Post-reading

ZEITRAHMEN *Unterrichtseinheit*

DURCHFÜHRUNG

- L händigt eine Guideline zur Erstellung des Lesetagebuchs aus, die den S Vorgaben liefert, aber auch Raum für Kreatives lässt; mögliche Vorgaben für die einzelnen Spalten: Fakten (zu plot, characters usw.), persönliche Eindrücke, Notizen zur Klärung offener Fragen u. a.
- L begleitet den Arbeitsprozess und wertet die Arbeitsergebnisse am Ende der Unterrichtseinheit nach zuvor besprochenen Richtlinien aus.

MATERIALIEN Wörterbücher, Lektüre, Internetzugang, Schnellhefter mit losen Blättern

DETAILS Für die S ist es wichtig, dass von Anfang an eine hohe Transparenz bezüglich der Bewertung der Arbeitsergebnisse gewährleistet ist, aus diesem Grund sollte L zu Beginn der Unterrichtseinheit das Bewertungsraster offenlegen und im Unterricht besprechen. Außerdem sollten die S zwischendurch immer wieder ermutigt und kontrolliert werden. Es ist auch möglich, dass S (einzelne) Arbeitsergebnisse untereinander austauschen. Zudem wird den S der Nutzen des Lesetagebuches (Verständnishilfe, Vorbereitung für weitere Aufgaben, Klausuren) dargelegt. Weiterhin sollte es nach Möglichkeit eine gewisse Anzahl an verpflichtenden Aufgaben geben, den S wird aber auch die Möglichkeit zu kreativen Aufgaben gegeben, beziehungsweise die Option, eigene Ideen umzusetzen. So wird mit dieser Methode die Eigenverantwortlichkeit der S eingeübt und gestärkt.

Speed dating (Double circle)

EINSATZ Austausch von Ergebnissen und Informationen, Training von kommunikativen Fähigkeiten und Präsentieren

UNTERRICHTSPHASE Präsentation von Arbeitsergebnissen, Stunden-/Reihenabschluss

ZEITRAHMEN 15 Minuten

DURCHFÜHRUNG

- Zwei S sitzen sich an einem Tisch gegenüber (bzw. in einem Innen- und Außenkreis) und tauschen sich über vorbereitete Arbeitsaufträge aus.
- Die S wechseln die Tische und wiederholen diesen Austausch im Anschluss mit drei weiteren Partnern.

MATERIALIEN Notizen, akustisches Signal

DETAILS Diese kooperative Methode fördert das aktive Zuhören und Sprechen. Die S brauchen klare Arbeitsanweisungen betreffend des Ablaufs sowie genaue Zeitangaben. Die Einhaltung dieser Vorgaben bedarf einer genauen Planung, liegt dann aber in der Verantwortung der S (zusätzliche Anforderung). Außerdem werden sie darauf aufmerksam gemacht, dass sie nicht zu laut sprechen sollten und die Rotation an den Tischen/im Kreis dazu dient, Ungenauigkeiten und offene Fragen zu klären und erworbenes Wissen zu festigen. L geht während der Sprechphasen umher und mahnt zur Einsprachigkeit. Diese Methode ist für Vor- oder Nachbereitungsphasen geeignet, beispielsweise Referate oder Erarbeitungsphasen/Hausaufgaben. L sollte wegen des doch erhöhten Lautstärkepegels ein akustisches Signal vorbereiten.

Think – Pair – Share

EINSATZ Ideenfindung, Gedanken-/Meinungsaustausch, Vorbereitung von Diskussionen und Präsentationen

UNTERRICHTSPHASE Behandlung schwieriger oder meinungsbildender Themen

ZEITRAHMEN 5–15 Minuten

DURCHFÜHRUNG

- Phase 1 (Think): Die S bearbeiten alleine und leise einen Arbeitsauftrag, notieren ihre Gedanken, Ideen, Meinungen oder Lösungsmöglichkeiten. Außerdem machen sie sich mit dem benötigten Wortschatz vertraut (z. B. Nachschlagen unbekannter Vokabeln) und fertigen Notizen zu eventuell noch offenen Fragen an.
- Phase 2 (Pair): Die S bilden Paare und tauschen sich über ihre Einzelarbeitsergebnisse aus, dabei machen sie sich Notizen, hören aktiv zu und fragen nach. Im Anschluss einigen sie sich auf eine gemeinsame Version.

- *Phase 3* (Share)*: S präsentieren ihre Ergebnisse im Plenum (wahlweise auch erst vor kleineren Gruppen oder einem anderen Paar), diskutieren offene Fragen, erstellen gemeinsame Arbeitsergebnisse auf einem Poster, einer Folie usw. Hierbei sollte jeder S eine aktive Aufgabe übernehmen.*

MATERIALIEN *Wörterbücher*

DETAILS Think-Pair-Share *ist eines der grundlegendsten und am einfachsten einzusetzenden Verfahren des kooperativen Lernens. Den S sollte die Methode vorab anhand einer Folie (die, einmal erläutert, immer wieder für diese Arbeitsform genutzt werden kann) erklärt und visualisiert werden. Sie besteht aus drei Phasen: einer Einzelarbeits-, einer Partnerarbeits- und einer Gruppenarbeitsphase. Somit werden alle vier Fertigkeiten der S trainiert und gefördert:* Reading, Writing, Listening *und* Speaking. *Wichtig für den reibungslosen Ablauf sind klare Arbeitsanweisungen und transparente, gut kalkulierte Zeitvorgaben, die eingehalten werden sollten. Auch ist es sinnvoll,* Language support *bereitzustellen. Die Methode ist vielseitig einsetzbar, beispielsweise bei einer schwierigen Aufgabenstellung, zur Besprechung der Hausaufgaben, für Stundeneinstiege,* Pre-listening *oder* Reading/Viewing activities. *Ein weiterer Vorteil der Methode ist die Förderung schwächerer S, da ihnen die Möglichkeit der gezielten Vorbereitung der Aufgabe gegeben wird, so müssen sie nicht ad hoc spontan auf eine Fragestellung antworten und haben Zeit, sich vorab zu sammeln, zu organisieren und sprachlich vorzubereiten.*
Vorteile und Nutzen dieser Methode für die S:
- *deutliche Erhöhung der Sprechanteile,*
- *Sprechhemmungen werden abgebaut,*
- *Erhöhung des Grades der Auseinandersetzung mit Themeninhalten.*

Thinking hats

EINSATZ *Diskussion, Problemlösungsfindung, Einfühlen in literarische Figuren, Perspektivwechsel*

UNTERRICHTSPHASE While-reading *und* Post-reading

ZEITRAHMEN *60–90 Minuten*

DURCHFÜHRUNG
- *L stellt das Thema vor und erläutert die Methode und die jeweiligen Rollen (anhand einer vorbereiteten Folie).*
- *Die S arbeiten in Sechsergruppen, in denen sie unterschiedliche Rollen (und ggf. die Hüte) erhalten und einen dazugehörigen Kurzvortrag für die Gruppenarbeitsphase vorbereiten.*
- *Die Gruppe diskutiert im nächsten Schritt über die vorgestellten Rollen und deren Entscheidungsfindung.*
- *Die S präsentieren ihre Arbeitsergebnisse im Plenum.*

MATERIALIEN *Wörterbücher, Materialien für die unterschiedlichen Hüte, Hüte (oder Symbole für die Hüte)*

DETAILS *Diese Methode bietet viel Differenzierungspotenzial, so sollten beispielsweise leistungsstärkere S den blauen* Thinking hat *je Gruppe erhalten, leistungsschwächere oder stillere S eher den grünen oder weißen Hut etc.*
Bedeutung der einzelnen Hüte:
- *Weiß: Sammlung relevanter Fakten und Informationen*
- *Gelb: Vorteile einer angestrebten Lösung*
- *Schwarz: negative Folgen einer angestrebten Lösung*
- *Rot: emotionale Aspekte*
- *Grün: kreative Aspekte, alternative Ansätze*
- *Blau: Moderatorenfunktion, Steuerung und Kontrolle des Gesamtprozesses*